타이완
TAIWAN

| 타이베이 |
| 까오슝 |
| 타이중 |
| 타이난 |

김미려 지음

알에이치코리아

작가 소개

김미려

블로그와 카페 등 웹상에서 '메이(Mei)'라는 닉네임으로 활동 중. 2005년 타이완 방문을 시작으로 타이완의 매력에 흠뻑 빠져 현재까지 약 20차례 타이완 구석구석을 여행했다. 타이완의 매력을 더 많은 사람이 알기를 바라는 마음에 네이버 카페 〈즐거운 대만여행〉을 개설해 운영 중이다.

- 네이버 카페 〈즐거운 대만여행〉 매니저
  2012년부터 매년 네이버 대표카페로 선정
- 2015년 타이완 관광절 경축 행사 – 타이완 관광 공헌상 수상

카페 cafe.naver.com/taiwantour **블로그** blog.naver.com/mill218 **이메일** mill218@naver.com

2005년 처음 타이완을 방문했을 당시에는 타이완이 어디에 위치하는지도 모른 채 다녀왔어요. 신기했던 야시장과 거북했던 취두부 냄새, 오픈 준비 중이었던 타이베이 101 빌딩 외에는 크게 기억에 남는 것이 없었습니다. 그랬던 타이완에 빠지게 된 것은 같은 해 두 번째 방문 이후였던 것 같습니다. 정겨운 길거리와 사람들, 저렴하고 맛있는 음식 등 타이완만이 안겨주는 소박하고 소소한 분위기가 저를 사로잡았습니다. 타이완 여행이 거듭될수록 가보지 못한 곳들에 대한 갈망이 커져 어느새 약 20차례 타이완을 여행하게 되었네요. 웹상에 타이완 관련 정보가 많지 않았던 2008년부터 타이완 여행 후기를 블로그에 올려 정보를 공유하는 것이 즐거웠고, 더 많은 사람과 좀 더 체계적이고 다양한 타이완 여행 정보를 공유하고자 2009년 마지막 날, 네이버 카페 〈즐거운 대만여행〉을 개설했습니다. 타이완 가이드북이 몇 권 없어서 블로그나 카페 정보로만 여행해야했던 과거와 달리, 현재 카페회원수 35만 명이 넘는 대형 카페가 될 정도로 타이완은 이제 한국인에게 유명한 관광지가 되었고 그만큼 수많은 가이드북이 출간되었습니다. 살짝 뒤늦게 타이완 가이드북을 출간하는 것이 많은 부담이 되고 처음으로 집필한 가이드북이라 부족한 점이 많을 수 있지만, 다른 가이드북에 없는 정보들을 소개하고 싶은 마음에 용기를 냈습니다. 무수히 많은 스폿을 소개하기보다는 지역별로 중점적인 곳들을 소개하려 한 책입니다.

타이완, 특히 타이베이는 변화가 빠른 도시입니다. 바로 얼마 전에도 영업 중이던 가게가 없어지기도 하고 영업시간이나 교통체계 등이 자주 변동되기도 합니다. 그래서 책을 쓰는 도중에도 수없이 수정에 수정을 거듭했으나 지금도, 또 앞으로도 변동되는 정보들이 있을 수 있다는 것을 감안해주시고 봐주셨으면 합니다. 변경된 정보가 있을 시 저에게 메일 주시면 재판 때 적용하도록 할게요. 책을 보시다가 궁금한 점이 있을 때 편하게 메일 주셔도 좋습니다.^^

타이완은 지역마다 독특한 매력으로 가득한 보물상자 같은 작은 섬나라입니다. 타이베이나 까오숑 뿐만 아니라 다른 도시도 충분히 멋진 곳이 많아요. 어쩌면 유명한 타이베이보다 더 많은 매력을 다른 도시에서 느낄 수 있을 겁니다. 조금만 열린 마음으로 여행한다면 타이완은 더 많은 것을 내어줄 거예요. 아무쪼록 이 책을 보는 모든 분이 타이완의 매력을 잘 찾아보고 느끼셔서 즐거운 타이완 여행이 되길 바랍니다.

김미려

Special Thanks To

어느새 개정 2판까지 나왔네요.
이번에 새로 책임편집을 맡아주신 김영훈님, 가장 많은 도움을 주셔서 감사합니다.
그리고 정신 차리고 작업할 수 있게 힘이 되어 주는 효진,
카페 관리해주느라 고생인 타이완 동반자 성청,
선뜻 사진 제공도 해주시고 응원해주시는 블로그 이웃분들,
타이완에 빠져 사는 막내딸을 이해하고 지지해주시는 가족들,
항상 응원해주는 지인분들, 책을 구입해주신 독자분들…모두 감사합니다♡

일러두기

이 책에 실린 정보는 2019년 10월까지 이루어진 정보 수집을 바탕으로 합니다. 정확한 정보를 싣고자 노력했지만, 끊임없이 변하는 현지의 물가와 여행 정보에 변동 사항이 있을 수 있습니다. 도서를 이용하면서 불편한 점이나 틀린 정보에 대한 의견은 아래 연락처로 제보 부탁드립니다.

• 알에이치코리아 편집부 *kimyh@rhk.co.kr*
• 작가 메일 *mill218@naver.com*

본문 보는 방법

❶ 지역 구분
본문에서는 타이완을 크게 타이베이, 북부, 중서부, 남부, 동부로 나누었고, 각 지역을 에어리어 Area로 구분해 소개한다. 크게 타이베이는 타이베이시를 기준으로 하며, 동부는 중앙 산맥을 기준으로 이란현을 포함한 우측의 현들로 구성했다. 서부는 현 단위로 북부, 중서부, 남부로 나누어 소개한다. 타이베이 같은 규모가 큰 대도시는 다시 세부 지역으로 나누었으며, 근교에 위치해 함께 둘러보기 좋은 여행지는 Plus Area로 소개한다.

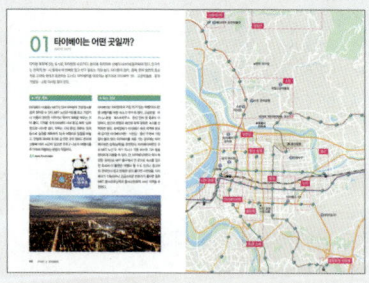 

❷ 지역 개념 정보
해당 지역에 대한 이해를 위해 각 지역 여행지의 대략적인 위치를 보여주며, 여행 방법과 숙박하기 좋은 지역, 지역별 숙소의 특징 등 숙소 정보를 설명한다. 그 뒤로 가는 방법, 시내 교통, 교통 패스, 베스트 코스 등을 정리했다. 다양한 지역으로의 교통수단과 이동 시간을 한눈에 파악하기 쉽도록 했으며, 자세한 지역별 이동 방법은 세부 지역에서 설명한다.

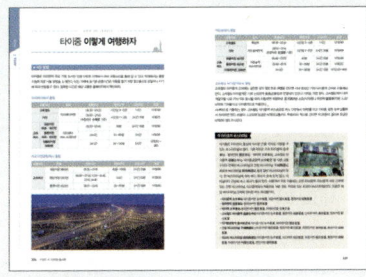

❸ 세부 지역 소개
해당 지역으로의 가는 방법을 여행자들의 동선을 고려해 교통수단별, 출발 지역별로 상세히 소개한다. 해당 지역의 여행 방법을 비롯해 여행지를 효율적으로 둘러볼 수 있는 최적의 추천 코스를 수록해 여행자들의 고민을 덜어준다.

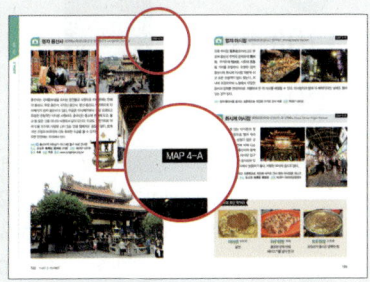

❹ 스폿 소개
본문에 수록한 스폿은 관광명소 · 쇼핑 플레이스 · 음식점 위주로 나누었으며, 그밖에 체험활동과 온천 등 독특한 성격을 가진 장소는 즐길거리로 구분한다. 본문에는 스폿 소개를 비롯해 맵북 지도를 연동하고 있어 해당 스폿의 위치를 쉽고 빠르게 찾아볼 수 있다.

※본문에서 사용한 중국어 표기는 현지 발음을 우선으로 하였습니다. 소개하는 장소명은 정보 찾기가 용이하도록 여행자들에게 주로 통용되는 익숙한 이름으로 넣은 대신 원어와 발음을 함께 병기했습니다.

CONTENTS

작가 소개	002
일러두기	004

PART 01
인사이드 타이완
INSIDE TAIWAN

타이완 기본 정보	018
한눈에 보는 타이완	020
타이완 시즌 캘린더	022
타이완 잡학사전	024
스마트폰 체크포인트	026
타이완 여행 추천 포인트	028
타이완 축제 캘린더	030
피로를 푸는 온천	032
타이완 감성 영화	034
한 입의 행복 딤섬	036
현지 소울푸드 우육면	038
타이완 면식 열전	040
타이완 샤브샤브 훠궈	042
미식의 천국 샤오츠	044
타이완 술집 르어차오	046
배부른 아침 자오찬뎬	048
더위를 날리는 과일빙수	049
간단한 메뉴판 읽기	050
손쉬운 음료 주문법	051
원조 버블티 쩐주나이차	052
타이완 이색 음료	053
꼭 한번 맛볼 타이완 커피	054
타이완 10대 명차	055
새콤달콤 열대과일	056
식도락의 메카 야시장	058

달콤한 디저트 펑리수	060
단짠의 진수 누가 디저트	062
놓칠 수 없는 쇼핑 리스트	064
대표 쇼핑 체인점	068
쇼핑 노하우 택스 리펀	070
타이완 퀵 입국 가이드	071
타이완 교통수단	074
타이완 베스트 코스	078

PART 02
타이베이
TAIPEI

SPECIAL	타이베이의 문화단지	101
	타이베이의 프리마켓	102
	타이베이의 우육면	104
	타이베이의 과일빙수	105
	타이베이의 나이트라이프	106
AREA 1	타이베이처짠	108
AREA 2	시먼·완화	118
SPECIAL	근교의 볼거리	135
AREA 3	쭝산·쑹롄	136
AREA 4	용캉제	148
AREA 5	꽁관·스따	160
AREA 6	동취	167
AREA 7	신이	181
AREA 8	쏭산	196
AREA 9	위엔산	206
AREA 10	스린	212
AREA 11	양밍산	219
AREA 12	신베이터우	225
AREA 13	똥우위엔·마오콩	230

PART 03
타이완 북부
NORTHERN TAIWAN

SPECIAL	예류-스펀-진과스-지우펀 이동 방법	245
AREA 1	딴쉐이	248
PLUS AREA	빠리	256
AREA 2	북해안	259
AREA 3	예류	264
AREA 4	지룽	268
AREA 5	지우펀	276
AREA 6	진과스	282
AREA 7	핑시	289
SPECIAL	핑시선	292
PLUS AREA	션컹	299
AREA 8	푸롱	301
AREA 9	잉꺼·싼샤	307
AREA 10	우라이	314
PLUS AREA	비탄	321
SPECIAL	네이완선	322

PART 04
타이완 중서부
MIDDLE WESTERN TAIWAN

AREA 1	타이중	335
AREA 2	짱화	355
AREA 3	루강	359
AREA 4	지지	365
SPECIAL	지지선	368
AREA 5	르웨탄	374
SPECIAL	르웨탄 패키지 상품	377
PLUS AREA	루산 온천	382
AREA 6	쟈이	384
SPECIAL	아리산 트레킹	394
AREA 7	진먼다오	398

PART 05
타이완 남부
SOUTHERN TAIWAN

AREA 1	타이난	419
SPECIAL	타이난 옛 건축물 순례	434
PLUS AREA	안핑	435
PLUS AREA	관쯔링 온천	440
AREA 2	까오숑 북부	442
PLUS AREA	챠오터우	451
SPECIAL	근교의 볼거리	454
AREA 3	까오숑 남부	456
PLUS AREA	치진	477
AREA 4	메이농·치산	480
AREA 5	샤오류츄	486
AREA 6	컨딩	492

PART 06
타이완 동부
EASTERN TAIWAN

AREA 1	이란	512
PLUS AREA	터우청	517
AREA 2	쟈오시	520
AREA 3	뤄동	527
AREA 4	쑤아오	533
AREA 5	화롄	538
SPECIAL	타이루꺼 국가공원	542
AREA 6	타이동	551
SPECIAL	타이동 동해안 투어	554
PLUS AREA	즈번 온천	565
PLUS AREA	초상	567
AREA 7	뤼다오	570

여행 준비
GETTING READY

여행 계획 세우기	582
여권 만들기	583
항공권 예약하기	584
숙소 예약하기	585
여행 정보 수집하기	586
면세점 이용하기	587
환전하기	588
사건·사고 대처하기	589
찾아보기	590

타이완 전도

PART 1

인사이드 타이완

타이완 기본 정보

수도 타이베이
타이완의 수도는 북부에 위치한 타이베이 台北 Taipei로 정치·경제·문화의 중심지다. 수도인 만큼 인구밀도 역시 타이완에서 가장 높다.

국명 타이완
정식 명칭은 중화민국 中華民國 Republic of China이지만, 타이완 臺灣 TAIWAN으로 통용된다. 정치적인 영향 때문에 중화 타이베이 中華臺北라 부르기도 한다. 2016년 5월, 타이완 독립 성향의 총통이 취임한 후에는 국가 명칭으로 '중화민국 타이완'을 채택했다.

면적 36,197㎢
총 국토 면적은 36,197㎢로 세계에서 137번째다. 대한민국 국토 면적의 약 3분의 1 크기다. 세로로 긴 고구마 모양의 본섬과 크고 작은 79개의 섬으로 이루어져 있다.

민족 한족 95%
전체 인구의 95%는 한족이며, 한족은 민남인 72%, 객가인 14%, 외성인(본토 중국인) 14%로 나뉜다. 나머지 5%는 타이완 신주민과 16개 부족에 이르는 타이완 원주민이다.

언어 만다린어
공용어는 중국 표준어인 만다린어로 타이완에서는 국어(國語)라 한다. 조금씩 표현하는 단어가 다른 경우도 있지만 큰 차이는 없다. 다만, 중국 대륙에서는 일반적으로 간체자(簡體字)를 쓰는 반면 타이완에서는 번체자(繁體字)를 사용한다.

종교 도교와 불교 혼합
민간신앙이 속한 도교와 불교 혼합이 93%로 주를 이룬다. 4.5%는 기독교이며, 종교의 자유가 보장되어 포교활동도 활발하다. 불교·도교·유교 등 여러 신을 함께 모시는 사원이 전국 곳곳에 퍼져 있다.

비자 90일 이내 무비자
대한민국 국민은 왕복 항공권을 소지하고 여권의 유효기간이 6개월 이상 남아 있으면 타이완에 무비자로 90일까지 체류할 수 있다. 관광 목적이 아니거나 90일 이상 체류하려면 주한 타이베이 대표부에서 비자를 발급받아야 한다.

통화 NT$
뉴 타이완 달러 New Taiwan Dollar. 중국어로는 신타이삐 新臺幣라 하며 TWD, NTD, NT$로 표기한다. 현지 일상에서는 보통 元(위엔)으로 표기하고 말한다.

중화민국력
타이완에서 사용하는 기년법. 중화민국이 성립된 해인 1912년을 원년으로 삼는다. 타이완에서는 2019년을 '민국 108년'이라 표기한다.

영업시간 10:00~22:00
관공서는 주 5일제이다. 일반 업소의 영업시간은 주로 오전 10~11시 이후부터 밤 9~10시까지다. 보통 영업시간이 월~금요일과 토·일요일로 나눠진 경우, 공휴일은 주말 영업시간을 따른다고 생각하면 된다.

전압 110V
가정집에서 220V를 사용하긴 하지만 대부분 에어컨처럼 전력소모가 많은 전자제품에만 사용되고 110V/60Hz를 주로 사용한다. 전자제품을 사용하려면 11자 형 어댑터, 일명 '돼지코'를 준비해야 한다.

공휴일 대체휴일 주의
일부 기념일 명절을 공휴일로 지정하고 휴무한다. 대체휴일제가 도입되어 휴일이 토요일인 경우에는 금요일을, 일요일인 경우에는 월요일을 대체 휴일로 정한다.

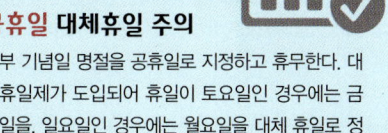

시차 -1시간
한국보다 시간이 1시간 느리다. 즉 한국이 오후 5시라면 타이완은 오후 4시.

팁 없음
팁 문화가 발달하지 않아서 호텔, 레스토랑 등에서 따로 지불하지 않아도 된다. 대신 부가세나 서비스요금 10%가 추가로 나오는 곳이 있다.

일시	명절
1월 1일	원단 및 개국기념일
1월 1~3일(음력)	춘절
2월 28일	평화기념일
4월 4일	어린이날
4월 5일경	청명절
5월 5일(음력)	단오절
8월 15일(음력)	중추절
10월 10일	국경일
12월 말(음력)	섣달그믐

한눈에 보는 타이완

타이베이 p.88

타이완의 수도인 타이베이는 타이완 여행의 중심이자 꽃이라 할 수 있다. 한국인에게 타이완 여행은 타이베이 여행이라는 인식이 강할 만큼 타이베이는 단연 핵심 여행지다. 수도인 만큼 대중교통이 발달해 다른 지역에 비해 편하게 여행할 수 있다.

중서부 p.324

타이완 중서부는 타이완 제3의 도시인 타이중을 중심으로 발달했다. 서쪽으로는 바다가 있고 동쪽으로는 산맥이 있는 지역으로 기다란 모양의 타이완섬에서 북부와 남부 가운데 위치한다. 타이중공항이 있어서 한국에서도 바로 갈 수 있고, 다른 지역에 비해 타이베이에서 멀지 않아 가볍게 둘러보기 좋다.

- 타이중
- 쟈이
- 타이난
- 까오숑
- 컨딩

북부 p.236

타이베이를 둘러싸고 있는 신베이, 항구도시 지룽, 그 외 타오위엔과 신쭈를 포함한다. 풍부한 문화유산과 자연환경을 갖추었고, 타이베이 시내와 근접해 있어서 여행하기 편리하다.

동부 p.502

타이완의 중앙산맥을 기준으로 동쪽에 위치하며 태평양과 맞닿은 화롄과 타이동을 통틀어 화동 지구 花東地區라 부른다. 동부에서 가장 위에 있는 이란은 타이완의 북부로 구분되기도 하고 동부로 구분되기도 하는데 이 책에서는 동부로 구분했다. 지형적인 이유로 타이완에서 개발이 가장 느리게 된 지역인데, 그만큼 깨끗한 천연자원이 풍부하고 타이완 원주민이 가장 많이 거주한다.

남부 p.408

타이완에서 가장 오래된 도시이자 옛 수도였던 타이난과 커다란 항구로 경제·무역의 대도시로 자리 잡은 까오슝이 남부의 대표 도시이다. 타이완의 역사와 현대적으로 발전한 첨단도시의 모습을 모두 느낄 수 있다. 타이완 제2의 도시인 까오슝에서 기차로 30분 내지 1시간만 가면 옛 타이완의 모습을 간직한 역사도시 타이난으로 시간여행을 떠날 수 있다. 또, 버스로 2시간만 이동하면 타이완 최고의 휴양지인 컨딩에서 푸른 바다와 자연을 만날 수 있다.

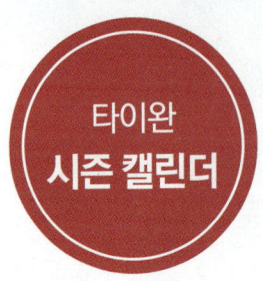

타이완 시즌 캘린더

타이완은 아열대 기후에 속하며 대체로 덥고 습하다. 그중 비교적 추운 달은 1월과 2월이다. 타이완 남부는 열대 기후에 가까워 북부보다 일조량이 많고 겨울과 여름의 온도차가 작다.

※시즌 정보는 타이베이 기준이며, 여행 적기는 3월과 4월, 그리고 11월이다.

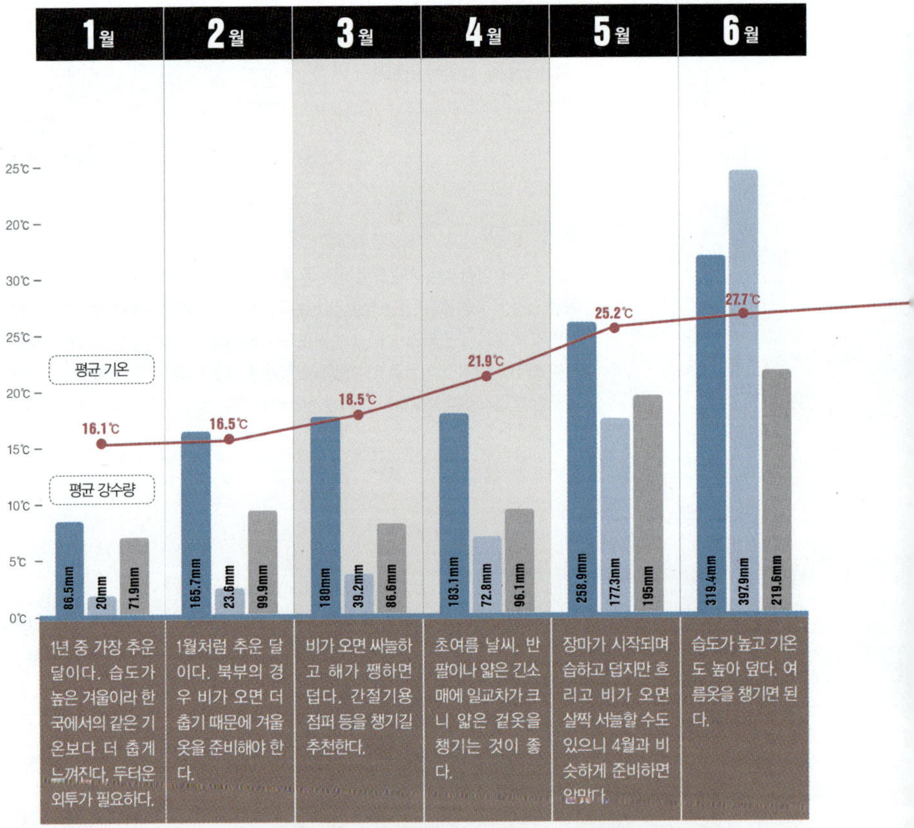

1월
2월
3월
4월
5월
6월
25℃
20℃
30℃
25℃
20℃
15℃
10℃
5℃
0℃
평균 기온
평균 강수량
16.1℃
16.5℃
18.5℃
21.9℃
25.2℃
27.7℃
86.5mm
20mm
71.9mm
165.7mm
23.6mm
99.9mm
180mm
39.2mm
86.6mm
183.1mm
72.8mm
96.1mm
258.9mm
177.3mm
195mm
319.4mm
397.9mm
219.6mm

1월	2월	3월	4월	5월	6월
1년 중 가장 추운 달이다. 습도가 높은 겨울이라 한국에서의 같은 기온보다 더 춥게 느껴진다. 두터운 외투가 필요하다.	1월처럼 추운 달이다. 북부의 경우 비가 오면 더 춥기 때문에 겨울옷을 준비해야 한다.	비가 오면 싸늘하고 해가 쨍하면 덥다. 간절기용 점퍼 등을 챙기길 추천한다.	초여름 날씨. 반팔이나 얇은 긴소매에 일교차가 크니 얇은 겉옷을 챙기는 것이 좋다.	장마가 시작되며 습하고 덥지만 흐리고 비가 오면 살짝 서늘할 수도 있으니 4월과 비슷하게 준비하면 알맞다.	습도가 높고 기온도 높아 덥다. 여름옷을 챙기면 된다.

옷차림 준비

평균적인 월별 날씨와 옷차림을 적어 두었지만 타이완의 날씨는 한여름을 제외하고는 매일이 변화무쌍하다. 햇빛이 쨍한 날은 겨울에도 덥고, 흐리거나 비가 오면 봄 · 가을에도 추울 수 있다. 지역별로 강우 여부에 따라 옷차림이 달라지니 타이완으로 떠나기 직전에 날씨를 확인한 후 준비하는 것이 좋다. 특히 겨울에는 반소매 · 긴소매 · 겉옷 등 다양하게 겹쳐 입을 수 있는 옷을 준비하면 유용하다.

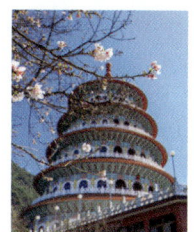

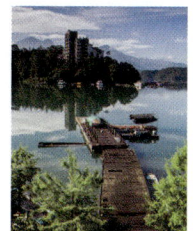

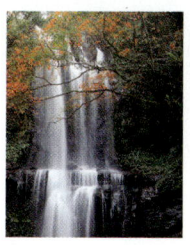

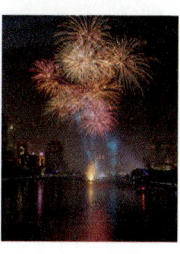

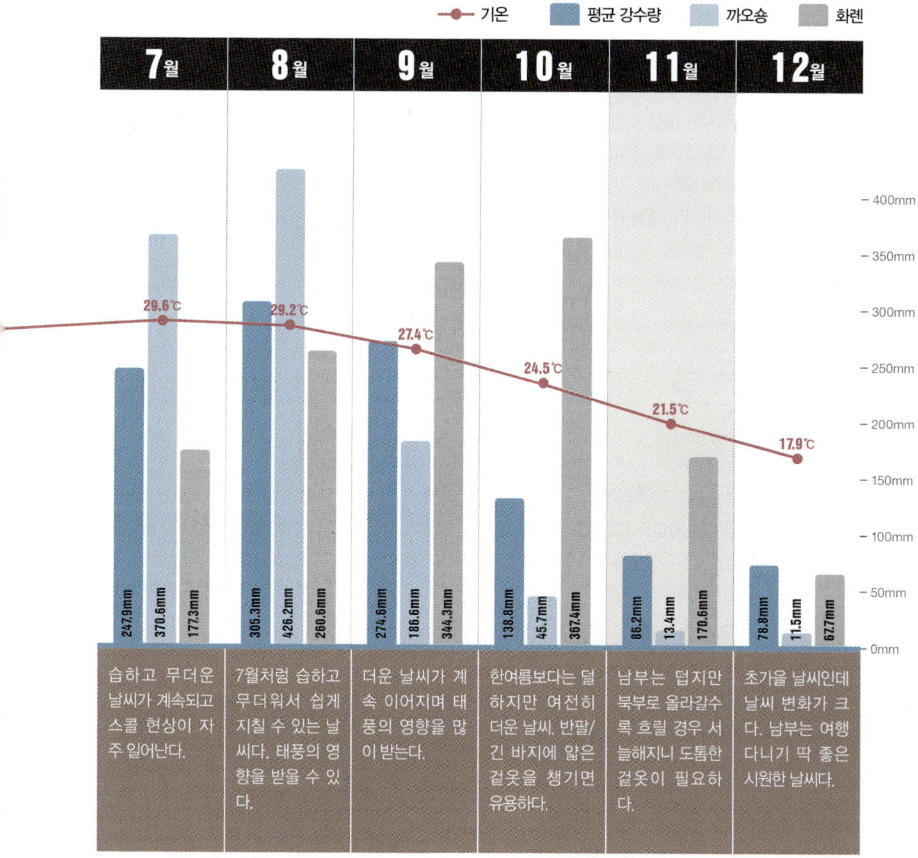

기온
평균 강수량
까오숑
화롄
7월
8월
9월
10월
11월
12월
29.6℃
29.2℃
27.4℃
24.5℃
21.5℃
17.9℃
247.9mm
370.6mm
177.3mm
305.3mm
426.2mm
260.6mm
274.6mm
186.6mm
344.3mm
138.8mm
45.7mm
367.4mm
86.2mm
13.4mm
170.6mm
78.8mm
11.5mm
67.7mm
400mm
350mm
300mm
250mm
200mm
150mm
100mm
50mm
0mm

7월	8월	9월	10월	11월	12월
습하고 무더운 날씨가 계속되고 스콜 현상이 자주 일어난다.	7월처럼 습하고 무더워서 쉽게 지칠 수 있는 날씨다. 태풍의 영향을 받을 수 있다.	더운 날씨가 계속 이어지며 태풍의 영향을 많이 받는다.	한여름보다는 덜하지만 여전히 더운 날씨. 반팔/긴 바지에 얇은 겉옷을 챙기면 유용하다.	남부는 덥지만 북부로 올라갈수록 흐릴 경우 서늘해지니 도톰한 겉옷이 필요하다.	초가을 날씨인데 날씨 변화가 크다. 남부는 여행 다니기 딱 좋은 시원한 날씨다.

계절별 강우

겨울비는 주로 동북 계절풍의 영향을 받아 내리고, 여름에는 습한 남서 기류가 종종 큰 비를 몰고 온다. 여름부터 가을까지는 태풍의 영향을 받는다. 타이완의 우기는 계절에 따라 구분하기가 쉽지 않다. 크게 두 부분으로 나누자면 5월과 6월의 장마철과 7월부터 9월까지의 태풍 시기를 꼽을 수 있다. 이외에 2월부터 4월의 봄비는 북부 지역에 많이 내린다. 겨울에는 비교적 강수량이 적은 편이고 특히 중남부는 건기라고도 볼 수 있다.

타이완 잡학사전

타이완 현지를 조금 더 깊게 이해하고 여행을 준비할 수 있는 알아두면 쓸 데 있는 잡학사전.

MRT 안에서 음식물 섭취 금지!

타이완의 전철, MRT에서는 물을 포함해 각종 음료와 껌, 사탕 등의 음식물 섭취를 금지한다. 섭취 적발 시, 한화 약 28만원에 해당하는 벌금을 물어야 한다. 전철 내부뿐만 아니라, 개찰구 앞의 노란선을 넘어서는 순간부터 법규를 적용하므로 주의가 필요하다. 단순 휴대는 가능하다.

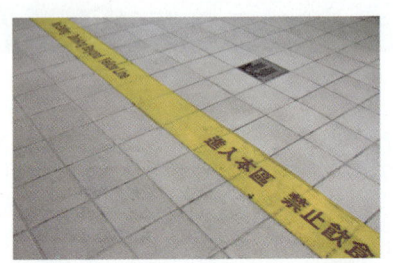

만능 서비스센터 편의점

타이완에서는 어디서든 편의점을 쉽게 볼 수 있다. 개방 화장실이 있는 편의점도 많은 편이다. 여행 중 화장실이 급할 경우, 편의점을 찾아가도 되고 저렴한 가격에 맛좋은 커피를 마실 수 있다. 택시 호출, 프린트, 각종 티켓 수령 등 다양한 서비스도 제공한다.

짐 보관은 역에서

여행 중 잠시 한 도시에 들릴 경우, 짐 보관이 시급하다면 기차역을 이용하도록 하자. 주요 기차역에는 씽리팡 行李房이라는 물품보관소가 있어서 비교적 저렴한 가격에 짐을 보관할 수 있다. 단, 운영시간이 그리 길지는 않으므로 짐을 맡길 때 운영시간을 꼭 확인해야 한다.

중추절(추석)에는 바비큐파티

타이완도 '중추절'이라 부르는 추석을 보내긴 하지만 한국처럼 큰 명절은 아니다. 대신 추석 때 가족, 친구 등 여러 명이 모여서 길가에서 바비큐 파티를 하는 독특한 문화가 있다. 추석에 길을 걷다보면 상가나 집 앞에서 여러 가지 바비큐 재료를 쌓아두고 바비큐 파티를 하는 모습을 쉽게 볼 수 있다.

예약 문화

타이완 사람들은 예약을 하거나 대기를 하는 것이 몸에 배어 있다. 예약을 꼭 해야 하는 건 아니지만 예약 문화가 발달해 있으며, 유명한 식당이나 카페 등은 미리 예약을 해야 방문이 수월하다. 예약이 안 되는 곳은 대기명단 작성 후 현장에서 대기한다.

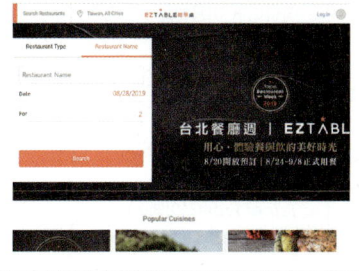

우산과 겉옷은 필수

비가 많이 오는 타이완, 특히 타이베이 같은 북부 지역을 여행할 때엔 작은 우산 하나 챙겨가는 것이 좋다. 미리 준비를 못했다면 타이완산 우산이 튼튼하고 좋으니 현지에서 구입하는 것도 추천한다. 그리고 더운 날씨 탓에 에어컨을 강하게 트는 곳들도 있으니 얇은 겉옷을 챙기도록 하자.

스마트폰 체크포인트

타이완에서 휴대전화로 인터넷을 사용하는 방법은 크게 포켓 와이파이, 현지 유심, 데이터 로밍으로 구분할 수 있다. 스마트폰의 사용이 늘어난 만큼 인터넷에 의지해 여행하는 부분이 많으니 어느 방법으로든 데이터 연결은 선택이 아닌 필수가 되고 있다.

포켓 와이파이 vs 현지 유심 vs 데이터 로밍

	포켓 와이파이	현지 유심	데이터 로밍
신청	인터넷 예약	인터넷/현지 구매	공항 부스/전화
수령	공항	택배/공항	–
데이터 구성	와이파이 무제한	LTE 데이터 LTE 무제한 LTE+저속 무제한	LTE 데이터 LTE+저속 무제한 저속 무제한
공유	최대 5명 권장	개인용 핫스팟	개인용 핫스팟
비용	1일 4000원~	3일 1만 원~	1일 9900원~

✓ 포켓 와이파이

휴대용 단말기를 이용해 와이파이를 이용하는 것이다. 하나의 단말기에 여러 대의 휴대전화를 연결해 이용할 수 있다. 일행이 있는 경우 함께 대여하면 좋다. 단말기를 항상 충전해 휴대해야 하고 공항에서 수령과 반납을 해야 하기 때문에 조금 번거롭다는 단점이 있지만, 하나의 단말기로 여러 명(2~3명 권장)이 쓰기 때문에 비교적 저렴하게 이용할 수 있다. 가격은 하루 약 4,000~7,000원.

현지 무료 와이파이

타이완 공공구역에서 무료로 사용할 수 있는 와이파이이다. 간단하게 정보를 등록하면 이용이 가능하다. 공공 와이파이 외에 호텔, 식당, 쇼핑몰 등에서 제공하는 무료 와이파이를 이용하는 방법도 있다. 오랜 시간 지속해서 와이파이를 이용할 수 없다는 단점이 있으니 인터넷을 장시간 사용하지 않는 경우에 적합하다.

iTaiwan (전국 주요 도시)
itaiwan.gov.tw

Taipei Free (타이베이)
www.tpe-free.taipei.gov.tw

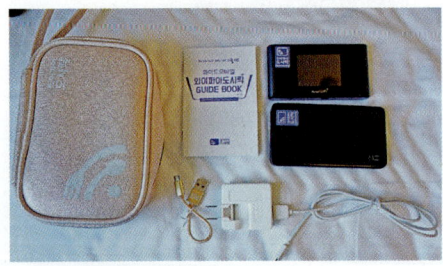

✅ 현지 유심

스마트폰에 끼워져 있는 유심을 현지 유심으로 교체해 사용하는 방식. 스마트폰 내 각종 앱, 사진첩 등은 유지되지만, 타이완 전화번호가 부여되어 한국 휴대전화 번호로 오는 연락을 받을 수 없다. 통화와 데이터 모두 사용할 수 있는 유심, 데이터만 사용할 수 있는 유심 등 종류가 다양하다.

현지에서 구입한다면 공항 한정 특가가 적용되기 때문에 타이완 시내보다 공항에서 구입하는 것이 좋다. 무제한 데이터와 통화가 가능한 유심 가격은 통신사별로 조금 차이가 있지만 3일 NT$300, 5일 NT$300~500 정도.

✅ 데이터 로밍

이동통신 회사에서 제공하는 무제한 데이터 로밍을 신청해두면 자유롭게 데이터를 이용할 수 있어 요금 폭탄을 맞는 것을 피할 수 있다. 각 이동통신 회사에 사전 신청을 하거나 공항 로밍센터에서 바로 신청을 하면 된다. 가격은 하루 약 10,000원.

유용한 애플리케이션

✅ **구글 맵스** Google Maps
현재 위치를 확인할 수 있고 목적지, 거리, 교통편 등을 쉽게 찾아 볼 수 있다. 각 상점 오픈 정보도 확인하기 좋다.

✅ **구글 번역** Google Translator
중국어와 영어, 일본어 등 여러 언어의 번역 기능을 지원한다. 입력한 문장은 물론 이미지와 음성 번역도 지원한다.

✅ **라인** LINE
타이완에서 많이 사용하는 메신저 앱. 공식 계정에서 'LINE 중국어(번체) 통역'을 친구 추가한 뒤 해당 계정과의 채팅창에서 문장을 입력하면 중국어 또는 한국어로 번역해 준다.

✅ **트랜짓 타이완** Transit TW
타이베이와 까오슝의 MRT, 기차, 고속철도까지 정보를 확인 할 수 있다. 예상 금액과 소요시간을 계산해 준다.

✅ **버스트랙커 타이완** Bus Tracker Taiwan
버스 번호로 타이완 전역의 버스 도착시간을 실시간으로 확인 할 수 있다. 공공자전거, MRT, 기차 정보도 제공한다.

✅ **유바이크** YouBike
내가 있는 곳 주변의 유바이크 대여반납 장소를 쉽게 찾을 수 있다. 대여 가능 자전거, 주차 가능 자리를 실시간으로 보여 준다.

✅ **이지 테이블** EZ TABLE
레스토랑 정보를 확인하고, 쉽게 예약이 가능하다.

✅ **이지 월렛** Easy Wallet
교통카드인 이지카드의 사용 내역과 잔액 등을 확인 할 수 있다.

타이완 여행
추천 포인트

Point 1 라오제(옛거리) 예전부터 조성되어 온 오래된 거리를 중국어로 라오제 老街라 한다. 오래된 골목길에 주요 상점들이 밀집해 있어 각 지역의 대표 관광지로 사랑받는다. 올드 타이완의 정취를 느끼며 다양한 상점을 구경하거나 맛있는 먹거리를 접할 수 있어서 길을 걷는 것만으로도 재미있다.

Point 2 야경 여행지에서 보는 야경은 항상 설렘을 가득 안겨준다. 타이완의 야경은 밤을 밝히는 불빛들로 낮보다는 화려하지만 고요하며 소박한 느낌을 준다. 반짝반짝 조용히 빛을 내는 타이완의 야경을 보고 있자면 마음이 벅차오르면서도 한편 안정을 주기도 한다. 기회가 된다면 꼭 한 번은 타이완의 야경을 감상해보자.

Point 3　야시장 타이완의 가장 독특한 밤 문화는 바로 야시장 夜市이라 할 수 있다. 한낮의 땡볕을 피하고 밤늦게까지 열리는 야시장에서 쇼핑, 식사, 놀이 등 많은 것을 충족할 수 있다. 한여름 밤의 청량제 같은 역할을 하는 야시장 문화는 타이완 여행에서 놓칠 수 없는 필수 여행 포인트다.

Point 4　기차 작은 기차를 타고 떠나 원하는 역에 내리는 여행은 언제나 낭만적이다. 타이완에 간다면 귀엽게 꾸며진 지선(支線)열차를 타고 기차 여행을 해보자. 지선 외에도 타이중, 화롄, 타이동 등 다른 지역으로 이동 시 흔히 일반 기차를 타게 되는데 이때 기차 안에서 철도도시락을 먹는 것은 빠질 수 없는 즐거움이다.

Point 6　예술문화단지 타이완에는 오래된 공장, 건축물 등을 개조해 공연장·전시장·상점·레스토랑 등이 들어선 복합 예술문화 공간으로 재탄생시킨 곳을 곳곳에서 볼 수 있다. 옛 것을 개조해 잘 꾸며놓은 멋스러운 공간에서 잠시 쉬어가며 여행의 또 다른 즐거움을 만끽해보자.

Point 5　원주민문화 타이완에는 소수이지만 여전히 원주민이 거주한다. 특정 지역에 가면 원주민 문화와 음식을 직접 접해볼 수 있다. 일정 중 한 번은 타이완의 독특한 원주민문화를 경험해 볼 것을 추천한다.

타이완 축제 캘린더

타이완의 각 지역에서는 일 년 내내 크고 작은 다채로운 축제가 이어진다. 미리 축제 일정을 확인한 뒤 축제기간에 맞춰서 여행을 떠나본다면 한층 더 기억에 남는 순간을 남길 수 있을 것이다. 아래 소개한 것 외에 다양한 축제 정보는 타이완 축제 홈페이지(www.eventaiwan.tw/tw/index.jsp)를 참고하면 된다.

타이완 등불축제
台灣燈會

기간 음력 1월 15일부터 약 10일~2주간
장소 매년 다름

음력 1월 15일 원소절 元宵節(정월 대보름)을 기념 하여 매년 한 번, 한 지역을 선정해 개최한다. 타이완 최대 규모의 등불축제라 국내외의 수많은 관광객이 몰린다. 그해의 십이지신을 주제로 한 주등(主燈)을 중심으로 수많은 등을 전시한다.

양밍산 꽃축제
陽明山花季

기간 2월 중순~3월 중순
장소 양밍산 국가공원
홈피 www.facebook.com/ymsflower

타이완의 대표 꽃축제. 싱그러운 자연 속에서 다양한 꽃과 넓은 초원, 휴화산의 분화구를 둘러보고 무료 족욕까지 할 수 있다. 이곳 외에도 신베이 전역에서 매년 봄 벚꽃축제가 열린다.

타이중 따지아 마쭈국제관광문화제
台中大甲媽祖國際觀光文化節

기간 음력 3월 **장소** 타이중시 따지아구, 진란궁
홈피 www.mazuevent.com

선원을 수호하는 바다의 여신 마쭈 媽祖의 탄생을 기념하는 행사. 특히 마쭈 순례 媽祖遶境進香는 타이완에서 가장 중요하고 큰 민속문화축제 중 하나로 꼽힌다. 8박 9일간 만 명 이상의 군중이 약 300여 킬로미터의 긴 행렬로 이동한다.

푸롱 국제 모래조각예술제
福隆國際沙雕藝術季

기간 5~6월
장소 신베이시 푸롱 해수욕장

타이완의 동북쪽에 위치한 해수욕장, 자전거도로, 도시락 등으로 유명한 푸롱에서 열리는 축제. 푸롱 지역 해변은 황금빛을 띠는 부드러운 석영모래로 모래조각을 하기에 최적이다. 국내외 작가들의 웅장한 작품과 콘테스트를 거친 일반인들의 작품을 전시한다.

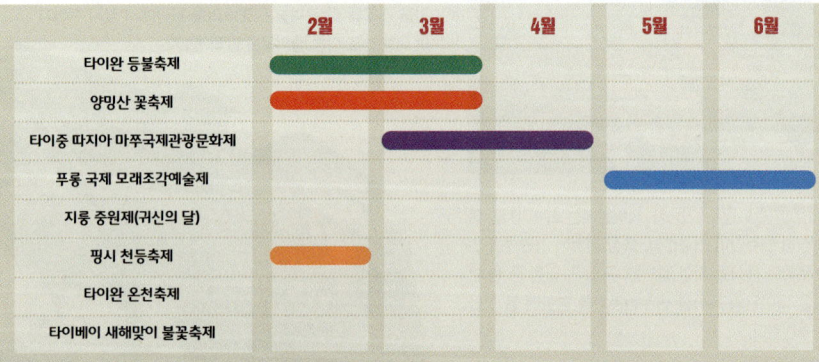

지룽 중원제(귀신의 달)
基隆中元祭

기간 음력 7월 **장소** 지룽시

매년 음력 7월은 귀신의 문이 열려 혼령들이 바깥세상으로 나와 한 달간 인간세계에서 지낸다는 타이완 귀신의 달이다. 귀신의 달의 절정은 음력 7월 15일 중원절 中元節이다. 이날에는 각 절에서 다양한 의식과 행사가 열린다. 특히 지룽에서 하는 중원제가 가장 성대하다.

핑시 천등축제
平溪天燈節

기간 핑시(스펀) **장소** 원소절·중추절 당일

봄이 시작되는 원소절에 한해의 소원과 평안을 기원하며 천등을 띄운다. 매년 축제일 오전부터 무료로 1000개가 넘는 천등을 나눠주고, 당일 저녁 6시부터 8회에 걸쳐 한 번에 몇 백 개의 천등을 띄워 이색적이고도 아름답다. 2017년부터 중추절에도 천등축제를 진행한다.

타이완 온천축제
台灣好湯-溫泉美食嘉年華

기간 10~1월 **장소** 타이완 전역 온천지역
홈피 taiwanhotspring.net

타이완 전역에는 120여 곳의 다양한 온천이 자리한다. 그중 대표적인 17곳의 온천 지역에서 각종 할인 혜택, 체험활동 등 다채로운 이벤트가 열린다. 지역별로 축제 주제와 기간이 조금씩 다르므로 홈페이지에서 미리 확인해보는 것이 좋다.

타이베이 새해맞이 불꽃축제
台北最HIGH新年城-跨年晚會

기간 12월 31일~1월 1일
장소 타이베이 시청 앞 시민광장

1월 1일 영시를 기점으로 타이베이 101에서 화려한 불꽃이 터진다. 저녁부터 새벽 1시까지 유명 가수의 공연이 이어진다. 이날은 MRT도 24시간 운행하므로 귀가 걱정은 접어두고 즐거운 새해를 맞이하면 된다. 타이완 각지에서도 카운트다운 행사를 진행한다.

피로를 푸는 온천

화산섬인 타이완은 일본 못지않게 온천이 잘 발달해 있다. 냉온천·열온천·탁온천·해저온천 등 120여 곳의 온천이 있어 다양한 수질의 온천을 경험해 볼 수 있다. 타이완 각지에 온천이 분포하며 대부분 산속에 위치해, 온천을 하며 멋진 자연경관까지 즐길 수 있다.

❶ 양밍산 온천 陽明山溫泉
타이베이 시내 양밍산에 형성된 온천으로 많은 온천이 있고 독특한 유황온천을 체험하기 위해 많은 사람이 몰린다.
수질 산성 유황천
수온 60~70℃

❷ 베이터우 온천 北投溫泉
타이베이 분지 동북쪽에 위치하고 주변이 샤마오산 紗帽山, 치싱산 七星山, 따툰산 大屯山에 둘러싸여 있다. 암 치료로 유명한 베이터우석 北投石이 발견된 곳으로 약리 효과가 뛰어난 온천이다.
수질 탄산유황천 **수온** 55~58℃

TIP 온천욕 주의사항
- 입욕 전에 샤워해서 몸을 청결히 씻은 후에 이용한다.
- 여성의 경우 모발을 잘 고정(헤어캡 등 이용)해야 하고, 수건을 가지고 탕에 들어가지 않는다.
- 수온은 38~42℃가 적당하다. 탕에 들어가기 전에 따뜻한 물로 몸을 적시고 손과 발끝부터 시작해 몸 전체를 담근다.
- 식전 30분이나 식후 1시간 내에는 온천욕을 하지 않는 것이 좋다.
- 온천탕 이용시간은 한 번에 30분을 넘기지 않도록 하는 것이 좋다. 수분을 보충하며 휴식 후 다시 입욕하는 것이 좋다.

❺ 타이안 온천 泰安溫泉
먀오리의 산악 지대에 있으며 총 세 개 지역으로 나뉜다. 원시삼림으로 둘러싸여 있고 타이야 원주민 부락이 있어 전통 먹거리도 함께 즐길 수 있다.
수질 약알칼리성 탄산천
수온 40~60℃

❻ 따컹 온천 大坑溫泉
타이완 921 대지진 때 지층 변화가 생긴 뒤 우연히 발견된 신생 온천 지역이다. 피부를 매끄럽게 해줘 미인탕이라고도 불리고 입욕 중 가벼운 마사지 효과도 느낄 수 있다.
수질 약알칼리성 탄산수소나트륨천
수온 50~60℃

❼ 구관 온천 谷關溫泉
타이완 중부 온천 관광의 메카로 피로 회복과 혈액순환에 큰 효과가 있다. 일본 메이지 천황이 방문 후 칭찬을 아끼지 않아 메이지 온천이라고도 불린다.
수질 알칼리성 탄산천
수온 48~60℃

❽ 루산 온천 廬山溫泉
해발 약 400미터에 위치한 온천으로 관절염 및 신경통에 탁월한 효과가 있고 위 계통 질병에도 도움을 준다고 한다.
수질 약알칼리성 탄산천
수온 45~48℃

❸ 우라이 온천 烏來溫泉
두 개의 강줄기로 이루어지며 타이베이 외곽에 위치해 쉽게 다녀올 수 있다. 여러 온천호텔이 모여 있고 원주민문화도 볼 수 있다.
수질 탄산수소나트륨천
수온 80℃

❹ 진산 온천 金山溫泉
타이완 북해안에 위치해 산과 바다를 끼고 있다. 철분온천, 유황천, 탄산천 등 종류가 다양하다.
수질 중성 탄산천
수온 45~50℃

❾ 즈번 온천 知本溫泉
경치가 빼어난 온천 휴양지로 외온천에는 중소형 온천여관이, 내온천에는 고급 온천호텔이 모여 있고 원주민문화도 체험해 볼 수 있다.
수질 탄산수소나트륨천
수온 45~56℃

❿ 자오르 온천 朝日溫泉
세계 3대 해저온천 중 하나로 바다와 맞닿아 해안선 암석에서 온천수가 용출되고 일출을 보며 온천욕을 즐길 수 있다.
수질 유황천
수온 53~93℃

⓫ 쑤아오 냉천 蘇澳冷泉
저온 탄산광 냉천으로 전 세계적으로 보기 드문 냉천이다. 바닥에서 작은 기포가 올라 탄산수에 몸을 담그고 있는 듯한 독특한 경험을 하게 해준다.
수질 약알칼리성 탄산천
수온 22℃

⓬ 쟈오시 온천 礁溪溫泉
타이완에서 보기 드문 평지에 위치한 탄산수소나트륨천으로 많은 온천호텔이 있고 온천공원도 잘 꾸며져 있다. 온천수를 이용해 재배한 각종 농작물도 인기 있다.
수질 약알칼리성 탄산수소나트륨천
수온 50~60℃

⓭ 관쯔링 온천 關子嶺溫泉
타이완 유일의 머드온천으로 온천수에 다량의 미세 진흙과 미량의 원소 및 각종 광물질을 함유한다.
수질 알칼리성 탄산천
수온 75℃

⓮ 부라오 온천 不老溫泉
온천수에서 유황 냄새가 전혀 나지 않고 몸을 담그면 피부가 부드럽게 아이처럼 변한다고 해서 불로(不老)라는 명성을 얻었다.
수질 약알칼리성 탄산천
수온 45~48℃

⓯ 바오라이 온천 寶來溫泉
산세가 험한 곳에 위치해 주변 경관이 장엄하고 웅장하다. 근육의 피로 회복과 피부 미용에 효과가 있다고 알려져 있다.
수질 알칼리성 탄산천
수온 60℃

⓰ 쓰중시 온천 四重溪溫泉
수질이 좋아 피부를 매끄럽게 하고 혈액순환에도 탁월한 효과가 있으며 관절염·피부염·신경통·통풍 등과 같은 질병에도 효과가 있다.
수질 약알칼리성 탄산천
수온 50~61℃

타이완 감성 영화

예전에는 타이완의 드라마나 영화를 접하기가 쉽지 않았으나 요즘에는 한국에서 타이완 영화도 많이 상영해 타이완문화를 손쉽게 접할 수 있게 되었다. 그에 따라 타이완 연예인이나 영화를 좋아하는 사람도 많아졌고 촬영지를 찾아 떠나는 여행자도 생겼다.

나의 소녀시대 我的少女時代 (2015)

2015년 여름 타이완에서 개봉하면서 당시 타이완 영화 역대 흥행 1위라는 기록을 세우며 중화권에서 큰 성공을 거뒀다. 2015년 10월 부산국제영화제에 초청되어 상영했고 주연배우들까지 방한했다. 남자 주연 배우인 왕따루는 오랜 기간 무명이었다가 이 영화를 통해 유명 스타가 되었다. 타이완 특유의 촌스러움과 유치함이 가미된 로맨스 영화로 풋풋한 학생들의 사랑 이야기를 예쁘게 그리고 있고, OST 또한 사랑받았다.

주요 촬영지
- 타이베이 台北 – 무짜 공원 木柵公園
- 신뎬 新店 – 샤오시에파오모훙차뎬 小歇泡沫紅茶店
- 신쭈 新竹 – 신쭈 상업고등학교 新竹高商, 신쭈 고등학교 新竹高中, 싼민 초등학교 三民國小

타이베이에 눈이 온다면 台北飄雪 (2012)

신인 여가수가 목소리 문제로 슬럼프를 겪으며 타이완의 징통이라는 마을에 잠적하면서 그곳에서 만난 남자와의 사랑 이야기가 시작된다. 잔잔한 영화답게 주요 촬영지 또한 핑시선의 조용한 마을인 징통과 핑시이다. 남자 주인공의 집, 카페, 두 주인공의 만남의 장소였던 다리, 메이가 잠시 일했던 도시락집 등 대부분이 핑시와 징통에서 촬영되었다.

주요 촬영지
- 핑시 平溪 – 핑시(p.297), 징통(p.298)

러브 愛 (2012)

친한 친구의 연인의 아이를 임신해버려 위태로워진 삼각관계, 연예계 최고의 톱스타인 여자와 호텔 직원인 청년의 사랑, 결혼에 관해 냉소적인 CEO와 씩씩하게 살아가는 싱글맘의 만남 등 사랑에 빠진 여덟 남녀의 이야기를 그린 옴니버스 로맨스 영화. 중화권의 인기 스타가 대거 참여했다.

주요 촬영지
- 타이베이 台北 – W호텔, 미라마 엔터테인먼트 파크의 관람차(p.218), 타이베이 101(p.183), 마오콩(p.234)

그 시절, 우리가 좋아했던 소녀 那些年 我們一起追的女孩(2011)

말할 수 없는 비밀 다음으로 한국 대중에게 인기를 얻은 영화로 감독의 실제 이야기를 영화로 제작했다. 교내 최고의 모범생인 여주인공을 남자 주인공과 그 친구들이 모두 좋아하면서 벌어지는 이야기를 소재로 해 첫사랑의 풋풋한 감정을 표현했다. 학창 시절의 주 배경은 짱화현에 있는 정성 고등학교 精誠高中이고 대학 시절부터는 타이베이가 주 배경이다.

주요 촬영지
- 짱화 彰化(p.355) – 정성 고등학교 精誠高中
- 핑시 平溪 – 핑시 라오제(p.297), 징통역(p.298)

청설 聽說(2009)

부모님의 도시락 전문점 일을 돕고 있는 남자 주인공이 수영선수인 언니를 응원하러 온 여주인공을 만나 첫눈에 반하게 되면서 일어나는 일을 그린 로맨스 영화. 재미와 감동을 주고 반전도 있는 예쁘고 깨끗한 분위기의 청정 영화다.

주요 촬영지
- 타이베이 台北 – 스파이 중학교 石牌國中 수영장, 베이터우 스포츠센터, 신이(p.181), 닝샤 야시장(p.138)

말할 수 없는 비밀 不能說的秘密(2007)

중화권 최고의 가수인 주걸륜이 감독·각본·주연까지 도맡아 만든 영화로 영화 자체는 물론이고 OST까지 큰 인기를 끌었다. 예술학교에 다니는 학생들의 시공간을 초월하는 첫사랑의 설렘을 그린 판타지 로맨스 영화로 영화의 배경이 된 담강고등학교 淡江高中는 주걸륜의 모교라는 사실로도 더 유명해졌다. 10년이 지난 지금도 영화 팬들이 찾아갈 만큼 그 인기는 여전히 이어지고 있다.

주요 촬영지
- 딴쉐이 淡水 – 담강 고등학교(p.253), 진리 대학교(p.254)

왼쪽으로 가는 여자, 오른쪽으로 가는 남자 向左走·向右走(2003)

타이완의 유명한 일러스트 작가인 지미 리아오의 동명작을 영화화한 작품으로 타이베이의 신이와 신베이터우가 배경이 되었다. 우연히 공원에서 만난 남녀 주인공이 첫눈에 반하고 연락처를 주고받지만 연락처가 지워져 만날 수 없게 된다. 하지만 사실 한 아파트에 사는데도 습관적으로 각각 왼쪽과 오른쪽으로만 다니기 때문에 한 번도 마주치지 못하며 엇갈린다. 인연, 우연과 운명적인 사랑을 따뜻하고 예쁘게 표현한 영화.

주요 촬영지
- 타이베이 台北 – 신이(p.181), 시먼딩(p.120), 시민공원, 청년공원(p.125), 베이터우 공원

한 입의 행복
딤섬

간단한 점심식사라는 뜻으로 원래 홍콩 및 중국 광동 지방에서 차를 마시며 함께 먹는 전채요리. 타이완에서 출발한 음식은 아니지만 타이완을 대표하는 음식으로 발돋움하여 여행에서 꼭 먹어야 하는 메뉴가 되었다. 그 종류가 다양한데, 타이완에서 가장 유명한 것은 샤오롱빠오다.

샤오롱빠오 小籠包

만두피 안에 육즙이 가득한 딤섬. 일반적으로 돼지고기가 들어간다. 아래쪽 피를 찢어서 육즙을 먼저 먹는다.

샤오마이 燒賣

속에 들어간 재료가 밖으로 보이도록 윗부분을 다 여미지 않은 딤섬. 새우가 들어간 샤런샤오마이 蝦仁燒賣가 가장 대표적.

따빠오 大包

만두피가 두툼한 딤섬. 고기 · 게살 · 부추 · 버섯 등이 들어간 것이 있고 팥 · 깨 · 크림 등을 가득 넣어 디저트처럼 먹을 수 있는 것도 있다.

쩡쟈오 蒸餃
반달 모양의 찐만두. 채소와 돼지고기가 들어가는 것이 기본적이다.

샤쟈오 蝦餃
홍콩어로 하까우. 반투명한 찹쌀피에 새우가 통째 들어간 것으로 한국인이 좋아하는 딤섬.

창펀 腸粉
얇은 찹쌀피에 새우, 돼지고기 등 속 재료를 넣고 둘둘 굴려 만든 딤섬.

타이완 딤섬 맛집

딘타이펑 鼎泰豐
타이완에서 시작한 세계적인 딤섬 프랜차이즈. 타이베이 용캉제, 타이베이 101, 쭝산역 등 여행자가 방문하기 편한 곳에 위치해 있다. 메뉴도 한국어로 적혀 있고, 딤섬류는 반 판씩도 주문 가능하다. 딘타이펑 앱을 다운받으면 실시간으로 대기 정보를 확인할 수 있다.
홈피 www.dintaifung.com.tw

까오지 高記
70년 전통의 상하이 딤섬 전문점. 딘타이펑과 대표 메뉴는 비슷하지만 메뉴의 수가 더 다양하고 여행자보다는 현지인들이 즐겨 찾는다. 세련된 실내 분위기에 따뜻한 차를 계속 무료 제공하며 딤섬 외에 상하이 요리도 판매한다. 한국어로 된 메뉴판도 있고 전화 예약이 가능하다.
홈피 www.kao-chi.com

딤딤섬 點點
홍콩에서 시작하여 상하이, 타이완을 거쳐 한국까지 매장을 오픈한 딤섬 전문점. 캐주얼한 분위기에 비교적 저렴한 가격으로 타이베이 오픈 당시부터 엄청난 인기를 자랑하는 곳이다. 메신저 앱 라인에서 친구 추가를 한 후 예약할 수 있다.
홈피 www.facebook.com/dimdimsumtw

현지 소울푸드 우육면

소고기면이란 뜻으로 소고기를 우려낸 국물에 면과 소고기가 같이 나온다. 타이완 사람들에게 사랑받는 대표 면 요리이자, 한국의 갈비탕과도 비슷한 느낌이라 한국인 입맛에도 잘 맞다. 음식점마다 자신만의 노하우로 만들며, 국물·면·고기 등 재료별 조리법 또한 달라 조금씩 맛이 다르다.

뉴러우몐 牛肉麵
고기 고명을 올린 일반 우육면.
대표 음식점 푸훙 우육면 p.128
린둥팡 우육면 p.175

훙샤오뉴러우몐
紅燒牛肉麵
살짝 매콤한 육수의 우육면.
대표 음식점 융캉 우육면 p.156

TIP 더 다양한 우육면 알아보기
- 뉴러우탕몐 牛肉湯麵 고기 고명 없이 국물에 면만 들어간 우육면
- 빤진빤러우몐 半筋半肉麵 고기 고명 반+도가니 고명 반 우육면
- 뉴진몐 牛筋麵 도가니 고명 우육면
- 뉴뚜몐 牛肚麵 천엽 고명 우육면
- 뉴짜몐 牛雜麵 각종 내장 고명 우육면

칭뚠뉴러우몐 清燉牛肉麵
담백하고 맑은 육수의 우육면.
대표 음식점 스지 정종우육면 p.146
싼뉴 우육면 p.449

뉴러우빤멘 牛肉拌面
육수 양을 적게 하여 비벼 먹는 우육면.
[대표 음식점] 항원우육면

마라뉴러우멘 麻辣牛肉
마라 향신료를 이용해 얼얼한 맛을 낸 우육면.
[대표 음식점] 마샨탕 p.176

우육면 체인점

린동팡 우육면 p.175

새벽까지 손님이 끊임없이 찾아 올 정도로 타이베이 현지인들에게 사랑받는 로컬맛집이다. 담백한 국물맛과 부드러운 고기가 인기비결인데 고기의 짠맛이 다소 강하니 면과 고기를 함께 먹을 것을 추천한다.

싼뉴 우육면 p.449

엄선된 재료로 끓여낸 육수가 일품인 까오숑 우육면 맛집이다. '칭뚠'과 '홍샤오' 중 고를 수 있고 수제면 굵기도 세 가지 중에 선택할 수 있어 취향껏 먹기 좋다. 인기가 많은 만큼 대기줄이 긴 경우가 많다.

마샨탕 p.176

다양한 면 요리와 만두, 딤섬, 볶음밥 등을 파는 곳으로 타이베이에만 여덟 곳의 매장이 있고 반챠오역과 타이중에도 한 곳씩 매장이 있다. 최근 인기 있는 '마라'맛의 우육면을 먹을 수 있어 강력 추천한다.

항원우육면

간장 베이스의 육수로 만든 우육탕면과 육수 양을 적게 하여 비벼 먹는 뉴러우빤멘이 대표메뉴. 저렴한 가격과 오랜 역사를 자랑한다. 다소 어수선한 분위기지만 직원분의 안내에 따라 계산 후 자리에 앉으면 된다.

타이완 면식 열전

타이완에는 다양한 면(麵) 요리가 있다. 다른 음식에 비해 가격도 저렴하고 양도 적당해 여행 중 간단한 요깃거리로도 좋다. 앞서 소개한 우육면 외에 다양한 타이완의 면 요리를 소개한다.

단짜이멘 擔仔麵
옛날 타이난에서 어부들이 흉어기 때, 생계를 유지하기 위해 팔러 다니며 타이난의 명물이 되었다. 국물이 있는 것과 없는 것이 있다. 면 위에 러우짜오 肉燥라고 하는 졸인 고기 양념을 얹어 비벼 먹는 것이 포인트.

`대표 음식점` 두샤오위에 p.156

마장멘 麻醬麵
참깨소스를 뜻하는 마장에 면을 비벼 먹는 것으로 고소한 맛이 일품. 검은깨로 만든 것은 헤이마멘 黑麻麵(흑마면)이라 한다. 보통 따뜻하게 나오며, 따뜻하지 않은 것은 마쟝량멘 麻醬涼麵이라 한다.

`대표 음식점` 사향오도 p.175

멘셴 麵線
가느다란 국수를 말하는데 보통 국물과 함께 걸쭉해지도록 푹 끓여서 숟가락으로 먹는다. 대부분 곱창을 넣어 따창멘셴 大腸麵線이라 부르고 굴(蚵仔 커짜이)을 넣은 것도 있다.

`대표 음식점` 아종면선 p.132

량몐 涼麵

시원한 국수에 참깨소스(마장)와 간마늘, 오이 등을 넣어 비벼 먹는 면 요리로 마장몐을 시원하게 먹는 것으로 생각하면 된다. 편의점에서도 판매하기 때문에 어디서든 간편하게 먹을 수 있다.

[대표 음식점] 천자량몐 p.205

딴딴몐 擔擔麵

중국 사천 지방에서 시작된 음식으로 땅콩소스 덕분에 고소한 맛이 강하고, 거기에 고추기름으로 매콤함을 더한다. 사천요리 전문점에 가면 쉽게 접할 수 있다.

[대표 음식점] 딘타이펑 p.154, 키키 레스토랑 p.177

면 요리 대표 체인점

두샤오위에 度小月 p.156

120여 년 전통의 단짜이멘 전문점. 단짜이멘의 원조인 홍(洪) 씨가 만든 두샤오위에의 단짜이멘이 가장 유명하다. 저렴하고 양이 적어 부담 없이 먹기 좋다.

[홈피] www.noodle1895.com

키키 레스토랑 KIKI Restaurant p.177

1991년 타이완의 연예인이 오픈한 사천요리 전문점. 깔끔한 인테리어와 매콤한 음식으로 사랑받는다. 한국인 여행자에게도 유명해지면서 한국인이 주문하는 메뉴가 거의 정해져 있는데 더 다양한 요리에 도전해보자. 키키 레스토랑은 사천요리와 태국요리를 하는 곳으로 구분되어 있으니 방문시 주의! 홈페이지에서 간편하게 예약이 가능하고 규모는 푸싱점과 청핀신이점이 크다.

[홈피] www.kiki1991.com

타이완 샤브샤브 훠궈

육수에 채소·고기·해산물 등 다양한 재료를 넣고 데쳐 먹는 중국의 전통음식으로 일본식은 샤부샤부, 태국식은 수끼라 하며 영어로는 핫 폿 Hot pot이라 한다. 훠궈는 원하는 육수에 원하는 재료를 넣어 취향에 맞게 만든 소스에 찍어 먹으면 된다. 적당한 가격에 마음껏 먹을 수 있는 뷔페식도 있고 가격은 다소 비싸지만 더 좋은 재료를 기본으로 하는 일반 훠궈 식당도 있다.

STEP 01 육수 고르기

칭탕 清湯 [청탕]
바이탕 白湯(백탕)이라고도 하며 깔끔한 맛의 맑은 육수

홍탕 紅湯 [홍탕]
마라탕 麻辣湯이라고도 하며 얼얼하고 매운 맛의 육수

위엔양탕 鴛鴦湯 [원앙탕]
한 냄비에 두 가지 육수를 반반씩 함께 구성한 육수

STEP 02 고기 및 해산물 고르기

고기
- 뉴러우 牛肉 소고기
- 뉴우화 牛五花 우삼겹
- 쉐화뉴 雪花牛 꽃등심
- 페이뉴 肥牛 안창살
- 쭈러우 豬肉 돼지고기
- 메이화쭈 梅花豬 돼지앞다리살
- 쭈페이건 豬培根 베이컨
- 양러우 羊肉 양고기
- 지러우 雞肉 닭고기
- 지퉤이러우 雞腿肉 닭다리

해산물
- 위펜 魚片 생선살
- 꺼리 蛤蜊 조개
- 간베이 干貝 관자
- 바이샤 白蝦 새우
- 요우위 魷魚 오징어
- 하이셴핀판 海鮮拼盤 모둠 해산물

STEP 03 채소 및 기타 메뉴 고르기

채소
- 까오리차이 高麗菜 양배추
- 따바이차이 大白菜 배추
- 칭쟝차이 青江菜 청경채
- 위미 玉米 옥수수
- 난과 南瓜 단호박
- 홍슈 紅薯 고구마
- 진전구 金針菇 팽이버섯
- 샹구 香菇 표고버섯
- 슈차이핀판 蔬菜拼盤 모듬 채소

만두
- 위쟈오 魚餃 생선만두
- 옌쟈오 燕餃 돼지만두
- 단쟈오 蛋餃 계란만두

기타
- 마오두 毛肚 천엽
- 떠우피 豆皮 두부피
- 똥떠우푸 凍豆腐 언두부
- 페이창 肥腸 곱창
- 위완 魚丸 생선완자

STEP 04 소스 만들기

중국 대륙이나 한국의 훠궈집에는 대부분 여러 가지 훠궈소스가 준비되어 있지만, 타이완 훠궈는 가게에 따라 한두 가지 소스만 제공하는 곳들도 많다. 보통 뷔페식 훠궈집에서는 소스가 다양하게 준비되어 있고 일반 주문식 훠궈집에서는 그곳만의 특색을 살린 소스를 제공하는 편이다.

추천 훠궈 소스

- 깨소스 즈마쟝 芝麻醬 = 마늘 + 파 + 설탕 + 땅콩가루
- 샤차쟝 沙茶醬 = 간장 + 식초 + 마늘 + 달걀노른자

훠궈 대표 체인점

마라훠궈 馬辣鴛鴦火鍋 p.129
뷔페식 훠궈 전문점으로 부담없이 방문 가능하고, 접근성도 좋다. 훠궈탕은 여러 가지 중 원하는 것을 선택하고, 고기류는 무제한 주문식. 나머지 해산물 · 채소류 · 과일 · 디저트 등은 셀프바에서 직접 담아 오면 된다(지점별 주문 방식 차이 있음). 이용시간은 2시간으로 제한된다. 부가세 10퍼센트는 별도이고, 1인일 경우 NT$100이 추가된다.
홈피 www.mala-1.com.tw

스얼궈 石二鍋
1인훠궈 맛집으로 유명한 곳. 개인냄비로 제공되기 때문에 나홀로 여행객이어도 부담 없이 훠궈를 즐길 수 있다. 물론 여럿이 함께 먹을 수 있는 테이블석도 있다. 사전예약은 할 수 없고 입구에서 번호표를 발급받으면 된다. 인기 많은 곳이니만큼 식사시간에는 대기시간이 꽤 길다. 타이완 전역에 매장이 자리하고 있어 어느 지역에서든 방문하기 쉽다.
홈피 www.12hotpot.com.tw

미식의 천국 샤오츠

샤오츠 小吃는 작다는 뜻의 샤오 小와 먹는다는 뜻의 츠 吃가 결합한 말로 간단한 음식이나 가벼운 식사라는 의미다. 외식 문화와 야시장 문화가 발달한 타이완에서 샤오츠는 그 수가 무궁무진해 가히 샤오츠 천국이라 할 수 있다. 그중에서도 샤오츠 문화로 가장 유명한 곳은 타이완 남부에 위치한 타이난이다.

지파이 雞排
닭을 납작하게 만들어 튀긴 타이완식 닭튀김. 커다랗고 넓적한 살코기에 바삭하면서 쫄깃한 튀김옷이 일품이다.

떠우화 豆花
타이완의 전통 두부 디저트. 달달한 시럽(설탕물)에 부드러운 두부를 넣고, 팥·땅콩·녹두·보리·율무 등 다양한 토핑을 얹어 차갑거나 따뜻하게 먹는다.

후쟈오빙 胡椒餅
화덕 벽에 붙여 구워내는 일종의 커다란 만두 같은 것으로 겉은 바삭바삭하고 안에는 부드러운 돼지고기가 듬뿍 들어 있다.

루웨이 滷味
간장·약재·향신료 등을 넣고 오랜 시간 끓인 육수에 채소·어묵·면·버섯 등 다양한 재료를 넣어 익혀 먹는 타이완 대표 간식.

루러우판 滷肉飯
밥이지만 샤오츠라 할 수 있는 가벼운 음식. 간장소스에 볶으며 조린 고기 양념인 루러우를 쌀밥 위에 얹어 덮밥처럼 먹는다.

샹창 香肠
소시지를 말하며 크기도 다양하고, 맛도 다양하다. 주로 돼지고기로 만드는데 지역에 따라 특산품을 가미하기도 한다.

화즈샤오 花枝燒
부드럽고 말캉말캉한 식감을 자랑하는 대왕오징어튀김. 마요네즈, 해초가루, 소금, 가츠오부시 등 토핑을 다양하게 뿌려 먹는다.

총여우삥 蔥油餅
파가 들어간 반죽을 기름에 굽거나 튀겨낸 음식으로 빈대떡과 비슷하다. 반죽을 찢어가며 기름에 구운 총좌삥 蔥抓餅도 있다.

어아젠 蚵仔煎
감자와 타피오카전분으로 만든 반죽에 굴·달걀·채소를 올려 부친 뒤 소스와 함께 먹는 쫀득한 굴전.

뉴파이 牛排
소고기 스테이크란 뜻으로, 타이완식 스테이크는 철판에 고기와 면, 달걀프라이가 함께 나오는 것이 특징. 야시장에서 쉽게 볼 수 있고 비교적 저렴하다.

파이구쑤 排骨酥
간이 잘 된 돼지갈비를 작은 크기로 잘라 바삭하게 튀겨낸 갈비튀김. 강추!

초우떠우푸 臭豆腐
두부를 발효시킨 음식으로 냄새가 고약해서 진입장벽이 있으나 튀긴 초우떠우푸에 소스와 타이완식 양배추김치를 곁들인 구성은 도전해 볼 만하다.

타이완 술집 르어차오

볶음요리를 말하며, 빠르게 볶는다는 뜻으로 콰이차오 快炒 라고도 부른다. 간판에 '100'이라는 숫자를 적어 놓은 식당이 대개 르어차오 식당이다. 타이완 사람들은 보통 이런 곳에서 음식을 먹으며 맥주를 마신다. 즉, 타이완의 술집이라 생각하면 된다. 해산물 메뉴가 대부분이며, 가격은 메뉴 하나당 보통 NT$100 내외다.

추천 메뉴

지우청타젠단 九層塔煎蛋
해산물 요리에 많이 사용하는 바질(九層塔)을 넣은 달걀부침.

궁바오지딩 宮保雞丁
닭과 땅콩을 살짝 매콤하게 볶은 요리. 한국인 입맛에 안성맞춤.

펑리쌰치우 鳳梨蝦球
파인애플 위에 새우튀김을 얹고 특제 마요네즈소스로 마무리한 음식.

쟈커쑤 炸蚵酥
바삭한 식감의 굴튀김으로 쑤자셴커 酥炸鮮蚵 라고도 불린다.

대표 음식점

린양깡 시푸드 p.147   따시강 시푸드 p.147   마린 시푸드 p.133

옌쑤샤 鹽酥蝦
새우를 튀기듯 볶은 요리로 짭짤한 맛이 언제나 식욕을 자극한다.

쏸니바이러우 蒜泥白肉
마늘소스를 얹은 편육 냉채.

진샤단떠우푸 金莎蛋豆腐
강력 추천하는 두부와 오리알을 조합한 짭쪼롬한 요리.

탕추파이구 糖醋排骨
흔히 알고 있는 탕수육처럼 새콤달콤한 맛의 갈비요리.

타이완의 뷔페 식당

쯔주찬 自助餐
타이완 각지에서 흔히 보이는 셀프서비스 식당. 다양한 가정식 반찬에 가격도 착해서 열에 아홉은 대만족할 수 있다. 반찬 4개 정도와 메인 메뉴로 지파이(닭튀김), 파이구(갈비튀김) 등과 같은 고기나 생선류에서 하나를 고르는 것이 보편적이다. 가격은 메뉴에 따라 다르지만 보통 NT$60~80선이다. 타이베이역 남문 건너편, 신광 미츠코시와 시저파크 호텔 뒤편 일대엔 작은 식당이 많다.

`대표 음식점` 치우마마더뎬

츠다오바오 吃到飽
무한 리필이 가능한 음식점, 쉽게 말해 뷔페다. 타이완에는 훠궈·타이완요리·태국요리·일식요리·새우요리·고기구이·딤섬·케이크 등 다양한 종류의 츠다오바오 식당이 있다. 거의 모든 츠다오바오 식당에는 2시간의 시간 제한이 있지만, 주메뉴부터 아이스크림·디저트·음료까지 풀코스로 충분히 즐길 수 있다.

`대표 음식점` 마라훠궈 p.129, 신예 p.145, 덴쉐이러우 p.170, 마라쫭위엔 p.470

배부른 아침
자오찬뎬

간단한 아침식사를 파는 곳을 말하는데, 대부분의 타이완 사람은 이곳에서 아침식사를 해결한다. 길거리 노점부터 꽤 큰 곳까지 그 규모가 다양하다. 보통 이른 새벽부터 점심 이전 정도까지만 영업하는 곳이 대부분이니 부지런해야 타이완의 아침식사를 맛볼 수 있다.

샤오빙 燒餅 구운 빵

딴빙 蛋餅 달걀전병

쩌우 粥 죽

떠우장 豆漿 콩 음료

판퇀 飯糰 주먹밥

뤄보까오 蘿蔔糕 무떡

셴떠우장 鹹豆漿 양념된 순두부

싼밍즈 三明治 샌드위치

추천 자오찬뎬 맛집

따쓰팡딴빙 p.117

베스트 브렉퍼스트 p.218

푸항떠우장 p.116

더위를 날리는 과일빙수

타이완에는 신선한 열대과일과 부드러운 우유얼음 등 다양한 빙질의 빙수가 있다. 한국에 비해 가격까지 착해서 많은 여행자의 발걸음과 입맛을 사로잡는다. 거친 얼음알갱이에 시럽과 여러 가지 토핑을 선택해 얹어 먹는 전통적인 빙수, 땅콩·과일·커피·초콜릿 등을 베이스로 만든 얼음을 갈아 만든 빙수 등 그 종류가 다양하다.

화창쉬에 花藏雪 (화장설)

스린 야시장이 있는 젠탄역과 스린역 사이에 자리잡은 수제 눈꽃빙수 전문점. 티라미수, 수박, 녹차, 쩐주나이차 등을 이용한 다양한 빙수가 있고 가격은 저렴한 편이다. 단, 최소 주문 수량이 정해져있다. p.217

샤오스허우빙궈스 小時候冰菓室 (소시후빙과실)

복고풍 인테리어로 재미를 더한 빙수 전문점. 내부에는 옛날 오락기와 제빙기, 영화 포스터 등을 비롯해 빙수에 사용하는 연유깡통이 전시품처럼 진열되어 있어 눈길을 사로잡는다. 유니크한 공간에서 저렴하고 맛있는 빙수를 즐길 수 있다. p.173

타이청 과일가게 泰成水果店

타이난의 핫한 거리인 쩡씽제에 위치한 오랜 과일가게. 과일, 주스, 빙수 등을 판매한다. 그 중에 멜론을 그릇처럼 만들고 위에 계절과일, 셔벗, 아이스크림 등을 올린 빙수 종류(NT$220)가 인기가 있다. p.427

포포빙 高雄婆婆冰 (고웅파파빙)

'할머니 빙수'라는 뜻을 가진 80여년 역사를 자랑하는 오랜 빙수 전문점. 소박한 분위기의 빙수집으로 우유빙수, 과일빙수 외 타이완의 전통적인 빙수들도 맛볼 수 있다. 빙수 가격은 비교적 저렴하다. p.473

간단한 메뉴판 읽기

음식 이름은 재료와 조리법을 조합해 만든 것이 많아 핵심 어휘만 안다면 어떤 요리인지 대강 알 수 있다. 메뉴판은 차이단 菜單, 주문은 덴차이 點菜, 계산할 때는 마이단 買單 혹은 지에장 結帳이라 말한다. 남은 음식을 싸오고 싶을 때는 다바오 打包, 샹차이(고수)를 못 먹는다면 미리 '부야오샹차이 不要香菜 bú yào xiāng cài'라고 말하자.

음식 재료

- 뉴러우 牛肉 niú ròu 소고기
- 쭈러우 猪肉 zhū ròu 돼지고기
  (보통 러우 肉만 쓰인 경우, 돼지고기를 뜻함)
- 양러우 羊肉 yáng ròu 양고기
- 지러우 雞肉 jī ròu 닭고기
- 야러우 鴨肉 yā ròu 오리고기
- 파이구 排骨 pái gǔ 갈비
- 지단 雞蛋 jī dàn 달걀
- 톈지 田鷄 tián jī 개구리
- 하이셴 海鮮 hǎi xiān 해산물
- 위 魚 yú 생선
- 샤 蝦 xiā 새우
- 시에 蟹 xiè 게
- 슈차이 蔬菜 shū cài 채소
- 떠우푸 豆腐 dòu fǔ 두부
- 총 蔥 cōng 파
- 쏸 蒜 suàn 마늘
- 지우차이 韭菜 jiǔ cài 부추
- 투떠우 土豆 tǔ dòu 감자

재료 모양

- 딩 丁 dīng 네모나게 깍둑썰기한 것
- 쓰 絲 sī 가늘게 채 썬 것
- 콰이 塊 kuài 크게 토막으로 자른 것
- 피엔 片 piàn 넓적하고 얇게 썬 것
- 완 丸 wán 둥글게 빚은 것

조미료

- 옌 鹽 yán 소금
- 탕 糖 táng 설탕
- 추 醋 cù 식초
- 쟝요우 醬油 jiàng yóu 간장
- 라쟈오 辣椒 là jiāo 고추

조리 방법

- 차오 炒 chǎo 볶다
- 자 炸 zhá 튀기다
- 젠 煎 jiān 지지다
- 쩡 蒸 zhēng 찌다
- 뚠 燉 dùn 고다
- 카오 烤 kǎo 굽다
- 바오 爆 bào 단시간에 튀기거나 데치다

요리

- 탕추러우 糖醋肉 táng cù ròu
  (돼지)고기에 달콤새콤한 탕수소스를 끼얹은 것
- 톄반뉴러우 鐵板牛肉 tiě bǎn niú ròu
  철판소고기요리
- 라쟈오지 辣椒鷄 là jiāo jī
  튀긴 닭고기를 맵게 볶은 요리
- 위샹러우쓰 魚香肉絲 yú xiāng ròu sī
  가늘게 썬 돼지고기 위에 위샹소스를 얹은 요리
- 궁바오지딩 宮保鷄丁 gōng bǎo jī dīng
  네모나게 썬 닭고기를 재료로 한 요리

손쉬운 음료 주문법

타이완에는 차를 베이스로 여러 재료를 추가하거나 조합해 마시는 음료의 종류가 다양하다. 베이스가 되는 차의 이름만 알아둬도 메뉴를 고를 때 한결 쉬워진다. 게다가 타이완 음료는 대부분 당도와 얼음의 양을 원하는 대로 주문할 수 있다. 따로 말을 안 하면 기본으로 만들어 주는데 대부분 좀 달달하므로 단 음료가 싫다면 당도 조절을 하는 것이 좋다.

필수 단어

- 인랴오 飲料 yǐnliào 음료
- 카페이 咖啡 kāfēi 커피
- 메이스카페이 美式咖啡 měi shì kā fēi 아메리카노
- 나티에 拿鐵 ná tiě 라떼
- 카뿌치눠 卡布奇諾 kǎbùqínuò 카푸치노
- 뤼차 綠茶 lǜ chá 녹차
- 홍차 紅茶 hóng chá 홍차
- 우롱차 烏龍茶 wū lóng chá 우롱차
- 나이차 奶茶 nǎi chá 밀크티
- 삥콰이 冰塊 bīng kuài 얼음
- 삥더 冰的 bīng de 차가운(음료)
- 르어더 熱的 rè de 뜨거운(음료)
- 샤오뻬이 小杯 xiǎo bēi 작은 컵
- 쭝뻬이 中杯 zhōng bēi 중간 컵
- 따뻬이 大杯 dà bēi 큰 컵
- 즈뻬이 紙杯 zhǐ bēi 종이컵
- 마커뻬이 馬克杯 mǎ kè bēi 머그잔
- 보리뻬이 玻璃杯 bō lí bēi 유리컵

핵심 단어

- 쩡창 正常 zhèng cháng 설탕 100%(*Full Sugar*)
- 샤오탕 少糖 shǎo táng
  설탕 70~80%(*Less Sugar*)
- 빤탕 半糖 bàn táng 설탕 50%(*Half Sugar*)
- 웨이탕 微糖 wēi táng 설탕 20~30%(*Low Sugar*)
- 우탕 無糖 wú táng 설탕 0%(*No Sugar*)
- 쩡창 正常 zhèng cháng 얼음 기본(*Nomal Ice*)
- 샤오삥 少冰 shǎo bīng 얼음 적게(*Less Ice*)
- 웨이삥 微冰 wēi bīng 얼음 20~30%(*Low Ice*)
- 취삥 去冰 qù bīng 얼음 없음(*No Ice*)

> **TIP 응용해서 주문하기**
>
> 워야오 이뻬이 쩐주나이차, 텐두스빤탕, 삥콰이스취삥.
> 我要一杯珍珠奶茶。甜度是半糖、冰塊是去冰。
> wǒ yào yìbēi zhēnzhūnǎichá。tiándù shì bàntáng、bīngkuài shì qùbīng。
> ▶ 당도 50%, 얼음 없이 쩐주나이차 한 잔 주세요.

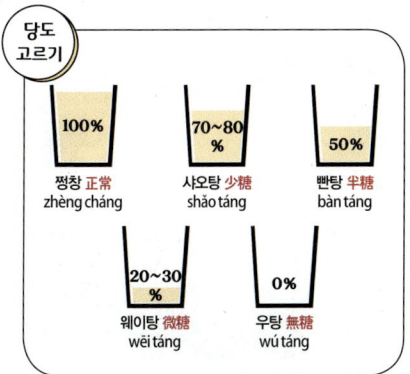

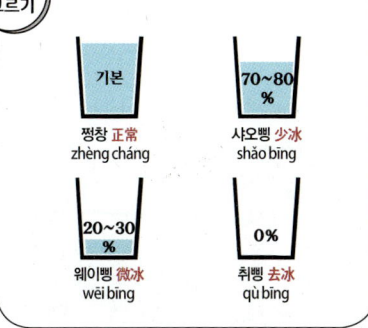

원조 버블티
쩐주나이차

쩐주나이차의 원조 타이완! 기본적으로 홍차와 우유가 섞인 밀크티를 나이차라고 하고 거기에 타피오카까지 넣은 것을 버블 밀크티, 쩐주나이차라고 한다. 밀크티 안에 들어가 있는 쫄깃한 작은 알갱이가 타피오카인데 이를 현지어로 편위엔 粉圓이라 하며 진주를 닮았다 하여 쩐주 珍珠라 표현한 것이다.

춘수당
春水堂

우스란
50嵐

타이완 쩐주나이차의 원조집으로 타이중에서 시작 되어 타이완 전역에 수십 개의 매장이 있고 일본까지 진출했다. 철관음차·홍차·자스민차를 차갑거나 뜨겁게 제공하며 여러 면요리와 디저트도 판매해 차와 함께 먹을 수 있다. p.346

녹차·홍차·우롱차 등 다양한 차를 베이스로 한 음료를 제공하는 테이크아웃 전문 음료 브랜드. 타피오카가 작은 것(珍珠/쩐주), 큰 것(波霸/보바) 두 종류로 구분되어 있어 취향에 맞게 골라 먹을 수 있다. 타이완 전역에 매장을 운영하고 있다.

화다나이차
樺達奶茶

1982년에 오픈한 차 전문 브랜드로 얼음과 설탕을 넣지 않고, 전통 뚜껑을 사용하는 것이 특징이다. 주된 단맛은 홍차에서 나오고, 보이차의 양으로 당도를 조절한다. 까오송에서 시작해 현재는 타이베이에도 지점이 있다.

> **TIP**
> **흑설탕 음료, 칭와쭈앙나이** 青蛙撞奶
>
> 생김새는 쩐주나이차와 비슷한데 흑설탕에 졸인 쫄깃한 버블을 신선한 우유에 넣은 것으로 차가 들어가지는 않아서 버블우유라 부르는 것이 정확하다. 대표적인 매장으로는 타이베이 공관에 위치한 천산딩 陳三鼎이 있다.

타이완 이색 음료

무과뉴나이 木瓜牛奶
무과 木瓜는 과일 파파야, 뉴나이는 우유를 의미한다. 무과뉴나이는 우유와 파파야를 같이 갈아 만든 음료로, 타이완 사람들이 좋아하는 과일 우유다.

시과즈 西瓜汁
시과 西瓜는 수박을 뜻하고 즈 汁는 즙이라는 뜻으로 수박주스를 말한다. 동네 과일가게나 야시장, 라오제 등 유동 인구가 많은 곳에 가면 꼭 시과즈를 파는 곳이 있다.

아이위빙 愛玉冰
아이위 愛玉는 타이완 특유의 식물 씨를 물에 씻은 다음 젤리로 만든 것으로 건강에 좋은 천연 식품이다. 아이위 자체는 별다른 맛이 안 나고 보통 설탕물과 레몬 등을 첨가해 시원하게 마셔서 닝멍아이위 檸檬愛玉라 부르기도 한다.

쏸메이탕 酸梅湯
매실과 계화(桂花), 감초(甘草), 설탕 등을 넣고 끓인 후 차갑게 해서 마시는 전통음료다. 더위를 식히고 갈증 해소에 좋으며, 식욕을 돋우고 소화에 도움이 된다.

빙치린홍차 冰淇淋紅茶
시원한 홍차에 바닐라아이스크림을 넣은 것으로 나이차와는 또 다른 색다른 맛이 난다. 아포가토와 비슷한 느낌.

동과차 冬瓜茶
동과라는 호박과의 식물을 이용해 설탕을 만들고, 그것을 그 동과 탕을 청차, 우롱차 등에 넣어 달달한 맛을 낸다. 시원하게 혹은 따뜻하게 마신다. 맛좋고 몸에도 좋으며 갈증 해소에 제격이다.

꼭 한번 맛볼 타이완 커피

타이완이지만 차는 물론 커피 문화 또한 상당히 발달했다. 알고 보면 타이완은 커피콩을 직접 재배하는 커피농장도 있다. 또, 자체적으로 개발한 커피 메뉴를 내세우는 오래된 전문 매장이나 프랜차이즈 매장을 비롯해 작지만 개성 넘치는 개인 카페도 많아 카페 투어를 하는 재미도 쏠쏠하다.

[타이완 커피의 고향]

윈린현 구컹 古坑의 기후와 토양은 타이완에서 커피를 생산하기 가장 좋은 곳이다. 토양, 배수 등 커피를 재배하기에 좋은 환경을 갖췄고 일제시대때부터 다량의 커피를 생산하여 타이완의 최대 커피 생산지가 되었다. 커피 품종은 아라비카, 로부스타 두종이 대표적인데 타이완에서는 아라비카종만 재배된다. 구컹에는 커피농장이 즐비한 커피거리가 있어서 커피 원두, 커피 과자 등을 바로 구매할 수 있고 직접 드립백 커피를 만들어보는 체험도 가능하다. 타이완 구컹의 커피는 향이 좋고 맛이 은은하니 부드럽다.

[소금 커피]

커피 및 베이커리 전문점인 85도씨(85度C)에서는 해암커피(海岩咖啡 하이옌카페이)라는 독특한 커피를 판매한다. 한국여행객들에게 일명 '소금커피'로 유명하다. 소량의 소금이 들어간 크림을 얹은 커피로 살짝 짭짜름하고 단맛, 고소한 맛을 두드러지게 해준다. 크림거품에만 소금이 뿌려져 있으니 섞지 않고 먹을 것을 추천한다. p.128

추천 타이완 카페

카마 카페 cama cafe

너무나도 저렴한 가격에 맛까지 좋아 인기 만점인 카페로 입구부터 커피 향으로 가득하다. 전체적으로 노란색에 귀여운 캐릭터를 내세운 간판이 눈에 띄고 타이완 전역에 매장이 분포한다. 그 중 타이베이에만 약 60개의 매장이 있다.
홈피 www.camacafe.com

신광A8점 新光A8店
지도 MAP 10-D 위치 스정푸역 3번 출구에서 도보 6분, 신광 미츠코시 A8관 지하 2층 오픈 11:00~21:30(금 · 토요일 및 공휴일 전날 ~22:00)

쭝샤오푸싱점 忠孝復興店
지도 MAP 9-E 위치 쭝샤오푸싱역 5번 출구에서 도보 1분 오픈 월~금요일 07:30~19:00, 토 · 일요일 09:00~19:00

단테 커피 Dante Coffee

타이베이 거리를 걷다 보면 종종 마주하게 되는 곳으로 1993년에 처음 생겼다. 타이완 전역에 약 100개의 매장이 분포하며 타이베이에만 약 40개 매장이 있다. 커피류는 물론이고 차, 주스, 케이크, 쿠키 등을 비롯해 브런치도 저렴하게 먹을 수 있는 곳이다.
홈피 www.dante.com.tw

용캉점 永康店
지도 MAP 6-A 위치 동먼역 5번 출구에서 도보 4분 오픈 07:00~23:00

까오슝 멍스타이점 高雄夢時代
지도 MAP 39-K 위치 C5 멍스타이 하차, 드림 몰 지하 1층 오픈 평일 11:00~22:00, 주말 10:30~22:30

타이완 10대 명차

타이완은 '차의 나라'라고 불릴 정도로 세계적으로 유명한 반발효차 산지이다. 타이완의 차문화는 타이완 사람들의 삶 속에 깊숙이 자리잡다. 전문 차관에서 정통적인 방식으로 다도문화를 체험해보며 마실 수 있고, 차를 응용한 각종 음료를 음료 전문 매장, 편의점 등에서도 쉽게 접할 수 있다.

동딩우롱차
凍頂烏龍茶 [동정오룡차]
간단하게 동딩차라 부른다. 해발이 높은 곳에서 재배하는 우롱차의 한 종류이며 칭차 青茶에 속한다. 난터우현의 루구향 鹿谷鄕이 원산지이고 반구형(半球形) 반발효차이며 전통적으로 그 발효 정도는 30퍼센트 정도이다.

원산바오종차
文山包種茶 [문산포종차]
타이베이시 원산, 난강 南港, 신덴 新店, 핑린 坪林 일대에서 주로 재배되는 보오종차이다. 향기롭고 그윽한 꽃향기가 나고 빛깔과 광택이 푸르다. 이 차는 향기를 가장 중시하는데 향기가 짙을수록 고품질이다.

아리산쭈루차
阿里山珠露茶 [아리산주로차]
아리산 기슭의 스쟈오 石棹 지역, 해발 1,000미터에서 1,700미터 사이에서 재배되는 고산차로 주요 품종은 우롱차와 진쉔차 金萱茶가 주를 이룬다. 1986년 당시 부통령이 아리산 쭈루차라고 지명했다.

쑹바이창칭차
松柏長青茶 [송백장청차]
주요 생산지 난터우현의 쑹바이령 松柏嶺은 과거 푸중 捕中로 불렸다. 이 때문에 '포중차'라고도 불렸다. 송바이령은 바과 八卦 산맥의 최남단에 속해있어 기후가 온난하여 차를 재배하기에 아주 적합하다.

르웨탄홍차
日月潭紅茶 [일월담홍차]
일제시대 인도 아쌈에서 들여온 품종이다. 연평균 온도와 습도가 안정적인 난터우현 위츠향魚池鄕이 재배지로 적합하다. 해발 500미터 내지 800미터의 차밭에서 재배되는 대엽차 홍차로 아쌈, 타이차 台茶 7호, 8호, 18호가 있으며 최고급 홍차이다.

싼샤롱징차
三峽龍井茶 [삼협용정차]
신베이시 싼샤 三峽가 룽징차의 유일한 산지이다. 매년 봄, 가을 우기에 수확하고 햇볕 없는 실내에서 건조시킨다. 햇볕으로 시들게 하는 다른 찻잎들과 달리 미발효차에 속한다. 찻물은 밝은 노란색을 띠고 쓴맛과 단맛이 감돈다.

동팡메이런차
東方美人茶 [동방미인차]
부분 발효 우롱차 중의 하나로 반발효 칭차 青茶 중에서 발효 정도가 가장 높은 차이다. 발효도는 일반적으로 60퍼센트인데, 동팡메이런차는 75퍼센트 내지 85퍼센트까지도 달하여 카테킨이 거의 절반 이상 산화되기 때문에 냉차가 나지 않고 쓰거나 떫지도 않다. 주요 산지는 신쭈 新竹와 먀오리 苗栗 일대이다.

타이완까오산차
台灣高山茶 [대만고산차]
해발 1,000미터 이상의 차밭에서 생산되는 찻잎을 고산차라고 하며, 특정지역에서 생산되는 차를 지칭하는 것이 아니라 '평지차'의 상대적인 개념의 차를 뜻한다. 타이완에서 생산되는 고산차는 쟈이현과 난터우현의 해발 1,000미터 1,400미터의 신흥 차밭이 주를 이룬다. 그 중 아리산차, 산린시차 杉林溪茶, 리산차 梨山茶, 위산차 玉山茶가 대표적이다.

롱탄롱첸차
龍潭龍泉茶 [용담용천차]
타오위엔시 롱탄구 龍潭區가 생산지이고 빠오종차에 속한다. 주요 품종으로는 칭신우롱 青心烏龍, 진쉔 金萱, 췌이위 翠玉 등이 있다. 초기에는 인공적으로 찻잎을 땄는데 지금은 기계적인 방식으로 따고 있다. 1982년 전국 기계재배 우랑빠오종차 대회에서 우승을 차지한 롱첸차의 찻물은 연한 녹색을 띠고 향기가 사람을 즐겁게 한다.

무자티에관인
木柵鐵觀音 [목책철관음]
타이완의 티에관인은 무자 지역에서만 재배되며 차밭은 대부분 마오콩 貓空 일대에 집중되어 있다. 일 년에 네다섯 번 수확하는데, 봄과 가을에 수확한 차의 품질이 우수하다. 건조 과정에서 불기운에 오래 노출되어 쓴맛이 적고 과일향이 짙다.

> **TIP 타이베이 차 구매처**
> 타이베이에서 차를 구입하고자 한다면, '용캉제'를 추천한다. 유명 차 브랜드 및 다기 브랜드들이 모여 있어서 차와 관련된 쇼핑을 한 번에 하기에 좋다.

새콤달콤 열대과일

타이완에서는 아열대 및 열대 기후 덕에 맛 좋고 다양한 열대과일을 쉽게 접할 수 있다. 마트나 야시장에서도 팔지만, 길거리에 있는 과일 전문 상점에서 구입하면 더 저렴하고 신선하다. 다만, 관광객이 많이 몰리는 야시장에서 구입한다면 바가지를 쓸 수 있으니 주의하자.

망고 [망궈] 芒果

타이완의 망고 제철은 여름이다. 초록빛을 띠는 새콤달콤 투망고 土芒果, 가장 많은 사랑을 받는 빨간빛을 띠는 애플망고 愛文芒果, 크고 노란 진황망고 金煌芒果가 있다. 타이난의 위징 玉井 지역에서 생산되는 애플 망고가 유명해 이곳을 망고의 고향이라 부른다.

석가 [스쟈터우] 釋迦頭

석가모니 머리를 닮아 석가(석가두)라 불리고 슈가애플, 아떼모야라 불리기도 한다. 타이완 동부의 타이동의 대표 명물이다. 석가는 구입하여 바로 먹을 수 있는 것인지 확인하고 사야 한다. 안 익은 석가는 딱딱하고 떫어서 못 먹고, 익은 것은 과육이 매우 물컹거리고 달다.

리치 [리즈] 荔枝

붉은색의 얇은 껍질에 달고 반 투명한 흰색의 과육을 가진 과일로 타이완의 중남부에서 주로 생산된다. 품종에 따라 재배 시기가 조금씩 다르다. 인기가 많은 위허바오 玉荷包 리치는 주로 5월에 재배된다.

패션프루트 [바이샹궈] 百香果

백 가지 향이 나서 백향과라는 이름이 붙었고 영어로는 패션프루트라고 부른다. 자주색의 둥근 껍질 속에 개구리 알 같은 노란 과육이 있고, 그 안에 검은 씨앗이 있다. 새콤달콤한 맛에 씨도 같이 씹어 먹으며 주스로도 많이 먹는다 석류보다 비타민이 5배나 많다

용과 [훠롱궈] 火龍果

선인장 열매의 일종으로 용이 여의주를 물고 있는 것과 비슷해 이런 이름이 붙었다. 중국에서는 훠롱궈, 영어로는 드래곤프루트라 불린다. 화려한 겉모습에 반해 과육은 달지 않고 심심하다. 과육은 하얀색과 자주색 두 가지가 있고 자주색이 조금 더 달고 비싸다.

스타프루트 [양타오] 楊桃

칼로 자른 단면이 별 모양이어서 스타프루트라 불린다. 껍질째로 먹으며 과즙이 많은 편이다. 특별한 맛은 없고 노랗게 익은 것이 그래도 조금 더 달다. 혈압을 낮추는 효과가 있으나 신장 질환을 가진 환자들은 스타프루트에 있는 뉴로톡신이라는 물질을 여과시키지 못하기 때문에 섭취하지 않는 것이 좋다.

왁스애플 [렌우]
蓮霧

영어로 왁스애플이라 불리는 렌우는 타이완에서 쉽게 볼 수 있는 과일로 얼핏 보면 사과나 토마토처럼 생겼다. 씻어서 껍질째 먹으면 되는데 안은 스펀지처럼 생겼고 씹으면 과즙이 많이 나와 수분 보충하기에 좋다.

구아바 [빠러]
芭樂

중국어로 빠러 芭樂라 하는데 외국에서 온 석류라 하여 판스류 番石榴라고도 불린다. 중남부 지역은 물론이고 동부 지역 이란에서도 재배된다. 독특한 향기에 신맛과 단맛이 나며 주로 매실가루에 찍어 먹는다.

파파야 [무과]
木瓜

주로 타이완 남부에서 재배된다. 수분이 많아 물컹물컹하고 부드러우며 달콤하다. 안에 든 검정 씨앗은 빼고 먹는다. 타이완에서는 파파야를 우유와 함께 갈아 먹는다. 야시장에서 파파야우유인 무과뉴나이를 쉽게 맛볼 수 있다.

대추 [미짜오]
蜜棗

대추과에 속하는 미짜오는 크기가 작은 사과만해서 겉으로 보면 과연 대추가 맞는지 의아하다. 껍질은 연두색이고 과육은 하얀색이어서 작은 풋사과 같은데 한입 베어 물면 달콤한 대추 맛이 난다.

파인애플 (봉리) [펑리]
鳳梨

타이완을 대표하는 과일. 타이완 파인애플은 새콤달콤하며 높은 당도를 자랑한다. 전체 생산량의 80퍼센트 이상을 차지하는 진짠 金鑽 파인애플은 초봄과 여름에 가장 많이 재배된다.

바나나 (향초) [샹지아]
香蕉

타이완에서는 예전부터 바나나를 많이 재배해 수출을 위한 철도와 항구가 만들어질 정도였다. 1년 내내 주로 타이완 중남부 지역에서 재배되며 특히 난터우의 지지와 까오숑 치산의 바나나가 유명하다.

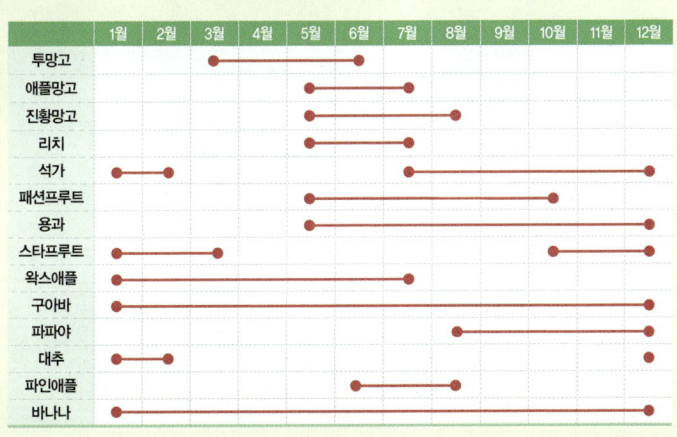

타이완 과일 수확 시기

식도락의 메카
야시장

외식 문화가 발달한 타이완에서 야시장은 빼놓을 수 없는 대표 관광지가 되었다. 아무래도 무더운 날씨 탓에 낮보다 저녁에 활동량이 많아지면서 현지인은 물론이고 관광객도 많이 찾는다. 이른 저녁부터 밤늦게까지 열리는 야시장에서는 다양한 먹거리를 비롯해 쇼핑과 놀이 등도 충족할 수 있어 타이완 사람들에게는 없어서는 안 될 공간이다.

스린 야시장 士林夜市
타이베이를 대표하는 관광야시장으로 그 규모가 어마어마하다. 야시장 앞 전철역에 내리는 순간부터 사람들로 북적거리고 날씨 좋은 주말에는 거의 떠밀려 다니다시피 할 정도로 인파가 몰린다. 규모가 큰 만큼 각종 다양한 제품들을 팔고 있어 하나의 야외 종합쇼핑몰이라고 보면 된다.

펑쟈 야시장 逢甲夜市
타이중의 펑쟈 대학교 逢甲大學 주변에 형성된 야시장을 말하며 주변 상권까지 포함하여 규모와 상점 수가 엄청나다. 대학가라 가격이 저렴하며 이곳 야시장만의 독특한 먹거리가 가득하다. 타이중역에서 버스로 30~40분 거리에 위치한다.

화위엔 야시장 花園夜市
타이난의 야시장은 요일에 따라 위치를 이동하며 열리는데 그 중 목・토・일요일에 열리는 화위엔 야시장이 가장 유명하다. 타이난도 주요 도시이긴 하지만, 타이베이나 까오슝 같은 대도시보다 뭔가 더 '진짜' 야시장에 온 듯 활기차고 북적거리며 소박하다.

지룽 야시장 基隆夜市
지룽과 지룽항 근처에 있는 야시장으로 사원 입구에 위치해서 먀오커우 야시장이라고도 불린다. 밤이 더 활기차긴 하지만 낮부터 혹은 24시간 운영하는 곳도 있다. 저렴하고 싱싱한 해산물을 파는 곳이 많다.

뤄동 야시장 羅東夜市
이란 지역에 간다면 뤄동 야시장에 꼭 가볼 것을 추천한다. 뤄동역에서 도보 8분이 소요되며 뤄동 공원을 중심으로 주변을 빙 둘러 야시장이 조성되어 있다. 뤄동만의 특색있는 맛집들로 유명하다.

동따먼 야시장 東大門夜市
화롄 시내 바닷가 쪽에 위치하며, 타이완 동부에서 가장 거대한 규모를 자랑한다. 여러 구역으로 나뉜 만큼 다양한 볼거리와 먹거리가 가득하고, 새로 오픈한지 얼마 되지 않아 편의시설이 잘 되어 있다.

류허 야시장 六合夜市
까오슝에서 가장 오래된 야시장으로 까오슝의 대표 관광야시장이다. 단체 관광객이 많이 몰리면서 현지인 방문은 줄고 가격이 조금 비싸졌지만, 한 번은 이곳만의 분위기를 느낀 후 다른 야시장을 방문하길 추천한다.

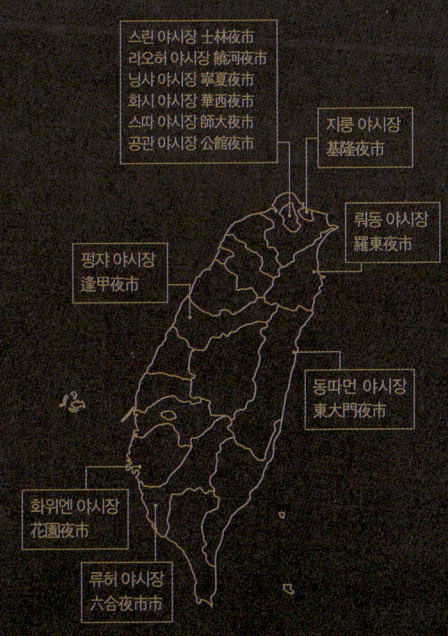

스린 야시장 士林夜市
라오허 야시장 饒河夜市
닝샤 야시장 寧夏夜市
화시 야시장 華西夜市
스따 야시장 師大夜市
공관 야시장 公館夜市
지룽 야시장 基隆夜市
뤄동 야시장 羅東夜市
펑쟈 야시장 逢甲夜市
동따먼 야시장 東大門夜市
화위엔 야시장 花園夜市
류허 야시장 六合夜市市

달콤한 디저트
펑리수

새콤달콤하고 높은 당도를 자랑하는 파인애플로 만든 펑리수는 타이완의 인기 만점 대표 간식이자 선물이다. 밀가루반죽 안에 파인애플 과육, 과즙을 넣어 만드는데 일반적인 펑리수는 동과 冬瓜라는 과일을 섞어 가격이 저렴하고 달콤한 편이다. 투펑리수 土鳳梨酥는 100% 파인애플만 넣어 과육이 그대로 느껴지고 더 새콤하며 가격도 비싸다.

펑리수 브랜드 매장

① 찌아더 베이커리
佳德糕餅 Chia Te Bakery

펑리수 전문 베이기리. 기본 펑리수 외에 달걀노른자·크랜베리·체리·호두·하미과·딸기 등이 들어간 다양한 펑리수도 판매한다. 본점 외 지점은 없지만 몇 곳의 세븐일레븐에서 구매할 수도 있다. 펑리수 가격은 개당 NT$30~35.

② 써니 힐
微熱山丘 Sunny Hills

타이완산 유기농 파인애플 과육만을 넣어 만든 펑리수와 파인애플주스 등을 판매한다. 타이베이 시내, 타오위엔공항, 까오숑에 매장이 있다. 펑리수 1개와 차를 시식용으로 제공한다. 펑리수 가격은 10개들이 1상자에 NT$420 정도.

③ 썬메리
聖瑪莉 Sunmerry

각종 빵을 판매하는 빵집으로 그 중 간단하게 먹기 좋은 한 입 펑리수인 이커우쑤 一口酥(12개들이 1상자 NT$150)가 대표적인 제품이다. 타이완 북부에만 매장이 있는데 그중 관광객이 방문하기 가장 편리한 곳은 용캉제 바로 입구에 있는 매장이다.

④

⑤

⑥

> **TIP**
>
> ### 타이베이 몽공장 台北夢工場
>
> 웨이거빙쟈 維格餅家(Vigor Kobo)에서 운영하는 곳으로 펑리수 몽공장 鳳梨酥夢工場이라고도 한다. 예약제로 운영되며 제공되는 재료로 펑리수를 직접 만들어보고 현장에서 구워내 바로 포장해주는 것을 가져올 수 있다. 만들기 체험 후에는 파인애플향이 가득한 파인애플 에스컬레이터를 타고 올라가 간단하게 공장 견학도 하고 막 구운 펑리수를 시식할 수 있다. 예약 시 단체와 비단체로 구분되며, 비단체는 사전 예약 필수다.
>
> 위치 Ⓜ️Ⓜ️ 타이베이처짠역에서 택시 10분(NT$250~300) 주소 新北市 五股區 成泰路一段 87號 오픈 09:00~18:00(체험 시간 10:00·15:00) 요금 관람권 NT$50, 관람권+펑리수 제작(6개) NT$250 전화 02-2291-9122(예약 내선 1) 홈피 www.dream-vigor.com 이메일 vigordream@vigorkobo.com

④ 이즈쉬엔
一之軒 IJYSHENG

오리지널맛과 크랜베리맛의 펑리수, 투펑리수 등을 판매한다. 가격은 1상자 NT$200~300이며 자체 할인 이벤트를 자주 한다. 타이베이시에만 11개의 매장이 있고 타오위엔공항 제1터미널 지하 1층에도 매장을 운영한다.

⑤ 순청
順成蛋糕 Shun Chen

각종 빵을 판매하는 베이커리로 케이크와 여러 종류의 펑리수로 유명하다. 2011년 타이베이시 펑리수축제에서 1위를 수상한 적도 있고 매장은 타이베이 17곳, 신베이 3곳, 쏭산공항 1층에도 있다. 펑리수 가격은 개당 NT$17~35.

⑥ 수신방
手信坊

한국인에게 유명한 펑리수 중 하나로 전국 주요 쇼핑몰(타이베이 101, 타이중의 쭝요우 백화점, 까오슝 드림 몰 등)과 타오위엔공항, 쏭산공항에도 입점해 있어 구입하기가 수월하다. 펑리수 가격은 종류에 따라 10개들이 1상자 NT$360~3800이다.

단짠의 진수
누가 디저트

크래커 사이에 쫀득한 누가를 넣은 것을 누가 크래커라 한다. 누가 사탕은 기본으로 땅콩이나 아몬드 같은 견과류가 들어가고 맛 종류가 다양하다. 브랜드 매장 외에 야시장이나 라오제에서 수제 누가 디저트를 판매하기도 한다. 최근 높아진 인기에 여러 베이커리에서는 판촉을 하고 있으며 마트에서도 쉽게 구입이 가능하다.

누가 브랜드 매장

❶ 미미
蜜密

한국인 여행객에게 가장 인기 있는 누가 크래커 전문점이다. 오직 규격 사이즈의 누가 크래커만 쌓아 놓고 판매한다. 직접 만들어 판매 수량에 한계가 있어 늦게 가면 매진되어 구입 못할 수도 있다. 1인당 구매 수량이 제한되는 경우도 있다. 매장은 단 한 곳만 있으며 가격은 1박스 NT$170이다.

❷ 세인트 피터
Saint Peter

작고 귀여운 동그란 모양의 커피맛 누가 크래커로 한국인 여행객에게 사랑받는 곳이다. 펑리수 등 다른 제품도 판매한다. 딴쉐이, 지우펀, 용캉제, 시먼 등 여행객이 많이 방문하는 지역에 매장이 자리한다. 박스 포장도 잘 되어 있어 선물용으로도 좋다. 가격은 커피맛 누가 크래커 30개들이 1상자에 NT$2200이다.

❸ 지우펀요우지뉴가탕
九份游記手工牛軋糖

일명, '지우펀 55번 누가 크래커'라고 불리는 수제 누가 크래커 상점이다. 누가 사탕은 물론 기본 누가 크래커와 커피맛 누가 크래커가 낱개 포장되어 있다. 운영시간은 저녁 7시 30분까지이지만 일찍 품절되는 경우도 있다. 시식이 가능하고, 가격은 1상자 NT$150, 7상자 NT$1000이다.

❹

❻

❺

> **TIP**
> **딱딱해진 누가 크래커, 맛있게 먹기**
> 딱딱해진 누가 크래커는 전자레인지에서 10초 정도 데워 먹자. 크래커 사이에 누가가 살짝 녹아 보다 맛있게 먹을 수 있다. 단, 너무 오래 데우면 누가가 흘러내릴 수 있으므로 주의하자.

❹ 잉타오예예
櫻桃爺爺

누가 사탕 전문점으로 누가 크래커, 펑리수, 건과일, 수제 초콜릿 등도 판매한다. 모양과 크기가 다양해 선물용으로 구입하기 좋다. 시식이 가능하고 가격은 누가 크래커 1상자(20개) NT$350, 오리지널 누가 사탕 1봉지(200g) NT$250, 딸기·커피·체리맛 누가 사탕 1봉지(150g) NT$200이다.

❺ 메이메이
美美香蔥夾心餅乾

까오숑에 있는 수제 누가 크래커 전문점으로 오직 누가 크래커만 판매한다. 작은 상자(20개입, NT$180), 큰 상자(40개입, NT$300), 봉지(45개입, NT$300) 세 가지 종류로 구분된다. MRT역에서 다소 거리가 있어 찾아 가기 번거로운 경우에는 배송료 NT$130으로 타이완 숙소로 배달이 가능하다.

❻ 따슌
大順烘焙食品

까오숑에 위치한 30여 년의 누가 사탕 전문점. 좋은 재료를 고집하고 향신료, 방부제를 첨가하지 않으면서 옛맛을 보존해오고 있다. 마카다미아 뉴가탕이 가장 인기 있고 깨, 초콜릿, 땅콩, 녹차 등 다양한 맛의 뉴가탕도 있다. 가격은 300g 한 봉지당 NT$180이고 마카다미아가 들어간 것은 NT$250이다.

놓칠 수 없는 쇼핑 리스트

타이완에 가면 은근히 살 것이 많다. 타이완을 대표하는 간식부터 술, 차, 여러 기념품까지 다양하다. 타이완에 갈 때는 꼭 쇼핑거리를 담아 올 가방을 준비하자. 그리고 쇼핑은 원하는 것을 봤을 때 바로 구입하는 것이 진리! 다른 장소에 가면 또 있을 것이라는 생각은 금물이다. 보일 때 사두는 것이 좋다.

마트

대형 마트부터 일반 슈퍼마켓, 편의점까지 시설이 잘 정비되어 있다. 보통 대형 마트에서 먹거리와 저렴한 생필품 등을 많이 구입하는데 찾아갈 시간이 없거나 살 것이 많지 않다면 매장 수가 많아 접근성이 좋은 브랜드 슈퍼마켓이나 편의점을 가는 것이 오히려 편하고 좋다.

나이차
奶茶 밀크티

3시15분 3點1刻(싼뎬이커) 밀크티는 티백으로 되어 있고, 미스터 브라운, 립톤 밀크티는 분말로 되어 있다. 립톤 밀크티의 평이 좋으나 브랜드별로 개인 입맛에 따라 호불호가 나뉘니 기회가 있다면 시음해보고 구입해 보자.

뉴가탕
牛軋糖 누가 사탕

우리나라에서는 누가라고 부르는 그것과 비슷한데 견과류가 들어간 쫀득쫀득하고 고소한 우유 사탕이라고 보면 된다. 여러 베이커리 브랜드에서도 판매하고 야시장이나 라오제에서도 수제 누가 사탕을 판매한다.

뉴가삥
牛軋餅 누가크래커

짭조름한 야채 크래커 사이에 누가를 넣은 것으로 달콤하면서고 짭조름한 맛에 인기 만점이다. 누가 사탕처럼 여러 베이커리 브랜드에서 판매하고 마트에서 일반 과자처럼 나온 것도 있어 쉽게 구입할 수 있다.

타이완 편의점

타이완은 편의점 문화가 잘 발달해 있다. 매장 수가 무수히 많고 산 위나 섬에도 있을 정도로 타이완 사람들에게서 뗄 수 없는 존재다. 다양한 도시락·음료·디저트·간식 등이 있고 자체 카페 브랜드도 만들어 저렴한 가격에 맛있는 커피도 제공한다. 각종 표 예매 및 구입·교통카드 충전·택배 등 다양한 서비스도 제공해 '편의점'이라는 이름값을 톡톡히 한다. 타이완 4대 편의점으로는 세븐일레븐, 훼미리마트, 하이라이프, OK마트가 있다.

편의점 먹거리

여러 종류의 삼각김밥, 타이완식 도시락, 면 요리, 과일 등 다양한 제품을 판매하고 삶은 달걀인 차예딴 茶葉蛋, 어묵, 핫도그 등을 즉석 메뉴로 판매한다. 즉석 메뉴는 원하는 만큼 직접 담아 계산한 뒤 먹으면 된다.

편의점 기념품

타이완의 편의점 중 가장 많은 매장 수를 보유한 세븐일레븐은 오픈샤오장 OPEN小將이라는 자체 캐릭터를 이용해 기념품을 판매하기도 한다. 특히 각 지역에서만 구입할 수 있는 해당 지역의 특색이 담긴 나무엽서를 모아 보는 것을 추천한다.

진먼 고량주
金門高粱酒

타이완의 대표적인 술로는 진먼 지역에서 만드는 고량주(수수를 원료로 한 증류주)가 있다. 도수는 38도부터 64도까지 다양하다. 38도와 58도가 주력 상품으로 대형 마트에서 저렴하게 구입 가능하다. 가격은 750ml 기준 약 NT$500선.

총좌삥·딴삥 피
葱抓餅·蛋餅 皮

마지막 날 구입해 가져오면 좋은 아이템. 총좌삥과 딴삥의 피(皮)는 타이완 음식이 생각날 때 한 장씩 꺼내 달걀을 올려 부쳐 먹기 좋은 편한 제품이다.

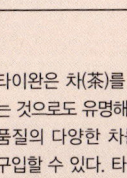

차 茶

타이완은 차(茶)를 재배하는 것으로도 유명해서 좋은 품질의 다양한 차를 쉽게 구입할 수 있다. 타이완 여러 지역의 차 농장에서 재배한 우롱차·녹차·고산차 등이 있으며 차 전문 브랜드 매장은 물론 일반 마트에서도 구입 가능하다.

각종 과자

단쥐엔 蛋捲, 레이즈 樂事(Lay's), 커러궈 可樂果, 미니 퍼프 小泡芙 등 맛있는 과자가 많다. 특히 타이완의 유명 식품업체인 이메이 IMEI에서 나오는 과자는 거의 다 맛있으므로 추천한다.

구미 초코볼

동그란 초콜릿 안에 딸기젤리, 포도젤리, 건포도, 아몬드 등이 들어 있는 제품으로 한국인에게 인기 만점이다.

스티커 쿠폰

편의점에서 일정 금액 이상 물건을 구입하면 스티커를 준다. 이것을 계산대에 비치된 스티커 종이에 붙여나가 이벤트 기간 내에 일정 개수 이상 모으면 각 이벤트에 해당하는 캐릭터 제품을 무료로 주거나 저렴하게 구입 가능하다. 다 모으지 못하더라도 재미로 모아보는 것도 좋다.

추천 음료

차리왕 茶裏王 유명한 음료 브랜드. 타이완식(台式)이라고 적힌 것은 당이 들어가 달달하다.
만위에메이즈 蔓越莓汁 오션스프레이 크랜베리맛 주스
핑궈시다 蘋果西打 사과맛 탄산음료(일명 사과 사이다)
시과뉴루 西瓜牛乳 수박우유
보랑카페이 伯朗咖啡 미스터 브라운의 커피. 다양한 맛이 있다.

드럭 스토어

왓슨스, 코스메드, 토모즈 등 여러 드럭스토어 브랜드는 번화가에서 쉽게 발견할 수 있다. 일본 제품과 문화를 좋아하는 타이완이어서 그런지 다양한 일본 제품을 판매한다. 브랜드와 지역에 따라 자체 행사를 많이 하는 덕에 가격이 다를 수 있으니 대량으로 구입할 계획이라면 미리 정보를 수집해 놓자.

비오레 클렌징티슈

비오레 클렌징티슈인 사라사라 오일 in 후쿠다케코튼은 오일이 함유되어 있어 마스카라까지 화장이 잘 지워지고 한 장씩 뽑아 쓰기 편리하다. 케이스가 포함된 본품이 있고 리필 제품도 있어 저렴하게 구입할 수 있다.

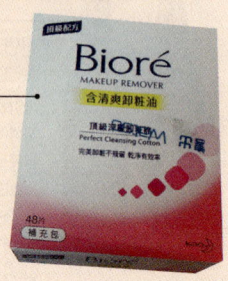

퍼펙트 휩

세정력이 좋아 인기가 많은 시세이도 클렌징품으로 한국보다 저렴해 많이 구입한다.

탱글 티저

엉키지 않고 잘 빗겨지는 영국의 유명한 탱글티저 빗. 저렴한 가격(약 NT$180)에 구입할 수 있다. 너무 저렴한 것은 위조품일 수 있으니 주의하자.

그린오일

코막힘·복통·두통·근육통·벌레 상처 등 사용처가 다양한 일명 만병통치약 오일로 통증이 있는 신체 부위에 바르면 된다. 현지어로는 뤼여우징 綠油精(녹유정)이라고 하며 비슷한 제품으로 바이화여우 白花油(백화유)란 것도 있다.

모기 퇴치제

강력한 타이완의 모기를 피하고 싶다면 여행 첫날 드럭스토어에서 이 제품을 구입하자. 다양한 크기의 일반 모기용과 샤오헤이원 小黑蚊이라는 작고 독한 미니 모기용 등으로 구분된다.

곰돌이 탈취제

곰돌이 방향제로 유명한 숑바오베이 熊寶貝 회사에서 나오는 탈취제 스프레이. 세 가지 향이 있고 여행 중 옷에 뿌리면 좋으니 특히 장기 여행자에게 추천한다.

기타 기념품

관광객이 많이 찾는 용캉제·지우펀·스펀·딴쉐이 등에서 쉽게 기념품점을 만날 수 있다. 저렴한 가격에 타이완을 추억할 만한 것이 많으니 한 번씩 들러보기 좋다.

미니 천등

핑시 지역에서 유명한 천등을 작게 만들어 기념품으로 판매하는데 다양한 무늬의 천에 여러 가지 기원의 글귀가 적혀 있어 원하는 글귀가 적힌 것을 구입할 수 있다. 보통 개당 NT$50인데 불이 들어오는 것은 조금 더 비싸다.

이어폰 줄감개

다양한 캐릭터로 만들어진 이어폰 줄감개는 귀엽고 저렴해서 선물용으로 좋다. 가격은 보통 5~7개에 NT$100이고 야시장에서 구입한다. 타이베이의 경우 스린 야시장보다 라오허 야시장에서 저렴하게 구입할 수 있다.

엽서

가장 저렴하게 타이완을 추억할 수 있는 기념품으로 타이완의 명물, 명소 등을 표현한 것이 많다. 종이엽서, 필름엽서, 입체엽서, 나무엽서 등 그 종류도 다양하다.

기타

타이완의 대표 관광지나 원주민을 주제로 한 열쇠고리·액자·자석·티셔츠 등을 주요 관광지에 있는 기념품점이나 야시장에서 구입할 수 있다.

대표 쇼핑 체인점

까르푸
Carrefou

광난따피파
光南大批發

각종 생필품·화장품·식품·음반·DVD·문구류·전자소품 등 일상에서 필요한 거의 모든 제품을 저렴하게 판매하는 만물잡화점이다. 타이완 전역에 약 25개의 매장이 있다.

홈피 knn.com.tw

타이완의 대표적인 대형 할인마트 중 한 곳. 타이베이에서는 대부분 궤이린점이나 따즈점을 많이 이용한다. 궤이린점은 한국인 관광객이 좋아하는 상품을 모아둬 쇼핑하기 편리하다. NT$2000 이상 구입 시에는 택스 리펀드도 가능하다.

홈피 www.carrefour.com.tw

쉬창점 許昌店
지도 MAP 2-A 위치 ⓜⓜ 따이베이처짠역 Z4번 출구, 신광 미츠코시 바로 뒷골목 오픈 10:30~22:30

꿍관점 公館店
지도 MAP 8-D 위치 ⓜ 꿍관역 1번 출구에서 도보 2분 오픈 10:30~22:30

지룽점 基隆店
지도 MAP 21-E 위치 기차 지룽역 앞 해양광장 맞은편 오픈 10:30~22:30

싼민점 三民店
지도 MAP 31-H 위치 기차 타이중역 앞에서 버스 1·21·31번 등 국립타이중과학기술대학 國立臺中科技大學 하차 오픈 일~목요일 10:30~22:30, 금·토요일 10:30~23:00

까오슝 쫑산점 高雄中山店
지도 MAP 39-C 위치 ⓜR10 ⓜO5 메이리다오역 11번 출구에서 도보 5분 오픈 10:00~22:00

까오슝 싼뚸점 高雄三多店
지도 MAP 39-G 위치 ⓜR8 싼뚸샹췐역 5번 출구, 신광 미츠코시 맞은편 오픈 10:30~22:30

궤이린점 桂林店
지도 MAP 1-E 위치 ⓜⓜ 시먼역 1번 출구에서 도보 10분 오픈 24시간

따즈점 大直店
지도 MAP 13-F 위치 ⓜ 젠난루역 미라마 엔터테인먼트 파크 바로 앞 오픈 일~목요일 09:00~23:00, 금·토요일 09:00~24:00

더안점 德安店
지도 MAP 31-L 위치 기차 타이중역 뒷편, 타로코 몰 내 오픈 24시간

청공점 成功店
지도 MAP 39-K 위치 ⓜR7 스자역 4번 출구에서 도보 10분 오픈 일~목요일 09:00~23:00, 금·토요일 09:00~01:00

RT마트
RT-MART

웰컴마트
Wellcome

성품
誠品 Eslite

타이완의 룬타이 그룹에서 설립한 대형 할인마트 체인점으로 중국에도 진출해 크게 성공했다. 타이완 전역에 매장이 분포하지만 까르푸보다 매장 수가 적고 관광객이 가기엔 다소 불편한 위치에 있다. 대신 까르푸보다 가격이 저렴한 편이다.

홈피 www.rt-mart.com.tw

대형 할인마트보다는 규모가 작지만 타이베이에만 약 60개 매장이 있다. 전국에 무수한 매장을 보유해 접근성이 좋다. 대형마트보다는 비싸지만 크게 차이는 없고 24시간 영업하는 매장이 많은 편이라 편리하다.

홈피 www.wellcome.com.tw

타임지가 선정한 아시아 최고의 서점인 성품서점은 서점 외에도 공예품·생활용품·레스토랑·전시관 등이 포함된 복합문화 공간을 운영하며 타이완의 문화를 이끌어가는 역할을 하고 있다. 서점 매장, 생활쇼핑 매장 등으로 구분되며 지점마다 조금씩 특색이 다르고, 시민들이 편안하게 쉬어 갈 수 있는 공간으로 사랑받는다.

홈피 www.eslitecorp.com

쭝룬점 中崙店
지도 MAP 9-A 위치 Ⓜ 쭝샤오푸싱역 1번 출구에서 도보 10분, CITY LINK 빌딩 내 오픈 07:30~23:00

쭝밍점 忠明店
지도 MAP 30-H 위치 기차 타이중역에서 택시 11분 오픈 07:00~23:00

타이난점 台南店
위치 기차 타이난역에서 택시 5분 오픈 07:30~23:00

쭝샤오점 忠孝店
지도 MAP 9-F 위치 Ⓜ 쭝샤오푸싱역에서 이어진 동취 지하상가 14번 출구 앞 오픈 24시간

스따점 師大店
지도 MAP 7-A 위치 Ⓜ 타이뎬따러우역 3번 출구에서 도보 1분 오픈 24시간

롱씬점 龍心店
지도 MAP 31-L 위치 기차 타이중역에서 도보 6분 오픈 24시간

난핑점 南屏店
지도 MAP 38-D 위치 R14 쥐딴역 1번 출구에서 도보 7분 오픈 24시간

둔난점(본점) 敦南店
지도 MAP 9-K 위치 Ⓜ 쭝샤오둔화역 6번 출구에서 직진 오픈 서점 24시간/상점 11:00~22:30

신이점(기함점) 信義店
지도 MAP 10-D 위치 Ⓜ 스정푸역 2번 출구에서 도보 2분 오픈 서점 10:00~24:00/상점 일~목요일 11:00~22:00, 금·토요일 11:00~23:00

쭝요우점 中友店
지도 MAP 31-D 위치 기차 타이중역 앞에서 버스 1·21·31번 등 쭝요우바이훠 中友百貨 하차, 쭝요우 백화점 C동 10·11층 오픈 월~금요일 11:00~22:00, 토·일요일 10:30~22:00

보얼점 駁二店
지도 MAP 39-F 위치 까오슝의 보얼 예술특구 C4 창고 오픈 일~목요일 10:00~21:00, 금·토요일 10:00~22:00

쇼핑 노하우
택스 리펀

타이완 체류 일수가 183일 미만인 외국인 여행자는 대형 쇼핑몰 및 기타 상점에서 기준 금액 이상 구매 시 5퍼센트의 세금을 환급받을 수 있다. 이를 택스 리펀, 세금 환급이라 부른다. 한 상점에서 당일 물품 구매 누적 금액이 세금 포함 NT$2000 이상이어야 하며, 구매 당일 영수증과 여권을 지참해 해당 상점 고객센터에서 '세금 환급 명세서'를 발급 받아야 한다. 이 명세서를 가지고 출국 당일 공항 택스 리펀 카운터 혹은 자동화 기기에서 세금 환급을 신청하면 된다. 세금 환급이 가능한 상점은 마크가 부착되어 있고, 미처 부착물을 보지 못했어도 규모가 있는 상점이라면 가능한 경우가 많다.

홈피 www.taxrefund.net.tw/ttr

[세금 환급 방식]

환급 세율은 5퍼센트이고 이 중 14퍼센트의 수수료를 제한 금액을 최종 환급받는다. 환급은 현금 환급과 신용카드 환급, 수표 환급 등으로 구분된다. 현금 환급을 원하는 경우, 택스 리펀 카운터나 자동화 기기에서 확인하고 명세확인서를 지정 은행 또는 현금 취급 카운터에 청구하면 바로 수령할 수 있다.

> **TIP 알아두세요!**
> · 세금 환급 신청 상품은 반품/환불이 불가능하다.
> · 확급받을 물품은 출국 시 소지해야 하며, 미리 개봉하면 안 된다.
> · 구매 물품은 구매일로부터 90일 이내에 해외로 반출해야 한다.
> · 구매 물품은 세관 확인이 필요한 경우도 있으니 세금 환급 신청 시 지참한다.
> · 원활한 세금 환급 신청과 출국 수속을 위해 출국 3시간 전에는 공항에 도착해 항공사 수속 전(수하물 위탁 전)에 받아야 한다.

[수속 절차]

공항 세금 환급 절차

| 세금 환급 가능 상점에서 NT$2000 이상 소비 |
▼
| 해당 상점 카운터에 영수증, 여권 제시 |
▼
| 세금 환급 명세서 발급 |
▼
| 공항 내 카운터에 명세서, 영수증, 여권 제시 |
▼
| 은행에 명세확인서 제출 후 환급금 수령 |

소액 즉시 세금 환급 절차

| 세금 환급 가능 상점에서 NT$2000~2400 소비 |
▼
| 해당 상점 카운터에서 영수증, 여권 제시 |
▼
| 명세확인서와 함께 환급금 수령 |

※즉시 환급 식별 마크가 있는 곳에서만 소액 즉시 환급 가능.

쇼핑 관련 중국어

타이완에서도 원플러스원(1+1)과 같은 플러스 행사나, 할인 행사를 진행하니 도움이 되는 간단한 단어를 숙지해두자.

· **마이이쏭이** 買一送一 mǎi yí sòng yī
편의점이나 마트에서 자주 볼 수 있는 말로 '하나를 사면 하나를 더 준다'는 뜻이다. 즉, 1+1.

· **마이이쏭얼** 買一送二 mǎi yí sòng èr
하나를 사면 두 개를 더 준다. 즉, 1+2.

· **다저** 打折 dǎzhé
할인해준다는 말로 예를 들어 打9折는 10%, 打6折는 40%, 打3折는 70%를 할인해준다는 뜻이다.

· **디알젠우저** 第2件5折 dì èr jiàn wǔ zhé
같은 제품 2개 구입 시 2번째 제품은 50% 할인해준다는 뜻이다.

· **알젠공** XX元 2件共 èr jiàn gòng
2개 총 가격 XX위안

· **핑쥔이젠** XX元 平均1件 píng jūn yí jiàn
1개 평균가격 XX위안

· **성** XX元 省 shěng 절약한 가격 XX위안

타이완 퀵 입국 가이드

한국에서 타이완 각 지역까지 비행기로 약 2시간 30분이면 도착한다. 인천 출발의 경우 타오위엔 · 타이중 · 까오슝 도착, 김포 출발의 경우 쏭산 도착, 대구나 제주 출발의 경우 타오위엔 도착, 부산 출발의 경우 타오위엔 · 까오슝에 도착한다.

타이완 입국 5단계

① 입국장 이동

입국이라는 뜻의 '入境 Arrival'이라고 적힌 표시를 따라 걸어가면 된다.

② 입국 심사

외국인 전용에 줄을 서서 입국신고서, 여권을 같이 제시해 심사받는다.

③ 수하물 찾기

타고 온 비행기 편명에 해당하는 수하물 수취대 번호를 확인하고 해당 클레임 벨트에서 짐을 찾는다.

④ 세관 검사

일정 금액(NT$100,000/US$10,000) 이상의 현금을 소지하고 입국할 경우 세관신고서를 작성해야 한다. 신고 사항이 없는 경우 녹색으로 표시된 라인을 통해 출구로 나가면 된다.

⑤ 타이완 도착

출구로 나오면 관광안내소 · 통신사 부스 · 환전소 등이 있으니 원하는 서비스가 있다면 각 부스로 가서 이용하면 된다.

> **TIP**
> 2018년 하반기부터 한국-타이완 자동출입국 심사대를 상호 이용하기 시작했다. 타이완 현지 국제공항(타오위엔,쏭산,타이중,까오슝) 출입국장에서 한 번 신청하면 계속 이후 자동출입국심사(E-gate)를 이용할 수 있다.

입국신고서 작성법

입국신고서는 타이완으로 가는 비행기에서 승무원이 나눠주니 미리 작성해두는 것이 좋다. 혹시 비행기 내에서 못 받았을 경우, 입국 심사를 받는 곳에도 비치되어 있다. 입국신고서는 모두 영어 대문자로 작성한다.
온라인 입국신고서를 미리 작성해두면 종이로 된 입국신고서를 작성하지 않아도 된다. 자동출입국 심사대를 이용한다면 타이완 입국 시마다 사전에 온라인으로 제출해야 한다.
온라인 입국신고서 https://niaspeedy.immigration.gov.tw/webacard

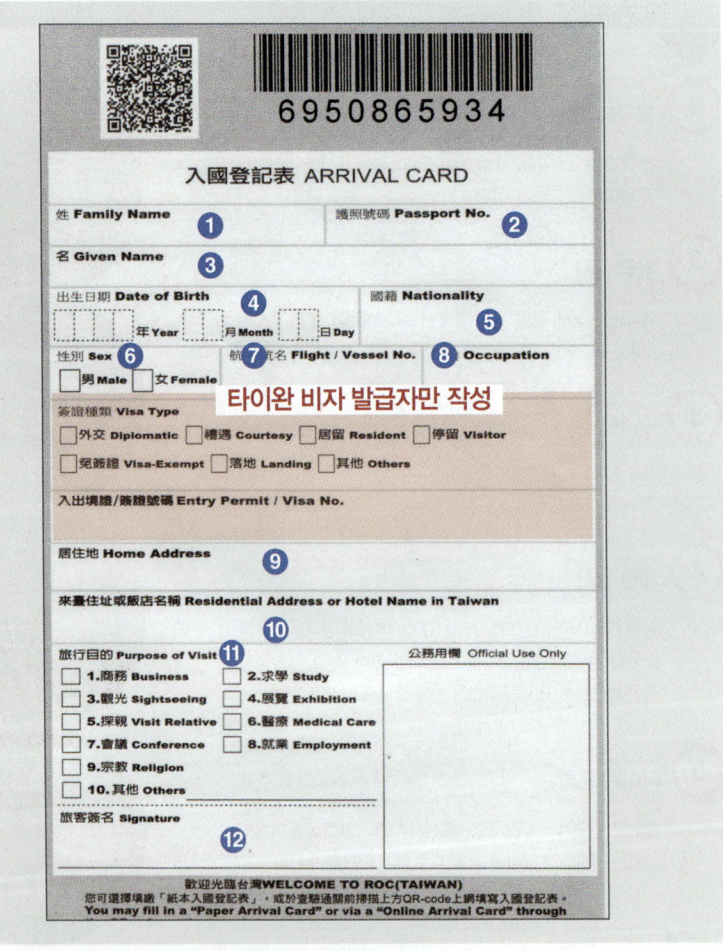

❶ 성　❷ 여권번호　❸ 이름　❹ 생년월일　❺ 국적　❻ 성별　❼ 항공편명　❽ 직업　❾ 한국 거주지 주소
❿ 타이완 내 체류 주소(숙소 이름)　⓫ 방문 목적(3번 관광 sightseeing)
⓬ 여권과 동일한 서명　※붉은 부분은 타이완 비자 발급자만 작성

타이완의 국제공항

타오위엔공항 桃園國際機場
도원국제공항 : Taoyuan International Airport

타이베이 근교에 위치한 공항으로 가장 많은 여행자가 이용한다. 10개의 통신사가 공항 곳곳에 있다. 가장 대표적인 중화텔레콤과 타이완모바일의 영업시간은 08:00~22:00이며 제1터미널의 경우 밤 12시까지 영업한다. 환전소도 입국장과 출국장 등에 있다.

주소 桃園市 大園區 航站南路 9號
오픈 24시간
홈피 www.taoyuanairport.com.tw

쏭산공항 松山機場
송산공항 : Taipei Songshan Airport

김포공항과 타이베이를 잇는 공항. 타이베이 시내와 매우 가깝다. 통신사는 입국장에 중화텔레콤만 있으며 07:00~23:00 동안 운영한다. 환전소는 입국장을 기준으로 08:00~22:30까지 운영한다.

주소 台北市 松山區 敦化北路 340之 9號
오픈 05:00~23:00
홈피 www.tsa.gov.tw

타이중공항 台中機場
대중공항 : Taichung Airport

타이완의 중서부 지역을 대표하는 타이중에 자리한 공항. 통신사는 출국장에 중화텔레콤만 있으며 10:00~22:00 동안 운영한다. 환전소는 입국장을 기준으로 09:00~16:00 운영하고 출국장은 06:00~23:00 동안 운영한다.

주소 台中市 沙鹿區 中航路 1段 168號
오픈 06:00~23:00
홈피 www.tca.gov.tw

까오슝공항 高雄國際機場
고웅국제공항 : Kaohsiung International Airport

타이완 남부 지역을 여행할 때 유용한 공항. 통신사는 입국장에 중화텔레콤만 있으며 08:00~20:00 운영한다. 환전소 운영시간은 입국장을 기준으로 타이완은행 09:00~24:00, 메가은행 09:00~21:00이다.

주소 高雄市 小港區 中山四路 2號
오픈 04:30~24:00(첫 비행기 이륙 2시간 전부터 마지막 비행기 시간까지)
홈피 www.kia.gov.tw

타이완 교통수단

국내선 비행기

타이완 내에서 거리가 조금 먼 지역이나 섬으로 갈 때 국내선 비행기를 이용하면 보통 30분에서 1시간 이내로 도착한다. 국내선을 운항하는 항공사로는 유니항공 立榮航空, 원동항공 遠東航空, 만다린항공 華信航空, 덕안항공 德安航空이 있다. 타이베이 출발을 기준으로 볼 때 고속철도가 개통된 이후에는 타이완 동부나 섬 지역으로 갈 때 국내선 이용이 비교적 보편화되어 있고 편리하다. 국내선 공항이 있는 곳은 총 17곳으로 타이베이 台北, 타이난 台南, 타이중 台中, 타이동 台東, 화롄 花蓮, 쟈이 嘉義, 까오숑 高雄, 핑동 屏東, 헝춘 恆春, 진먼 金門, 뤼다오 綠島, 란위 蘭嶼, 치메이 七美, 마공 馬公, 왕안 望安, 베이간 北竿, 난간 南竿이다.

국내선 항공 운행 www.caa.gov.tw/RegularFlight.aspx?a=268&lang=2

고속 철도

2007년 2월에 개통된 타이완 고속철도는 Taiwan High Speed Rail, 줄여서 THSR이라 표기하고 현지어로는 타이완까오티에 台灣高鐵라 한다. 타이베이부터 까오숑까지 타이완의 서부 지역을 운행한다. 기점부터 종점까지 약 2시간~2시간 30분이 소요되고 가격은 NT$1530이다. 고속철도 개통으로 인해 타이완 내 여행이 더 편리해졌으며, 북부와 남부를 일일생활권으로 만들어줬다. 고속철 티켓은 탑승일 28일 전 0시부터 구입이 가능하고 얼리버드로 구매 시 최대 35퍼센트까지 할인받을 수 있다. 일정이 확실하다면 빨리 예매를 해두는 것이 좋다. 현재 난강 南港, 타이베이 台北, 반챠오 板橋, 타오위엔 桃園, 신쭈 新竹, 먀오리 苗栗, 타이중 台中, 짱화 彰化, 윈린 雲林, 쟈이 嘉義, 타이난 台南, 쭤잉 左營 총 12개 역이 운행되고 있다.

홈피 www.thsrc.com.tw

고속철도 패스 THSR Pass

고속철도 패스는 외국인에게만 주어지는 혜택으로 일정 기간 동안 고속철도를 무제한으로 탑승할 수 있는 패스다. 패스 종류에 따라 일반 기차(TRA)를 포함하는 것도 있다.

홈피 www.thsrc.com.tw/event/2013/THSRPass/EN/index.html

패스 종류

- **고속철도 탄성 2일권 Flexible 2-day pass (NT$2500)**
지정한 일주일 중 2일을 선택해 고속철도에 탑승할 수 있다.
- **고속철도 3일권 3-day pass(NT$2200)**
연속 3일 동안 고속철도를 무제한으로 탑승할 수 있다.
- **표준 5일권 5-day standard joint pass(NT$2800)**
연속 5일 내에 고속철도와 쥐광하오 莒光號를 포함한 이하 등급의 기차(자유석)에 탑승할 수 있다. 고속철도는 5일 중 2일만 탑승 가능하다.
- **특급 5일권 5-day express joint pass(NT$3600)**
연속 5일 내에 고속철도와 쯔창하오 自强號를 포함한 이하 등급의 기차에 탑승할 수 있다. 고속철도는 5일 중 2일 탑승 가능하다.

구매처

각 나라별 구매처는 고속철도 패스 홈페이지에 자세히 안내되어 있다. 한국의 경우 아래 여행사에서 구입할 수 있다. 여행사에서 결제를 완료하면 이메일로 바우처를 발송한다. 출력한 바우처와 여권을 타이완 현지의 고속철도역 카운터에 제시하면 패스로 교환해준다. 보통 현지에서 패스 교환 시 교환일이 개시일로 지정되니 교환 당일 사용할 것이 아니라면 역무원에게 따로 말하는 것이 좋다.

하나투어 www.hanatour.com
하나투어리스트 www.hanatourist.co.kr
CJ월디스 www.cjworldis.com
웹투어 www.webtour.com
넥스투어 www.nextour.co.kr

> **TIP 알아둡시다!**
> - 바우처는 수령일로부터 90일 내에는 패스로 교환해야 한다.
> - 고속철도 패스 사용 시에는 여권을 대조하니 꼭 여권을 지참한다.

기차

타이완의 기차(타이완철도)는 Taiwan Railways Administration로, 줄여서 TRA라 표기하고 현지어로는 타이티에 台鐵라 한다. 타이완섬을 일주하는 환도 형태로 되어 있고 총 길이는 1000킬로미터가 넘는다. 열

차는 등급별로 쯔창하오 自強號(우리나라 새마을호급, 지정석), 쥐광하오 莒光號(우리나라 무궁화호급, 지정석), 취젠처 區間車(우리나라 지하철급, 자유석) 등으로 구분된다. 고속철도보다는 느리지만 저렴하고 일반 기차 특유의 낭만이 있기에 타이완에서 기차 여행을 해보는 것도 좋다.

홈피 www.railway.gov.tw/ko/index.aspx

TIP 예매 주의사항
- 기차표를 꼭 예매해야 하는 건 아니지만 가능한 홈페이지를 통해 예매할 것을 추천한다.
- 현지 기차역에서 당일표나 며칠 후에 탈 기차표를 구입할 수 있다.
- 예약은 2주 전부터 가능하고, 금요일에는 2주 후의 주말표까지 예약 가능하다. 예매는 현지시간으로 새벽 0시에 오픈된다.
- 취젠처는 비지정석이라 예매할 수 없다.

고속버스

비행기나 기차로 바로 가기 힘든 곳은 장거리 고속버스를 이용하면 편리하게 바로 갈 수 있다. 혹은 타이베이에서 타이중, 까오슝과 같은 지역으로는 24시간 버스가 운행되고 있어 심야시간을 이용해 저렴하게 이동할 수 있다는 장점도 있다. 타이완의 장거리 고속버스 회사로는 궈광커윈 國光客運, 통롄커윈 統聯客運, 허신커윈 和欣客運, 아뤄하커윈 阿羅哈客運, 거마란커윈 葛瑪蘭客運 등이 있으며 일반적으로 고속버스는 커윈 客運(객운)이라 하고 버스터미널은 좐윈 짠 轉運站(전운참)이라 한다.

궈광커윈 www.kingbus.com.tw
통롄커윈 www.ubus.com.tw
허신커윈 www.ebus.com.tw
아뤄하커윈 www.aloha168.com.tw
거마란커윈 www.kamalan.com.tw

시내버스

타이완 각 지역에서는 해당 지역의 시내버스를 운행하니 버스를 이용해 목적지와 가깝게 이동할 수 있다. 단, 중국어가 생소할 경우 이용하기가 조금 힘들 수 있다는 단점이 있으니 구글 맵스 같은 지도 관련 앱을 이용해 버스 노선을 확인해보는 것이 좋다. 기본요금은 지역별로 다르다. 타이베이의 경우 NT$15이며 버스에 따라 탈 때 요금을 내는 것이 있고 내릴 때 내는 것이 있으니 탑승하면서 확인하면 된다. 요금을 내는 것이 번거롭다면 교통카드를 이용해 버스 승하차 시 태그하면 된다.

투어버스

타이완하오씽 台灣好行 Taiwan Tourist Shuttle

타이완관광국에서 관광객을 위해 운영하는 관광지 셔틀버스로 신베이·이란·타오위엔·신쭈·먀오리·짱화·난터우·쟈이·컨딩·화롄·타이동 등에서 운행 중이다. 버스 배차간격은 평균 1시간에 한 대꼴이지만, 보통 대중교통 이용이 어려운 곳에서 운행되는지라 시간만 잘 맞추면 유용하게 이용할 수 있다.

홈피 www.taiwantrip.com.tw

타이완 투어버스
台灣觀光巴士 Taiwan Tour Bus

타이완관광국과 여러 여행사에서 함께 진행·운영하는 타이완 관광명소 투어버스로 주로 반일, 1일 투어로 진행되고 전용 버스와 가이드가 함께한다. 노선에 따라 영어, 일어로 설명을 해주는 경우도 있고, 중국어로만 설명하는 경우도 있다. 100퍼센트 예약제로 운영되므로 사전에 홈페이지나 전화로 예약해야 한다. 예약 시 머무는 호텔 등을 말하면 호텔 바로 앞이나 가까운 곳, 혹은 미리 문의하면 노선 내 원하는 곳에서도 승차할 수 있다. 출발 가능한 최저 인원은 노선에 따라 다른데, 보통 두 명 내지 네 명이 모이면 출발한다(1인 출발 가능 노선도 있음).

홈피 www.taiwantourbus.com.tw

MRT

지하철 MRT는 Mass Rapid Transit의 줄임말로 현지 어로는 제윈 捷運이라 부른다. 현재 타이베이와 타오위엔, 까오슝에만 개통되어 있고 타이중에서도 MRT 개통을 위해 공사 중이다. MRT는 대부분의 관광지와 연결되어 있어 여행 중 가장 편한 교통수단으로 꼽을 수 있다.

타이베이 MRT www.metro.taipei
까오슝 MRT www.krtco.com.tw

택시

무더운 날씨라 이동하기가 힘들거나, 일행이 서너 명일 경우에는 택시를 이용하는 것도 추천한다. 다수의 택시기사는 영어가 통하지 않으므로 목적지를 한자로 크게 적어가는 것이 좋다. 택시 요금은 지역마다 조금씩 차이가 있는데 타이베이의 경우 기본요금은 NT$70이고 심야나 설에 할증이 붙는다. 관광 특수 지역은 미터기를 사용하지 않고 구간에 따라 고정요금이 책정되어 있으니 확인 후 탑승하자.

타이완을 여행하는 효율적인 지역별·일정별 추천 코스를 소개한다. 지역 가이드에서 더 자세한 지역별 베스트 코스와 가는 방법을 확인할 수 있으니, 전체 일정을 대략적으로 짤 때 참고하자.

타이베이 2박 3일 코스

하루만 휴가를 내고 주말을 이용해 다녀오기 좋아 직장인에게 알맞은 코스! 가볍게 힐링하는 마음으로 타이베이만 알차게 즐겨보자. 짧은 일정이므로 점심쯤 타이베이에 도착해 저녁에 돌아오는 시간대의 항공편을 구하는 것이 좋다.

이동 방법
- 인천–타오위엔 또는 김포–쏭산 항공편을 이용해 타이베이로 간다. 짧은 일정이므로 시내 접근성이 좋은 김포–쏭산 항공편을 이용하는 것이 좋다. 인천과 김포 외에 대구, 부산에서 출발하는 항공편도 있다.
- 타이베이 시내에서는 MRT를 이용해 쉽게 관광할 수 있다.

일차	여행지	일정	숙박
1일	타이베이	• 숙소 체크인 후 오후 2시 일정 시작 • 타이베이 시내 관광 (용산사–시먼딩–화산1914–타이베이 101–라오허 야시장)	타이베이
2일	타이베이	• 타이베이 시내 및 근교 관광 (국립고궁박물원–신베이터우–딴쉐이–스린 야시장)	타이베이
3일	타이베이	• 타이베이 시내 관광(마오쿵–용캉제–중정기념당) • 오후 5시 공항으로 이동/귀국	

타이베이+북부 3박 4일 코스

타이베이에만 있는 것은 아쉽고, 그렇다고 멀리 갈 수는 없는 여행자를 위한 3박 4일 일정! 타이베이 시내와 근교인 타이완 북부를 적절히 섞어 여행하면 좋다. 이 코스는 가장 기본적인 타이완 북부 코스이기도 하다.

이동 방법
○ 타이베이 시내에서는 MRT로 돌아다니고, 시내에서 북부 근교로 이동할 때는 버스, 기차 등을 이용한다.

일차	여행지	일정	숙박
1일	타이베이	• 숙소 체크인 후 오후 2시 일정 시작 • 타이베이 시내 관광(용산사–시먼딩–화산1914–스린 야시장)	타이베이
2일	타이베이+신베이	• 타이베이 시내 및 타이완 북부 관광(국립고궁박물원–핑시–지우펀)	지우펀
3일	신베이+타이베이	• 타이완 북부 및 타이베이 시내 관광(진과스–예류–타이베이 101)	타이베이
4일	타이베이	• 타이베이 시내 관광(중정기념당–용캉제) • 오후 1시 공항으로 이동/귀국	

타이베이+이란현 3박 4일 코스

타이베이에서 가까워 타이완 사람들에게도 인기 만점 여행지인 이란은 타이베이와 묶어 당일치기나 1박 2일로 다녀오기 좋은 코스다.

이동 방법
○ 타이베이처럼 북쪽에 있는 타이베이 버스 스테이션이나 시정부 버스터미널에서 버스를 타고 이란으로 이동한다. 기차도 있지만 버스가 저렴하고 비슷한 시간이 소요되니 버스를 추천한다.

일차	여행지	일정	숙박
1일	타이베이	• 숙소 체크인 후 오후 2시 일정 시작 • 타이베이 시내 관광(국립고궁박물원–스린 야시장)	타이베이
2일	이란	• 이란 관광 (이란역–지미 공원–쑤아오 냉천공원–난팡아오–쟈오시 온천)	쟈오시
3일	이란+타이베이	• 이란 및 타이베이 시내 관광 (국립전통예술중심–타이베이 101–시먼딩–멍쟈 용산사)	타이베이
4일	타이베이	• 타이베이 시내 관광(중정기념당–용캉제) • 오후 1시 공항으로 이동/귀국	

타이베이+북부+화롄 4박 5일 코스

타이완을 처음 가는 여행자에게 적합한 유명 관광지를 중심으로 구성하는 핵심 코스!

이동 방법
○ 타이베이에서는 MRT를 이용하고, 신베이는 버스나 기차로 이동한다. 화롄까지는 기차를 타고 이동한 후 버스나 택시를 이용해 타이루꺼 국립공원으로 간다.

일차	여행지	일정	숙박
1일	타이베이	• 숙소 체크인 후 오후 2시 일정 시작 • 타이베이 시내 관광(멍쟈 용산사—시먼딩—타이베이 101)	타이베이
2일	타이베이	• 타이베이 시내 관광 (국립고궁박물원—신베이터우—딴쉐이—스린 야시장)	타이베이
3일	신베이	• 타이완 북부 관광(예류—핑시—진과스—지우펀)	타이베이
4일	화롄	• 화롄 관광(타이루꺼 국립공원 – 치싱탄—동따먼 야시장)	타이베이
5일	타이베이	• 타이베이 시내 관광(중정기념당—용캉제) • 오후 1시 공항으로 이동/귀국	

타이베이+북부+동부 7박 8일 코스

타이완 동부는 타이루꺼 국립공원을 제외하면 한국인 관광객이 가장 많이 찾아가지 않는 지역 중 한 곳이다. 타이베이에서 거리가 멀다는 것이 가장 큰 이유가 될 수 있는데 일정에 여유가 있다면 타이동을 꼭 방문해보길 추천한다.

이동 방법
○ 국제공항이 있는 타이베이나 까오슝에서 타이완 동부까지는 우선 기차를 타고 이동하는 것이 가장 편리하다. 이후 동부 내에서는 버스로 이동하면 된다.

일차	여행지	일정	숙박
1일	타이베이	• 숙소 체크인 후 오후 2시 일정 시작 • 타이베이 시내 관광(멍쟈 용산사—시먼딩—타이베이 101)	타이베이
2일	타이베이	• 타이베이 시내 관광 (국립고궁박물원—신베이터우—딴쉐이—스린 야시장)	타이베이
3일	신베이	• 타이완 북부 관광(예류—핑시—진과스—지우펀)	타이베이
4일	화롄	• 화롄 관광(타이루꺼 국립공원 – 치싱탄—동따먼 야시장)	화롄
5일	타이동	• 타이동 관광 (해빈공원—삼림공원—철도예술촌—철화촌—타이동/쓰웨이 야시장)	타이동
6일	타이동	• 타이동 관광(싼센타이—비시리안—진쭌—두란탕창—즈번 온천)	타이동
7일	타이동+이란	• 타이동 및 이란 관광(샤오예류—이란역—지미 공원—뤄동 야시장)	타이베이
8일	타이베이	• 타이베이 시내 관광(중정기념당—용캉제) • 오후 1시 공항으로 이동/귀국	

타이중 3박 4일 코스

타이중 공항으로 입국해 가볍게 타이중 시내를 관광할 수 있는 코스로 타이베이나 까오슝 등 주요 도시를 이미 여행해 본 여행자에게 추천한다. 타이중을 오가는 항공편이 매일 있는 것이 아니니 일정을 잘 맞추는 것이 관건이다.

이동 방법
- 인천–타이중 항공편을 이용해 타이중으로 간다. 에바항공과 만다린항공에서 운행한다.
- 타이중 시내에서는 버스를 이용해 여행하면 된다. 특히 버스 이용 시 교통카드를 이용하면 웬만한 거리는 거의 무료이다.

일차	여행지	일정	숙박
1일	타이중	• 숙소 체크인 후 오후 4시 일정 시작 • 타이중 시내 관광(징밍이제–궁원안과)	타이중
2일	타이중	• 타이중 시내 관광 (국립타이완미술관–무지개마을–동해 대학교–펑쟈 야시장)	타이중
3일	타이중	• 타이중 시내 관광(타이중 공원–타이중 공자묘–바오줴쓰–이중제)	타이중
4일		• 오전 10시 공항으로 이동/귀국	

타이완 중서부 4박 5일 코스

타이중을 기점으로 타이완 중서부에서 유명한 관광지인 르웨탄, 아리산 등을 함께 여행해보자. 자연 친화적인 여행지가 많아 제대로 된 휴양 여행을 즐길 수 있다.

이동 방법
- 타이중에서 르웨탄은 버스로 이동하고 아리산, 짱화, 루강은 기차로 이동한 후에 시내에서 버스를 타고 관광한다. 르웨탄과 아리산은 두 지역을 오가는 셔틀버스를 운행하므로 쉽게 이동이 가능하다. 단, 하루에 2회만 운행해 시간을 잘 맞춰야 한다.

일차	여행지	일정	숙박
1일	타이중	• 숙소 체크인 후 오후 4시 일정 시작 • 타이중 시내 관광(궁원안과–징밍이제–펑쟈 야시장)	타이중
2일	르웨탄	• 르웨탄 관광(구족문화촌–이다샤오–현장사–현광사–쉐이셔)	르웨탄
3일	아리산	• 오전 9시 르웨탄에서 셔틀버스로 이동 • 아리산 숙소 체크인 후 오후 1시 30분 일정 시작 (아리산역–자오핑역–아리산 트레킹–션무역–아리산역)	아리산
4일	짱화+루강	• 오전 9시 아리산에서 버스로 이동 • 자이역에서 기차로 짱화까지 이동 • 짱화 및 루강 관광(선형차고–빠과산 대불–루강 천후궁–루강 라오제)	타이중
5일		• 오전 10시 공항으로 이동/귀국	

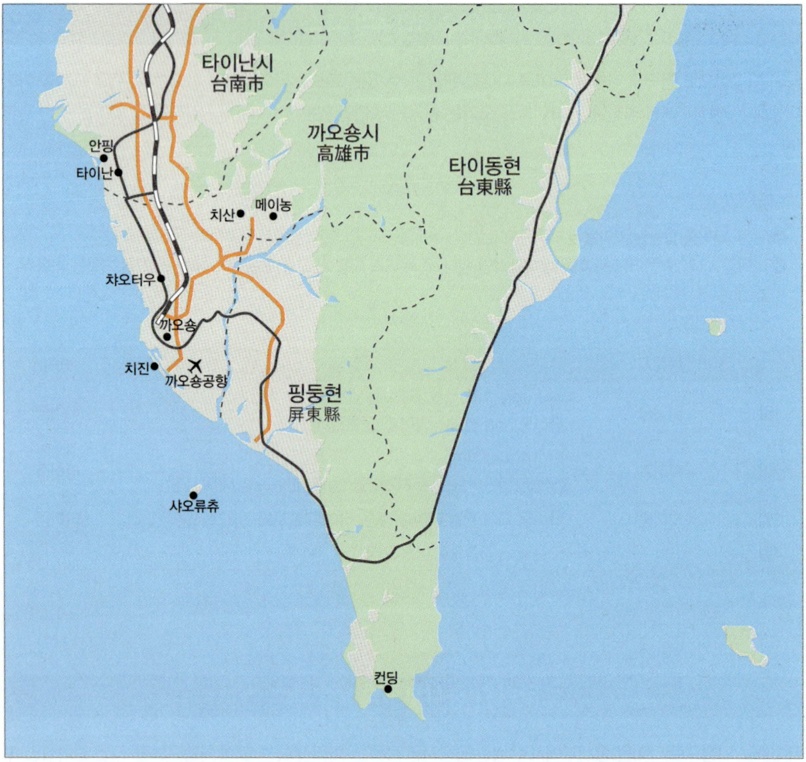
타이난시
台南市
까오숑시
高雄市
타이동현
台東縣
안핑
타이난
치산
메이농
챠오터우
까오숑
치진
까오숑공항
핑둥현
屏東縣
샤오류츄
컨딩

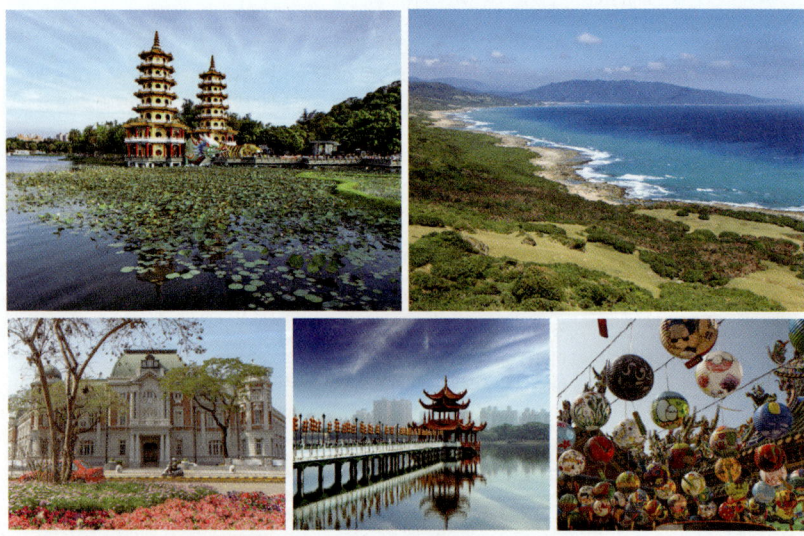

까오슝+타이난 4박 5일 코스

한국에서 타이베이 다음으로 가장 쉽게 갈 수 있는 지역이 바로 타이완 남부에 위치한 까오슝이다. 남부 여행의 기점이 되는 까오슝을 중심으로 타이완 남부만의 매력을 느껴보자.

이동 방법
- 인천/김해–까오슝 항공편을 이용해 까오슝으로 간다.
- 까오슝은 타이베이처럼 MRT가 잘 구축되어 있기 때문에 MRT를 타고 여행하면 된다. 타이난으로는 일반 기차를 타고 이동한다.

일차	여행지	일정	숙박
1일	까오슝	• 숙소 체크인 후 오후 5시 일정 시작 • 까오슝 시내 관광(아이허–류허 야시장)	까오슝
2일	까오슝	• 까오슝 근교 관광(메이농–차산–85빌딩 전망대)	까오슝
3일	타이난	• 타이난 시내 관광(안핑–쩡씽제–션농제–츠칸러우–웨이펑 야시장)	까오슝
4일	까오슝	• 까오슝 시내 관광 (렌츠탄 풍경구–포광산–보얼 예술특구–러브전망대)	까오슝
5일	까오슝	• 까오슝 시내 관광(치진) • 오후 1시 공항으로 이동/귀국	

타이완 남부 5박 6일 코스

타이완에서 가장 손꼽히는 휴양지는 바로 남부에 위치한 컨딩이다. 도시적인 느낌의 까오슝과 바닷가 휴양지인 컨딩을 적절하게 섞은 코스로 관광과 휴양을 동시에 즐길 수 있다.

이동 방법
- 컨딩은 까오슝에서 버스로 이동한다. 일반도로가 아닌 고속도로를 이용하는 버스를 타는 것이 좋다.
- 컨딩에서는 택시, 버스, 전동 스쿠터 등을 이용해 관광하게 되는데 그중 반일 혹은 1일 투어버스를 이용하는 것을 추천한다.

일차	여행지	일정	숙박
1일	까오슝	• 숙소 체크인 후 오후 5시 일정 시작 • 까오슝 시내 관광(아이허–류허 야시장)	까오슝
2일	까오슝	• 까오슝 시내 관광(렌츠탄 풍경구–포광산–러브전망대)	까오슝
3일	타이난	• 타이난 시내 관광 (안핑–쩡씽제–션농제–츠칸러우–웨이펑 야시장)	까오슝
4일	컨딩	• 컨딩 관광(국립해양생물박물관–샤오완–컨딩따제)	컨딩
5일	컨딩+까오슝	• 컨딩 및 까오슝 시내 관광 (컨딩 동해안선 투어–보얼 예술특구–시즈완)	까오슝
6일	까오슝	• 까오슝 시내 관광(치진) • 오후 1시 공항으로 이동/귀국	

타이완 일주 15박 16일 코스

타이완을 일주해 여행하려면 사실 2주의 기간도 부족하다. 하지만 장기간 머무를 수 있는 여행자는 극소수이기 때문에 주어진 기간 동안 최대한 알찬 코스를 모색해 실행에 옮기는 것이 최선이다. 짧은 시간 안에 타이완 주요 관광지를 여행하고 싶다면 최소 15일 내지 16일 정도는 잡고 여행할 것을 추천한다.

이동 방법

- 타이완을 한 바퀴 이동하며 여행하려면 기본적으로 기차를 이용하는 것이 좋다. 시간 절약에 가장 적합하고 편리하다.

일차	여행지	일정	숙박
1일	타이베이	• 숙소 체크인 후 오후 2시 일정 시작 • 타이베이 시내 관광(화산1914–시먼딩–멍쟈 용산사)	타이베이
2일	타이베이	• 타이베이 시내 관광 (국립고궁박물원–신베이터우–딴쉐이–스린 야시장)	타이베이
3일	신베이	• 타이완 북부 관광 (예류–핑시–진과스–지우펀)	타이베이
4일	타이중	• 타이중 시내 관광 (궁원안과–국립타이완미술관–징밍이제–펑쟈 야시장)	타이중
5일	르웨탄	• 르웨탄 관광 (구족문화촌–이다샤오–현장사–현광사–쉐이셔)	르웨탄
6일	아리산	• 아리산 관광 (아리산역–자오핑역–아리산 트레킹–션무역–아리산역)	아리산
7일	타이난	• 타이난 시내 관광 (안핑–쩡씽제–션농제–츠칸러우)	까오숑
8일	까오숑	• 까오숑 시내 관광 (렌츠탄 풍경구 – 포광산–아이허–류허 야시장)	까오숑
9일	까오숑	• 까오숑 시내 관광 (치진–시즈완–보얼 예술특구–러브전망대)	까오숑
10일	컨딩	• 컨딩 관광 (국립해양생물박물관–샤오완–컨딩따제)	컨딩
11일	컨딩 및 타이동	• 컨딩+타이동 시내 관광 (컨딩 동해안선 투어–철도예술촌–철화촌–타이동/쓰웨이 야시장)	타이동
12일	타이동	• 타이동 관광 (싼셴타이–비시리안–진쭌–두란탕창–삼림공원–해빈공원)	타이동
13일	화롄	• 화롄 관광 (타이루꺼 국립공원 – 치싱탄–동따먼 야시장)	화롄
14일	이란	• 이란 관광 (쑤아오 냉천공원–난팡아오–이란역–지미 공원–쟈오시 온천)	쟈오시
15일	이란 및 타이베이	• 이란 및 타이베이 시내 관광 (국립전통예술중심–타이베이 101–샹산)	타이베이
16일	타이베이	• 타이베이 시내 관광(중정기념당–용캉제) • 오후 1시 공항으로 이동/귀국	

PART 2
타이베이
台北

타이베이처짠 × 시먼 · 완화 × 쫑산 · 쑹롄 × 용캉제
꿍관 · 스따 × 동취 × 신이 × 쏭산 × 위엔산 × 스린
양밍산 × 신베이터우 × 똥우위엔 · 마오콩

01 타이베이는 어떤 곳일까?
ABOUT TAIPEI

타이완 북부에 있는 도시로, 타이완의 수도이다. 분지에 위치하며 신베이시(市)에 둘러싸여 있다. 인구수는 전국의 현·시 중에서 네 번째로 많고 인구 밀도는 가장 높다. 타이완의 정치, 경제, 문화 발전의 중심지로 고대와 현대가 공존하는 도시다. 타이베이를 대표하는 볼거리로 타이베이 101·고궁박물원·중정기념당·스린 야시장 등이 있다.

→ 여행 계획

타이베이 시내에는 MRT가 있어 대부분의 관광명소를 쉽게 찾아갈 수 있다. MRT 노선과 지도를 보고 가깝거나 이동이 편리한 지역끼리 엮어서 계획을 세우는 것이 좋다. 지역을 크게 타이베이 시내 중심, 북부, 남부 정도로 나누면 쉽다. 하루는 시내 중심, 하루는 외곽 등으로 일정을 계획하자. 1순위 여행지로 일정을 짜놓고, 만일에 대비해 추가로 갈 만한 곳의 정보도 준비해 상황에 따라 시간이 남으면 주위 2~3순위 여행지를 추가하며 여행하는 방법이 적절하다.

홈피 www.travel.taipei

→ 숙소 정보

타이베이는 타이완에서 가장 인기 있는 여행지이니만큼 여행자를 위한 숙소가 무수히 많다. 고급호텔·비즈니스호텔·게스트하우스·한인 민박 등 종류도 다양하다. 본인의 취향과 예산에 맞춰 알맞은 숙소를 선택하면 된다. 숙박업체가 타이베이 여러 지역에 분포해 있지만 타이베이처짠·시먼딩·쫑산 주변에 가장 많이 몰려 있다. 타이베이를 처음 가는 경우에는 타이베이처짠 앞쪽(남쪽)을 추천한다. 타이베이처짠은 주요 MRT 노선 두 개가 지나고 각종 버스와 기차 등을 편리하게 이용할 수 있다. 단, 타이베이처짠이 워낙 복잡한 곳이므로 MRT 출구에서 먼 곳으로 숙소를 잡으면 오히려 더 불편한 여행이 될 수도 있으니 참고하자. 한국인이 많고 번화한 곳이 좋다면 시먼딩을, 타이베이가 익숙하거나 고급스러운 번화가가 좋다면 동취(MRT 쫑샤오푸싱역과 쫑샤오둔화역 사이) 지역을 추천한다.

02 타이베이로 가는 방법
HOW TO GO TAIPEI

타이완 북부에는 두 개의 국제공항이 있다. 타오위엔시에 위치한 타오위엔공항과 타이베이 시내에 위치한 쑹산공항이다. 두 곳 모두 한국에서 2시간 30분 정도가 소요된다. 타오위엔공항은 타이베이 시내까지 공항버스로 약 1시간 이동해야 하고, 쑹산공항은 MRT역과 연결되어 있어 MRT나 택시로 이동하기 용이하다.

➜ 비행기

김포공항↔쑹산공항
이스타항공, 티웨이항공, 중화항공, 에바항공
인천 · 부산 · 대구공항↔타오위엔공항(도착 터미널)
제1터미널 대한항공, 진에어, 제주항공, 이스타항공, 티웨이항공, 중화항공, 캐세이퍼시픽항공, 타이항공, 스쿠트항공, 타이거항공
제2터미널 아시아나항공, 에바항공, 에어부산

➜ 타오위엔공항에서 시내 가기

타오위엔공항 도착 후에는 공항버스나 공항철도를 타고 시내로 진입하면 된다. 목적지에 맞는 노선을 선택해 버스를 타고 시내로 가는 것을 추천하고 목적지가 타이베이처짠 근처라면 2017년 3월에 개통한 공항철도를 이용하는 것을 추천한다.

홈피 www.taoyuan-airport.com

교 지역으로 가는 공항버스는 없다. 공항에서 바로 타이베이 근교 지역으로 가고 싶다면 명시된 공항버스 이용 후 MRT나 버스, 택시 등으로 갈아타야 한다. 즉, 타오위엔공항에서 베이터우, 딴쉐이, 지롱, 예류, 지우펀 등으로 바로 가는 공항버스가 없다는 의미이다.
공항버스 탑승 시 짐을 화물칸에 실으면, 스티커식 짐 태그를 하나는 짐에 붙이고, 하나는 짐 주인에게 확인용으로 준다. 목적지에 도착해 짐을 찾을 때 자신의 것이 맞는지 확인할 수 있도록 잘 보관하자.

공항버스

제1터미널에서는 입국장을 나와 한층 아래로 내려가서 표를 구입한 후 버스를 타면 되고, 제2터미널에서는 입국장을 나와 오른쪽으로 모퉁이를 돌면 버스 타는 곳이 나온다. 버스 회사별로 창구가 있으니 목적지를 확인하고 해당 창구에서 표를 구입한다. 그 후, 밖으로 나가 해당 번호 앞에서 줄을 서고 승차한다. 버스별로 다르지만, 보통 시내까지는 50분에서 1시간 정도가 소요된다.
공항–타이베이 시내와 장거리 지방 외에 타이베이 근

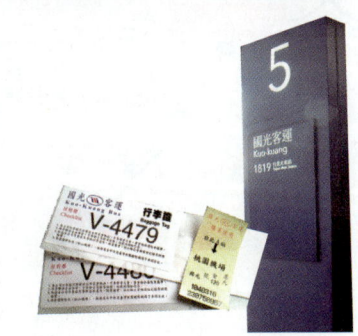

버스 회사	번호	주요 경유지	운행시간 (배차간격)	소요시간	요금(편도/왕복)
궈광커윈 國光客運 (국광객운)	1819	앰배서더 호텔(MRT 쑹렌역)–타이니 빌딩 (MRT 민쳰시루역)–타이베이처짠 동3문	24시간 (10~20분)	55분	NT$140/260
	1840	행천궁–쑹산공항	06:25~24:00 (20~25분)	50분	NT$140/260
따요우버스 大有巴士 (대유파사) CitiAir	1960	MRT 쭝샤오푸싱역–하워드 프라자 호텔– 하얏트 호텔–시정부 버스터미널	05:50~01:00 (20~30분)	70~80분	NT$145
	1962	MRT 용닝역–오리엔탈 기술학원–MRT 반 챠오역	06:00~01:00 (20~30분)	70~80분	NT$135
	1968	MRT 따핑린역–MRT 치장역–MRT 신뎬역	06:00~01:00 (20~30분)	70~80분	NT$135
창롱버스 長榮巴士 (장영파사) Evergreen	5201	MRT 난징푸싱역–MRT 쭝샤오푸싱역– MRT 쭝샤오신성역–쑹장신춘(행천궁)	06:15~24:30 (15~20분)	1시간	NT$124

TIP 시먼딩 무료 셔틀버스를 탈 예정이라면!
버스 1819번의 종점인 타이베이처짠의 동3문 버스 정류장에서 하차 후 시먼딩으로 가는 무료 셔틀버스로 갈아타면 된다. 단, 무료 셔틀버스 운행시간은 11:30~18:30(30분 간격)이니 이용에 참고하자.

공항으로 갈 때
공항버스는 올 때와 갈 때의 노선이 다르다. 공항으로 갈 때 내렸던 곳 반대편에서 타지 않도록 주의하자. 관광객이 가장 많이 이용하는 노선은 타이베이처짠의 동1문 앞에 새로 오픈한 궈광커윈 國光客運(국광객운) 터미널에서 출발하는 버스 1819번과 MRT 쭝샤오푸싱역 1번 출구 앞에서 출발하는 버스 5201번이다.

공항철도
타오위엔공항과 타이베이처짠을 오가는 공항철도가 포함된 타오위엔 MRT가 2017년 3월부터 정식운영을 시작하여 시내로의 진입이 더욱 편리해졌다. 크게 보면 타오위엔 MRT에 속하는 것이고 정확히 공항철도만 따지자면 타오위엔궈지지창제윈 桃園國際機場捷運이라 불린다.
주요 역들만 정차하는 보라색의 직행열차(直達車), 모든 역을 정차하는 파란색의 보통열차(普通車)로 구분된다. 여행자 대부분의 목적지가 '타이베이처짠'이니 직행 열차를 타는 것이 좋다.

공항철도를 나타내는 색이 보라색이라서 보통이 보라색이고, 직행이 파란색이라고 착각할 수 있는데, 직행이 보라색이니 잘 기억하자.

타오위엔 공항철도는 현재 A1부터 A21까지의 역이 개통되어 있고 역 번호가 매겨져 있어서 쉽게 역을 구분할 수 있다. 공항역은 A12 공항 제1터미널과 A13 공항 제2터미널이 있다. 한국 출발·도착의 경우 아시아나, 에바항공, 유니항공, 에어부산만 제2터미널을 이용하고 나머지 항공사는 모두 제1터미널을 이용한다. 이지카드(요요카)나 아이패스(이카통) 모두 사용 가능(교통카드 할인 적용 불가)하며, 6세 미만은 무료이다. 교통카드 사용 시 A12 공항 제1터미널과 A14 공항 호텔 사이 이동은 무료이다.

<u>운행</u> 타이베이처짠–공항 제2터미널 06:00~23:40   <u>홈피</u> www.tymetro.com.tw

공항철도 시간표
<u>공항행</u> www.tymetro.com.tw/tymetro-new/kr/_pages/travel-guide/timetable.html
<u>타이베이행</u> www.tymetro.com.tw/tymetro-new/kr/_pages/travel-guide/timetable-A12

타오위엔 공항철도 노선도

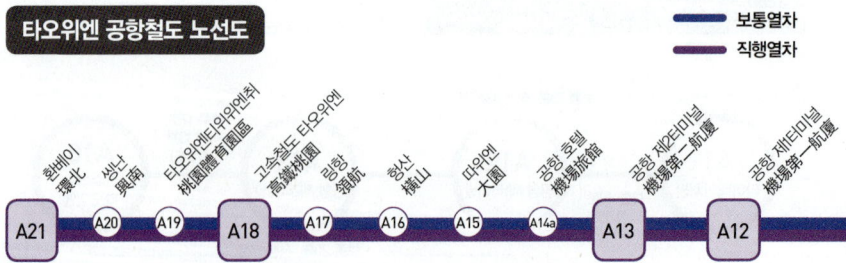

> **TIP**
>
> **공항철도 주의 사항**
>
> 1. 기존의 MRT 타이베이처짠역과 공항철도 A1 타이베이처짠역은 지하에서 연결되어 있지만 서로 개찰구가 달라 교통카드를 찍고 나왔다가 다시 탑승해야 한다.
> 2. 공항 터미널역에서는 같은 승강장에 직행과 보통열차가 들어오고, 타이베이처짠역에서는 승강장 자체가 달라 잘 확인해야 한다.
> 3. 직행열차에는 테이블과 컵 놓는 곳이 있지만 MRT와 마찬가지로 음료를 포함한 모든 음식물의 섭취는 금지되어 있다.

메트로 패스+공항철도 티켓

공항철도는 메트로 패스로는 탑승할 수 없고, 메트로 패스와 공항철도가 합쳐진 티켓을 따로 구입할 수 있다. 공항철도 A1, A12, A13역이나 공항 입국장의 Taoyuan Airport MRT 라는 표시를 따라 이동 후, 공항철도 개찰구 앞 기계나 안내창구에서 구매 및 충전하면 된다.

<u>요금</u> 공항철도 왕복+메트로 48시간 패스(NT$520), 공항철도 왕복+메트로 72시간 패스(NT$600)

인타운 체크인 In-Town Check-In(ITCI)

공항철도가 생기면서 중화항공, 만다린항공, 에바항공, 유니항공, 케세이퍼시픽항공 이용 시 인타운 체크인이 가능해졌다. 당일 항공권에 한해 출발 3시간 전까지 가능하다. 다만, 12세 이하 어린이가 단독이나 단체, 동물 동행, 초대형 수하물(최대 규격 합 158cm, 최장 길이 70cm)을 가진 여행객 등은 수속이 불가능하다.

<u>위치</u> A1 타이베이처짠역 B1층 <u>오픈</u> 06:00~21:30(이륙 3시간 전 수속 마감) <u>홈피</u> www.taoyuan-airport.com/ITCI/eng_html/index.html

택시

타이베이 시내로 갈 경우에는, 입국장 밖 택시정류장(제1터미널 입국장 서측 12번 문/제2터미널 입국장 서측 21번 문)에서 탑승하면 된다. 미터제로 운행되며 목적지에 따라 NT$1100~1300 정도이다(고속도로 통행료 별도). 참고로 신베이까지는 NT$900~1300, 지룽까지는 NT$1500~1800의 비용이 든다. 택시는 공항에서 매일 24시간 운행한다.

➔ 쏭산공항에서 시내 가기

쏭산공항으로 도착하는 경우 MRT나 택시를 이용하면 된다. 쏭산공항 1층 건물 밖으로 나오면 바로 MRT 쏭산지창역으로 내려가는 엘리베이터가 나온다. MRT 타이베이처짠역까지 20분이 소요된다(NT$25).
택시는 타이베이 시내까지 15분 정도가 소요되며 요금은 NT$100~200 내외이다.

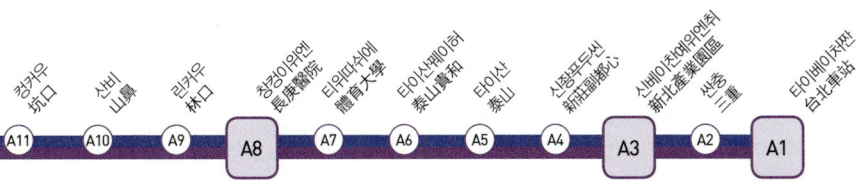

03 타이베이 시내 교통
TAIPEI CITY TRAFFIC

➔ MRT

타이베이의 주요 대중교통인 지하철 MRT는 Mass Rapid Transit의 줄임말로 현지어로는 제윈 捷運이라 부른다. 현재 1호선부터 5호선까지 개통되었고, 일곱개의 노선이 추가될 예정이다. MRT 내에서는 물 포함 각종 음료와 껌, 사탕 등의 음식을 먹는 것이 금지되어 있다. 지하철 내부뿐만 아니라, 개찰구 앞의 노란선을 넘어서는 순간부터 금지이니 주의하자. 남색 의자는 노약자 보호석이다.

운영 06:00~24:00 요금 NT$20~65 홈피 www.metro.taipei

➔ 시내버스

MRT역에서 먼 곳을 가거나, MRT역을 오르내리기 번거로울 때는 타이베이 시내 이곳저곳을 연결해주는 시내버스를 이용하는 것이 제격이다. 한자를 잘 모른다면 버스를 타기가 다소 힘들 수 있지만, 조금만 익숙해지면 MRT보다 더 편하다고 느낄 것이다.
시내버스의 한 구간 요금은 NT$15이며, 구간에 따라 추가 요금이 붙는다. 현금은 버스 요금통에 직접 넣으면 되는데, 잔돈은 거슬러주지 않는다. 교통카드는 승하차 시 모두 단말기에 태그해야 한다.
버스 전광판에 上車收費라고 되어 있으면 탈 때, 下車收費는 내릴 때 요금을 낸다. 승차 시 上車收費여서 요금을 냈는데, 내릴 때 보니 下車收費로 바뀌었다면 내릴 때 다시 요금을 내면 된다. 단, 승차 시 요금을 내고 기사에게 분단확인증을 받았다면 내릴 때 下車收費에 불이 들어와 있어도 분단확인증만 주고 내리면 된다.
거리별로 가격이 다른 고속버스(예류·지우펀행 등)

는 거의 다 승하차 시마다 요금을 낸다고 생각하면 된다. 보통 탈 때 내는 버스는 뒷문으로 내리고, 내릴 때 내는 버스는 앞문으로 내린다.

홈피 www.taipeibus.taipei.gov.tw

➔ 택시

일행이 서너 명일 경우에는 택시를 이용하는 것도 추천한다. 택시비가 비싼 편이 아니어서 타이베이 시내에서는 부담 없이 이용할 수 있다. 택시 기본요금은 1.25킬로미터에 NT$70이며, 200미터당 NT$5씩 가산된다. 야간(23:00~06:00)에는 NT$20, 설 연휴(약 10일간)에는 주간 NT$20, 야간 NT40의 할증을 받는다.

> **TIP** 할증 요금이 미터기에 포함되어 나오는 택시와 미터기 요금에 할증 요금을 추가로 계산해 받는 택시가 있다. 트렁크 이용 시 규정상 NT$10을 더 내야 하는데 안 받는 경우가 많다. 택시 요금 계산 사이트(taxi.0123456789.tw/ko)가 있으니 이를 이용해보자.

➔ 유바이크

타이베이시 교통국에서 도로정체, 환경오염, 에너지 소비 등을 해소하기 위해 구축한 공공자전거다. 타이완 전화번호와 이지카드만 있으면 각 대여소에 있는 키오스크(KIOSK)에서 쉽게 가입해 이용할 수 있다. 타이베이시에만 총 390여 곳에 가까운 대여소가 있고 유바이크 홈페이지나 앱을 다운받으면 주변 대여소와 대여 및 반납 가능한 자전거 수를 실시간으로 확인할 수 있다. 대여와 반납 장소가 달라도 되기 때문에 이용하기 쉽고 편리하다.

요금 첫 30분 NT$5, 4시간 이내 30분당 NT$10, 4~8시간 30분당 NT$20, 8시간 이상 30분당 NT$40 홈피 taipei.youbike.com.tw

04 타이베이 교통 패스
TAIPEI CITY TRAFFIC

→ 이지카드 EasyCard

현지어로 요요카 悠遊卡라고 불리는 이지카드는 타이베이와 까오슝의 MRT, 전국 시내버스는 물론이고 기차, 페리, 자전거 대여, 관광지, 편의점, 각종 상점에서 사용 가능한 스마트한 교통카드다. MRT 탑승 시에는 20퍼센트 할인받을 수 있으며, 버스와 MRT 간 환승 시 NT$8이 할인된다. 예전에는 보증금 개념의 이지카드가 있었으나 2016년 8월부터 NT$100를 내고 구입 후 별도로 금액을 충전해서 사용해야하는 IC칩 이지카드만 판매한다.

구입은 타이베이, 타오위엔, 까오슝의 모든 MRT역 안내 창구, 이지카드 서비스센터, 타이베이 전국 4대 편의점인 세븐일레븐, 훼미리마트, 하이라이프, OK마트에서 가능하다. 충전 또한 타이베이, 타오위엔, 까오슝 MRT역 안내 창구 및 충전기, 전국 편의점에서 가능한데 까오슝 MRT역 창구에서는 NT$100 이상의 금액부터 가능하다(충전기는 종류에 따라 다름).

이지카드를 다 사용했다면, 타이베이의 MRT역 안내 창구와 이지카드 서비스센터에서 잔액을 환불받을 수 있다. 환불 시 간단히 '퉤이카 退卡' 혹은 '퉤이페이 退費'라고 말하면 되며, 수수료 NT$20이 공제된다. 만약 3개월 이상, 5번 이상 사용했다면 수수료는 없다.

홈피 www.easycard.com.tw

> **TIP 이지카드 참고사항**
> - 같은 역 개찰구로 들어갔다 나올 경우 15분 초과 시, 다른 역으로 이동할 경우 2시간 초과 시 거리 요금과 별개로 NT$20가 추가 공제된다.
> - 버스와 MRT 간 환승은 1시간 이내에 해야 할인받는다.
> - 이지카드를 1년 이상 사용하지 않았을 경우, 충전 후 사용해야 한다.

> **TIP**
>
> **이지카드 서비스센터**
> **위치** 타이베이처짠 지하 1층, M6 출구 근처, 성품서점 옆 **오픈** 월~금요일 10:00~19:00, 토요일 11:00~18:30 **휴무** 일요일, 공휴일

행 마감시간을 기준으로 계산된다. 즉, 1일권의 경우, 사용 당일 교통수단의 운행 마감시간까지만 유효하다. 2일권 이상은 연속으로 사용해야 한다. 만약, 사용하지 않고, 손상되지도 않았다면 구입 후 7일 이내에 MRT 안내 창구에서 수수료 NT$20을 공제받은 후 환불받을 수 있다. 1일권에는 마오콩 곤돌라도 탑승 가능한 곤돌라버전 貓纜版(NT$350)도 있다.

요금 1일권 NT$180, 2일권 NT$310, 3일권 NT$440, 5일권 NT$700

➡ 일회용 IC토큰

일회용으로 사용하는 토큰으로 MRT역 내 자동판매기에서 구입해 당일내로 사용해야 한다. MRT 탑승 시 카드를 대는 곳에 태그하고, 하차 시 투입구 구멍에 넣어주면 된다.

➡ 메트로 원데이 패스 Metro One-day Pass

하루 동안 타이베이 MRT를 무제한 이용할 수 있는 교통패스. MRT역내 안내 창구에서 구입할 수 있다. 당일 MRT 마지막 운행시간까지 사용 가능하다.

요금 NT$150

➡ 타이베이 패스 Taipei Pass(Fun PASS)

일정 기간 동안 타이베이 MRT와 패스 스티커가 붙은 타이베이 시내버스 台北聯營公車, 타이완 북부의 신베이시 시내버스 新北市轄公車를 무제한으로 이용할 수 있다. 날짜별로 요금이 다르며, MRT역내 안내 창구 및 타이베이처짠의 이지카드 서비스센터에서 구입할 수 있다. 패스는 탑승시간으로 계산되지 않고, MRT와 버스 운

➡ 메트로 24시간 패스 24hr Taipei Metro Pass

첫 사용 시작시간부터 24시간 동안 타이베이 MRT를 무제한 이용할 수 있는 교통카드. 48시간, 72시간 패스도 있으며, MRT역내 안내 창구에서 구입할 수 있다.

요금 24시간 NT$180, 48시간 NT$280, 72시간 NT$380

05 타이베이 베스트 코스
TAIPEI BEST COURSE

➜ 시내 중심 1일 코스

START MRT 쭝정지녠탕 — 도보 1분 → 중정기념당 p.150 — MRT 3분 → 딘타이펑 p.154 — 도보 1분 → 용캉제 p.149

MRT 7분+도보 2분 ↓

시먼홍러우 p.121 ← 도보 3분+MRT 6분 — 화산1914문화창의원구 p.168 — MRT 9분+도보 3분 → 타이베이 101 p.183 — 도보 6분 → 쓰쓰난춘 p.186

도보 1분 ↓

시먼딩 p.120 — 도보 2분+MRT 2분 → 멍쟈 용산사 p.122 — 도보 1분 → 멍쟈 야시장 p.123

→ 북부 중심 1일 코스 스린·신베이터우·딴쉐이·빠리

START MRT 스린역 → 버스 15분 → 국립고궁박물원 p.214 → 버스 15분+MRT 16분+도보 6분 → 베이터우 온천박물관 p.227 → 도보 4분 → 베이터우 도서관 p.228

도보 8분 ↓

스린 야시장 p.216 ← 페리 10분+MRT 28분+도보 2분 ← 빠리 p.256 ← 페리 10분 ← 딴쉐이 p.248 ← 도보 4분+MRT 21분 ← 푸싱 공원 족욕탕 p.229

SPECIAL

타이베이의 문화단지

타이베이에는 옛것을 개조해 예술적인 감각이 풍부한 공간으로 탈바꿈시킨 곳들이 있다. 이 공간들은 남녀노소 모두에게 문화 공간이자 휴식 공간으로 사랑받는다. 바쁘게 다니며 먹고, 쇼핑하고, 관광하는 것도 여행의 즐거움이지만 일정 중 한 번 정도는 문화단지에 방문해보자. 현지인에게도 사랑받는 공간인 만큼 유명한 상점이 입점해 있고 인기 만점 전시회가 1년 내내 열린다.

화산1914문화창의원구 p.166

일본 식민지 시대의 양조장을 개조해 만든 대표적인 복합문화 공간. 도로변에 위치해 지나가다 멋스러운 공장과 마주하게 되는데, 건물을 배경으로 사진을 찍기 좋다. 공연장·전시장·상점·카페·식당·영화관 등이 들어서 있다.

위치 Ⓜ Ⓜ 쭝샤오신성역 1번 출구에서 직진/Ⓜ 산다오쓰역 6번 출구에서 직진 오픈 특별 전시 10:00~18:00(상점마다 다름)

송산문창원구 p.187

타이완총독부 전매국 담배공장을 개조한 곳. 화산1914보다 뒤늦게 조성되었는데 현재 인기는 막상막하다. 대부분 전시 공간이었는데 유명 레스토랑, 극장, 상점이 입점한 '성품생활' 건물이 들어서면서 인기가 높아졌다. 한쪽에 생태연못이 있어서 평화로운 공원 느낌이 강하다.

위치 Ⓜ 스정푸역 1번 출구에서 우회전해 직진, 忠孝東路四段553巷 도로로 우회전한 뒤 직진하면 왼편/Ⓜ 궈푸지넨관역 5번 출구에서 우회전해 직진하다가 사거리에서 우회전 오픈 실내 09:00~18:00, 실외 08:00~22:00, 연못 주변 24시간

바오짱옌 예술촌

공장은 아니지만 오래전에 지어진 무허가 건축물을 개조해 재탄생한 곳. 꽁관역 근처의 '바오짱옌 寶藏巖'이라는 작은 사찰을 지나면 언덕 위에 옹기종기 모여 있는 집을 볼 수 있다. 철거 위기에 처했던 공간이 지금은 예술가의 거주 및 작업·전시 공간으로 이용된다.

위치 Ⓜ 꽁관역 1번 출구에서 푯말을 따라 이동, 도보 10분 오픈 화~일요일 11:00~22:00

p.162

타이베이의 프리마켓

주말이 되면 타이베이 곳곳에서는 프리마켓이 열린다. 젊은 아티스트의 디자인 상품, 유기농 농·특산품, 중고품 등 다양하고 재미있는 물건을 볼 수 있다. 이런 창의적인 상품을 파는 프리마켓을 창이스지 創意市集라 하고 플리마켓은 탸오자오스지 跳蚤市集 혹은 얼쇼우스지 二手市集라 한다. 대부분의 마켓은 신청을 통해 선정된 판매자만 참여하니 믿고 구매할 수 있다. 날씨가 안 좋거나 특별한 사유가 있는 경우 마켓이 열리지 않을 수도 있으니 홈페이지에서 미리 확인하고 방문하는 것이 좋다.

시먼훙러우 프리마켓
西門紅樓創意市集 Red House Market For Artists & Designers

시먼훙러우 앞 북광장에서는 주말마다 창의적이고 젊은 아티스트를 위한 프리마켓이 열린다. 독특하고, 아기자기한 상품도 많아서 하나하나 구경하는 재미가 쏠쏠하다.

위치 Ⓜ 시먼역 1번 출구에서 바로 **오픈** 토요일 14:00~22:00, 일요일 14:00~21:30 **홈피** redhousetaipei.blogspot.tw

심플 마켓
簡單市集 Simple Market

타이베이 101 건너편에 있는 쓰쓰난춘 중앙 광장에서 열린다. 디자이너의 창의적인 제품이나 특산품을 파는 프리마켓은 매주 일요일 오후에 열리고, 중고품을 아주 저렴하게 판매하는 플리마켓은 매월 둘째·넷째 토요일에 열린다.

위치 Ⓜ 타이베이 101/스마오역 2번 출구에서 농구장을 끼고 좌회전 후 직진해 길 건너 왼편 **오픈** 프리마켓 일요일 13:00~19:00/플리마켓 둘째·넷째 토요일 13:00~19:00 **홈피** tw.streetvoice.com/SimpleMarket

사대노천 프리마켓
師大露天文創市集 NTNU Market

타이완 사범대학교 창신육성센터 創新育成中心에서 운영하는 프리마켓. 젊은 아티스트들이 자신만의 창의적인 물건을 판매하는데, 아기자기한 핸드메이드 제품이 많다. 시먼홍러우 프리마켓과 분위기가 비슷하다.

위치 Ⓜ 타이덴따러우역 3번 출구에서 오른쪽 스따루 師大路를 따라 위쪽으로 직진, 두 번째 골목의 왓슨스를 끼고 우회전 골목으로 들어가면 왼편 오픈 금·토요일 17:30~23:00, 일요일 16:30~21:30 홈피 www.facebook.com/ntnu.market

꽁관 마켓
公館創意跳蚤市集 Gongguan Market

자래수원구 정문 앞 쓰위엔제 思源街에서 주말마다 열린다. 디자인 상품을 파는 프리마켓과 중고품을 파는 플리마켓이 섞여 있다. 전체적으로 규모가 큰 편은 아니고 디자인 상품보다 중고품의 비율이 높은 편이다.

위치 Ⓜ 꽁관역 4번 출구로 나와 첫 번째 차도에서 좌회전해 직진, 도보 5분 오픈 토요일 15:00~22:00, 일요일 15:00~21:00 홈피 gongguan.tw

동시하오 프리마켓
東西好文創市集 GOODSMARKET for Art and Craft

시먼홍러우에서 다년간 프리마켓을 운영한 경험을 살려 송산문창원구와 함께 계획해 운영하는 프리마켓. 송산문창원구에서 열리며, 아무래도 같은 곳에서 관리해서 시먼홍러우 프리마켓과 비슷한 편이고 규모는 꽤 크다.

위치 Ⓜ 스정푸역 1번 출구에서 우회전해 직진, 忠孝東路四段553巷 도로로 우회전한 뒤 직진하면 왼편/Ⓜ 궈푸지넨관역 5번 출구에서 우회전해 직진하다가 사거리에서 우회전 오픈 토·일요일 12:00~19:00 홈피 goodsmarkettaipei.blogspot.tw

타이베이의 우육면

뉴러우멘(우육면) 牛肉麵은 이름 그대로 소고기가 들어간 타이완의 대표 면 요리로 꼭 먹어 봐야 할 음식 중 하나이다. 소고기와 사골 등을 끓여 진하고 담백한 육수를 만들고 거기에 쫄깃한 면발, 야들야들한 소고기가 어우러져 한국인 입맛에도 잘 맞는다. 음식점마다 자신만의 비법으로 만들어 맛이 조금씩 다르다. 워낙 대중적인 음식이라 타이완 어디서나 흔히 접할 수 있으나, 유독 인기 있는 곳은 다 그럴만한 이유가 있으니 타이베이 여행 중 시간을 내서 유명 음식점의 우육면을 한 그릇 먹어보자.

용캉 우육면

50년 전통이 넘는 곳으로 워낙 인기가 많아 식사시간에 가면 항상 대기한다. 24시간 계속 끓이는 국물과 부드러우면서 쫄깃한 소고기가 이곳의 인기 비결. 종류는 훙샤오 紅燒와 칭뚠 淸燉이 있는데 훙샤오가 더 대표적이다.

위치 Ⓜ Ⓜ 둥먼역 3번 출구에서 왼쪽으로 가다가 두 번째 갈림길에서 왼쪽으로 직진 후 왼편 오픈 11:00~15:00, 16:30~21:00 요금 소 NT$220, 대 NT$250

린동팡 우육면

우육면집 중 현지인이 최고로 손꼽는 곳으로 아주 늦은 밤에도 손님으로 가득하다. 담백한 국물 맛이 장점이며, 졸인 소고기는 아주 부드럽지만 다소 짜므로 면과 함께 먹는 것이 좋다. 종류는 한 가지.

위치 Ⓜ Ⓜ 쫑샤오푸싱역 1번 출구에서 도보 10분/택시 5번 출구에서 5분 오픈 11:00~03:00 요금 소 NT$170, 대 NT$200

마산탕

맵고 얼얼한 마라 우육면으로 유명한 곳. 우육면 속 고기는 다른 곳과 다르게 우삼겹처럼 얇고 위에 숙주나물과 파를 듬뿍 올려준다.

위치 Ⓜ 궈푸지녠관역 2번 출구에서 직진해 오른편 오픈 11:00~22:00 요금 훙샤오 NT$200, 마라 NT$200(세금별도)

스지 정종우육면

맑은 육수의 칭뚠이 대표 메뉴. 기름기가 적은 뽀얀 국물이 느끼하지 않고, 면은 쫀득하며 고기는 부드럽다. 훙샤오도 있으며 매운 정도를 선택할 수 있다.

위치 Ⓜ 싱텐궁역 1번 출구에서 차도를 건너자마자 우회전해 직진하다가 사거리를 지나서 왼편, 도보 5분 오픈 11:30~15:00, 17:30~21:00 요금 NT$220

타이베이의 과일빙수

타이완에서는 저렴한 가격에 싱싱하고 푸짐한 과일빙수를 먹을 수 있다. 한국인이 가장 좋아하는 타이완 음식 중 하나도 망고빙수일 것이다. 하지만 망고가 재배되지 않는 겨울에는 망고빙수를 판매하지 않거나 냉동망고로 만든 것을 판매한다. 하지만 딸기빙수를 비롯해 신선한 과일빙수와 땅콩빙수, 커피빙수, 토란빙수 등 다채로운 빙수가 있으므로 걱정할 건 없다.

스무시

유독 한국인에게 인기 많은 빙수집. 보기만 해도 예쁘고 푸짐한 비주얼을 자랑하며 타이완의 제철과일과 청정수를 이용해 만든 얼음으로 인기 만점이다.

위치 Ⓜ Ⓜ 동먼역 5번 출구에서 용캉제 진입 후 직진 오픈 10:00~23:00(2층 12:00~21:00) 요금 NT$180~200

신파팅

스린 야시장에서 50여 년의 전통을 자랑하는 빙수집. 비주얼이 화려하진 않지만 우유로 만든 빙수결이 예술이다. 과일빙수 외에 땅콩빙수나 토란빙수도 추천.

위치 Ⓜ 젠탄역 1번 출구에서 왼편 차도 원린루 文林路를 따라 직진, 왼편의 양명희원 陽明戲院 극장을 지나서 바로 왼쪽 좁은 골목으로 진입 후 왼편 오픈 12:00~01:00 요금 NT$60~100

삼형매

눈꽃빙수와 두부 디저트인 떠우화 豆花 전문점으로 대형 빙수집이 생기기 전부터 유명했다. 다양한 과일빙수를 판매하는데 일반 빙수보다 우유 맛이 좋은 눈꽃빙수를 추천한다.

위치 Ⓜ Ⓜ 시먼역 6번 출구에서 보행자거리로 진입해 첫 번째 갈림길에서 직진, 왓슨스 광장 지나서 더 직진해 오른편 오픈 11:00~23:00 요금 NT$100~170

타이베이의 나이트라이프

타이베이에서는 한국처럼 새벽 늦게까지 운영하는 술집 같은 곳을 쉽게 볼 수 없다. 밤늦게까지 술과 음식을 즐기기 좋아하는 한국 사람은 타이베이의 밤이 너무 심심하다고 말하곤 한다. 타이베이에서는 늦은 밤에 과연 무엇을 하며 놀 수 있을까? 갈 곳이 없어 보이지만 밤에도 할 수 있는 것들이 은근히 많다.

클럽

새우낚시

나이트라이프를 대표하는 클럽. 타이베이의 클럽이 궁금하거나 밤에도 놀고 싶다면 클럽을 가보자. 핫한 클럽은 대부분 타이베이 101 주변에 위치한다. 보통 새벽 네다섯 시까지 영업하고 휴무일이 정해져 있으니 미리 확인하고 가자.

타이베이 클럽 www.taipei-club.com

타이베이 시내에서 특별한 경험을 해보고 싶다면 실내 왕새우낚시를 추천한다. 직접 잡은 왕새우는 바로 구워서 먹을 수도 있다. 새벽까지 운영하므로 늦은 시간에도 찾아갈 수 있어 좋다.

• 첸자러 새우낚시 全佳樂釣蝦場(~03:00)
지도 MAP 5-D **위치** Ⓜ 싱텐궁역 4번 출구에서 오른쪽 골목으로 직진, 도보 3분 **주소** 台北市 中山區 錦州街 190號 **오픈** 17:00~03:00 **요금** 1시간 NT$400

24시간 식당

흔하지 않지만 24시간이나 새벽 늦게까지 영업하는 식당들이 있다. MRT 쫑샤오둔화역 대로에는 24시간 운영하는 홍콩식당이 있다. 늦은 새벽까지 영업하는 린동팡 우육면과 그 길 건너에는 24시간 마장멘집도 있다. 훠궈 뷔페나 르어차오 熱炒 음식점은 24시간은 아니지만 보통 새벽 2시에서 5시까지 영업하는 곳이 많다.

• 사향오도(24시간) p.175
• 마라훠궈(~05:00) p.129
• 마린 시푸드(~02:00) p.133
• 따시강 시푸드(~05:00) p.147

24시간 찻집

MRT 쭝샤오둔화역 2번 출구에서 한 블록 안으로 들어가면 24시간 운영하는 찻집들이 나온다. 전통적인 찻집이 아닌 현대적인 찻집으로 밀크티는 기본이고 맥주도 판매한다. 녹차, 홍차, 나이차, 주스, 맥주, 커피 등 각종 음료와 토스트, 피자, 튀김 등 출출함을 달랠 간단한 식사류도 있다.

• 차바 茶覇(24시간)

지도 MAP 9-G 위치 Ⓜ 쭝샤오둔화역 2번 출구에서 왼쪽 골목으로 진입 후, 다시 좌회전해 직진하면 오른편 주소 台北市 大安區 忠孝東路四段 181巷 7弄 9號 전화 02-2741-4783

마사지

하루 일정을 마치고 몸이 피곤하거나 일찍 잠들기 아쉽다면 마사지를 받으며 하루를 마무리해도 좋다. 24시간 운영하는 마사지 숍도 있고 24시간이 아니더라도 마사지 숍은 보통 늦게까지 영업하는 곳이 많다.

• 진러 발 마사지(~02:00) p.180
• 이병휘 마사지 李炳輝足體養生館(24시간)

지도 MAP 2-C 위치 타이베이처짠점 Ⓜ Ⓜ 타이베이처짠역 Z6 출구에서 우회전해 두 블록 직진 후 오렌지 호텔 앞 골목으로 우회전하면 왼편, 도보 4분/시먼점 Ⓜ Ⓜ 시먼역 1번 출구에서 왼쪽 길로 직진하면 오른편, 도보 2분 주소 타이베이처짠점 萬華區 漢口街一段 12號/시먼점 萬華區 漢中街 156號 요금 전신 NT$1000(1시간), 발 마사지 NT$500(40분) 전화 타이베이처짠점 02-2370-2323/시먼점 02-2389-0828 홈피 0223890828.web66.com.tw

타이완 노래방 KTV

타이완의 노래방인 KTV는 뷔페에서 무제한으로 음식을 가져다 먹으면서 즐길 수 있는 곳으로 고급화된 노래방이라 보면 된다. 해당 노래의 뮤직비디오가 나와 타이완 가수를 좋아하는 사람에게는 천국 같은 곳이다. 24시간인 곳도 있고 새벽 늦게까지 하는 곳도 있다.

• 홀리데이 KTV(~06:00) p.180

24시간 서점

타이완의 유명한 성품서점 중 본점인 둔난점은 시민들의 편의를 위해 서점 구역을 24시간 운영한다. 책을 좋아한다면 저녁 시간에 서점에 들러 시간을 보내도 좋다.

• 성품서점(24시간) p.171

마트 쇼핑

하루 일정을 끝내고 늦은 시간에 하면 좋은 마트 쇼핑! 24시간이 아닌 지점도 있지만 시먼 까르푸는 24시간 운영하며 접근성이 좋아서 우리나라 관광객이 많이 찾는다. 웰컴마트는 까르푸보다 규모는 작지만 매장 수가 많고 24시간 운영하는 지점이 많은 편이다.

• 까르푸(24시간) p.126
• 웰컴마트(24시간) p.172

AREA 1

타이베이처짠
台北車站(대북차참) Taipei Station

타이베이처짠은 MRT·기차·고속철도·공항철도가 모두 지나갈 뿐만 아니라, 역 주변에 타이완 각지로 이동하는 버스터미널도 있는 타이베이 교통의 중심지다. 타이베이처짠 역내에도 브리즈 쇼핑몰과 대형 지하상가가 조성되어 있으며 주변에 대형 쇼핑몰도 있어 쇼핑하기 편하다. 역 남쪽에는 학원가가 있어 서점거리도 있고, 아침식당을 포함한 저렴한 식당도 많다. 시먼딩 방향에는 카메라거리가 조성되어 있다. 참고로 타이베이역, 타이베이 메인역, 타이베이 중앙역, 타이베이처짠, 타이베이 기차역, 타이베이 메인 스테이션은 모두 같은 곳을 지칭한다.

HOW TO TRAVEL

타이베이처짠 이렇게 여행하자

➜ 여행 방법

쇼핑몰, 상점 같은 곳은 대부분 오전 11시에 개점하니 공원이나 박물관 등을 이른 오전에 가는 것이 좋다. 타이베이처짠 근처에서 현지식으로 아침을 먹고, 228평화공원 입구에 있는 국립타이완박물관에 들렀다가 228평화공원을 가로지르며 산책한 후, 총통부로 이동하여 외관을 구경한다. 이후 시먼으로 걸어가거나 중정기념당을 들렀다 융캉제까지 걸어가 구경해도 좋다.

➜ 추천 코스(4시간 소요)

| 타이베이처짠 | 도보 3분 | 국립타이완박물관 | 도보 1분 | 228평화공원 | 도보 3분 | 총통부 |
| p.110 | | p.113 | | p.112 | | p.113 |

타이베이처짠 台北車站(대북차참) Taipei Station

MAP 2-B

MRT · 기차 · 고속철도를 모두 탈 수 있고 주변에 각 지방으로 가는 버스터미널과 정류장도 있는 타이베이 교통의 중심지. 1층에는 기차 매표 창구, 광장, 관광안내소 등이 있고, 지하 1층에는 기차와 고속철도 개찰구가 있다. 여러 맛집과 서점, 지하상가 등도 입점해 있을 만큼 굉장히 넓다. 자칫하면 길을 잃을 수 있으니 안내도를 잘 보고 다니도록 하자.

위치 Ⓜ Ⓜ 타이베이처짠역 주소 台北市 中正區 北平西路 3號 오픈 06:00~24:00 전화 02-2371-3558 홈피 www.railway.gov.tw/taipei

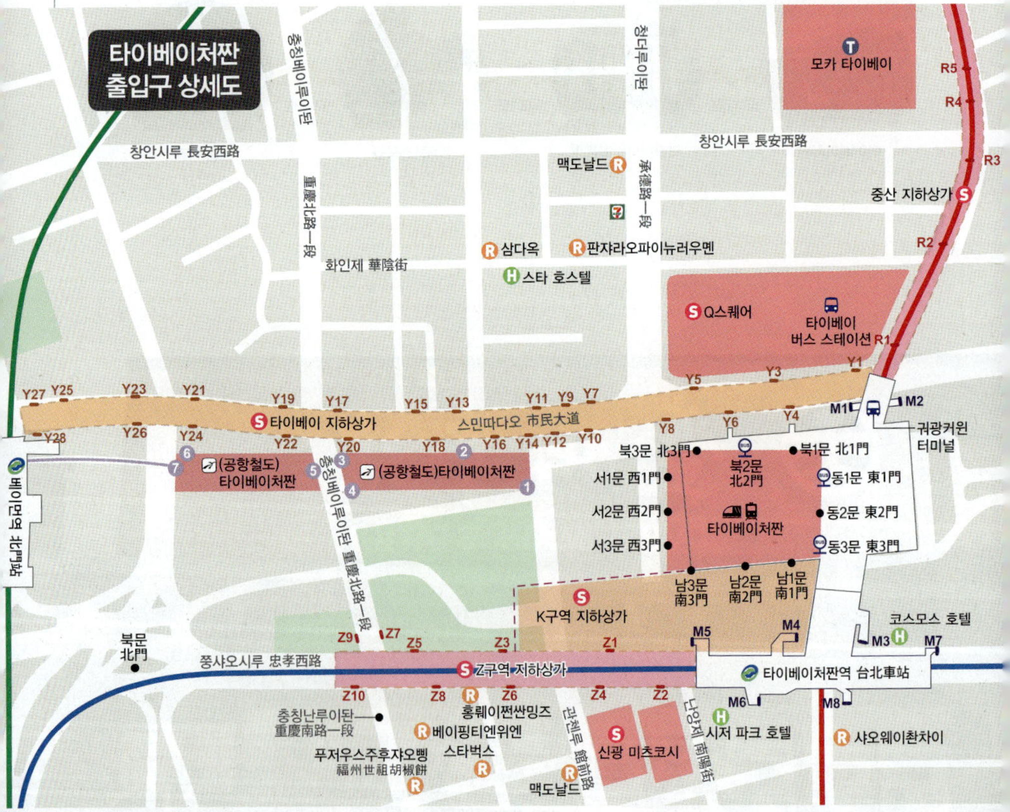

── 타이베이처짠 둘러보기 ──

타이베이 지하상가
台北地下街(대북지하가) 타이베이띠샤제 Taipei City Mall

타이베이처짠 북쪽 市民大道一段 거리 지하, 총 길이 약 825미터에 달하는 구역이 상가로 조성되어 있다. 식당가, 전자상가, 생활용품·장난감·의류를 판매하는 상점가 등이 자리한다. 이곳은 타이베이처짠의 주요 지하상가가 자리한 Y구역이고, Z구역과 K구역에도 지하상가가 조성되어 있다.

위치 지하 1층 오픈 월~금요일 11:00~21:30, 토·일요일 11:00~22:00 전화 02-2559-4566 홈피 www.taipeimall.com.tw

---

브리즈
微風(미풍) 웨이펑 Breeze

타이베이처짠 지하 1층부터 2층까지 쇼핑몰이 입점해 있는데, 2층에는 다양한 음식을 맛 볼 수 있는 푸드코트가 있다. 푸드코트는 크게 우육면, 카레, 야시장, 미식공화국 구역으로 구분되고 그 안에서 또 여러 종류로 나뉘기 때문에 선택의 폭이 넓다. 푸드코트 외에 레스토랑, 카페 등 후각과 미각을 자극하는 빵집 등도 많다.

위치 2층 오픈 10:00~22:00 전화 02-6632-8999 홈피 www.breezecenter.com

⊕ 브리즈 푸드코트의 추천 맛집

샤오난먼뎬씬스지에
小南門點心世界(소남문점심세계) Xiao Nan Men

1996년 동오 대학교 東吳大學 근처 소남문 길가의 노점에서 시작했다. 신선한 전통 두부 디저트 떠우화 묘花로 유명해져 백화점에 진출하는 등 입지를 다졌고 떠우화 전문 매장 외에 이렇게 딤섬, 중국식 볶음요리, 면 요리 등 다양한 메뉴를 파는 딤섬집을 오픈했다. 가격은 저렴한 편이고 현지인이 많이 찾는 곳이니 현지 음식에 약하다면 무난한 메뉴를 주문하자.

타이베이 버스 스테이션 台北轉運站(대북전운참) Taipei Bus Station

MAP 2-B

타이베이처짠 주변에 있는 궈광커윈 탑승 버스 정류장 외에 또 다른 버스터미널로 타이베이처짠 북쪽에 위치하며 Q스퀘어 쇼핑몰이 들어선 건물 한쪽에 함께 위치한다. 관광객이 흔히 이용하는 목적지로 쉽게 구분하자면 타오위엔공항이나 예류행 버스를 타는 곳은 타이베이처짠 동1문 앞 궈광커윈 터미널이고, 타이중 이하 남부 노선의 궈광커윈이나 이란·까오슝행 심야 버스를 타는 곳은 타이베이 버스 스테이션이다. 1층에 매표소가 있으며, 버스 회사에 따라 정해진 층에서 탑승한다. 허신·통롄(Ubus)·알로하·카마란·펑위엔·궈광커윈 등의 버스 회사가 있다.

위치 Ⓜ️Ⓜ️ 타이베이처짠역 북쪽, Bus Station 푯말을 따라 이동 **주소** 台北市 大同區 市民大道一段 209號 **오픈** 24시간 **전화** 02-7733-5888 **홈피** www.taipeibus.com.tw

228평화공원 228和平公園 228허핑꽁위엔 228 Peace Park

MAP 2-C

전체 면적 71,520제곱미터, 타이베이 중심에 있는 역사적인 공원이다. 원래 명칭은 타이베이 신공원 台北新公園이었으나 228사건의 피해자와 가족을 위로하고 후손들에게 역사적인 교훈을 기억할 수 있도록 228평화공원으로 개칭했다. 이곳은 고전적인 스타일의 공원으로 일본식 정원·연못·구름다리·산책로·노천 원형무대 등이 있고, 공원 내에 228기념관과 228기념비도 있다. 오전에 산책 삼아 둘러보는 것을 추천하며 가능한 밤에는 가지 않는 것이 좋다.

위치 Ⓜ️Ⓜ️ 타이베이처짠역 M8 출구에서 직진, 도보 5분/ 타이따이위엔역 1·4번 출구 바로 앞 **오픈** 24시간 **전화** 02-2303-2451

> **TIP**
>
> **228사건 二二八事**
> 중국에서 이주해온 외성인(外省人)이 타이완 정부의 고위 관직을 차지하면서 타이완에 살고 있던 본성인(本省人)에 대한 차별이 심해졌다. 1947년 2월 27일 정부의 허가 하에 팔던 담배를 밀수한 노인이 단속에 잡혀 중상을 입었고, 이에 주변에 있던 시민들이 항의하는 과정에서 단속원이 총을 쏴 시민이 사망하는 사건이 발생했다. 다음날 28일 일어난 시민들의 시위는 강경 진압으로 수많은 사상자가 발생했고, 이에 시위는 전국으로 확대되었다. 정부에서 시위 주동자를 강경 체포하며, 10일 동안 약 3만 명이 죽었고, 이 대학살을 '228사건'이라 부른다.

국립타이완박물관 國立台灣博物館 궈리타이완보우관 National Taiwan Museum MAP 2-C

타이완에서 가장 오래된 박물관으로 1899년 타이완총독부 식산국의 상품진열관으로 설립되었다. 1908년에는 타이완총독부 박물관으로 정식 설립되었으며 이후 몇 차례 명칭이 변경되다가 1999년에 국립타이완박물관으로 개칭했다. 외관은 웅장한 그리스식 건축으로 거대한 둥근 기둥과 돔 지붕으로 이루어져 있다. 228평화공원 내에 있는 곳이 본관이고 바로 건너편에 있는 토지은행 土銀과 중정기념당 근처에 있는 남문 南門에도 전시관이 있다. 본관에는 타이완의 역사·동식물·자연·원주민문화 등에 관한 자료를 전시한다.

위치 Ⓜ 타이따이위엔역 4번 출구, 228평화공원 내 **주소** 台北市 中正區 襄陽路 2號 **오픈** 09:30~17:00 **휴무** 월요일(공휴일인 경우 운영), 설 전날·당일 **요금** 본관+토지은행 전시관 일반 NT$30, 학생 NT$15, 6세 미만 무료 **전화** 02-2382-2566 **홈피** www.ntm.gov.tw

 ## 총통부 總統府 쫑통푸 Office of the President MAP 2-C

일본 식민지 시대에 총독 사무실로 사용된 건물. 현재는 타이완 총통의 관저로 1919년 건립 이후 줄곧 타이완 최고 권력의 중심지였다. 르네상스 후기 건축양식의 웅장한 5층 건물로 총독의 사무실은 동쪽을 향해 있어 타이베이를 한눈에 내려다볼 수 있다. 쌍십절을 비롯한 타이완의 국가경축일에는 이곳에서 기념 행사가 열리기도 한다. 가이드 설명과 함께 일반인에게 공개하니 참관을 원한다면 여권을 지참해 방문하면 된다. 15인 이상 단체일 경우에는 3일 전 전화나 팩스로 예약해야 입장할 수 있다. 예약 없이 참관 가능한 매월 휴일 중 하루(08:00~16:00)는 홈페이지에 공지한다.

위치 Ⓜ 타이따이위엔역 1번 출구 도로변으로 나와 오른쪽으로 가다가 큰길에서 우회전 **주소** 台北市 中正區 重慶南路 1段 122號 **오픈** 월~금요일 09:00~12:00(30분 전 입장 마감) **휴무** 토·일요일, 공휴일(매년 홈페이지에 공지) **요금** 무료 **전화** 02-2312-0760(팩스 02-2312-0757) **홈피** www.president.gov.tw

Q스퀘어 京站時尚廣場(경참시상광장) 징짠스상광창 Qsquare

MAP 2-B

타이베이처짠 북쪽에 2009년 말 오픈한 대형 복합쇼핑몰. 각종 식품·의류·생활용품·레스토랑·극장 등 다양한 상점이 입점해 있어 여러 가지를 한번에 즐기기 좋다. 지하에 있는 푸드코트도 깔끔하니 추천한다. 타이베이처짠 북문에서 육교를 통해 건너가도 되고 지하도를 이용해도 된다.

위치 타이베이처짠역 지하도 연결 주소 台北市 大同區 承德路一段 1號 오픈 월~목요일·공휴일 11:00~21:30, 금·토요일·공휴일 전날 11:00~22:00(일부 상점 다름) 전화 02-2182-8888 홈피 www.qsquare.com.tw

신광 미츠코시(타이베이처짠점) 新光三越(신광삼월) 신광싼위에 Shin Kong Mitsukoshi

MAP 2-A

1993년 말에 완공된 지상 51층 높이의 신광 라이프 타워. 이곳 타이베이처짠점은 타이베이 101이 생기기 전까지 그 높이를 자랑하던 타이베이의 랜드마크였다. 지하 2층부터 지상 13층에 걸쳐 백화점이 들어서 있다. 신광 미츠코시는 타이완의 신광 그룹과 일본의 미츠코시 그룹이 합작으로 만든 백화점으로 현지 브랜드부터 명품까지 다양하게 입점해 있다.

위치 타이베이처짠역 Z4 출구 바로 주소 台北市 中正區 忠孝西路一段 66號 오픈 일~목요일 11:00~21:30, 금·토요일·공휴일 전날 11:00~22:00 전화 02-2388-5552 홈피 www.skm.com.tw

광난따피파 光南大批發(광남대비발) Kuangnan Wholesale

MAP 2-A

피파 批發는 도매를 뜻하는데, 그 이름만큼 각종 물건을 저렴하게 판매하는 곳이다. 생필품·화장품·식품·음반·DVD·문구류·전자 소품 등 일상에서 필요한 거의 모든 제품을 취급한다. 저렴하고 제품이 다양해 쇼핑하는 재미가 쏠쏠하다. 타이완 전역에 약 26개의 매장이 있다.

위치 신광 미츠코시 백화점 뒷골목 주소 台北市 中正區 許昌街 40號 오픈 10:30~22:30 전화 02-2311-0528 홈피 knn.com.tw

다이소 DAISO

MAP 2-A

일본에서 100엔 숍으로 시작해 우리나라에도 들어와 이름을 알린, 일본 최대 균일가 제품 유통업체다. 타이완에서는 NT$39 숍이며 일본 다이소 그대로다. 생활용품·식품·미용용품·문구류 등 다양한 제품을 판매한다. 타이완 전역에 50여 개의 매장이 있다.

위치 신광 미츠코시 백화점 뒷골목 **주소** 台北市 中正區 許昌街 28號 **오픈** 10:00~22:30 **전화** 02-2370-3275 **홈피** www.daiso.com.tw

샤오웨이촨차이 小魏川菜(소위천채)

MAP 2-B

현지인에게 꽤 유명한 식당으로 식사시간에 가면 안쪽 룸까지 손님들로 가득해 시끌벅적한 분위기에 압도된다. 매콤한 사천요리 전문점으로 한국인 입맛에도 잘 맞는다. 추천 메뉴로 궁바오지딩 宮保雞丁(닭고기땅콩볶음), 인쓰쥐엔 銀絲卷(꽃빵튀김), 탕수육과 비슷한 탕추리지 糖醋里肌, 깐볜쓰지떠우 乾煸四季豆(콩줄기볶음)가 있다. 건물 3층에 위치하며 엘리베이터에서 내리면 바로 식당과 연결된다. 주말에 방문할 예정이라면 미리 예약 후 가는 것이 좋다.

위치 Ⓜ Ⓜ 타이베이처짠역 M8 출구 근처 **주소** 台北市 中正區 公園路 13號 **오픈** 11:00~14:00, 17:00~21:00 **전화** 02-2371-8427

베이핑티엔위엔 北平田園(북평전원)

MAP 2-A

타이베이처짠 주변 골목 안에 숨어 있는 맛집으로 베이핑(베이징의 다른 말)에서 온 시엔빙 餡餅(NT$35)과 샤오미저우 小米粥(NT$25)가 대표 메뉴다. 시엔빙은 밀가루 반죽에 고기와 채소를 넣고 부친 것이고, 샤오미저우는 담백한 좁쌀죽으로 현지인은 설탕을 넣어 먹는다. 그 외에 소고기와 오이가 들어간 전병 뉴러우쥐엔따빙 牛肉捲大餅(NT$100), 찐만두 쩡쟈오 蒸餃도 추천한다.

위치 Ⓜ Ⓜ 타이베이처짠역 Z8 출구에서 뒤를 돌아 첫 번째 왼쪽 골목으로 진입해 직진 **주소** 台北市 中正區 重慶南路一段 5巷 1號 **오픈** 11:00~14:00, 17:00~20:00 **전화** 02-2314-8372 **홈피** www.beiping-tianyuan.com

푸항떠우장 阜杭豆漿 (부항두장) Fu Hang Soy Milk

MAP 5-K

타이완의 전통 아침식사를 맛볼 수 있는 유명한 곳으로 화산 시장 건물 2층 푸드코트 내에 위치한다. 항상 건물 밖까지 줄이 길게 늘어서 있으니 물어볼 것도 없이 줄에 합류하면 된다. 2층으로 올라가 매장 앞에서 주문하는데, 처음은 떠우장을, 두 번째는 샤오빙 燒餅(밀가루를 반죽하여 구운 빵) 종류를 주문하고 마지막에 계산하면 된다. 주문서 없이 바로 구두로 주문이 진행되기 때문에 메뉴 번호를 미리 확인하는 것이 좋다. 인기 메뉴는 단연 떠우장, 셴떠우장, 샤오빙, 요우탸오이다.

위치 ⓜ 샨다오쓰역 5번 출구 앞 화산시장 華山市場 2층 주소 台北市 中正區 忠孝東路一段 108號 오픈 05:30~12:30 휴무 월요일 전화 02-2392-2175

TIP 주요 메뉴 번호

- **1 떠우장 豆漿**(hot/cold): 두유와 비슷한 고소한 콩 음료
- **3 셴떠우장 鹹豆漿**: 우리나라 순두부와 비슷한 것
- **11 허우빙 厚餅**: 샤오빙의 종류, 두꺼운 빵(12 계란 추가 / 13 요우탸오 추가 / 14 계란 및 요우탸오 추가)
- **21 빠오빙 薄餅**: 샤오빙의 종류, 얇은 빵(22 계란 추가 / 23 요우탸오 추가 / 24 계란 및 요우탸오 추가)
- **41 딴빙 蛋餅**: 밀가루 전병에 계란을 넣어 부친 것
- **45 요우탸오 油條**: 밀가루를 길게 빚어 튀긴 것으로 중국식 도넛이라 불린다.

홍뤠이쩐 샌드위치 洪瑞珍三明治 (홍서진삼명치) 홍뤠이쩐싼밍즈 HUNG RUI CHEN

MAP 2-A

현지에서는 싼밍즈 三明治라고 부르는 샌드위치 전문점이다. 홍뤠이쩐은 타이중에서 유명한 제과점으로 다양한 빵을 판매한다. 그중 샌드위치가 가장 유명해서 샌드위치만 파는 매장을 오픈했다. 특제 소스와 얇은 햄, 치즈만 들어간 아주 간단한 구성인데 그 맛이 독특하고 훌륭해서 많은 사랑을 받는다.

위치 타이베이처짠 지하상가 Z8 출구 앞 주소 台北市 中正區 忠孝西路一段 72-37號 오픈 09:30~19:30 휴무 일요일 전화 0975-562632 홈피 www.yes-168.com

따쓰팡딴빙 大四方蛋餅 (대사방단병)

MAP 2-A

타이베이처짠 건너편에는 아침식당인 자오찬이 많다. 이곳은 그중에서도 단연 인기 있는 곳으로, 메뉴는 기본 딴빙 原味蛋餅(NT$25), 치즈 딴빙 起司蛋餅(NT$35), 무로 만든 떡인 뤄보까오 蘿蔔糕(2개 NT$25) 단 세 가지이다. 이 세 가지를 조합한 메뉴가 알파벳으로 구분되어 있으니 중국어를 몰라도 알파벳으로 주문하면 된다. 일찍 매진될 수 있으니 빨리 가는 것이 좋고, 다른 음식점 한쪽에서 조그맣게 영업하는 것이라서 큰 간판이 없다. 자칫 지나칠 수 있으니 유심히 보며 찾아가자.

TIP 월요일부터 금요일 오후 4시 30분부터 7시까지는 난양제 南陽街의 셰어 티 Share Tea 매장 옆 골목 안에 있는 兄妹飯莊에서 판매한다.

위치 타이베이처짠역 Z2 출구 앞 우투아키바몰 WutuAkiba Mall 건물 왼쪽 길로 직진해 첫 번째 사거리에서 대각선 방향에 있는 銅板義大利麵 간판 밑 주소 台北市 中正區 南陽街 3之 1號 오픈 월~금요일 07:00~10:20, 토·일요일 07:30~10:20

삼다옥 三多屋 싼뚜어우 Sando House

MAP 2-A

타이베이처짠 뒤편, 한국인에게 유명한 스타 호스텔이 있는 화인제 華陰街 거리에는 맛집이 많은데 그중 종종 길게 늘어선 줄을 볼 수 있는 곳이다. 회와 초밥(NT$150~200), 회덮밥(NT$250~480) 등을 파는 일식집으로 신선하고 두툼한 회를 이용해 식감과 맛이 좋다. 줄을 서서 먼저 주문과 선불 계산을 하고 자리에 앉으면 된다.

위치 타이베이처짠역 Y13 출구에서 뒤를 돌아 왼쪽 길로 직진해 한 블록 가면 나오는 사거리 모퉁이 주소 台北市 大同區 太原路 19號 오픈 11:00~20:00 휴무 월요일 전화 02-2555-7708 홈피 www.facebook.com/SanDuoWu

판쟈라오파이 우육면 潘家老牌牛肉麵 (반가노패우육면)

MAP 2-A

화인제 華陰街 상권 중간 즈음 골목 안에 위치한 현지인 맛집으로 60여 년의 전통을 자랑하는 우육면 전문점이다. 가게 앞길에도 테이블이 있고 내부 자리도 있으니 원하는데 앉으면 된다. 우육면 가격은 소 NT$130, 대 NT$150이고 면은 넓은 것, 중간, 얇은 것, 당면 중 선택할 수 있다. 골목 안에 자리해 자칫 지나칠 수 있으니 노란색 간판을 잘 찾자.

위치 타이베이처짠 Y7 출구에서 뒤돌아 사거리에서 왼쪽으로 직진해 한 블록 간 후 왼편 화인제 華陰街로 진입해 오른편 골목 주소 台北市 大同區 華陰街 123號 오픈 10:30~21:00

AREA 2

시먼·완화
西門·萬華(서문·만화) Ximen&Wanhua

타이베이 남서쪽에 위치한 완화구(區)는 원래 방카 艋舺(멍쟈)라 불렸다. 완화구는 일찍이 개발이 시작된 지역이라 오랜 문화와 고적이 많다. 멍쟈 용산사와 보피랴오 역사거리 주변으로 가면 올드 디베이를 온전히 느낄 수 있고, 반대로 젊은 층이 진중되어 유행을 주도하는 시먼 상권으로 가면 번화한 타이베이의 모습을 만날 수 있다.

HOW TO TRAVEL

시먼·완화 이렇게 여행하자

➜ 여행 방법

시먼딩의 맛집과 쇼핑 지역은 대부분 보행자거리 내에 있으므로 시먼역 6번 출구만 찾아가면 모두 도보로 이동 가능하고 주요 고적인 시먼홍러우도 6번 출구 바로 건너편(1번 출구 앞)에 있어 함께 구경할 수 있다. 멍쟈 용산사, 보피랴오 역사거리, 멍쟈 야시장, 화시제 야시장은 모두 MRT 롱산쓰역 근처에 있어 묶어서 가기에 편리하다. 단, 보피랴오 역사거리의 운영시간을 확인해 너무 늦지 않게 가도록 하자.

➜ 추천 코스(5시간 소요)

시먼홍러우 p.121 — 도보 1분 → 시먼딩 p.120 — MRT 3분+도보 2분 → 보피랴오 역사거리 p.124 — 도보 2분 → 멍쟈 용산사 p.122 — 도보 1분 → 멍쟈 야시장 p.123

시먼딩 西門町(서문정) Ximending

MAP 3

일본 식민지 시대에 우물 정(井) 자 형태로 기획된 유흥특구로서, 현재까지 타이베이에서 가장 번화한 곳으로 꼽힌다. 먹거리·쇼핑·오락시설 등 다양한 즐길거리를 접할 수 있고 최신 유행을 그대로 보여주는 곳이라 언제나 타이베이의 젊은이들로 북적인다. 주말에는 종종 영화나 음반 프로모션 행사가 열리며, 운이 좋다면 타이완 연예인을 직접 볼 수도 있다. 많은 극장과 영화 주제의 공원이 있는 영화거리, 타투 숍이 즐비한 타투거리, 사천요리 전문점이 밀집된 사천요리거리 등 다양한 테마 거리도 있다. 시먼딩 안쪽은 자동차가 없는 타이베이 최초의 보행자 거리이기도 하다.

위치 Ⓜ 시먼역 6번 출구 오픈 11:00~22:00(상점마다 다름) 전화 02-2303-2451 홈피 ximen.com.tw

시먼훙러우 西門紅樓(서문홍루) The Red House
MAP 3-B

1908년에 완공된 붉은색 건물로 원래 공영시장이었고, 현재까지 가장 온전히 보존된 3급 고적시장이다. 본 건물은 팔괘와 뒤쪽의 십자 모양이 이어진 형태이다. 건립 후 타이베이 오락의 중심지였으며 이민자가 대거 유입될 당시 훙러우극장 紅樓劇場에서 이민자들을 위한 공연을 진행해 그들의 마음을 위로하고 학생들에게 인기를 끌며 화려하게 번영했다. 1980년대 이후 상권의 중심이 동쪽으로 이동하면서 점점 쇠퇴해 갱생을 꾀하기도 했지만, 결국 1997년 훙러우극장은 3급 고적으로 지정됨과 동시에 영업을 중단했다. 2000년대에 들어 공연 단체, 문화기금회 등에서 노력한 끝에 지금의 모습으로 재탄생했고 현재는 다양한 문화활동이 열리는 전시·판매 공간으로 필수 관광명소가 되었다.

위치 ⓜⓜ 시먼역 1번 출구 주소 台北市 萬華區 成都路 10號 오픈 화~일요일 11:00~21:30, 금·토요일 11:00~22:00 휴무 월요일, 설 요금 무료 전화 02-2311-9380 홈피 www.redhouse.org.tw

---

시먼훙러우 둘러보기

시먼훙러우 프리마켓
西門紅樓創意市集(서문홍루창의시집) 시먼훙러우창이스지 Red House Market For Artists & Designers

시먼딩의 터줏대감인 시먼훙러우에서는 주말마다 창의적이고 젊은 아티스트가 참여하는 프리마켓이 열린다. 다른 곳에서 보지 못한 독특한 상품도 많고 아기자기 귀여운 제품들도 많다. 하나하나 구경하는 것만으로도 쏠쏠한 재미가 있다. 여행 중 시먼딩에 방문할 계획이 있다면 주말에 방문해 프리마켓을 구경해 보기를 추천한다.

위치 시먼훙러우 인근 오픈 토요일 14:00~22:00, 일요일 14:00~21:30 전화 02-2311-9380 홈피 redhousetaipei.blogspot.tw

멍쟈 용산사 艋舺龍山寺(맹갑용산사) 멍쟈롱산쓰 Longshan Temple

MAP 4-A

용산사는 관세음보살을 모시는 한전불교 사원으로 타이완에는 딴쉐이 용산사, 루강 용산사, 타이난 용산사, 펑산 용산사, 마지막으로 타이베이의 멍쟈 용산사가 있다. 이곳은 타이베이에서 가장 오래되고 유명한 전형적인 타이완 사원이다. 중국인은 종교에 관대해 도교, 불교 등 많은 신을 하나의 사원에서 같이 모신다. 이곳도 마찬가지로 여러 신을 모시며, 다양한 신이 있는 만큼 참배자도 굉장히 많다. 밤에 가면 조명과 어우러져 더욱 화려한 모습을 볼 수 있지만 주변 안전에는 유의해야 한다.

위치 Ⓜ 롱산쓰역 지하상가 지나 4번 출구 바로 건너편
주소 台北市 萬華區 廣州街 211號   오픈 06:00~22:00
휴무 무휴   요금 무료   홈피 www.lungshan.org.tw

멍쟈 야시장 艋舺夜市(맹갑야시) 멍쟈예스 Monga Night Market

MAP 4-A

완화 야시장 萬華夜市이라고도 부르며 용산사 주변의 광저우제 廣州街, 우저우제 梧州街, 시창제 西昌街 거리를 포함한다. 유명한 멍쟈 용산사와 화시제 야시장 덕분에 이곳 또한 관광객이 많이 찾는다. 저녁에 포장마차와 노점에서 다양한
음식과 잡화를 판매하므로 저렴하게 한 끼 식사를 해결할 수 있다. 야시장이라 밤에 더 북적이지만, 낮에도 열려있는 곳이 있다.

<u>위치</u> 멍쟈 용산사를 등지고 오른쪽으로 직진해 사거리 건너 바로 <u>오픈</u> 16:00~24:00

화시제 야시장 華西街夜市(화서가야시) 화시제예스 Huaxi Street Night Market

MAP 4-A

용산사 근처에 있는 타이완의 첫 번째 관광 야시장으로 뱀과 자라 등 보양식을 파는 상점이 많은 것으로 유명하다. 예전에 비해 다소 명성이 떨어졌으나 용산사와 함께 한번 둘러볼 만하다. 야시장 입구에 중국양식의 패루가 장식되어 있
고, 지붕도 있어 우천 시에도 방문하기 좋다. 저렴한 마사지 업소도 많다.

<u>위치</u> 멍쟈 용산사를 등지고 오른쪽으로 직진해 사거리 건너 멍쟈 야시장을 지나가다 보면 오른쪽에 위치 <u>주소</u> 台北市 萬華區 華西街 <u>오픈</u> 16:00~24:00(상점마다 다름)

⊕ 야시장 추천 먹거리

어아젠 蚵仔煎
굴전

러우위엔 肉圓
쫄깃한 반죽 안에
돼지고기를 넣어 찐 것

요우위껑 魷魚羹
오징어가 들어간 걸쭉한 탕

보피랴오 역사거리 剝皮寮(박피료) Bo Pi Liao

MAP 4-B

청나라 분위기의 거리와 일본 식민지 시대의 건물 등이 상당히 잘 보존되어 있다. 원래 학교 부지로 이용될 예정이었으나 옛거리 보존 정책의 일환으로 보수공사를 거쳐 오늘날 이렇게 외부에 공개하고 있다. 벽화가 그려진 멋스러운 골목길이라 사진 찍기 좋고 타이완 영화 〈맹갑〉의 촬영지로 더 유명해졌다. 명저 용산사 근처에 있어 함께 둘러보기 좋다.

위치 Ⓜ 룽산쓰역 지하상가 지나 4번 출구에서 오른쪽으로 직진하다가 첫 번째 사거리에서 대각선으로 길 건너 우측 **주소** 台北市 萬華區 康定路 173巷 **오픈** 거리 09:00~21:00, 실내 09:00~18:00 **휴무** 월요일, 설 **요금** 무료 **홈피** www.bopiliao.taipei

향토교육중심 鄉土教育中心 샹투쟈오위쭝신 Heritage & Culture Education Center

MAP 4-B

청나라 분위기의 거리를 배경으로 한 붉은 벽돌과 아치형 아케이드 건축물로 보피랴오 역사거리 끝에 위치한다. 학교 교육과 사회 문화가 서로 잘 결합해 부정기적으로 여러 주제의 특별전 및 보피랴오와 관련된 역사 특별전을 연다. 그와 더불어 재미를 겸한 다양한 교육활동도 진행 중이다.

위치 Ⓜ 룽산쓰역 기준 보피랴오 역사거리 끝 지점 **주소** 台北市 萬華區 廣州街 101號 **오픈** 09:00~17:00 **휴무** 월요일, 공휴일 **요금** 무료 **전화** 02-2336-1704 **홈피** 59.120.8.196/enable2007

청년공원 青年公園 칭녠꿍위엔 Youth Park

MAP 1-I

1975년에 개방한 타이베이에서 네 번째로 큰 공원이다. 원래 일본 식민지 시대 군대훈련장이었고 이후 공항으로 바뀌기도 했다. 정자에 앉아 우거진 나무에서 노는 청설모를 구경하며 기분 좋은 여유를 즐겨볼 수 있다. 지미 리아오 Jimmy Liao의 동화를 원작으로 한 금성무 金城武 주연 영화 〈왼쪽으로 가는 여자, 오른쪽으로 가는 남자〉의 주요 촬영지이기도 하니, 동화 작가나 영화의 팬이라면 방문하는 것도 좋겠다.

위치 Ⓜ 롱산쓰역 2번 출구에서 도보 25분/버스 12번 ⓂⓂ 시먼역 6번 출구 뒤 中華路1段 대로에서 승차 후 청년공원 青年公園 하차 주소 台北市 萬華區 水源路 199號 전화 02-2303-2451

완녠 상업빌딩 萬年商業大樓 (만년상업대루) 완녠샹예따러우

MAP 3-B

1973년에 오픈해 지금까지 자리를 지키는 시먼딩의 오래된 쇼핑몰. 최신 유행의 의류・신발・시계・향수・휴대폰・게임・장난감 등을 판매해 청소년층에게 인기 만점이다. 층별로 종류를 구분해 놓았다. 지하 1층에는 오랜 맛집으로 유명한 진위엔파이구 金園排骨, 라오산동뉴러우몐 老山東牛肉麵 외에 다양한 먹거리가 있고, 4층에는 각종 피규어와 장난감을 저렴하게 판매한다.

위치 ⓂⓂ 시먼역 6번 출구에서 보행자 거리로 진입해 첫 번째 갈림길에서 좌회전 후 직진, 사거리에서 길 건너 왼편 주소 台北市 萬華區 西寧南路 70號 오픈 11:30~22:00(월요일 14:00~) 전화 02-2381-6282 홈피 www.facebook.com/WanNianBuilding

오대음반 五大唱片(오대창편) 우따창피엔 Five Music

MAP 3-B

타이완의 대표적인 음반 유통업체 중 하나로 전국 6개 매장을 비롯해 온라인에서도 판매한다. 타이완 가수의 음반은 물론이고 해외가수들의 음반과 특히 인기가 많은 한국과 일본의 드라마나 영화 DVD, 잡지 등도 판매한다. 음악을 좋아한다면 타이완의 음반을 구경하러 한번 들러도 좋다.

위치 ⓜⓜ 시먼역 6번 출구에서 中華路一段 거리를 따라 위쪽으로 직진한 뒤 야루위벤에서 좌회전해 왼편, 건물 2층 주소 台北市 萬華區 武昌街2段 18號 오픈 10:30~22:30 전화 02-2388-9092 홈피 www.5music.com.tw

나이키 조던 스토어 NIKE JORDAN STORE

MAP 3-B

2013년 말, 타이완 최초로 나이키 조던 브랜드 전문 매장이 시먼딩에 오픈했고, 2017년 5월 시먼홍러우 앞으로 규모를 넓혀 이전했다. 검정색 건물에 크게 자리 잡은 조던 로고가 반겨주고, 내부도 멋스럽다. 젊은 층에게 인기가 많아 원하는 제품을 쉽게 찾기는 어렵지만, 나이키 조던 브랜드에 관심 있다면 한번 방문해도 좋다.

위치 ⓜⓜ 시먼역 6번 출구에서 11시 방향 길 건너 (시먼홍러우 앞) 주소 台北市 萬華區 成都路 12號 오픈 12:00~22:00 전화 02-2383-2380 홈피 www.facebook.com/Jordan23Ximending

까르푸 家樂福(가락복) 지아러푸 Carrefour

MAP 1-E

이곳 궤이린점은 시먼딩 근처에 위치해 접근성도 좋고, 24시간 영업해 한국인 관광객이 많이 찾는다. 밀크티, 방향제, 치약, 망고 젤리 등 한국인이 많이 구입하는 제품은 눈에 잘 띄는 곳에 모아 집결해두어서 편리하게 쇼핑할 수 있다.

위치 ⓜ 시먼역 1번 출구에서 왼쪽으로 뒤돌아, 오른쪽의 대로 옆길을 따라 직진하면 오른쪽, 도보 10분 주소 台北市 萬華區 桂林路 1號 오픈 24시간 휴무 무휴 전화 02-2388-9887 홈피 www.carrefour.com.tw

세인트 피터 聖比德(성비덕) 성비더 Saint Peter

여러 종류의 누가 사탕(牛軋糖) 및 누가 크래커(牛軋餅), 펑리수 등을 판매한다. 한국인 여행객 사이에서 커피맛 누가 크래커가 맛있다고 입소문을 타 유명해졌다. 커피맛 누가 크래커는 일반 누가 크래커에 비해 작고 귀여운 크기로 동그란 모양이며, 커피향이 은은하게 퍼진다. 유명해진 이후로 여행객이 많이 방문하는 시먼딩이나 동먼(용캉제)에 지점을 오픈해 쉽게 방문할 수 있게 되었다.

위치 시먼역 6번 출구에서 보행자거리로 진입해 첫 번째 갈림길에서 KFC를 끼고 왼쪽 골목으로 진입 후 왼편 **주소** 台北市 萬華區 成都路27巷 23號 **오픈** 12:00~20:00 **홈피** www.facebook.com/pg/SaintPeterNougat

진천미 真川味 쩐촨웨이

시먼딩에는 사천요리 전문점이 밀집된 거리 찬차이제 川菜街가 있다. 그중 초입에 위치한 50여 년의 역사를 자랑하는 진천미는 저렴한 가격에 맛 또한 다른 곳에 뒤지지 않아 많은 사랑을 받는다. 추천 메뉴는 일명 파볶음이라 불리는 삼채와 고기를 볶은 요리 창잉터우 蒼蠅頭(NT$160), 삼겹살볶음인 훼이궈러우 回鍋肉(NT$130), 연두부튀김 라오피넌러우 老皮嫩肉(NT$160)이다. 본점 바로 앞에 분점이 있어, 둘 중 자리가 있는 곳으로 가면 되고 한국어 메뉴판도 준비되어 있어 주문이 편리하다.

위치 시먼역 6번 출구에서 왼편 차도를 따라 직진하다가 스타벅스가 있는 사거리에서 우회전 후, 첫 번째 왼쪽 골목으로 진입, 도보 5분 **주소** 台北市 萬華區 康定路25巷 42-1號 **오픈** 11:00~14:00, 17:00~21:00 **휴무** 본점 월요일, 분점 목요일 **전화** 02-2311-9908 **홈피** www.facebook.com/真川味-2135139020010751

우공관 우육면 牛公館牛肉麵 뉴꽁관뉴러우멘 Niu Kung Kuan

중식 면 요리 전문점인 우공관은 우육면으로 유명한 곳 중 하나다. 브랜드 이미지는 중국풍이고 내부는 현대적으로 꾸몄다. 우공관의 우육면은 붉은 국물의 훙샤오 紅燒와 맑은 국물의 칭뚠 清燉 두 종류가 있고 그 안에서 기본·소힘줄·고기 없는 것 등으로 나뉜다. 메뉴판에 한국어도 적혀 있어 주문이 쉬우며 우육면 고기는 큰 덩어리로 나오는데 아주 연하고 짜지 않아 먹기 좋다.

위치 시먼역 1번 출구에서 오른편에 차도를 두고 한 블록 직진하여 길 건너 바로, 도보 3분 **주소** 台北市 萬華區 西寧南路 78號 **오픈** 11:00~21:30 **전화** 02-2314-6598 **홈피** www.facebook.com/niukungkuan

푸훙 우육면 富宏牛肉麵(부굉우육면) 푸훙뉴러우몐 MAP 1-E

현지인에게 인기 만점인 우육면 전문점으로, 24시간 영업이어서 언제든 방문할 수 있다. 진한 육수에 부드러운 고기가 들어간 우육면은 대(NT$110), 중(NT$100), 소(NT$90)로 나뉘는데 소로 주문해도 양이 넉넉하다. 면은 굵은 면과 얇은 면 중에 선택할 수 있다. 얇은 면도 우동면 정도 굵기이니 밀가루 맛을 많이 좋아하지 않는다면 얇은 면을 추천한다. 테이블에 비치된 것들은 소기름 뉴유우 牛油, 시큼하게 절인 채소 쏸차이 酸菜, 식초 등으로 기호에 따라 넣어 먹으면 된다. 입구에 비치된 음료수는 무료.

위치 베이먼역 1번 출구에서 시먼딩 방향으로 사거리 건너 한 블록 직진 후 우회전해 가서 오른편, 도보 5분 주소 台北市 萬華區 洛陽街 69號 오픈 24시간 전화 02-2371-3028

쉬에왕 아이스크림 雪王冰淇淋(설왕빙기림) 쉬에왕삥치린 Snow King MAP 2-C

1947년에 설립되어 70여 종의 다양하고 독특한 맛의 아이스크림을 직접 만들어 판매하는 곳이다. 과일, 견과류, 차, 채소, 술 등 다양한 맛을 구비하고 있다. 다른 곳에서 맛보기 힘든 맥주, 고량주, 카레, 족발맛 등 기상천외한 것도 있다. 대표 메뉴는 강낭콩(大紅豆)맛과

수박(西瓜)맛으로 모두 천연재료를 그대로 넣고 만들어 씨 같은 것이 씹히는 것은 감수해야 한다. 딸기, 망고 등 계절에 따라 제공되지 않는 과일 아이스크림도 있다. 가격은 한 스쿱 기준 NT$70~150으로 약간 비싼 편이다.

위치 시먼역 5번 출구에서 직진하다가 경찰서 건물을 끼고 우회전해 가다 왼편, 도보 4분 주소 台北市 中正區 武昌街一段 65號 2樓 오픈 12:00~20:00 휴무 11월~2월 화요일 전화 02-2331-8415 홈피 www.snowking.com.tw

85도씨 85度C 85℃ MAP 2-B

2004년 타이베이 외곽에서 가게 하나로 출발한 커피 및 베이커리 전문점으로, 2년 만에 타이완 내에서 매장 수 기준으로 스타벅스를 따돌릴 정도로 급성장한 브랜드이다. 이름은 커피 맛은 물 온도가 섭씨 85도일 때 가장 좋다는 것에서 따왔다. 특급 호텔에서 근무하던 일류 제빵사를 영입해 개성 넘치는 제품을 개발하고 질 좋은 고급 원두를 쓰면서도 가격을 낮췄고 이색 메뉴를 앞세워 인기몰이에 성공했다. 독특한 바다소금커피 하이옌카페이 海岩咖啡(중 NT$60, 대 NT$70)와 저렴하고 맛있는 미니 케이크류 추천한다.

위치 시먼역 1번 출구에서 왼쪽 도로를 따라 직진, 도보 1분 주소 台北市 萬華區 漢中街 151號 오픈 일~목요일 07:00~24:00, 금·토요일 07:00~01:30 전화 02-2389-6622 홈피 www.85cafe.com

마라훠궈 馬辣鴛鴦火鍋 (마랄원앙화과) 마라위엔양훠궈 Mala Yuanyang Hotpot

MAP 3-B

뷔페식 훠궈 전문점으로 탕을 두 가지 선택할 수 있다. 고기는 주문하면 직원이 가져다주는 방식으로 부담 없이 여러 번 주문해도 된다. 각종 해산물·채소·버섯·두부 등의 훠궈 재료와 소스·샐러드·후식 등은 셀프바에서 직접 담아온다. 타이베이에 여덟 개 지점이 있다. 시먼점은 관광객이 많이 오는 지역인 만큼 손님이 특히 많다. 가격은 NT$635, 평일 점심(11:30~16:00)에만 NT$545이며 서비스 차지 10퍼센트는 별도. 이용시간은 2시간으로 제한되고, 혼자 방문한 경우에는 NT$100이 추가된다.

위치 ⓜⓜ 시먼역 6번 출구에서 보행자거리로 진입해 첫 번째 갈림길에서 좌회전해 가다가, 사거리 건너기 전에 다시 좌회전하면 왼편에 위치한 건물 2층 주소 台北市 萬華區 西寧南路 157號 오픈 11:30~04:00 전화 02-2314-6528 홈피 www.mala-1.com.tw

천외천 훠궈 天外天火鍋 (천외천화과) 톈와이톈훠궈 Tian Wai Tian Spicy Hotpot

MAP 3-A

뷔페식 훠궈 전문점으로 토마토, 카레, 김치 등 특이한 탕 종류가 많아 골라 먹는 재미가 있다. 3인 이상이 방문한 경우 탕을 네 종류까지 선택할 수 있다. 이곳 역시 마라훠궈처럼 고기는 직원에게 직접 주문하고 나머지 훠궈 재료는 냉장고에서, 샐러드·후식·음료 등은 셀프바에서 직접 가져오면 된다. 가격은 NT$609, 평일 점심(11:00~16:00)에만 NT$519이며 서비스 차지 10퍼센트는 별도. 이용시간은 2시간으로 제한된다.

위치 ⓜⓜ 시먼역 6번 출구에서 보행자거리로 진입해 첫 번째 갈림길에서 좌회전해 가다가 연합병원광장이 보이면 우회전 후 직진, 두 번째 사거리 지나기 바로 전 왼편 건물 2층 주소 台北市 萬華區 昆明街 76號 오픈 11:30~03:00 전화 02-2314-0018 홈피 tianwaitian.com.tw

숑이샤오러우 熊一燒肉(웅일소육) Bear-1 Yakiniku

MAP 3-B

고기구이와 훠궈를 한번에 충족할 수 있는 뷔페식 레스토랑. 주문식 뷔페여서 주문서에 원하는 메뉴를 체크하면 직원이 가져다준다. 간단한 샐러드·후식·음료·소스는 셀프바에 있다. 소고기·돼지고기·양고기·닭고기 등 기본적으로 고기 종류가 많고 해산물과 채소도 있다. 가격은 NT$598, 평일 점심(11:30~16:00)에만 NT$498이며 서비스 차지 10퍼센트는 별도. 좋은 품질의 고기나 해산물 메뉴를 추가하면 NT$100을 가산하는데, 기본 음식만 먹어도 충분하다. 이용시간은 2시간으로 제한되고, 1인일 경우에는 NT$100이 추가된다.

위치 Ⓜ️Ⓜ️ 시먼역 6번 출구에서 보행자거리로 진입해 첫 번째 갈림길에서 좌회전해 가다가, 사거리 건너기 전 바로 왼편에 있는 건물 2층 **주소** 台北市 萬華區 西寧南路 155號 **오픈** 11:30~02:00 **전화** 02-2370-8468 **홈피** www.bear-1.com.tw

지광샹샹지 繼光香香雞(계광향향계) J&G Fried Chicken

MAP 3-B

1973년 타이중에서 시작된 곳으로 특유의 짭짤하면서 독특한 맛의 치킨으로 인기 있다. 작은 조각으로 튀겨낸 치킨에 이곳만의 특히 가루를 뿌려주는데 이 가루의 향 때문인지 호불호가 갈리곤 한다. 치킨 炸雞(소 NT$80, 대 NT$130) 외에 오징어튀김 鮮炸魷魚(NT$110), 버섯튀김 蒜脆杏鮑菇(NT$60)도 판매한다. 타이완 전역에 약 45개, 타이베이에만 10개 이상의 매장이 있다.

위치 Ⓜ️Ⓜ️ 시먼역 6번 출구 앞 보행자거리 입구 오른편 **주소** 台北市 萬華區 漢中街 121-1號 **오픈** 11:30~23:00 **전화** 02-2388-2622 **홈피** www.jgssg.com.tw

싼지와이마이 三吉外賣(삼길외매)

MAP 3-A

시먼딩 영화거리에 위치하며 약 50년의 역사를 자랑하는 루웨이 滷味·구운 닭다리 碳烤雞腿(NT$95)·구운 지파이 碳烤炸雞排(NT$80) 판매 전문점이다. 좋은 품질(Good Quality), 좋은 맛(Good Taste), 좋은 건강(Good Healthy)이라는 3G(싼지)를 원칙으로 삼고 있다. 밖에서 닭을 굽는 모습을 직접 볼 수 있다는 점도 이곳의 매력이다. 다른 곳의 지파이는 그냥 튀겨낸 것이지만, 이곳의 지파이는 튀긴 후 소스를 발라가며 숯불에 한 번 더 구워 그 맛이 일품이다.

위치 Ⓜ️Ⓜ️ 시먼역 6번 출구로 나와 영화거리 電影街에 위치 주소 台北市 萬華區 武昌街2段 85-7號 오픈 월~금요일 10:30~23:30, 토·일요일 09:30~24:00 전화 02-2389-7063

딩과과(시먼점) 頂呱呱(정고고) T.K.K Fried Chicken

MAP 3-A

타이완을 대표하는 패스트푸드점. 치킨을 주메뉴로 하며 1974년 시먼딩에서 본점으로 시작했다. 치킨·고구마튀김·고구마번·버터옥수수 등을 판매한다. 치킨은 조각 단위로 주문할 수도 있고, 세트 메뉴도 있다. 추천 메뉴는 오리지널치킨(200g NT$80)과 버터옥수수(NT$30). 세트 메뉴는 1인 기준 NT$145~1550이다.

위치 Ⓜ️Ⓜ️ 시먼역 6번 출구에서 보행자거리로 진입해 첫 번째 갈림길에서 좌회전해 가다가, 연합병원광장이 보이면 우회전한 뒤 직진, 첫 번째 사거리 지나기 바로 전 왼편 주소 台北市 萬華區 昆明街 92-2號 오픈 11:00~22:00 전화 02-2381-2037 홈피 tkkinc.com.tw

아종면선 阿宗麵線 아종몐셴 Ah Zong Mian Xian

MAP 3-B

정확한 위치를 몰라도 근처에만 도착하면 알 수 있을 정도로 항상 사람들로 붐빈다. 테이블도 없고 의자만 몇 개 놓여 있어 먹기 불편하지만 인기는 식을 줄 모른다. 걸쭉한 국물에 곱창과 면이 들어가 일명 곱창국수라고 불린다. 가격은 소 NT$55, 대 NT$70이며, 고수(샹차이)가 들어가기 때문에 못 먹는 경우에는 미리 말해야 한다. 한쪽에 소스가 놓여 있으니 기호에 맞게 넣어 먹으면 된다. 한번 먹고 나면 은근하게 계속 생각나는 맛이다.

위치 ⓜⓜ 시먼역 6번 출구에서 보행자거리로 진입해 첫 번째 갈림길에서 우회전 주소 台北市 萬華區 峨眉街 8-1號 오픈 09:00~23:00 전화 02-2388-8808

야러우볜 鴨肉扁(압육편) Ya Rou Bian

MAP 3-B

이름에는 오리고기를 뜻하는 야러우 鴨肉가 들어가지만 토종거위고기 土鵝肉를 파는 전문점이다. 60년이 넘도록 몇 대째가 이어오고 있다. 처음 1대째 때는 오리고기를 팔다가 후에 질 좋은 토종거위고기를 팔기 시작했지만 이름은 그대로 사용한다. 거위고기탕국수(NT$60)는 면 종류에 따라 미펀 米粉(쌀국수)과 몐 麵(밀가루 면)으로 나뉘는데 국물이 아주 담백하고 맛있다. 분점이 따로 없는 곳이니 꼭 한번 가볼 것을 추천한다.

위치 ⓜⓜ 시먼역 6번 출구에서 뒤돌아, 中華路一段 대로를 따라 위쪽으로 직진 주소 台北市 萬華區 中華路一段 98-2號 오픈 10:00~22:00 전화 02-2371-3918

스시 익스프레스 争鮮迴轉壽司(쟁선회전수사) 정시엔훼이좐쇼우쓰 SUSHI EXPRESS

MAP 3-B

저렴한 가격에 깔끔하고 맛있는 초밥을 먹을 수 있는 체인 음식점. 회전초밥 매장 외에도 많은 테이크아웃 매장이 있어 인기다. 회전판 위에서 도는 많은 초밥 중 원하는 것을 골라 먹고, 다 먹은 후에는 직원을 불러 접시 수를 확인한 뒤 나가면서 계산하면 된다. 회전판 위에 원하는 메뉴가 없을 때는 메뉴판에서 직접 주문해도 된다. 가격은 한 접시 NT$30로 모두 동일하다.

위치 ⓜⓜ 시먼역 6번 출구에서 보행자거리로 진입해 첫 번째 갈림길에서 직진한 후 한 블록 가서 왼편에 위치한 건물 2층 주소 台北市 萬華區 漢中街 42號 오픈 11:00~22:00 전화 02-2375-6828 홈피 www.sushiexpress.com.tw

마린 시푸드 馬林漁(마림어) 마린위 Marine Seafood

MAP 3-A

신선하고 저렴한 해산물 식당으로 대부분의 메뉴가 NT$100이고, 볶음요리가 많다. 이러한 곳을 르어차오 熱炒라고도 하는데, 한국인은 흔히 '100원 술집'이라 부른다. 타이완식 호프집이라 보면 된다. 살아있는 해산물을 직접 확인할 수도 있고, 주문표를 작성해 직원에게 건네면 된다. 다양한 맥주를 포함한 주류 및 음료는 냉장고에서 직접 꺼내서 마시고 추후 합산하여 계산한다. 맛이 훌륭한 곳은 아니지만 접근성이 좋아 한국인 여행객이 많이 찾는다.

위치 ⓜⓜ 시먼역 6번 출구에서 왼쪽 차도를 따라 직진, 도보 6분 주소 台北市 萬華區 成都路 135號 오픈 11:30~14:30, 17:00~02:00 전화 02-2312-1459

삼형매 三兄妹 싼숑메이

MAP 3-B

한국인 관광객에게 '삼남매빙수'로 익히 유명하다. 눈꽃빙수인 쉐화뻥 雪花冰과 두부 디저트인 떠우화 豆花 전문점이다. 메뉴판을 받아 자리에 앉은 후, 주문·결제하면 금방 가져다준다. 빙수 가격은 NT$100~170선. 일반 빙수보다는 우유맛이 좋은 쉐화뻥을 추천한다. 지하로 내려가면 넓은 공간이 마련되어 있다.

위치 ⓜⓜ 시먼역 6번 출구에서 보행자거리로 진입해 첫 번째 갈림길에서 직진, 왓슨스 광장 지나서 오른편 주소 台北市 萬華區 漢中路 23號 오픈 10:00~23:00 전화 02-2381-2650

펑다 커피 蜂大咖啡(봉대가배) 펑다카페이 Fong Da Coffee

MAP 3-B

타이완은 차를 주로 마셔서 커피가 유명하지 않다고 생각할 수도 있다. 하지만 알고 보면 소량이지만 직접 재배하는 커피농장도 있고, 커피문화가 꽤나 발달해있다. 2012년 USA Today가 세계 10대 커피도시로 타이베이를 선정했으며, 이곳을 타이베이의 추천 카페 중 한 곳으로 뽑았다. 1956년에 창립해 약 60년의 역사가 깃들어 있으며, 입구부터 옛 분위기를 풍긴다. 원두, 생두, 드립 도구 등 커피 관련 제품을 판매하는데 타이완 원두와 펑다 블렌딩 원두를 구입해보는 것을 추천한다.

위치 ⓜⓜ 시먼역 1번 출구에서 시먼홍러우 입구를 지나 차도 따라 직진 주소 台北市 萬華區 成都路 42號 오픈 08:00~22:00 카드 가능 전화 02-2331-6110

SPECIAL

근교의 볼거리

타이베이에는 속하지 않지만, MRT를 타고 쉽게 갈 수 있는 볼거리가 있다. 시먼 및 완화 지역과 함께 연계해 여행하기 좋으니 여유가 있을 때 들러 또 다른 타이베이의 매력을 발견해보자.

임가화원 MAP 17-F
林家花園 린쟈화위엔 Lin Family Garden

공식 명칭은 린번위엔위엔디 林本源園邸로 1853년에 건축되었고, 18,117제곱미터에 달하는 부지는 크게 정원과 주택 두 부분으로 나뉜다. 1977년 사유지였던 이곳 일부를 소유주의 가족이 타이베이 정부에 기부했고, 정부는 이를 1982년부터 시민들에게 개방했다. 현재 국가 지정 2급 고적이다. 타이완식 전통 정원에서 고즈넉한 분위기를 느껴볼 수 있어 조용하고 운치 있는 곳을 좋아하는 사람들에게 추천한다.

위치 Ⓜ 푸쫑역 1번 출구에서 뒤돌아 큰길을 따라 좌회전해 가다가 갈림길에서 중국식 패루가 있는 골목으로 들어가 150m 직진, 오른쪽 원창제 文昌街로 진입해 담길을 따라 이동, 도보 10분 **주소** 新北市 板橋區 西門街 9號 **오픈** 09:00~17:00(금요일 ~19:00) **휴무** 첫째 월요일(공휴일일 경우 영업), 설 전날·당일 **요금** NT$80 **전화** 02-2965-3061 **홈피** www.linfamily.ntpc.gov.tw

AREA 3

쭝산·솽롄
中山·雙連(중산·쌍련) Zhongshan·Shuanglian

타이베이 중심의 북쪽에 위치하는 지역이다. 쭝산역 일대는 일본인이 많이 살았던 지역으로 당시 모습이 많이 남아 있고, 일본 식당도 쉽게 볼 수 있다. 그래서인지 일본인 관광객이 많이 묵는 지역이기두 하다. 특별한 관광지가 있는 것은 아니지만 백화점, 명품숍이 들어서 있고 골목 안에 예쁜 매장이나 맛집이 많아 자주 찾게 된다. 쭝산역에서 솽롄역으로 이어지는 지하 쇼핑상가도 구경하고 예쁜 카페에 들러 잠시 쉬어가기 좋다.

HOW TO TRAVEL

쭝산·솽롄 이렇게 여행하자

→ **여행 방법**

오전에 행천궁과 미니어처박물관을 다녀오고, 상점이 문 여는 시간에 디화제나 쭝산역 근처를 천천히 걸으며 여유롭게 구경하면 좋다. 디화제는 MRT 역에서는 다소 걸어야하므로 가능한 버스나 택시를 이용하는 것이 좋다.

→ **추천 코스(6시간 소요)**

행천궁
p.143

→ 택시 5분 →

미니어처박물관
p.144

→ MRT 5분+도보 10분 →

디화제
p.140

→ 택시 5분 →

모카 타이베이
p.139

↓ 도보 10분

SPOT
타이베이 필름 하우스
p.143

닝샤 야시장 寧夏夜市(영하야시) 닝샤예스 Ningxia Night Market

MAP 5-E

도로 하나에 형성된 야시장으로 규모는 크지 않지만, 맛집이 옹기종기 붙어 있어 방문객이 많이 찾는다. 의류, 잡화 등은 거의 없고 오로지 먹을 것에만 주력한 야시장이라 현지인이 즐겨 찾는 곳이었지만, 관광객에게도 입소문이 나면서 방문자가 많아져 상당히 붐빈다. 입구부터 이것저것 조금씩 맛보다 보면 어느새 한 끼 식사가 해결된다.

위치 Ⓜ️Ⓜ️ 쭝산역 5번 출구에서 오른쪽으로 직진/Ⓜ️ 쑹롄역 1번 출구에서 왼쪽으로 직진, 도보 7분 **주소** 台北市 大同區 寧夏路 **오픈** 16:00~24:00 **홈피** www.nx-yes.tw

닝샤 야시장 둘러보기

류위즈 劉芋仔

타로볼 전문점. 타로와 달걀노른자가 들어간 단황 위빙 蛋黃芋餅과 타로(토란)로 가득 찬 샹쑤위완 香酥芋丸이 있다. 가격은 개당 NT$20~25.

주소 台北市 大同區 寧夏路 34號

쟝즈지파이 醬汁雞排

지파이 전문점. 지파이에 소스를 발라 구운 것으로 가격은 1개 NT$70, 3개 NT$200.

주소 台北市 大同區 寧夏路 36號

기타 음식점

환지마요우지 環記麻油雞
닭 요리 전문점
주소 台北市 大同區 寧夏路44號

위엔환벤어아젠 圓環邊蚵仔煎
굴전 전문점
주소 台北市 大同區 寧夏路46號

구자오웨이떠우화 古早味豆花
떠우화 전문점
주소 台北市 大同區 民生西路210號

모카 타이베이 台北當代藝術館(대북당대예술관) 타이베이당따이이수관 MOCA Taipei MAP 5-F

쭝산역 근처에 있는 일본 식민지 시대에 지어진 초등학교로, 후에는 타이베이시청으로 이용되었다. 타이베이시 고적으로 지정되었으며, 2001년 모던아트미술관인 '당대예술관'으로 정식 개관했다. 고적을 본다는 것만으로도 의미 있지만 기획전시가 없으면 다소 썰렁하므로 미리 홈페이지에서 전시 일정을 확인하고 방문하는 것이 좋다. 미술관 내부에 있는 아트 숍도 구경하기 좋다.

위치 중산 지하상가 R4번 출구에서 뒤를 돌아 차도를 따라 오른쪽으로(차량 진행방향) 이동 주소 台北市 大同區 長安西路 39號 오픈 10:00~18:00(30분 전 매표 마감) 휴무 월요일, 설 요금 입장료 NT$50 전화 02-2552-3721 홈피 www.mocataipei.org.tw

 ## 중산18 中山18 쭝산18 Zhongshan18 MAP 5-F

일본 식민지 시대에 지어진 작은 일본식 주택에 미용실, 카페, 디저트점, 소품 상점이 오밀조밀 들어서 2016년 6월에 문을 열었다. 입구 쪽에는 복고풍 느낌이 물씬 풍기는 미용실 KPLUS, 귀엽고 예쁜 일본식 과자를 파는 쩐주궈즈 珍珠菓子가 있고 안쪽에는 귀여운 곰 빙수와 커피, 차를 파는 둬둬카이 카페 朵朵開咖啡館 등이 있어 가볍게 둘러보기 좋다. 쩐주궈즈의 예쁜 화과자를 둬둬카이 카페에서 함께 먹을 수 있으니 시간에 여유가 있다면 잠시 즐기다 가는 것을 추천한다.

위치 ⓜⓜ 쭝산역 4번 출구 뒤쪽 도로를 따라 직진하다가 지하도 R7 출구 앞 골목으로 우회전해 직진 주소 台北市 中山區 中山北路二段 26巷 18號 오픈 12:00~20:00 휴무 월요일 홈피 18hairsalon.business.site, www.facebook.com/zenzoo.taipei

디화제 迪化街(적화가) Dihua Street

MAP 5-E

타이완에서 오랜 역사와 가장 큰 규모를 자랑하는 전통 재래시장인 용러 시장이 들어선 거리. 거리 양쪽에 늘어선 오래된 건축물이 예스러운 분위기를 풍긴다. 옛날 해상으로 운송된 화물은 모두 디화제 근처의 따다오청 大稻埕 부두를 통해 들어왔고, 디화제에서 다른 지역으로 운송을 보내며, 다양한 물품이 오가는 장소로 번영했다. 전국에서 올라온 좋은 품질의 약재, 건어물, 건과일, 차 등을 판매하고 매년 구정에는 물건을 구매하러 나온 사람들로 북새통을 이룬다.

위치 Ⓜ 베이먼역 Ⓜ 따차오터우역에서 도보 10분/버스 274·539번 난징시루커우 南京西路口 하차 후 버스 진행 방향으로 조금 걸어 올라가서 길 건너편의 永樂商場이라 적힌 골목시장을 통과해 좌회전 한 뒤 직진하다 우회전 **주소** 台北市 大同區 迪化街一段 **오픈** 10:00~22:30(상점마다 다름) **전화** 02-2720-8889

┤ 디화제 둘러보기 ├

디화207 박물관 MAP 5-A
迪化207博物館(적화207박물관) 디화얼링치보우관 Museum207

2017년 4월 15일에 설립된 박물관으로 원래 광허탕약방 廣和堂藥舖이라는 이름으로 1962년에 지어졌다. 2009년에 타이베이시의 '역사적인 건물'로 지정되었다. 이후 타이베이 스토리 하우스의 설립자이자 후원자였던 천궈츠 陳國慈 여사가 2016년에 인수해 건물의 보존과 부흥을 위해 박물관을 설립하고 후원했다. 규모는 작지만 다양한 공간을 갖추고 있다. 1층과 2층은 전시 공간, 3층은 갤러리, 클래스룸, 카페 등으로 각각 활용한다. 옥상에서는 주변을 조망할 수 있다.

주소 台北市 大同區 迪化街一段 207號 **오픈** 월~금요일 10:00~17:00, 토·일·공휴일 10:00~17:30(15분 전 입장 마감) **휴무** 화요일 **요금** 무료 **전화** 02-2557-3680 **홈피** museum207.org

하해성황묘 MAP 5-E
霞海城隍廟 샤하이청황먀오 Xia-Hai City God Temple

디화제를 따라 걷다 보면 사람들이 몰려 있는 작은 사당을 볼 수 있다. 타이완의 여느 다른 사원처럼 이곳도 다양한 신을 모시지만, 월하노인을 가장 많이 찾는다. 월하노인은 좋은 인연을 찾아주는 신인데, 이곳의 월하노인은 보통 앉아있는 다른 곳과는 달리 서 있어서 짝을 부지런히 빨리 찾아줘 용하다고 소문이 나 있다. 실제로 매년 감사 인사를 하러 오는 커플이 많다고 한다. 아직 인연을 찾지 못했다면 한번 방문해 기도해보자.

주소 台北市 大同區 迪化街一段 61號   오픈 06:16~19:47   요금 무료   전화 02-2558-0346
홈피 tpecitygod.org

용러 시장 MAP 5-E
永樂市場(영락시장) 용러스창 Yongle Market

타이완에서 오랜 역사와 가장 큰 규모를 자랑하는 전통 재래시장. 디화제의 오래된 건축물 안에 들어서 있다. 1층은 과일, 채소 등을 파는 일반시장이고 2층과 3층은 원단시장이다. 화려한 꽃무늬가 특징인 객가전통무늬로 된 원단 외에 다양한 디자인의 원단이나 홈패션 재료 등을 판매한다. 원단을 사가면 제품으로 만들어주는 상점도 있다.

주소 台北市 大同區 迪化街一段 21號   오픈 1층 06:00~18:30, 2~3층 09:30~18:30   휴무 1층 월요일, 2층 둘째·넷째 일요일, 3층 일요일   전화 02-2556-8483
홈피 sites.google.com/site/ylfabricmarket

따다오청 마터우 MAP 1-A
大稻埕碼頭(대도정마두) Dadaocheng Wharf

옛날 해상으로 운송되는 화물이 오가며 중요한 무역 거래 부두로 번화했던 따다오청 부두는 현재 광장과 자전거도로가 조성되어 서울의 한강과 비슷한 느낌이 든다. 딴쉐이강 淡水河 옆, 자전거도로를 따라 딴쉐이까지 갈 수도 있다. 디화제 구경 전후에 잠시 들러서 쉬어가기 좋고, 이곳에서 보는 노을이 아주 멋지다. 매년 칠석에는 불꽃 축제나 음악 축제, 마켓 등 다양한 행사가 열린다.

주소 台北市 大同區 大稻埕碼頭

스타벅스 MAP 5-A
星巴克(성파극) 씽바커 Starbucks

디화제 근처에 위치한 스타벅스 바오안 保安 지점은 1926년에 지어진 오래된 건물에 들어가 있다. 파인애플 통조림을 생산하며 부자가 된 집주인 예진투 葉金塗가 요절한 후 집은 오랜 시간 신문사, 병원, 상점, 출판사 등을 거치다 마지막으로 건설 회사가 재건축을 위해 인수했다. 이때 정부가 개입해 외관을 유지하는 것으로 협상했고, 예전의 아름다운 건축 모습을 보여주고 있다. 벽 위쪽의 '泰(태)'라는 글자는 예(葉)씨네 상표이고 글자 밑에는 파인애플 장식도 있다. 1층에서 주문하고 다른 문으로 올라가는 2층이나 3층 공간에서 커피 한잔 마실 것을 추천한다. 내부 또한 높은 천장에 분위기가 고풍스럽다.

주소 台北市 大同區 保安街 11號 오픈 07:00~22:30 전화 02-2557-8493 홈피 www.starbucks.com.tw

SPOT 타이베이 필름 하우스 光點台北(광점태북) SPOT-Taipei Film House   MAP 5-F

타이베이시급 지정 고적으로 타이베이즈쟈 台北之家라고도 불린다. 쭝산베이루에 위치한 흰색의 서양식 2층 건물로 본래 미국대사관저였다. 현재는 개보수를 거쳐 복합문화 공간으로 탈바꿈했다. 내부에는 영화관·디자인 숍·카페 르미에르·회의실·전시관 등이 있고, 시민들의 휴식처로 이용된다.

위치 ⓜⓜ 쭝산역 3번 출구에서 직진 후 사거리에서 좌회전, 도보 3분 주소 台北市 中山區 中山北路二段 18號 오픈 11:00~22:00(상점마다 다름) 요금 무료(영화관 별도) 전화 02-2511-7786 홈피 www.spot.org.tw

행천궁 行天宮 싱톈궁 Xingtian Temple   MAP 5-D

언주궁먀오 恩主公廟라고도 불린다. 명장 관우(關羽)를 주신으로 모시는 곳으로 북부 지역에서 방문객이 가장 많은 사찰 중 한 곳으로 꼽힌다. 공자를 모시는 문묘(文廟)와 구별해 무묘(武廟)라고도 부른다. 물론 관우 외에도 여러 신을 모신다. 안쪽으로 들어가면 신자들의 액운을 쫓아내는 수경(收驚)이라는 의식을 치르기 위해 줄이 늘어선 독특한 광경을 볼 수 있다. 이곳의 영향으로 주변이 영험하다고 여겨 기도 후에 사당에서 나와 행천궁 앞 지하에 늘어선 점집으로 향하는 신자도 많다.

위치 ⓜ 싱텐궁역 3번 출구에서 북쪽으로 도보 3분 주소 台北市 中山區 民權東路二段 109號 오픈 04:00~22:30(수경 11:20~21:00) 요금 무료 전화 02-2502-7924 홈피 www.ht.org.tw

미니어처박물관 袖珍博物館 슈전보우관 Miniatures Museum Of Taiwan

MAP 5-L

굳게 닫힌 문을 열고 들어가면 동화 같은 세상이 펼쳐진다. 입구부터 반겨 주는 다양한 인형들과 호화맨션, 프로방스 상점, 100년 전 유럽 거리, 여러 콘셉트의 실내 인테리어, 동화 속 모습 등 너무나도 정교하고 실제와 똑같 은 미니어처를 보고 있으면 시간 가는 줄 모른다. 최소 1시간 30분은 잡고 가는 것이 좋고, 한국어 안내서도 있어 관람하기 편리하다. 내부 사진 촬영 및 비디오 촬영은 가능하나, 플래시 사용은 금지하므로 주의하자.

위치 Ⓜ 쏭장난징역 4번 출구로 나가서 두 번째 골목으로 좌회전 후, 큰길이 나 올 때까지 직진, 큰길에 다다르면 바로 오른쪽 건물 지하 1층 주소 台北市 中山區 建國北路一段 96號 오픈 10:00~18:00(1시간 전 매표 마감) 휴무 월요일(공휴일 인 경우 운영, 다음 날 휴관), 설 전 이틀 요금 일반 NT$200, 만 13~18세 NT$160, 만 6~12세 NT$120 전화 02-2515-0583 홈피 www.mmot.com.tw

중산 지하상가 中山地下街(중산지하가) 쭝산띠샤제 Zhongshan Metro Mall

MAP 5-F

MRT 타이베이쳐짠역부터 쑹렌역까지 이어지는 지하도를 중산 지하상가라 한다. 총 길이 815미터로 출입구만 열 개 에 이른다. 쭝산역을 기준으로 타이베이쳐짠 방향으로는 의류, 신발 등의 상점이 있고, 쑹렌역 방향으로는 서점이 있다. 중산 지하상가 출구와 외부 곳곳에는 독특하고 귀여 운 조형물이 있어서 사진 촬영에 좋다.

위치 Ⓜ 타이베이쳐짠역-쑹렌역 사이 지하도 주소 台北市 中山 區 長安西路 52-1號 오픈 11:00~22:00 전화 02-2720-8889

페이첸우 肥前屋(비전옥)

MAP 5-G

장어덮밥으로 워낙 유명한 집이라 영업시간 전부터 이미 대기 줄이 늘 어서 있다. 줄을 서 있으면 메뉴판을 나눠 주고 미리 주문을 받는다. 양 념이 잘 된 커다란 장어가 올라간 덮밥은 식감이 아주 부드러우며 소 NT$250, 대 NT$480라는 저렴한 가격에 맛볼 수 있다. 그 외에 신선한 회인 셩위펜 生魚片과 점심 한정 메뉴인 생선조림, 홍샤오위 紅燒魚도 추천한다.

위치 Ⓜ Ⓜ 쭝산역 2번 출구에서 직진, 사거리 건 너 우회전해 두 번째 골목에서 좌회전 후 직진 주 소 台北市 中山區 中山北路一段 121巷 13-2號 오 픈 11:00~14:30, 17:00~21:00 휴무 월요일 전화 02-2561-7859

류뛔이훠팡 六堆伙房(육퇴화방) Hakka Cuisine   MAP 5-F

타이완 맛집 정보 사이트에서 항상 높은 순위를 자랑하는 객가(客家)요리 전문점이다. 전통 객가요리의 짜고 기름진 이미지를 배제하고 객가 음식에 사용되는 재료 본연의 맛을 유지하여 대중에게 잘 맞는 음식을 선보인다. 내부는 객가의 전통 꽃무늬 원단으로 포인트를 주며 깔끔하게 꾸며져 있다. 인기 메뉴로는 짭짜름한 계란과 수세미가 들어간 면 요리 셴단쓰과몐셴 鹹蛋絲瓜麵線(NT$108), 돼지고기와 파를 밀전병에 넣어 말은 셴쭈러우쥐엔빙 鹹豬肉捲餅(NT$108), 용수염을 닮아 용수채라 불리는 나물에 참깨소스를 부어 먹는 후마롱쉬차이 胡麻龍鬚菜(NT$63)가 있다.

위치 M M 쯍산역 3번 출구에서 직진, 도보 3분 주소 台北市 中山區 中山北路 2段 2號 B1 오픈 11:30~20:45 전화 02-2563-6239 홈피 www.facebook.com/6dkitchen

신예 欣葉(흔엽) Shin Yeh   MAP 1-B

1977년에 문을 연 타이완 전통 요리 전문점으로 타이완 식당 외에 일식 뷔페, 샤부샤부, 커리 등의 체인점도 운영한다. 그중 쌍성회관 雙城會館 지점에서는 점심시간에 한해 타이완 음식을 뷔페로 즐길 수 있다. 아주 럭셔리

하고, 가짓수가 엄청난 것은 아니지만 여러 타이완음식을 맛보기에는 충분하다. 피로연 등 행사가 있는 경우 뷔페가 제공되지 않을 수 있으니 전화로 확인 후 예약하고 가는 것이 좋다. 점심 뷔페 가격은 NT$398(6~13세 $280)이며, 서비스 차지 10퍼센트는 별도이다.

위치 M M 민췐시루역 9번 출구에서 사거리를 지나 직진하다가 왼쪽 쌍청제 雙城街로 진입, 도보 10분 주소 台北市 中山區 雙城街 21-2號 오픈 11:30~14:30, 17:00~22:00 카드 가능 전화 02-2592-5966 홈피 www.shinyeh.com.tw

바오지 샤오롱빠오 保記小籠包(보기소롱포)   MAP 5-A

전통 샤오롱빠오를 만드는 현지인 맛집. 고기소는 꽉 차 있고 피는 얇은 편이며 매일 가게에서 직접 만들고 쪄낸다. 한 접시 8개 NT$80으로 가격도 착하다. 이 집의 샤오롱빠오는 흔히 알고 있는 간장과 생강의 조합 대신 매일 직접 만드는 특제 두반장과 함께 먹는다. 두반장소스는 직접 가져다 먹으면 되고 메뉴가 많지 않은 데다 영어와 일어가 병기되어 있으니 주문에도 문제없다.

위치 M 따챠오터우역 1번 출구에서 직진하다가 사거리에서 우회전, 도보 2분 주소 台北市 大同區 延平北路三段 3號 오픈 15:00~24:00 휴무 월요일 홈피 www.facebook.com/pokeepokeepokee

스지 정종우육면 史記正宗牛肉麵(사기정종우육면) 스지쩡종뉴러우몐

MAP 5-C

타이완의 한 매체에서 진행한 10대 인기 우육면 인터넷 투표에서 당당히 2위를 차지한 곳. 맑은 육수의 칭뚠뉴러우몐 清燉牛肉麵(NT$280)이 대표 메뉴이다. 소고기를 며칠 동안 끓이며 이곳만의 비법으로 느끼하지 않은 뽀얀 국물을 만들어 낸다. 국물에 기름기가 적고 면이 쫀득하며 고기는 부드럽다. 매콤한 홍샤오뉴러우몐 紅燒牛肉麵 (NT$240)도 있는데 매운 정도를 선택할 수 있다. 우육면 외에 다른 면 요리와 만두도 있다.

위치 Ⓜ 싱톈궁역 1번 출구에서 차도를 건너자마자 우회전해 직진하다가 사거리 지나서 왼편, 도보 5분 **주소** 台北市 中山區 民生東路二段 60號 **오픈** 11:30~15:00, 17:30~21:00 **전화** 02-2563-3836

라프레미디 카페 立裴米緹咖啡館 리페이미티카페이관 L'après Midi Cafe

MAP 5-F

불어로 오후라는 뜻을 가진 이곳은 2005년 타이완 바리스타대회 1등과 2008년 세계 바리스타대회의 타이완선발전 3등이 합작해 문을 연 곳이다. 고풍스러우면서도 시크한 실내 분위기에서 제대로 된 커피를 맛볼 수 있다. 커피 종류가 매우 많으며 가격은 NT$120~180이다. 찹쌀떡이 들어간 와플이 대표 메뉴이며 와플 가격은 NT$170~200 정도. 서비스 차지 10퍼센트는 별도로 지불해야 한다.

위치 Ⓜ Ⓜ 쭝산역 4번 출구에서 뒤돌아 솽롄역 방향으로 직진하다 나오는 오른쪽 첫 번째 골목으로 들어가 직진 **주소** 台北市 中山區 中山北路二段 16巷 10號 **오픈** 11:00~21:00 **전화** 02-2531-0189

린양깡 시푸드 臨洋港生猛活海鮮 린양깡성멍훠하이셴 Lin Yang Gang Seafood　MAP 5-K

저렴한 해산물과 볶음요리가 많은 르어차오 熱炒 가게로 콰이차오 快炒라고 하기도 한다. 대부분 메뉴 가격이 NT$100라서 한국인은 보통 '100원 술집'이라 부른다. 타이완식 호프집이라고 생각하면 된다. 長安東路一段 도로에 있는 다양한 르어차오 가게 중 이곳을 가장 추천한다. 추천 메뉴로 새우를 튀기듯 볶은 옌쑤샤 鹽酥蝦, 소고기등심철판볶음인 티에반뉴류 鐵板牛柳, 두부에 짭짤한 오리알을 묻혀 튀긴 진샤단떠우푸 金莎蛋豆腐, 탕수소스에 묻힌 갈비튀김 탕추파이구 糖醋排骨, 굴튀김인 쑤자셴커 酥炸鮮蚵가 있다.

위치 Ⓜ 산다오쓰역 1번 출구에서 뒤돌아 사거리에서 왼쪽(북쪽)으로 쭉 직진하다가 왼편에 교회가 있는 사거리에서 우회전해 다시 직진, 도보 15분, 주소 台北市 中山區 長安東路一段 99號 오픈 월~토요일 17:00~02:00, 일요일 17:00~24:00 전화 02-2531-1010

따시강 시푸드 大溪港生猛海鮮 따시강성멍하이셴 Da Xi Kang Seafood　MAP 5-K

르어차오 해산물 호프집. 長安東路一段 도로에는 이런 르어차오 가게와 마사지 숍이 유난히 많다. 거리 간판에 숫자 '100'이 적혀 있는 곳은 다 르어차오인 것이다. 메뉴는 대개 비슷하며 어느 집을 가도 무난하게 먹고 마실 수 있다. 이곳의 추천 메뉴는 삶아서 식힌 돼지고기에 마늘소스를 뿌린 쏸니바이러우 蒜泥白肉, 게튀김인 샹쑤이코우씨에 香酥一口蟹, 파인애플 위에 새우튀김을 얹고 마요네즈소스를 뿌린 펑리샤치우 鳳梨蝦球.

위치 Ⓜ 산다오쓰역 1번 출구에서 뒤돌아 사거리에서 왼쪽(북쪽)으로 쭉 직진하다가 왼편에 교회가 있는 사거리에서 우회전해 다시 직진, 도보 15분, 주소 台北市 中山區 長安東路一段 54號 오픈 11:15~04:00 전화 02-2521-6699

AREA 4

용캉제
永康街(영강가) Yongkang Street

용캉제, 리쉐이제, 진화제 일대를 용캉 상권 永康商圈이라 부른다. 특별한 명소가 있는 것은 아니지만 유명 맛집, 개성 만점 상점, 감성적인 카페들로 상권이 이루어져 있어 관광객이 많이 찾는다. 맛있는 것도 먹고 쇼핑도 하며 상권 가운데에 자리 잡은 공원에서 잠시 쉬어가기도 좋다.

HOW TO TRAVEL

용캉제 이렇게 여행하자

➜ 여행 방법

MRT 동먼역 5번 출구로 나가면 바로 용캉제가 시작되어 편하게 즐길 수 있다. 유명 맛집에서 식사하고, 디저트로 망고빙수를 먹은 후, 골목 안에 상점을 구경하며 소화시키고, 멋진 카페에 들어가 차 한잔 마시며 여유를 즐겨보자. 주말이라면 MRT 한 정거장 거리에 있는 건국휴일 꽃시장 및 옥시장도 들러보면 좋다.

➜ 추천 코스(3시간 소요)

| 용캉제 | 딘타이펑 | 스무시 | 클라우드휴스 |
| p.149 | p.154 | p.157 | p.151 |

도보 1분 / 도보 2분 / 도보 1분

용캉제 永康街(영강가) Yongkang Street   MAP 6

MRT 동먼역 근처에 있는 거리. 딘타이펑, 스무시, 용캉 우육면 등 이름만 들어도 익숙한 유명 맛집들로 가득하다. 편안하고 감성적인 카페, 독특한 상점들이 모여 있어 거리 자체가 하나의 필수 관광지가 되었다. 식사부터 후식, 쇼핑까지 많은 것을 한번에 해결할 수 있다. 동먼역 쪽의 용캉제 입구부터 시작해 스따 야시장까지 이어지는 용캉제 永康街, 리쉐이제 麗水街, 진화제 金華街 일대를 크게 용캉 상권 永康商圈으로 보면 된다. 중정기념당, 타이베이 101, 스따 야시장, 다안 공원 등과 묶어서 동선을 짜면 좋다.

위치 ⓜⓝ 동먼역 5번 출구에서 첫 번째 골목에서 우회전 **주소** 台北市 大安區 永康街

149

중정기념당 中正紀念堂 중정지녠탕 Chiang Kai-shek Memorial Hall

MAP 2-F

타이완의 초대 총통인 장제스 蔣介石를 기념하기 위해 만든 공간. 정문인 '자유광장' 패루를 시작으로 중정기념당 본 건물까지 넓은 광장과 정원이 펼쳐지고 왼쪽에는 국가음악청, 오른쪽에는 국가희극원이 있다. 이를 모두 포함한 중정기념공원 전 구역의 총면적은 250,000제곱미터에 달한다. 중정기념당은 광장 정면에 웅장한 자태를 뽐내며 자리 잡고 있다. 건물은 높이 76미터로 1층 내부에 장제스의 사진과 유품을 전시하고, 4층의 장제스 대형 동상이 있는 곳에서는 근위병 교대식이 진행된다. 조명이 밝혀진 중정기념당도 멋있으니 저녁에 산책 겸 가보는 것도 추천한다.

위치 ⓜⓜ 쭝정지녠탕역 5번 출구에서 바로 **주소** 台北市 中正區 中山南路 21號 **오픈** 중정기념당 09:00~18:00, 공원 05:00~24:00 **휴무** 설 전날·당일 **요금** 무료 **전화** 02-2343-1100 **홈피** www.cksmh.gov.tw

> **TIP 이벤트 시간**
> ❶ 근위병 교대식
> 09:00~17:00 정시마다 진행
> ❷ 국기게양식
> 4월~9월 06:00, 10월~3월 06:30
> ❸ 국기하강식
> 4월~9월 18:10, 10월~3월 17:10
> ❹ 점등 기념당
> 테라스 일몰~22:00(건물 ~23:00, 공원 ~24:00)

클라우드휴스 雲彩軒(운채헌) 원차이쉬엔 Cloudhues

MAP 6-A

아담한 타이완 기념품점. 중국 분위기가 물씬 풍기는 아기자기한 소품이 많다. 중국풍의 열쇠고리, 파우치, 인형과 타이완을 대표하는 상징적인 것들을 담아 직접 제작한 엽서 등을 판매한다. 색다른 타이완의 기념품을 구입하고 싶다면 방문해보자.

위치 Ⓜ️Ⓜ️ 동먼역 5번 출구에서 용캉제로 진입해 두 번째 골목에서 우회전한 뒤 직진하면 왼편 주소 台北市 大安區 永康街 4巷 22號 오픈 10:00~21:00 전화 02-2397-1789 홈피 www.facebook.com/cloudhues

어스 트리 地球樹(지구수) 띠치우슈 Earth Tree

MAP 6-B

용캉 공원을 지나 주택가에 들어서면 1층에 베이커리, 잡화점, 카페 등이 멋스럽게 자리 잡고 있다. 그중 입구부터 발길을 잡는 이곳은 타이완을 비롯해 아프리카와 같은 제3세계의 여러 부족이 만든 의류·가방·모자·지갑·파우치 등 다양하고 독특한 핸드메이드 제품을 공정무역을 통해 들여와 판매한다.

위치 Ⓜ️Ⓜ️ 동먼역 5번 출구에서 용캉제 진입 후 직진하다가 용캉 공원 지나자마자 좌회전, 바로 다음 골목에서 우회전하면 왼편 주소 台北市 大安區 新生南路二段 30巷 35-1號 오픈 12:00~22:00 전화 02-2394-9959 홈피 www.earthtree.com.tw

🎁 일롱 宜龍(의룡) 이롱 Eilong

MAP 6-B

1987년에 설립된 타이완의 다기 전문 브랜드로 동양의 도자기 다기와 서양의 유리공예를 접합시켜 '뉴 오리엔트' 스타일을 표방한다. 다양하고 독창적인 디자인의 다기를 만들어내 대중들이 동양의 차 문화에 쉽게 가까워질 수 있도록 한다. 매장 내부가 멋지게 꾸며져 있으며, 제품이 아기자기하고 예쁘게 전시되어 있어 구매욕을 불러일으킨다. 입구에서는 바로 마실 수 있는 차를 판매하기도 한다.

위치 동먼역 5번 출구에서 우회전, 용캉제로 진입해 직진하다가 공원 지나 좌회전 후 오른편, 도보 4분 주소 台北市 大安區 永康街31巷 16號 오픈 11:00~21:30 카드 가능 전화 02-2343-2311 홈피 www.eilong.com.tw

🎁 요양차행 嶢陽茶行 야오양차항 Geow Yong Tea Hong

MAP 6-B

1842년 짱화현 루강에서 시작되어 중국 샤먼 廈門, 홍콩을 거쳐 타이베이까지 170여 년의 역사를 자랑하며 6대째 이어오고 있다. 장인정신이 깊게 밴 이곳의 경영자들은 높은 수준의 차 감별력으로 찻잎을 따고 선별해, 합리적인 가격에 판매한다. 고산우롱차는 2011년 타이완-중국 차 경진 대회에서 금상을 받았고, 그 제품을 판매하며 최고 수준의 차를 선보였다. 차는 시음 후 구입할 수 있고 차의 품질뿐만 아니라 예쁜 무늬가 그려진 틴케이스로 여성 고객에게 인기가 많다. 타이베이에 세 개의 매장이 있다.

위치 동먼역 5번 출구에서 우회전, 용캉제로 진입해 직진, 도보 1분 주소 台北市 大安區 永康街 9號 오픈 10:30~22:00 카드 가능 전화 02-2396-2500 홈피 www.geowyongtea.com.tw

🎁 왕덕전다장 王德傳茶莊 왕더촨차좡 Wang De Chuan

MAP 6-A

차 전문 브랜드로 1862년 푸젠성에서 넘어온 설립자가 타이난에 차 농장을 세우면서 시작되었다. 실내 분위기는 약간 어둡고 무겁지만, 틴케이스 디자인은 붉은색이 강렬하면서도 중국풍의 느낌을 주어 인상적이다. 약 40종의 차를 전시하며, 향을 맡아볼 수 있으니 부담 없이 편하게 구경하거나 시음할 수 있다. 타이베이에 다섯 개의 매장이 있고, 본점은 쭝산역 근처에 있다.

위치 Ⓜ️ 동먼역 5번 출구에서 우회전, 용캉제로 진입해 직진, 도보 3분 주소 台北市 大安區 永康街 10-2號 오픈 11:00~21:30 카드 가능 전화 02-2321-2319 홈피 www.dechuantea.co

불이당 不二堂 부얼탕 Ateliea Tea

MAP 6-A

1983년에 시작된 곳으로 캐주얼하고 산뜻한 분위기이다. 차 종류에 따라 붉은색, 노란색, 연두색으로 구별된 틴케이스를 한쪽 벽에 전시해둬 멋진 인테리어 효과를 냈다. 다른 차 전문점보다 좀 더 편한 분위기이고 다기와 다양한 구성의 차 제품을 판매하니 간단한 선물용으로 구입하기에도 좋다. 케이스에 적힌 온도는 차가 가장 맛있게 우러나는 온도이다. 구글맵에 검색 시 근처 리쉐이제 麗水街에도 매장이 있는 것으로 나오지만 그곳은 사무실처럼 이용되고 있으니 용캉 공원 앞의 이곳 매장을 방문하는 것이 좋다.

위치 Ⓜ Ⓜ 동먼역 5번 출구에서 우회전, 용캉제로 진입해 직진, 도보 3분 **주소** 台北市 大安區 永康街 10-5號 **오픈** 11:00~21:30 **카드** 가능 **전화** 02-2395-9616 **홈피** wwww.ateliea-tea.com

미미 蜜密 (밀밀)

MAP 6-A

동먼역 근처 노점에서 시작했으나, 한국 여행객에게 유명해져 근처에 번듯하게 상점까지 오픈한 누가 크래커 전문점. 이곳은 누가 크래커 단 한 가지 상품(1박스 NT$170)만 판매한다. 다른 곳의 누가 크래커와 크게 차이가 나는 것은 아니지만 누가가 조금 더 부드럽고 많이 들어간 편이다. 오픈 시간에는 줄이 길어 오래 대기해야 하지만 조금 지나서 방문하면 대기 인원이 적어 비교적 편하게 구입할 수 있다. 단, 하루에 정해진 수량만 판매하여 너무 늦게 가면 매진된다. 1인당 구매 수량이 제한되는 경우도 있다.

위치 Ⓜ Ⓜ 동먼역 3번 출구에서 왼쪽으로 가다가 첫 번째 갈림길에서 우회전, 대로에서 다시 좌회전, 도보 1분 **주소** 台北市 大安區 金山南路二段 21號 **오픈** 09:00~13:00 **휴무** 월요일 **전화** 02-2351-8853 **홈피** www.facebook.com/lesecret.tw

동먼 시장 東門市場(동문시장) 동먼스창 Dongmen Market

MAP 6-A

용캉제 근처에 위치한 재래시장으로 현지인의 삶을 엿볼 수 있어 정겹다. 1928년에 세워져, 1998년 깨끗하고 밝은 모습으로 개선됐다. 축산물·수산물·과일·채소·생활용품·간식거리 등을 판매하고 일찍 문을 열기 때문에 하루 일정 시작 전에 한번 둘러보기에 좋다. 진산난루이단 金山南路一段 도로 쪽 입구에 위치한 '씽지 興記' 딤섬 전문점을 추천한다.

위치 Ⓜ Ⓜ 동먼역 2번 출구에서 직진, 도보 1분 **주소** 台北市 中正區 信義路二段 81號 **오픈** 07:00~14:00 **휴무** 월요일 **전화** 02-2321-8209

건국휴일 꽃시장·옥시장 建國假日花市·玉市(건국가일화시·옥시) 젠궈자르화스·위스   MAP 1-G

용캉제에서 가까운 다안 공원 근처 고가도로 밑에서 주말마다 꽃시장과 옥시장이 열린다. 꽃시장에는 평소에 보기 힘들던 무수히 많은 묘목과 꽃, 소품, 과일도 판매해 식물에 관심이 없어도 흥미롭게 즐길 수 있다. 도로를 사이에 두고 꽃시장 건너편에는 옥시장이 열리는데 아시아 최대 옥시장이라 불리기도 할 정도로 노점 수가 많다. 각종 옥과 관련된 다양한 제품으로 가득하다.

위치 Ⓜ 따안쎤린꽁위엔역 6번 출구에서 왼쪽으로 직진, 信義路와 仁愛路 도로 사이 **주소** 台北市 大安區 建國南路一段 **오픈** 토·일요일 09:00~18:00 **전화** 02-2394-9959 **홈피** 꽃시장 www.fafa.org.tw, 옥시장 www.tckjm.com.tw

딘타이펑 天鼎泰豐(정태풍) Din Tai Fung   MAP 6-B

뉴욕타임스가 선정한 세계 10대 레스토랑에 오르면서 크게 이름을 떨쳤다. 지금은 십여 개 국가에 매장을 둔 세계적인 딤섬 프랜차이즈이며, 한국에도 진출해 우리에게 익숙하다. 대표 메뉴인 샤오롱빠오 小籠包(NT$210)는 꼭 주문해야 하고, 파이구단차오판 排骨蛋炒飯(NT$230), 홍샤오뉴러우멘 紅燒牛肉麵(NT$250), 딴딴멘 擔擔麵(NT$100)도 추천한다. 용캉제에 있는 이곳 신이점이 본점이다. 항상 기다리는 사람이 많으니 먼저 대기명단에 이름을 적고 주변을 구경하자. 한국인 직원도 있고 메뉴판에 한국어가 적혀 있어서 주문이 비교적 편리하다.

위치 Ⓜ Ⓑ 동먼역 5번 출구에서 직진 **주소** 台北市 大安區 信義路二段 194號 **오픈** 월~금요일 10:00~21:00, 토·일요일 09:00~21:00 **전화** 02-2321-8928 **홈피** www.dintaifung.com.tw

까오지 高記(고기) Kao Chi　　　MAP 6-B

용캉제에 들어서서 왼편을 보면 4층 건물의 빨간 간판이 눈에 들어온다. 까오지는 60년 전통의 상하이 딤섬 전문점으로 딘타이펑과 메뉴가 비슷하다. 그래서 둘 중 한 곳만 선택해 방문하는 사람도 있다. 까오지는 기본적으로 관광객보다 현지인이 많이 찾는다. 추천 메뉴는 샤오롱빠오 小籠包(NT$220), 바닥을 구운 만두인 샹하이테궈셩 젠바오 上海鐵鍋生煎包(NT$220), 얇은 피의 고기만두 훈툰 餛飩(NT$180), 모둠전골 샤궈스진바오 砂鍋什錦煲(NT$520). 실내는 세련된 분위기이고 따뜻한 차를 계속 무료로 제공해주며 딤섬 외에 상하이요리도 판매한다. 타이베이에만 세 개의 매장이 있다. 이곳 용캉제 지점이 본점이다.

위치 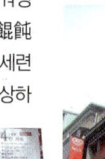 동먼역 5번 출구에서 용캉제로 진입 후 왼편　주소 台北市 大安區 永康街 1號　오픈 월~금요일 09:30~22:30, 토·일요일 08:30~22:30　전화 02-2341-9984　홈피 www.kao-chi.com

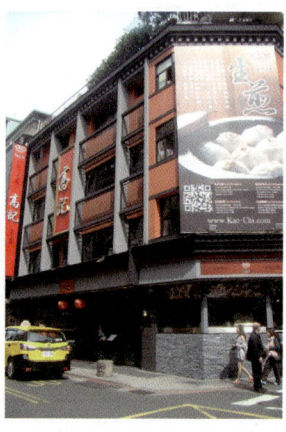

풍성식당 豐盛食堂 펑성스탕 Feng Cheng Restaurant　　　MAP 6-A

용캉제 옆 리쉐이제 麗水街에 위치한 타이완요리 전문점. 다소 좁은 식당에 들어서면 커다란 테이블에 현지인들이 옹기종기 앉아 있어 시끌벅적하다. 당일 들어온 신선한 재료를 직접 보고 원하는 메뉴를 주문할 수 있다. 메뉴가 어렵다면 벽에 붙은 사진을 보고 고르면 된다. 추천 메뉴는 붉은 누룩 조미료로 만든 돼지고기 요리 홍자오쏭반러우 紅糟松阪肉(NT$240), 소스를 뿌린 생선튀김 투더우위피엔 土豆魚片(NT$220), 닭고기 구이 추이피지퉤이 脆皮雞腿(NT$220), 고기조림덮밥 루러우판 滷肉飯(NT$30). 실내는 농촌 분위기로 꾸며져 있어 먹는 재미가 더해진다. 타이완 가정식을 먹어보고 싶다면 방문해보길 권한다.

위치 동먼역 5번 출구에서 용캉제로 진입해 직진, 용캉공원 앞에서 오른쪽 골목으로 우회전하면 골목 끝　주소 台北市 大安區 麗水街 1-3號　오픈 11:30~14:00, 17:00~21:00　카드 가능　전화 02-2396-1133　홈피 www.facebook.com/pages/豐盛食堂/179901498717004

진지위엔 金雞園(금계원) Golden Chicken

MAP 6-A

동먼역 쪽 용캉제 입구에서 쭉 걷다 보면 빨간 간판이 보인다. 착한 가격에 맛 또한 일품으로 이곳의 대표 메뉴는 딤섬이며 그 외에 면 요리, 간단한 식사 등도 판매한다. 추천 메뉴는 샤오롱빠오 小籠包(NT$100), 고기만두 차이러우쩡쟈오 菜肉蒸餃(NT$110), 게장만두 씨에황샤오바오 蟹黃小包(NT$160). 1층에 들어서면 좁은 느낌이지만, 2층에 올라가면 꽤 넓게 좌석이 마련되어 있다.

위치  동먼역 5번 출구에서 용캉제로 진입해 직진, 오른편 주소 台北市 大安區 永康街 28-1號 오픈 10:00~21:00 휴무 수요일 전화 02-2341-6980

두샤오위에 度小月(도소월) Du Hsiao Yueh

MAP 6-B

120년 전통의 단짜이멘 擔仔麵 전문점. 단짜이멘은 새우 육수에 고명을 얹어 먹는 면 요리로 옛날 타이난에서 고기를 잡기 힘든 흉어기 때 어부들이 생계를 유지하기 위해 팔러 다니며 타이난의 명물이 되었다. 타이난에서 시작해 전국에 지점을 둔 이곳은 단짜이멘의 원조라 할 수 있는 곳으로 실내에서 직접 만드는 모습을 보여줘 흥미롭다. 단짜이멘은 국물이 있는 것과 없는 것이 있다. 단짜이멘(NT$50)과 러우짜오판 肉燥飯(NT$35), 커짜이쑤 蚵仔酥(NT$260)를 같이 주문해 먹으면 좋다.

위치 동먼역 5번 출구에서 용캉제로 진입 후 왼편 주소 台北市 大安區 永康街 9-1號 오픈 11:30~22:00(주문 ~21:30) 전화 02-3393-1325 홈피 www.noodle1895.com

용캉 우육면 永康牛肉麵(영강우육면) 용캉뉴러우멘 Yong Kang Beefnoodle

MAP 6-A

50년이 넘는 전통을 자랑하는 곳으로 워낙 인기가 많아 식사시간에 가면 항상 대기해야 한다. 이곳은 24시간 불을 끄지 않고 탕을 끓이면서 고기류가 부드러워지면 파, 마늘, 생강으로 맛을 더한다. 이곳은 소고기를 네다섯 시간 동안 푹 익혀 부엉한 캐러멜색을 띠며, 부드러우면서 쫄깃한 식감이 탁월하다. 우육면은 홍샤오 紅燒와 칭뚠 淸燉이 있는데 홍샤오가 더 대표적이다. 가격은 소 NT$220, 대 NT$250.

위치 동먼역 3번 출구에서 왼쪽으로 가다가 두 번째 갈림길에서 왼쪽으로 직진 후 왼편 주소 台北市 大安區 金山南路二段 31巷 17號 오픈 11:00~15:30, 16:30~21:00 전화 02-2351-1051 홈피 beefnoodle-master.com

따라이샤오관 大來小館(대래소관) Da Lai Xiao Guan

타이완 가정식 전문점으로 해산물을 주재료로 삼는다. 리쉐이제 麗水街의 본점을 시작으로 용캉점까지 오픈했다. 대표 메뉴인 돼지고기덮밥 루러우판 滷肉飯(소 NT$30, 대 NT$80)은 수많은 상까지 받은 메뉴로 필히 먹어야 한 다. 그 외 추천 메뉴로 오징어구이 카오샤오췐 烤小捲(NT$350), 돼지갈비튀김 쟈파이구 炸排骨(NT$80)이 있다.

위치 ⓜⓜ 동먼역 5번 출구에서 용캉제로 진입 후 첫 번째 골목으로 좌회전해 직진하면 오른편 주소 台北市 大安區 永康街 7巷 2號 오픈 월~금요일 11:30~14:00, 16:30~21:00 토 · 일요일 11:30~21:00 전화 02-2357-9678 홈피 www.dalaifood.com

스무시 思慕昔(사모석) Smoothie House

타이완 여행에서 빠트릴 수 없는 것 중 하나인 망고빙수 전문점. 그 중에서도 한국인에게 인기가 많은 곳이다. 그 인기를 반영하듯 한국에도 진출해 여러 개의 매장을 오픈했다. 원래는 아이스 몬스터 자리였으나 아이스 몬스터가 동취로 이전하고 그 자리에 스무시가 들어서면서 용캉제 망고빙수의 명성을 이어가고 있다. 빙수 가격은 NT$180~220.

위치 ⓜⓜ 동먼역 5번 출구에서 용캉제로 진입 후 직진 주소 台北市 大安區 永康街 15號 오픈 09:30~23:00(2층 일~목요일 12:00~22:00, 금 · 토요일 12:00~22:30) 전화 02-2341-8555 홈피 www.smoothiehouse.com

톈진총좌뺑 天津蔥抓餅(천진총조병)

용캉제로 들어서서 가다 보면 유명한 빙수집인 스무시 대각선으로 줄이 길게 늘어선 또 다른 맛집을 만날 수 있다. 이곳은 우리나라의 빈대떡과 비슷한 간식거리인 총좌뻥 蔥抓餅을 파는 곳이다. 총좌뻥은 파가 들어간 반죽을 찢어 가며 기름에 구운 것으로 특별할 것 없어 보이지만 고소한 맛이 일품이다. 기호에 따라 재료를 추가해서 먹을 수 있다. 이 집은 바질 九層塔, 햄 火腿, 치즈 起司가 메뉴에 있다. 기본 가격은 NT$25이고, 달걀을 추가하면 NT$30, 햄이나 치즈까지 추가하면 NT$40이다.

위치 ⓜⓜ 동먼역 5번 출구에서 용캉제로 진입 후 직진, 스무시 대각선 주소 台北市 大安區 永康街 6巷 1號 오픈 09:00~22:30 전화 02-2321-3768

마르티네즈 커피 瑪汀妮芝咖啡(마정니지가배) 마딩니즈카페이 Martinez Coffee

MAP 6-B

아담한 일반 가정집과 같은 외관에 안으로 들어설 때도 진짜 집에 들어가듯 신발을 벗고 실내화로 갈아 신는다. 내부는 우아하고 고풍스러운 분위기로 인테리어 덕분인지 분위기 또한 시끄럽지 않고 차분하다. 핸드드립 커피는 한 잔에 NT$250 정도로 100퍼센트 블루마운틴, 루왁 커피 등을 다른 곳보다 저렴한 가격에 맛볼 수 있다. 커피를 주문하면 분쇄 후 가져와서 향을 먼저 맡게 해주고 사이펀으로 추출해준다. 커피를 좋아한다면 꼭 가보기를 권한다.

위치 동먼역 5번 출구에서 용캉제로 진입 후 용캉 공원을 지나자마자 좌회전, 바로 다음 골목에서 우회전 후 직진하면 오른편 주소 台北市 大安區 金華街 243巷 26號 오픈 12:00~22:00 전화 02-2358-2568 홈피 www.kmtcl.com.tw

포굿 카페 好多咖啡(호다가배) 하오뚜어카페이 forgood Cafe

MAP 6-B

작은 골목 안에 숨어있는 곳으로 크지도 작지도 않은 적당한 규모의 카페. 거의 4분의 1이 오픈 주방으로 되어 있다. 음식과 디저트는 매일 상황에 따라서 달라지므로 벽면 칠판에 적힌 것을 보고 주문해야 한다. 커피도 맛있으며 가격은 NT$130~170, 우유 첨가류는 NT$160~180, 레몬맛을 듬뿍 풍기는 새콤달콤한 레몬타르트 檸檬塔(NT$90)도 추천한다. 아기자기하면서 따뜻한 분위기를 풍기고 직원 또한 친절하다.

위치 동먼역 5번 출구에서 용캉제로 진입 후 직진, 진지위엔 지나서 세븐일레븐 옆 골목 41巷으로 좌회전하면 오른쪽 주소 台北市 大安區 永康街 41巷 12號 오픈 13:00~23:00 휴무 화요일 전화 02-3393-8659 홈피 www.facebook.com/forgoodcafe

카페 샤오미죠우 小米酒咖啡館(소미주가배관) 샤오미지우카페이관 Cafe Xiaomijo

MAP 6-B

골목 하나하나 걸어보며 숨은 가게를 찾는 재미가 있는 용캉제 안쪽 작은 골목 안에 위치한다. 이름만 보면 술 주(酒) 자도 들어가고 해서 뭔가 활기찰 것 같지만 굉장히 조용한 카페다. 내부에서는 조용히 대화해야 하며 심지어 음악도 틀어 놓지 않기에 혼자 혹은 둘이서 조용히 잠시 쉬어 가고 싶을 때 방문하면 좋다. 커피나 음료 종류(NT$130~180)는 다양하지 않은 편이나 샌드위치(NT$160), 티라미수(NT$150) 등 여러 디저트를 판매한다. 맛이 좋은 편이니 음료 외 메뉴도 주문해보길 추천한다.

위치 동먼역 5번 출구에서 용캉제로 진입 후 직진, 진지위엔 지나서 세븐일레븐 옆 골목 41巷으로 좌회전하면 왼편 주소 台北市 大安區 永康街 41巷 5號 오픈 화~금요일 13:00~22:00, 토·일요일 12:00~22:00 휴무 월요일 전화 02-2395-7617 홈피 www.facebook.com/cafexiaomijo

츠판스탕 喫飯食堂(끽반식당) Sit Fun Restaurant

MAP 6-A

전통 타이완요리를 판매하는 곳으로 현지인에게 인기 만점인 맛집이다. 주문은 메뉴판을 보거나 입구에 진열된 식재료를 보고 선택해도 된다. 메뉴마다 소·중으로 구분되니 인원수에 맞춰 주문하면 된다. 루러우판이 인기 있으며 창의적인 요리도 다양하다. 이곳의 추천 메뉴는 고기조림덮밥 루러우판 滷肉飯(NT$30), 돼지간구이 젠쭈간 煎豬肝(소 NT$160), 소고기볶음 차오뉴러우 炒牛肉(소 NT$180), 데친 굴에 간장과 마늘소스를 끼얹은 쏸니커 蒜泥蚵(소 NT$180), 토란(타로)튀김 위쥔 芋卷(NT$120)이다.

위치 ⓜⓜ 동먼역 5번 출구에서 우회전, 용캉제로 진입해 직진하다가 용캉공원 永康公園 입구를 마주한 갈림길에서 우회전, 도보 3분 주소 台北市 大安區 永康街 8巷 5號 오픈 11:30~14:00, 17:00~21:00 전화 02-2322-2632

항저우 샤오롱탕빠오 杭州小籠湯包(항주소롱탕포) Hang Zhou Dumpling House

MAP 1-F

항저우난루라는 도로에 위치해 항저우라는 이름이 붙은 샤오롱빠오 전문점이다. 번호가 적힌 주문표를 받고 대기하다가 순서가 되면 입장한다. 주문서는 중국어로 되어 있지만 영어·일어가 표기된 사진 메뉴판이 있으니 주문이 어렵지는 않다. 추천 메뉴는 샤오롱탕빠오 小籠湯包(NT$150), 샤런샤오마이 蝦仁燒賣(NT$210), 따빙쥔뉴러우 大餅卷牛肉(NT$150). 간장과 생강채는 셀프서비스이며, 식사 공간 바로 옆 통유리 너머로 직접 만두를 빚고 쪄내는 모습을 볼 수 있다. 본점 외에 쑹산공항 근처에 분점(台北市 松山區 民生東路三段 118號)이 있다.

위치 ⓜⓜ 동먼역 3번 출구에서 오른편 차도로 나와 왼쪽으로 직진하다가 두 번째 큰 사거리에서 좌회전해 가다 보면 왼편, 중정기념당 바로 뒤 도로가, 도보 7분 주소 台北市 大安區 杭州南路二段 17號 오픈 11:00~22:00(금·토요일 ~23:00) 전화 02-2393-1757 홈피 www.thebestxiaolongbao.com

진펑루러우판 金峰魯肉飯(금봉로육반) Jinfeng Braised Meat Rice

MAP 2-F

간장소스에 볶으며 조린 고기양념인 루러우를 하얀 쌀밥에 얹어 먹는 루러우판 전문점으로 줄 서서 먹는 굉장히 유명한 현지인 맛집이다. 영어·일어·사진이 있는 메뉴판이 있고 주문서에 수량을 표시해서 주문하면 된다. 루러우와 밥을 비벼 먹으면 짭조름한 그 맛이 일품이다. 단, 이곳의 루러우판은 다른 곳에 비해 비계가 좀 많은 편. 1인 기준으로 루러우판(대 NT$50, 중 NT$40, 소 NT$30), 탕 종류 하나(NT$50~55), 소스가 뿌려진 튀긴 두부 요우떠우푸 油豆腐(NT$10)를 주문하면 딱 좋다. 탕 종류는 조개닭고기탕인 꺼리지 蛤蠣雞를 추천한다.

위치 ⓜⓜ 쭝정지녠탕역 2번 출구에서 직진, 도보 1분 주소 台北市 中正區 羅斯福路一段 10號 오픈 08:00~01:00 전화 02-2396-0808 홈피 www.facebook.com/pages/金峰魯肉飯/168702296511538

AREA 5

꽁관 · 스따
公館 · 師大 (공관 · 사대) Gong Guan&Shida

꽁관 상권은 타이베이 남쪽의 번화한 생활상권이다. 국립타이완대학교, 타이완 사범대학교 등 타이베이의 주요 대학이 들어서 있어 학생 중심의 상권이 형성되어 있다. 대학가여서 저렴하고 다양한 물건을 쉽게 접할 수 있고 라이브카페를 비롯해 노점부터 레스토랑까지 맛집도 많다. 타이베이의 젊은 학생들의 문화를 느껴보고 싶다면 가보자.

HOW TO TRAVEL

꽁관 · 스따 이렇게 여행하자

➜ 여행 방법

타이완 사범대학교는 용캉제에서 도보로 갈 수 있는 곳이라, 용캉제 구경 후 다음 코스로 스따 야시장을 잡아도 좋고 꽁관과 스따를 묶어서 구경해도 좋다. 꽁관과 스따는 MRT로 한 정거장 거리이므로 슬슬 걸으며 이동해도 되고 택시를 이용해도 부담 없다.

➜ 추천 코스(5시간 소요)

바오짱옌 예술촌 → 꽁관 마켓 → 국립타이완대학교 → 스따 야시장
p.164   도보 10분   p.165   도보 7분   p.165   도보 15분   p.162

 꽁관 상권 公館商圈 꽁관샹취엔 Gong Guan   MAP 8

꽁관은 타이베이시 다안구 大安區에 있는 지명이다. MRT 꽁관역을 중심으로 가장 중요한 랜드마크인 국립타이완대학교와 근처에 있는 자래수원구, 타이뎬따러우 빌딩 등으로 인해 주변 상권이 크게 발전했다. 대학가인 만큼 무엇을 팔든 간에 저렴한 상점이 많고 노점부터 레스토랑까지 맛집도 즐비하다. 조금만 걸으면 강변공원도 있고 스따 야시장 방향으로 큰길 하나만 건너면 분위기 있는 카페도 몰려 있다. 저녁에는 노점도 더 많고 활발해져 꽁관 야시장 公館夜市이라고도 부른다.

위치 Ⓜ 꽁관역 **주소** 台北市 大安區 羅斯福路四段

161

스따 야시장
師大夜市 (사대야시) 스따예스 Shida Night Market

MAP 7-B

타이완 사범대학교 주변 스따루 師大路와 롱첀제 龍泉街 거리 일대에 들어선 야시장. 대학가라서 유난히 젊은 열기로 가득하고 다른 야시장에 비해 아기자기한 구경거리가 더 많아 방문하여 둘러보기 좋다. 좁은 거리에 잡화점, 의류점, 액세서리 등 노점이 빽빽이 들어서 있고 크레페, 버터소보루, 셩젠바오, 스테이크, 루웨이 등 유명 먹거리가 넘쳐 난다.

위치 Ⓜ 타이뎬따러우역 3번 출구에서 오른쪽 스따루 師大路를 따라 위쪽으로 직진. 용캉제에서 남쪽으로 도보 10분

── 스따 야시장 둘러보기 ──

사대노천 프리마켓
師大露天文創市集(사대노천문창시집) 스따루티엔원촹스지
NTNU Market

스따39 광장에서 매주 금요일부터 일요일까지 열리는 프리마켓. 타이완사범대학교 창신육성센터 創新育成中心에서 운영하는 곳으로 젊은 아티스트 팀들이 나와서 자신만의 창의적인 물건을 판매한다. 아기자기한 핸드메이드 제품이 많아 하나씩 둘러보는 재미가 있다. 액세서리 · 카드스티커 · 의류 · 소품 등을 판매하며 분위기는 시먼홍러우 프리마켓과 비슷하다. 사대39 프리마켓 師大39文創市集이라고도 부른다. 우천 시에는 개장하지 않는다.

주소 台北市 大安區 師大路 39巷 1號 **오픈** 금~일요일 17:30~22:00 **전화** 02-7734-1916 **홈피** www.facebook.com/ntnu.market

쉬지셩젠바오
許記生煎包(허기생전포) HSU-JI

1984년부터 시작된 곳으로 스따 야시장을 대표하는 음식 중 하나여서 항상 대기 줄이 길다. 셩젠바오 生煎包(1개 NT$8, 5개 NT$35, 1박스 12개 NT$80)는 만두피에 소를 채워 넣고 밑 부분을 구워낸 것으로 군만두의 일종이라 보면 된다. 돌솥에서 금방 구워내 밑은 바삭하고 윗부분은 찐만두 같다. 한입 베어 물면 육즙이 나오는데 그 맛이 일품이다. 바로 구워진 것은 매우 뜨거우니 조심하자.

주소 台北市 大安區 師大路39巷 12號 **오픈** 15:30~23:00 **홈피** hsu-ji.com

아뉘 크레페
阿諾可麗餅(아낙가여병) 아뉘커리빙 ARNOR CREPES

유명한 대왕 크라페 판매점. 주말 프리마켓이 열리는 스따39 광장 안에 있다. 메뉴판이나 모형을 보고 원하는 맛을 골라 주문하면 된다. 가격은 NT$120. 주문한 뒤 번호표를 받아 기다리는 동안 크레페를 만드는 걸 볼 수 있어 재미있다. 중국어로 대기번호를 불러주니 중국어를 모를 경우에는 미리 숙지해두자.

주소 台北市 大安區 師大路 39巷 1號 **오픈** 일~목요일 12:00~23:00, 금·토요일 12:00~24:00 **전화** 02-2369-5151 **홈피** www.facebook.com/arnorcrepestaiwan

호호미
好好味 하오하오웨이 Hohomei

홍콩식 소보루빵인 보뤄바오 菠蘿包 전문점. 여기서 보뤄는 파인애플이란 뜻으로, 영어로는 파인애플 번 Pineapple Bun이다. 즉, 파인애플이 들어간 것이 아니라, 모양이 파인애플 같아서 붙은 이름이다. 대표 메뉴인 빙훠보뤄요우 冰火菠蘿油(NT$40)는 빵 사이에 차가운 버터가 얇게 껴 있는 것으로 짭조름하면서 느끼하지도 않고 맛있다. 그 외 오리지널 소보루, 치즈 소보루, 홍콩식 밀크티와 에그타르트도 판매한다.

주소 台北市 大安區 龍泉街 19之1號 **오픈** 14:00~23:00 **전화** 02-2368-8898 **홈피** www.hohomei.com.tw

바오짱옌 예술촌 寶藏巖國際藝術村 바오짱옌궈지이쉬춘 Treasure Hill Artist Village

MAP 8-F

꿍관역에서 신뎬강 新店溪 방향으로 한적한 길을 걷다 보면 하나둘 벽화가 보이고 '바오짱옌'이라는 작은 사찰을 지나 언덕 위에 옹기종기 모여 있는 집들을 볼 수 있다. 대부분 1960년대에서 1970년대에 지어진 무허가 건축물인데 2004년 바오짱옌이 역사건축물로 지정되자 마을 보존을 위한 움직임도 시작되었다. 그 결과 2012년 10월, 바오짱옌 예술촌으로 재탄생하여 예술가들이 거주 및 작업 전시 공간으로 이용하고 있다. 골목 사이사이 예술품과 마주하게 되며, 사진 촬영하기에도 좋다. 미리 홈페이지에서 특별전시 정보를 확인하고 방문하길 추천한다.

위치 ⓜ 꿍관역 1번 출구에서 푯말을 따라 이동, 도보 10분 주소 台北市 中正區 汀州路三段 230巷 14弄 2號 오픈 11:00~22:00(전시 공간 개방 ~18:00) 휴무 월요일 요금 무료 전화 02-2364-5313 홈피 www.artistvillage.org

자래수원구 自來水園區 쯔라이쉐이위엔취 Taipei Water Park

MAP 8-E

수도를 테마로 한 대규모 공원으로 교육센터, 워터파크, 수도박물관, 정수장, 하이킹 구역, 파이프 조각공원, 강변광장 등이 포함되어 있다. 공원 내에 있는 타이완 최초의 수도박물관은 후기 바로크양식 건축물이다. 마치 신전 같아 볼만하며, 웨딩 촬영지로 많이 이용된다. 매년 7월과 8월에는 워터파크에서 물축제도 개최되며 매주 주말 오후, 정문 앞 쓰위엔제 思源街에서는 꿍관 마켓도 열린다.

위치 ⓜ 꿍관역 4번 출구에서 두 번째 골목에서 좌회전해 직진 주소 台北市 中正區 思源街 1號 오픈 워터파크 09:00~18:00(7월~8월 ~20:00) 휴무 월요일 요금 워터파크 NT$50(7월~8월 NT$80) 전화 02-8733-5678 홈피 waterpark.water.taipei

국립타이완대학교 國立台灣大學 궈리타이완따쉐 National Taiwan University MAP 8-B

타이완을 넘어 중화권에서도 손꼽히는 우수한 대학교로 한국으로 치면 서울대학교와 같은 존재이다. 정문 입구부터 안쪽에 있는 도서관까지 일직선으로 늘어선 야자나무로도 유명하다. 야자수길은 이국적인 분위기를 풍겨 타이완 드라마에서도 종종 등장한다. 대학 내에 넓은 공원, 연못, 카페 등도 있어 산책하기 좋다. 캠퍼스가 넓으니 학교 입구 도로가에 있는 유바이크를 대여해 교내를 둘러보는 것도 방법이다.

위치 꽁관역 3번 출구에서 오른쪽으로 가다가 우회전해 직진하면 정문 주소 台北市 大安區 羅斯福路四段 1號 전화 02-3366-3366 홈피 www.ntu.edu.tw

꽁관 마켓 公館創意跳蚤市集 꽁관창이탸오자오스지 Gongguan Market MAP 8-C

자래수원구 정문 앞 쓰위엔제 思源街 일대에서 매주 주말에 열리며 디자인 상품을 파는 프리마켓과 중고품을 파는 플리마켓이 섞여 있다. 중고품의 비율이 높은 편이고 판매자는 미리 홈페이지를 통해 신청해야 한다. 의류·가방·액세서리·완구 등 다양한 물건이 있으며 자래수원구 안쪽의 양수실 고적광장에서 열리던 것이 2016년 3월부터 정문 앞 도로변으로 옮기면서 규모가 커졌다. 하나하나 잘 살펴보면 뜻밖의 물건을 저렴하게 구입할 수 있다. 우천 시에는 개장하지 않는다.

위치 꽁관역 4번 출구로 나와 첫 번째 차도에서 좌회전해 직진, 도보 5분 주소 台北市 大安區 思源街 1號 오픈 토요일 15:00~22:00, 일요일 15:00~21:00 홈피 gongguan.tw

귀족세가 스테이크 貴族世家牛排 페이주스쟈뉴파이 Noble Family Steak House MAP 8-C

1995년 반챠오 板橋에서 처음 시작해 현재 전국에 80여 개의 지점이 있는 타이완식 스테이크 전문점. 대표 메뉴인 스테이크(NT$320~750/서비스 차지 10% 별도/카드 가능)를 주문하면 샐러드·과일·디저트·수프·음료 등을 무제한으로 맛볼 수 있는 뷔페식이다. 샐러드바

만 있는 매장과 즉석 코너도 있는 매장이 있다. 이곳 꽁관점에는 즉석 코너도 있다. 비록 고급 스테이크와는 비교할 수 없지만 샐러드와 다양한 음식을 함께 먹기에는 가격 대비 괜찮다.

위치 꽁관역 4번 출구로 나와 첫 번째 차도에서 좌회전해 직진, 도보 5분 주소 台北市 大安區 思源街 1號 오픈 월~금요일 11:30~15:00, 17:00~22:00, 토·일요일 11:30~22:00 전화 02-2362-0159 홈피 www.noble.com.tw

천산딩 陳三鼎(진삼정)

MAP 8-D

버블밀크티인 쩐주나이차 珍珠奶茶의 본고장 타이완에서는 그 인기를 말해 주듯 길거리 어디서든 쉽게 쩐주나이차집을 볼 수 있다. 이곳은 수많은 쩐주나이차 전문점 중에서도 현지인은 물론 관광객에게도 유명한 맛집. 사실 이곳은 차를 넣지 않아 버블밀크티가 아닌 버블우유를 뜻하는 칭와좡나이 青蛙撞奶 (NT$40)라 부르는 것이 맞다. 오로지 흑설탕에 졸인 쫄깃한 버블과 신선한 우유만 들어가서 그 맛이 아주 훌륭하니 줄이 길어도 꼭 한번 먹어 보자.

위치 Ⓜ 공관역 4번 출구로 나와 두 번째 차도에서 좌회전해 직진 주소 台北市 中正區 羅斯福路三段 316巷 8弄 2號 오픈 11:00~22:00 휴무 월요일 전화 02-2367-7781

더 라이튼드 點亮咖啡(점량가배) 뎬량카페이 The Lightened

MAP 1-K

국립타이완대학교 북측에 위치한 이곳은 모든 원두를 아이티, 케냐, 에티오피아 등지의 약세한 농가에서 '직접무역'으로 들여온다. 가령 NT$100짜리 커피 한 잔을 팔았을 때 보통 농민이 가져가는 금액은 NT$3인데, 직접무역을 통하면 NT$15~20가 된다고 한다. 손님이 한 잔의 커피를 마실 때마다 카페 한쪽 벽면에 있는 세계지도 원산지 위에 황색 스티커를 붙일 수 있다. 황색 스티커는 램프를 상징하며, 현지 농민에게 빛을 밝힌다는 의미다. 이왕 커피를 마신다면 이런 착한 카페가 더 의미가 있을 것이다.

위치 Ⓜ 커지따로우역 출구로 나와 왼쪽으로 직진 후 오른편에 위치, 도보 5분 주소 台北市 大安區 復興南路二段 332號 오픈 월~금요일 12:15~20:00, 토·일요일 12:15~20:30 전화 02-2736-9282
홈피 www.facebook.com/thelightened

AREA 6

동취
東區(동구) East District

타이베이 번화가로 서쪽에 시먼딩이 있다면 동쪽에는 동취가 있다. 시먼딩은 다소 어린 학생들이 많이 찾는 곳이지만, 동취는 20~30대가 즐겨 찾는 곳으로 약간 더 고급스러운 분위기를 풍긴다. MRT 쭝샤오푸싱역부터 궈푸지녠관역 일대를 동취, 쭝샤오 거리라고 보면 되는데 소고백화점, 브리즈 등 대형 쇼핑몰부터 골목골목의 여러 편집숍과 멀티숍까지 멋들어진 상점이 많고 특색 있는 맛집이나 카페도 많다.

HOW TO TRAVEL

동취 이렇게 여행하자

AREA 6

➜ 여행 방법

MRT로 한두 정거장 거리인 구역이지만, 대로나 골목에 상점이 많아 구경하며 걸어 다녀도 크게 무리가 없다. 볼거리보다는 쇼핑하거나 맛집을 다니기에 좋다. MRT 라인에서 북쪽으로 한 블록 가면 늦게까지 하는 카페와 펍이 있으니 늦은 저녁에 가도 괜찮다. 상점은 대부분 오후 2시쯤 오픈하므로 너무 일찍 가지 않도록 주의하자.

➜ 추천 코스(4시간 소요)

화산1914문화창의원구
p.168
→ 도보 3분+ MRT 5분+ 도보 2분 →
성품서점
p.171
→ 도보 3분 →
동취 지하상가
p.171
→ 도보 9분 →
소고백화점
p.170

 화산1914문화창의원구 華山1914文化創意園區 화산원화창이위엔취
Huashan 1914 Creative Park

MAP 1-F

일본 식민지 시대에 양조장이었던 곳을 개조해 만든 복합문화창작 공간이다. 기자회 · 음악회 · 세미나 등을 개최할 수 있는 공간, 주말 프리마켓이 열리는 예술거리, 대형 특별 전시회가 열리는 사련동 건물, 라이브 공연장, 각종 디자인 상품을 파는 상점, 분위기 좋은 카페나 레스토랑 등 다양한 공간과 더불어 편안한 휴식처도 있으니 산책 삼아 구경만 해도 좋다. 공장이나 창고를 개조해 만든 문화 공간이 멋스럽다. 대부분의 상점이 오전 11시 이후에 문을 여니 방문 시 참고하자.

위치 Ⓜ️Ⓜ️ 쫑샤오신셩역 1번 출구/Ⓜ️ 산다오쓰역 6번 출구에서 직진 **주소** 台北市 中正區 八德路一段 1號 **오픈** 특별전시 10:00~18:00(상점마다 다름) **요금** 무료(전시회 별도) **전화** 02-2358-1914 **홈피** www.huashan1914.com

화산1914 문화창의원구 둘러보기

트리오 카페
三重奏(삼중주) Trio Café

입구의 독립된 작은 건물에 위치한다. 커다란 나무와 야외 테라스에 놓인 테이블로 외관부터 분위기가 좋다. 브런치·파스타·리소토·타파스 등 식사류와 커피, 다양한 칵테일(NT$200~250)을 판매한다.

위치 남1관 南1館 **오픈** 일~목요일 12:00~01:00, 금·토요일 12:00~02:00 **전화** 02-2358-1758 **홈피** www.facebook.com/williamsworks

오프라인 카페
離線咖啡(이선가배) Offline Cafe

타이완 최고의 밴드 오월천 五月天의 베이시스트 마샤 瑪莎가 오픈한 카페. 온라인 문화의 비중이 높은 현대에 웹상으로만 교류하는 세상에서 벗어나 직접적인 교류가 중요하다는 것을 상기시키기 위해 이름 지었다. 높은 천정에 탁 트인 공간이 차분한 분위기를 연출하고, 라이브 공연장 같은 느낌도 든다. 실제로 가끔 공연이나 행사를 진행하기도 한다.

위치 서7A관 홍전G 西7A館 紅磚G **오픈** 11:00~21:00 **전화** 02-3322-1321

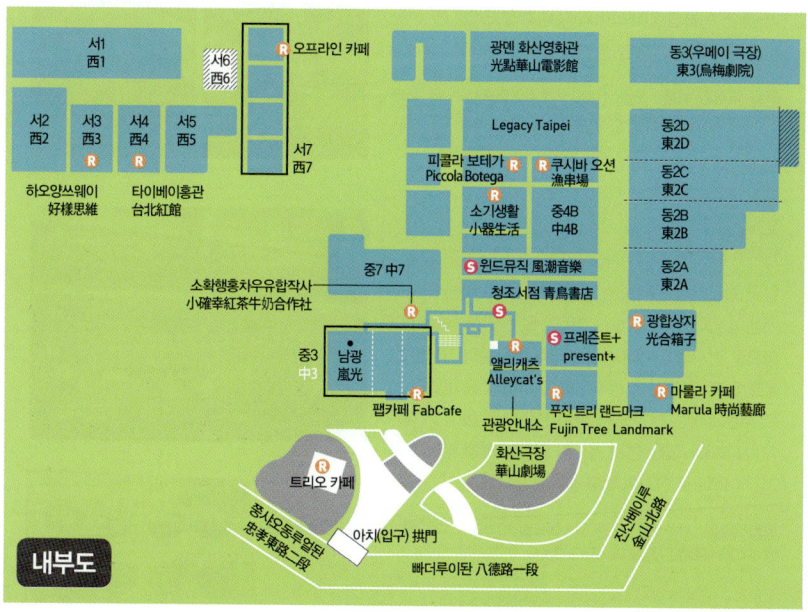

소고백화점 太平洋SOGO百貨 타이핑양SOGO바이훠 Pacific SOGO

MAP 9-E

일본계 백화점으로 쭝샤오푸싱역 근처에 세 개 관(푸싱관/쭝샤오관/둔화관)으로 구성된다. 이 중 가장 인기 있는 곳은 에메랄드색 건물인 푸싱관. 해외 명품을 비롯한 다양한 브랜드와 딘타이펑, 덴쉐이러우 등 유명 레스토랑이 입점해 있다. 9층에 가면 일본식 정원이 꾸며져 있어 잠시 높은 곳에서 전망도 보며 쉬어가기에 괜찮다.

위치 Ⓜ️Ⓜ️ 쭝샤오푸싱역 2번 출구 주소 台北市 大安區 忠孝東路三段 300號 오픈 백화점 일~목요일 11:00~21:30, 금·토요일·공휴일 전날 11:00~22:00 / 마트 일~목요일 09:00~21:30, 금·토요일·공휴일 전날 09:00~22:00 홈피 www.sogo.com.tw

---| 소고백화점 둘러보기 |---

덴쉐이러우
點水樓 (점수루) Dian Shui Lou

2005년에 오픈했으며 중국 강남요리와 딤섬을 선보인다. 타이완 샤오롱빠오대회에서 1등을 한 곳이기도 하다. 이곳에서는 매일 오후 50명 한정으로 애프터눈 티 뷔페(NT$399~499/서비스 차지 10% 별도)를 운영하는데, 맛 좋은 딤섬을 무제한으로 먹을 수 있어 인기가 좋다. 독특한 인테리어의 다른 매장도 있지만 이곳이 접근성이 좋아 여행 중 방문하기 편리하다.

위치 푸싱관 11층 오픈 11:00~22:00(애프터눈 티 뷔페 14:30~16:30) 전화 02-8772-5089 홈피 www.dianshuilou.com.tw

한학정
韓鶴亭 한허팅

한국 화교분이 운영하는 한국음식점으로 다른 곳에도 지점이 있다. 이곳은 푸드코트에 있는 만큼 음식이 모형으로 전시되고 때에 따라 한국어로 주문이 가능한 경우도 있다. 김치찌개, 순두부찌개, 비빔밥 등이 있고 세트 주문 시에는 반찬을 세 가지 선택할 수 있다. 가격은 1인 NT$160~220. 현지 음식이 입맛에 맞지 않거나 장기간 여행으로 한식이 먹고 싶다면 편하게 들러 간단하게 먹기 좋다.

위치 푸싱관 지하 2층 오픈 일~목요일 10:00~21:30, 금·토요일·공휴일 전날 10:00~22:00 전화 02-8772-1809

동취 지하상가 東區地下街(동구지하가) 동취디샤제 East Metro Mall   MAP 9-F

타이베이의 번화가 동취에 있는 MRT 쭝샤오푸싱역과 쭝샤오둔 화역 사이 지하에 조성된 거리. 총 길이 725미터에 일곱개의 광장과 열일곱 개의 출입구가 있고, 다양한 상점과 타이베이시에서 운영하는 관광안내소도 있다. 지하상가에는 의류·신발·음식·팬시용품 등을 판매하는 다양한 상점이 있다. 비가 와서 돌아다니기 힘든 날씨에 방문하기 좋다.

위치 쭝샤오푸싱역과 쭝샤오둔화역 사이 지하로 주소 台北市 大安區 大安路 1段 77號 오픈 11:00~22:00 전화 02-6638-7856

성품서점(본점) 誠品書店 청핀슈뎬 Eslite Bookstore   MAP 9-K

타임지가 선정한 아시아 최고의 서점으로 서점 외에도 공예품·생활용품·레스토랑 등이 포함된 복합문화 공간으로 운영한다. 전국에 수많은 지점이 있는데 이곳 타이베이 둔난점이 본점이다. 시민들의 편의를 위해 서점 구역을 24시간 오픈해 야심한 시간에도 많은 사람이 찾는다. 관광객은 계산 시 여권을 제시하면 5퍼센트 할인 받을 수 있다.

위치 Ⓜ 쭝샤오둔화역 6번 출구에서 직진 주소 台北市 大安區 敦化南路一段 245號 오픈 서점 24시간/상점 11:00~22:30 전화 02-2775-5977 홈피 www.eslitecorp.com

---

성품서점 둘러보기

르누아르
雷諾瓦拼圖文化坊(뢰낙와병도문화방) 레이뉘와핀투원화팡 Renoir

르누아르는 퍼즐 전문 브랜드로 타이완 전역을 비롯해 중국에도 매장이 있다. 타이완에서는 보통 성품 건물 내에 입점해 있으며 타이베이에만 십여 개의 매장이 있다. 각종 유명한 그림을 퍼즐로 제작해 판매하는데, 특히 타이완 일러스트레이터 지미 리아오 Jimmy Liao의 감성적인 그림으로 제작된 퍼즐이 많아 보고 있자면 구매욕을 불러일으킨다. 이곳 퍼즐은 포장 시 방습제를 넣어주고, 종이가루도 전혀 날리지 않아 안심하고 구입할 수 있다.

위치 지하 1층 전화 02-2778-3928 홈피 newweb.renoirpuzzle.com.tw

🎁 스테이리얼 STAYREAL

MAP 9-G

타이완 국민밴드 오월천 五月天의 보컬 아신 阿信이 고등학교 동창인 디자이너 노투굿 No2Good과 함께 론칭한 브랜드로 타이완에서 시작해 홍콩, 중국, 일본까지 진출했다. 이곳만의 캐릭터를 이용해 의류 외에도 가방·신발·장난감·문구 등 다양한 품목과 더불어 카페까지 영업 영역을 넓혔다. 유명 캐릭터나 브랜드와 콜라보를 하는 등 독특한 상품이 끊임없이 출시된다. 이곳 둔남점 근처에 신쫑샤오점도 있다.

위치 쭝샤오둔화역 2번 출구로 나와 골목으로 좌회전 후 직진 주소 台北市 大安區 敦化南路一段 161巷61號 오픈 14:00~22:00 전화 02-2772-7622 홈피 www.istayreal.com

TIP 신쭝샤오점
위치 쭝샤오둔화역 7번 출구에서 첫 골목으로 우회전 후 직진, 아디다스 지나 다음 골목 코너 주소 台北市 大安區 敦化南路一段 177巷9號 전화 02-8771-9411

🎁 웰컴마트 頂好Wellcome超市 띵하오Wellcome차오스

MAP 9-F

전국에 무수한 매장이 있는데, 타이베이에만 약 60개가 있다. 규모는 까르푸, RT마트에 비해 작긴 하지만 나름 이것저것 많이 갖춰져 있고 매장이 많은 만큼 접근성이 좋다. 24시간 매장이 많은 편이지만 매장에 따라 아닌 곳도 있다. 자체 PB상품도 판매한다.

위치 쭝샤오푸싱역에서 이어진 둥취 지하상가 14번 출구 앞 주소 台北市 大安區 忠孝東路4段 71號 오픈 24시간 전화 02-2781-1008 홈피 www.wellcome.com.tw

🎁 RT마트 大潤發(대윤발) 따룬파 RT-MART

MAP 9-A

타이완의 룬타이 그룹에서 1996년에 설립한 대형 마트 체인으로 중국에도 진출해 크게 성공했다. 한국인 관광객이 많이 구입하는 밀크 티, 방향제, 치약, 망고젤리 등 모두 구입 가능하니 둥취 쪽에 숙소를 잡았다면 굳이 까르푸까지 가지 말고 이곳을 이용하자. 타이베이에는 이곳 쭝룬점 외에 네이후 內湖에도 두 개 지점이 더 있다.

ⓒBY-헤븐

위치 쭝샤오푸싱역 1번 출구로 뒤돌아 차도를 따라 직진하다가, 큰 사거리에서 길을 건넌 뒤 왼쪽으로 첫 번째 건물 지나자마자 나오는 골목으로 우회전해 직진, CITY LINK 지하 2층 주소 台北市 中山區 八德路二段 306號 오픈 07:30~23:00 전화 02-2779-0006 홈피 www.rt-mart.com.tw

차차떼 采采食茶文化(채채식차문화) 차이차이스차원화 CHA CHA THÉ

MAP 9-J

번화가 골목에 자리 잡은 '차차떼' 따안 콘셉트 스토어는 정갈하고 세련된 인테리어 공간에서 30여종이 넘는 다양한 차를 판매한다. 점심과 저녁시간에는 파스타, 리조또, 우육면 등의 식사메뉴와 브런치를 차와 함께 즐길 수 있다. 차는 물론이고 차와 함께 먹기에 좋은 펑리수와 누가 등을 예쁜 패키지에 담아 판매하기에 선물용으로 구입하기에 더할 나위 없이 좋다.

위치 쭝샤오푸싱역 3번출구에서 오른쪽 골목으로 직진하다가 6번째 골목에서 좌회전, 도보 4분 주소 台北市 大安區 復興南路一段219巷 23號 오픈 11:00~22:00 전화 02-8773-1818 홈피 www.chachathe.com

삼화원 叁和院 싼허위엔 SANHOYAN

MAP 9-F

창의적이면서 맛있는 타이완요리를 전문으로 하는 모던 스타일의 레스토랑이다. 내부는 1층과 2층으로 되어 있는데 분위기가 조금 다르다. 음식 맛도 좋지만 독창적이고 귀여운 모양의 빠오즈를 선보여 보는 재미 또한 놓치지 않는다. 인기 메뉴는 애피타이저인 우웨이쥬콩빠오 五味九孔鮑, 삼겹살을 푹 익힌 메이깐커우러우 梅干扣肉를 과바오 제빠오라는 빵에 넣어 먹는 것, 닭고기볶음 꿍바오지딩 宮保雞丁, 볶음밥 난타이완차오판 南臺灣炒飯 등이 있다. 홈페이지를 통해 예약하고 가는 것이 좋다. 예산은 1인 NT$400~500 정도이며 서비스 차지 10퍼센트가 따로 붙는다.

위치 M M 쭝샤오푸싱역 4번 출구에서 직진하다가 천인명차 지나기 전 골목으로 진입, 세븐일레븐 맞은 편, 도보 4분 주소 台北市 大安區 忠孝東路四段101巷 14號 오픈 11:30~24:00(금·토요일 ~01:00) 카드 가능 전화 02-2731-3833 홈피 www.sanhoyan.com.tw

샤오스허우빙궈스 小時候冰菓室(소시후빙과실)

MAP 9-F

'어릴 적'이라는 의미를 가진 샤오스허우는 복고풍 외관이 눈길을 사로잡는 빙수집이다. 입구는 옛날 오락기와 제빙기, 선풍기, 포스터 등을 비롯해 빙수에 사용하는 연유 깡통이 전시품처럼 진열되어 있다. 메뉴는 천장 쪽에 중국어로 쓰여 있는데 잘 모른다면 벽에 붙은 빙수 사진을 보고 주문해도 된다. 추천 메뉴는 수박빙수 시시리과빙 西西里瓜冰(NT$100), 망고빙수 망궈뉴나이빙 芒果牛奶冰(NT$200), 딸기빙수 차오메이뉴나이빙 草莓牛奶冰(NT$200)이다. 다만, 과일빙수는 계절에 따라 출시되지 않는 것이 있고, 기타 일반 빙수는 NT$60 정도로 아주 저렴하다.

위치 쭝샤오푸싱역 4번 출구에서 첫 번째 골목으로 좌회전해 직진하다가 세 번째 골목에서 우회전해 두 블록 반 직진 후 왼편, 도보 6분 주소 台北市 大安區 大安路一段51巷 39號 오픈 13:00~22:00 홈피 www.facebook.com/pg/childhoodice

화톈궈스 花甜果室(화첨과실) Blossoming Juice

MAP 9-F

타이베이 젊은이들에게 인기를 끌어 SNS에서 핫했던 음료 전문점으로 신선한 과일로 만든 주스(NT$90~95), 밀크쉐이크(NT$95), 스무디(NT$105~140)를 판매한다. 이곳이 사람들의 이목을 집중시킬 수 있던 이유는 이곳만의 컬러풀한 비주얼 덕분이다. 실제 음료 색상뿐 아니라 메뉴판까지 예쁜 색으로 꾸며져 있어 눈길을 사로잡으며, 메뉴 이름들도 굉장히 독특하다. 내부가 굉장히 아담한 편이라 테이크아웃 전문이라 생각하면 된다.

위치 M M 쭝샤오푸싱역 4번 출구에서 첫 번째 골목으로 좌회전해 직진하다가 막다른 곳에서 우회전해 두 블록 직진 후 오른편, 도보 5분 주소 台北市 大安區 敦化南路一段160巷 40號 오픈 월~목요일 13:00~20:00, 금~일요일 13:00~21:00 홈피 www.facebook.com/BLOSSOMINGJUICE

TIP
용캉점(2호점)
지도 MAP 6-A
위치 M M 동먼역 5번 출구에서 오른쪽 길(용캉제)로 진입 후 직진, 도보 5분
주소 台北市 大安區 永康街 30號
오픈 13:00~21:00

딩과궈(쭝샤오점) 頂呱呱(정고고) T.K.K Fried Chicken

MAP 9-G

1974년에 시먼딩에서 시작해 타이완을 대표하는 패스트푸드 체인점으로 자리 잡았다. 타이완 동부를 제외한 지역에 총 50여 개의 매장이 있으며, 타이베이 및 근교에만 40개의 매장이 있다. 쭝샤오점은 딩과궈의 플래그십 스토어로 쭝샤오둔화역 1번 출구 바로 앞에 위치해 접근성이 뛰어나다. 메뉴는 오리지널 치킨(200g NT$80), 버터옥수수(NT$30) 등을 추천하며, 세트 메뉴는 1인 NT$145~155 정도의 가격이다.

위치 M 쭝샤오둔화역 1번 출구 앞 주소 台北市 大安區 忠孝東路4段 175-1號 오픈 11:00~24:00 전화 02-8771-9940 홈피 tkkinc.com.tw

이팡쉐이궈차 一芳水果茶(일방수과차) YI FANG

MAP 9-L

타이완은 차와 음료의 천국답게 과일차를 대중적으로 판매하는 브랜드도 있다. 파인애플 농장의 농부와 결혼한 창업자의 할머니는 파인애플을 활용해 천연 과일잼과 파인애플물 등을 만들었다. 그 비법을 전수받은 창업자는 타이완의 풍부한 자원을 이용해 제철 과일로 과일 본연의 맛이 살아 있는 과일차를 만들었다. 과일차 외에 밀크티, 전통차도 있으며 음료는 얼음의 양과 당도를 조절할 수 있다. 인기 메뉴는 여러 과일이 들어가 상큼한 이팡쉐이궈차 一芳水果茶 (NT$50), 쩐주나이차인 펀위엔셴나이차 粉圓鮮奶茶(NT$45)이다.

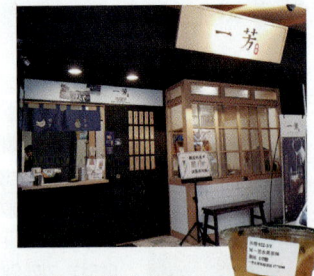

위치 M 궈푸지녠관역 2번 출구에서 직진 후 두 번째 골목에서 우회전해 한 블록 가서 좌회전하면 왼편, 도보 3분 주소 台北市 大安區 延吉街 153-8號 오픈 10:00~22:00 전화 02-7730-0066 홈피 www.yifangtea.com.tw

페이스푸루웨이 桂師傅滷味(계사부로미)

MAP 9-E

쭝샤오푸싱역 주변에서 맛집기로 유명한 루웨이집. 집게를 이용해 자기가 먹고 싶은 재료를 그릇에 담으면 된다. 그러면 아저씨가 먹기 좋게 잘라서 약간 한방 냄새가 나는 국물에 담갔다가 꺼내준다. 일종의 살짝 매콤한 샤부샤부라고 생각하면 된다. 따로 좌석이 없는 노점이라 포장해 준다. 원래 이름은 딩하오샹루웨이 頂好香滷味였는데 변경되었다.

 위치  쭝샤오푸싱역 1번 출구에서 우회전해 직진하다가, 하이라이프 편의점 지나자마자 왼편 주소 台北市 大安區 安東街 50號 오픈 17:00~23:00 휴무 일요일

린동팡 우육면 林東芳牛肉麵(임동방우육면) 린동팡뉴러우멘 Lindongfang Beef Noodle

MAP 9-A

타이완의 수많은 우육면집 중 현지인들이 단연 최고라 꼽는 곳 중 하나이다. 늦은 밤에도 항상 손님이 끊임없이 찾아온다. 이곳 우육면의 인기 비결은 담백한 국물 맛에 있다. 면발은 쫄깃쫄깃, 고기는 야들야들 아주 부드럽지만, 장시간 조린 소고기라 다소 짜므로 면과 함께 먹는 것이 좋다. 가격은 소 NT$170, 대 NT$200. 본래 아주 작고 허름한 곳이었는데 최근 두 차례 이전으로 리모델링하여 고풍스러우면서도 정갈한 분위기에서 즐길 수 있게 되었다.

 위치  쭝샤오푸싱역 1번 출구에서 도보 10분 주소 台北市 中山區 八德路二段 322號 오픈 11:00~03:00 전화 02-2752-2556

사향오도 四鄉五島 쓰샹우다오

MAP 9-A

1992년에 문을 연 곳으로 다양한 면 요리를 주메뉴로 하며 그밖에 만두나 간단한 반찬도 판매한다. 대표 메뉴는 마장몐 麻醬麵(소 NT$40, 대 NT$60)과 헤이마몐 黑麻麵(소 NT$50, 대 NT$70). 마장몐

은 고소한 참깨소스에 면을 비벼 먹는 요리이고, 헤이마몐은 일반 깨가 아닌 검은 깨로 만든 소스에 비벼먹는 것이다. 둘 다 면이 굉장히 쫄깃쫄깃하고 소스가 고소한데 헤이마몐이 조금 더 담백하다. 24시간 영업하고, 새벽에 가도 현지인들로 내부가 꽉 차 있다.

위치  쭝샤오푸싱역 1번 출구에서 도보 10분 주소 台北市 中山區 遼寧街 7號 오픈 24시간 전화 02-2771-5406 홈피 www.matsunoodles.com

딩하오쯔린 頂好紫琳(정호자림)

MAP 9-F

동취에서 유명한 찐만두 쩡쟈오 蒸餃 전문점. 오래된 쇼핑몰 지하에 위치하는데, 현지인에게 인기 만점이다. 살짝 두툼한 피 안에 고기가 가득해 베어 물면 육즙이 흘러나오는 셴러우쩡쟈오 鮮肉蒸餃 (NT$80)와 소고기·소스·파를 밀전병에 돌돌 말아 구운 따빙쥰뉴러우 大餠捲牛肉(NT$80)가 추천 메뉴. 딩하오밍뎬청 頂好名店城 쇼핑몰에서 에스컬레이터를 타고 지하로 내려가면 바로 보인다.

위치 Ⓜ 쫑샤오둔화역 7번 출구에서 직진, 도보 3분/동취 지하상가 11번 출구 앞 주소 台北市 大安區 忠孝東路四段 97號 오픈 11:00~21:00 전화 02-2752-0962

마산탕 麻膳堂(마선당) MAZENDO

MAP 9-L

마라 우육면 麻辣牛肉麵(NT$200/서비스 차지 10% 별도)으로 유명하다. 마라는 맵고 얼얼하다는 뜻으로 일반 우육면과 다르게 마라 국물로 만든다. 우육면 속 고기는 다른 곳과 다르게 얇고 숙주나물과 파를 듬뿍 올려준다. 오리 선지와 유부가 들어가므로 선지를 안 먹는 경우, 빼달라고 하면 된다. 소고기 대신 돼지고기나 양고기가 들어간 것도 있고 십여 개의 면 요리를 비롯해 볶음밥·만두·탕류를 판매한다.

위치 Ⓜ 궈푸지녠관역 2번 출구에서 직진해 오른편 주소 台北市 大安區 光復南路 280巷 24號 오픈 11:00~22:00 전화 02-2773-5559 홈피 www.mazendo.com.tw

키키 레스토랑 KiKi餐廳(KiKi찬청) KiKi찬팅 KiKi Restaurant

MAP 9-L

사천요리 전문점으로 타이베이에만 다섯 개의 지점이 있다. 깔끔한 인테리어와 매콤한 사천요리가 맛있다. 영어 메뉴도 있고 주요 음식 사진이 나와 있어 주문하는 데 크게 문제 없다. 추천 메뉴는 라오피넌러우 老皮嫩肉(연두부튀김), 쏸니바이러우 蒜泥白肉(마늘소스 돼지고기냉채), 떠우츠칭커 豆豉青蚵(검은콩소스로 만든 매콤한 굴과 두부볶음), 라쯔지딩 辣子雞丁(매운 닭튀김), 촨웨이딴딴몐 川味擔擔麵(사천식 딴딴몐). 가격은 1인 약 NT$300 정도로 서비스 차지 10퍼센트가 따로 붙는다. 키키 레스토랑은 사천요리와 태국 요리를 하는 곳으로 구분되어 있으니 매장을 찾아가거나 예약할 때 주의하자.

위치 Ⓜ 궈푸지녠관역 2번 출구에서 직진 후 세 번째 골목에서 우회전해 왼편 주소 台北市 大安區 光復南路 280巷 47號 오픈 11:30~15:00, 17:15~22:30(일요일 ~22:00/ 주문 1시간 전 마감) 전화 02-02781-4250 홈피 www.kiki1991.com

사천오초수 四川吳抄手 쓰촨우차오쇼우 Chili House Restaurant

MAP 9-L

현지인에게 원체 유명한 사천요리집으로 〈꽃보다 할배〉 대만편에 나오면서 한국인 관광객에게도 유명해졌다. 이곳의 요리사는 모두 중국 사천 출신으로 제대로 된 사천요리를 맛볼 수 있다. 이름을 보면 알 수 있듯 대표 메뉴는 차오쇼우다. 매콤한 소스를 끼얹은 만두인 홍요우차오쇼우 紅油抄手는 필히 주문해줘야 하고 그 외 쌀가루를 묻혀서 찐 곱창 펀쩡페이창 粉蒸肥腸, 전병에 싸먹는 콩줄기볶음 깐볜쓰지떠우 乾煸四季豆, 매콤한 고기부추볶음 창잉터우 蒼蠅頭, 매콤한 돼지고기볶음 촨웨이샤오차오 川味小炒 등도 추천한다. 예산은 1인 NT$300~400 정도이며, 서비스 차지 10퍼센트가 따로 붙는다.

위치 Ⓜ 쫑샤오둔화역 3번 출구에서 직진하다 스타벅스 지나자마자 우회전해 골목으로 진입하면 바로 왼편, 도보 3분 주소 台北市 大安區 忠孝東路四段 250-3號 오픈 11:30~14:30, 17:30~21:00 전화 02-2772-1707 홈피 www.facebook.com/justhot2007

카이판촨스탕 開飯川食堂(개반천식당) KAIFUN TOGETHER

MAP 9-F

심플, 모던한 분위기의 사천요리 전문점이다. 40년의 정통 기술을 이어받았으며, 엄선된 천연 식재료와 다양한 향신료로 음식을 만든다. 추천 메뉴는 닭고기에 참깨소스와 고추기름을 부은 류커우쉐이지 流口水雞(NT$340), 돼지막창볶음 판군배페이창 翻滾吧!肥腸(NT$380), 튀긴 닭다리살과 고추, 화쟈오를 볶은 꺼러산라즈지 歌樂山辣子雞(NT$300), 달걀과 고추를 볶은 췌이레이단 催淚蛋(NT$240) 등이다. 식초 음료를 무료로 리필해주며, 식사시간이 90분으로 한정되어 있다. 근처 소고백화점 둔난점(SOGO敦南店)과 Q스퀘어, 스정푸역 등에도 지점이 있다.

위치 쭝샤오푸싱역 3번 출구에서 직진, 도보 1분 주소 台北市 大安區 忠孝東路四段 98號 7F(Bistro98) 오픈 11:30~15:00, 17:30~22:00 카드 가능 전화 02-8771-6238 홈피 www.kaifun.com.tw

동취펀위엔 東區粉圓(동구분원) Eastern Ice Store

MAP 9-K

펀위엔 粉圓은 찹쌀반죽을 쫄깃하게 끓인 동그란 떡 같은 것을 말한다. 쩐주나이차의 쩐주가 바로 이것이다. 현지인들이 즐겨 먹는 디저트로 이곳은 사람들의 입소문을 타고 유명해졌다. 우선 차가운 메뉴인 펀위엔, 떠우화와

따뜻한 메뉴인 팥탕, 선초, 탕수, 떠우화 중 하나를 선택하고 그 위에 올라갈 토핑을 한 가지에서 네 가지 고르면 된다. 토핑은 팥, 녹두, 보리, 아이위, 고구마, 땅콩, 토란떡, 젤리, 과일시럽 등이 있다. 가격은 모두 NT$60이다.

위치 쭝샤오둔화역 3번 출구로 나와 사거리에서 우회전해 오른편, 도보 5분 주소 台北市 大安區 忠孝東路四段 216巷 38號 오픈 11:00~23:30 전화 02-2777-2057 홈피 www.efy.com.tw

스테이리얼 카페 StayReal Cafe

MAP 9-G

타이완 최고의 밴드 오월천의 보컬 아신이 만든 의류 브랜드 스테이리얼에서 2011년 오픈한 카페. 오월천 멤버들이 자주 갔다는 월드 바리스타 챔피언의 카페 GABEE와 함께 만들었다. 카페 입구의 쇼윈도와 내부에 스테이리얼 제품이 진열되어 있어 구입 가능하다. 내부는 1층과 지하로 되어 있다. 훌륭한 맛의 커피(NT$120~200)와 겉과 속이 알맞게 구워져 부드럽고 맛있는 꽃 모양의 와플(NT$160~240)을 추천한다. 서비스 차지는 별도.

위치 쭝샤오둔화역 1번 출구에서 뒤돌아 첫 번째 골목으로 직진, 교회를 지나 다음 골목에서 좌회전하면 오른편, 도보 2분 주소 台北市 大安區 敦化南路一段 177巷 21號 오픈 12:00~22:00 전화 02-2731-8011 홈피 www.facebook.com/StayRealCafe

카페농 咖啡弄(가배롱) Coffee Alley

MAP 9-G

맛있는 와플로 유명하며, 종종 줄을 서야만 카페 입장이 가능할 정도로 현지 젊은이들에게 인기가 높다. 컬러 신문처럼 만들어진 메뉴판은 주문 전부터 눈을 즐겁게 해준다. 와플이 유명하지만 샌드위치, 밀푀유 등 다른 메뉴도 맛있다. 가격은 커피 NT$120~170, 와플 NT$130~190, 샌드위치 NT$180~230이며, 서비스 차지는 별도. 인기 만점 카페인지라 이용시간은 90분으로 제한되고, 1인 1잔 이상 주문을 해야 한다. 홍콩에도 진출했으며 타이베이에만 다섯 개의 지점이 있다.

위치 M 쭝샤오둔화역 2번 출구로 나와 골목으로 좌회전 후, 첫 번째 갈림길에서 다시 좌회전하면 왼편 건물 2층, 도보 2분 주소 台北市 大安區 敦化南路一段 187巷 42號 오픈 12:00~23:00 전화 02-2711-1910 홈피 www.coffee-alley.com

커피 트리 咖啡樹(가배수) 카페이슈 COFFEE TREE

MAP 9-G

상점 개·폐업이 잦은 동취에서 10년이 넘게 영업 중인 카페 겸 레스토랑이다. 입구에 눈길을 끄는 아담한 야외 구역이 있고 내부도 아기자기하니 깔끔하다. 무엇보다 늦은 시간까지 영업해 여행 후 시간이 남을 때 방문하기 좋다. 스무디, 과일차, 밀크티, 커피, 맥주, 와인 등 다양한 음료 및 주류를 비롯해 파니니, 파스타, 피자, 와플 등 음식 종류도 판매한다.

위치 M M 쭝샤오푸싱역 1번 출구 뒤쪽 골목으로 진입해 두 블록 가서 우회전하면 오른편 주소 台北市 大安區 敦化南路一段 187巷 34號 오픈 12:00~24:00 휴무 화요일 전화 02-2771-2050 홈피 www.facebook.com/C.T.Bistro

홀리데이 KTV 好樂迪(호락적) 하오러디 Holiday KTV

MAP 9-A

KTV는 타이완의 노래방을 일컫는 말이다. 타이완의 노래방은 우리네 노래방과는 다르게 노래도 부르고 음식도 먹으면서 즐길 수 있는 곳으로 고급화된 노래방이라 생각하면 되겠다. 파티 월드 Party World(錢櫃)와 홀리데이 Holiday(好樂迪)가 대표적인 KTV 체인점이다. 로비 한쪽에 마련된 뷔페에서 무제한으로 음식을 가져다 먹을 수 있고 따로 요리를 주문할 수도 있다. 요금은 요일·시간대·인원에 따라 달라 다소 복잡하다. 그냥 평일보단 주말이 더 비싸고, 하루 중엔 저녁이 제일 비싸다는 정도만 알아두고 직원이 계산해주는 대로 지불하면 된다. 중국어로 된 예약 시스템이 어렵다는 것이 단점이지만 해당 노래의 뮤직비디오와 가수의 코러스가 나오므로 타이완 가수를 좋아하는 사람에게는 천국 같은 곳이다.

위치 ⓂⓂ 쭝샤오푸싱역 5번 출구에서 직진, 도보 7분 주소 台北市 松山區 復興南路一段 29號 오픈 월~금요일 14:00~06:00, 토·일요일 12:00~06:00 요금 1인 약 NT$400(3~4시간) 전화 02-2751-2508 홈피 www.holiday.com.tw

진러 발 마사지 金樂足體養生會館(금락족체양생회관) 진러쭈티양성훼이관

MAP 9-A

빠더루 八德路 도로에 있는 규모가 큰 괜찮은 마사지 숍 중 하나. 입구로 들어가면 직원이 친절하게 안내한다. 실내는 넓고 쾌적한 분위기로 발 마사지 구역, 전신 마사지 구역, VIP 구역 등으로 나뉜다. 옷이 불편하

면 편안한 옷을 요청해 갈아입을 수 있고, 차 한 잔으로 서비스가 시작된다. 전문 마사지사로 구성되어 안전하고 시원하게 마사지를 받을 수 있다. 1층의 발 마사지 구역에는 TV도 설치되어 있는데, 센스 있게 한국 프로그램을 틀어주기도 한다.

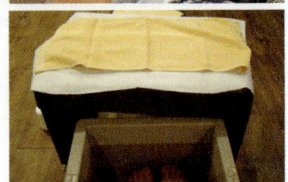

위치 ⓂⓂ 쭝샤오푸싱역 1번 출구에서 도보 10분 주소 台北市 中山區 八德路二段 324號 오픈 10:00~02:00 요금 발 마사지 NT$660/990(40분/70분), 전신 마사지 NT$1100(1시간) 전화 02-2771-1928 홈피 www.kinraku.com.tw

AREA 7

신이
信義(신의) Xinyi

타이베이의 경제 중심지이자 최대 쇼핑 지역. 타이베이시정부, 세계무역센터, 타이베이 101, 명품백화점 벨라비타, 새롭게 들어선 세 개의 브리즈 쇼핑몰, 네 개의 관이 이어진 신광 미츠코시, ATT4FUN 등 타이베이 최대의 쇼핑몰 상권이 형성되어 있다. 스정푸역에서 타이베이 101로 가는 길에 대형 쇼핑몰이 쭉 늘어서 있고 주말에는 백화점 건물 사이에서 다양한 거리 공연이 펼쳐져 볼거리가 더욱 풍성하다. 이곳 주변에는 바나 클럽도 많아 타이베이의 나이트라이프를 즐기기 좋다.

HOW TO TRAVEL

신이 이렇게 여행하자

➜ **여행 방법**

먼저 국부기념관에서 교대식을 보고 송산문창원구로 이동하여 전시를 관람하거나 여유를 즐기자. 그 후 시정부로 넘어와서 성품생활에서 서점을 비롯한 쇼핑몰 구경 후 쓰쓰난춘에 들렀다가 타이베이 101에 오르자. 오후 느지막이 상산에 올라 야경까지 보고 내려오면 금상첨화.

➜ **추천 코스(7시간 소요)**

송산문창원구
p.189
— 도보 12분 →
성품생활
p.191
— 도보 15분 →
쓰쓰난춘
p.186
— 도보 5분 →
타이베이 101
p.183

도보 20분

상산
p.190

182 PART 2 타이베이

타이베이 101 台北 101(대북 101) Taipei 101

MAP 10-F

2004년 12월 31일에 오픈한 타이베이의 랜드마크. 지하 5층부터 지상 101층, 총 높이 509.2미터로 원래 이름은 국제금융센터였다. 대나무처럼 생긴 건물 외관은 8층씩 묶어 여덟 개의 층으로 올렸다. 이는 타이완에서 숫자 '8'이 번영과 발전 등을 의미하기 때문이다. 지하 1층부터 지상 5층까지는 쇼핑몰이다. 지하 1층에는 슈퍼마켓과 세계 각국의 음식을 맛볼 수 있는 푸드코트가, 1층부터는 각종 명품을 비롯한 다양한 쇼핑 매장이 입점해 있다. 85층과 86층은 전망을 보며 식사를 할 수 있는 고급 레스토랑이 자리한다. 89층은 전망대이며 나머지 층에는 여러 회사가 입주한 비즈니스 공간이다. 빌딩 밖 신이루 信義路 도로변에 있는 LOVE 조형물에서 기념사진을 찍는 것도 잊지 말자.

위치 Ⓜ 타이베이101/스마오역 4번 출구에서 연결 **주소** 台北市 信義區 信義路五段 7號 **오픈** 일~목요일 11:00~21:30, 금·토요일 및 공휴일 전날 11:00~22:00 **휴무** 무휴 **전화** 02-8101-8800 **홈피** www.taipei-101.com.tw

TIP

빌딩 외부 점등시간은 일몰부터 밤 10시까지이고 요일별로 고정된 무지개색이 점등되어 밤에 빌딩만 봐도 오늘이 무슨 요일인지 알 수 있다.

월-빨간색 금-파란색
화-주황색 토-남색
수-노란색 일-보라색
목-초록색

타이베이 101 둘러보기

101 전망대
101 觀景台(101 관경대) 101 관징타이 Taipei 101 Observatory

5층에 매표소가 있다. 초고속 엘리베이터를 타고 37초 만에 382미터 높이의 89층 전망대로 이동한다. 전망대는 360도로 타이베이 시내 전경을 볼 수 있고 날씨가 좋으면 91층 야외 전망대까지 올라갈 수 있다. 전망대 가운데에는 지진으로부터 지켜준다는 세계 최대 규모의 공기제동기인 댐퍼 Damper가 있다. 이 댐퍼를 이용해 만든 타이베이 101의 마스코트 댐퍼 베이비 Damper Baby가 전망대 곳곳에 있다. 티셔츠, 모자, 컵 등 각종 기념품으로도 판매된다. 전망대는 늦은 오후에 올라가서, 타이베이의 노을부터 야경까지 모두 보는 것을 추천한다.

위치 89층
오픈 09:00~22:00(45분 전 입장 마감)
요금 NT$600, 115cm 이하 아동 무료

TIP
• 관광객 대기 줄이 너무 길어 기다리기 힘들다면 쾌속통행표(NT$1200)를 구입해 바로 입장하는 방법도 있다.
• 무료로 대여해주던 오디오 가이드가 2015년부터 유료(NT$120)로 변경되었다. 한국어를 지원하며, 대여 시 여권을 맡겨야 한다.

스타벅스
로빠커(성파커) 씽바커 Starbucks

비싼 101 전망대 대신 차선책으로 이용하는 사람들이 많아지며 입소문이 났다. 35층이라는 전망대의 반도 안 되는 높이에 시야도 좁아 전망대와 비교할 수는 없지만 커피 한잔과 함께 나름대로 고층빌딩에 있는 즐거움을 누릴 수 있다. 단, 전화 예약을 해야만 갈 수 있다. 1주일 내 날짜만 예약 가능하고, 최소 하루 전에 예약해야 한다.

위치 35층 오픈 월~금요일 07:30~20:00, 토·일요일 09:00~19:30 전화 02-8101-0701 홈피 www.starbucks.com.tw

TIP 예약 및 입장 방법
1. 전화 예약 후 예약번호를 부여하니 기억해둔다.
2. 당일 예약시간 5분 전 1층 안내데스크 앞에서 대기하고 있으면 직원이 내려온다.
3. 명단 확인 후, 직원 통솔에 따라 엘리베이터를 타고 올라간다.
4. 카페 이용 후, 직원이 줬던 번호카드를 돌려주면 다시 직원 통솔에 따라 1층으로 내려간다.

주의사항
- 1인당 NT$250 이상 소비해야 함
- 이용시간은 90분 제한
- 영업 마감 90분 전까지만 입장 가능
- 반바지나 슬리퍼 등 너무 편한 차림은 자제

TWG 티 살롱 앤 부티크
TWG Tea Salon&Boutique

오래전부터 동서양 차 무역의 중심지였던 싱가포르에서 탄생했다. 세계 36개국의 명성 높은 다원과 독점 계약을 맺고 신선한 찻잎을 공급받아 만들어낸 1000여 종류의 차를 판매하는 세계적인 차 브랜드이다. 타이완에는 타이베이에 네 곳, 까오슝에 한 곳의 매장이 있다. 타이베이 101 5층에 있는 매장은 입구부터 굉장히 화려하고 럭셔리하다. 한쪽에서 다양한 차와 차로 만든 마카롱 등을 판매하고, 다른 한쪽은 차와 함께 식사할 수 있는 공간이다. 전망대 매표소로 가는 길목에 있으니 한번 들러보자.

위치 5층
오픈 11:00~21:30(금·토요일 ~22:00)
홈피 www.twgtea.com

지미 달버스 幾米月亮公車(기미월량공거) 지미위에량꽁처 Jimmy Moon Bus

MAP 10-F

2014년 11월부터 타이베이 신이구 信義區에 처음으로 지미의 설치예술 작품이 장기 전시되었다. 지미 리아오 Jimmy Liao는 타이완의 유명한 일러스트 동화 작가로 그의 작품은 드라마, 영화, 뮤지컬로도 만들어졌으며 한국에도 팬이 많다. 줄을 서서 매번 15명씩 입장해 10분간 참관 가능한데 사람이 별로 없을 때는 현장 직원의 안내에 따라 바로 입장도 가능하다. 고정된 버스 안에 〈달과 소년〉의 주인공을 비롯해 알록달록한 전구와 소품, 몽환적인 배경 음악까지 더해져 좁지만 환상적인 공간을 연출한다. 낮보다는 저녁에 방문하는 것을 추천한다.

위치 타이베이101/스마오역 3번 출구에서 직진, 타이베이 101 대각선 주소 台北市 信義區 信義路五段及松智路口 오픈 09:00~21:00 휴무 월요일 요금 무료

쓰쓰난춘 四四南村(사사남촌)

MAP 10-E

신의공민회관 信義公民會館이라고도 불리며, 1949년부터 대략 1960년대 중국 본토에서 넘어온 중화민국군과 그 가족이 살았던 군사 지역이다. 타이완에는 이러한 군사거주지가 약 886곳이 있는데 이곳도 그중 한 곳으로 당시 마을 내 주민이 44병공창 44兵工廠 노동자였고, 마을이 44병공창의 남쪽에 위치해서 쓰쓰난춘 四四南村이라는 이름이 붙었다. 당시 거주자들은 이곳 이름을 줄여서 난춘이라고 했다. 세련된 동네의 높은 건물들 사이에서 이런 낡고 작은 건물을 보면 마치 촬영 세트장에 와 있는 것 같은 기분이 든다. 구석구석 돌며 소소한 즐거움을 발견해보자. 전시관과 상점이 있고 주말에는 중앙광장에서 심플 마켓이 열린다.

위치 타이베이101/스마오역 2번 출구로 나와 농구장을 끼고 좌회전해 직진 후 왼편 주소 台北市 信義區 松勤街 50號 오픈 09:00~16:00 휴무 월요일 요금 무료 전화 02-2723-7937

쓰쓰난춘 둘러보기

심플 마켓
簡單市集(간단시집) 젠단스지 Simple Market

주말에 쓰쓰난춘 중앙광장에서 열리는 마켓. 디자이너의 창의적인 제품을 파는 프리마켓은 매주 일요일 오후에 열리고, 사용하던 제품을 아주 저렴하게 판매하는 플리마켓은 매월 둘째·넷째 토요일에 열린다. 신청을 통해 선정된 판매자만 참여할 수 있는 마켓이라 믿고 구매할 수 있으며 플리마켓에서는 생각지도 못한 저렴한 가격에 좋은 상품을 만날 수도 있으니 잘 살펴보자. 간혹 마켓이 안 열리는 날이 있을 수 있으니 미리 홈페이지 공지를 확인하고 방문하는 것이 좋다.

오픈 프리마켓 일요일 13:00~19:00, 플리마켓 둘째·넷째 토요일 13:00~19:00 홈피 simplelife.streetvoice.com/live

하오 치우
好丘(호 구) Good Cho's

현장에서 만드는 한정 수제 베이글로 유명하다. 베이글만 파는 베이커리가 아니라 좋은 재료로 만든 음식, 창의적인 브랜드 마켓, 음악과 문화 공연 등이 결합한 공간이다. 영어명 Good Cho's는 Good Choice의 발음에서 따왔다. 크림치즈 및 고구마, 초콜릿, 멀베리, 타로, 팥, 토마토칠리 등 다양한 맛의 베이글(NT$35~60)과 베이글버거가 있다. 카페에서 먹고 갈 때는 1인 최소 NT$120 이상 소비해야 하고 10퍼센트의 서비스 차지가 추가된다. 2011년 이곳 신이점에 이어 위엔산점, 텐무점도 오픈했다.

오픈 월~금요일 10:00~20:00, 토·일요일 09:00~18:30
휴무 첫째 월요일 전화 02-2758-2609 홈피 tw.streetvoice.com/goodchos

타이베이시정부 市政府 스정푸 Taipei City Hall

MAP 10-D

타이베이의 중심부로 MRT 스정푸역 바로 근처에 위치한다. 정문으로 들어가면 오른편 1층부터 4층에는 탐색관이 있는데, 타이베이의 역사와 문화를 다양한 전시를 통해 잘 설명해준다. 1층에는 타이베이시 기념품점도 있어 편하게 둘러볼 수 있다. 시청 앞 시민광장은 타이베이 101이 잘 보이는 위치라 사진도 찍을 겸 잠시 쉬어가기에 좋다. 매년 마지막 날에는 광장에서 새해맞이 행사가 열려 수많은 인파가 몰리기도 한다.

위치 Ⓜ 스정푸역 2번 출구에서 지하도로 도보 3분 **주소** 台北市 信義區 市府路1號 **오픈** 탐색관 09:00~17:00 **휴무** 탐색관 월요일 **요금** 탐색관 무료 **홈피** www.gov.taipei(탐색관 discovery.gov.taipei)

국립국부기념관 國立國父紀念館 궈리궈푸지녠관 National Dr. Sun Yat-sen Memorial Hall

MAP 10-C

타이완의 국부(國父)로 추앙받는 쑨원 孫文을 기념하기 위해 건립된 건물이다. 건물 안으로 들어서면 커다란 쑨원의 좌상이 있고 그 앞에서 정시에 근위병 교대식이 이루어진다. 관내에는 쑨원에 관한 정보와 그의 물건 등이 전시되어 있다. 전시실 외에 약 2,600명을 수용하는 홀과 도서관 등 다른 시설도 있으며, 이곳에서 국내외 문화예술 활동을 진행하기도 한다. 금마상, 금종상 등 대형 수상식이 개최되기도 한다. 외부 공원은 잘 조성되어 있어 산책하기 좋으며, 타이베이 101의 사진을 찍기에도 좋은 장소다.

위치 궈푸지녠관역 4번 출구에서 직진, 도보 1분 **주소** 台北市 信義區 仁愛路四段 505號 **오픈** 09:00~18:00(근위병 교대식 09:00~17:00, 정시마다 10분간 진행) **휴무** 설 **요금** 무료 **전화** 02-2758-8008 **홈피** www.yatsen.gov.tw

송산문창원구 松山文創園區 쏭산원촹위엔취 Songshan Cultural&Creative Park

MAP 10-A

타이완총독부 전매국 담배공장이었던 곳. 중일전쟁 후 담배수출량이 증가하면서 이곳 담배공장을 만들게 되었고 당시 타이완 현대화 공업의 선구자 역할을 했다. 현재는 문화와 창작 기지로 탈바꿈해 예술·문화·창작 활동 및 다양한 특별 전시회 등이 열린다. 화산1914와 마찬가지로 공장을 개조해 문화 공간으로 만들었다는 점에서 비슷하지만 느낌은 사뭇 다르다. 화창한 날, 울창한 나무 밑 벤치에 앉아 생태연못에서 노는 오리를 구경하고 있으면 한낮의 평화로움이 온몸으로 전해져온다.

위치 ⓜ 스정푸역 1번 출구에서 오른쪽으로 직진하다가 忠孝東路四段553巷 도로로 우회전해 직진하면 왼편/ⓜ 궈푸지녠관역 5번 출구에서 오른쪽으로 직진하다가 사거리에서 우회전 주소 台北市 信義區 光復南路 133號 오픈 실내 09:00~18:00, 실외 08:00~22:00, 연못 주변 24시간 전화 02-2765-1388 홈피 www.songshanculturalpark.org

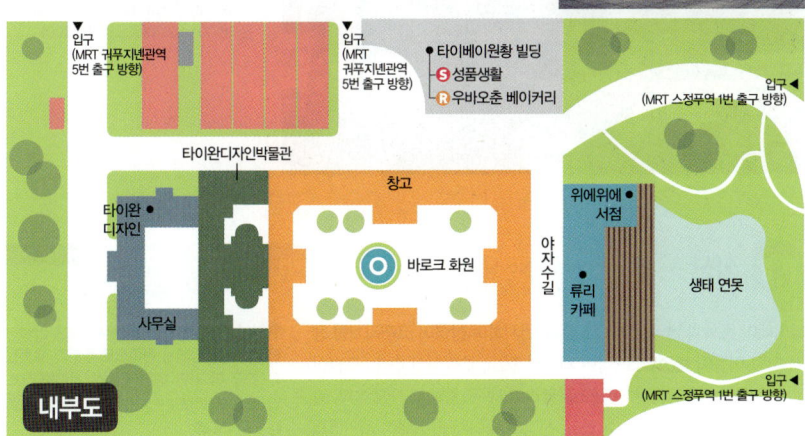

---- 송산문창원구 둘러보기 ----

성품생활
誠品生活 청핀성훠 The Eslite Spectrum

송산문창원구 안쪽 타이베이원촹 台北文創 빌딩에 들어선 복합문화 공간. 거대한 규모로 많은 시민의 발길을 이끄는데 한몫하고 있다. 2013년 이곳 쑹옌점이 오픈했으며, 의류·잡화·생활용품·공예품 매장과 극장·공연장·서점·카페 등이 들어서 있다. 그 외에도 유명한 키키 레스토랑 태국요리점, 까오즈, 춘수당 등이 입점해 있다.

위치 타이베이원촹 台北文創 빌딩 지하 2층~3층 오픈 11:00~22:00 전화 02-6636-5888 홈피 artevent.eslite.com

📷 린쟝제 야시장 臨江街夜市(임강가야시) 린쟝제예스 Linjiang Street Night Market MAP 1-K

린쟝제에 위치한 야시장으로 통화 야시장(通化夜市)이라고 불리기도 한다. 객가문화를 담은 약 8년의 역사를 가진 곳으로 타이베이 101 근처에 있어서 야경을 본 후 들러보기 좋다. 약 300미터 거리에 줄지은 200여 개의 노점에서 각종 간식, 잡화 등을 다양하게 판매한다. 유명한 먹거리로는 비빔국수 깐빤몐 乾伴麵, 고기탕인 러우겅탕 肉羹湯, 굴국수 어아몐셴 蚵仔麵線, 굴전 어아젠 蚵仔煎, 타이완식 소시지 샹챵 香腸, 돼지선지떡 쭈씨에까오 豬血糕 등이 있다.

위치 Ⓜ 신이안허역 4번 출구에서 왼쪽 골목으로 진입해 계속 직진, 두 번째 패밀리마트 앞에서 좌회전, 도보 5분 **주소** 台北市 大安區 臨江街 40巷 1弄 **오픈** 18:00~02:00(일요일 ~24:00)

📷 샹산 象山(상산) Elephant Mountain MAP 1-L

타이베이 동쪽의 남강산 자락 서측에 위치하며 산형이 코끼리처럼 생겨 이런 이름이 붙었다. 근접한 사자산 獅山, 호랑이산 虎山, 표범산 豹山과 함께 4대 짐승산 獸山으로 불리며 네 곳 중에서 가장 높다. 타이베이 시내에서 쉽게 갈 수 있고, 전망이 좋아서 타이베이 시민들의 중요한 여가 장소가 되었다. 해발 183미터의 높지 않은 산이지만 계단이 많아서 올라가는 데 힘들 수 있다. 하지만 전망대에 올라 타이베이 101이 우뚝 솟은 멋진 야경을 보면 고생한 보람이 느껴진다.

위치 Ⓜ 샹산역 2번 출구에서 직진, 공원이 끝나는 갈림길에서 왼쪽으로 올라가 우회전 해 조금 더 가면 왼편에 샹산 하이킹 코스 입구, 도보 10분 **주소** 台北市 信義區 信義路五段 150巷

유니-유스타일 백화점
統一時代百貨 통이스따이바이훠
Uni-UStyle Department Store

MAP 10-D

타이완의 거대 기업인 통일 그룹이 일본의 한큐백화점과 기술 합작해 만든 백화점이다. 2016년 3월 두 곳의 계약이 만료되면서 지금의 이름으로 정식 변경했다. 지하 2층부터 지상 7층은 백화점, 1층은 시정부 버스터미널, 8층부터 31층까지는 W호텔이다. 고급스럽고 깔끔한 인테리어로 타이베이 시민의 발길이 끊이지 않는다.

위치 Ⓜ 스정푸역 2번 출구에서 지하로 연결 **주소** 台北市 信義區 忠孝東路五段 8號 **오픈** 일~목요일 11:00~21:30, 금·토요일 및 공휴일 전날 11:00~22:00 **전화** 02-2729-9699 **홈피** www.uni-ustyle.com.tw

성품생활(신이점)
誠品生活 청핀셩훠 The Eslite Spectrum

MAP 10-D

타임지가 선정한 아시아 최고의 서점인 성품서점을 비롯해 공예품·생활용품 매장 및 레스토랑이 입점한 복합문화 공간이다. 2006년에 오픈한 이곳 신이점은 기함점인 만큼 규모도 크고 잘 정돈되어 있어, 성품의 진면목을 보여준다. 매년 1200만 명 이상이 이곳을 찾을 정도로 유명 관광지가 되었다.

위치 Ⓜ 스정푸역 2번 출구로 올라가 왼편으로 버스터미널 건물을 통과하면 바로 앞 **주소** 台北市 信義區 松高路 11號 **오픈** 상점 일~목요일 11:00~22:00, 금·토요일 11:00~23:00/서점 10:00~24:00 **전화** 02-8789-3388 **홈피** www.eslitecorp.com

신광 미츠코시(신이점) 新光三越(신광삼월) 신광싼위에 Shin Kong Mitsukoshi

MAP 10-D

타이완의 신광 그룹과 일본의 미츠코시 그룹이 합작으로 만든 백화점 체인. 이곳 신이점은 A4 · A8 · A9 · A11관의 네 건물로 이루어져 있어 백화점 밀집 지역인 신이 상권에서도 주요 백화점으로 단연 손꼽힌다. A4관이 스정푸역과 가장 가까이 위치하고 타이베이 101 방향으로 나머지 관이 늘어서 있는데 건물끼리 구름다리로 연결되어 있어 이동도 편리하다. 이 구름다리는 타이베이101까지 이어진다. 주말에는 백화점 건물들 사이에서 다양한 거리 공연이 펼쳐져 볼거리가 더 풍성하다.

위치 Ⓜ 스정푸역 3번 출구로 나와 바로 우회전해 직진 주소 台北市 信義區 松高路19號 오픈 11:00~21:30(공휴일 전날 ~22:00) 전화 A4관 02-8789-5599 홈피 www.skm.com.tw

브리즈(쏭까오점) 微風(미풍) 웨이펑 Breeze

MAP 10-D

브리즈 그룹은 2001년 쭝샤오푸싱역과 난징푸싱역 사이에 있는 브리즈 센터를 시작으로 쭝샤오점, 타이베이처짠점 등 조금씩 영역을 확장했고 2014년에는 고급 쇼핑몰 밀집 지역인 신이 상권까지 진출했다. 이곳 쏭까오점은 지하 2층에서 지상 4층으로 되어 있으며, 여러 나라의 최신 유행 브랜드 매장이 입점해 있다. 1층에는 아이스 몬스터, 3층에는 라인 프렌즈 매장도 있다. 바로 근처에 신이점과 난산점도 있다.

위치 Ⓜ 스정푸역 3번 출구에서 도보 5분 주소 台北市 信義區 松高路 16號 오픈 일~수요일 11:00~21:30, 목~토요일 11:00~22:00 전화 02-6636-9959 홈피 www.breezecenter.com

> **TIP**
>
> **신이점** 信義店
> 위치 Ⓜ 스정푸역 3번 출구 바로 앞
> 주소 信義區 忠孝東路五段 68號
>
> **난산점** 南山店
> 위치 Ⓜ 타이베이101/스마오역 4번출구
> 주소 信義區 松智路 17號

우바오춘 베이커리 吳寶春麥方店(오보춘맥방점) 우바오춘마이팡뎬
Wu Pao Chun Bakery

MAP 10-F

까오송의 대표 베이커리로 본래 까오송 본점만 운영했었다. 2013년 타이베이 송산문창원구에 처음으로 지점을 오픈하여 타이베이시민들에게 환영을 받고 인기리에 운영해오다가 2018년 여름, 샨산역 근처로 옮겨 신이기함점을 오픈했다. 정직한 재료를 사용해 건강하고 맛있는 빵을 제공하는 것으로 알려진 우바오춘 베이커리는 2010년 프랑스에서 열린 베이커리월드컵에서 리치장미빵 荔枝玫瑰麵包(NT$360)으로 챔피언이 되었다. 리치장미빵 외에 여러 가지 다양한 빵들과 펑리수도 추천. 우바오춘 신이기함점은 '세계 빵 이야기관'이라는 별칭 아래 여러 차례 국제대회 출전을 바탕으로 세계 각국의 빵 문화에 대한 지식을 공유하고 있다.

위치 Ⓜ 샨산역 2번출구에서 차도를 따라 타이베이101 방향으로 도보 1분 **주소** 台北市 信義區 信義路五段 124·126號 1F **오픈** 09:30∼20:30 **전화** 02-2723-5520 **홈피** www.wupaochun.com

딤딤섬(신이점) 點點心(점점심) 뎬뎬신 DimDimSum

MAP 10-D

'마음에 점을 찍는다'라는 뜻을 가진 음식인 딤섬 전문점으로 홍콩에서 시작하여 상하이, 타이완을 거쳐 한국까지 매장을 오픈한 글로벌한 딤섬 프랜차이즈다. 여러 나라에 지점을 오픈한만큼 많은 사랑을 받는 곳으로 타이베이의 첫 지점이었던 신이점은 오픈 당시부터 엄청난 인기와 웨이팅을 자랑했다. 캐주얼한 분위기에 비교적 저렴한 가격으로 사랑받는 곳으로 유니크한 모양의 다양한 딤섬들은 눈과 입을 사로잡는 라인 LINE 앱에서 친구추가를 하여 예약이 가능하다.

위치 Ⓜ 스정푸역 3번 출구, 브리즈 신이점 B1층 **주소** 台北市 信義區 忠孝東路五段 68號 **오픈** 일∼수요일 11:00∼21:30, 목∼토요일 11:00∼22:00 **전화** 02-2345-0509 **홈피** www.facebook.com/dimdimsumtw

핀탕 品湯(핀탕)

MAP 1-G

하얀색의 매운맛 국물인 바이써마라궈 白色麻辣鍋 전문점이다. 핀탕의 매운맛은 일반 마라궈에 사용되는 화쟈오 花椒가 아니라 후추로 낸다. 개인 냄비에 나오는 다섯 종류의 훠궈탕 중 가장 대표적인 탕은 징화라오훠탕 精華老火湯이다. 돼지뼈, 닭뼈, 약재 등을 열여덟 시간 고아 만든 하얀 탕에 백후추를 넣어 매운맛을 낸다. 매운맛의 정도를 선택할 수 있고 소스는 특제일식 간장이 나오는데 기본과 매운맛 중에 선택한다. 주문은 소·돼지·양·닭·해산물 중에 원하는 것으로 하나를 선택하면 모둠채소와 면 또는 밥이 기본으로 같이 나온다. 단품 메뉴를 추가할 수도 있다. 가격은 고기 등급에 따라 인당 NT$300~600 정도이다.

위치 신이안허역 4번 출구에서 왼쪽 골목으로 진입해 계속 직진, 세 번째 갈림길에서 좌회전 후 오른쪽, 도보 2분 주소 台北市 大安區 通化街24巷 3號 오픈 11:30~23:30 카드 가능 전화 02-2700-8560 홈피 www.facebook.com/PINGTOM27008560

거우거우러우 훠궈 狗狗肉火鍋(구구육화과) Meat Feast Hotpot

MAP 1-G

질 좋은 고기로 승부하는 스터우훠궈 石頭火鍋 전문점이다. 스터우훠궈는 돌솥에 채소, 고기 등을 먼저 볶은 후 육수를 넣고 끓이는 훠궈를 말한다. 이곳은 양파, 파, 마늘을 먼저 볶고 육수를 넣은 후 고기는 나중에 넣어 먹는다. 이름에서부터 고기가 주된 곳이라는 느낌이 물씬 풍긴다. 매장의 외관과 내부 모두 깔끔하고 밝은 분위기이며, 주문은 소·돼지·양·닭·해산물 중 원하는 것을 선택하면 모둠채소와 면 또는 밥이 기본으로 같이 나온다. 소스, 음료, 아이스크림은 셀프바에서 직접 가져다 먹는다. 가격은 고기 종류와 등급에 따라 인당 NT$400~650 정도이다.

위치 따안역 4번 출구로 나와 오른쪽으로 가다가 사거리에서 왼쪽으로 길을 건너 골목으로 진입해 직진 후 오른편, 도보 4분 주소 台北市 大安區 大安路一段 231號 오픈 11:30~22:00(월~금요일 브레이크타임 14:00~17:30) 카드 가능 전화 02-2706-5085 홈피 www.facebook.com/meatfeast.hotpot

미스터제이 Mr.J義法廚房(Mr.J의법주방) Mr.J이파추팡

MAP 1-L

타이완을 대표하는 아티스트 주걸륜이 제작·주연한 영화 〈말할 수 없는 비밀〉을 테마로 한 프렌치 이탈리안 레스토랑으로 영화 팬이라면 방문해볼 만하다. 주걸륜 관련 소품과 영화 사진이 전시되어 있고, 영화 속에서 중요한 매개체였던 피아노도 실제로 전시되어 있다. 종업원들도 영화 속 교복을 입고 서빙한다. 높은 천장에 고급스러운 분위기지만 가격은 파스타 NT$200~360, 리소토 NT$300~330, 피자 NT$260~300 정도로 비싼 편이 아니며 음식 맛도 괜찮다. 오후 2시에서 5시에는 음료와 케이크를 저렴하게 제공하는 애프터눈 티 메뉴도 있다. 1인 최저 소비 요금은 NT$80.

위치 Ⓜ 타이베이101/스마오역 2번 출구에서 도보 13분, 타이베이의학대학교 台北醫學大學 내 주소 台北市 信義區 吳興街 250號 오픈 11:30~22:00 전화 02-2377-9090 홈피 www.mrj-tw.com

오월설 五月雪 우위에쉬에 May Snow Hakka Food

MAP 1-G

객가요리 客家菜 전문점. 오월설이란 객가인과 밀접한 관계가 있는 여우통화 油桐花라는 꽃의 별칭으로 5월에 내린 눈과 같아서 이런 이름이 붙었다. 이곳은 객가문화를 지키며 식재료의 특색을 살려 사용하고, 소금과 기름을 적게 사용하는 창의적인 요리를 개발한다. 메뉴판에 사진이 있어 주문하기 편하다. 추천 메뉴는 소금을 친 닭찜인 예산옌쥐지 野山鹽焗雞, 객가볶음밥 우위에쉬에차오판 五月雪炒飯, 객가식 두부조림 커샹샤오떠우푸 客香燒豆腐, 오리고기토란전병 위니야삥 芋泥鴨餅, 객가식 볶음 요리 커쟈샤오차오 客家小炒. 가격은 요리 1개당 NT$200~400선.

위치 Ⓜ 신이안허역 1번 출구 오른편에 있는 횡단보도를 건너 3분 직진 후 짱화은행 彰化銀行 골목으로 우회전, 첫 번째 골목에서 좌회전하면 왼편 주소 台北市 大安區 敦化南路一段 329巷 16號 오픈 11:00~14:00, 17:00~21:00 전화 02-2700-6248 홈피 www.maysnow.com.tw

AREA 8

쏭산
松山(송산) Songshan

타이베이 중심에서 동쪽에 있는 구(區)로 쏭산공항과 타이베이 아레나가 위치하고, 타이완의 유명한 관광 야시장 중 하나인 라오허제 야시장이 있다. 둔화베이루 敦化北路와 난징동루 南京東路 일대는 타이베이의 중요한 금융 상권으로 국내외의 유명 기업과 금융기구가 운집해있다. 쏭산공항 근처에는 타이베이 최초의 도시계획 개발지역인 민생사구가 있다.

HOW TO TRAVEL

쏭산 이렇게 여행하자

➜ 여행 방법

예쁜 카페가 많은 민생사구를 거닐다가 마음에 드는 카페에서 커피 한잔 하고 써니 힐과 찌아더 베이커리로 가서 펑리수를 쇼핑한 후, 저녁에는 라오허제 야시장으로 이동해 야경도 보고 저렴하고 맛있는 길거리 음식을 먹어보자. 민생사구는 MRT역에서 다소 떨어져 있어서 꽤 걸어가야 한다. 걷는 데에 자신이 없다면 타이베이시 공공자전거인 유바이크를 빌려 이동하는 것도 좋은 방법. 라오허제 야시장은 위치가 애매해 가기 불편했으나 MRT 쏭산-신뎬선이 새롭게 개통하면서 편리해졌다.

➜ 추천 코스(5시간 소요)

| 민생사구 | 써니 힐 | 찌아더 베이커리 | 라오허제 야시장 |
| p.200 | p.201 | p.204 | p.198 |

도보 6분 → 도보 15분 → MRT 3분

📷 쏭산역 松山站(송산참) 쏭산짠 Songshan Station   MAP 11-F

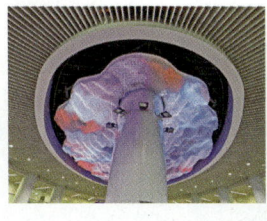

쏭산역은 원래 기차역만 있던 곳인데, 2014년 MRT 쏭산-신뎬선 松山-新店線이 개통하면서 MRT로도 갈 수 있게 되었다. 새로 개통된 MRT역은 물론이고 기차역도 깔끔하게 새로 정비되어 두 구역 모두 쾌적하게 이용할 수 있다. MRT역과 기차역이 연결되며 그 통로에 크리스털과 LED로 만든 몽환적인 공공예술 작품이 설치되어 있다. 이 작품이 새로운 볼거리로 떠오르며 쏭산역의 자랑거리가 되기도 했다. 기차역 구역에는 CITY LINK 쇼핑몰도 들어서 있다.

위치 Ⓜ 쏭산역 주소 台北市 松山區 八德路 4段 742號

무지개다리 彩虹橋(채홍교) 차이훙챠오 Rainbow Bridge

MAP 11-F

자우궁 쪽 라오허제 야시장 입구를 지나 조금만 걸어가다 보면 오른쪽 골목에 'Rainbow Bridge'라고 적힌 푯말을 볼 수 있다. 푯말 방향대로 지룽강 基隆河 쪽으로 걸어가면 1분도 안 돼서 무지개색 조명이 비추는 다리가 나타난다. 다리 자체가 무지개색이 아니고 다리 계단 옆이 색색으로 되어 있다. 산책길을 따라 조명이 늘어서 있으며 타이베이 젊은이들이 이 강변에서 삼삼오오 모여 담소를 나누기도 한다. 예전에는 없던 LOVE 조형물이 생겨서 잠시 들러 기념 촬영하기에도 좋다.

위치 Ⓜ 쑹산역 5번 출구 앞 라오허제 야시장으로 진입 후, 100m 가서 우회전 주소 台北市 松山區 饒河街 221巷

라오허제 야시장 饒河街夜市(요하가야시) 라오허제예스

MAP 11-F

약 500미터 길이의 라오허제에 일직선으로 들어선 야시장. 쑹산역 앞에 위치하며 한쪽 입구에는 화려한 자우궁 사원이 자리 잡고 있다. 스린 야시장의 뒤를 잇는 제2의 관광 야시장으로 각종 먹거리 · 잡화 · 의류 · 액세서리 등을 판매한다. 가격도 다른 야시장에 비해 저렴한 편이어서 한번 들러보기를 추천한다.

위치 Ⓜ 쑹산역 5번 출구 앞 주소 台北市 松山區 饒河街 오픈 17:00~24:00 전화 02-2763-5733

라오허제 야시장 먹거리

야오둔파이구
藥燉排骨

야오둔파이구는 우리네 한방 갈비탕 같은 것인데, 라오허제 야시장 가운데에 판매하는 노점이 많다. 상호 스첸 十全, 천동 陳董, 진린싼숑디 金林三兄弟 모두 유명하므로 편한 곳에서 먹으면 된다. 가격은 한 그릇에 NT$70.

후쟈오빙
胡椒餅

밀가루 반죽 속에 돼지고기를 듬뿍 넣어 화덕에서 구워낸 만두 같은 빵. 겉은 바삭하고 안쪽은 부드럽다. 따뜻할 때 먹어야 제맛이지만 너무 뜨거울 수 있으니 조심하자. 가격은 개당 NT$50. 자우궁 쪽 입구에 있는 푸저우스주 福州世祖는 항상 줄이 길게 늘어선 인기 만점 후쟈오빙집이다.

밍타이즈치쓰카오빙
明太子起司烤餅

얇은 밀가루 반죽 위에 명태알소스를 바르고 치즈를 뿌려 구워낸 음식. 기본·마늘·김 등 입맛에 따라 뿌려 먹는 가루를 선택할 수 있다. 가격은 한 판 NT$60. 싱화 幸花에서 판매한다.

간메이슈티아오
甘梅薯條

고구마튀김을 말한다. 지아지아푸 Cia Cia Fu에서 판매하는데 이곳은 타이중의 펑쟈 야시장에서 시작되었다. 따끈한 고구마튀김에 매실 가루를 뿌려 달콤한 맛이 일품이다.

어아몐셴
蚵仔麵線

굴이 들어간 가느다란 국수. 국수를 국물과 함께 걸쭉해지도록 푹 끓여서 숟가락으로 떠먹는다. 80년의 역사가 깃든 동파하오 東發好라는 노(老)점이 가장 유명하다.

민생사구 民生社區 민셩셔취 Minsheng Community

MAP 11-A · B

타이완 최초로 미국의 원조를 받아 조성된 미국식 고급 거주 지역이다. 25개의 크고 작은 공원과 더불어 구역의 10분의 1이 녹지로 되어 있다. 한적한 거리에 푸른 나무가 우거져 있어 편안하고 여유로운 느낌을 준다. CF나 영화 촬영도 이루어지고, 유명 연예인도 많이 거주한다. 거리에 멋스러운 카페나 레스토랑, 상점이 하나둘 오픈하면서 새로운 명소로 떠오르고 있다.

위치 Ⓜ 난징싼민역과 Ⓜ 쑹산지창역 사이, 각 역에서 도보나 택시 이용 주소 台北市 松山區 民生社區 홈피 www.facebook.com/iloveminsheng

― 민생사구 둘러보기 ―

푸진 트리 353 카페 MAP 11-A
富錦樹353(부금수353) 푸진슈353 Fujin Tree 353 CAFE

민생사구에서도 핫하게 떠오르는 거리인 푸진제 富錦街에 위치한다. 의류와 소품 등을 판매하는 푸진 트리 355에서 운영하는 카페로 뒤에 숫자는 번지수를 그대로 쓴 것이다. 내부는 이름에 걸맞게 드라이플라워와 나무로 꾸며져 있어 편안한 분위기를 연출한다. 맛있는 커피와 디저트를 기본으로 갖추고 있다.

주소 台北市 松山區 富錦街 353號 **오픈** 09:00~21:00 **전화** 02-2749-5225 **홈피** fujintreegroup.com/shop-list/fujintree353cafe

써니 힐 MAP 11-A
微熱山丘(미열산구) 웨이러산츄 Sunny Hills

유기농 파인애플로 만든 펑리수와 100퍼센트 파인애플 주스인 펑리즈 鳳梨汁를 판매한다. 펑리수는 동과 冬瓜를 섞지 않고 파인애플 과육만으로 만들어 단맛보다는 새콤한 맛이 강하다. 상점에 들어서는 모든 손님에게 시식용 펑리수 한 개와 차를 무료로 제공한다. 가격은 10개들이 한 박스에 NT$420(카드 가능).

주소 台北市 松山區 民生東路五段 36巷 4弄 1號 **오픈** 10:00~20:00 **전화** 02-2760-0508 **홈피** www.sunnyhills.com.tw

로코 푸드 MAP 11-B
樂口福(락구복) 러커우푸 Loco food

타이완 전통 아침 메뉴인 딴 뼁 蛋餅을 퓨전화한 딴쮄 蛋捲(NT$60~75)을 선보인 다. 딴쮄은 타이완식 오믈렛으로 밀가루 전병 안에 메뉴에 따라 고기, 참치, 옥수수, 베이컨, 치즈 등을 넣어 돌돌 말아준다. 그 외에 샌드위치(NT$125~150), 햄버거(NT$90~188) 등의 메뉴와 음료를 판매한다. 이곳에서는 주요 메뉴를 손잡이가 달린 미니 프라이팬에 담아주는데, 그에 맞춰 내부 인테리어도 프라이팬으로 독특하게 꾸며져 있다.

주소 台北市 松山區 富錦街 492號 오픈 07:00~16:00 휴무 월요일 전화 02-2762-0538 홈피 www.facebook.com/O-by-Locofood-933688740015954

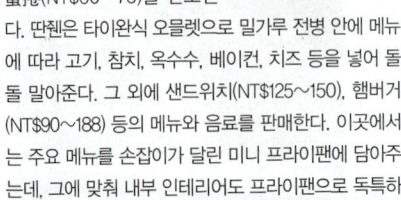

폴라 카페 MAP 11-A
POLAR CAFE

귀여운 북극곰 테마의 카페로 원래 동취에 있다가 민생사구로 이사했다. 커피는 일리 illy 원두를 사용하고 커피류의 가격대는 NT$120~190이다. 모든 음료에 NT$80을 추가하면 마시멜로 북극곰을 띄어 준다. 혼자 방문하더라도 북극곰과 마주 앉아 외롭지 않다. 북극곰 캐릭터로 꾸며진 티셔츠나 머그잔 등을 전시·판매한다.

주소 台北市 松山區 民生東路五段69巷 2-2號 오픈 12:00~21:00 전화 02-3765-1528 홈피 www.polarcafe.com.tw

올 데이 로스팅 컴퍼니 MAP 11-E
All Day Roasting Company(ADRC)

커피가 맛있기로 유명한 카페. 밖에서 보면 작아 보이지만 안으로 들어서면 안쪽 깊숙이까지 공간이 꽤 넓다. 카페에서 직접 로스팅하고, 커피 종류(NT$140~200)도 다양하다. 커피 외에 차나 주스 종류를 비롯해 샌드위치(NT$280)나 샐러드(NT$220) 같은 가벼운 먹거리도 판매한다. 자리에서 주문하는데, 영어를 잘하는 직원이 있어 주문이 어렵지 않다. 결제는 카운터에서 후불로 한다.

주소 台北市 松山區 延壽街 329號 오픈 11:00~22:00
전화 02-8787-4468 홈피 www.facebook.com/alldayroastingcompany

카이먼차탕 MAP 11-A
開門茶堂(개문다당)

나무가 우거진 한적한 골목 어귀에 자리 잡은 곳으로 직접 타이완 각지의 다원을 다니며 특색 있는 명차들을 엄선했다. 찻잎과 다과, 다구 등을 판매하고 다과를 즐길 수 있도록 자리가 마련되어 있으니 분위기 좋은 이곳에서 차 한잔의 여유를 즐겨보기를 추천한다. 직원분이 친절하게 차 종류에 대해 설명해줘 취향에 맞는 차 주문에 도움을 준다. 차(NT$220~280)와 함께 먹으면 좋은 다식(NT$40~60)으로는 특제 녹두케이크(綠豆糕)와 홍탕연맥쿠키(紅糖燕麥小餅)를 추천한다.

주소 台北市 松山區 民生東路四段 80巷 1弄 3號 오픈 11:00~21:30 휴무 화요일 카드 가능 전화 02-2719-9519 홈피 www.cidesigntea.com

찌아더 베이커리 佳德糕餅(가덕고병) 찌아더까오빙 Chia Te Bakery

MAP 11-E

펑리수로 굉장히 유명한 곳. 펑리수대회에서 여러 번 수상한 경력도 있고, 그 유명세에 따라 많은 손님이 찾는 곳이라 종종 줄을 서야 입장이 가능하다. 기본 펑리수(NT$30) 외에 달걀노른자, 크랜베리, 체리, 호두, 하미과 등이 들어간 펑리수(NT$35)도 있고, 펑리수 외에 일반 베이커리처럼 다른 빵 종류도 판매한다. 찌아더 펑리수는 본 매장에서만 팔았었지만 최근에는 편의점에서도 만날 수 있다.

위치 Ⓜ 난징싼민역 2번 출구에서 직진 후 왼편 **주소** 台北市 松山區 南京東路五段 88號 **오픈** 08:00~21:30 **전화** 02-8787-8186 **홈피** www.chiate88.com

딩왕마라궈 鼎王麻辣鍋(정왕마랄과) Ding Wang Spicy Hotpot

MAP 11-D

깔끔하고 고풍스러운 인테리어에 부담스러울 정도로 친절한 종업원의 서비스가 인상 깊은 곳이다. 탕은 두부와 오리 선지가 들어가는 매운 마라궈 麻辣鍋와 시큼한 배추인 쏸차이가 들어가는 쏸차이바이러우궈 酸菜白肉鍋 두 종류가 있다. 탕에 기본으로 들어가는 두부·선지·쏸차이는 계속 리필해주고 식사 후 무료 포장도 가능하다. 훠궈 재료는 개별 주문하는 방식으로 조금 비싼 편이지만 신선하고 맛도 좋다. 소스와 밥은 한쪽에 따로 마련되어 있으니 가져다 먹으면 된다. 가격은 2인 기준 약 NT$1200~1500. 타이중에서 시작되었으며 타이베이, 타오위엔, 신주, 까오슝에도 분점이 있다.

위치 Ⓜ 난징싼민역 2번 출구로 나와 직진하다가 큰 삼거리에서 光復北路 도로로 좌회전해 조금 더 가서 왼편, 도보 8분 **주소** 台北市 松山區 光復北路 89號 **오픈** 11:30~04:00 **전화** 02-2742-1199 **홈피** www.tripodking.com.tw

22시 2분 훠궈 22:02火鍋.樂活(22:02화과.락활) 22:02 Hotpot Lohas　　MAP 11-D

질 좋은 재료와 유기농 채소를 사용하는 훠궈 전문점이다. 독특한 가게명은 오픈 준비 중 직원들이 이곳 이름을 무엇으로 할 거냐는 질문에 사장님이 마침 시계를 보니 22시 2분이어서 이름 붙였다는 다소 엉뚱한 유래이다. 훠궈를 찍어 먹는 이곳만의 특제 소스는 채소로 만든 것으로 그 맛이 아주 일품이다. 기본으로 1인당 NT$110에 탕, 모둠채소, 밥·면·당면 중 택 1, 스무디, 과일이 포함되고 이외에 탕에 넣어 먹을 고기나 해산물 등을 추가 주문하면 된다. 탕은 홍탕·백탕·채식탕이 있는데 홍탕과 백탕을 반반 주문하는 것이 일반적이다. 가격은 1인당 NT$500~800로 비싼 편이지만, 평일 런치 메뉴로 비교적 저렴하게 즐길 수 있다. 예약 후 가는 것이 좋으며 인터넷으로 쉽게 예약이 가능하다.

위치 Ⓜ 난징싼민역 2번 출구에서 직진하다가 두 번째 차도에서 좌회전 후 다시 두 번째 사거리에서 우회전, 왼쪽 세 번째 골목으로 진입 후 오른편 연두색 간판, 도보 8분　주소 台北市 松山區 八德路四段 17巷 7號　오픈 11:00~22:00(월~금요일 브레이크타임 14:30~17:00)　전화 02-2748-2202　홈피 www.facebook.com/2202LOHAS　예약 tw.openrice.com/info/event/partner-2202lohas/index.html

천자량몐 陳家涼麵(진가량면) Chen's Cold Noodles　　MAP 11-E

1975년부터 시작된 현지인의 인기 맛집으로 차가운 면에 참깨소스와 땅콩소스를 부어 비벼 먹는 고소한 량몐(소 NT$40, 대 NT$50) 전문점이다. 달걀탕인 딴화탕 蛋花湯(NT$25)이나 미소국인 웨이청탕 味噌湯(NT$25)을 함께 먹으면 좋다. 입구에서 주문·결제해 면을 받아 오면 되고 탕은 자리로 가져다준다. 작은 규모라 자칫 지나칠 수 있으니 주황색 간판을 잘 찾아가도록 하자.

위치 Ⓜ 난징싼민역 1번 출구에서 오른쪽으로 직진하다가 두 번째 차도에서 우회전해 직진 후 왼편, 도보 5분　주소 台北市 松山區 南京東路五段123巷 29號　오픈 24시간　휴무 일요일　전화 02-2766-0171

번스바오 包包(포포) 빠오바오 BUNSBAO　　MAP 11-E

전통 먹거리 중의 하나인 타이완식 햄버거 과바오 刈包를 널리 알리기 위해 2015년에 만들어진 곳이다. 과바오는 두툼한 피 사이에 돼지고기조림, 땅콩가루, 배추절임 등을 넣어 먹는데, 이것을 살짝 변형해 타이완식 파니니로 재탄생시켰다. 메뉴는 황금김치, 돼지고기, 생강소스가 들어간 황진파오차이쟝즈샤러우 黃金泡菜薑汁燒肉(NT$75), 다진고기와 살사소스가 들어간 판체러우샹샤샤 番茄肉醬莎莎(NT$65), 차슈돼지고기, 절인 채소가 들어간 징덴루러우쏸차이 經典滷肉酸菜(NT$85) 총 세 가지다. 빵은 오리지널, 흑설탕, 호박, 타로 중에 선택할 수 있다. 음료와 수제 해시브라운 등을 추가해 콤보로 주문할 수 있는데, 해시브라운을 꼭 먹어보길 추천한다.

위치 Ⓜ 난징싼민역 2번 출구에서 직진하다가 두 번째 차도에서 좌회전해 다시 첫 번째 갈림길에서 우회전 후 왼편, 도보 4분　주소 台北市 松山區 南京東路5段66巷 2弄 9號　오픈 10:30~14:30　휴무 토·일요일　전화 02-2756-7606　홈피 www.bunsbao.com

AREA 9

위엔산

圓山(원산) Yuanshan

MRT 위엔산역을 기준으로 서쪽은 따롱통 大龍峒이라 불리는 지역이다. 디화제가 있는 따다오청 大稻埕과 더불어 일찍이 발전된 구역으로 공자묘, 보안궁 등의 고적이 있다. 위엔산역 동쪽에는 2010년 화훼박람회가 성대하게 열렸던 타이베이 엑스포 공원이 넓게 펼쳐져 있고 타이베이시립미술관, 임안태고조 등이 위치한다. 위엔산역 바로 앞에는 버스터미널이 생겨 이란, 지룽 등으로 편리하게 이동할 수 있게 되었다.

HOW TO TRAVEL

위엔산 이렇게 여행하자

➜ 여행 방법

MRT 위엔산역에 가면 모든 볼거리를 도보로 이동할 수 있다. 오전 시간에 공자묘와 보안궁을 보고 타이베이 엑스포 공원과 마지 스퀘어로 가서 점심식사를 한 후, 타이베이시립미술관을 갔다가 공원을 지나 임안태고조까지 둘러보고 오면 좋다.

➜ 추천 코스(6시간 소요)

보안궁
p.209

도보 1분

타이베이 공자묘
p.208

도보 11분

마지 스퀘어
p.211

도보 5분

타이베이 스토리 하우스
p.209

도보 1분

임안태고조
p.210

도보 10분

타이베이시립미술관
p.210

타이베이 공자묘 台北市孔廟 타이베이스콩먀오 Taipei Confucius Temple

MAP 12-A

위엔산역 근처 따롱통 大龍峒 지역에 있으며, 가장 위대한 철학자이자 스승으로 존경받는 공자를 경배하기 위해 1925년에 건립되었다. 검소함을 중히 여기던 공자였기에 이곳에는 비싼 장식은 물론 다른 사원에서는 흔한 돌사자조차 없다. 대문이나 기둥에 글을 써놓는 대련도 없는데 이는 공자 앞에서 감히 문장을 자랑할 수 없기 때문이라고 한다. 정전(正殿)인 대성전(大成殿) 중앙에서 공자를 모시고 좌우에는 안자, 증자, 자사, 맹자를 모신다. 타이완의 스승의 날이기도 한 9월 28일 공자탄신일에는 예스러운 의관을 갖춘 제관들이 공자에게 제를 올리는 의식을 행한다. 공자묘인 만큼 좋은 시험 결과를 기도하기 위해 많은 수험생과 학부모가 찾는다. 한국어 팸플릿이 비치되어 있고 곳곳마다 한국어로 설명이 잘 되어 있어 더욱 흥미롭게 참관할 수 있다.

위치 Ⓜ 위엔산역 2번 출구 오른쪽으로 나가서 쿠룬제 庫倫街 거리로 좌회전해 직진, 도보 9분 **주소** 台北市 大同區 大龍街 275號 **오픈** 08:30~21:00 **휴무** 월요일 **요금** 무료 **전화** 02-2592-3934 **홈피** www.ct.taipei.gov.tw

보안궁 保安宮 바오안꿍 Baoan Temple   MAP 12-A

의료의 신인 보생대제(保生大帝)를 모시는 도교 사원. 1742년 중국 푸젠성 福建省의 통안 同安 지역 사람들이 타이완에 이민을 오면서 동안에 있던 보생대제도 함께 모셔와 동안민을 보우해달라는 뜻으로 이곳을 만들었다고 전해진다. 1755년까지는 목조건물이었으나 자금을 모아 새롭게 지어 지금의 모습으로 탄생했다. 의료의 신을 모시는 만큼 전국 각지에서 몸이 불편한 환자들이 찾아와 건강을 기원한다. 매년 열리는 보생문화제(保生文化祭)는 굉장히 중요한 연중행사로 보생대제 탄신일인 음력 3월 15일 전날 밤에 시작해 약 세 달간 거행된다.

위치 M 위엔산역 2번 출구 오른쪽으로 나가서 쿠룬제 庫倫街 거리로 좌회전해 가다가 공자묘를 끼고 우회전해 조금 더 가서 왼편, 도보 10분 주소 台北市 大同區 哈密街 61號 오픈 06:30~22:30 요금 무료 전화 02-2595-1676 홈피 www.baoan.org.tw

타이베이 스토리 하우스 台北故事館 타이베이구스관 Taipei Story House   MAP 12-B

타이완의 생활문화를 소개하는 작은 박물관. 1913년에 세워진 영국 튜더식 건축물로 2003년에 천궈츠 陳國慈 여사의 후원으로 설립되었다. 건물 앞에 작은 화원이 있고, 마치 동화 속 건물 같은 독특하면서 우아한 외관 덕분에 웨딩 촬영지로도 인기 있다. 기간별로 주제를 달리하는 특별전시가 열린다. 내부에는 다기와 디자인제품 등을 판매하는 서점 구스슈팡 故事書坊과 차, 커피, 파스타, 스테이크 등을 판매하는 티 하우스 구스차팡 故事茶坊이 있어 구경도 하고 쉬어갈 수도 있는 좋은 공간이다.

위치 M 위엔산역 1번 출구로 나와 왼쪽으로 직진, 공원 지나 차도 건너자마자 왼쪽으로 가서 미술관 지나 위치, 도보 10분 주소 台北市 中山區 中山北路三段 181-1號 오픈 10:00~17:30 휴무 월요일 요금 일반 NT$50, 학생 NT$40 전화 02-2586-3677 홈피 www.taipeistoryhouse.org.tw

타이베이시립미술관 台北市立美術館 타이베이스리메이슈관
MAP 12-B

1983년에 정식 개관했으며, 총면적 20,500제곱미터를 자랑하는 대규모 미술관으로 많은 예술 애호가가 즐겨 찾는다. 중국의 전통 건축양식인 사합원 구조와 현대적 감각의 입체 조형이 만나 건물 자체가 하나의 거대하고 웅장한 입체 예술품이 되었다. 관내는 지하 3층에서 지상 3층으로 구성되어 있다. 토요일 오후 5시부터 8시 30분까지 무료 개방한다. 관내에서는 타인의 안락한 관람과 전시물 훼손 방지를 위해 셀카봉 사용이 엄격히 금지되어 있으니 주의하자.

위치 Ⓜ 위엔산역 1번 출구로 나와 왼쪽으로 직진, 공원 지나 차도 건너자마자 왼쪽으로 가서 우측, 도보 10분 **주소** 台北市 中山區 中山北路三段 181號 **오픈** 09:30~17:30(토요일 ~20:30/30분 전 매표 마감) **휴무** 월요일 **요금** 일반 NT$30, 18세 이하 무료 **전화** 02-2595-7656 **홈피** www.tfam.museum

임안태고조 林安泰古厝 린안타이구춰
MAP 12-C

1783년에 지어져 200년이 넘는 역사가 깃든 곳으로 임안태고조 민속문물관이라 불리기도 한다. 현재 신생공원 新生公園 옆에 위치하며, 오래된 민남식 전통 건축양식으로 가운데 정원을 두고 사방으로 건물이 둘러싼 사합원 구조이다. 본래 쓰웨이루 四維路에 있었는데, 도로 건설로 인해 현 위치로 이전 및 재건 작업을 거쳤다. 이 때문에 고적으로 등록되지는 못했지만, 민남식 고택을 대표하는 대저택이다. 붉은 벽돌로 된 고택에 연못과 정원이 잘 어우러져 있다. 한적한 분위기라 잠시 여유를 느끼기에 좋다.

위치 Ⓜ 위엔산역 1번 출구로 나와 왼쪽으로 계속 직진, 도보 15분/버스 紅34번(주말 운행) 임안태고조 林安泰古厝 하차/택시 2번 출구에서 10분 **주소** 台北市 中山區 濱江街 5號 **오픈** 09:00~17:00 **휴무** 월요일, 4월 5일, 설, 단오절, 중추절 **요금** 무료 **전화** 02-2599-6026 **홈피** linantai.taipei

타이베이 엑스포 공원 花博公園(화박공원) 화보꽁위엔 TAIPEI EXPO PARK

MAP 12-B·E·F

위엔산역 앞에 있던 공원 일대에서 2010년 화훼박람회가 열린 이후, 엑스포 공원(화박공원)이란 이름이 붙었다. 원산공원(圓山公園), 미술공원(美術公園), 신생공원(新生公園) 모두 이곳에 포함된다. 기존의 화훼박람회 이후에도 전시관 및 전시 구역을 보존해 각종 행사장으로 활용한다. MRT 역 바로 앞이라 날씨 좋은 날 천천히 둘러보기 좋고, 원소절 타이베이 등불 축제를 비롯한 여러 축제가 열리기도 한다.

위치 Ⓜ 위엔산역 1번 출구로 나와 왼쪽으로 가면 바로 원산공원, 미술공원, 신생공원 순서 주소 台北市 中山區 玉門街 1號 전화 02-2182-8888 홈피 www.expopark.taipei

마지 스퀘어 MAJIMAJI集食行樂 MAJIMAJI 지스싱러 Maji Square

MAP 12-E

타이베이 엑스포 공원 한쪽에 있는 복합쇼핑 공간으로 입구에 들어서면 왼편에는 각국의 요리를 맛볼 수 있는 푸드코트가 있고 안쪽에는 액세서리, 의류, 잡화를 판매하는 아트마켓 구역이 있다. 이국적인 노천 레스토랑과 바도 있어 가볍게 맥주나 칵테일 한잔 마시기 좋다. 다양한 행사와 라이브 공연도 열린다. 건물 안쪽에는 웰빙 식재료를 파는 슈퍼와 독특한 카페 및 상점도 들어서 있다. 저녁에는 광장 중간에 자리 잡은 회전목마에 조명이 켜져 이곳을 더욱 환상적인 공간으로 만들어 준다.

위치 Ⓜ 위엔산역 1번 출구로 나와 왼쪽으로 가면 오른쪽 경기장 건물 끝나는 부분 주소 台北市 中山區 玉門街 1號 오픈 푸드코트 11:30~20:30(토·일요일 ~21:30) / 아트마켓 14:00~21:00(토·일요일 12:00~22:00) 전화 02-2579-7112 홈피 www.facebook.com/majisquare

AREA 10

스린
士林(사림) Shilin

타이베이의 대표 관광지인 국립고궁박물원이 위치해 관광객 대부분이 한번은 거쳐 가는 곳이다. 중국문화의 보물창고라 할 수 있는 국립고궁박물원, 장제스 전 총통의 관저로 이용되었던 스린 관저공원, 타이베이를 대표하는 야시장인 스린 야시장, 관람차로 유명한 미라마 엔터테인먼트 파크 등이 있다.

HOW TO TRAVEL

스린 이렇게 여행하자

➜ 여행 방법

국립고궁박물원에 일찍 가서 시간을 두고 천천히 관람한 뒤 스린 관저공원을 한 바퀴 산책하자. 이후 늦은 오후에 스린 야시장으로 가서 쇼핑과 맛집 투어를 한다. 야시장 투어가 끝나면 셔틀버스를 타고 미라마 엔터테인먼트 파크로 가서 관람차를 타고 타이베이의 야경을 보며 하루를 마무리하자.

➜ 추천 코스(6시간 소요)

MRT 스린역 → 버스 25분 → 국립고궁박물원 p.214 → 버스+도보 15분 → 스린 관저공원 p.218 → 도보 11분 → 스린 야시장 p.216

셔틀버스 15분

미라마 엔터테인먼트 파크
p.218

국립고궁박물원 國立故宮博物院 궈리꾸궁보우위엔 National Palace Museum

MAP 13-C

1965년 10월 개관한 타이완 최대 규모이자 영국의 대영박물관, 프랑스의 루브르미술관과 견주는 세계 3대 박물관 중 하나. 중국 5000년의 역사를 엿볼 수 있는 송·원·명·청나라의 유물이 있어 중국문화의 보물창고라 할 수 있다. 중국 황실 유물 중 최고로 꼽히는 것들은 모두 이곳에 보관되어 있으며 소장품은 총 655,000점이 넘어 시기별로 교체하며 전시한다. 중국 궁전양식으로 지어진 내부 전시 공간은 3층으로 나뉘는데, 인기 전시품은 위쪽에 있으니 3층부터 관람하며 내려오는 것이 좋다. 가능하면 단체 관광객이 적은 점심시간이나 주말 야간 개방시간에 방문해 여유롭게 관람하자. 전시물에 대한 자세한 설명을 듣고 싶다면 여권을 맡기고 한국어 오디오 가이드 서비스를 신청하여 이용하자. 박물관 내 사진 촬영은 플래시를 사용하지 않는다면 가능하다. 매년 1월 1일·원소절(음력 1/15)·5월 18일·9월 27일·10월 10일에는 무료로 개방한다.

TIP 관람권 패키지
1. **국립고궁박물원+미라마 관람차(NT$400)**
각 매표소에서 구입 가능하고 각각 다른 날 사용 가능
2. **국립고궁박물원+101 전망대(NT$820)**
국립고궁박물원 매표소에서만 구입 가능하고 각각 다른 날 사용 가능

위치 버스 紅30·304·255·815·小18·小19번 국립고궁박물원 國立故宮博物院 하차(紅30은 박물관 본관 건물 바로 앞에서 하차) **주소** 台北市 士林區 至善路二段 221號 **오픈** 08:30~18:30(금·토요일 ~21:00/30분 전 매표 마감) **휴무** 무휴 **요금** 입장료 NT$350(국제학생증 지참 시 NT$150), 만 18세 미만 무료, 오디오 가이드 NT$150(여권 지참) **전화** 02-2881-2021 **홈피** www.npm.gov.tw

┤ 국립고궁박물원 돌아보기 ├

지선원
至善園 즈산위엔 Zhishan Garden

1984년에 시공된 중국식 전통 정원으로 규모 약 18,800제곱미터의 꽤 큰 정원이다. 연못, 다리, 정자 등 중국의 고풍스러운 분위기를 경험할 수 있다. 당일 국립고궁박물원 입장권 지참 시 무료로 입장할 수 있다. 전시관을 구경한 후 나오면서 둘러보면 좋다. 잠시 여유를 즐기고픈 사람에게 추천한다.

위치 국립고궁박물원 정문 입구 오른편 오픈 4월~10월 08:30~18:30, 11월~3월 08:30~17:30 휴무 월요일 요금 NT$20(국립고궁박물원 입장권 지참 시 무료)

리핀부
禮品部(예품부) Gift Shops

국립고궁박물원이 출판한 서적, 문화유물 복제품, 전시품 사진 등을 이용한 각종 기념품을 판매한다. 전시 건물 지하 1층과 2층에 기념품점이 있는데 지하 1층에 있는 이곳이 규모도 크고 입장권을 구입하지 않고도 들어갈 수 있는 구역이라 편리하게 이용할 수 있다. 도서문헌관 1층에도 작지만 기념품점이 있다.

위치 국립고궁박물원 메인 건물 지하 1층 오픈 09:00~19:00(금 · 토요일 ~21:30) 전화 02-2881-2021

셴쥐푸
閒居賦(한거부) Xianjufu Cafe

깔끔한 분위기로 전시 관람 전후나 관람이 길어질 때 도중에 잠시 요기하기 좋은 카페. 쇼케이스에 진열된 메뉴나 메뉴판에 적힌 것을 보고 계산대에서 주문 및 결제하면 자리로 가져다준다. 커피 · 차 · 샐러드 · 샌드위치 등을 판매하고 가격은 비교적 저렴한 편이다.

위치 국립고궁박물원 메인 건물 1층 오픈 09:00~18:00(금 · 토요일 ~21:00) 전화 02-2883-2946

스린 야시장 士林夜市(사림야시) 스린예스 Shilin Night Market

MAP 13-D

타이베이에서 가장 규모가 큰 관광 야시장. 대규모이니 만큼 의류·액세서리·생활용품·잡화 등 쇼핑거리와 각종 먹거리, 게임·마사지 등의 즐길거리가 모두 한데 모여 있다. 크게 두 구역으로 나뉘는데 양명희원 陽明戲院과 자함궁 慈諴宮 일대에는 건물 내 상점과 골목 사이사이에 노점들이 펼쳐지며 먹거리가 가득하다. 또 다른 구역은 2011년 겨울에 새단장해 오픈한 스린 시장 士林市場 구역이다. 스린 시장은 아케이드 구조로 비가 올 때도 편하게 다닐 수 있다. 1층에는 의류·특산품·소품 등을 판매하고 지하 미식 구역에서는 굴전, 취두부, 튀김, 철판 요리, 빙수 등 다양한 음식을 판매한다.

위치 Ⓜ 젠탄역 1번 출구로 나가 대각선 건너편 오픈 야시장 11:00~02:00, 스린 시장 17:00~24:00(상점마다 다름) 전화 02-2882-0340

TIP 야시장 길거리에서 맛을 보라며 파는 과일 노점은 보지도 말고 그냥 지나치자. 자칫하면 큰 바가지를 쓸 수 있으니 주의.

스린 야시장 둘러보기

신파팅 MAP 13-E
辛發亭(신발정)

약 50년의 전통을 자랑하는 빙수집으로 스린 야시장을 대표하는 곳이다. 내부는 항상 손님들로 바글바글하다. 우유로 만든 빙수 결이 예술인데 망고빙수나 딸기빙수는 생과일로만 만들어주기 때문에 여름엔 딸기빙수를, 겨울엔 망고빙수를 먹을 수 없다. 과일빙수 외에 땅콩빙수나 토란빙수도 추천한다. 가격은 NT$60~120.

주소 台北市 士林區 安平街 1號 오픈 15:00~24:00

왕자 치즈감자 MAP 13-E
王子起士馬鈴薯(왕자기사마령서) 왕즈치스마링슈
Prince Cheese

튀긴 통감자에 원하는 토핑을 넣고 그 위에 노란 치즈소스를 뿌려준다. 치즈가 많은데도 그다지 느끼하지 않고 짜지도 않아 맛있다. 감자 안에는 햄, 베이컨, 옥수수, 파인애플 등이 들어가는데, 재료는 선택할 수 있다. 고민될 때는 그냥 종합으로 주문하자. 가격은 NT$55~70.

주소 台北市 士林區 基河路 1號 오픈 16:00~01:00

핫스타 지파이 MAP 13-E
豪大大雞排(호대대계배) 하오따다지파이 HOT-STAR

타이중에서 시작된 대형 닭튀김인 따지파이 大雞排의 원조집. 지파이는 닭고기를 돈까스처럼 넓적하게 튀긴 것인데, 이곳은 그 인기가 최고다. NT$70이라는 저렴한 가격에 크기는 사람 얼굴보다도 더 크고 맛도 좋다. 양명희원 陽明戲院 앞에 있는 본점 외에 스린 시장 입구 쪽에도 2호점이 있다.

주소 台北市 士林區 文林路 113號 오픈 16:00~23:00 홈피 www.hotstar.com.tw

> **TIP** 스린 야시장의 주요 노점 먹거리는 이곳 본점 주변에 모여 있다고 보면 된다.

쟈샹탄카오샹 지파이 MAP 13-E
家鄉碳烤香雞排(가향탄고향계배)

지파이에 양념을 바르며 숯불에 한 번 더 굽는다. 현지인에게 인기 만점이라 항상 줄을 서야 한다. 주문 시 수량과 커팅 여부(자른다면 '야오체', 그대로 '부야오체'), 매운맛 추가 여부(추가 '야오라', 그대로 '부야오라') 총 세 가지를 말해야 한다. 가격은 NT$70.

주소 台北市 士林區 基河路 1號 오픈 15:30~24:00(금·토요일 ~01:45)

화창쉬에 MAP 13-B
花藏雪(화장설) Snowflower Ice

수제 눈꽃빙수 전문점으로 2017년 4월에 오픈했다. 젠탄역에서 원린루 文林路를 따라 스린역 방향으로 올라가서 우스란(50嵐) 앞 골목으로 진입해 직진하면 왼편에 있다. 티라미수, 수박, 쩐주나이차 등을 이용한 빙수가 있으며 가격은 NT$130~250.

주소 台北市 士林區 大北路 27號 오픈 15:00~22:00 홈피 www.facebook.com/snowflower.shihlin

스린 관저공원 士林官邸公園 스린관디꽁위엔 C.K.S Shilin Residence Park

MAP 13-A

1996년부터 일반인에게 공개되기 시작한 이곳의 전신은 일본 식민지 시대 타이완총독부의 원예시험소였고, 이후 장제스 전 총통의 관저로 이용되었다. 너무나도 정갈하게 정돈된 넓은 정원은 서양식 정원·중국식 정원·생태연못·수호나무·장미정원 등으로 구성되어 있다. 장제스 부부가 주거지로 사용했던 메인 건물인 관저정관 官邸正館이 2011년 1월부터 일반인에게 공개되었다. 아침 일찍 갈만한 곳이 없을 때 산책 삼아 가보기 좋으며 매년 2월 중순부터 3월에는 장미축제, 11월 중순부터 12월 초에는 국화축제가 열린다.

위치 스린역 2번 출구에서 왼쪽 길을 따라 직진 후 오른편, 도보 10분 **주소** 台北市 士林區 福林路 60號 **오픈** 공원 08:00~17:00(토·일요일 및 6월~8월 ~19:00), 관저정관 09:30~12:00, 13:30~17:00 **휴무** 스린 정관 월요일 **요금** 무료, 스린 정관 NT$100 **홈피** www.culture.gov.taipei/frontsite/shilin/index.jsp

미라마 엔터테인먼트 파크 美麗華百樂園 Miramar Entertainment Park

MAP 13-F

쇼핑과 엔터테인먼트를 결합한 신개념 쇼핑몰로 2004년 오픈했다. 가족 중심의 쇼핑몰과 젊은 층을 겨냥한 쇼핑몰 구역으로 나뉘고 푸드코트와 다양한 브랜드의 매장이 입점해 있다. 그 외에 대형 스크린의 아이맥스 영화관, 회전목마, 타이완 최초 높이 100미터의 대관람차는 미라마를 대표하는 자랑거리다.

CC BY-김지운

TIP 무료 셔틀버스
위치 M 젠탄역 1번 출구로 나가서 오른쪽
운행 10:50~22:30(15~20분 간격/막차 젠탄역 22:00, 미라마 22:30)

위치 M 젠난루역 3번 출구 앞/M 젠탄역 1번 출구로 나가 오른쪽에서 무료 셔틀버스 이용 **주소** 台北市 中山區 敬業三路 20號 **오픈** 쇼핑몰 11:00~22:00, 관람차 11:00~23:00(금·토요일·공휴일 전날 ~24:00) **요금** 관람차 NT$150(토요일·공휴일 NT$200) **전화** 02-2175-3456 **홈피** www.miramar.com.tw

베스트 브렉퍼스트 貝斯特早餐傳賣 베이쓰터자오찬좐마이 Best Breakfast

MAP 13-A

아침식사를 파는 곳으로 스린역 근처에 있어 국립고궁박물원을 가기 전에 들르기 좋다. 현지인들이 먹는 아침식사를 경험할 수 있으며 음식도 저렴하고 맛있다. 주메뉴는 햄버거(NT$30~40)와 샌드위치 외에 달걀과 함께 부친 밀가루 전병 딴빙 蛋餅(NT$20~35)이 있다. 딴빙은 햄 火腿, 옥수수 玉米, 치즈 起司 등 안에 들어가는 재료를 추가할 수도 있다. 콩 음료인 떠우장 豆漿(NT$20~25)이나 나이차 奶茶(NT$25~30)를 함께 마시면 좋다. 앞쪽에서 주문·계산하면 자리로 가져다준다.

위치 스린역 1번 출구 앞 오른편 **주소** 台北市 士林區 中正路 235巷 4號 **오픈** 05:30~12:00 **휴무** 일요일 **전화** 02-2883-7808

AREA 11

양밍산
陽明山(양명산) Yang Ming Shan

유황 냄새를 풀풀 풍기며 하얀 김을 내뿜는 곳. 약 200만 년 전 화산활동으로 만들어진 산으로 휴화산이라는 특이점 외에도 생태환경이 잘 보존되어 있어 국립공원으로 지정되었다. 매년 꽃축제도 열리고 온천욕도 즐길 수 있어서 타이베이의 시민과 관광객에게 사랑받는다. 낮에는 하이킹을 즐기고 밤에는 타이베이 시내 야경을 감상하기에도 좋다.

HOW TO TRAVEL

양밍산 이렇게 여행하자

➜ 여행 방법

시내 중심에서 가는 경우 타이베이처짠의 북2문 버스정류장에서 260번에 탑승하면 약 40분 후 양밍산에 도착한다. 혹은 위엔산이나 스린 근처에 있다가 이동할 계획이라면 MRT 젠탄역 1번 출구 왼편에서 紅5번 버스를 타고 이동해도 된다. 양밍산은 도보로 이동하며 구경하기에는 규모가 너무 크기 때문에 108번 순환버스를 타고 원하는 주요 장소에 내려 그 주변을 둘러보거나 산행을 하면 된다. 양밍산으로 가면 음식 파는 곳을 쉽게 볼 수 없으므로 산에 올라가기 전에 미리 도시락 등 먹거리를 준비해 가는 것이 좋다.

108번 순환버스
운행 07:00~17:30(월~금요일 20~30분, 토·일요일 8~10분 간격)
요금 NT$15, 1일권 NT$60

➜ 추천 코스(6시간 소요)

양밍산총짠 → 버스+도보 30분 → 주쯔후 p.221 → 도보+버스 30분 → 샤오요우컹 p.221 → 버스 10분 → 렁쉐이컹 p.222

버스 8분

칭티엔강 p.222

주쯔후 竹子湖(죽자호) Jhu Zih Hu

MAP 14-A

매년 3월과 4월 칼라릴리축제가 열리는 곳으로 일대가 전부 칼라릴리로 뒤덮인다. 아래쪽에 있는 샤후 下湖 지역과 위쪽에 있는 딩후 頂湖 지역으로 나뉘는데 샤후는 식당을 비롯한 상점이 비교적 많아 쉴 공간이 많지만 그만큼 정신없기도 하다. 딩후는 상점은 별로 없어 편의성이 떨어지지만, 꽃밭 자체가 분위기 있다. 물론 두 곳 모두 청순한 자태를 뽐내는 칼라릴리로 아름다운 꽃바다를 연출한다. 칼라릴리를 직접 뽑아 가져가는 체험도 해볼 수 있다.

<u>위치</u> 108번 순환버스 주쯔후 竹子湖 하차 후 도보 20분 <u>주소</u> 台北市 北投區 竹子湖路

샤오요우컹 小油坑(소유갱) Siaoyoukeng

MAP 14-A

휴화산인 양밍산 중에서도 대표적인 화산 지대로 수많은 분기공에서 가스 및 수증기를 분출한다. 입구에 들어서면 쿰쿰한 유황 냄새가 풀풀 나고, 하얀 김이 여기저기서 모락모락 뿜어져 나온다. 길 중간에 물이 보글보글 끓는 광경도 볼 수 있다. 평소 접하기 힘든 풍경이라 한번 방문해보길 추천한다. 해발 805미터 높이에 있으며 치싱산 七星山 등산로 입구 중 한 곳이기도 하다.

<u>위치</u> 108번 순환버스 샤오요우컹 小油坑 하차 <u>주소</u> 台北市 北投區 竹子湖69號

📷 렁쉐이컹 冷水坑(냉수갱) Lengshuikeng

MAP 14-B

칠성산 동쪽 산기슭에 위치한다. 온천 온도가 섭씨 40도씨 이하로 보통 섭씨 90도씨 내지 100도씨인 주변의 다른 곳보다 상대적으로 온도가 낮아서 차가운 물이라는 의미의 이름이 붙었다. 무료로 개방되는 공공 온천시설이 있어 누구나 이용 가능하다. 온천에 들어가고 싶지만 필요한 물건을 준비하는 것이 번거로운 사람이라면 아쉬워하지 않아도 된다. 무료 족욕탕인 파오쟈오츠 泡脚池가 온천 건물 바로 아래에 있다. 잠시 발을 담그는 것만으로도 피로가 풀리고 즐겁다.

위치 108번 순환버스를 타고 렁쉐이컹 冷水坑 하차 주소 台北市 士林區 菁山路 101巷 170號 오픈 공공온천 06:00～09:00, 10:30～13:00, 14:30～17:00, 18:30～21:00

📷 칭티엔강 擎天崗(경천강) Cingtiangang

MAP 14-B

버스에서 내려 언덕으로 올라가면 탁 트인 시야와 함께 저 멀리까지 넓은 초원 지대가 펼쳐진다. 산책길은 작은 돌로 잘 다듬어져 있고 양옆의 넓은 초원과 언덕을 산들이 둘러싸고 있다. 현지인에게 사랑받는 소풍 장소로 여기저기서 가족, 커플, 친구와 놀러 온 현지인의 모습을 쉽게 볼 수 있다. 푸른 초원을 배경으로 멋진 사진을 찍기에 최적화된 곳이며 가끔 한가로이 풀을 뜯는 물소 떼를 만날 수도 있다.

위치 108번 순환버스 칭티엔강 擎天崗 하차 주소 台北市 士林區 菁山路 101巷 246號

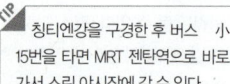

TIP 칭티엔강을 구경한 후 버스 小 15번을 타면 MRT 젠탄역으로 바로 가서 스린 야시장에 갈 수 있다.

더 탑 레스토랑 屋頂上(옥정상) 우딩상 The Top Restaurant MAP 14-C

양밍산에 있는 문화대학교 文化大學 근처 산자락에는 타이베이의 멋진 야경을 보며 식사하거나 주류, 커피 등을 마실 수 있는 레스토랑이 모여 있다. 그중에서 가장 유명한 곳이 바로 이곳이다. 눈을 사로잡는 고급스러운 인테리어로 타이완 드라마에 나오기도 했다. 워낙 인기 있는 곳이라 저녁시간에 예약 없이 가면 번호표를 받고 대기해야 한다. 양식·타이완식·디저트·BBQ 등 음식 종류도 굉장히 다양하다. 룸은 예약이 가능하지만 구역별로최저 소비액과 이용시간(월~금요일 17:00~21:30, 22:00~02:30, 토·일요일 12:00~16:30)이 다르다. 야외 구역은 예약 불가능하며, 1인당 최저 소비액이 NT$350이다. 레스토랑의 규모는 크지만 카드 결제가 불가능하다.

> **TIP 문화대학교 전망대**
> 더 탑 레스토랑 앞에서 도로를 따라 조금만 걸어 올라가면 문화대학교 체육관이 보인다. 체육관 앞에는 전망대가 마련되어 있어 멋진 타이베이의 야경을 한눈에 담아 볼 수 있다. 비싼 레스토랑에 가지 않고도 무료로 멋진 야경 감상을 할 수 있다.

위치 Ⓜ 스린역 1번 출구에서 택시 20분(NT$250~280) **주소** 台北市士林區 凱旋路 61巷 4弄 33號 **오픈** 월~목요일 17:00~03:00, 금요일 17:00~05:00, 토요일 12:00~05:00, 일요일 12:00~03:00 **전화** 02-2862-2255 **홈피** www.compei.com

🍴 초산 레스토랑 草山夜未眠(초산야미면) 차오산예웨이멘 Caoshan Restaurant   MAP 14-C

더 탑 레스토랑보다 조금 더 아래에 위치하며 상대적으로 덜 붐비는 편이지만, 가능하면 예약하고 방문하는 것이 좋다. 단, 저녁 6시 30분 이전까지만 예약이 가능하다. 크게 실내와 야외로 나뉘는데, 야외는 탁 트인 타이베이의 야경을 한눈에 전망 가능한 낭만적인 분위기로 커플이 찾으면 좋다. 실제로 프러포즈 이벤트도 종종 열린다. 전체적인 레스토랑 분위기 자체는 더 탑이 우위이지만, 야경을 보기에는 초산의 분위기가 더 좋다. 이곳 역시 다양한 음식과 주류 등을 판매하며 1인당 최저 소비액으로 NT$1500이 적용된다. 만석일 경우 테이블당 3시간 이내로 머물러야 하는 제한이 생기니 참고하자. 더 탑 레스토랑에서 조금만 더 내려가면 나온다.

위치 Ⓜ 스린역 1번 출구에서 택시 20분 (NT$250~280) **주소** 台北市 士林區 東山路 25巷 81弄 99號 **오픈** 월~목요일 16:00~03:00, 금요일 16:00~05:00, 토요일 12:00~05:00, 일요일 12:00~03:00 **전화** 02-2862-3751 **홈피** chousan.com.tw

랜디스 리조트 양밍산 陽明山中國麗緻大飯店 Landis Resort Yangmingshan   MAP 14-C

양밍산 국가공원 내의 온천시설이 포함된 리조트로 도심에서 가까운 곳에서 편하게 피로를 풀며 여가를 보내기 좋다. 양밍산은 화산활동으로 인해 온천이 많고 구역마다 수질과 온도가 각각 다른데 이곳에서는 백황온천 白磺溫泉을 즐길 수 있다. 온천탕의 규모는 작지만 넓은 창으로 시야가 트여 있어서 멋진 경관을 보며 온천욕을 하기 좋다. 레스토랑·바비큐장·연회장·수영장·헬스장·오락실·대중온천탕 등 리조트인 만큼 부대시설이 잘 구비되어 있다. 위치 때문에 숙박이 꺼려진다면 대중온천탕만도 이용 가능하다.

위치 버스 260·紅5번 쭝궈따판디엔 中國大飯店 하차 **주소** 台北市 士林區 格致路 237號 **오픈** 대중온천탕 07:00~22:00(월요일 12:00~22:00) **요금** 대중온천 NT$1000 **전화** 02-2861-6661 **홈피** yangmingshan.landishotelsresorts.com

AREA 12

신베이터우
新北投(신북투) Xin Beitou

MRT로 쉽게 갈 수 있는 타이베이에서 가장 접근성이 좋은 온천마을. 치료 효과가 있는 베이터우석과 유황온천으로 유명하고 온천박물관, 지열곡, 도서관 등의 볼거리가 있으며 노천온천부터 온천호텔까지 다양한 온천시설이 마련되어 있다.

HOW TO TRAVEL
신베이터우 이렇게 여행하자

➜ 여행 방법

신베이터우로 가려면 MRT 베이터우역부터 신베이터우역까지 한 구간만 운행하는 온천테마열차로 갈아타야 한다. MRT 신베이터우역은 출구가 하나로 정면으로 길을 건너 직진하면 오르막길을 따라 도서관, 온천박물관, 노천온천, 지열곡이 순서대로 있다. 먼저 가장 끝에 있는 지열곡으로 가기 전 온천박물관에 잠시 들러 온천에 대해 알아보자. 그뒤 지열곡을 감상한 후 내려오면서 다른 곳을 들르면 된다. 접근성이 좋고 산책하듯 둘러볼 수 있는 편안한 곳이라 주말에는 현지인과 관광객으로 붐비니 가능하면 평일에 방문하는 것이 좋다.

➜ 추천 코스(4시간 소요)

베이터우 온천박물관 p.227 — 도보 5분 — 지열곡 p.227 — 도보 3분 — 첸시탕 p.229 — 도보 4분 — 베이터우 도서관 p.228

베이터우 온천박물관 北投溫泉博物館 베이터우원췐보우관

MAP 15-B

국가에서 지정한 3급 고적 건축물로 박물관 외관은 영국 빅토리아양식이 혼재된 네오르네상스양식이고 실내는 일본 다다미방으로 되어 있다. 박물관 안으로 들어갈 때는 실내화로 갈아 신는다. 내부에는 온천의 유형, 베이터우 온천의 발달사, 베이터우석 北投石, 대규모 온천대중탕 등이 전시되어 있다. 오랜 역사를 자랑하는 베이터우의 온천에 대해 알 수 있는 주요 명소이니 잊지 말고 방문해보자.

위치 M 신베이터우역 출구에서 정면으로 길 건너 직진, 도보 5분 주소 台北市 北投區 中山路 2號 오픈 09:00~17:00 휴무 월요일, 공휴일(주말인 경우 운영) 요금 무료 전화 02-2893-9981 홈피 hotspringmuseum.taipei

지열곡 地熱谷 띠러구 Thermal Valley

MAP 15-B

온천박물관 앞 도로를 따라 쭉 올라가다 보면 왼편 안쪽에 지열곡이 숨어 있다. 지열곡은 베이터우 온천수의 근원지 중 하나로 입구에서부터 유황 냄새와 열기, 김으로 가득하다. 용암이 식어 만들어진 지면 위로 보글보글 끓어오르는 온천수와 그 위를 덮은 유황 연기로 독특한 풍경을 만든다. 울타리가 있기는 하지만 온천수 분출구의 온도는 섭씨 98도씨에 달하고, 그 외 부분도 섭씨 60도씨에서 섭씨 70도씨이니 안전에 조심하자.

위치 M 신베이터우역 출구에서 정면으로 길 건너 직진, 도보 10분 주소 台北市 北投區 中山路 오픈 09:00~17:00 휴무 월요일 요금 무료

📷 베이터우 도서관 北投圖書館 베이터우투슈관 Beitou Library

MAP 15-A

2006년에 개관한 타이베이시립도서관의 베이터우 분관으로 타이완에서 처음으로 지어진 친환경 건물이고 생태환경이 풍부한 베이터우 공원 내에 위치한다. 총면적 2,150제곱미터로 지하 1층에서 지상 2층으로 구성된다. 목조로 건축해 주위 자연과 더불어 더욱 편안하고 운치 있는 분위기를 만든다. 야외 테라스로 나가면 도서관이 아닌 예쁜 카페에 와 있는 것만 같은 기분이 들 정도다. 실내 촬영은 금지되어 있으나 신청서를 작성하면 인물을 제외한 부분은 촬영이 가능하다.

위치 신베이터우역 출구로 나와 정면으로 길 건너 직진하다가 오른쪽에 도서관 건물이 보이면 우회전, 도보 5분 주소 台北市 北投區 光明路 251號 오픈 화~토요일 08:30~21:00, 일~월요일 09:00~17:00 휴무 첫째 목요일, 공휴일 전화 02-2897-7682

🍴 쭝베이삐엔땅 中北便當(중북편당)

MAP 15-A

고기·생선류에서 메인 메뉴를 하나 고르고 타이완 가정식 반찬 중에서 몇 가지를 선택하는 셀프 식당 쯔주찬 自助餐식 도시락집이다. 닭다리 구이인 지퇴이 雞腿와 갈비튀김 파이구 排骨가 대표 메뉴이고 신베이터우역과 무료 족욕탕이 있는 푸싱 공원 사이에 위치해 중간에 들러 간단하게 식사하기 좋다. 가격은 1인분 NT$50부터 시작한다.

위치 신베이터우역 출구에서 왼쪽 횡단보도로 건너 직진하면 왼편, 도보 3분 주소 台北市 北投區 中和街 37號 오픈 10:30~20:30 전화 02-2891-4632

첸시탕 千禧湯(천희탕) Millennium Hot Spring
MAP 15-B

온천호텔이 많은 신베이터우에서 단돈 NT$40로 저렴하게 노천온천을 즐길 수 있는 곳. 이곳의 온천탕은 온도별로 위쪽부터 아래까지 3단계로 나뉘고 한쪽에는 냉탕도 있다. 입욕 전 샤워는 필수이고, 유황이기 때문에 온천수가 묻은 손으로 얼굴을 만지지 않도록 주의해야 한다. 수영복, 수건 등은 지참해야 하고, 샤워시설은 기본 찬물이며 따뜻한 물을 사용하고 싶을 경우에는 따로 요금을 지불해야 한다. 가격이 저렴한 만큼 부대시설을 기대하기 힘들지만, 일정을 마치고 달을 보며 즐기는 노천온천은 충분히 매력적이니 추천한다. 오전 8시에서 10시 사이에는 65세 이상 무료인 시간대라 사람이 많으니 피하는 것이 좋다.

위치 Ⓜ 신베이터우역 출구로 나와 정면으로 길 건너 직진, 도보 8분 주소 台北市 北投區 中山路 6號 오픈 05:30~07:30, 08:00~10:00, 10:30~13:00, 13:30~16:00, 16:30~19:00, 19:30~22:00 전화 02-2897-2260

푸싱 공원 족욕탕 復興公園泡腳池(부흥공원포각지) 푸싱꽁위엔파오쟈오츠
MAP 15-A

베이터우구(區)에는 세 개의 무료 노천 족욕탕이 있는데, 그중 이곳이 가장 규모가 크다. 역에서 가까워 접근성이 좋고, 100명까지 동시 수용이 가능하다는 장점이 있다. 족욕탕은 총 세 개의 탕으로 나뉜다. 탕에 발을 담그기 전 꼭 수돗가에서 발을 씻고 들어가야 한다. 신베이터우의 관광 명소를 구경하고 족욕으로 마무리하면 발의 피로가 풀려 개운하다. 주말에는 사람이 너무 많으니 가능하면 평일에 가볼 것을 추천.

위치 Ⓜ 신베이터우역 출구에서 왼쪽 횡단보도 건너 직진하면 대각선 방향에 푸싱 공원 입구, 도보 4분 주소 台北市 北投區 中和街 61號 오픈 08:00~18:00 휴무 월요일

AREA 13

똥우위엔 · 마오콩

動物園 · 貓空(동물원 · 묘공) Taipei Zoo · Maokong

무짜 木柵는 타이베이 남동쪽에 위치한 지역으로 마오콩, 지남궁, 국립정치대학교, 타이베이시립동물원 등이 포함된다. 귀여운 판다가 있는 타이베이시립동물원, 타이베이의 주요 차 생산지이자 멋진 전망을 자랑하는 마오콩으로 인해 주말에는 가족, 연인 단위의 시민과 관광객으로 붐빈다. 동물원을 한 바퀴 구경한 뒤 곤돌라를 타고 마오콩으로 올라가 찻잎으로 만든 음식을 먹거나 차를 마시며 여유를 즐기고 오기에 안성맞춤이다.

HOW TO TRAVEL

똥우위엔 · 마오콩 이렇게 여행하자

➜ 여행 방법

동물원을 먼저 구경하자. 동물원은 오르막길로 되어 있기 때문에 미니열차를 타고 올라갔다가 걸어 내려오며 구경하는 것이 편하다. 동물원에서 나와 곤돌라를 타고 마오콩으로 이동한 뒤 도보로 찻집이나 식당 등을 가거나 가볍게 산책해도 좋다. 늦은 오후에 올라가 구경하고 해가 진 후, 타이베이 야경까지 보고 내려오면 딱 좋다.

➜ 추천 코스(7시간 소요)

타이베이시립동물원 지남궁   곤돌라 마오콩역   마오콩센
p.232   p.234   p.233   p.235

도보 7분+곤돌라 20분 → 곤돌라 5분 → 도보 10분

타이베이시립동물원 台北市立動物園 타이베이스리똥우위엔 Taipei Zoo　MAP 16-A

세계 10대 도시형 동물원 중 하나이다. 면적 1,650,00제곱미터에 달하는 큰 규모를 자랑하며, 무짜 木柵 동물원이라고도 불린다. 동물원 내에는 여덟 개의 야외전시 구역과 여섯 개의 실내전시관이 있다. 한국에서는 보기 힘든 판다와 코알라도 거주한다. 동물원은 각 동물의 서식지와 가장 가까운 생활환경을 만들어 동물들이 자유롭게 생활할 수 있도록 조성했다. 이곳에서 가장 인기 있는 관은 판다관으로 평일에는 동물원 입장권으로 들어갈 수 있지만, 주말에는 동물원 입장 시 '판다관 입장권'을 따로 받아야 관람할 수 있다. 동물원 전체의 휴무일은 없지만 월요일마다 첫째 주는 판다관, 둘째 주는 펭귄관, 셋째 주는 양서류·파충류관, 넷째 주는 곤충관이 쉬므로 가능한 한 월요일은 피해서 가는 것이 좋다.

위치 Ⓜ 똥우위엔역 1번 출구에서 오른쪽으로 직진, 도보 2분
주소 台北市 文山區 新光路二段 30號　**오픈** 09:00~17:00(1시간 전 입장 마감)　**휴무** 설 전날　**요금** NT$60(이지카드 결제 가능)　**전화** 02-2938-2300　**홈피** www.zoo.gov.tw

마오콩 곤돌라 貓空纜車(묘공람차) 마오콩란처 Maokong Gondola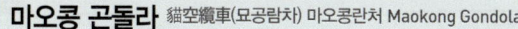

마오콩 곤돌라는 동물원 서쪽에서 마오콩 지역까지 이어지는데, 총 길이 4.03킬로미터로 똥우위엔역, 똥우위엔네이역, 즈난궁역, 마오콩역 총 네 개의 역으로 이루어져 있다. 타이완 최초로 이동을 목적으로 만들어진 가장 긴 케이블카다. MRT 똥우위엔역 근처에 있는 곤돌라 똥우위엔역에서 시작하며 6명 내지 8명 정원의 일반 곤돌라와 5명 정원의 바닥이 크리스털로 된 곤돌라가 있어 따로 줄을 서서 탑승한다. 탑승권을 구입할 수도 있지만 대중교통을 타듯 이지카드를 이용해 탑승하는 것이 편리하다. 곤돌라를 타고 산 위를 지나가면서 타이베이 101을 포함한 타이베이 시내 풍경을 감상할 수 있다. 마지막 마오콩역까지 총 소요시간은 약 30분. 곤돌라 내에 에어컨이 없어서 여름에는 다소 덥다.

위치 Ⓜ 똥우위엔역 2번 출구로 나와 왼쪽으로 직진, 도보 5분 오픈 화~목요일 09:00~21:00, 금요일 · 공휴일 전날 09:00~22:00, 토요일 · 공휴일 08:30~22:00, 일요일&연휴 마지막 날 08:30~21:00 휴무 월요일(공휴일인 경우, 첫째 월요일 운행) 요금 1구간 NT$70, 2구간 NT$100, 3구간 NT$120(이지카드 사용 가능) 홈피 www.gondola.taipei

지남궁 指南宮 즈난궁 Chih Nan Temple

MAP 16-D

타이완의 대표적인 도교 성지로 순양조사 여동빈 呂洞賓을 모신다. 이는 당나라 사람으로 선사를 만나 심법을 전수받고 신선이 된 것으로 알려져 있다. 1891년에 세워졌으며, 선공묘 仙公廟라 불리기도 한다. 총면적 800,000제곱미터의 넓이에 도교, 불교, 유교를 함께 모신다. 네 동의 주요 신전과 다섯 동의 부속 건물 주변으로 산책로, 정자, 계곡과 바위 등이 함께 어우러져 절경을 이룬다. 봄에는 꽃놀이 장소로 인기 있고 저녁에는 타이베이 101을 비롯한 타이베이 시내 야경을 감상할 수 있다. 커플이 같이 오면 헤어지게 된다는 속설이 있다.

위치 곤돌라 즈난궁역에서 나와 왼쪽으로 도보 2분 주소 台北市 文山區 萬壽路 115號 오픈 04:00~20:00 요금 무료 전화 02-2939-9822 홈피 www.chih-nan-temple.org

마오콩 貓空(묘공) Maokong

MAP 16-F

타이베이시 원산구, 무짜 차밭 지역 동쪽에 있는 곳으로 과거 타이베이 최대의 차 생산지 중 한 곳이었다. 지금은 전통 다례와 식음이 잘 조합된 관광 휴가지로 변모했다. 오랜 기간 자갈의 충격으로 부드러운 지질의 계곡 바닥에 구멍이 파이게 되었고, 그로 인한 물 흐름이 고양이 발톱 자국 같다 하여 이런 이름이 붙었다. 마오콩에서는 넓은 차밭을 구경해도 좋고, 음식점에서 차를 비롯해 차를 재료로 한 각종 음식을 맛보도 좋다. 이곳의 특산차로는 티에관인 鐵觀音과 원산바오중차 文山包種茶가 있다. 곤돌라 마오콩역에서 내려 길을 따라 걷다 보면 식사가 가능한 찻집과 카페, 찻잎을 파는 상점이 나온다. 그 외에 녹음에 둘러싸인 등산로를 산책하기에도 좋고, 아래로 내려다보이는 타이베이 시내를 구경하는 즐거움도 있다.

위치 곤돌라 마오콩역 앞 일대

마오콩셴 貓空閒(묘공한) Cat's Cafe

MAP 16-F

마오콩역 앞 왼쪽 길을 따라 10분 정도 걸어가면 귀여운 고양이 트럭과 하얀 파라솔 테이블이 나타난다. 바로 타이베이 시내 전경이 잘 보이는 분위기 만점의 노천카페로 탁 트인 곳에 앉아 차 한잔 마시며 여유를 맛보기 안성맞춤이다. 비록 산속이라 모기에게 헌혈 당할지도 모르지만, 아무것도 안 하고 가만히 앉아만 있어도 마음이 편안해지고 정화된다. 늦은 오후에 가서 타이베이 시내의 환한 모습부터 어둑해지는 하늘 아래 하나둘 불이 켜지는 야경까지 보고 오는 것을 추천한다. 노천카페라서 날씨가 좋으면 한 두 시간 일찍 오픈하는 경우도 있고, 우천 시에는 영업을 안 할 수도 있다.

위치 곤돌라 마오콩역 앞에서 왼쪽 길을 따라 도보 10분 주소 台北市 文山區 指南路三段 38巷 35號 오픈 10:00~24:00(금 · 토요일 ~03:00)
홈피 www.facebook.com/pages/貓空間/164732883575769

위엔쉬위엔 緣續緣(연속연)

MAP 16-F

마오콩역을 나와 오른쪽으로 조금만 내려가면 노란 간판의 찻집이 나온다. 2층 가운데에는 중국식 실내 정원이 분위기 있게 꾸며져 있고, 정원을 중심으로 주변에 룸 형태의 공간이 마련되어 일행끼리 오붓하고 조용하게 시간을 보낼 수 있다. 옥상에도 좌석이 있어 탁 트인 공간에서 차를 마시며 타이베이의 아름다운 풍경을 조망하기 좋다. 차는 고급차와 특급차 등 등급별로 나뉘고, 차 외에 차와 함께 먹는 간식인 뎬신 点心과 다양한 식사 메뉴도 있다.

위치 곤돌라 마오콩역 앞에서 오른쪽 길을 따라 도보 1분 주소 台北市 文山區 指南路三段 38巷 16-2號 오픈 11:00~24:00
휴무 월요일 전화 02-2936-7089

PART 3
타이완 북부
台灣北部

딴쉐이 × 빠리 × 북해안 × 예류 × 지룽 × 지우펀 × 진과스
핑시 × 션컹 × 푸롱 × 잉꺼·싼샤 × 우라이 × 비탄

01 타이완 북부는 어떤 곳일까?
ABOUT NORTHERN TAIWAN

타이완 북부는 타이완의 수도인 타이베이는 물론이고 타이베이를 둘러싸고 있는 신베이 新北, 북부 해안 가운데에 있는 항구도시 지룽 基隆, 그 외 타오위엔 桃園과 신주 新竹를 포함한다. 신베이는 수도 타이베이와 근접하고 타이완에서 인구가 가장 많은 도시로 타이베이와 함께 타이완의 중심 역할을 한다. 풍부한 문화유산과 자연환경을 갖추어 여행지로 알맞으며 타이베이 시내와 가까워 당일치기로 다녀오기에도 좋다. 타이완 북부를 대표하는 명소로는 딴쉐이·예류·지우펀·진과스·핑시·지룽·푸롱·우라이 등이 있다.

➜ 여행 계획

타이완 북부는 타이베이 시내와 인접해 있어 시내에 숙소를 잡고 당일치기로 다녀오는 데 무리가 없다. MRT가 연결된 가까운 곳도 있고, MRT가 닿지 않는다 할지라도 타이베이에서 출발하는 버스나 기차 등 대중교통이 잘 갖춰져 있어 쉽게 다녀올 수 있다. 낮에 북부 명소를 갔다가 저녁에 타이베이 시내 구경을 하거나, 평일에 북부를 가고 관광객이 많은 주말에 타이베이 시내를 구경하는 등 타이베이와 함께 적절히 일정을 짜면 좋다. 물론 지룽이나 지우펀에서 하루 숙박한다면 더 편하고 알찬 코스를 짤 수 있다.

➜ 숙소 정보

타이완 북부는 대부분 타이베이에서 당일치기 여행을 다녀올 수 있는 곳이기 때문에 숙박을 하는 경우가 많지 않지만 북부 지역에서 가장 많이 숙박하는 지역은 지우펀이다. 고요한 지우펀을 즐기기 위해 하룻밤 묵기를 희망한다면 지우펀에는 수많은 민박집이 있으니 예약 후 방문하면 된다. 언덕 위에 위치한 작은 마을이기 때문에 호텔은 없고 거의 민박집의 형태이다. 지우펀 외 지역으로는 우라이와 진산에 온천호텔이 있으니 온천을 즐기며 하루 숙박해보는 것도 좋다.

지우펀 민박 chiufen.fun-taiwan.com

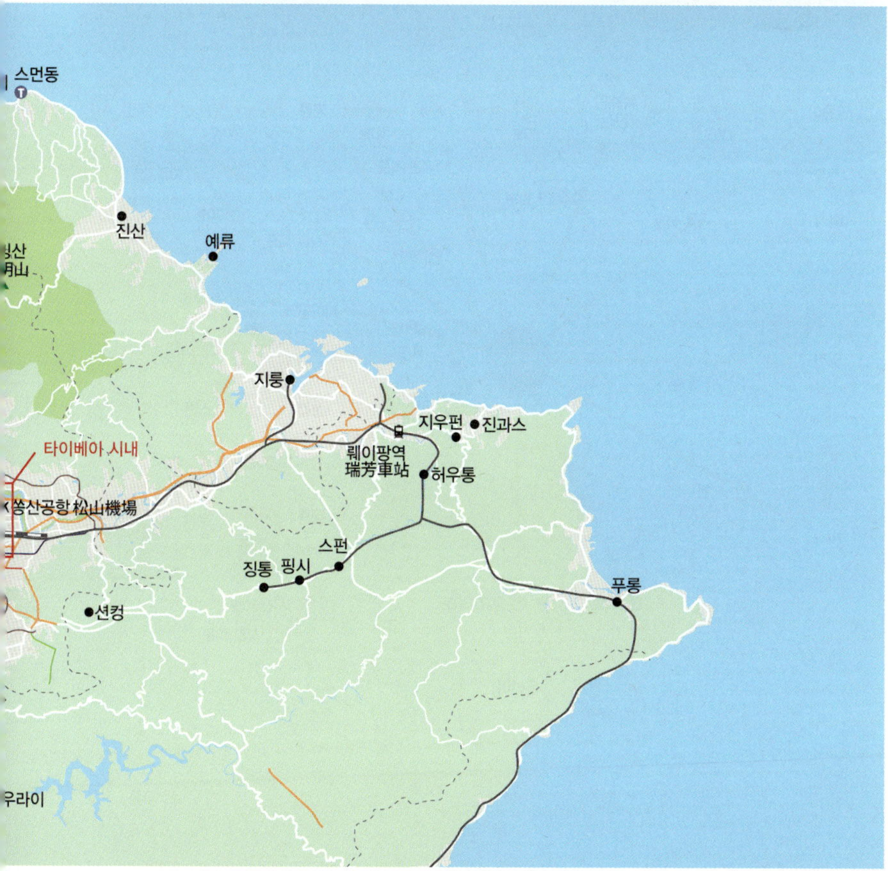

02 타이완 북부로 가는 방법
HOW TO GO NORTHERN TAIWAN

타이완 북부 여행은 타이베이를 중심으로 시작된다고 볼 수 있기 때문에 타오위엔시 桃園市에 위치한 타오위엔공항이나 타이베이시 台北市에 위치한 쏭산공항으로 입국하면 된다. 공항에서 타이베이 시내로 가는 방법은 92쪽을 참고하자. 타이완 북부의 각 여행지는 타이베이에서 MRT·버스·기차 등을 타고 이동한다. 여행지별 가는 방법은 해당 지역에서 자세히 안내한다. 아래는 타이베이에서 북부의 각 지역까지의 이동수단과 소요시간을 대략적으로 나타낸 것이다.

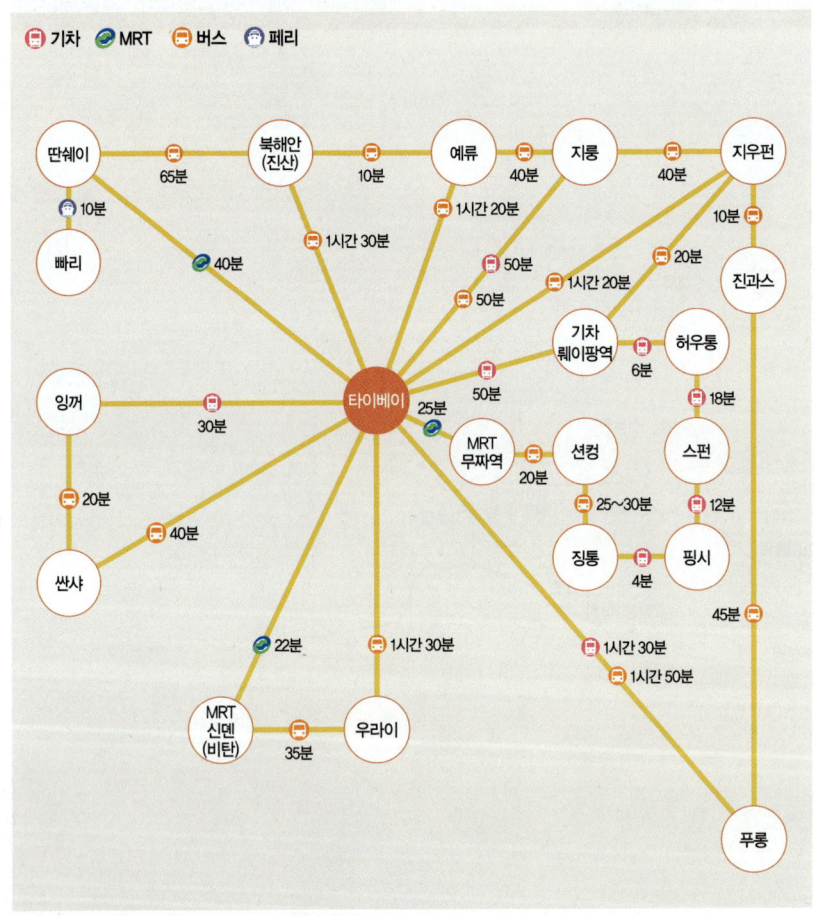

03 타이완 북부 시내 교통
NORTHERN TAIWAN CITY TRAFFIC

➜ MRT

행정구역상 신베이시 新北市에 속하지만 타이베이시 台北市와 인접해있는 지역은 MRT와 연결된다. 대표적인 곳으로 딴쉐이 淡水, 반챠오 板橋, 융허 永和, 신덴 新店 등의 지역이 있다.

운행 06:00~24:00 요금 NT$20~65
홈피 www.metro.taipei

➜ LRT

2018년 12월 말, 타이완의 두 번째 경전철이 신베이시 딴쉐이 지역에서 운행을 시작했다. 딴하이 칭꿰이 淡海輕軌 또는 딴하이 LRT(Danhai LRT)라고 부른다. 교통카드를 사용한다면 승강장 단말기에 태그한 뒤 탑승하고, 교통카드가 없다면 티켓 발매기에서 티켓을 구입하여 탑승한다. 하차 시 차량 출입문에 있는 하차 버튼을 눌러야 문이 열리며, 까오숑 LRT와 달리 반드시 하차 시에도 단말기에 카드를 태그해야 하므로 주의하자. 현재 11개 역이 개통되어 있으며 타이베이 MRT 홍슈린역에서 탈 수 있다.

운행 06:30~22:00(15분 간격)
요금 NT$20~25(교통카드 사용 가능)
홈피 www.ntmetro.com.tw

➜ 시내버스

MRT가 연결되지 않은 곳은 버스를 이용하면 편리하다. 타이베이 시내버스와 요금체계, 탑승 방법 등은 거의 같다. 기본요금은 NT$15로, 노선 내 구간이 나뉘어 있는 버스는 분단점을 기준으로 요금이 추가된다. 승하차 시 모두 교통카드를 단말기에 태그해야 한다. 현금으로 지불 시 잔돈을 거슬러주지 않으므로 주의하자.

신베이시 버스 e-bus.ntpc.gov.tw
지룽시 버스 www.klcba.gov.tw

➜ 타이완하오씽

타이완관광청에서 관광객을 위해 운영하는 관광지 셔틀버스라 생각하면 된다. 타이완 각지에서 운행 중이며, 각 기차역이나 고속철도역에서 주요 관광지까지 이동한다. 요금체계는 시내버스와 동일하다. 대부분 요금 지불 시 이지카드 사용이 가능하며, 노선별 1일권은 해당 운전기사에게서 바로 구입하면 된다.

홈피 www.taiwantrip.com.tw

북부 주요 노선

862번 황관북해안선 皇冠北海岸線
MRT 딴쉐이역 捷運淡水站–싼즈 三芝–바이샤완 白沙灣–스먼동 石門洞–주밍 미술관 朱銘美術館–쟈터우리 온천구 加投里溫泉區–예류 지질공원 野柳地質公園

T99번 롱궁쉰바오(동해안)선 龍宮尋寶(東岸)線
기차 지룽역 基隆車站–지룽 야시장(먀오커우 야시장) 廟口夜市–허핑다오 공원 和平島公園–국립해양과학기술박물관 國立海洋科技博物館(主題館)–기차 뤠이팡역 瑞芳車站

856번 황금푸롱선 黃金福隆線
기차 뤠이팡역 瑞芳車站–지우펀 九份–진과스 金瓜石–비터우 鼻頭–롱동 龍洞–푸롱 관광안내소 福隆遊客中心

795번 무짜핑시선 木柵平溪線
MRT 무짜역 捷運木柵站–션컹 深坑–징통 菁桐–핑시 平溪–스펀 관광안내소 十分遊客中心

➜ 택시

일행이 있다면 택시를 타는 것도 괜찮은 방법이다. 북부 여행지는 서로 거리가 꽤 떨어져 있고, 관광지라는 특수상황 때문에 택시 이용 시 미터요금보다 출발하기 전 흥정해서 가는 경우가 많다. 그러므로 대략의 택시비는 파악하고 가는 것이 좋다. 지우펀·스펀·우라이·딴쉐이 등의 관광지는 관광 특수 지역이라서 택시 요금이 지정되어 있다. 타이베이와 신베이, 지룽는 요금체계가 같으니 자세한 내용은 96쪽을 참고하자.

> **TIP 관광 특수 지역 택시 요금**
> 기차 뤠이팡역–지우펀: NT$205
> 기차 뤠이팡역–스펀: NT$545
> 우라이 미니열차역–MRT 신뎬역: NT$680

➜ 유바이크

타이베이에서 유용하게 이용되는 공공자전거 유바이크가 신베이까지 확장되었다. 신베이에 약 355곳의 대여소가 있고 가입 및 사용방법은 타이베이의 유바이크와 동일하니 자세한 내용은 96쪽을 참고하자.

홈피 ntpc.youbike.com.tw

04 타이완 북부 베스트 코스
NORTHERN TAIWAN BEST COURSE

➜ **2박 3일 코스** 북해안 · 예류 · 지룽 · 스펀 · 지우펀 · 진과스 · 푸롱 · 쏭산

DAY 1 MRT 딴쉐이 역 → 버스 45분 → 라오메이 p.262 → 버스 5분 → 스먼동 p.262 → 버스 15분 → 진산 라오제 점심식사 p.263 → 버스 5분 → 진용취엔 스파 핫스프링 리조트 p.263 → 버스 8분 → 예류 지질공원 p.266 → 버스 40분 → 해양광장 p.275 → 도보 7분 → 지룽 야시장 저녁식사 p.274 → 지룽 숙박

DAY 2 지룽 버스터미널 → 버스 20분 → 허핑다오 공원 p.273 → 타이완 하오씽 10분 → 빠떠우즈 공원 점심 도시락 p.272 → 도보 15분

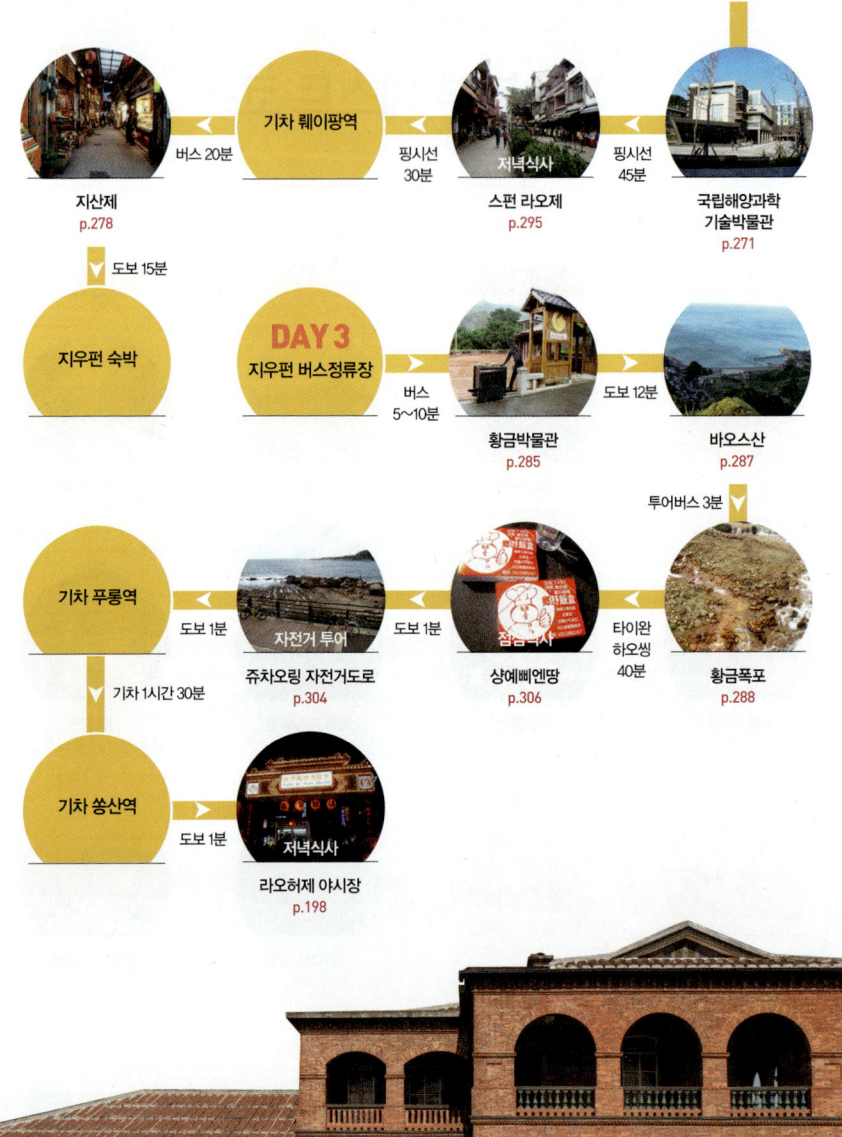

지산제
p.278

← 버스 20분

기차 뤠이팡역

← 핑시선 30분

저녁식사
스펀 라오제
p.295

← 핑시선 45분

국립해양과학
기술박물관
p.271

↓ 도보 15분

지우펀 숙박

DAY 3
지우펀 버스정류장

← 버스 5~10분

황금박물관
p.285

← 도보 12분

바오산
p.287

↑ 투어버스 3분

기차 푸롱역

← 도보 1분

자전거 투어
쥬차오링 자전거도로
p.304

← 도보 1분

잠금식사
샹예삐엔땅
p.306

← 타이완 하오씽 40분

황금폭포
p.288

↓ 기차 1시간 30분

기차 쑹산역

← 도보 1분

저녁식사
라오허제 야시장
p.198

예류-스펀-진과스-지우펀 이동 방법

일명 '예스진지'라고 불리는 타이베이→예류→스펀→진과스→지우펀→타이베이 코스는 타이완 북부의 대표적인 1일 코스라 할 수 있다. 다소 복잡하고 긴 이동시간 때문에 아예 전체 동선을 택시로 이동하는 관광객도 많은데 버스와 택시를 적절히 활용하면 저렴하게 자유여행을 즐길 수 있다. 아래의 대중교통을 이용한 이동은 나홀로 여행자나 체력에 자신 있는 사람에게 추천한다. 가능한 예류 오픈 시간에 맞춰 일정을 시작해야 여유가 생기니 출발을 서두르자. 여기에 언급된 모든 버스는 이지카드 이용이 가능하다.

타이베이 — 버스 1시간 20분 → **예류** — 버스 40분 →

타이베이처짠 동1문 앞 궈광커윈 터미널에서 예류행 버스를 탄다. 예류만 다녀올 계획이라면 매표소에서 왕복표를 구매하는 것이 더 저렴하다. 예류에서 하차 후 15분 정도 안쪽으로 걸어가면, 예류 지질공원 매표소가 보인다.

궈광커윈 1815번

승차	• 궈광커윈 타이베이처짠 터미널 • MRT 쫑샤오신셩역 KDM 호텔 앞 • MRT 쫑샤오푸싱역 2번 출구 앞 • MRT 쫑샤오뚠화역 4번 출구 앞 • MRT 궈푸지녠관역 2번 출구 왼편 • MRT 스정푸역 시정부 버스터미널
하차	예류 野柳
운행시간	05:40~23:10(10~20분 간격)
요금	NT$98

예류에서 스펀으로 대중교통을 이용해 가려면, 꽤 복잡하고 시간도 걸리므로 택시 이용을 추천한다. 50분(NT$1100)이 소요되며, 일행이 없다면 예류에서 일행을 구해보는 방법도 있다.
대중교통을 이용한다면 일단 버스를 타고 지룽으로 가야 한다. 도착해서 다른 버스로 갈아탄 뒤 뤠이팡 기차역에서 내려 핑시선을 타고 가면 된다.

지룽커윈 790·862번

승차	예류 野柳(예류로 올 때 하차한 정류장 건너편, 슈퍼 바로 앞)
하차	기차 지룽역(해양광장) 基隆車站(海洋廣場)(지룽역 가기전, 항구가 보이는 정류장)
운행시간	790번 05:00~22:00(10~20분 간격) 862번 05:50~20:30(20~40분 간격)
요금	NT$30

> **TIP**
> 예류에서 지우펀·진과스로 간다면 지룽에서 환승하는 방법까지 동일하다. 지룽에 도착해서 버스 탑승 후 지우펀·진과스에서 하차하면 된다.

245

지룽 — 버스 30분 — 뤠이팡 — 기차 24분 — 스펀 — 기차 24분 — 뤠이팡 — 버스 20분

지룽에서 내리면 갈아탈 버스가 오는 정류장으로 이동해야 한다. 버스 승차 후 기차 뤠이팡역에서 하차해 핑시선 열차나 택시를 이용해 스펀으로 간다. 뤠이팡에서 스펀까지 택시비는 NT$545로 요금이 고정되어 있다.

지룽커윈 787 · 788번	
승차	기차 지룽역 基隆車站(앞서 하차한 곳에서 기차 지룽역 방향의 육교를 건너 오른쪽 계단으로 내려가면 나오는 버스정류장, 훼미리마트 앞)
하차	기차 뤠이팡역 瑞芳車站
운행시간	787번 06:10~21:35(20~40분 간격) 788번 05:55~22:40(10~20분 간격)
요금	NT$30

스펀에서 핑시선 열차를 타고 뤠이팡으로 와서 버스 또는 택시를 이용한다. 뤠이팡에서 진과스까지 택시비는 NT$270로 요금이 고정되어 있다.

지룽커윈 788 · 825 · 1062번	
승차	기차 뤠이팡역(구민광장) 瑞芳車站(區民廣場)(뤠이팡역을 등지고 왼쪽으로 도보 3분, 뤠이팡 구민광장 앞 버스정류장)
하차	황금박물관 黃金博物館
운행시간	788번 06:30~22:30 825번 09:00~18:00(토·일요일 운행) 1062번 08:00~21:30
요금	NT$15

진과스 — 버스 5~10분 — 지우펀 — 버스 1시간 20분 — 타이베이

진과스에서 지우펀으로는 버스를 타고 한 번에 갈 수 있어 편리하다.

지우펀에서 타이베이까지 버스로 한 번에 갈 수 있다. 1062번을 타면 기사님이 작은 카드 하나를 주는데 하차 시 다시 반납해야 한다. 정류장에 버스 대기 줄이 너무 길다면 전 정류장으로 가보자. 오르막을 올라가다가 왼쪽 도로로 가면 노란 지붕의 거딩 隔頂 정류장이 나온다. 여기서는 비교적 수월하게 탑승할 수 있다. 종점까지 가지 않고, 기차 쏭산역 松山車站에서 하차하면 라오허제 야시장에 갈 수 있다.

지우펀에서 버스를 타고 뤠이팡역까지 가 타이베이행 기차로 갈아타는 방법도 있고, 버스에 사람이 너무 많아 택시를 이용할 경우에는 NT$1000 정도가 나온다.

지룽커윈 788·825·1062번	
승차	황금박물관 黃金博物館
하차	지우펀라오제 九份老街
운행시간	788번 05:30~21:35 825번 09:25~18:25(토·일요일 운행) 1062번 06:30~21:30
요금	NT$15

지룽커윈 1062번	
승차	지우펀라오제 九份老街(세븐일레븐에서 위로 조금 올라가면 왼쪽에 나오는 버스정류장)
하차	MRT 쫑샤오푸싱역(종점)
운행시간	월~금요일 05:55~21:30(15~30분 간격) 토·일요일 06:30~21:30(15~30분 간격)
요금	NT$98

AREA 1

딴쉐이

淡水(담수) Tamsui

지리적으로는 신베이에 속하지만, MRT가 연결되어 타이베이 시내에서 쉽게 접근할 수 있다. 강변길과 딴쉐이라오제에는 특색 있는 먹거리나 다양한 기념품점이 늘어서 있다. 황홀한 일몰이 자랑거리인 곳으로 쇼핑도 하고 잠시 쉬어가며 아름다운 풍경을 만끽하기에 좋다.

HOW TO TRAVEL

딴쉐이 이렇게 여행하자

➜ 가는 방법

타이베이 시내에서 붉은색 MRT 딴쉐이–신이선을 타고 북쪽 종점인 딴쉐이역에 하차한다. MRT 탑승 시 베이터우 北投까지만 가고 딴쉐이까지 이동하지 않는 경우가 있으니 종착역을 꼭 확인하고 탑승하자. 택시를 이용하는 경우 딴쉐이는 관광특수지역이라 기본료 NT$70에 추가로 NT$30을 내야하거나 기본료 NT$100에서 시작한다.

➜ 여행 방법

타이베이 최고의 주말 휴양지로 손꼽히며, 날씨 좋은 주말에는 현지인들로 북적거리니 가능한 평일에 방문하는 것이 좋다. 단, 월요일에는 휴무인 곳이 많으니 피하도록 하자. MRT 딴쉐이역 주변 강변길과 상권은 도보로 이동이 가능하고, 주요 볼거리 등은 모두 역 앞의 紅26번 버스로 갈 수 있다. 자전거를 타기에도 좋은 곳으로 역에서 나와 차도를 따라 왼쪽으로 가면 딴쉐이 라오제 광장에 유바이크 대여소가 있다. 딴쉐이는 광범위해 어디를 가느냐에 따라 소요시간이 천차만별이지만, MRT 이동시간을 제외하고 최소 3시간 정도 잡는 것이 좋다.

홈피 www.tamsui.ntpc.gov.tw

➕ 또 다른 이동수단, 페리

페리는 딴쉐이에서 위런 마터우, 빠리 등을 편하게 오갈 수 있는 교통수단이다. 선착장 앞 매표소에서 티켓을 구입하거나 이지카드를 사용해도 된다.

홈피 www.shuf168.com.tw

항선	운행시간 (평일/주말)	운항간격 (평일/주말)	소요시간	요금 (편도/왕복)
딴쉐이 두촨터우 淡水渡船頭–빠리 두촨터우 八里渡船頭	여름철 07:00~20:00/07:00~21:00 겨울철 07:00~19:00/07:00~20:00	10~15분/ 3~5분	7~10분	NT$23/45
딴쉐이 마터우 淡水碼頭–위런 마터우 漁人碼頭	여름철 12:00~19:00/10:00~20:00 겨울철 12:00~18:00/10:00~19:00	20~30분/ 10~15분	12~15분	NT$60

※3세 미만 무료(성인 1인당 2명 이내 무료), 12세 이하 및 65세 이상 50% 할인

➜ **추천 코스(5시간 소요)**

MRT 딴쉐이역 → 버스 25분 → 위런 마터우 p.255 → 버스 15분 → 훙마오청 p.254 → 도보 3분 → 진리 대학교 p.254 → 도보 3분 → 담강 고등학교 p.253 → 도보 8분 → 딴쉐이 라오제 p.250 → 페리 10분 → 빠리 p.256

딴쉐이 라오제 淡水老街(담수노가) Tamsui Old Street   MAP 18-F

MRT 딴쉐이역 출구로 나와 역 뒤쪽으로 돌아가면 강변길과 라오제가 나온다. 라오제는 이곳에서 가장 번화한 거리로 중정로 中正路를 중심으로 중건가 重建街, 청수가 清水街 일대를 일컫는다. 각종 기념품점이나 딴쉐이의 특산품과 명물 샤오츠인 아게이 阿給, 샤쥔 蝦捲, 위쑤 魚酥, 위완 魚丸 등을 맛볼 수 있는 상점을 쉽게 볼 수 있다.

위치 Ⓜ 딴쉐이역 출구로 나가 왼쪽으로 역 뒤쪽에 가면 오른편에 상점들이 보이고 그 길을 따라 라오제가 시작

┤ 딴쉐이 라오제 둘러보기 ├

복우궁 MAP 18-C
福佑宮 푸여우꿍 Fuyou Temple

딴쉐이에서 가장 오래된 사원으로 1796년에 지어졌다. 주신으로 바다의 여신인 마쭈 媽祖를 모시고 있어 딴쉐이마쭈먀오 媽祖廟라 불리기도 한다. 신베이시 지정 3급 고적이다.

주소 新北市 淡水區 中正路 200號 오픈 07:00~21:00

마셰 동상 MAP 18-B
馬偕雕像(마해조상) 마셰땨오샹 Mackay Statue

딴쉐이 라오제의 작은 공원 그 안에 마셰의 두상이 조각되어 있다. 마셰 馬偕(Mackay)는 19세기 말 캐나다에서 포교활동을 위해 온 선교사이다. 타이완 초대 병원과 진리 대학교를 건립했고, 무료로 의료 활동을 펼치기도 했다. 담강 고등학교 내에는 마셰 박사의 묘가 있다.

주소 新北市 淡水區 中正路와 三民街

바이예원저우따훈툰 MAP 18-B
百葉溫州大餛飩(백엽온주대혼돈) Yeh's Wonton Restaurant

물만두와 비슷한 음식인 훈툰 전문점으로 40년의 역사가 있다. 배우 주걸륜의 학창시절 단골집으로도 유명하다. 주걸륜이 즐겨 먹었던 메뉴이자 이 집 대표 메뉴로 이루어진 주걸륜세트(훈툰탕 餛飩湯+닭다리구이 烤雞腿, NT$150)도 판매한다. 이곳의 모든 요리는 질 좋은 재료를 사용하고 훈툰은 다른 집과 비교하면 크기가 꽤 크다. 1층에서 주문·결제 후 주문서를 들고 위층 자리에 앉으면 음식을 가져다준다.

주소 新北市 淡水區 中正路 177號 오픈 10:00~20:30(월~금요일 브레이크타임 14:00~16:30) 전화 02-2621-7286 홈피 www.wenchou.com.tw

커커우위완 MAP 18-B
可口魚丸(가구어환) Ke Kou Fish Ball

50년 이상의 전통이 이어진 딴쉐이에서 가장 맛있는 위완 魚丸 전문점이다. 위안은 생선살을 으깨 만든 어묵을 말한다. 이곳은 높은 등급의 생선을 사용한다. 위완을 국물과 함께 먹는 위완탕 魚丸湯(NT$35)과 전통적인 맛의 고기만두인 러우바오 肉包(NT$10)가 이 집의 대표 메뉴.

주소 新北市 淡水區 中正路 232號 오픈 08:00~20:00 전화 02-2623-3579

아포티에딴 MAP 18-B
阿婆鐵蛋(아파철단) Apo Tiedan

딴쉐이의 명물인 티에딴 鐵蛋은 철(鐵)과 알(蛋)이라는 뜻의 한자를 사용한다. 간장과 오향을 배합한 소스에 달걀이나 메추리알을 졸인 후 건조시켜 겉이 딱딱하기 때문에 그런 이름이 붙었다. 여러 티에딴집 중 가장 유명한 원조집으로 달걀과 메추리알 두 종류가 있으며 가격은 1봉 NT$100이다. 진공포장 상태라 한국으로 가져오기에도 편리하다. 티에딴 외에 새우나 생선으로 만든 과자인 샤쑤 蝦酥, 위쑤 魚酥 등도 판매한다.

주소 新北市 淡水區 中正路 135號 오픈 09:00~22:00 전화 02-2625-1625

➕ 딴쉐이의 명물 샤오츠

앞서 나온 음식점의 먹거리를 제외한 딴쉐이만의 명물 샤오츠를 소개한다.

화즈샤오 花枝燒
여러 가지 맛의 가루를 뿌려 먹는 대왕오징어튀김. 강변길 초입에 있는 터우이지아셴하이 頭一家深海에서 먹는 것을 추천한다.

아게이 阿給
당면이 들어간 유부주머니에 떡볶이소스 비슷한 것을 뿌린 음식.

샤줸 蝦捲
새우살을 넣고 튀겨 마치 군만두와 비슷하다.

쏸메이탕 酸梅湯
매실에 산사, 감초, 설탕 등을 넣고 끓여 차게 해서 마시는 음료.

담강 고등학교 淡江高中 딴쟝까오쭝 Tamkang High School

MAP 18-B

타이완 북부에서 가장 오래된 사립학교로 1914년에 설립되었다. 까오쭝 高中은 고급중학 高級中學의 줄임말로 고등학교라는 뜻이다. 이곳은 주걸륜 감독·주연의 타이완영화 〈말할 수 없는 비밀〉의 촬영지이자 실제 주걸륜의 모교로도 유명하다. 정문을 지나 학교 안쪽으로 들어가다 보면 영화 속 주인공 샹룬의 집으로 나왔던 곳도 있고, 더 가면 주요 촬영지였던 팔각탑과 대예배당이 나온다. 영화의 흥행과 아름다운 교정 덕에 딴쉐이의 명소가 되었는데 원래 매일 교내 방문이 가능했으나 2015년 6월부터 학생들의 안전을 위해 토요일에만 외부인에게 개방하고 있으니 방문 시 참고하자.

위치 Ⓜ 딴쉐이역에서 도보 20분/버스 紅26번 홍마오청 紅毛城 하차, 바로 앞 오르막길로 올라가면 진리 대학교 지나 왼편, 도보 6분 주소 新北市 淡水區 真理街 26號 오픈 토요일 09:00~16:00 전화 02-2620-3850 홈피 www.tksh.ntpc.edu.tw

253

📷 진리 대학교 真理大學 쩐리따쉬에 Aletheia University   MAP 18-B

홍마오청과 담강 고등학교 사이에 위치한 사립대학으로 타이완 교육 역사상 최초의 대학교이다. 'Aletheia'라는 교명은 '진리'를 의미하는 그리스에서 따왔다. 1882년 마셰 박사에 의해 우진학당 牛津學堂(Oxford Collage)이 설립된 이후 담강공상관리학원을 거쳐 1999년 지금의 대학교가 되었다. 우진학당 건물은 국가 지정 고적이다. 이곳 운동장에서 영화 〈말할 수 없는 비밀〉의 럭비 경기 장면을 촬영했다. 영화의 인기에 힘입어 담강 고등학교와 함께 관광객이 자주 찾는 딴쉐이의 명소가 되었다.

위치 담강고등학교 정문을 바라보고 왼쪽 길을 따라 도보 3분 주소 新北市 淡水區 真理街 32號 전화 02-2621-2121 홈피 www.au.edu.tw

📷 홍마오청 紅毛城(홍모성) Fort San Domingo   MAP 18-B

원래 1628년 스페인이 타이완 북부를 점령하면서 건립한 산 도밍고 요새였으나 이후 파괴되었고, 1644년 네덜란드인이 원래 자리 근처에 '포트 안토니오'로 재건했다. 네덜란드인의 붉은 머리를 신기하게 본 토착민들이 붉은 머리털을 뜻하는 홍마오 紅毛라는 이름을 붙였다. 1867년 이후 영국정부에서 장기 사용하며 영국영사관 사무소가 되었다가 1980년이 되어서야 중화민국정부로 권리가 넘어갔다. 타이완에 남아있는 오래된 건축물 중 하나로 국가 지정 1급 고적이다. 내부 전시실에서 역사 관련 자료를 살펴볼 수 있고, 외부에는 대포가 비치되어 있다.

위치 버스 紅26번 홍마오청 紅毛城 하차 주소 新北市 淡水區 中正路 28巷 1號 오픈 월~금요일 09:30~17:00, 토·일요일 09:30~18:00(야외구역 4~10월 ~20:00) 휴무 첫째 월요일, 설 전날·당일 요금 입장료 NT$150 전화 02-2623-1001 홈피 www.tshs.ntpc.gov.tw

위런 마터우 漁人碼頭(어인마두) Fisherman's Wharf

MAP 18-A

딴쉐이강과 바다가 만나는 곳에 위치하며 1987년에 완공되었다. 옛 이름은 딴쉐이 제2어항 第二漁港. 조명을 밝히면 더욱 아름다운 연인의 다리, 정인교 情人橋가 있고 방파제 위로 정인교와 이어지는 곳에 약 330미터의 목제 다리가 있다. 이곳에 가만히 앉아 바라보는 딴쉐이의 석양은 그림 같은 장관을 연출한다. 목제 도로 아래에 있는 노천카페에서 커피 한잔 마시며 여유를 부리기에도 좋다. MRT 딴쉐이역에서 버스를 타도 되고 딴쉐이 마터우에서 페리를 타면 15분 정도 걸린다.

위치 버스 紅26번 위런마터우 漁人碼頭 하차 주소 新北市 淡水區 沙崙里 第2漁港

천원궁 天元宮 텐위엔꽁 Tian Yuen Temple

MAP 17-F

MRT 딴쉐이역에서 약 5킬로미터 떨어진 곳에 위치한 천원궁에는 본전(本殿)과 그 뒤로 진원천단 真元天壇 건물이 자리한다. 본전에서는 무극노조 無極老祖를 모시는데 주신인 옥황상제 옆에 선불(신선과 부처)이 있다. 그 뒤에 위치한 1992년 증축된 진원천단은 높이 108미터, 원형 5층 건물로 층마다 다른 무극계(태초 하느님이 계시는 빛의 세계) 신들이 모셔져 있다. 몇 년 전부터 2월과 3월에 신베이시 일대에서 벚꽃축제를 열었는데 축제의 끝자락인 3월에는 천원궁의 벚꽃이 풍성하고 아름다워 새로운 명소로 떠올랐다. 축제기간에는 딴쉐이역에서 무료 셔틀버스도 운행한다. 벚꽃 시즌에 온다면 많은 사람으로 북적이지만, 방문해볼 것을 추천한다.

위치 버스 875번 천원궁 天元宮 하차 주소 新北市 淡水區 水源里 北新路 3段 36號 오픈 06:30~21:30 요금 무료 전화 02-2621-2759 홈피 tyk.ehosting.com.tw

PLUS AREA
빠리
八里(팔리) Bali

➜ 가는 방법

MRT를 타고 딴쉐이까지 간 후, 딴쉐이 두촨터우에서 페리를 타고 이동하는 것이 편리하다. 선착장 매표소에서 티켓을 구매하거나 이지카드를 사용하면 된다. 버스를 이용한다면 MRT 관두역 앞에서 紅13 · 紅22번 승차 후 두촨터우 渡船頭에서 하차하면 된다.

홈피 www.shuf168.com.tw

➜ 여행 방법

딴쉐이강과 바다가 만나는 곳에 위치해 딴쉐이와 마주한다. 빠리 선착장 앞에 작은 라오제가 있고 강변을 따라 산책길과 자전거도로가 잘 정비되어 있어 자전거를 타고 와즈웨이 자연보호구역, 13행박물관까지 갈 수 있다. 빠리쮜안 공원 八里左岸公園 쪽으로 가면 길가에 카페와 레스토랑들이 즐비하고 넓은 공원에 가족 단위 방문객이 많아 딴쉐이보다 좀 더 여유로운 휴양지 분위기를 풍긴다. 주말에 운이 좋으면 말을 타고 순찰을 도는 경찰관도 만날 수 있다.

홈피 www.bali.ntpc.gov.tw

항선	운행시간 (평일/주말)	운항간격 (평일/주말)	소요시간	요금 (편도/왕복)
딴쉐이 두촨터우 淡水渡船頭 -빠리 두촨터우 八里渡船頭	여름철 07:00~20:00/07:00~21:00 겨울철 07:00~19:00/07:00~20:00	10~15분/3~5분	7~10분	NT$23/45
빠리쮜안 八里左岸 -위런 마터우 漁人碼頭	상황에 따라 운행 여부 다름 (직행 운행 정지 시, 딴쉐이 마터우 경유해서 이동)	20~30분/ 10~15분	12~15분	NT$60

※3세 미만 무료(성인 1인당 2명 이내 무료), 12세 이하 및 65세 이상 50% 할인

빠리 라오제 八里老街(빠리노가) Bali Old Street   MAP 18-E

빠리는 타이베이와 중국 본토 간 최초의 무역항구이다. 항구 무역이 침체되면서 이곳의 번영도 빛을 잃었지만 최근 몇 년간 정부의 노력으로 다시 활기를 되찾고 있다. 딴쉐이에서 페리를 타고 빠리 선착장에 도착해 바로 앞 정면을 보면 작은 길이 나있는데 그 길이 빠리 라오제다. 짧은 거리지만 도넛, 대왕오징어튀김 등 맛집들이 몰려 있고 라오제를 중심으로 양옆에 산책길이 조성되어 있다.

위치 빠리 선착장을 등지고 바로 앞 정면 길로 직진   주소 新北市 八里區 八里渡船頭老街

빠리 라오제 둘러보기

쯔메이쌍바오타이 MAP 18-D
姊妹雙胞胎(자매쌍포태)

대표 메뉴는 두 개의 빵이 얽힌 모양의 쌍바오타이 雙胞胎(쌍둥이도넛)로 가격은 1개 NT$20이다. 쌍둥이도넛 외에 타로과자, 팥과자, 우유도넛 등도 판매한다. 워낙 인기가 많은 곳이라 마감시간 전에 품절되어 일찍 문을 닫는 경우도 있다.

주소 新北市 八里區 渡船頭街 25號   오픈 09:00~20:00(토·일요일 ~21:00)
휴무 화요일

➕ 빠리의 명물 샤오츠, 대왕오징어튀김

딴쉐이나 야시장에서도 볼 수 있지만, 빠리의 대왕오징어 튀김은 가히 최고라 할 만큼 맛있다. 말캉말캉한 몸통과 끊어먹는 맛이 좋은 다리 중 골라 먹으며, 가격은 NT$100~1500이다. 그 외에 오징어묵꼬치, 열빙어튀김, 게튀김 등의 간식거리도 쉽게 볼 수 있다. 빠리 라오제에는 빠오나이나이 寶奶奶(보할머니)와 쉬지아 許家(허가)라는 맛집 두 곳이 마주한다. 두 곳 모두 맛있고 인기 있으니 원하는 곳을 선택하거나 작은 사이즈로 두 곳 모두 먹어봐도 좋다.

주소 빠오나이나이 新北市 八里區 渡船頭街 26號, 쉬지아 新北市 八里區 渡船頭街 19號   오픈 빠오나이나이 10:00~21:00 / 쉬지아 월~금요일 10:15~19:30, 토·일요일 10:00~21:00

빠리쮀안 공원 八里左岸公園(팔리좌안공원) 빠리쮀안꿍위엔

MAP 18-E

빠리쮀안 구역에 위치하는 길이 약 280미터의 공원. 원래 시먼 리버사이드 공원 西門河濱公園이라 불렸다. 가족 단위 방문객이 많아 여유로운 휴양지 분위기를 풍긴다. 정부 계획에 따라 타이베이 시민들의 레저 공간으로 차차 변신해 공원 내에는 농구장, 정자, 아동 오락시설, 잔디밭, 모래사장 등이 조성되어 있다. 바로 앞에 환경교육센터(빠리회관)도 있다.

위치 빠리 선착장을 등지고 오른쪽 산책길을 따라 직진, 도보 8분
주소 新北市 八里區 觀海大道

와즈웨이 자연보호구역 挖子尾自然保留區 와즈웨이쯔란바오류취

MAP 18-D

선착장 근처에서 자전거를 대여해 빠리쮀안 공원을 지나 계속 달리다 보면 이곳에 다다른다. 총면적 약 300,000제곱미터로 맹그로브 생태계를 보존하기 위해 만들었고, 신베이시에서 관리한다. 전통적인 수산물 채취 작업용 배가 정박해 있고, 기록된 바에 의하면 조류 98종, 식물류 119종, 어류 21종, 게류 23종 등의 생물이 서식한다고 알려졌다.

위치 빠리 선착장을 등지고 오른쪽 산책길을 따라 직진, 도보 30분 **주소** 新北市 八里區 挖子尾街

13행박물관 十三行博物館 스싼항보우관 Shihsanhang Museum of Archaeology

MAP 18-D

회색빛 현대적인 분위기의 박물관으로 고고학박물관의 특성을 고려해 입구가 지하에서 시작한다. 13행은 타이완 북부의 중요한 유적지 중 한 곳으로 이곳에서 발굴된 유적과 당시의 생활 모습을 실감 나게 재현한다. 이외에 딴쉐이강과 바다가 만나는 해안에서 발굴된 도자기, 철기 등의 선사시대 유물도 전시되어 있다.

위치 버스 紅13번 13행박물관 十三行博物館 하차 **주소** 新北市 八里區 博物館路 200號 **오픈** 4월~10월 09:30~18:00(토·일요일 ~19:00), 11월~3월 09:30~17:00
휴무 첫째 월요일(공휴일인 경우 다음 날), 설 전날·당일 **요금** 입장료 NT$80 **전화** 02-2619-1313 **홈피** www.sshm.ntpc.gov.tw

AREA 2
북해안
北海岸 베이하이안 North Coast

딴쉐이에서 시작해 싼즈 三芝, 스먼 石門, 진산 金山, 예류 野柳를 지나 지룽 基隆까지 이어지는 해안선을 북해안으로 칭한다. 북해안과 빠리의 관음산 觀音山이 포함된 구역은 국가풍경구로 지정되어 있다. 그 면적은 육지와 바다를 합쳐 총 123,510,000제곱미터에 달한다. 독특한 지형의 해안을 접할 수 있고, 멋진 풍경을 지닌 주요 명소들은 웨딩 촬영지로 각광받는다.

HOW TO TRAVEL

북해안 이렇게 여행하자

➜ 가는 방법

북해안 여행은 딴쉐이에서 시작해 진산이나 지룽으로 끝나는 동선과 반대로 지룽이나 진산에서 시작해 딴쉐이로 끝내는 방법이 있다. 타이베이에서 딴쉐이를 거쳐 진산으로 간다면 MRT와 버스를 이용한다. MRT 딴쉐이역에서 나와 타이완하오씽이나 진산·지룽행 버스를 타면 된다. 타이완하오씽의 정류장 수가 적어 이동시간이 1시간 40분 정도로 버스에 비해 적게 걸리니 가능하면 시간에 맞춰 탑승하는 것이 좋다. 타이베이에서 바로 진산으로 간다면 타이베이처짠의 동1문 앞 궈광커윈 터미널 1815번 버스를 타면 되고, 1시간 30분이 소요된다.

타이완하오씽

862번 황관북해안선 皇冠北海岸線

MRT 딴쉐이역 淡水捷運站–싼즈 관광안내소 三芝遊客中心/名人文化館–바이샤완 北觀風景區管理處(白沙灣)–스먼동 石門洞–주밍 미술관 朱銘美術館–진산라오제 金山老街–진산 관광안내소 金山遊客中心(獅頭山公園)–쟈터우리 온천 加投里溫泉區–예류 지질공원 野柳地質公園–꿰이허우 항구 龜吼漁港

<u>운행</u> 5월~10월 월~금요일 09:00~11:00, 13:00~17:00(1시간 간격) 토·일요일 및 공휴일 08:00~16:00(30분 간격)/11월~4월 09:00~16:00(1시간 간격) <u>요금</u> 일반 NT$15~90, 1일권 NT$160 <u>홈피</u> www.facebook.com/crownnsa

> **TIP** 북해안 명소를 둘러볼 계획이라면 타이완하오씽 862번 1일권보다 타이베이 패스 1일권(NT$180)을 추천한다. 북해안을 오가는 버스 중 4자리 번호 버스를 제외하고 모두 사용 가능하고 딴쉐이까지 가는 MRT도 탈 수 있으니 훨씬 이익이다. 구입은 MRT역 안내 창구 및 타이베이처짠 이지카드 서비스센터에서 가능하다.

버스

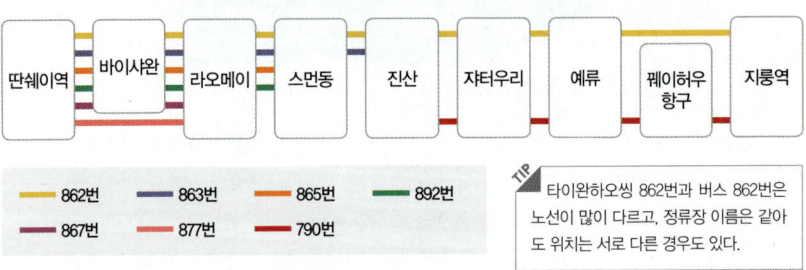

> **TIP** 타이완하오씽 862번과 버스 862번은 노선이 많이 다르고, 정류장 이름은 같아도 위치는 서로 다른 경우도 있다.

→ 여행 방법

우선 저녁에 어디에서 무엇을 할지 정하자. 진산 라오제나 지룽 야시장에 가고 싶다면 딴쉐이에서 출발해 북해안을 여행하고 마지막 코스로 진산이나 지룽에 가면 된다. 딴쉐이의 노을이 보고 싶다면 반대로 지룽이나 진산에서 출발해 북해안 여행을 하고 딴쉐이로 간다. 이동은 타이완하오씽과 버스를 적절히 섞어 탑승하면 좋다. 버스 도착 시간 웹사이트(e-bus.ntpc.gov.tw)나 앱(Tiwan Bus)을 활용하면 더 효율적으로 이동할 수 있다.

홈피 www.northguan-nsa.gov.tw

→ 추천 코스(6시간 소요)

📷 바이샤완 白沙灣(백사만) Baisha Bay

MAP 17-B

딴쉐이에서 버스를 타고 40분 정도 달리면 도착하는 해수욕장. 북해안의 중심 지점에 위치하며 길이 약 1킬로미터의 백사장과 맑은 바다, 독특한 성분의 하얀 모래알을 가진다. 해변 옆으로는 오랜 풍식작용을 거친 개성적인 암석이 많아 풍경 또한 멋지다. 해수욕장에는 탈의실, 로커, 매점, 장비 대여점 등의 시설이 구비되어 있고 해수욕 외에 낚시, 스쿠버 다이빙, 윈드서핑 등의 해양 스포츠도 즐길 수 있다.

위치 타이완하오씽 862번, 버스 862·863·865·867·892번 바이샤완 北觀風景區管理處(白沙灣) 하차 주소 新北市 石門區 德茂里 八甲1-2號 오픈 09:00~17:00(7월~9월 18:00) 요금 무료 전화 02-8635-5100

> TIP 11월에서 4월까지는 해수욕 기간이 아니어서 안전요원이 없으니 개인 안전에 특히 주의하자.

CC BY-Fcuk1203

린산비무잔다오 麟山鼻木棧道(린산비목잔도) Linshanbi Trail

MAP 17-B

바이샤완 입구부터 시작되는 나무길을 따라 안쪽으로 들어가면 독특한 지형의 곳이 나온다. 이 일대를 린산비유치취 麟山鼻遊憩區(린산비유계구)라 하는데 영화〈말할 수 없는 비밀〉에서 두 주인공이 자전거를 타고 달리던 곳이다. 자전거길 중 나무길은 약 600미터로 기분 좋은 바닷바람과 함께 바다 경치를 보며 산책하거나 자전거를 타기 좋다. 나무길이 끝나고 마을에 도착해 안쪽으로 들어가면 영화에서 여주인공의 집으로 나왔던 곳이 있다.

위치 타이완하오씽 862번, 버스 862·863·865·867·892번 바이샤완 北觀風景區管理處(白沙灣) 하차 **주소** 新北市 石門區 德茂里 麟山鼻

라오메이 老梅(노매) Laomei

MAP 17-B

스먼구 石門區 라오메이 마을 안쪽에 녹색으로 뒤덮인 암초해안을 뤼스차오 綠石槽(Green reef coast)라 한다. 꼬불꼬불 홈이 파인 돌은 화산 폭발 후 해변에 생성된 화성암이 오랜 시간 파식작용으로 깎여 단단한 부분만 남은 것이다. 여기에 겨울철 북동계절풍이 불어올 때 녹색 해조류의 번식이 시작되고, 4월에 바람이 물러갈 즈음 암초들은 녹색해조류로 가득 뒤덮여 장관을 이룬다. 해조류는 여름철 햇빛에 사라지므로 4월과 5월 사이에 가야 멋진 모습을 볼 수 있다.

위치 버스 862·863·865·867·877·892번 라오메이 老梅 하차, 바이샤완에서 버스 5분 **주소** 新北市 石門區 德茂里 下員坑33-6號

스먼동 石門洞(석문동) Shimen Arch

MAP 17-B

해수의 침식작용에 의해 자연적으로 형성된 동굴로 스먼의 랜드마크다. 일반 동굴이라기보다는 높이 약 10미터의 아치형 바위 문이다. 마치 육지에서 바닷가로 가는 커다란 문처럼 생겼다. 동굴 위에 조성된 산책로에서 바다를 전망할 수 있고, 동굴을 지나 바닷가에도 산책로와 정자 등 쉴 공간이 마련되어 있다. 썰물 때면 해양생물 관찰을 비롯해 낚시나 다이빙 등도 즐길 수 있다.

위치 타이완하오씽 862번, 버스 862·863·865·892번 스먼동 石門洞 하차, 라오메이에서 버스 5분 **주소** 新北市 石門區 尖鹿里(台2線28.7公里處)

진산 라오제 金山老街(금산노가) Jinshan Old Street

MAP 17-C

진산 구공소 金山區公所(구청) 근처에 위치하며 길 양옆으로 전통 상점이 쭉 늘어서 있다. 휴일이면 관광객으로 인산인해를 이룬다. 1800년 중국 푸젠성 각지에서 넘어온 사람들이 정착한 곳이다. 일본 식민지 시대에는 진바오리성 金包里堡이라 불리다가, 1920년에 진산으로 바뀌었다. 옛 이름의 영향과 진바오리제 金包里街에 위치한다는 이유로 진바오리 라오제 金包里老街라 불리기도 한다. 진산의 특산물인 위빙 芋餅(토란과자), 카오홍씬판슈 烤紅心蕃薯(군고구마), 라오포빙 老婆餅(쫄깃하고 달콤한 전통과자), 펑리빙 鳳梨餅(파인애플이 들어간 전통과자) 등이 인기가 있다. 그중 가장 유명한 것은 길 중간에 있는 광안궁 廣安宮 사원 입구에서 판매하는 오리고기 鴨肉로, 줄을 서서 받아 근처 가게로 이동해 먹는 방식이다.

위치 타이완하오씽 862번, 버스 862·863번 진산구공소 金山區公所 또는 진산 金山 하차, 스먼동에서 버스 15~20분 **주소** 新北市 金山區 大同里 金包里街

진용취엔 스파 핫스프링 리조트 Jin Yong Quan SPA Hotspring Resort

MAP 17-D

진산 온천을 즐길 만한 곳으로 온천시설과 숙박시설이 함께 있다. 온천시설만 이용할 수도 있다. 해수온천탕을 비롯해 스파시설이 갖춰진 냉천 수영장, 다양한 테마의 온천탕, 닥터피시, 어린이용 풀장 등이 있으며 편의시설도 잘 갖춰져 있다. 입장 시 수영복과 수영모는 필수다.

위치 타이완하오씽 862번, 버스 862번 쟈터우리 加投里 하차/버스 1815번 쟈터우루 加投路 하차 **주소** 新北市 萬里區 萬里加投 213-3號 **오픈** 08:00~23:00 **요금** NT$500~600 **전화** 02-2498-3588 **홈피** www.jyq.com.tw

진산 온천

진산 온천의 수질은 중성 탄산천·산성 유황천·알칼리성 유황천 등 종류가 다양하며 염분을 포함한 해저 온천도 있다. 수온은 보통 45~50℃로 분출구에서 나올 때는 90℃에 도달한다.
진산의 온천지대는 크게 세 구역으로 나뉜다. 진바오리제 주변의 진바오리 온천구역 金包里溫泉區, 진바오리제와 근교의 황강 온천구역 磺港溫泉區, 마지막 지아터우 온천구역 加投溫泉區이 있다. 지아터우는 비록 앞의 두 곳과 원천지는 다르지만 통상적으로 진산 온천에 속한다.

AREA 3
예류
野柳(야류) YehLiu

예류는 풍화작용으로 인해 형성된 독특한 지질과 기암괴석으로 유명한 관광지이다. 북해안 국가풍경구에 속하고 육지에서 바다 쪽으로 돌출된 곳으로 그 길이는 약 1,700미터이다. 커다란 바다거북과 비슷하게 생겨 예류거북이라고 불리기도 한다. 예류는 태풍이나 폭우 등 날씨가 심하게 궂은 날에는 개방을 안 하므로 방문 전에 홈페이지 공지를 먼저 확인하자.

HOW TO TRAVEL

예류 이렇게 여행하자

➜ 가는 방법

타이베이에서 출발

타이베이처짠 동1문 앞 궈광커윈 터미널에서 1815번을 타고 예류에서 내려 걸어가면 된다. 이지카드 사용 시 승하차 시 모두 태그하면 되고, 매표소에서 예류행 버스표를 구입해도 된다. 참고로 왕복표 來回票가 더 저렴하다. 주말 오전처럼 관광객이 많은 시간대에는 버스를 몇 대 보내야 할 수도 있으니 이 부분은 염두에 두도록 하자.

궈광커윈 1815번	
승차	• 궈광커윈 타이베이처짠 터미널 • MRT 쭝샤오신셩역 KDM 호텔 앞 • MRT 쭝샤오푸싱역 2번 출구 앞 • MRT 쭝샤오둔화역 4번 출구 앞 • MRT 궈푸지녠관역 2번 출구 왼편 • MRT 스정푸역 시정부 버스터미널
하차	예류 野柳

운행 05:40~23:10(10~20분 간격) 소요시간 1시간 20분
요금 NT$98

딴쉐이 · 진산 · 지룽에서 출발

딴쉐이에서는 버스 862번을, 진산과 지룽에서는 반대로 진산 · 딴쉐이행 790 · 862번을 타고 예류에서 하차하면 된다. 타이완하오싱 862번을 타는 경우에는 버스정류장이 있는 도로가 아닌, 예류 지질공원 바로 앞에서 승하차한다. 자세한 버스 관련 정보는 260쪽을 참고하자.

➜ 여행 방법

예류에는 지질공원 외에도 예류해양세계가 있지만 큰 볼거리는 아니라서, 대부분 지질공원만 보고 다른 지역으로 이동한다. 지질공원은 한 바퀴를 다 돌려면 시간이 꽤 걸리지만, 입구 부근의 주요 볼거리만 본다면 두세 시간 정도면 충분하니 다른 지역과 연계해 들르면 좋다.
오전에 타이베이에서 출발해 예류–스펀–진과스–지우펀 코스로 이동하거나 딴쉐이에서 출발해 북해안에서 지룽까지 도는 라오메이–스먼둥–진산–예류–지룽 코스도 좋다.

홈피 www.ylgeopark.org.tw

📷 예류 지질공원 野柳地質公園(야류지질공원) 예류띠즈꿍위엔 Yeh Liu Geopark   MAP 19-B

오랜 시간 해수의 침식과 풍화작용에 의해 자연적으로 만들어진 독특한 모양의 바위로 가득한 지질공원으로 여행 필수 코스이다. 작은 항구 마을에 위치한 공원 입구를 지나 안으로 들어서면 마치 또 다른 행성에 온 듯한 느낌이 들 정도로 많은 기암괴석이 있다. 여왕머리, 버섯, 생강, 촛대 등 자연적으로 만들어진 여러 모양의 바위를 보고 있자면 자연의 위대함이 새삼 놀랍게 느껴진다. 천만 년이 넘는 기간 동안 만들어진 이 기암괴석의 변화는 지금도 현재진행형으로 여전히 조금씩 모습이 변하고 있다. 기암괴석을 구경할 때 바닥에 표시된 안전선을 넘지 않도록 주의하자.
공원은 햇볕을 피할 곳이 전혀 없기 때문에 얇은 긴 옷이나 양산을 준비해가는 것이 좋다. 유난히 바람이 많이 불기도 해 머리카락이 긴 사람은 머리끈이 필요할 수도 있다.

<U>위치</U> 타이완하오씽 862번 예류 지질공원 野柳地質公園 하차/ 버스 790 · 862 · 1815번 예류 野柳 하차 후 안쪽 골목으로 직진, 도보 15분 <U>주소</U> 新北市 萬里區 野柳里 港東路167-1號 <U>오픈</U> 08:00~17:00(5월~8월 ~18:00) <U>휴무</U> 무휴 <U>요금</U> 일반 NT$80, 12세 미만 아동 및 국제학생증 소지 시 NT$40, 신장 115cm 이하 및 6세 미만 유아 무료 <U>전화</U> 02-2492-2016 <U>홈피</U> www.ylgeopark.org.tw

✚ 예류의 기암괴석

여왕머리 女王頭
버섯바위로 이집트 여왕 네페르티티의 옆얼굴을 닮아 유명해졌다. 함께 사진을 찍으려면 줄까지 서야 한다.

버섯바위 蕈狀岩
하나하나 하늘을 향한 큰 버섯처럼 생긴 바위.

생강바위 生姜岩
대형 생강처럼 생긴 바위.

촛대바위 燭台石
하나의 초처럼 생긴 바위.

호혈 壺穴
침식된 곳에 생긴 크고 작은 구멍.

 예류 특산가 野柳特產街(야류특산가) 예류터찬제　　MAP 19-B

지질공원 출구로 나오면 바로 앞에 예류의 특산물과 기념품 등을 파는 상점거리가 있다. 각종 건어물, 다양한 맛의 수제 오징어포, 즉석에서 바로 튀긴 해초튀김, 새우나 생선맛의 과자 등을 판매하고 시식도 가능하다.

<u>위치</u> 예류 지질공원 앞　<u>주소</u> 新北市 萬里區 野柳里 港東路

 예류 해양세계 野柳海洋世界 예류하이양스제 Yehliu Ocean World　　MAP 19-B

타이완 최초의 돌고래 공연장이 있는 수족관. 약 3000명을 수용할 수 있는 규모에 귀여운 돌고래와 범고래, 바다사자 공연 및 외국 공연도 비정기적으로 열린다. 총 길이 100미터의 해저터널이 있으며, 200종의 희귀한 물고기와 해양생물을 비롯해 아이들 교육에 좋은 표본도 전시한다. 총 관람시간은 대략 2시간 정도가 걸리며 돌고래와 바다사자 공연은 매일 10:30·13:30·15:30 총 세 번 진행한다.

<u>위치</u> 예류 지질공원 옆　<u>주소</u> 新北市 萬里區 野柳里 港東路167-3號　<u>오픈</u> 월~금요일 09:00~17:00, 토·일요일 09:00~17:30　<u>요금</u> 일반 NT$400, 학생 NT$330, 6세 미만 무료　<u>전화</u> 02-2492-1111　<u>홈피</u> www.oceanworld.com.tw

AREA 4
지룽
基隆(기륭) Keelung

타이완 북쪽에 위치한 항구도시로 동북아, 동남아를 이어주는 국제적인 허브항구다. 지룽의 북쪽이 항구이고 나머지 삼면은 산이 둘러싸고 있다. 음력 7월 15일 중원절에 열리는 지룽 중원제는 전국의 중원절 행사 중 가장 유명해 매년 관광객이 몰린다. 사원 입구의 다양한 먹거리, 곶만(Cape Bay)과 기암괴석, 어항수산시장 등 바다와 산이 만드는 다양하고 풍부한 풍경은 항구도시만의 독특한 매력을 보여준다. 타이베이에서 1시간 정도면 갈 수 있기 때문에 당일치기 여행지로 추천한다.

HOW TO TRAVEL

지룽 이렇게 여행하자

➜ 가는 방법

기차

타이베이처짠에서 매일 약 60편의 기차가 왕래한다. 짧은 거리를 운행하는 취젠처 區間車가 주를 이루고 간혹 빠른 기차인 쯔창하오 自強號도 운행한다. 기차로는 지룽까지 약 50분이 소요되며, 가격은 취젠처 NT$41, 쯔창하오 NT$64.

버스

버스는 타이베이 시내 곳곳에서 승하차가 가능하다는 장점이 있다. 주로 궈광커윈이 운행하고 고속도로를 타기 때문에 50분 정도의 짧은 시간이 소요된다. 궈광커윈 타이베이처짠 터미널, MRT 쭝샤오푸싱역, MRT 쭝샤오둔화역, 시정부 버스터미널 등에서 탑승 가능하다. 기차 지룽역 앞에 궈광커윈 버스터미널이 위치해 기차나 버스 모두 편하게 이용할 수 있다.

궈광커윈	주요 정류장
1800번	쭝룬 中崙–MRT 쭝샤오둔화역–관광국 觀光局–지룽 基隆
1801번	국립호리학원 國立護理學院–스린 관저 士林官邸–MRT 젠난루역–MRT 원더역–지룽 基隆
1802번	싼총 三重–MRT 타이베이차오역–MRT 쭝산역–MRT 쏭장난징역–지룽 基隆
1813번	타이베이 台北–둥1문 東一門–지룽 基隆
9006번	스린 士林–MRT 젠탄역–MRT 위엔산역–지룽 基隆

TIP 진산·예류에서 출발하는 경우
타이베이가 아닌 진산이나 예류에서 출발해 지룽으로 올 경우에는 버스 790·862번을 타고 기차 지룽역 基隆車站에서 하차하면 된다.

➜ 여행 방법

지룽은 기차 지룽역을 중심으로 시작된다. 역 바로 앞에 버스정류장이 있어서 주요 관광지로 쉽게 이동할 수 있다. 이동시에는 타이완하오씽과 시내버스를 적절히 섞어 이용하면 좋다. 지룽 여행은 주로 버스를 타고 이동하므로 타이완 버스 앱이나 지룽시 버스 도착시간 확인 웹사이트(ebus.klcba.gov.tw)를 참고하여 장소별 체류시간과 이동시간을 계획하자.

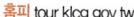 tour.klcg.gov.tw

타이완하오씽

T99번 롱궁쉰바오(동해안)선 龍宮尋寶(東岸)線

기차 지룽역(관광안내소 앞) 基隆車站-지룽 야시장 廟口夜市-중정공원 中正公園-원주민문화회관 原住民文化會館-허핑다오 공원 和平島公園-해양과학기술박물관 國立海洋科技博物館(主題館)-기차 뤠이팡역 瑞芳車站

운행 5월~10월 월~금요일 09:00~17:10(70분 간격), 토·일요일 08:10~18:00(70~80분 간격)/11월~4월 월~금요일 09:00~16:30(140~170분 간격), 토·일요일 08:00~17:20(140분 간격) **요금** 일반 NT$15~30, 1일권 NT$50 **홈피** www.gokeelung.com.tw

> **TIP** 하계에는 하루에 8~9회 운행하지만 동계에는 4~5회만 운행하므로 시간표를 잘 확인하고 놓치지 않도록 하자.

시내버스

- **101번:** 05:40~23:20(20~22분 간격)
- **103번:** 06:05~23:10(20~30분 간격)
- **108번:** 월~금요일 06:00·07:20·08:40·11:00·14:00, 토·일요일 06:00·07:20·11:00·14:00

➔ 추천 코스(7시간 소요)

> **TIP** 여유가 있다면 허핑다오 공원에 가기 전, 중산공원에 올라가 지룽 항구의 전망을 감상해보는 것도 괜찮다. 오전 일찍 북해안 여행을 시작하고, 오후에 지룽에 도착해 허핑다오 공원이나 빠떠우즈 공원을 본 후, 지룽 야시장으로 마무리하는 일정도 좋다.

국립해양과학기술박물관 國立海洋科技博物館 궈리하이양커지보우관 NMMST

빠떠우즈 항구 근처에 위치한 이곳은 원래 북부 화력발전소로 사용하다가 현재의 박물관으로 개조되었다. 줄여서 하이커관 海科館(해과관)이라 부른다. 크게 메인 전시관인 주제관, IMAX 해양극장, 구역탐색관 건물로 구분되는데 주제관은 한 척의 배 같은 모양의 건물로 만들어졌다. 아홉 개의 전시 구역으로 나뉘며 어업과 해양문화, 해양과학 등에 관한 전반적인 내용을 소개한다. 타이완에서 규모가 가장 큰 IMAX극장은 해양 관련 영화를 상영하는데 하루 6회(09:30 · 10:30 · 11:30 · 13:30 · 14:30 · 15:30) 회당 40분간 상영하며, 휴일에만 16:30 상영이 추가된다. 빠떠우즈 항구 근처에 위치한 구역탐색관은 무료로 개방하고 있어 가볍게 둘러보기 좋다. 빠떠우즈 항구 및 해빈공원 海濱公園과 가까이 있어 주변 건물과 함께 특색 있는 해양 관련 교육 장소가 되었다.

위치 타이완하오씽 T99번(동해안) 하이커관 海科館 하차/버스 103번 하이커관 海科館 하차 주소 基隆市 中正區 北寧路 367號 오픈 월~금요일 09:00~17:00 토 · 일요일 09:00~18:00 휴무 월요일(공휴일인 경우 운영), 설 전날 요금 주제관 일반 NT$200, 학생 및 12세 이하 NT$140, 65세 이상 NT$100, 6세 미만 무료/ IMAX극장 일반 NT$120, 학생 및 12세 이하 NT$90, 65세 이상 및 3~6세 미만 NT$60, 3세 미만 무료 전화 02-2469-6000 홈피 www.nmmst.gov.tw

기차로 이동
기차 뤠이팡역에서 핑시션아오선 平溪深澳線에 탑승해 하이커관역 海科館車站에서 하차한다(13분 소요). 역에서 나와 5분 정도 걸으면 차도 건너편에 위치.

빠떠우즈 공원 八斗子公園(팔두자공원) 빠떠우즈꿍위엔 Badouzi Coast Park

MAP 21-F

빠떠우즈는 지룽시 동북쪽에 있는 작은 반도이다. 삼면이 바다를 마주한 좋은 지리적 조건으로 타이완 북부 최대의 뛰어난 어항이 되었다. 이곳에 해빈공원 海濱公園을 조성했는데, 트레일, 전망대 등을 만들어 넓은 바다를 조망하며 산책할 수 있도록 했다. 해식플랫폼, 해식절벽, 해식골짜기와 같은 해식지형과 기암괴석이 있으며 넓은 초원과 언덕, 바다 등이 어우러져 소풍 가는 기분으로 가기 좋은 곳이다. 해발 높이를 뜻하는 65고지, 80고지, 101고지가 있는데 가장 높은 101고지까지 올라가면 지우펀까지 보이는 멋진 풍광을 조망할 수 있다. 이곳에서 보는 빠떠우즈 석양은 지룽8경 중 하나로 꼽힐 만큼 아름답기로 유명하다.

위치 버스 103번 빠떠우즈 八斗子 하차 후 길 건너 85도씨 옆 차도를 따라 직진하다 오른쪽 갈림길로 직진, 도보 15분/버스 108번 복영궁 福靈宮 하차 시 근처에 공원 입구로 가는 오르막 위치 **주소** 基隆市 中正區 八斗街 **요금** 무료

허핑다오 공원 和平島公園(화평도공원) 허핑다오꿍위엔 Hepingdao Park

MAP 21-B

정식 이름은 허핑다오 해각낙원 和平島海角樂園이다. 공원 안으로 들어서면 한 바퀴를 돌아볼 수 있는 구조인데 오른쪽에서 왼쪽으로 가는 동선이 좋다. 잘 정비된 산책길을 따라 걸어가면 바로 밑엔 기암괴석이, 저 앞에는 바다가 펼쳐진 멋진 광경과 만난다. 여기에 멋진 석양까지 더해진 허핑다오의 풍경은 가히 최고라 할 수 있다. 코뿔소, 족발 등의 모양과 더불어 1000장의 다다미를 깔아 놓은 듯한 모양의 네모난 암석 천첩부도 볼 수 있다. 번자동 蕃字洞은 네덜란드인의 마지막 거점이었다고 전해지는 약 20미터의 해식동으로 지룽의 중요한 고적 중 하나이다. 이외에 바다 한 켠을 막아 만든 멋진 바다수영장, 모래성처럼 만들어진 관광안내소, 야영장 등 여러 시설이 마련되어 있다. 한 바퀴를 도는데 약 30분이 소요된다.

위치 타이완하오씽 T99번(동해안), 버스 101번 허핑다오 공원 八和平島公園 하차 후 도보 5분 주소 基隆市 中正區 平一路 360號 오픈 5월~10월 08:00~19:00, 11월~4월 08:00~18:00(1시간 전 매표 마감) 요금 일반 NT$80, 6세 이하 무료 전화 02-2463-5999 홈피 www.hpipark.org

TIP 허핑다오 공원 버스정류장

버스 101번을 타고 온 경우 다시 지룽역으로 돌아갈 때도 내렸던 곳에서 탑승한다.

지룽 야시장 基隆夜市(기륭야시) 지룽예스 Keelung Night Market

MAP 21-E

정식 명칭은 먀오커우 야시장이며, 입구부터 길 양옆으로 쭉 늘어선 음식점과 노란 등불이 반겨준다. 야시장 길을 따라가면 1873년 청나라 시대에 지어진 도교 사원인 전제궁 奠濟宮이 있어서 사원 입구란 뜻의 먀오커우 廟口란 이름이 붙었다. 이곳은 하루종일 운영해 낮에 가도 되지만 야시장인 만큼 밤에 가장 북적인다. 항구도시의 야시장이라 유독 싱싱한 해산물 전문점이 많은 편이다. 필수 먹거리로는 튀긴 빵에 오이, 햄, 마요네즈 등을 넣은 샌드위치 잉양싼밍즈 營養三明治(NT$55), 신선한 어묵튀김 16하오톈푸뤼 16號天婦羅(NT$35), 수프에 두꺼운 쌀국수면, 버섯, 원추리, 오징어 등을 넣은 지룽 특유의 딩벤춰 鼎邊銼(NT$55), 아이스크림 같은 땅콩빙수 화성파오파오빙 花生泡泡冰(NT$50), 황두를 분말로 만든 후 면처럼 가공해 끓여낸 수프 떠우첸겅 豆簽羹(NT$55)이 있다. 그 외에 굴전 어아젠 蚵仔煎(NT$60), 게살수프 팡시에겅 螃蟹羹(NT$55), 볶은 약밥 같은 요우판 油飯(NT$25) 등이 유명하다. 점포마다 번호가 적혀 있어 쉽게 찾아갈 수 있다.

<u>위치</u> 기차 지룽역 정면 도로를 따라 직진, 맥도날드 있는 사거리에서 우회전 후 한 블록 가서 왼편, 도보 10분/버스 101·103번 런얼루 仁二路(맥도날드가 있는 사거리) 하차 후 도보 3분 <u>오픈</u> 24시간 <u>홈피</u> www.miaokow.org

📷 해양광장 海洋廣場 하이양광창 Ocean Square   MAP 21-E

2009년 8월에 정식 오픈한 곳으로 기차 지룽역 앞에서 항구 쪽으로 조금만 걸어가면 있다. 지룽 항구 한쪽에 폭 15~30미터의 넓은 원목 데크로 바닥을 깔고 총 면적은 5,000제곱미터에 달한다. 광장 한편에 나무로 된 암초를 만들고, 컬러 LED로 된 대형 'KEELUNG' 조형물을 설치했다. 주변은 의자처럼 만들어 시민은 물론 관광객에게 휴식 공간을 제공한다. 낮이면 푸른 하늘과 바다를 볼 수 있고, 밤이면 항구의 예쁜 야경을 볼 수 있어 좋다. 예류에서 지우펀이나 진과스 등을 버스로 갈 때 이곳 앞에서 하차해 환승하므로 한 번쯤은 자동으로 들르게 되는 곳이기도 하다.

위치 기차 지룽역 앞에서 정면으로 직진 후 육교 건너편, 도보 3분 주소 基隆市 仁愛區 忠一路

🎁 리후빙뎬 李鵠餅店(이곡병점) Lee Hu Bakery   MAP 21-E

1882년에 창립되어 130년이 넘는 오랜 역사를 간직한 곳으로 분점 없이 지룽에 단 하나의 작은 매장만 있어 전국적으로도 유명한 제과점이다. 맛있고 저렴한 펑리수(개당 NT$18)로 잘 알려졌고, 펑리수 외에 단황수 蛋黃酥, 라오공빙 老公餅, 라오포빙 老婆餅, 타이양빙 太陽餅, 누가 사탕 牛軋糖 등 타이완 전통과자를 판매한다. 매장에서 직접 구매하는 방법 외에 전화와 팩스를 이용해 주문하면 택배로 발송해주기도 한다.

위치 기차 지룽역 정면 도로를 따라 직진, 해양광장 지나 고가도로를 건너자마자 우회전해 한 블록 간 후 좌회전, 仁三路 도로로 진입해서 왼편, 도보 8분 주소 基隆市 仁愛區 仁三路90號 오픈 09:00~21:30 전화 02-2422-3007 홈피 www.lee-hu.com.tw

AREA 5
지우펀
九份(구분) Jiufen

타이완에서 가장 인기 있는 관광지 중 한곳으로 타이완 동북부에 위치해 산과 바다와 맞닿아 있다. 산비탈에 형성된 이 작은 마을은 일찍이 풍부한 금광산 덕분에 번성했다가 채광산업이 시들해지면서 몰락해갔다. 1990년대 후반, 영화 〈비정성시〉의 배경이 되면서 이곳 특유의 오래된 건축물과 풍경이 주목 받으며 다시 사람들의 관심을 끌었고, 지금의 인기 관광명소가 되었다. 관광객으로 넘쳐 활기찼던 곳이 저녁 이후 상점이 문을 닫으면 조용한 고지대 마을로 변한다. 지우펀의 색다른 모습을 보고 싶다면 하룻밤 숙박을 해보는 것도 좋다.

HOW TO TRAVEL

지우펀 이렇게 여행하자

➜ 가는 방법

기차

기차를 이용할 경우 한번에 갈 수는 없고 역에서 내린 후 버스나 택시를 타야 한다. 타이베이처짠에서 출발해 50분 정도가 지나면 뤠이팡역 瑞芳車站에 도착한다. 역에서 나와 역을 등지고 왼쪽으로 3분 정도 걸어 올라가서 뤠이팡역(구민광장) 瑞芳車站(區民廣場) 버스정류장에서 버스 788·825·827·965·1062번을 타고 20분 뒤 지우펀 라오제 九份老街에서 하차하면 된다. 뤠이팡역에서 버스가 아닌 택시를 탄다면 지우펀까지는 고정요금 NT$205으로 정해져 있다.

버스

타이베이에서 출발하는 경우 MRT 쭝샤오푸싱역에서는 1062번, MRT 시먼역에서는 965번 버스를 타면 진과스와 지우펀으로 바로 갈 수 있다.

타이베이커윈 965번	
승차	시먼짠 捷運西門站(MRT 시먼역 2번 출구 국군문예활동중심 앞)
하차	지우펀 라오제 九份老街

<u>운행</u> 월~금요일 06:00~21:00, 토·일요일 07:00~21:00 (월~금요일 30~40분/토·일요일 30~60분 간격) <u>소요시간</u> 1시간 <u>요금</u> NT$90

지룽커윈 1062번	
승차	쭝샤오푸싱짠 捷運忠孝復興站(MRT 쭝샤오푸싱역 2번 출구 앞, 푸싱난루1단180호 復興南路一段180號)
하차	지우펀라오제 九份老街

<u>운행</u> 월~금요일 06:55~21:10, 토·일요일 07:10~20:40 (15~30분 간격) <u>소요시간</u> 1시간 20분 <u>요금</u> NT$101

 지룽에서 출발하는 경우
기차 지룽역을 등지고 오른쪽으로 가면 궈광커윈 버스터미널이 있고 터미널 입구 쪽 육교 밑 훼미리마트 앞에 버스정류장이 있다. 이곳에서 지룽커윈 788번을 타고 지우펀 라오제 九份老街에서 하차한다. 약 40분 소요.

➜ 여행 방법

지우펀은 도보로 돌아볼 수 있는 작은 마을이다. 오후 5시부터 서서히 문을 닫는 상점이 있으므로 오후 3시에서 4시쯤 도착해 지산제의 상점들을 구경하고 수치루에 홍등이 켜지는 것까지 본 후에 타이베이 시내로 돌아오는 일정을 추천한다. 일정에 여유가 있다면 차를 한잔 마시거나 하룻밤 숙박하는 것도 좋다. 단, 이곳은 해가 진 후 찻집 외에 갈 곳이 없는 조용한 마을이라는 점을 고려해서 숙박을 결정하자. 더불어 지우펀은 항상 관광객으로 붐비기 때문에 가능한 주말이나 연휴를 피해 갈 것을 권한다.

→ **추천 코스(4시간 소요)**

지산제
p.278 → 도보 20분 → 지우펀 전망대 p.279 → 도보 7분 → 수치루 p.280 → 도보 1분 → 아메이차러우 p.281

지산제 基山街(기산가) Jishan Old Street

MAP 22

지우펀 라오제 九份老街 정류장 근처 세븐일레븐 옆에서 시작되는 작은 골목이 지산제이다. 지우펀의 메인 상점거리로 지우펀 라오제 九份老街라고도 한다. 구불구불 이어진 좁은 길은 항상 사람들로 북적거린다. 양옆으로 수많은 상점이 줄지어 있다. 기념품 · 민속예술품 · 잡화 · 먹거리 등 다양한 상점이 있어 길을 걸어가는 내내 눈이 즐겁다. 보통 오후 5시부터 하나둘 문을 닫는 상점이 있으니 가능한 5시 전에 도착해야 제대로 구경할 수 있다.

위치 버스정류장 근처 세븐일레븐 바로 옆 골목 **주소** 新北市 瑞芳區 基山街

⊕ 지산제의 유명 먹거리

❶ 러우위엔 肉圓
붉은 누룩 조미료가 가미된 돼지고기를 쫄깃하고 반투명한 반죽으로 감싸 쪄낸 것.

❷ 위위엔 芋圓
지우펀의 명물, 토란으로 만든 떡.

❸ 카오씽바오구 烤杏鮑菇
소스를 발라 즉석에서 구워주는 송이버섯구이.

❹ 화성쥔뼁치린 花生捲冰淇淋
땅콩엿을 대패로 갈아서 아이스크림과 함께 말아주는 땅콩 아이스크림.

❶

❷

❸

❹

―| 지산제 둘러보기 |―

지우펀 전망대 MAP 22-A
九份觀景台(구분관경대) 지우펀관징타이

지산제를 따라 쭉 걸어가면 확 트인 전망대가 나온다. 산 위에 위치한 마을 특성상 바다와 저 멀리 지룽의 빠떠우즈까지 보인다. 이곳의 경치는 낮과 밤 모두 아름다우며 그 저 풍경을 보고 있는 것만으로도 기분이 좋아진다. 여기서 왼쪽 길을 따라 거주 구역 쪽으로 조금만 더 걸어 들어가면 또 다른 전망대가 나온다.

주소 新北市 瑞芳區 基山街 166號

스청타오디 MAP 22-B
是誠陶笛(시성도적) Shihcheng Ocarina

지산제를 돌아다니다 보면 맑은 오카리나 소리에 이끌릴 때가 있다. 수공예 오카리나를 판매하는 이곳의 주인아저씨가 연주하는 소리로, 직접 오카리나에 그림을 그리는 모습을 볼 수도 있다. 한국인 관광객에게 인기 만점인 상점으로 바이올린·부엉이·오리·고양이 등 다양한 모양과 크기의 오카리나를 구경할 수 있다.

주소 新北市 瑞芳區 基山街 8號 **오픈** 09:00~20:00 **전화** 02-2406-1721 **홈피** www.facebook.com/shih.cheng.ocarina

수치루 竪崎路(수기로) Shuqi Road

MAP 22-A

지산제에서 약 15분 정도 걸어 들어가면 지산제와 십자로 나뉘는 돌계단이 나온다. 이곳이 바로 지우펀하면 떠오르는 홍등이 줄지어 달린 거리 수치루다. 일몰 즈음부터 홍등이 켜지기 시작한다. 홍등이 켜진 경사진 좁은 계단을 따라 카페가 늘어서 있어 조용하게 차 한잔하며 지우펀의 매력을 흠뻑 느껴 볼 수 있다. 수치루 제일 위로 올라가면 지우펀 초등학교가 있는데 교문 앞 계단은 관광객들의 야외 쉼터가 되곤 한다.

<u>위치</u> 세븐일레븐에서 지산제를 따라 걸어가다가 전망대 도달하기 조금 전 <u>주소</u> 新北市 瑞芳區 竪崎路

— 수치루 둘러보기 —

승평희원
昇平戱院 성핑씨위엔 Shengping Theater

수치루 홍등 계단길을 따라 내려가면 왼쪽에 위치한다. 1000명이 수용 가능한 규모의 일본 식민지 시대 당시 타이완 최대의 극장이었다. 1914년 지산제 시장 옆에 지어졌다가 1937년 현재의 자리로 이동했다. 한 달 중 20일은 전통극인 가자희 歌仔戱 공연을 열고, 10일은 영화를 개봉했다. 1986년 영업을 정지한 후로 황폐해져가다가 1989년 영화 <비정성시>의 영향으로 다시 관광객의 발길이 이어졌다. 결국, 2011년 8월부터 재개방되어 참관이 가능해졌고 매일 무료 영화를 상영한다.

<u>주소</u> 新北市 瑞芳區 輕便路 137號 <u>오픈</u> 월~금요일 09:30~17:00, 토·일요일 09:30~18:00 <u>휴무</u> 첫째 월요일, 설 전날·당일 <u>요금</u> 무료

헨리 숍
亨利屋(형리옥) 헝리우 Henry Cats & Friends

고양이나 강아지 그림을 주제로 한 아트 상품을 판매하는 잡화점. 이곳 수치루 본점을 시작으로 지우펀에만 지점 두 개가 더 있고 딴쉐이, 용캉졔 등에도 지점이 있다. 이곳의 대표 이미지는 단연 스터우마오 石頭貓라 불리는 돌멩이에 그려진 고양이 그림이다. 고양이를 비롯해 강아지, 토끼 등의 동물 그림으로 가방·우산·파우치·열쇠고리 등을 귀엽게 꾸몄다. 다른 지점은 세븐일레븐 옆, 지산제 전망대 근처에 위치한다.

주소 新北市 瑞芳區 豎崎路 4號 오픈 일~금요일 10:00~19:00, 토요일 10:00~20:00 전화 02-2496-5345 홈피 henrycatsandfriends.weebly.com

아메이차러우
阿妹茶樓(아매다루) Amei Teahouse

영화 〈비정성시〉의 촬영장으로 유명세를 더한 수치루의 명물 찻집이다. 홍등으로 장식된 외관은 수치루에서 가장 화려한 자태를 뽐내며 기념 촬영지로 자주 등장한다. 크게 차를 마시는 곳과 식사하는 곳으로 나뉘며 서로 분위기가 다르니 원하는 곳을 선택해 앉으면 된다. 지우펀의 풍경을 보며 차 한잔 마시는 여유를 즐겨보길 추천한다.

주소 新北市 瑞芳區 崇文里 市下巷20號 오픈 일~목요일 08:30~24:00, 금요일 08:30~01:00, 토요일 08:30~02:00 전화 02-2496-0833 홈피 www.amei-teahouse.com.tw

아간이위위엔
阿柑姨芋圓(아감이우원)

지산제를 걸어가다가 수치루를 만나는 곳에서 위로 올라가면 초등학교 밑에 줄이 늘어선 가게가 있다. 지우펀의 명물인 토란으로 만든 떡인 위위엔 芋圓(NT$50)을 파는 곳으로 차가운 것과 따뜻한 것 두 종류가 있다. 차가운 위위엔은 얼음과 함께 먹고 따뜻한 위위엔은 약간 달달한 묽은 팥물에 담겨 나오는데 녹두나 팥 등을 선택해 함께 먹는다. 주문과 계산을 마치고 위위엔을 받아 안으로 들어가면 지우펀 아래 바다 풍경을 보며 먹을 수 있는 좌석이 나온다.

주소 新北市 瑞芳區 豎崎路 5號 오픈 09:00~20:00(토요일 ~22:00) 전화 02-2497-6505

AREA 6

진과스
金瓜石(금과석) Jinguashi

산의 형세가 진과(호박)와 비슷해 이름 붙은 곳으로 1893년에 금광이 발견되면서 수많은 사람이 몰려들었다. 1930년대 지우펀과 함께 금광도시로 번성했으나 금광이 폐쇄된 이후 사람들이 하나둘 떠나면서 조용한 폐광촌이 되었다. 그러다 영화 <비정성시>의 촬영지로 유명해진 지우펀과 함께 관광지로 개발되면서 정부에서 직접 진과스에 황금박물관을 세웠다. 아직도 금이 있을 것이라 믿으며 찾아다니는 사람이 있다는 이야기도 있다.

HOW TO TRAVEL

진과스 이렇게 여행하자

➜ 가는 방법

기차
기차를 이용할 경우 한번에 갈 수는 없고 역에서 내린 후 버스나 택시를 타야 한다. 타이베이처짠에서 출발해 50분 정도가 지나면 뤠이팡역 瑞芳車站에 도착한다. 역에서 나와 역을 등지고 왼쪽으로 3분 정도 걸어 올라가서 뤠이팡역(구민광장) 瑞芳車站(區民廣場) 버스정류장에서 버스 788 · 825 · 965 · 1062번을 타고 25~30분 뒤 황금박물관 黃金博物館에서 하차하면 된다. 뤠이팡역에서 버스가 아닌 택시를 탄다면 진과스까지는 고정요금 NT$270으로 정해져 있다.

버스
타이베이에서 출발하는 경우 MRT 쭝샤오푸싱역에서는 1062번, MRT 시먼역에서는 965번 버스를 타면 진과스로 바로 갈 수 있다.

 지룽에서 출발하는 경우
기차 지룽역을 등지고 오른쪽으로 가면 궈광커윈 버스터미널이 있고 터미널 입구 쪽 육교 밑 훼미리마트 앞에 버스정류장이 있다. 이곳에서 지룽커윈 788번을 타고 황금박물관 黃金博物館에서 하차한다. 약 50분 소요.

타이베이커윈 965번	
승차	시먼짠 捷運西門站(MRT 시먼역 2번 출구 국군문예활동중심 앞)
하차	황금박물관 黃金博物館

<u>운행</u> 월~금요일 06:00~21:00, 토 · 일요일 07:00~21:00 (월~금요일 30~40분/토 · 일요일 30~60분 간격) <u>소요시간</u> 70분 <u>요금</u> NT$90

지룽커윈 1062번	
승차	쭝샤오푸싱짠 捷運忠孝復興站(MRT 쭝샤오푸싱역 2번 출구 앞, 푸싱난루1단180호 復興南路一段180號)
하차	황금박물관 黃金博物館

<u>운행</u> 월~금요일 06:55~21:10, 토 · 일요일 07:10~20:40 (15~30분 간격)
<u>소요시간</u> 1시간 30분 <u>요금</u> NT$113

 1062번 버스만 황금박물관을 지나 권제당 앞까지 들어간다. 그 외 뤠이팡, 지룽 등에서 출발하는 진과스행 버스는 종점이 황금박물관이니 주의하자.

➜ 여행 방법

황금박물관과 바오스산 등 주요 관광지 몇 곳만 돌아볼 예정이라면 도보로도 충분히 가능하지만, 황금폭포나 13층유적지 등은 멀리 떨어져 있어 버스를 이용해야 한다. 진과스에 도착해 황금박물관을 둘러보고, 바오스산에 올라 전망을 감상한 뒤 권제당으로 가서 버스를 타고 황금폭포와 쉐이난동으로 이동하자. 황금박물관이 오후 5시에서 6시 정도에 문을 닫으므로 지우펀을 가기 전에 먼저 진과스에 들르는 것이 좋다.

타이완하오씽

856번 황금푸롱선 黃金福隆線
기차 뤠이팡역 瑞芳車站-지우펀 九份-황금박물관 黃金博物館-황금폭포 黃金瀑布-쉐이난동 水湳洞-난야 南雅南新宮-비터우 鼻頭-롱동 해양공원 龍洞海洋公園-롱동쓰지완 龍洞四季灣-아오디 澳底-푸롱 관광안내소 福隆遊客中心
운행 월~금요일 09:00~16:00(1시간 간격), 토 · 일요일 08:00~16:00(30분 간격)
요금 NT$15~30, 1일권 NT$50 홈피 www.gold-fulong.com.tw/kr

TIP 토 · 일요일 08:00~18:00에는 타이완하오씽 856번 1일권으로 기차 뤠이팡역-쉐이난동 구간에 한해 지룽커원 788 · 825 · 826 · 827번 버스도 탑승 가능하다.

투어버스

진과스 金瓜石와 쉐이난동 水湳洞을 순환하는 891번 금수낭만호 金水浪漫號 버스가 있으니 일정에 따라 이용해도 좋다. 다만 운전기사에 따라 잠시 내려서 사진 촬영 시간을 주는 경우도 있고, 바로 지나가는 경우도 있으니 참고하자.

891번 금수낭만호 金水浪漫號
황금박물관 黃金博物館-권제당 勸濟堂-황금폭포 黃金瀑布-장런셔취 長仁社區-쉐이난동 주차장 水湳洞停車場-렌동리 관광안내소 濂洞里遊客中心-푸싱궁 福興宮-스산셔취 石山社區-산젠 트레일 山尖步道-랑만꿍루 浪漫公路口-바오민탕 保民堂
운행 10:00~18:00(월~금요일 1시간, 토 · 일요일 30분 간격) 요금 NT$15

➜ 추천 코스(4시간 소요)

황금박물관 p.285 → 도보 5분 → 광공식당 p.286 → 도보 17분 → 바오산 p.287 → 도보 2분 → 권제당 p.287 → 버스 3분 → 황금폭포 p.288 → 버스 4분 → 13층유적지 p.288

황금박물관 黃金博物館 황진보우관 Gold Museum   MAP 24-E

진과스의 황금박물관 일대를 통틀어 황금박물원구 黃金博物園區라고 한다. 입구에 있는 안내센터를 지나면 예전 일본식 기숙사로 지어졌던 사련동 四連棟이 나오는데 타이완드라마 <전각우도애>의 촬영지이기도 하다. 사련동을 지나면 상점, 파출소, 광차길이 차례로 나오고 그다음으로 금과 관련된 메인 전시관 황금관 黃金館(Gold Building)이 위치한다. 황금박물관은 일반적으로 이곳을 지칭하는 것이다. 내부에는 세계에서 가장 크다는 순도 99.9퍼센트의 220킬로그램 금괴가 전시되어 있다. 황금관에서 나오면 이어지는 기념품점에선 금과 관련된 여러 기념품을 판매한다.

위치 타이완하오씽 856번, 버스 788·825·1062번 황금박물관 黃金博物館 하차 후 바로 앞 주소 新北市 瑞芳區 金瓜石 金光路 8號 오픈 월~금요일 09:30~17:00, 토·일요일 09:30~18:00 휴무 첫째 월요일(공휴일인 경우 운영), 설 전날·당일 요금 입장료 NT$80(체험활동 별도) 전화 02-2496-2800 홈피 www.gep.ntpc.gov.tw

황금박물관 둘러보기

본산5갱
本山五坑 번산우컹

탄광 체험을 할 수 있는 곳으로, 직접 금광에 들어가 내부를 구경한다. 안전모를 쓰고 금광 안으로 들어서면 터널이 나오고, 옛날 금광에서 일하던 광부들의 다양한 모습을 재현해 놓았다. 관람은 약 15분 정도 진행된다.

위치 황금관 바로 옆 오픈 월~금요일 09:30~16:30, 토·일요일 09:30~17:30 요금 NT$ 50

태자빈관
太子賓館 타이즈빈관 Crown Prince Chalet

신베이시 지정 고적으로 일본 식민지 시대 일본 다나카 광업공사가 당시 일본 황태자의 시찰 방문을 기대하며 1922년에 지은 일본식 목조건물 별장이다. 하지만 일본 황태자는 결국 방문하지 않았다. 전형적인 일본 건축양식 건물로 앞쪽은 일본식 정원으로 꾸며져 있고, 뒤쪽에는 미니 골프장과 양궁장이 있다. 건물 내부는 들어갈 수 없지만 외부 정원은 일반인에게 무료 개방되어 있다.

위치 광공식당 위   요금 무료

광공식당
礦工食堂 쾅공스탕

한국인에게 '광부식당'이라는 이름으로 알려졌고 예전 광부들의 도시락을 재현한 광부도시락 礦工便當(NT$290)으로 유명해진 곳이다. 여러 반찬과 파이구(돼지갈비)를 메인으로 한 도시락은 먹고 나서 보자기, 젓가락, 도시락통을 모두 기념으로 가져올 수 있다. 필요 없다면 도시락 내용물을 종이도시락에 제공하는 메뉴(NT$180)를 선택하면 된다. 도시락 외에 다른 음식과 차, 음료도 판매한다. 카운터에서 주문·계산하고 호출기가 울리면 주문한 것을 가져가면 된다. 날씨 좋은 날, 야외에 마련된 테이블에서 바람을 쐬며 잠시 쉬어가기에 좋다. 근처에 광부도시락을 파는 다른 음식점도 있지만 이곳이 '원조'라고 할 수 있다.

위치 황금박물원구 입구에서 박물관 쪽으로 들어가면 파출소 지나 바로 오른편   오픈 10:30~18:30   휴무 첫째 월요일   전화 02-2496-1820

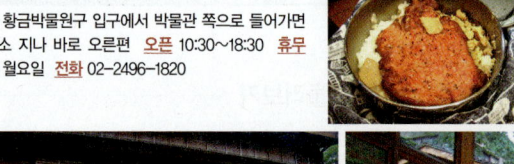

권제당 勸濟堂 췐지탕 Cyuanji Temple

MAP 24-E

관우를 신격화한 관성제군(關聖帝君)을 모시는 사당으로 진과스의 중요한 신앙 중심지이다. 1902년 지금의 위치에 건설을 시작해 1931년에 중건되었고, 1991년에는 높이 10.5미터, 무게 25톤에 달하는 거대한 관우 동상이 만들어졌다. 동상은 사당의 제일 위에 앉아 춘추 서적을 손에 들고 있다. 동으로 만든 동아시아 최대 규모의 신상으로 진과스의 랜드마크로 꼽힌다. 관성제군 외에 팔괘조사, 복덕정신, 옥황상제, 천상성모 등을 모시고 관성제군 탄신일인 음력 6월 24일에는 떠들썩하게 행사가 개최된다.

위치 황금박물관 앞 다리 건너 직진, 도보 7분/버스 1062번 권제당 勸濟堂(종점) 하차 주소 新北市 瑞芳區 金瓜石 祈堂路53號 오픈 06:00~20:00 요금 무료 전화 02-2496-1273 홈피 www.goldguangong.org

바오스산 報時山 보시산 Baoshi Mountain

MAP 24-C

황금박물관 앞 다리를 건너 직진하면 권제당과 바오스산으로 갈 수 있다. 다리를 건너 깔끔하게 정돈된 길을 따라 산책 삼아 10분 정도 걸으면 나온다. 권제당을 지나 주차장 끝에 바오스산이 있다. 이곳은 광물질로 인해 색이 구분되어 보이는 바다인 인양하이 陰陽海(음양해)를 조망하기에 딱 좋은 작은 산이다. 예쁜 나무계단을 따라 올라가면 두 개의 전망대가 나온다. 시원한 바람을 쐬며 전망대에서 바라보는 주변 산과 광활한 바다의 풍경은 답답했던 마음을 탁 트이게 해준다.

위치 황금박물관 앞 다리 건너 직진, 도보 12분/버스 1062번 권제당 勸濟堂(종점) 하차 주소 新北市 瑞芳區 金瓜石 祈堂路

📷 13층유적지 十三層遺址 스싼청이즈 Shuinandong Smelter

MAP 24-B

쉐이난동의 인양하이 陰陽海 바로 앞에는 1933년에 지어진 13층의 대형 선광소(選鑛所)로, 광부와 주민들은 스싼청 十三層(13층)이라 불렀다. 이곳에는 쇄광공장, 마광장, 청화공장, 부선공장 등이 있었고 작업이 끝난 것들은 일본으로 보내졌다. 현재 쇠퇴한 공장이라 조금 으스스한 분위기이지만 뭔가 이국적인 느낌이 물씬 난다. 멀리서 보면 황폐한 아름다운 궁전처럼 보여서 종종 광산 위의 포탈라궁이라고 불리기도 했다.

위치 타이완하오씽 856번, 버스 886번 쉐이난동 水湳洞 하차/투어버스 891번 쉐이난동 주차장 水湳洞停車場 하차 주소 新北市 瑞芳區 汽車路89號

📷 황금폭포 黃金瀑布 황진푸부 Gold Waterfall

MAP 24-D

황금박물관과 13층유적지 사이에 위치한다. 13층 유적지에서 생성된 화학물질과 진과스의 채광산업으로 빗물과 지하수에 용해된 광물질이 바위 색깔을 황금색으로 변화시켰고 이 때문에 황금폭포라 불리게 되었다. 규모가 그리 큰 폭포는 아니지만, 독특한 풍경 때문에 관광객이 많이 찾는다.

위치 타이완하오씽 856번, 투어버스 891번 황금폭포 黃金瀑布 하차 주소 新北市 瑞芳區 金瓜石

AREA 7
핑시
平溪(평계) Pingxi

1908년부터 시작된 탄광업과 함께 발전한 곳으로 현재는 하늘로 띄우며 소원을 비는 천등으로 유명해져서 매년 원소절에 개최되는 천등축제에 수많은 인파가 몰려든다. 하늘을 수놓는 천등과 거리 바로 옆으로 열차가 지나가는 흔치 않은 광경이 관광객의 발길을 사로잡는다. 핑시선 주요 역마다 철도 스토리 하우스라는 기념품점이 있어서 구경하는 재미도 더한다.

HOW TO TRAVEL

핑시 이렇게 여행하자

➜ 가는 방법

타이베이에서 출발

타이베이에서 한 번에 핑시 지역까지 가는 방법은 MRT 무짜역에서 타이완하오씽 795번을 타고 징통·핑시·스펀에서 하차하는 것이다. 타이베이 중심지에서 출발한다면 타이베이처짠에서 기차(50분 소요)를 타거나, MRT 쭝샤오푸싱역 2번 출구 앞 버스정류장에서 뤠이팡·지우펀·진과스행 버스 1061·1062번(70~80분 소요)를 타고 기차 뤠이팡역으로 가야 한다. 그 뒤 핑시선이나 버스, 택시를 이용해 핑시 지역으로 이동한다.

지룽에서 출발

지룽에서 출발하는 경우 한번에 갈 수는 없고 기차 지룽역 근처에서 버스를 타고 기차 뤠이팡역으로 이동한 뒤, 핑시선이나 버스, 택시로 갈아타야 한다. 지룽역에서 뤠이팡역까지 기차를 타고 가려면 도중에 환승해야 하므로 버스를 이용하는 것이 낫다. 기차 지룽역 오른쪽으로 가면 궈광커윈 버스터미널이 있고 터미널 입구 쪽 육교 밑 훼미리마트 앞 정류장에서 버스 787·788번을 타고 기차 뤠이팡역에서 하차한다. 뤠이팡역에서부터 택시를 이용한다면 스펀까지는 고정요금 NT$545로 정해져 있다.

지룽의 해양과학기술박물관 근처에 있는 기차 하이커관역 海科館火車站에서는 바로 핑시선아오선 平溪深澳線을 타고 핑시 지역으로 갈 수 있다.

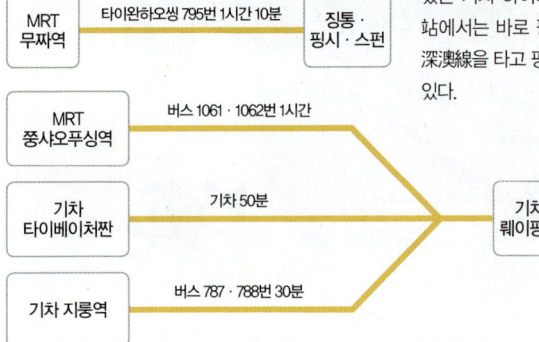

타이완하오씽

795번 무짜핑시선 木柵平溪線
MRT 무짜역 捷運木柵站—선컹 深坑(老街)—징통 菁桐坑(老街)—핑시 平溪(老街)—스펀 十分寮(老街)—스펀 관광안내소 十分遊客中心
<u>운행</u> 04:50~22:40(월~금요일 20~40분, 토·일요일 20~30분 간격) <u>요금</u> 일반 NT$15~45, 1일권 NT$100(세븐일레븐 ibon 기계에서 구입) <u>홈피</u> 2016twtripmp.tour.ntpc.gov.tw

버스

번호	주요 정류장
808번	기차 뤠이팡역 瑞芳車站—허우통 猴硐
826번	쉐이난동 水湳洞—황금폭포 黃金瀑布—황금박물관 黃金博物館—지우펀 九份—허우통 猴硐 (주말)
846번	기차 뤠이팡역 瑞芳車站—스펀 폭포 十分瀑布—스펀라오제 十分老街—핑시 平溪

→ 여행 방법

핑시 지역은 버스로 가는 방법도 있지만, 핑시선 열차를 타는 것이 가장 편리하고, 특별한 경험을 해볼 수 있기에 추천한다. 단, 핑시선의 배차시간은 1시간에 1대이므로 미리 시간표를 참고해서 열차를 놓치지 않는 것이 중요하다. 핑시선 여행은 뤠이팡이나 허우통에서 시작해 스펀, 핑시 등을 찍고 징통에서 한번에 뤠이팡으로 돌아가는 동선으로 이동해야 가는 길에 앉아서 갈 수 있어서 편하다.

핑시 지역은 다른 지역과 연계해 1일 코스를 짜기에도 좋다. 일단, 오전에 타이베이에서 출발해 핑시선 여행을 마친 뒤 징통에서 타이완하오싱 795번을 타고 두부마을 션컹을 들른다. 션컹을 한 바퀴 돈 뒤 버스를 타고 MRT 무짜역으로 가서 MRT 똥우위엔역으로 이동해 곤돌라를 타고 마오콩에서 타이베이 야경을 보고 내려오는 코스도 추천한다.

홈피 www.pingxi.ntpc.gov.tw

→ 추천 코스(4시간 소요)

허우통 고양이마을 — 핑시선 20분 — 스펀 라오제 — 핑시선 12분 — 핑시 라오제 — 핑시선 4분 — 징통역
p.294 · p.295 · p.297 · p.298

SPECIAL

핑시선 平溪線(평계선) Pingxi Line

핑시선은 타이완 북부 신베이시에 있는 지선 支線으로, 원래 석탄운송을 편리하게 하기위한 목적으로 1921년에 만들어졌다가 1929년 이후 여객열차가 되었다. 총 길이 12.9킬로미터로 핑시구 平溪區를 가로지른다. 핑시선 작은 역을 중심으로 예스러운 마을들이 형성되어 있어 당일치기 관광지로 각광받고 있다. 2014년 7월부터는 지룽하이커관–뤠이팡을 오가던 션아오선 深澳線과 연결되어 핑시션아오선이 되었다. 귀여운 작은 열차를 타고 주요 역에서 내려 구경을 하면 되는데 매일 하루 17편 운행으로 약 1시간에 1대를 운행하므로 열차시간을 잘 계산해서 움직이도록 하자.

하이커관 海科館 — 13분 — 뤠이팡 瑞芳 — 6분 — **허우통 侯硐** — 4분 — 싼댜오링 三貂嶺 — 7분 — 따화 大華 — 7분

허우통
侯硐(猴硐)(후동) Houtong

옛날 산속 동굴에 원숭이 떼가 살아서 허우통 猴硐이라는 이름을 갖게 된 곳인데, 현재는 고양이마을로 유명하다. 역을 나서면서부터 여기저기 고양이와 관련된 아이템을 만날 수 있다. 마을 건너편인 역 앞쪽에는 옛 석탄공장이 위치하는데, 공장 앞에 석탄을 운반하던 다리인 운매교 運煤橋가 남아 있다. 역 앞에 상점들이 모여 있고, 정면에 있는 원경관 願景館 건물 내부에는 마을 주변 시설의 모형과 사진 등을 전시해 허우통을 설명한다.

p.294

스펀
十分(십분) Shifen

핑시선에 있는 마을 중 가장 유명하다. 라오제, 폭포, 관광안내소 등 다른 지역에 비해 볼거리가 풍부하고 상점 수도 많다. 양옆으로 상점이 들어선 기찻길에서 천등을 날리고 그 바로 옆으로 열차가 지나가는 진풍경을 볼 수 있다. 다른 곳은 보통 핑시선에서 내렸다가 바로 한 시간 뒤에 오는 열차를 타게 되는데 스펀에서는 천등도 날리고 폭포까지 다녀오려면 두 시간 뒤의 열차를 타기에도 빠듯하므로 시간 분배를 잘해서 돌아다녀야 한다.

p.295

핑시선 티켓 구입

역의 매표창구나 자동발매기에서 티켓을 구입하면 되며, 요금은 NT$15~290이다. 교통카드도 사용 가능하다. 하루 동안 핑시션아오션 내의 역에서 마음껏 타고 내릴 수 있는 핑시션아오션 1일권 平溪深澳雙支線一日週遊卷(NT$80)도 있다.

1일권 판매역
반챠오 板橋, 타이베이 台北, 쏭산 松山, 지룽 基隆, 빠두 八堵, 레이팡 瑞芳, 허우퉁 侯硐, 이란 宜蘭, 뤄둥 羅東, 핑시 平溪, 징퉁 菁桐, 스펀 十分

스펀 十分 — 4분 — 왕구 望古 — 5분 — 링쟈오 嶺腳 — 3분 — 핑시 平溪 — 4분 — 징퉁 菁桐

핑시
平溪(평계) Pingxi

꽤 큰 마을이지만, 평일에 방문하면 참 조용한 곳이라는 느낌이 물씬 든다. 역에서 내려 비탈길을 따라 아래로 내려가면 상점들이 들어선 라오제가 나오고 개천 위 다리로 핑시션이 지나가는 것을 볼 수 있다. 타이완 영화 〈타이베이에 눈이 내리면〉, 〈그 시절, 우리가 좋아했던 소녀〉의 촬영지이기도 하다. 영화 촬영지를 찾아보는 재미도 쏠쏠하고 영화 속에 나온 아이스크림을 먹으며 영화의 한 장면을 추억해볼 수도 있다. 핑시의 기찻길에서도 천등을 날릴 수 있으니 복잡한 스펀이 싫다면 핑시로 가자.

징퉁
菁桐(청동) Jingtong

예부터 야생 오동나무가 많아서 이를 뜻하는 징퉁 菁桐이란 이름을 얻게 되었다. 핑시션의 마을 중 소원을 적은 죽통이 가장 많은 곳이 아닐까 싶다. 규모는 작지만 역 앞에 상점이 모여 있고 타이완 영화 〈타이베이에 눈이 내리면〉의 배경도 곳곳에서 만날 수 있다. 그러나 음식점이나 카페를 간다거나 역 앞 라오제를 지나 다리를 건너 일본식 숙소 구역으로 가지 않는 이상 크게 볼거리가 있는 곳은 아니다. 열차는 종점인 징퉁역에서 10분 정도 정차했다가 돌아가니 시간 여유가 없다면 재빠르게 둘러보고 타고 왔던 열차를 다시 타고 나가는 것도 방법이다.

p.297

p.298

허우통

📷 허우통 고양이마을 猴硐貓村(후동묘촌) 허우통마오춘 Houtong Cat Village MAP 17-D

원래 원숭이동굴이란 뜻의 이름이었지만 현재는 고양이마을로 유명하다. 열차에서 내리면서부터 고양이 관련 흔적들을 볼 수 있다. 역에서 나와 다리를 건너가면 언덕에 고양이마을이 조성되어 있다. 마을 여기저기 한가롭게 널브러져 평화롭게 쉬는 고양이들을 만날 수 있다. 곳곳에 고양이 집이 만들어져 있지만 자유롭게 생활하므로 어디에 고양이가 모여 있는지 찾아보는 재미가 있다. 고양이를 좋아하는 사람에게는 천국 같은 곳. 상점에서 사료도 판매하니 구매해서 직접 고양이들에게 사료를 줄 수도 있다.

__위치__ 핑시선 허우통역 하차/버스 808번 뤠이팡역에서 탑승 후 허우통 猴硐貓 하차 __주소__ 新北市 瑞芳區 光復里

🎁 메이즈샹 煤之鄉(매지향) Coal Town MAP 17-D

고양이펑리수 貓咪鳳梨酥로 유명한 곳이다. 고양이 모양과 고양이 얼굴 모양이 있다. 시식해보고 구입할 수 있으며 내용물은 파인애플, 블루베리, 크랜베리 총 세 가지가 있다. 가격은 개당 NT$30. 펑리수 자체 모양부터 포장 상자까지 너무 귀여운데, 사실 펑리수 자체의 맛보다는 고양이 모양의 특색 때문에 기념으로 소량 구입하기 좋다.

__위치__ 허우통역 앞 상점가 왼편 __주소__ 新北市 瑞芳區 柴寮路 48號 __오픈__ 월~금요일 10:00~18:00, 토·일요일 09:00~19:00 __휴무__ 첫째 월요일 __전화__ 02-2497-1340 __홈피__ cat48.com.tw

스펀

스펀 라오제 十分老街(십분노가) Shifen Old Street

MAP 23-A

핑시 지역에서 볼거리가 가장 많은 곳으로 그만큼 관광객으로 항상 붐빈다. 스펀역에서 내리면 바로 라오제가 시작되는데 기찻길을 가운데 두고 양옆으로 기념품점, 천등 가게가 쭉 늘어서 있다. 기찻길의 낭만이 가득한 곳으로 그 위에서 천등을 날리기도 하고, 바로 옆으로 열차가 지나가는 광경도 볼 수도 있다.

위치 핑시선 스펀역 하차 **주소** 新北市 平溪區 十分老街

──┤ 스펀 라오제 둘러보기 ├──

류꺼샤오카오지츠바오판
溜哥燒烤雞翅包飯(류가소고계시포반)

스펀역으로 나가면 바로 앞에 닭날개볶음밥인 샤오카오지츠바오판 燒烤雞翅包飯(NT$65)으로 유명한 노점이 있다. 뼈를 하나하나 제거한 닭날개를 소스에 재웠다가 볶음밥을 넣어 구운 음식인데 잡고 먹기 편하고 볶음밥이 꽉꽉 들어차 있어서 스펀 관광 전에 요기하기 좋다. 닭날개 안에 들어가는 볶음밥은 김치취두부, 햄달걀 두 종류가 있고 매운 것을 좋아하는 경우에는 '야오라'라고 미리 말하면 된다. 하루 800개 이상이 판매될 정도로 스펀의 인기 만점 먹거리다.

위치 스펀역 바로 앞 **주소** 新北市 平溪區 十分老街52號 **오픈** 10:00~18:00 (매진 시 영업 마감) **전화** 02-2495-8200 **홈피** www.facebook.com/Liouge

정안적교 靜安吊橋 징안댜오차오 Jingan Suspension Bridge

MAP 23-A

스펀역 앞에 있는 다리로 총 길이 128미터, 1947년 광산회사가 석탄운반을 위해 만들었던 다리였다. 이후 광산업이 쇠퇴하자 1962년 전면 개조하여 스펀과 남산촌을 왕래할 수 있는 보행다리로 만들었다. 다리 밑으로 지룽강 基隆河이 흐르며, 다리 입구는 사진 촬영 명소로 떠올랐다.

위치 스펀역 바로 앞 주소 新北市 平溪區 十分車站

스펀 폭포공원 十分瀑布公園 스펀푸부꿍위엔 Shifen Waterfall Park

MAP 23-B

타이완 최대 폭포로 살짝 과장해 타이완의 '나이아가라'라고 불리기도 한다. 원래 입장료가 있었는데 새로 오픈하면서 무료로 변경되어 관광객이 좀 더 쉽게 방문할 수 있게 되었다. 공원으로 들어서면 상점도 있고 폭포는 위쪽, 바로 앞, 정면 등 다양한 각도에서 조망할 수 있도록 조성해놓았다.

위치 스펀 라오제를 지나 갈림길에서 왼쪽 차도를 따라 걸으면 오른쪽으로 스펀 폭포 가는 길이 나온다. 도보 20분 주소 新北市 平溪區 南山里 乾坑路10號 오픈 09:00~17:00 휴무 설 전날 요금 무료 전화 02-2495-8409

> TIP 라오제를 벗어나 갈림길에서 오른쪽 길인 스펀 관광안내소 十分旅遊服務中心 앞쪽 길로 가는 것보다 본문에 언급한 왼쪽 길로 가는 것이 더 빠르다.

라우아추 樓仔厝(루자조) Lou A Chu

MAP 23-A

이곳은 오랜 역사를 자랑하는 민박과 카페를 겸한 곳으로 아담한 정원과 전통 분위기가 물씬 풍기는 오래된 건물로 이루어져 있다. 미니 훠궈와 피자, 철판 요리 등 식사류 외에 각종 음료, 커피, 차, 와플 등을 판매한다. 樓仔厝는 중국어 그대로 읽으면 '러우자이춰'지만 여기서는 타이완어로 사용되어 '라우아추'라 읽는다.

위치 스펀역 옆 주소 新北市 平溪區 十分街 74巷3號 오픈 월~금요일 11:00~19:00, 토 · 일요일 10:00~20:00 전화 02-2495-8602 홈피 www.louachu.com.tw

핑시 라오제 平溪老街(평계노가) Pingxi Old Street

MAP 17-L

조용한 마을인 핑시에서 역 옆으로 내리막길을 따라가면 라오제가 시작된다. 전통적인 스타일의 좁고 긴 거리에 상점이 들어서 있다. 기찻길 바로 옆의 낭만적인 카페를 비롯해 라오제 양옆으로 먹거리나 천등, 기념품 등을 판매하는 상점이 있다. 위쪽에 위치한 핑시 우체국은 타이완에서 가장 오래된 우체통이 있어 유명하다. 타이완 영화 〈타이베이에 눈이 내리면〉의 주요 촬영지이기도 하고, 〈그 시절, 우리가 좋아했던 소녀〉도 이곳에서 촬영했다.

위치 핑시역 옆 내리막길 주소 新北市 平溪區 平溪里

⊕ 핑시선 여행의 하이라이트, 천등 날리기

소원을 적은 천등(天燈)을 날려보내며 소원이 이루어지기를 비는 것으로 천등 색깔에 따라 기원하는 바가 다르다.
천등을 띄우는 전통은 스펀에서 시작되었는데, 옛날 도적을 피해 산으로 피난을 갔던 주민들에게 마을에 남은 사람들이 돌아와도 된다는 신호로 띄우던 것에서 유래되었다고 전해진다. 1990년대부터 핑시에서 천등을 날리는 의식이 회복되어 다시 시작되었고 이후 상업적으로 이어져 오늘날의 천등 명소가 되었다.
한국인 관광객이 많아지면서 천등 가게마다 한국어 안내를 친절히 적어놔 이용하기 편리해졌다. 스펀역은 천등을 날리기에 가장 예쁘고 북적이는 곳인 만큼 천등 가게가 가장 많다. 조용한 분위기에서 날리고 싶다면 핑시역이나 징통역으로 가자. 미니 천등은 기념품으로 구입하기 좋다.

위치 스펀역 · 핑시역 · 징통역 오픈 상점에 따라 다르나 대부분 오전 일찍부터 밤까지(밤 10시 이후는 천등 날리기 금지) 요금 단색 NT$150, 다색 NT$200

징통

징통역 菁桐車站(청동차짠) 징통처짠 Jingtong Station

MAP 17-K

징통역은 핑시선의 종착역으로 핑시선만 오가는 간이역이다. 1929년에 지어져 70여 년의 오랜 역사를 가진 역으로 현재까지 타이완에 보존된 네 개의 일본식 목조 역사 중 하나이다. 역무원이 없는 무인역이고 이지카드, 아이패스 등 교통카드가 사용 가능하다. 1994년에 상당 부분이 보수되었고 2003년에는 신베이시에서 고적으로 지정했다. 역을 나오면 바로 앞에 상점들이 늘어선 라오제가 나오고 역사 맞은편에는 카페가 자리 잡고 있다.

위치 핑시선 징통역 하차 **주소** 新北市 平溪區 菁桐里 菁桐街 52號

정인교 情人橋 칭런챠오 Lover Bridge

MAP 17-K

타이완 영화 〈타이베이에 눈이 온다면〉에서 두 주인공의 만남의 장소로 나왔던 빨간 다리이다. 역에서 나와 왼쪽으로 가면 영화에 나왔던 카페 건물이 있고 그 건물 뒤편 아래쪽으로 내려가면 다리가 나온다. 정식 명칭은 중포철교 中埔鐵橋로 두 장소를 이어주는 다리가 연인의 다리라는 이름 때문에 괜스레 더 낭만적으로 보인다. 다리 난간에는 소원을 비는 무수한 죽통들이 매어져 있다.

위치 징통역에서 도보 3분 **주소** 新北市 平溪區 菁桐老街

PLUS AREA
션컹
深坑(심갱) Shenkeng

➜ 가는 방법

MRT 무짜역·징퉁·스펀을 오가는 타이완하오씽 795번을 타고 션컹에서 하차하면 된다. 션컹 지명이 붙은 정류장이 여러 개 있어서 헷갈릴 수 있는데 션컹 라오제 深坑老街로 가려면 '션컹 深坑'에서 내리면 된다. 션컹과 타이베이를 바로 오갈 예정이라면 타이완하오씽 795번을 비롯해 버스 660·666·679·819·912·949번을 타도 된다.

버스	주요 정류장
타이완하오씽 795번	MRT 무짜역–션컹–징퉁–핑시–스펀
660번	MRT 베이먼역–MRT 시먼역–중정기념당–MRT 꽁관역–MRT 무짜역–션컹
679번	MRT 똥우위엔역–MRT 무짜역–션컹
666·819번	MRT 무짜역–션컹
912번	MRT 스정푸역–션컹
949번	MRT 구팅역–션컹

➜ 여행 방법

션컹은 합성첨가물을 사용하지 않고 전통적인 방법을 고수해 만든 두부로 유명하다. 두부로 유명한 만큼 취두부를 판매하는 곳이 많다. 하지만 그 외에 다른 두부 요리나 두부로 만든 아이스크림 등 특색 있고 신선한 두부 음식을 맛볼 수 있으니 한번 들러볼 것을 추천한다. 핑시선–션컹–마오콩을 묶어서 1일 코스로 관광하면 좋다.

홈피 www.shenkeng.ntpc.gov.tw

션컹 라오제 深坑老街(심갱노가) Shenkeng Old Street

MAP 17-I·J

션컹에 도착하면 커다란 나무 한 그루가 보이는데 그 나무 앞부터 라오제가 시작된다. 입구에 들어서면서부터 두부 음식점에서 풍기는 취두부 냄새가 만만치 않은데, 안쪽으로 들어가면 덜해진다. 거리에 늘어선 건물들은 오랜 역사를 간직한 것도 많아 보는 것만으로도 눈이 즐겁다. 각종 기념품과 먹거리 상점이 늘어서 있으며 다양한 두부 음식을 접할 수 있어 현지인들의 인기 관광지로 꼽힌다. 주말에는 사람들로 바글거린다.

위치 타이완하오씽 795번 션컹 深坑 하차 주소 新北市 深坑區 深坑街

➕ 션컹 라오제 먹거리

두부아이스크림 MAP 17-J
豆腐冰淇淋(두부빙기림) 떠우푸빙치린

두부마을답게 션컹에는 두부로 만든 아이스크림도 있다. 두부맛이 은은하게 감돈다. 소프트아이스크림 외에, 떠먹는 방식의 아이스크림은 검은콩·깨·토란·캐러멜 등 여러 가지 맛을 판매해 입맛에 따라 골라 먹을 수 있다. 션컹 라오제 곳곳에 판매하는 곳이 있으니 원하는 곳에 가서 먹으면 된다. 원조집은 옌이더씽 顏藝德興(The Yen's Workshop)으로 아이스크림 가격은 NT$50이고, 따팡즈빙뎬 大胖子冰店에서는 NT$35에 판매한다.

옌이더씽
주소 新北市 深坑區 深坑街48號 오픈 월~금요일 10:00~20:00, 토·일요일 10:00~21:00 홈피 www.yen222.com

따팡즈빙뎬
주소 新北市 深坑區 深坑街62號 오픈 월~금요일 10:00~20:00, 토·일요일 09:00~21:00

치즈고기만두 MAP 17-J
起司肉包(기사육포) 치스러우바오

션컹 라오제를 걷다 보면 노란 치즈가 올라간 러우바오 肉包 가게가 보인다. 러우바오는 고기왕만두와 비슷한 것으로 양념이 잘된 신선한 돼지고기를 넣어 당일 직접 만들어 판매한다. 갓 완성된 따끈따끈한 노란 러우바오를 한입 베어 물면 치즈향과 짭조름한 돼지고기 소가 어우러진 독특한 맛을 느낄 수 있다. 가격은 1개 NT$35.

AREA 8
푸롱
福隆(복륭) Fulong

타이완 동북에 위치한 독특한 지형의 해안가 지역을 똥베이쟈오 東北角(동북각)라고 부른다. 해양이 잘 보존되고 뛰어난 자연경관으로 국가풍경구로 지정되어 있다. 기암이 있는 해변 난야 南雅, 바다 옆 산책길이 예쁜 비터우 鼻頭, 바다수영장이 잘 조성된 롱동 龍洞 등이 모두 동북각에 속하는데 그중에서도 푸롱이 가장 유명하고 볼거리가 풍부해 똥베이쟈오 해안풍경구의 중심이라 할 수 있다. 푸롱에는 독특한 구조의 해수욕장, 해안가를 따라 이어지는 자전거도로, 맛있고 저렴한 도시락인 삐엔땅 등이 있고 타이베이에서 기차로 1시간 30분 정도면 갈 수 있어 현지인에게 주말 관광지로도 인기 있다.

HOW TO TRAVEL

푸롱 이렇게 여행하자

→ 가는 방법

전국 어디서든 기차를 타고 푸롱역에 내리거나 타이베이에서 버스를 타고 푸롱으로 가도 된다. 보통 버스를 탈 경우 푸롱 福隆에서 내리면 푸롱 관광안내소 앞 주차장에 도착한다. 그러나 타이베이 시내에서 출발하는 경우 버스보다는 기차 이용을 추천한다.

TIP 타이베이처짠에서 기차를 타고 출발해 오전에 푸롱 지역을 여행하고 진과스-지우펀 순으로 하루 동선을 잡는 것도 좋다. 푸롱에서 진과스로 갈 때는 푸롱 관광안내소 앞에서 타이완하오싱 856번을 타고 이동하면 된다. 자세한 안내는 284쪽을 참고하자.

기차
타이베이처짠에서 기차를 타고 푸롱역 福隆車站에 내린다. 가장 빠른 쯔창하오 自強號를 탈 경우 1시간 10분이 걸리고(NT$128), 전철처럼 생겨서 짧은 거리만 운행하는 취젠처 區間車로는 1시간 30분이 걸린다(NT$83).

버스
타이베이처짠의 북1문 北一門 버스정류장에서 버스 1811 · 1812번을 타고 푸롱 福隆에서 내린다. 참고로, 두 노선을 통틀어 매일 6편을 운행하며 출발 시간은 08:20 · 09:20 · 10:20 · 14:20 · 17:40 · 20:20이다. 약 1시간 50분이 소요된다.

→ 여행 방법

푸롱역 앞에서 시작해 쥬차오링 터널을 지나 싼댜오쟈오를 돌아오는 쥬차오링 자전거 코스의 풍경이 멋지다. 푸롱역 앞에 자전거 대여소가 많으니 자전거를 타고 돌아보는 것이 좋다. 이 자전거도로를 따라 해안을 돌아보려면 약 3시간이 소요된다. 시간 여유가 없거나 자전거를 탈 수 없다면 해수욕장에 가서 발만 담그고 놀아도 좋다.

홈피 www.necoast-nsa.gov.tw

TIP 자전거 대여비
- 일반 자전거 NT$100~150(당일 무제한)
- 전동 자전거 NT$350~400(2시간)

➜ **추천 코스(4시간 소요)**

기차 푸롱역 (자전거 대여) → 자전거 15분 → 쥬차오링 터널 p.305 → 자전거 40분 → 쓰쟈오쿠 전망대 p.305 → 자전거 35분 → 마오아오 p.305 → 자전거 40분 → 기차 푸롱역 (자전거 반납) ← 도보 5분 ← 푸롱 관광안내소 p.304 ← 도보 5분 ← 푸롱 해수욕장 p.306

푸롱 관광안내소 福隆遊客中心 푸롱요우커중신 Fulong Visitor Center

MAP 25-A

푸롱역과 푸롱 해수욕장 사이에 있는 2층 건물의 관광안내소. 이곳에서는 푸롱을 포함한 똥베이쟈오 해안풍경구에 관한 자료를 얻을 수 있다. 똥베이쟈오 해안의 자연환경과 역사적 자료, 관광명소 등이 잘 소개되어 있고 영상을 상영한다. 이쪽 지역이 행글라이딩과 자전거 여행으로 유명해서 관련 기념사진을 찍을 수 있도록 꾸며져 있고, 자전거마다 앞의 영상을 보며, 간접 체험하는 기회도 제공한다. 다른 관광안내소와 달리 유난히 자료 전시가 잘되어 있으니 푸롱 여행 시 한번 들러보면 좋다.

위치 푸롱역 앞에서 직진해 내려오다가 차도에서 좌회전하면 주차장이 보이고 주차장을 가로지르면 정면 주소 新北市 貢寮區 福隆里 興隆街 36號 오픈 9월~5월 09:00~17:00, 6월~8월 08:30~17:30 전화 02-2499-1210

쥬차오링 자전거도로 舊草嶺環狀線自行車道 쥬차오링환좡셴쯔싱처다오 Old Caoling Circle-Line Bikeway

MAP 25

길이 약 20킬로미터의 자전거도로로 신베이시와 이란현 두 곳을 모두 지난다. 푸롱역을 등지고 오른쪽 도로를 따라가다가 쥬차오링 터널을 지나가다 보면 신베이시와 이란현의 경계선이 표시되어 있다. 터널을 지나면 멋진 바다 풍경과 마주하고 이후부터는 해안가 자전거도로를 따라 라이라이, 쓰쟈오쿠, 싼댜오쟈오 등을 거쳐 다시 푸롱역으로 돌아오는 동선이다. 서너 시간을 투자하면 멋진 해안 풍경을 천천히 구경하면서 일주할 수 있으니 꼭 한번 도전해보기를 추천한다. 출발 전 푸롱역 앞에서 도시락을 사서 가자.

위치 푸롱역을 등지고 바로 앞 오른쪽 도로에서 시작 주소 新北市 貢寮區 北部濱海公路

쥬차오링 자전거도로 둘러보기

쥬차오링 터널 MAP 25-A
舊草嶺隧道(구초령수도) 쥬차오링쮀이다오 Old Caoling Tunnel

총 길이 2.16킬로미터의 긴 터널로 통과하려면 자전거로 약 15분이 걸리고 터널 안에서 신베이시에서 이란현으로 넘어가게 된다. 터널 개방시간이 있으니 주의하자.

위치 푸룽역을 등지고 오른쪽 도로를 따라 자전거 15분 **오픈** 6월~9월 08:30~17:30, 10월~5월 08:30~17:00

라이라이 지질구 MAP 25-B
萊萊地質區(래래지질구) 라이라이띠즈취

파도가 부딪히는 바다 위 해식평대 지형의 평평한 바위에서 낚시를 즐길 수 있는 곳으로 낚시꾼들에게 사랑받는 장소다.

위치 쥬차오링 터널 남쪽 입구에서 자전거 25분

쓰쟈오쿠 전망대 MAP 25-B
四角窟觀景台(사각굴관경대) 쓰쟈오쿠관징타이

초원과 전망대가 있어서 잠시 쉬어갈 수 있는 곳. 푸룽역 앞에서 구입한 도시락을 먹고 가기 좋다.

위치 쥬차오링 터널 남쪽 입구에서 자전거 40분

싼댜오쟈오 MAP 25-B
三貂角(삼초각)

동북각에서 가장 바다로 돌출된 지형으로 자전거도로를 따라가다 보면 등대로 올라가는 입구를 만난다. 등대로 올라가려면 산 위로 이어진 계단을 따라 걸어야 한다. 저 멀리 이란의 꿰이산다오 龜山島(귀산도)를 조망하기 좋다.

위치 쓰쟈오쿠 전망대에서 자전거 5분

마오아오 MAP 25-B
卯澳(묘오)

작은 어촌으로, 해안의 사암과 뒷산의 대나무로 만든 오래된 돌하우스가 보존되어 있다. 바닷가 바로 앞에 위치한 푸롄 초등학교 福連國小는 사진 찍기 좋은 장소다.

위치 쓰쟈오쿠 전망대에서 자전거 35분 **주소** 新北市 貢寮區 福興街&福連街

📷 푸롱 해수욕장 福隆海水浴場 푸롱하이쉐이위창 Fulong Beach

MAP 25-A

푸롱 호텔 福容大飯店의 프라이빗 비치이므로 투숙객이 아니라면 입장료를 내고 들어가야 한다. 호텔 입구로 들어오면 왼편에 호텔이 있고 정면에 있는 무지개다리 차이홍챠오 彩虹橋를 건너야 해수욕장이 나온다. 바다로 흘러가는 강을 사이에 두고 해변이 펼쳐지는 특이한 구조다. 푸롱 해변에서는 매년 5월과 6월 즈음 모래조각예술제가 성대하게 열리고 7월 초에는 우리나라의 록 페스티벌과 비슷한 푸롱 해양음악제 福隆海洋音樂祭가 개최된다. 10월부터 4월은 안전상의 이유로 바다로 들어가는 것이 금지되니 주의하자.

<u>위치</u> 푸롱 관광안내소를 등지고 바로 앞 도로에서 왼쪽으로 조금만 직진하면 매표소 <u>주소</u> 新北市 貢寮區 福隆里 興隆街 40號 <u>오픈</u> 08:30~17:00 <u>요금</u> 일반 NT$100, 4~12세 및 65세 이상 NT$50, 3세 이하 무료(10월~4월 NT$40)

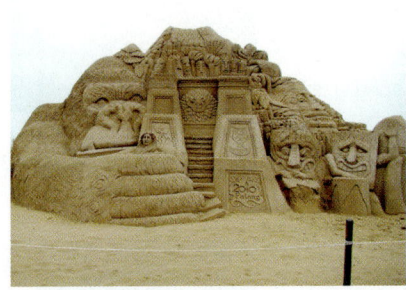

🍴 샹예삐엔땅 鄕野便當(향야변당)

MAP 25-B

푸롱에는 푸롱의 특산이라 할 수 있는 삐엔땅(도시락)이 유명하다. 푸롱삐엔땅이라는 이름으로 푸롱역 주변 여러 곳에서 판매하고 있지만 그중 이곳이 가장 오랜 전통을 자랑하는 유명한 곳이다. 1958년부터 시작된 기차역 플랫폼에서 파는 도시락의 원조집이다. 쌀밥 위에 간장과 향신료를 넣고 삶은 돼지고기인 쾅러우 爌肉, 타이완식 소시지 샹창 香腸, 타이완식 달걀조림 루단 滷蛋, 두부의 일종인 떠우간 豆干, 양배추 등이 올라가 가격 대비 너무나도 훌륭한 한 끼를 먹을 수 있다. 푸롱삐엔땅의 가격은 NT$60이다.

<u>위치</u> 푸롱역 나와서 바로 왼편 첫 번째 집 <u>주소</u> 新北市 貢寮區 福隆街 1號 <u>오픈</u> 09:00~18:00 <u>전화</u> 02-2499-1417

> **TIP** 푸롱역에 내리지 않고 지나가기만 하는 경우에는 플랫폼에서도 푸롱삐엔땅을 판매하니 기차가 푸롱역에 잠시 정차했을 때 재빠르게 도시락을 구입하는 것도 좋은 방법이다.

AREA 9

잉꺼 · 싼샤

鶯歌 · 三峽(앵가 · 삼협) Yingge · Sanxia

타이베이 서남쪽에 위치한 잉꺼는 앵무새의 노래라는 의미의 이름으로 잉꺼 북쪽 산에 있는 앵무새 모양의 바위 때문에 이런 이름이 붙었다. 타이완 최초이자 최대의 도자기마을로 다양한 도자기를 파는 상점, 갤러리, 도예체험장이 늘어선 라오제와 볼거리가 다양한 도자기박물관이 유명하다. 잉꺼 바로 밑에 위치한 싼샤는 잉꺼에 비하면 면적은 거의 10배에 달하는 크기의 구(區)이지만 특별히 볼만한 곳은 작은 라오제 주변뿐이다. 싼샤는 라오제, 천연염색, 유적지 조사묘 祖師廟, 뉴자오(소뿔빵) 등이 유명하다. 싼샤와 잉꺼를 합쳐 싼잉 三鶯 지역이라고도 부르는 만큼 두 곳을 같이 묶어서 하루 코스로 여행하면 좋다.

HOW TO TRAVEL

잉꺼·싼샤 이렇게 여행하자

➜ 가는 방법

타이베이–잉꺼

타이베이처짠에서 기차를 타면 잉꺼역까지 편하고 빠르게 갈 수 있다. 전철같이 생긴 기차인 취젠처 區間車가 매일 10~20분 간격으로 운행된다. 약 30분이 소요되며, 요금은 NT$31. 역 매표소나 자동발매기에서 표를 구입해도 되고, 이지카드나 아이패스 같은 교통카드도 사용 가능하다. 어차피 지하철 같은 구조의 기차이기 때문에 좌석 선점을 위한 예매는 필요 없다.

타이베이–싼샤

타이베이에서 버스 908·910·916번을 타면 30~40분 뒤 싼샤에 도착한다. 싼샤에서 타이베이로 돌아갈 때에는 908·910·916번 모두 싼샤 초등학교 三峽國小에서 승차해 MRT역 근처에서 하차하면 된다.

버스	승차	하차
908번	MRT 징안역에서 좌회전	싼샤 초등학교 三峽國小
910번	MRT 신푸역 2번 출구 앞	원화루 文化路
916번	MRT 용닝역 1번 출구 왼쪽	원화루 文化路

잉꺼–싼샤

잉꺼 도자기박물관 앞에서 버스 702번을 타고 싼샤라오제 三峽老街에서 하차(NT$15)하거나, 버스 5001·5005번을 타고 싼샤 초등학교 三峽國小에서 하차(NT$25)하면 된다. 약 20분 정도가 소요된다.

운행 702번 05:30~21:30(월~금요일 15~30분, 토·일요일 30~40분 간격)/5005번 06:10~22:30(15~20분 간격)

➜ 여행 방법

잉꺼와 싼샤는 매우 가까우므로 일행이 있다면 버스 외에 택시를 이용하는 방법도 괜찮다(NT$140~160). 주말에는 사람이 많아서 복잡하다는 단점이 있긴 하지만, 썰렁한 평일보다는 주말에 가야 더 활기찬 잉꺼와 싼샤를 즐길 수 있으므로 주말에 방문하기를 추천한다.

➜ 추천 코스(5시간 소요)

잉꺼 타오츠라오제 p.309 — 도보 10분 — 잉꺼 도자기박물관 p.311 — 버스 20분 — 싼샤 역사문물관 p.313 — 도보 1분 — 싼샤 라오제 p.312

잉꺼 타오츠라오제 鶯歌陶瓷老街(앵가도자노가) YingGe Ceramics Street

MAP 26-A

타오츠는 도자기를 말하는데, 이름 그대로 도예산업이 발전한 곳으로 그 역사가 200년이 넘는다. 처음에는 원화루 文化路와 젠산푸루 尖山埔路에 상점들이 집중적으로 조성되었는데 지금은 쭝칭제 重慶街, 위잉제 育英街 등의 거리까지 범위가 넓어졌다. 2000년에 타오츠라오제 陶瓷老街라는 정식 명칭이 생기고 도시계획을 하면서 원래 거리에 있던 도자기공장이 상점으로 변했다. 야자수가 늘어선 거리 양옆으로 도자기로 만든 그릇, 찻잔 등을 판매하고 공방, 도자기DIY교실 등이 있으며 가마로 썼던 곳에 직접 들어가볼 수 있는 상점도 있다. 아기자기하게 볼거리도 많고 이국적인 거리 분위기로 색다른 경험을 쌓기 좋다.

위치 기차 잉꺼역에서 원화루 文化路 방향 출구로 나와, 오른쪽으로 걸어가다가 개천 건너 오르막길로 직진, 도보 15분

┤ 잉꺼 타오츠라오제 둘러보기 ├

구자오야오
古早窯(고조요)

옛 도자기 가마가 남아 있어 직접 들어갈 수 있고 공예품 판매는 물론 도자기DIY체험도 할 수 있다. 체험비는 NT$250이고 만든 후에 후가공이 모두 끝나려면 20여 일이 소요되므로 해외 배송 서비스도 제공한다.

주소 新北市 鶯歌區 重慶街 65-1號 **오픈** 월~금요일 10:00~18:00, 토·일요일 10:00~19:00 **전화** 02-8677-8084

신왕지츠
新旺集瓷(신왕집자) The Shu's Pottery

도자기 공예품이 멋스럽게 전시되어 있어 구경하는 즐거움이 있다. 다른 상점에 비해 규모도 크고 정갈하게 꾸며져 있다. 이곳 역시 도자기DIY체험이 가능하다.

주소 新北市 鶯歌區 尖山埔路 81號 **오픈** 10:00~18:00 **휴무** 월요일 **전화** 02-2678-9571 **홈피** www.shuandws.com

허우다오인스뎬
厚道飲食店(후도음식점)

외관부터 소품 하나하나 복고풍으로 꾸며진 식당으로 타이완 전통 식사 메뉴와 음료 등을 판매한다. 돼지갈비덮밥인 파이구판 排骨飯(NT$100)과 닭다리덮밥인 지퉤이판 雞腿飯(NT$110)이 대표 메뉴이다.

주소 新北市 鶯歌區 育英街 85號 **오픈** 11:00~19:30 **휴무** 화요일 **전화** 02-2677-7617

잉꺼 도자기박물관 鶯歌陶瓷博物館 잉꺼타오츠보우관 Yingge Ceramics Museum MAP 26-B

타이완 최초의 도자기 전문 테마 박물관으로 멋스럽고 웅장한 외관에 지하 2층에서 지상 3층 규모이다. 상설 전시관에서는 도자기 공예의 전반적인 정보와 타이완과 잉꺼의 도자기 발전에 관련된 역사적인 자료 등을 전시한다. 그 외에 도자기 예술품과 관련된 다양한 특별전시회도 열려 도자기로 만들어진 무궁무진한 작품들을 감상할 수 있다. 박물관 뒤에 있는 야외 예술공원은 물, 바람, 흙, 불 총 네 가지 테마 구역으로 나뉘어 도자기로 만든 예술품을 전시한다. 그 밖에 어린이를 위한 물놀이시설도 갖춰져 있으며, 도자기체험이나 도자기 장인들의 시연 등 다양한 프로그램이 준비되어 있다. 덕분에 가족 단위로 나들이 가기에도 좋다.

위치 잉꺼역에서 원화루 文化路 방향 출구로 나와, 오른쪽으로 걸어가다가 개천 건너 오르막길로 직진, 도보 15분 **주소** 新北市 鶯歌區 文化路 200號 **오픈** 월~금요일 09:30~17:00, 토·일요일 09:30~18:00 **휴무** 첫째 월요일(공휴일인 경우 다음 날), 설 전날·당일 **요금** 입장료 NT$80 **전화** 02-8677-2727 **홈피** www.ceramics.ntpc.gov.tw

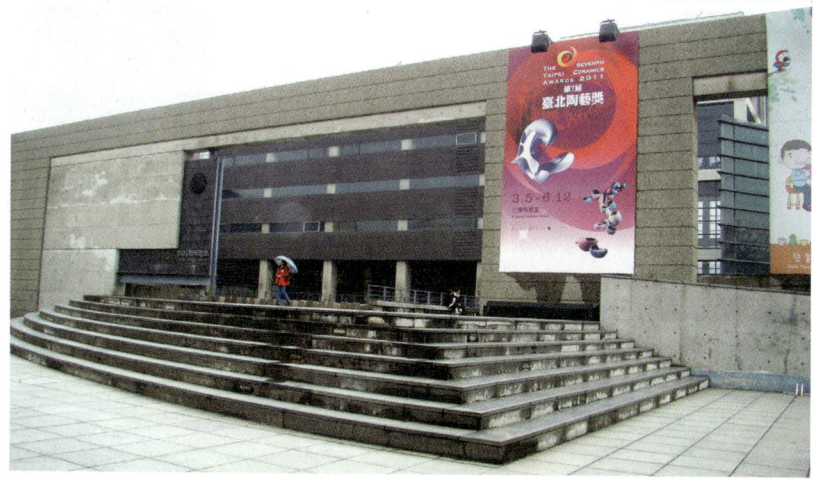

싼샤 라오제 三峽老街(삼협노가) Sanxia Old Street

MAP 26-B

싼샤의 민첸거리에 위치해 싼샤 민첸라오제 三峽民權老街라 부르기도 한다. 일본 식민지 시대, 일본인들이 주로 살던 벽돌 가옥이 남아있는 곳으로 현재는 잡화, 골동품, 먹거리 등 각종 상점이 들어서 있다. 작은 규모의 거리지만 주말에는 현지인들로 북적거려 활기차다.

다양한 전통 먹거리를 판매하고 시식도 가능한데, 그중 일명 소뿔빵이라 불리는 싼샤의 명물 뉴자오 牛角를 파는 가게가 많아서 고소한 빵 냄새가 거리를 가득 메운다. 커피, 크랜베리, 초콜릿, 딸기, 치즈, 땅콩, 팥 등 그 맛도 다양하다. 이 먹거리 역시 시식이 가능해서 바로 나온 따끈한 소뿔빵을 맛보는 재미 또한 쏠쏠하다.

라오제의 한쪽 끝 조사묘 祖師廟 광장 앞쪽에는 싼샤강이 흐르고 있어 창푸교 長福橋에 올라가 보는 싼샤의 풍경도 볼만하다.

위치 버스 702번 싼샤 라오제 三峽老街 하차/버스 5001·5005번 싼샤 초등학교 三峽國小 하차 후 도보 이용 주소 新北市 三峽區 民權街 홈피 www.sanchiaoyung.com.tw

싼샤 조사묘 三峽祖師廟 (삼협조사묘) 싼샤쭈스먀오

MAP 26-B

중국 송나라 때의 승려 진소응(陳昭應)을 모시는 곳으로 200년 이상의 역사를 지닌 싼샤의 대표적인 명소다. 1770년에 건립했으나 제2차 세계대전 말에 파손되었고, 40년 이상이 걸려 재건되었다. 이곳 싼샤 출신의 예술가 리메이슈 李梅樹도 일부 복구 작업에 참여했다.

기둥과 지붕 등 사당 곳곳에 화려하고 정교한 조각이 새겨져 있다. 150개의 청동 기둥, 8개의 동상, 돌사자 조각 등 역사적이고 전설적인 장면을 묘사한 청동 조각품을 감상할 수 있다. 싼샤 민간신앙의 중심지로 신자들의 발길이 끊이지 않는다.

위치 버스 702번 싼샤 라오제 三峽老街 하차/버스 5001·5005번 싼샤 초등학교 三峽國小 하차 후 도보 이용 주소 新北市 三峽區 長福街 1號 오픈 04:00~22:00

싼샤 역사문물관 三峽歷史文物館 싼샤리스원우관 Sanxia History Museum

MAP 26-B

오래된 건축물을 재활용한 곳으로 좋은 본보기가 되고 있다. 1929년에 건립되어 일본 식민지 시대 진공소 鎮公所로 사용되었고, 타이완에서 가장 아름다운 사무실 건물로 불리다가 1995년에 역사문물관으로 탈바꿈했다. 건물은 2층으로 되어 있는데 1층에서는 정기적으로 교류전, 테마전이 열리고 다양한 미술 작품이 전시되는 등 예술활동이 주를 이룬다. 2층은 싼샤의 역사를 보여주는 기념문물을 전시하고 있다.

위치 버스 702번 싼샤 라오제 三峽老街 하차/버스 5001·5005번 싼샤 초등학교 三峽國小 하차 후 도보 이용 주소 新北市 三峽區 中山路 18號 오픈 09:00~17:00 휴무 월요일 요금 무료 전화 02-8674-3994

AREA 10
우라이
烏來(오래) Wulai

타이베이 남쪽, 산속에 위치한 우라이는 타이완 원주민인 타이야족 언어로 김이 나는 뜨거운 물이라는 뜻이다. 200~300년 전 우라이로 사냥 온 타이야족 용사가 온천을 보고 '우라이'라고 외친 데에서 이런 지명이 붙었다. 당시 원주민에게 온천욕 습관은 없었고 일본 식민지 시대 일본인에 의해 온천 지역으로 개발되었다. 타이베이 근교에 위치해 편하게 갈 수 있고 타이야족의 문화와 온천이 어우러진 독특한 분위기의 온천마을을 경험할 수 있다. 온천호텔이나 공공 노천온천에서 온천도 즐기고 타이야족의 수공예품을 구경하거나, 전통음식을 맛보며 자연과 어우러진 여유로운 온천 여행을 떠나보자.

HOW TO TRAVEL

우라이 이렇게 여행하자

➜ 가는 방법

MRT 신뎬역에서 출발

MRT 신뎬역 출구로 나와 오른쪽 버스정류장에서 버스 849번을 타고 종점에서 하차한다. 약 35분이 소요되며, 버스 요금은 NT$30이다. 역에서 나와 버스가 아닌 택시를 이용한다면 우라이 미니열차역까지는 고정요금 NT$680으로 정해져 있다.

MRT 타이베이처짠역에서 출발

MRT 타이베이처짠역 M8 출구로 나가 왼쪽으로 직진해, 경찰서를 지나 길 건너 더 가면 타이베이처짠(공원) 台北車站(公園) 버스정류장이 나온다. 여기서 버스 849를 타고 종점에서 하차하면 된다. 약 1시간 30분이 소요되며, 요금은 NT$45이다.

> **TIP**
> **버스 849번**
> 타이베이처짠에서 출발하는 버스지만, 시간 절약을 위해 MRT를 타고 신뎬역까지 간 후 버스를 타는 것이다. 단, 사람이 많은 시간대에는 앉아서 가지 못할 수도 있는데 시간 절약보다 편하게 앉아가길 원한다면 MRT 타이베이처짠역·공관역·징메이역·신뎬취꿍쒀역 등에서 미리 버스에 탑승하는 방법도 있다. 대신 시내에서 교통체증이 있을 수 있다는 점 잊지 말자.
> <u>운행</u> 05:30~21:40(15~20분 간격)

➜ 여행 방법

우라이는 온천마을이지만 원주민마을이라는 특성도 가지고 있어 온천을 안 하더라도 방문할 가치가 있다. 오전 일찍 우라이로 가서 미니열차를 타고 폭포를 본 후 온천호텔이나 공공 노천온천에서 온천을 즐기고, 우라이라오제로 가서 원주민 음식을 먹으며 허기짐을 달래 보자. 우라이 여행을 마친 후 타이베이 시내로 돌아가는 길에는 MRT 신뎬역 앞에 위치한 비탄 풍경구에 들러보길 추천한다.

➜ 추천 코스(3시간 소요)

우라이 라오제
p.316

도보 3분

우라이 미니열차
p.317

미니열차 5분

우라이 폭포
p.318

도보 25분

우라이 공공 노천온천
p.320

📷 우라이 라오제 烏來老街(오래노가) Wulai Old Street

MAP 27-A

버스 종점에서 내리면 바로 옆에 흐르는 초록빛 난스강 南勢溪이 보인다. 주차장을 따라 조금만 위로 올라가면 보이는 커다란 나무 앞에서 우회전해 작은 우라이교를 건너면 우라이 라오제가 시작된다. 난스강 위 다리인 란성챠오 纜勝橋 전까지 이어진 좁은 길을 따라 각종 기념품, 토산품, 원주민 음식 등을 판매하는데 우라이 원주민인 타이야족의 특성이 드러나 있어 여느 라오제와는 다른 독특한 느낌을 준다. 규모가 크진 않지만 하나하나 구경하는 재미가 있다. 라오제 중간에는 타이야족의 역사와 생활 모습을 소개한 타이야 민족박물관 烏來泰雅民族博物館이 있다. 무료 입장이라 라오제를 구경하면서 가볍게 들리기 좋으니 타이야족에 대해 조금이나마 알아보자.

<u>위치</u> 버스 849번 우라이 烏來(종점) 하차 후 주차장을 따라 위로 올라가 우회전해 작은 다리 건너 <u>주소</u> 新北市 烏來區 烏來街

> **TIP 타이야족 전통음식을 맛보고 싶다면!**
> 우라이 라오제에는 타이야족이 직접 운영하는 음식점 포포메이스뎬 婆婆美食店이 있으니 타이야족 전통음식에 관심 있다면 들러보자.

우라이 라오제의 먹거리

셴카오샤오미마슈 現烤小米麻糬 모찌구이

미띠과 蜜地瓜 꿀고구마

자씨샤 炸溪蝦 민물새우튀김

주통판 竹筒飯 죽통밥

야꺼산쭈러우샹창 雅各山猪肉香腸 멧돼지고기소시지

📷 우라이 미니열차 烏來台車(오래대차) 우라이타이처 Wulai Log Cart　MAP 27-A

우라이타이처역 烏來台車站과 우라이폭포역 烏來瀑布站을 오가는 관광용 미니열차로 총 길이는 1.5킬로미터이다. 원래 벌목한 목재운송을 목적으로 사용되었으나 벌목업이 사라진 후 관광열차로 변신했다. 장난감 기차 같은 작고 귀여운 모습이지만 소리도 요란하고 나름 속도도 빠르다. 5분이면 우라이폭포역에 도착한다. 줄이 길더라도 금방 출발하므로 오래 기다리지 않아도 된다. 날씨의 영향으로 열차 운행이 중단되는 경우도 있으니 참고하자.

위치 우라이 라오제를 지나 란성챠오 纜勝橋를 건너면 바로 정면에 우라이타이처역으로 가는 계단이 보임 **주소** 新北市 烏來區 纜勝大橋溫泉路口 **오픈** 08:00~17:00 **요금** 일반 NT$50, 65세 이상 NT$30, 110cm 이하 아동 무료 **전화** 02-2661-7715

➕ 도보로 이동하기

정인보도 MAP 27-C
情人步道 칭런부다오

미니열차를 타고 올라가서 폭포를 구경하고 내려올 때나 미니열차가 아예 운행하지 않는 경우에는 정인보도라 불리는 산책로로 걸어가면 된다. 울창한 나무에 둘러싸여 낭만적인 기찻길 옆 도로를 따라 걷는데, 연인의 길이라는 의미처럼 오붓하고 조용한 분위기가 좋다.

📷 우라이 폭포 烏來瀑布 우라이푸부 Wulai Waterfall

MAP 27-E

우라이 미니열차를 타고 폭포역에 내려 조금만 위로 걸어 올라가면 바로 우라이 폭포가 나타난다. 험준한 암벽 위에서 떨어지는 하얀 폭포 줄기는 그 길이가 약 80미터에 달한다. 하지만 줄기가 좀 가느다란 편이라 웅장한 느낌이 들지는 않는다. 대형 폭포를 상상한다면 다소 실망할 수 있다. 미니열차를 타고 잠시 쉬어가는 가벼운 마음으로 방문해야 좋다. 폭포 앞에는 포토 스폿인 용사광장 勇士廣場이 있고, 주변에 전통복을 입은 타이야족이 직접 원주민 관련 제품을 파는 상점도 있다. 상점 사이에 있는 계단으로 올라가면 운선낙원으로 가는 관문인 케이블카역이 나온다. 케이블카를 타면 지나가면서 폭포를 더 가까이 볼 수 있다.

위치 미니열차 우라이폭포역 하차 **주소** 新北市 烏來區 瀑布路

우라이 케이블카 雲仙樂園纜車(운선낙원람차) 윈셴러위엔란처

MAP 27-E

우라이 폭포 앞 상점가 중간에 있는 높은 계단을 올라가면 운선낙원으로 향하는 케이블카 역이 나온다. 1967년에 완공된 타이완 최초의 케이블카로 역 간 높이 차이 165미터, 총 길이 382미터, 총 운행시간은 2분 40초다. 마오콩 곤돌라처럼 아담한 신식형이 아니라 커다란 케이블카여서 다소 무서워보이기도 하지만 안전하다. 시간 여유가 있다면 케이블카를 타고 올라가 보자. 산으로 둘러싸인 풍경을 바라보며 폭포 위를 지나가는 색다른 경험을 해볼 수 있다. 케이블카 요금에는 운선낙원 입장료가 포함되므로 케이블카를 타는 곳이 운선낙원의 입구라 생각하면 된다.

위치 우라이 폭포 앞 계단 위 주소 新北市 烏來區 烏來里 瀑布路1-1號 오픈 09:00~19:00 요금 일반 NT$220, 학생 NT$150, 65세 이상 NT$110, 3세 이하 무료

운선낙원 雲仙樂園 윈셴러위엔 Yun-hsien Resort

MAP 27-F

케이블카를 타고 산 위로 올라가면 숙박과 놀이시설 등이 갖춰진 레저시설이 펼쳐진다. 케이블카에서 내려 걸어 올라가는 길이 다소 힘들 수도 있지만 도착하면 폭포도 있고, 계곡도 있고 나룻배를 탈 수 있는 연못도 나온다. 깊은 산속이라 공기도 좋고, 물도 맑아 마치 산속에서 신선놀음하는 기분이다. 자연과 어우러져 평화롭게 지내다가 올 수 있다. 계단이 많으므로 가능한 편한 신발을 신고 갈 것을 추천한다.

위치 우라이폭포 근처 케이블카역에서 케이블카를 타고 이동 주소 新北市 烏來區 烏來里 瀑布路1-1號 오픈 오락시설 09:30~17:00, 숙박 구역 09:30~22:00 전화 02-2661-6383 홈피 www.yun-hsien.com.tw

우라이 공공 노천온천 烏來露天公共浴池 우라이루톈공공위츠
Wulai Public Hot Springs

MAP 27-A

우라이라오제를 지나 란성챠오 纜勝橋를 건너 오른쪽으로 내려가면 강 옆에 위치한 이 노천온천에서는 무료로 가볍게 족욕을 즐길 수 있다. 물론 현지인처럼 수영복을 입고 들어가도 된다. 우라이 온천은 암석 틈에서 약알칼리성 탄산천이 자연적으로 샘솟아 형성된다. 온천수는 깨끗한 무색무취의 탄산수소나트륨천으로 온도는 약 섭씨 80도이다.

위치 우라이 라오제에서 도보 3분 주소 新北市 烏來區 烏來街 오픈 06:00~20:00

TIP 수질이 좋아 노천온천 외에도 일대에 많은 온천호텔이 있다. 우라이 라오제 근처의 온천시설은 대중적인 곳으로 비교적 저렴한 편이고 고급 온천호텔은 버스 종점 두세 정거장 전에 모여 있으니 원하는 곳을 선택해 온천을 즐기면 된다.

PLUS AREA

비탄
碧潭(벽담) Bitan

➜ **가는 방법**

MRT 신뎬역 출구로 나오면 바로 왼편에 위치한다. 우라이에서 출발하는 경우 버스 849번을 타고 MRT 신뎬역에서 하차하면 된다.

➜ **여행 방법**

비탄은 '푸른빛이 감도는 깊은 못'이라는 뜻으로 신베이시 신뎬구 新店區 중심에 위치한 유명 관광명소이다. 1970년에 풍경구로 지정되었다. 신뎬강 新店溪의 중간에 있는 선착장부터 비탄 적교 碧潭吊橋까지를 가리키며 면적은 약 270,000제곱미터에 달한다.
오랜 역사를 간직한 곳으로 강기슭이 넓고 푸르며 고요한 호수 같아서 비탄이라 불리게 되었고 예전에는 적벽담 赤壁潭이라 불리기도 했다. 오리보트, 수영, 낚시 등의 활동이 가능하고 강변을 따라 자전거도로가 조성되어 있어 자전거를 타며 푸른 자연을 만끽해볼 수도 있다. 인기 타이완드라마 〈장난스런 키스〉의 촬영지로도 유명하다. 비탄 풍경구의 랜드마크인 비탄 적교 碧潭吊橋는 길이 200미터, 넓이 3.5미터로 교탑 높이 20미터의 다리 위에서 비탄의 아름다운 풍경을 즐길 수 있다.
타이베이 시내에서 MRT를 타고 3호선 끝까지 와야하므로 비탄만을 목적으로 방문하기보다는 우라이 여행 후 함께 둘러보는 일정을 추천한다.

SPECIAL

네이완선 內灣線(내만선) Neiwan Line

1951년에 개통된 네이완선은 타이베이와 타이중 사이 신쭈현 新竹縣에 있는 지선 支線으로, 총 길이 29.7 킬로미터의 신쭈역과 네이완역을 오간다. 하지만 이 구간을 전부 이동하는 열차는 하루 5~6편밖에 없다. 쭈종–네이완 구간은 하루 17편 운행하므로 쭈종역에서 네이완선을 타는 것이 좋다. 하루 17편 운행한다 해도 1시간에 1대꼴이므로 시간 계산을 잘해서 움직이자.

쭈종역으로 가려면 타이베이처짠에서 기차(70~90분 소요/NT$137~177)나 고속철도(30분 소요/NT$290)를 타고 류자역 六家車站으로 가서 쭈쫑역행 기차에 탑승하면 된다.

핑시선이나 지지선처럼 주요 역에 내리며 다양하게 구경하기보다는 종점인 네이완역까지 가서 네이완역 주변 위주로 관광하는 것이 일반적이다.

쭈동
竹東(죽동) Zhudong

쭈동역 바로 앞에는 쭈동동만위엔취 竹東動漫園區(주동애니메이션공원)가 있어서 만화 캐릭터들로 아기자기하게 꾸며져 있고 여러 전시·교육·체험활동 등이 진행된다. 애니메이션에 관심 있다면 쭈동역에 잠시 내려 구경해보는 것도 괜찮다.

허싱
合興(합흥) Hexing

'사랑의 기차역'이라는 별명을 가진 낭만적인 역이다. 기찻길 위의 하트 조형물과 사랑의 자물쇠를 달아 놓는 구역이 있는 등 역 주변에 사랑 관련 전시물이 많아 사진 찍기 좋다. 2월에 방문하면 기찻길과 만개한 벚꽃이 아름답게 어우러진 풍경 볼 수 있다.

네이완선 티켓 구입

역의 매표창구나 자동발매기에서 티켓을 구입하면 되며, 요금은 NT$15~41이다. 간혹 매표 기능이 없는 역에서는 교통카드를 이용해야 한다. 하루 동안 네이완선 내의 역에서 마음껏 타고 내릴 수 있는 네이완선 1일권 內灣線 一日週遊卷(NT$95)도 있다.

1일권 판매역
타이베이 台北, 쏭산 松山, 타오위엔 桃園, 반챠오 板橋, 류쟈 六家, 주동 竹東, 네이완 內灣, 주난 竹南, 먀오리 苗栗, 타이중 台中, 신쭈 新竹, 쫑리 中壢

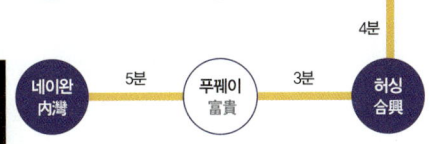

네이완
內灣(내만) Neiwan

네이완선의 하이라이트. 볼거리로는 네이완 라오제, 네이완역, 네이완 극장, 네이완 적교 등이 있다. 역 바로 앞부터 50년의 역사를 가진 라오제가 시작된다. 라오제에서 먹어야 할 먹거리로는 약밥과 비슷한 간식인 쫑즈 粽子에 네이완의 명물 꽃 예장화를 넣어 만든 예장화쫑 野薑花粽, 예장화 튀김, 타이완식 소시지 헤이런장상창 黑人張香腸, 멸치로 만든 완자꼬치 모우샤오완즈 魩魚小丸子 등이 있다. 매년 4월과 5월에는 반딧불이축제가 열리기도 한다.

MIDDLE WESTERN TAIWAN

PART 4
타이완 중서부
台灣中西部

타이중 × 짱화 × 루강 × 지지 × 르웨탄
루산 온천 × 쟈이 × 진먼다오

01 타이완 중서부는 어떤 곳일까?
ABOUT MIDDLE WESTERN TAIWAN

타이완 중서부 지역은 타이완 서부 평야가 시작되는 곳이자, 타이완 중소기업과 정밀기계업의 집결지이다. 중서부의 대표적인 도시로는 타이중 · 짱화 · 난터우 · 쟈이 등이 있다. 그중 타이중은 타이완 제3의 도시로 국제공항까지 갖추었으며 중서부의 중심 역할을 한다. 중서부 지역 서쪽에는 타이완해협 台灣海峽이 있고 동쪽에는 북에서 남으로 산맥이 길게 이어진다. 그래서 지도로만 보면 중서부에서 동부까지는 가까워 보이지만 산맥을 넘어야 해 오히려 북쪽이나 남쪽으로 돌아서 가는 방법이 편하다. 중서부를 대표하는 관광명소로는 국립타이완미술관 · 타이중 공원 · 펑쟈 야시장 · 르웨탄 · 아리산 · 고궁남원 등이 있다.

➜ 여행 계획

타이완 중서부는 타이중을 중심으로 여행 계획을 잡는 것이 좋다. 타이중에는 MRT가 없는 대신 버스가 잘 되어 있고, 교통카드로 탑승 시 10킬로미터 이내는 무료로 이용 가능하니 잘 활용해서 다니는 것을 추천한다. 짱화, 루강, 르웨탄의 경우 타이중에서 당일치기로 다녀올 수도 있으니 타이중에 숙소를 잡고 다녀오면 되고 그 외 아리산 같은 곳은 남쪽 지역으로 내려가는 길에 들러 하룻밤 숙박해 여행하면 좋다.

➜ 숙소 정보

타이완 중서부에서 여행객이 주로 숙박을 하는 곳은 타이중 · 르웨탄 · 아리산 정도다. 타이중은 기차 타이중역 근처에 호텔이 많은 편이나 대부분 오래된 곳이 많다. 좋은 호텔은 시내 안쪽으로 들어가야 있지만 리모델링한 역 주변 호텔을 찾아, 가능한 역 근처에 숙소를 정하는 것이 여러모로 편리하다. 르웨탄은 쉐이셔 상권, 아리산은 아리산 관광안내소 근처의 호텔 밀집 지역에 숙소를 잡는 것이 좋다.

02 타이완 중서부로 가는 방법
HOW TO GO MIDDLE WESTERN TAIWAN

타이중시에는 국제선과 국내선을 운행하는 타이중공항 台中航空站이 있다. 많지는 않지만 인천에서 타이중으로 에바항공, 만다린항공 등이 운행되며, 2시간 30분이 걸린다. 타이완 여행 시 타이중, 아리산, 르웨탄 등 중서부 지역 위주로 가고 싶다면 타이중으로 입국하는 것이 편리하다. 타이베이나 까오슝, 타이난 등지에서 출발한다면 고속철도 · 기차 · 고속버스 등을 이용해 간다.

➜ 공항에서 타이중 시내 가기

타이중공항 도착 후에는 버스를 타고 타이중 시내로 진입하면 된다. 일행이 있다면 택시 이용을 추천한다.

TIP 타이중 내 다른 지역으로 가는 버스 노선은 타이중공항 홈페이지(www.tca.gov.tw) 교통 정보에 자세히 나와 있다.

공항버스
타이중공항 국제선 터미널 지하 1층의 가장 남쪽 출구로 가면 버스정류장이 있다. 차오마 버스터미널까지는 약 30분, 기차 타이중역까지는 약 1시간이 소요된다.

택시
버스정류장이 있는 국제선 터미널 지하 1층에 택시 승강장도 있다. 도착하면 택시들이 대기하고 있으며 공항에서 타이중 시내로 간다면 요금은 NT$500~600 정도로 예상하면 된다.

버스	주요 정류장	운행시간(배차간격)	소요시간	요금
9번	기차 타이중역 台中車站	06:00~22:00(15~25분 간격)	1시간 30분	NT$48
302번	기차 타이중역 台中車站-타이중 공원 台中公園	06:45~23:30(20~60분 간격)	1시간	NT$41~58
A1번	신우르역(고속철도 타이중역)-타이중 공원 台中公園	08:30~23:00(1시간 간격)	1시간 30분	NT$100
A2번	동해대학-기차 타이중역 台中車站	09:30~24:30(1시간 간격)	1시간 10분	NT$100

→ 공항에서 고속철도 타이중역 · 르웨탄 가기

타이중공항에서 고속철도 타이중역과 르웨탄까지도 바로 갈 수 있다. 고속철도 타이중역은 타이중커윈 台中客運의 공항버스와 타이완하오씽 모두 가지만, 르웨탄으로 가려면 타이완하오씽을 타야 한다. 다만, 공항에서 출발해 르웨탄까지 가는 타이완하오씽은 하루 1대밖에 없다. 고속철도 타이중역까지는 40분 정도가 소요되고, 르웨탄까지는 2시간 정도가 걸린다. 자신의 목적지에 맞는 대중교통을 이용하자.

공항버스

타이중커윈 156번

타이중공항 台中航空站-고속철도 타이중역 高鐵台中站

운행 06:20~23:00(월~금요일 12회, 토·일요일 9회) 요금 NT$55 홈피 www.tcbus.com.tw/image/156.pdf

타이완하오씽

원래 기차 타이중역에서 출발해 고속철도 타이중역을 지나 르웨탄까지 가는 노선이지만 타이중공항까지 오가는 노선이 하루 1대 있다.

6670번 르웨탄선 日月潭線

타이중공항 台中航空站-고속철도 타이중역 高鐵台中站-르웨탄 日月潭

운행 15:20 요금 NT$50~240

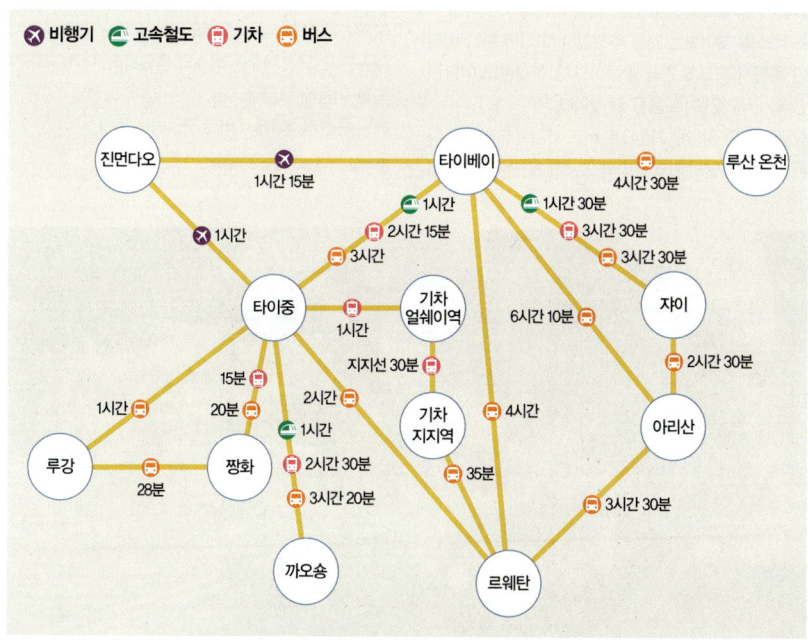

03 타이완 중서부 시내 교통
MIDDLE WESTERN TAIWAN CITY TRAFFIC

➜ MRT

대도시에서 중요한 대중교통수단으로 이용되고 있는 MRT는 현재 타이베이와 까오숑에서만 운행 중이지만 제3의 도시라 할 수 있는 타이중에서도 네 개 노선의 MRT 운행을 계획 중이다. 2019년 7월초 그린 라인 시운전을 성공하였고, 2020년 12월부터 전역 운행을 목표로 준비하고 있다.

➜ 시내버스

아직 MRT가 없는 타이중에서 버스는 관광객에게 중요한 대중교통수단임은 확실하다. 하지만 중국어를 모른다면 다소 이용이 어려운 것 또한 사실이다. 미리 구글맵이나 지도 및 교통 관련 앱을 이용해 목적지로 가는 버스를 찾아보는 것을 추천한다. 아니면 한자로 적힌 목적지를 크게 인쇄해 물어보자. 친절한 타이완런 台灣人(대만인)이 도움을 줄 것이다.
요금은 분단 기점을 기준으로 버스 가격이 달라지는 다른 지역과는 달리 거리에 따라 요금이 계산된다. 그래서 버스 탑승 시에는 교통카드를 이용하는 것이 가장 편리하다. 승하차 시 단말기에 카드를 대기만 하면 되고, 시내버스(1~999번) 이용 시 요금은 10킬로미터 이내 무료, 최대 NT$60 이상 부과되지 않는 혜택이 있다.
하지만 현금을 이용한다면, 승차 시 운전기사가 주는 카드를 받은 뒤, 내릴 때 표시되는 가격을 보고 현금과 카드를 주면 된다. 잔돈은 따로 거슬러 주지 않으니 동전을 미리 준비하자.

홈피 citybus.taichung.gov.tw

➜ 타이완하오씽

타이완관광청에서 관광객을 위해 운영하는 관광지 셔틀버스라 생각하면 된다. 타이완 각지에서 운행 중이며, 각 기차역이나 고속철도역에서 주요 관광지까지 이동한다. 요금체계는 버스와 동일하다. 대개 교통카드를 이용해 요금을 지불할 수 있다. 노선별 1일권은 해당 운전기사에게서 바로 구입하면 된다.

홈피 www.taiwantrip.com.tw

짱화현 주요 노선

6936번 루강선 鹿港線
고속철도 타이중역 高鐵台中站–기차 짱화역 彰化車站–짱화 관광안내소(루강라오제) 彰化縣旅遊服務中心–유리박물관 台灣玻璃博物館

6741번 루강팡위엔선 鹿港芳苑線
짱화 관광안내소 彰化縣旅遊服務中心–왕공 王功–푸하이궁 福海宮–팡위엔푸톈궁 芳苑普天宮
※토·일요일 및 공휴일 운행

3011번 칭쉐이옌선 清水岩線
고속철도 짱화역 高鐵彰化站–칭쉐이즈썬 清水之森–푸징 철도문물관 福井鐵道文物館–와즈왕 관광공장 襪子王觀光工廠–고속철도 짱화역 高鐵彰化站
※토·일요일 및 공휴일 운행

3012번 짱난 콰이선 彰南快線
고속철도 짱화역 高鐵彰化站–톈중마오춘 田中貓村–베이떠우라오제 北斗老街–짱화바이바오춘 彰化百寶村–고속철도 짱화역 高鐵彰化站
※토·일요일 및 공휴일 운행

난터우현 주요 노선

6670번 르웨탄선 日月潭線
기차 타이중역 台中車站–고속철도 타이중역 高鐵台中站–지난 대학교 暨南大學–구족문화촌 九族文化村(토·일요일 경유)–위츠 魚池–르웨탄 日月潭

6883번 시터우선 溪頭線
기차 타이중역 台中車站–고속철도 타이중역 高鐵台中站–녹곡향농회 鹿谷鄉農會–시터우 溪頭

쟈이현 주요 노선

7329번 아리산선–A선 阿里山線–A線
고속철도 쟈이역 高鐵嘉義站–우펑먀오 吳鳳廟–스줘석탁–청년활동중심 青年活動中心–아리산 阿里山

7329A번 아리산선–A선 阿里山線–A線
고속철도 쟈이역 高鐵嘉義站–우펑먀오 吳鳳廟–스줘석탁–펀치후 奮起湖–청년활동중심 青年活動中心–아리산 阿里山

7322C번 아리산선–B선 阿里山線–B線
기차 쟈이역 嘉義車站–우펑먀오 吳鳳廟–스줘 石棹–청년활동중심 青年活動中心–아리산 阿里山

7322D번 아리산선–B선 阿里山線–B線
기차 쟈이역 嘉義車站–우펑먀오 吳鳳廟–스줘 石棹–펀치후 奮起湖–청년활동중심 青年活動中心–아리산 阿里山

106번 고궁남원선 故宮南院線
기차 쟈이역 嘉義車站–히노키 빌리지 檜意森活村–고궁 남원 故宮南院–고속철도 쟈이역 高鐵嘉義站

➜ 택시

버스를 타는 것이 힘들 경우, 어느 정도 가까운 거리이고 일행이 있다면 택시 이용도 추천한다. 기본요금은 NT$85이며, 주간에는 250미터당 NT$5(속도 5km/h 이하 시, 3분당 NT$5)가 가산되고, 야간에는 208미터당 NT$5(속도 5km/h 이하 시, 2.5분당 NT$5)가 가산된다. 오후 10시부터 오전 6시 사이에는 20퍼센트의 할증요금이 추가로 붙는데, 미터기에 자동 계산되는 것이 아니라 따로 추가로 계산해서 내야 한다. 설 연휴 기간에는 약 10일 동안 특별 할증이 적용된다.
미리 택시비를 계산해볼 수 있는 웹사이트(taxi.012345 6789.tw/ko)도 있으니 이용해보자.

➜ 아이바이크·유바이크

타이베이시에서 시작된 공공자전거 유바이크가 신베이시, 타이중시, 짱화현까지 확대되었다. 타이중에서는 아이바이크 iBike라고 부른다. 2019년 8월 기준으로 타이중에는 320여 개, 짱화에는 68개의 대여소가 있고 각각 6000여 대와 1685여 대의 자전거를 보유하고 있다. 타이완 전화번호와 이지카드만 있으면 각 대여소에 있는 키오스크 KIOSK나 홈페이지, 앱을 통해 쉽게 가입 가능하고 가입 없이 탈 경우에는 키오스크에서 신용카드 등록 후 이용 가능하다. 해당 홈페이지에 들어가거나 앱을 다운받으면 주변 대여소와 대여 및 반납 가능한 자전거 수를 실시간으로 확인할 수 있다. 대여와 반납 장소가 달라도 되기 때문에 편리하다. 버스를 타기 두렵거나, 일행이 없는 나홀로 여행자라면 가까운 거리는 아이바이크와 유바이크 이용을 추천한다.

요금 첫 30분 무료(짱화 NT$5), 4시간 이내 30분당 NT$10, 4~8시간 30분당 NT$20, 8시간 이상 30분당 NT$40 홈피 타이중 i.youbike.com.tw/짱화 chcg.youbike.com.tw

04 타이완 중서부 베스트 코스
MIDDLE WESTERN TAIWAN BEST COURSE

➜ 타이중 시내 중심 1일 코스

타이베이 여행자 중 타이중도 짧게나마 여행하고 싶은 사람들을 위한 타이중 시내 당일치기 여행 코스이다. 타이중은 타이베이에서 기차로 2시간, 고속철도로는 1시간이 소요된다.

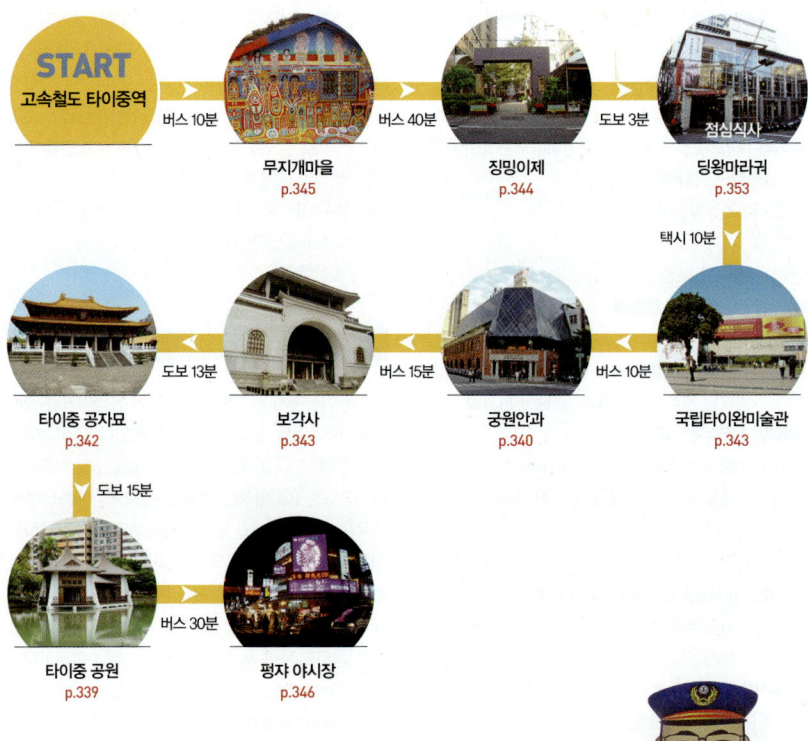

START 고속철도 타이중역 — 버스 10분 → 무지개마을 p.345 — 버스 40분 → 징밍이제 p.344 — 도보 3분 → 점심식사 딩왕마라궈 p.353 — 택시 10분 → 국립타이완미술관 p.343 — 버스 10분 → 궁원안과 p.340 — 버스 15분 → 보각사 p.343 — 도보 13분 → 타이중 공자묘 p.342 — 도보 15분 → 타이중 공원 p.339 — 버스 30분 → 펑쟈 야시장 p.346

→ **3박 4일 코스** 타이중 · 짱화 · 루강 · 지지 · 르웨탄 · 아리산

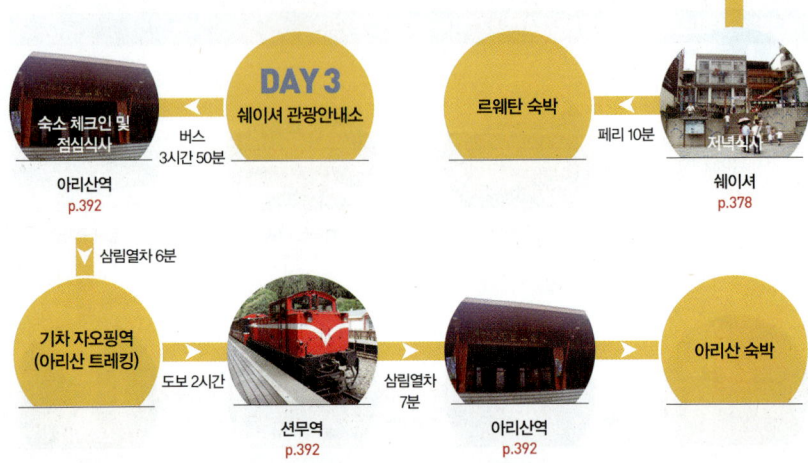

숙소 체크인 및 점심식사
아리산역
p.392

버스 3시간 50분

DAY 3
쉐이셔 관광안내소

르웨탄 숙박

페리 10분

저녁식사
쉐이셔
p.378

삼림열차 6분

기차 자오핑역
(아리산 트레킹)

도보 2시간

선무역
p.392

삼림열차 7분

아리산역
p.392

아리산 숙박

고속철도 · 기차 쟈이역

타이완 하오씽 2시간 30분

아침식사
아리산역
p.392

삼림열차 30분

일출
쭈산
p.393

삼림열차 30분

DAY 4
기차 아리산역

고속철도 30분/ 기차 1시간 30분

타이중역
p.339

334 PART 4 타이완 중서부

AREA 1

타이중
台中(대중) Taichung

타이완 중부에 위치한 타이완 제3의 도시. 북쪽으로는 먀오리현 苗栗縣과 신주현 新竹縣, 남쪽에는 짱화현 彰化縣과 난터우현 南投縣, 동쪽에는 중앙산맥을 넘어 화롄현 花蓮縣이 인접한다. 서쪽에는 타이완해협 台灣海峽이 맞닿아 있다. 한국에서 타이중공항까지 가는 노선이 생겨 예전보다 쉽게 방문할 수 있게 되었다.

HOW TO TRAVEL

타이중 이렇게 여행하자

➜ 가는 방법

타이중은 타이완의 주요 거점 도시인 만큼 다양한 지역에서 여러 교통수단을 통해 갈 수 있다. 아래에서는 출발 지점에 따른 이동 방법을 소개한다. 다만, 아래에 표기된 운행시간은 이용을 돕기 위한 참고용으로 요일이나 시기에 따라 변동될 수 있다. 정확한 시간은 해당 교통편 홈페이지에서 확인하자.

타이베이에서 출발

교통수단		승차	운행시간	배차간격	소요시간	요금
고속철도		타이베이처짠	06:30~23:00	시간당 3~5편	1시간	NT$700
기차			05:30~21:00 (쯔챵하오 自強號 기준)	시간당 1~2편	2시간 15분	NT$375
고속 버스	궈광커윈 1826·1827번	타이베이 버스 스테이션	05:20~23:40	30분	2시간 45분	NT$290
	통롄커윈 1619·1610번		24시간	10~60분	3시간	NT$290
	아뤄하커윈 3999번		24시간	30~120분	3시간	NT$312~385

타오위엔공항에서 출발

교통수단	번호	운행시간	배차간격	소요시간	요금
고속버스	궈광커윈 1860번	05:30~01:10	45분~135분	2시간 20분	NT$280
	젠밍커윈 5503번	06:00~07:50, 11:20~18:40, 23:10, 24:40	1시간	2시간 10분	NT$300
	통롄커윈 1623번	06:15~23:45	20~60분	2시간 15분	NT$280

까오슝에서 출발

교통수단		승차	운행시간	배차간격	소요시간	요금
고속철도		쭤잉역	06:18~22:54	시간당 3~5편	1시간	NT$790
기차		까오슝처짠역	06:14~21:14 (쯔창號 自強號 기준)	시간당 1~2편	2시간 30분	NT$469
고속 버스	궈광커윈 1872번	까오슝역 버스터미널	05:40~22:20	40분	3시간 10분	NT$330
	통렌커윈 1621번		05:45~22:15	10~30분	3시간 20분	NT$330
	아뤄하커윈 3999번		24시간	30~120분	3시간 10분	NT$330~400

고속철도 타이중역에서 출발

고속철도 타이중역 근처에는 갈만한 곳이 없으므로 여행을 한다면 시내 중심인 기차 타이중역 근처로 이동해야 한다. 고속철도 타이중역은 기차 신우르역 新烏日車站과 연결되어 있으니 기차로 가면 된다. 고속철도에서 내려 개찰구를 나와 기차 TRA 표시를 따라 이동하면 쥐광하오 莒光號(8분 소요/NT$18)나 취젠처 區間車(10분 소요/NT$15) 기차를 타고 타이중역으로 이동한다.

시내버스로 이동하는 경우, 고속철도 타이중역 버스승강장 버스 13번에서 159번을 타고 타이중 공원 台中公園에서 하차하면 된다. 65분이 소요되며 요금은 NT$37(교통카드 무료)이다. 택시로 간다면 약 20분이 걸리며 요금은 NT$250 정도가 나온다.

➕ 타이중의 버스터미널

타이중은 타이완의 중심에 위치한 만큼 각지로 이동할 수 있는 버스터미널이 많다. 기본적으로 기차 타이중역 台中車站・펑위엔역 豐原車站・따쟈역 大甲車站, 고속철도 타이중역 高鐵台中站, 타이중공항역 台中航空 등 다른 교통수단과 연계된 버스터미널과 간청 버스터미널 干城轉運站, 차오마 버스터미널 朝馬轉運站 등의 일반 버스터미널이 있다. 한 버스터미널에 여러 버스 회사가 모여 있지 않고, 터미널마다 근방에 버스 회사가 몰려 있다. 여행객이 주로 이용하는 곳은 타이중역, 타이중역 바로 근처에 있는 간청 버스터미널, 타이중역에서 자동차로 15분 정도 거리에 있는 차오마 버스터미널이다. 다음은 해당 버스터미널 근처에 위치한 버스 회사들이다.

- **타이중역 台中車站** 타이중커윈 台中客運, 궈광커윈 國光客運, 통렌커윈 統聯客運
- **펑위엔역 豐原車站** 펑위엔커윈 豐原客運
- **따쟈역 大甲車站** 펑위엔커윈 豐原客運, 쥐예쟈오통 巨業交通
- **고속철도 타이중역 高鐵台中站** 타이중커윈 台中客運, 통렌커윈 統聯客運, 난터우커윈 南投客運, 짱화커윈 彰化客運
- **타이중공항역 臺中航空站** 타이중커윈 台中客運, 펑위엔커윈 豐原客運
- **간청 버스터미널 干城轉運站** 난터우커윈 南投客運, 짱화커윈 彰化客運, 위엔린커윈 員林客運, 통렌커윈 統聯客運
- **차오마 버스터미널 朝馬轉運站** 타이중커윈 台中客運, 허신커윈 和欣客運, 궈광커윈 國光客運, 통렌커윈 統聯客運, 아뤄하커윈 阿羅哈客運, 젠밍커윈 建明客運

→ **여행 방법**

아직 MRT 전체 노선이 개통되지 않은 상태이므로 버스를 잘 활용하여 여행하는 것이 좋다. 날씨가 덥거나 일행이 있다면 택시를 적절히 섞어 이용하는 것도 방법이고 아이바이크 iBike라고 부르는 타이중의 공공자전거를 이용하는 것도 추천한다. 타이중은 사실 다른 지역에 비해 특별한 관광지가 많은 지역이 아니지만 그 나름의 매력이 풍부하다. 오전에는 박물관, 미술관, 고적지 등에 갔다가 오후에는 원조 맛집이나 특색있는 맛집, 카페 등을 찾아다니며 여유로움을 만끽하고 저녁에는 대학가로 가서 야시장을 즐겨보자.

홈피 travel.taichung.gov.tw

→ **추천 코스(1박 2일)**

타이중역 台中車站(대중차참) 타이중처짠 Taichung Station

MAP 31-L

타이중시 중구에 위치한 기차역이다. 타이중역 주변에는 수많은 버스 회사의 버스터미널이 위치하고 있어 중부 여행의 시작점이기도 하다. 역사는 1905년에 타이중역 台中驛이란 이름으로 설립되었고 1917년에 지금의 모습으로 건설되었다. 오랜 역사를 지닌 곳인 만큼 국가 2급 고적으로 지정되었다. 2016년 말 바로 옆에 새로운 타이중역 건물이 1단계 공사를 끝내고 사용되면서 기차역으로 운영하지는 않는다. 기차는 신(新) 타이중역 건물로 가야 탑승 가능하다.

위치 타이중시 중심 주소 台中市 中區 台灣大道 1號 오픈 06:00~24:00 전화 04-2222-7236 홈피 www.railway.gov.tw/taichung

타이중 공원 台中公園(대중공원) 타이중꿍위엔 Taizhong Park

MAP 31-H

일본 식민지 시대에 설립되었는데, 타이중에서 당시 설립되어 현재까지 보존 중인 유일한 공원이다. 역사적 의미가 있는 타이중의 중요 랜드마크이자 최대 규모의 공원으로 중산공원 中山公園이라고도 부른다. 공원 내에는 인공호수·정자·다리·고목·넓은 잔디밭 등 아름다운 조경과 야외음악당·어린이 공간·테니스장 및 다양한 레저 시설이 갖춰져 있다. 호수까지 포함하면 총면적 13,553제곱미터에 달한다. 르웨후 日月湖라는 인공 호수에 있는 유럽양식의 정자 후신팅 湖心亭은 시 지정 고적인 만큼 공원을 대표하는 정자이므로 이곳에 들렀다면 꼭 보자.

위치 기차 타이중역에서 도보 10분 주소 台中市 北區 公園路 37-1號 오픈 공원 24시간, 후신팅 06:00~22:00 요금 무료 전화 04-2222-4174

궁원안과 宮原眼科 꿍위엔엔커 Miyahara

MAP 31-L

일본 식민지 시대 일본인 의사인 미야하라 宮原(궁원)가 운영하던 안과 건물을 일출에서 개조했다. 예전 궁원안과 이름을 그대로 사용하면서 아이스크림·차·초콜릿 등을 판매한다. 1층에는 펑리수와 치즈케이크로 유명한 일출, 궁원안과 아이스크림, 궁원 밀크티, 궁원 초콜릿 매장이 있으며 2층에는 타이완 요리 전문 레스토랑이 있는 등 일출에서 다른 지점보다 궁원안과를 더 특색 있게 운영하고 있다.

위치 타이중역에서 도보 6분 **주소** 台中市 中區 中山路 20號
오픈 10:00~22:00 **전화** 04-2227-1927 **홈피** www.miyahara.com.tw

---

궁원안과 둘러보기

일출
日出 르추 DAWNCAKE

치즈케이크와 펑리수로 유명한 곳이다. 원래 치즈케이크(NT$306~480)를 전문으로 하는 곳이었다. 지금은 투펑리수 土鳳梨酥(18개입 NT$450), 타이양삥 太陽餅 등 다양한 전통 다과와 차도 판매하고 시식도 가능하다. 이곳의 펑리수는 동과를 섞지 않고 순수 파인애플로만 제조해 새콤하고 파인애플 과육을 씹는 맛이 있다. 이곳의 또 다른 특징은 독특한 포장에 있다. 제품 종류마다 다른 포장으로 담아주며 모두 강렬하고 키치한 느낌이 강하다. 가장 인기 있는 이곳 궁원안과점을 비롯해 타이중에 총 네 개의 지점이 있는데 지점마다 분위기가 달라서 골라 가보는 재미가 있다. 따디점은 정원이 있는 가정집 분위기에 내부는 알록달록 중국풍 느낌 물씬 나며, 뤼런점은 정갈하고 고요한 분위기다.

홈피 www.dawncake.com.tw

 TIP

따디점

지도 MAP 31-J **위치** 국립타이완미술관에서 도보 5분 **주소** 台中市 西區 五權西三街 43號 **오픈** 일~목요일 10:00~21:00, 금·토요일 10:00~22:00

뤼런점

지도 MAP 31-A **위치** 소고백화점에서 도보 5분 **주소** 台中市 西區 台灣大道二段 512號 **오픈** 월~금요일 10:00~22:00, 토·일요일 09:20~22:00

투펑점

지도 MAP 30-B **위치** 징밍이제에서 도보 25분/타이중시청에서 도보 10분 **주소** 台中市 西屯區 台灣大道三段 460號 **오픈** 월~금요일 10:00~22:00, 토·일요일 09:20~22:00

궁원 초콜릿
宮原巧克力(궁원교극력) 꿍위엔챠오커리

말린 과일로 만든 것, 견과류가 들어간 것, 귀여운 동물 모양 등 다양한 초콜릿을 판매한다. 무게를 달아서 팔거나, 개당 혹은 박스 단위로 판매하는데 가격은 작은 곰돌이 초콜릿이 1개 NT$600, 선물용 한 박스 기준으로는 NT$500~1000 정도로 비싼 편이다.

궁원안과 아이스크림
宮原眼科冰淇淋(궁원안과빙기림) 꿍위엔엔커빙치린

궁원안과에서 가장 유명한 메뉴는 바로 아이스크림이다. 항상 줄을 서야만 먹을 수 있을 정도로 인기 만점이다. 밤에 가면 비교적 한산하게 즐길 수 있다. 입구와 출구가 구분되어 있으니 잘 확인해 들어가자. 아이스크림과 함께 토핑까지 고르면 된다. 아이스크림은 과일·차·단계별 농도의 초콜릿 등 다양한 맛이 있고, 토핑으로는 펑리수·쿠키·케이크 등이 있다. 가격은 싱글 NT$90, 더블 NT$160, 트리플 NT$225.

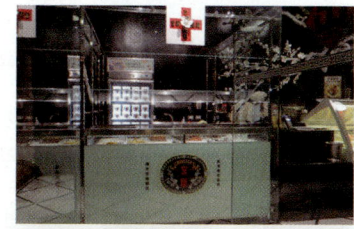

궁원 밀크티
宮原珍奶(궁원진내) 꿍위엔쩐나이

아이스크림 매장 옆으로 가면 아담한 규모의 쩐주나이차 판매 구역이 나온다. 여덟 가지 종류의 쩐주나이차가 있고 그 외에 홍차·동방미인차·우롱차 등 전통차도 판매한다. 가격은 NT$85~120.

타이중시장공관 台中市長公館 타이중스장꽁관
Rresidence of the Mayor of Taichung City
MAP 31-H

일본과 서양 스타일이 혼합된 바로크양식의 2층 건물이다. 고전과 현대 스타일을 겸비해 그 짜임새가 반듯하고 우아하다. 이곳은 원래 일본 식민지 시대, 궁원안과라는 안과 병원 주치의 미야하라 宮原의 저택이었는데 전쟁 후 타이중시정부에서 접수해 시장의 공관으로 만들었다. 현재는 전람 등 문화 공간으로 개방되어 있고 한쪽은 레스토랑으로 운영된다. 타이중 공원과 타이중 공자묘를 도보로 이동할 때, 중간에 한번 가볍게 들러보기 좋다.

__위치__ 버스 50번 타이중이중 台中一中 하차, 길 건너 위치 __주소__ 台中市 北區 雙十路一段 125號 __오픈__ 10:00~17:00 __휴무__ 월요일 __요금__ 무료

타이중 공자묘 台中孔廟(대중공묘) 타이중쿵먀오 Taichung Confucius Temple
MAP 31-D

송나라 시대 궁전양식을 본따 만든 사원으로 1976년에 완공되었다. 매년 공자를 비롯한 성현들을 추모하기 위해 거행되는 석전대전(釋奠大典)의 중요한 장소 중 하나이다. 정문이라 할 수 있는 관덕문(觀德門)을 지나 안으로 들어가면 대성문(大成門)이 나오고 그 앞으로 큰 정원이 있다. 대성문을 지나 안으로 들어서면 가운데에 대성전(大成殿)이 있고 양옆으로 서무(西廡)와 동무(東廡)가 있다. 중간에 있는 사무실에서는 공자묘 스탬프를 찍을 수도 있다. 바로 옆에 있는 충렬사(忠烈祠)도 함께 보면 좋다.

__위치__ 버스 7 · 50 · 65번 타이완티따티위창 台灣體大體育場 하차 후 직진 __주소__ 台中市 東區 雙十路二段 30號 __오픈__ 화~일요일 09:00~17:00 __휴무__ 월요일 __요금__ 무료 __홈피__ www.confucius.taichung.gov.tw

이중제 一中街(일중가) Yizhong Street
MAP 31-D · H

타이중의 학생들이 가장 많이 찾는 상권. 주변의 싼민루 三民路, 타이핑루 太平路, 위차이제 育才街 등의 거리를 포함하며, 이중 상권 一中商圈 혹은 이중 야시장 一中夜市이라고도 불린다. 주변에 중학교, 대학교 등 학교가 많아 급속도로 타이중 최대의 학생 밀집 상권이 형성되었다. 낮에는 일반 상점거리였다가 밤에는 야시장으로 변모한다. 타이완 전역에서 유명한 대형 지파이의 탄생지가 바로 이곳이다.

__위치__ 버스 1 · 21 · 31번 국립타이중과학기술대학 國立台中科技大學 하차 __주소__ 台中市 北區 一中街 __오픈__ 10:00~23:00

보각사 寶覺寺 바오쮀쓰 Pao Chueh Temple　　MAP 31-D

정식명칭은 보각선사 寶覺禪寺로 석가모니와 미륵불을 모시는 불교 사원이다. 1927년에 창건되었으며, 일본·서양·중국 등 각종 양식이 섞인 대웅보전과 거대한 미륵대불이 있다. 파란 지붕의 하얀 패루를 지나 안으로 들어서면 석가모니를 모신 대웅보전이 나온다. 나무와 벽돌로 만든 사당을 흰 석조건물이 둘러싼 독특한 구조이다. 대웅보전을 지나 안쪽으로 들어가면 높이 30미터 규모로 인자하게 웃고 있는 미륵대불상이 반겨 준다.

 위치 버스 1·21·31·55번 보각사 寶覺寺 하차 후, 건너편으로 건너 골목으로 직진하다가 세븐일레븐 앞에서 좌회전해 우측 주소 台中市 北區 健行路 140號 오픈 09:00~17:00 요금 무료

국립자연과학박물관 國立自然科學博物館 궈리쯔란커쉐보우관　　MAP 31-B
National Museum of Natural Science

타이중시 북구에 위치한 타이완 최초의 과학박물관이자 자연과학의 생활화와 현대화를 동시에 보여주는 대형 박물관이다. 1986년부터 과학센터·우주극장·행정센터·야외 정원 등을 대외 개방했다. 전시품이 굉장히 풍부하고 야외에 있는 공원은 가족 단위의 관광객도 편하게 쉴 수 있는 평화로운 분위기다. 매주 수요일 10시 이전에는 무료 개방(우주 太空, 입체영화관 및 특별전 제외)한다.

위치 버스 300번 커보관 科博館 하차 후, 도보 5분 주소 台中市 北區 館前路 1號 오픈 09:00~17:00 휴무 월요일(공휴일인 경우 운영) 요금 특별전 포함 NT$250, 일반 NT$100, 6세 미만 무료 전화 04-2322-6940 홈피 www.nmns.edu.tw

국립타이완미술관 國立臺灣美術館 궈리타이완메이슈관　　MAP 31-F
National Taiwan Museum of Fine Arts

타이중시립문화국과 국립자연과학박물관과 인접해 있다. 1988년에 개관했으며, 총면적 31,834제곱미터이고 24개의 전시실이 있다. 미술관 건물 외관은 천연석 타일로 덮여 있고 내부는 지하 1층부터 지상 3층까지 총 4층 규모다. 야외는 넓은 잔디밭에 대형 조각품이 전시된 조각공원으로 편안한 휴식 장소가 되어준다. 미술관 입구 건너편에 있는 미술원길 美術園道에는 이국적인 레스토랑과 상점들도 많고 중간중간 조형물도 있어 미술관과 함께 산책하기 좋다.

 위치 버스 71번 메이슈관 美術館(五權西路) 하차 주소 台中市 西區 五權西路一段 2號 오픈 화~금요일 09:00~17:00, 토·일요일 09:00~18:00 휴무 월요일 요금 무료 홈피 www.ntmofa.gov.tw

징밍이제 精明一街(정명일가) Jingming 1st St.

MAP 31-A

총 길이 130미터의 이국적인 분위기의 거리로 양옆에는 레스토랑·카페·의류점 등 다양한 상점이 늘어서 있다. 이곳은 타이중 쇼핑거리의 발원지로, 초기 십여 개 상가의 상인들이 유럽의 보행자거리처럼 만들고자 뜻을 모아, 자동차 진입 금지, 노천카페·벤치 등의 설치, 노점상 제한 등 규칙을 정해 조성했다. 타이중에서 첫 번째로 만들어진 여가와 쇼핑이 어우러진 낭만적인 보행자거리인 것이다. 주말에는 야외음악회나 전시활동이 열리기도 한다. 낮보다는 분위기가 좋은 저녁에 방문하는 것을 추천한다.

위치 버스 300·323번 쭝밍궈샤오 忠明國小 하차, 조금 올라가서 맞은편 길 건너 도로로 진입해 직진하다가 따둔19제 大墩19街로 우회전 **주소** 台中市 西區 精明一街

┤ 징밍이제 둘러보기 ├

춘수당
春水堂 춘쉐이탕 Chun Shui Tang

타이완의 버블밀크티인 쩐주나이차 珍珠奶茶의 원조집. 타이완 전역에 40여 개의 매장이 있고 일본에까지 진출했다. 쩐주나이차를 비롯한 다양한 차뿐만 아니라 타이완음식도 판매한다. 이곳 따둔점은 내부도 멋지게 꾸며져 있지만 노천카페거리에 있는 만큼 야외석에 앉아 차 한잔 마시며 여행의 즐거움을 느껴보자. 타이중에 있는 창시 본점에 가보고 싶다면 쓰웨이점으로 가면 된다.

주소 台中市 西區 大墩19街 9號 **오픈** 08:30~23:00 **전화** 04-2327-3647 **홈피** chunshuitang.com.tw

 TIP 쓰웨이점
지도 MAP 31-K
위치 타이중역에서 도보 15분, 타이중시청 근처
주소 台中市 西區 四維街 30號
오픈 08:00~22:00
전화 04-2229-7991

무지개마을 彩虹眷村(채홍권촌) 차이훙쥐엔춘

MAP 30-I

타이중시 난툰구에 위치하며, 알록달록 독특한 벽화로 유명하다. 이곳에 있는 모든 그림은 일명 무지개 할아버지라는 의미의 차이훙예예라 불리는 황용푸 黃永阜 할아버지가 그린 것이다. 쥐엔춘 眷村은 군인과 그 가족들이 살던 마을을 뜻하는데 할아버지 역시 퇴역 군인이다. 이 주변이 재개발 구역이라 철거 위기에 놓였다가, 심심풀이로 하나씩 그리던 할아버지의 벽화로 인해 철거되지 않고 보존되어 현재는 타이중의 주요 관광명소가 되었다. 규모는 매우 작지만 할아버지의 정성 어린 알록달록 독특한 그림이 발길을 사로잡는다.

위치 버스 30·40번 타이중역 통롄커윈 버스터미널 뒷쪽 綠川東站에서 승차 후 간청류춘 干城六村 하차, 길 건너 도로로 진입해 직진하면 왼편, 도보 5분 주소 台中市 南屯區 春安路 56巷

동해 대학교 東海大學 둥하이따쉐 Tunghai University

MAP 30-A

캠퍼스에는 목장·초등학교·중학교·호수 등이 있어 그 규모가 꽤 크다. 특히 독특한 외관의 교회와 목장으로 유명하다. 정문에 들어서면 우거진 나무 아래 산책로가 잘 조성되어 있고 그 길을 따라 들어가면 루쓰이쟈오탕 路思義教堂(Luce Memorial Chapel) 건물이 보인다. 건물 자체도 독특한데 벌판 위에 덩그러니 있어 더 눈에 띈다. 목장의 유제품을 파는 매장도 있으니 한번 먹어보는 것을 추천한다.

위치 버스 323·324·325·326번 타이중룽쭝 台中榮總 하차 주소 台中市 西屯區 台灣大道四段 1727號 홈피 www.thu.edu.tw

📷 펑쟈 야시장 逢甲夜市(봉갑야시) 펑쟈예스 Fengjia Night Market

MAP 30-C

타이중의 유명 상권 중 하나이자 타이중에서 가장 인기 있는 야시장. 펑쟈 대학교 1킬로미터 이내의 야시장과 펑쟈루 逢甲路, 푸싱루 福星路 거리를 포함해 크게 펑쟈 상권이라 한다. 원화 야시장 文華夜市이라고도 불린다. 대학가인 만큼 저렴한 가격의 의류와 소품, 먹거리로 가득하고 그 규모와 상점 수도 엄청나다. 이곳만의 창의적인 먹거리는 가히 최고라 할 수 있다. 골목 사이사이 먹거리 천지이니 이곳에 가기 전에는 미리 배를 비워서 다양한 먹거리에 도전하자.

위치 버스 25 · 35번 · 125번 펑쟈따쉐 逢甲大學 하차 **오픈** 12:00~02:00(상점마다 다름)

펑쟈 야시장 둘러보기

간베이샤오
干貝燒(간패소)

가리비꼬치구이 전문점으로 주문하면 그 자리에서 가리비를 구워 소스를 바르고 가루를 뿌려준다. 소스는 혼합·소금·태국식 칠리·카레·와사비·후추 등 10가지 맛 중에 고르면 된다. 가격은 한 꼬치당 NT$40.

주소 台中市 西屯區 文華路 12-12號 오픈 15:00~01:00

관즈린따챵빠오샤오챵
官芝霖大腸包小腸(관지림대장포소장)

따챵빠오샤오챵은 커다란 찹쌀소시지에 작은 소시지와 토핑을 넣어 감싼 간식거리로 야시장에서 흔히 볼 수 있는 타이완식 핫도그이다. 펑쟈 야시장에서는 이 집이 꼭 먹어 봐야 하는 곳으로 손꼽혀 항상 줄이 늘어서 있다. 가격은 개당 NT$50.

주소 台中市 西屯區 逢甲路 22號 오픈 12:00~01:00

황진지퉤이쥐엔
MaYa黃金雞腿捲(황금계퇴권)

닭고기꼬치 전문점. 안에는 닭다리살이 들어있고, 겉은 닭 껍질로 싸여 있다. 닭고기소시지꼬치 같은 음식인데, 닭고기를 갈아서 만든 것이 아니라 닭다리 살을 그대로 먹기 좋게 뭉쳐 놓은 것이라 닭고기의 살결과 그 자체의 육질을 느낄 수 있어 추천한다. 가격은 한 개 NT$35, 3개 NT$100.

주소 台中市 西屯區 文華路 12-1號 오픈 16:00~24:00

타이중 국가가극원
臺中國家歌劇院 타이중궈자꺼쥐위엔
National Taichung Theater

MAP 30-F

2016년 9월 정식 오픈한 곳으로 연극, 연주회, 전통극, 발레 등 다양한 공연이 열린다. 건물 외관은 예술에 취한 이미지를 표현하기 위해 호리병 모양으로 설계되었으며, 일본인 건축가 이토 토요 Ito Toyo의 작품이다. 2005년 디자인 공모전을 시작으로 기존 건물을 허물고, 어려운 건축 공법을 실현하며, 끝없는 디자인 수정을 거쳐 2016년에야 새 건물을 완공했다. 안으로 들어서면 1층에는 상점, 안내소, 매표소가 있다. 빨간 기둥은 대극장을 대표하고, 파란 기둥은 중극장을 대표하는 색으로 두 극장은 2층에, 소극장은 지하 2층에 있다. 1층과 2층에 디자인 소품이나 특산품을 판매하는 상점이 있는데 너무나도 깔끔하게 진열되어 있어서 사진 찍고 구경하는 재미가 쏠쏠하다. 1층에는 오르골로 유명한 우더풀라이프 매장도 있다. 6층 야외의 스카이 가든은 편히 쉬어가기 좋고, 이따금 무료 공연도 펼쳐진다.

위치 버스 60·69·75·358·658번 타이중 국가가극원 臺中國家歌劇院 하차/타이중역에서 자동차로 20분 **주소** 台中市 西屯區 惠來路二段 101號 **오픈** 일~목요일 11:30~21:00, 금·토요일 및 공휴일 11:30~22:00 **요금** 무료, 공연 유료 **전화** 04-2251-1777 **홈피** www.npac-ntt.org/index

따오허류이원화관 道禾六藝文化館(도화육예문화관)
Natural Way Six Arts Culture Center

MAP 31-K

예전 타이중 형무소 연무장(台中刑務所演武場)이었던 곳으로 1937년 일본 식민지 시대에 건축된 일식 건물이다. 사옥관이나 경찰이 무술을 연마하던 장소로 타이중시에 유일하게 본모습 그대로 완벽하게 보존되어 있다. 역사적인 건축물이라는 의미 외에 다도, 문학 등 예술문화 수업도 열리고, 건물 뒤편에서는 양궁 체험도 가능하다. 메인 건물인 웨이허관 惟和館은 검도 수련이나 다도회장으로, 클럽으로 운영되던 씬항관 心行館은 찻집으로, 기숙사였던 찬시관 傳習館은 양궁, 서예 등의 수업 장소로 사용된다. 건물 가운데 자리 잡은 큰 나무 아래 무대에서는 공연이 열리기도 하고 주말(10:00~17:00)에는 프리마켓이 열린다. 크게 볼거리가 있지는 않지만 건축물 구경과 더불어 1인 NT$200, 2인 NT$330으로 기분 좋게 차 한잔의 여유를 즐겨보기를 추천한다.

위치 버스 1·8·15·21번 따오허류이원화관 道禾六藝文化館 하차 주소 台中市 西區 林森路 33號 오픈 09:00~22:00(월요일 ~17:00) 요금 무료 전화 04-2375-9266 홈피 www.sixarts.org.tw

타이중 문화창의산업원구 台中文化創意產業園區 타이중원화촹이촨예위엔취
Taichung Cultural and Creative Industries Park

MAP 31-L

1916년 일본 식민지 시대에 민영 제주(製酒)주식회사로 시작해 1928년 타이완 최대의 주류제조공장으로 성장했다. 1945년 광복 후 두 번 이름이 변경되고, 1957년에 다시 대만성어주공매대중주창(台灣省菸酒公賣局台中酒廠)으로 이름을 바꾸었다. 시대가 변하고 타이중 도시계획에 따라 1998년 총면적 약 56,000제곱미터의 공장 부지와 건축물만 남긴 채 새로운 공업단지로 이전했다. 타이중시에서는 주요 건물을 역사 건축물로 지정하며 오래된 양조장을 보존했고 문화부의 5대 문화창의단지 중 하나가 되었다. 2011년 2월 현재의 이름이 되었고 다양한 전시·공연활동과 공방DIY체험 등이 가능한 새로운 문화단지로 활성화되었다.

위치 구 타이중역 뒤편에서 차도를 따라 오른쪽으로 직진, 도보 10분 주소 台中市 南區 復興路三段 362號 오픈 외부 06:00~22:00, 전시관 09:00~17:00(5월~10월 ~18:00) 휴무 전시에 따라 다름 요금 무료(전시에 따라 유료) 전화 04-2229-3079 홈피 tccip.boch.gov.tw

📷 20호 창고 20號倉庫 얼스하오창쿠 Stock 20

MAP 31-L

기차 타이중역 뒤에 위치한 곳에 버려진 공간을 활성화해 예술 문화 장소로 조성하는 철도창고예술재생계획의 첫 번째 프로젝트였다. 1917년에 지어져 1995년 2급 유적으로 지정된 후 타이중 지역의 중요한 인문환경 및 관광자원이 되었다. 상점과 카페, 공방 DIY체험 등이 있는데 규모가 작고 평일에는 한산한 편이라 문화창의산업원구를 오가는 길에 가볍게 들렀다 가면 좋다.

위치 구 타이중역 뒤편에서 역을 등지고 바로 오른편, 도보 2분 **주소** 台中市 復興路四段 37巷 6-1號 **오픈** 10:00~17:00 **휴무** 월요일, 공휴일 **전화** 04-2220-9972 **요금** 무료 **홈피** stock20.boch.gov.tw

류촨쉐이안 보도 柳川水岸步道 (유천수안보도) 류촨쉐이안부다오
Liuchuan Canal Waterfront

MAP 31-G

타이중의 새로운 명소 중 하나인 류촨은 정비와 복원사업을 거쳐 수변공원으로 조성되었다. 개천의 오염이 심했는데 현재는 많이 개선되었다. 개천 양옆에 37그루의 교목을 심고, 류촨의 원래 모습을 재현·보존하기 위해 38그루의 버드나무도 새로 심었다. 저녁에 조명이 더해지면 낭만적인 분위기로 바뀌어 산책하거나 야경 사진을 찍기 좋다. 주말에는 때때로 마켓이 열리기도 하니 시간 여유가 있다면 방문해 보기를 추천한다.

위치 구 타이중역 앞 건너편 타이완따다오 臺灣大道에 있는 정류장에서 버스 301~306번 탑승 후 런아이이위엔 仁愛醫院 하차 **주소** 台中市 中區 柳川西路三段 **오픈** 24시간 **홈피** www.facebook.com/waterresourcetaichung

녹광계획 綠光計劃 뤼광지화 Fantasy Story_Green Ray

MAP 31-F

판타지 스토리에서 운영하는 문화단지로 중씽이샹 中興一巷 골목을 따라 쭉 늘어선 오래되고 아담한 수자원공사의 옛 기숙사를 리모델링했다. 개인 공방이과 귀엽고 아기자기한 상점이 들어서 있다. 규모는 작은 편이라 조금 아쉬운데 상점 하나하나 둘러보고 싶을 정도로 예쁘고 멋스럽다. 위에서 내려다보는 느낌은 또 다르니 건물 안 계단을 통해 2층으로 꼭 올라가볼 것을 추천한다.

위치 구 타이중역 앞 건너편 왼쪽 정류장에서 버스 11·71번 탑승 후 메이춘샹베이루커우 美村向上北路口 하차, 도보 2분 **주소** 台中市 西區 中興一巷 2號~26號 **오픈** 09:30~18:00 **휴무** 상점 대부분 월요일 **전화** 04-2305-0519 **홈피** fantasystory.com.tw/storeB.php?sid=8

차오우다오 草悟道(초오도) Calligraphy Greenway

MAP 31-F

자연과학박물관에서 시작해 타이완 미술관까지 이어지는 총 3.6킬로미터의 녹색 잔디밭 공원길을 말한다. 조용한 야외 녹지 공간에는 조각품이 전시되어 있고, 보행자 전용 산책로가 잘 조성되어 있다. 주변에 많은 레스토랑과 미술관 등이 있어 도심 속의 특색 있는 공간으로 사랑받는다.

위치 구 타이중역 앞 건너편 왼쪽 정류장에서 버스 11·71번 탑승 후 메이춘샹베이루커우美村向上北路口 하차, 도보 2분 주소 台中市 西區 向上北路 오픈 24시간 홈피 www.youcaowu.com

홍뤠이쩐 洪瑞珍(홍서진) HUNG RUI CHEN

MAP 31-L

타이중에서 다양한 빵을 파는 제과점으로 그중 샌드위치인 싼밍즈 三明治 (NT$23~30)가 가장 유명해 타이중의 명물이 되었다. 비밀의 특제 샐러드소스, 마요네즈소스, 얇은 햄, 치즈만 들어간 아주 간단한 샌드위치인데 그 맛이 독특하고 훌륭해서 많은 사랑을 받는다. 1947년 짱화현 베이떠우 北斗에서 시작된 뤠이쩐까오빙뎬 瑞珍糕餠店이 전신이고 이후 홍 씨 집안의 성을 따서 홍뤠이쩐으로 변경했다. 타이완 각지에 있는 지점들은 똑같으면서도 조금씩 다른데 이는 홍 씨 가족 구성원이 각각 창립한 것이어서 그렇다.

위치 구 타이중역 앞 중산루 中山路를 따라 직진, 도보 10분 주소 台中市 中區 中山路 125-2號 오픈 09:00~22:00 전화 04-2226-8127 홈피 www.22268127.com

이푸탕 一福堂(일복당) Yi Fu Tang

MAP 31-L

1928년 문을 연, 상큼하면서도 달콤한 레몬케이크 닝멍빵 檸檬餠(1박스 10개 NT$300)으로 유명한 곳이다. 레몬맛 초콜릿 안에 레몬향이 나는 노란 빵이 들어있다. 케이크 모양이 독특하게 레몬 모양이어서 타이중 기념품으로도 아주 좋다. 유통기한은 개봉 후 7일로 짧은 편이지만 진공 포장 상태라 더 길게 보관 가능하다. 매장은 타이중역 근처에만 두 곳 있고 서로 가깝다. 레몬케이크로 많이 알려졌지만 타이양빵 太陽餠, 펑리수 鳳梨酥, 라오포빵 老婆餠 등도 유명하다.

위치 구 타이중역 앞 중산루 中山路를 따라 직진, 도보 5분 주소 台中市 中區 中山路 67號 오픈 09:00~22:00 전화 04-2222-2643 홈피 www.ifhouse.com.tw

TIP 쯔여우점

지도 MAP 31-L
위치 구 타이중역 앞 중산루 中山路를 따라 직진하다가 쯔여우루얼돤 自由路二段에서 좌회전하면 오른편, 도보 7분
주소 台中市 中區 自由路二段 19號
오픈 09:00~22:00
전화 04-2220-3655

타로코 몰 大魯閣新時代(대로각신시대) 따루거씬스다이 TAROKO MALL

MAP 31-L

타이중역 뒤편에 위치한 대형 쇼핑몰. 지하 2층은 오전 10시부터 밤 10시까지 운영하는 까르푸, 지하 1층은 까르푸와 푸드코트, 지상 1층부터 11층까지는 다양한 브랜드 매장과 레스토랑이 입점해 있다. 그중 4층과 5층은 극장이고 8층에는 다이소도 있다. 지하의 푸드코트에서는 태국요리 · 파스타 · 한식 · 카레 · 철판 요리 · 초밥 등 다양한 음식을 접할 수 있다. 건물 내에 인기 체인 브랜드도 많은데, 딩과百, 맥도날드, 스시 익스프레스, 콜드 스톤, 미스터 도넛, 모모 파라다이스, 춘수당, 스타벅스 등이 있다.

위치 기차 타이중역 뒤 허우짠 後站 출구로 나가서 한 블록 앞 주소 台中市 東區 復興路四段 186號 오픈 월~금요일 11:00~22:00, 토 · 일요일 10:30~22:00(상점마다 다름) 전화 04-3611-8888 홈피 www.tarokomall.com.tw

광난따피파 光南大批發(광남대비발) Guangnan Wholesale

MAP 31-H

생필품 · 화장품 · 식품 · 음반 · DVD · 문구류 · 전자소품 등 일상에서 필요한 거의 모든 제품을 파는 만물 잡화점이다. 피파(도매)라는 이름에 어울리게 저렴하고 제품이 많아서 쇼핑하는 재미가 쏠쏠하다. 타이완 전역에 약 24개의 매장이 있다. 이곳 싼민점은 이중제로 들어가는 도로가에 크게 있으므로 이중제를 구경하고 마지막에 이것저것 구입해오기에 좋다.

위치 버스 1 · 21 · 31번 국립타이중과학기술대학교 國立台中科技大學 하차 주소 台中市 北區 三民路三段 125號 오픈 일~목요일 10:30~22:30, 금 · 토요일 10:30~23:00 전화 04-2225-2020 홈피 knn.com.tw

소고백화점 廣三SOGO百貨(광삼SOGO백화) 광싼소고바이휭 SOGO TAICHUNG

MAP 31-B

1995년에 오픈했으며, 오락과 기술, 예술을 하나로 보여주는 쇼핑몰을 만들고자 하는 신념으로 운영한다. 이곳 광싼점은 영업 면적이 약 40,000제곱미터에 달하며, 타이완의 다른 소고백화점과는 조금 다르다. 다른 지역의 정식 명칭은 태평양 소고백화점이지만, 이곳은 중부 지역의 유명 건설업체인 광싼건설에서 일본 소고백화점과 직접 협약한 곳이다. 그래서 태평양 소고백화점과는 관계가 없다.

위치 버스 300번 커보관 科博館 하차 후 길 건너 주소 台中市 西區 台灣大道二段 459號 오픈 월~금요일 11:00~22:00, 토 · 일요일 10:30~22:00 홈피 www.kssogo.com.tw

쥔메이 俊美食品(준미식품) JIUNN MEEI　　MAP 31-I

25년의 전통을 이어온 곳으로 펑리수(10개입 NT$200)와 아몬드 과자 씽런펜 杏仁片이 대표 상품이고, 그 외 타이완의 전통과자도 판매한다. 내부는 시골 읍내 과자점에 온 듯한 기분이 들 정도로 굉장히 소박하다. 워낙 유명해 알고 찾아오는 손님이 대부분이라 그런지 시식은 제공하지 않는다. 이곳 펑리수는 동과가 섞여 있어 달콤한 편이다. 타이중에만 다섯 개의 매장이 있으니 동선상 가까운 곳으로 찾아가는 것이 좋다.

위치 기차 타이중역에서 택시 15분 주소 台中市 南屯區 大墩南路 429號 오픈 07:30~22:00 홈피 www.food168.com.tw

 딩왕마라궈 鼎王麻辣鍋(정왕마랄과) Ding Wang Spicy Hotpot(Tripod King)　　MAP 31-A

깔끔하고 고풍스러운 인테리어에 친절한 종업원의 서비스가 인상 깊은 훠궈집. 타이중이 본고장인 만큼 타이중에 방문했다면 필히 방문해야 할 곳이다. 이왕이면 쭝샤오 야시장에서 시작된 창시점인 쭝샤오점을 가는 게 좋겠지만, 그곳은 현재 없어졌고 타이중에서 가장 규모가 크고 좋은 이 공익점 公益店에 방문해볼 것을 추천한다. 훠궈 육수는 두부와 오리 선지가 들어가는 매운 마라궈 麻辣鍋와 시큼한 배추인 쏸차이가 들어가는 쏸차이바이러우궈 酸菜白肉鍋 두 종류가 있다. 탕에 기본으로 들어가는 두부, 선지, 쏸차이는 계속 리필해주고 식사 후, 무료 포장도 가능하다. 소스와 밥은 셀프바에서 직접 가져오고 소스는 마라탕용, 쏸차이탕용으로 구분되어 있다. 훠궈 재료로 무엇을 주문해야 할지 잘 모르겠다면 종류별로 들어간 종합 메뉴를 선택하는 것이 편하다. 요금은 2인 약 NT$1200~1500 정도.

위치 버스 27번 꽁이똥싱루커우 公益東興路口 하차 주소 台中市 西區 公益路2段 42號 오픈 11:30~06:00 카드 가능 전화 04-2326-1718 홈피 www.tripodking.com.tw

> TIP
> **훠궈 추천 재료**
> 배추 翠玉大白菜, 두부피 豆皮, 계란만두 蛋餃, 특급 소고기 特級牛肉, 게살어묵 竹香蟹黃膏, 당면 河粉條

향초신락원 香蕉新樂園 샹쟈오신러위엔 Banana New Paradise

MAP 31-D

타이완의 1950년대와 1960년대 오래된 상점거리를 테마로 한 레스토랑. 병원·이발소·약국·사진관·잡화점 등 다양한 상점이 재현되어 있고 오래된 장난감·생활용품·우체통·포스터 등이 전시되어 있다. 2001년 12월, 향초신락원 인문생활관 香蕉新樂園 人文生活館이라는 지역 박물관으로서 국립고궁박물원의 인증을 얻기도 한 타이완의 중요 문화자산이다. 복고 분위기 물씬 풍기는 옛날 교과서 같은 메뉴판마저 독특하다. 타이완음식, 훠궈, 딤섬과 차 등을 판매하며 메뉴에 따라 주문 가능 시간이 있으니 참고하자.

위치 버스 1·21·31번 신민까오중 新民高中(三民路) 하차 후, 씽진루 興進路 진입 주소 台中市 北區 雙十路二段 111-1號 오픈 11:00~23:00(입장 마감 ~21:30) 전화 04-2234-5402 홈피 www.vernaldew.com.tw

리즈 카페 梨子咖啡館(이자가배관) Pear Coffee

MAP 30-A

한적한 골목 안에 전면이 유리로 된 꽤 큰 규모의 카페가 있다. 카페 안으로 들어서면 직원이 인원수를 물어보고 자리를 안내해준다. 전체적으로 내부는 하얀색과 초록색이 조화된 심플한 분위기다. 야외 구역이 운치 있고 좋은데 가운데에는 작은 하얀 돌로 된 놀이 공간이 있어서 아이들이 신발을 벗고 놀기도 한다. 독특한 구조로 타이완 드라마 〈도화소매〉 촬영지로 나오기도 했다. 메뉴로 파스타, 애프터눈 티, 샌드위치, 와플 등이 있고 타이중에 있는 세 곳의 매장 중 이곳 쭝커점 中科店의 분위기가 가장 좋다.

위치 버스 75번 롱쫑쑤셔 榮總宿舍 하차 후 길 건너 슈퍼마켓 앞 도로로 진입하여 직진 주소 台中市 西屯區 玉門路 370巷 28號 오픈 08:00~23:00 전화 04-2461-0399 홈피 www.pearcafe.com.tw

AREA 2
짱화
彰化(창화) Changhua

짱화는 서쪽으로 타이완해협 台灣海峽과 맞닿아 있고, 삼면이 산으로 둘러싸여 있다. 따뜻한 기후와 적절한 강우량으로 농업이 발전했는데 특히 꽃 재배가 발달했다. 지형은 평야가 주를 이루고 타이완의 현(縣) 중에서 면적은 가장 작지만, 인구 밀도는 가장 높다. 22미터의 높이를 자랑하는 빠과산 대불 八卦山大佛로 유명한 곳이었는데 2011년 큰 인기를 얻었던 타이완 영화 〈그 시절, 우리가 좋아했던 소녀〉의 촬영지로 알려지면서 대중적인 인기를 얻게 되었다.

HOW TO TRAVEL

짱화 이렇게 여행하자

→ 가는 방법

고속철도 타이중역에서 출발

고속철도 타이중역 앞에서 오전 8시부터 오후 6시까지 발차하는 타이완하오씽 6936번 루강선 鹿港線을 타고 짱화 彰化에서 하차하면 된다. 20분이 소요되며, 요금은 NT$320이다. 평일 2시간, 주말과 공휴일에는 1시간 간격으로 운행한다.

기차 타이중역에서 출발

기차를 타고 짱화역 彰化車站에서 하차하면 된다. 취젠처 區間車(NT$26)는 25분이 소요되며, 쯔챵하오 自強號(NT$40)는 15분이 걸린다. 기차는 자주 운행하고 지하철 같은 취젠처가 많이 다니므로 예약하지 않아도 된다.
버스를 이용한다면 역 앞 길 건너 왼쪽에 있는 진샤바이훠 金沙百貨 버스정류장에서 버스 6933·6935번을 타고 짱화 彰化로 가면 된다. 하지만 기차보다 비싸고 오래 걸리므로 기차를 추천한다.

→ 여행 방법

짱화현 북쪽에 있는 짱화시는 타이중에서 무척 가까워 루강 鹿港과 함께 묶어 당일치기로 여행하기 안성맞춤이다. 대표적인 볼거리는 도보로 이동이 가능하다. 하지만, 빠과산 대불은 버스를 타더라도 하차 후 걸어 올라가야 하므로 올라갈 때 만큼은 택시 이용을 추천한다. 버스가 다니는 차도에서 먼 거리는 아니라서 내려올 땐 산책하듯 내려오면 된다. 오전에 짱화를 간단히 구경하고 타이완하오씽을 이용해 루강으로 넘어가자.

홈피 tourism.chcg.gov.tw

→ 추천 코스(2시간 소요)

선형차고 → 도보 30분/택시 10분 → 빠과산 대불 p.357 → 도보 10분 → 짱화 공자묘 p.358

선형차고 p.358

TIP 선형차고가 평일에는 오후 1시에 오픈하므로 평일에 방문한다면, 선형차고를 나중에 가는 것이 좋다.

빠과산 대불 八卦山大佛(팔괘산대불) 빠과산따포 Baguashan Buddha

MAP 28-B

패루를 지나 32법상이 있는 참불도 參佛道를 올라가면 짱화시를 내려다볼 수 있는 전망대가 나온다. 전망대 아래 가운데에는 구룡분수가 있고 전망대에서 사원 쪽을 바라보면 짱화의 상징인 빠과산 대불 八卦山大佛이 정면으로 보인다. 짱화시를 내려다보며 지켜주는 대불은 높이 22미터의 거대한 불상으로 대불 안에 들어가거나, 계단을 따라 올라갈 수도 있다. 대불 뒤에는 3층으로 된 대불사 大佛寺가 있고 그 뒤에는 또 두 개의 팔층보탑과 연못이 있다. 오르막 길이라 입구까지 갈 때는 택시 이용을 추천하고 내려올 때는 산책삼아 걸어 내려오면 된다.

위치 기차 짱화역 앞에서 택시 5분 주소 彰化縣 彰化市 卦山路 8號 오픈 24시간 요금 무료 홈피 www.chtpab.com.tw

선형차고 扇形車庫 산싱처쿠 Fan-Shaped Roundhouse

일본 식민지 시대에 일본에 의해 철로가 놓이면서 1922년 준공된 곳으로 현재 타이완에서 유일하게 남은 선형(부채꼴)차고이다. 산업 유산으로 등록되어 관광객에게 개방 중이다. 입장료는 무료이지만 입구로 들어가 좌측에 있는 관리소에서 이름, 연락처, 주소 등을 적어야 한다. 안으로 들어가면 부채꼴 모양의 독특한 차고가 나오고, 한쪽에는 작은 전망대도 마련되어 있다. 위쪽으로 올라가 차고 전경을 한눈에 내려다보자.

위치 기차 짱화역을 등지고 왼쪽 싼민루 三民路로 가다가 좌회전해 허핑루 和平路로 진입 후 지하도를 건너가면 왼편, 도보 10분 **주소** 彰化縣 彰化市 彰美路一段 1號 **오픈** 화~금 13:00~16:00, 토 · 일요일 10:00~16:00 **휴무** 월요일 **요금** 무료 **전화** 04-762-4438

짱화 공자묘 彰化孔子廟 짱화쿵즈먀오 Changhua Confucius Temple

MAP 28-A

1726년에 창건된 짱화의 대표적인 사당이다. 도로변 제일 앞에 공자묘의 정문이 보이는데, 대성문(大成門) 혹은 영성문(欞星門)이라 불린다. 이 문은 굳게 닫혀 있어 왼쪽 옆으로 가야 들어갈 수 있다. 대성전(大成殿)은 보수하지 않은 채 그대로 보존한 건지, 유난히 다른 공자묘보다 낡은 느낌이 강하다. 국가 지정 1급 고적이고, 다른 지역의 공자묘에 비해 조용하고 한적한 분위기가 좋으니 꼭 한번 방문해보자. 빠과산 대불로 가는 언덕 입구 쪽에 있어서 함께 묶어서 들르기 좋다.

위치 타이완하오씽 6936번 원화쥐 文化局 하차, 도보 3분/기차 짱화역에서 도보 10분 **주소** 彰化縣 彰化市 孔門路 30號 **오픈** 08:00~17:30 **휴무** 월요일, 공휴일 **요금** 무료

AREA 3

루강
鹿港(록항) Lukang

짱화현에 속한 하나의 진(鎭)으로 짱화 평원 북서부에 위치한다. 과거 네덜란드와 청나라 식민지 시대에 중요한 무역항구였고, 그로 인해 상업이 발전하고 번영했었다. 한창 상업이 발전했던 시절에 만들어진 고적은 현재 중요한 관광자원이 되었다. 루강을 대표하는 특산품으로는 이곳만의 전통적인 해산물 샤오츠 海鮮小吃, 우위즈 烏魚子, 샤허우 蝦猴, 전통 공예품 등이 있다.

HOW TO TRAVEL
루강 이렇게 여행하자

➔ 가는 방법

고속철도 타이중역에서 출발
고속철도 타이중역에서 나와 타이완하오씽 6936번에 승차해 루강청처추 鹿港乘車處(짱화현 관광안내소 彰化縣旅遊服務中心)에서 하차한다. 50여 분이 소요되며, 요금은 NT$81이다. 해당 정류장에서 오전 8시부터 오후 6시까지 평일 2시간, 주말과 공휴일 1시간 간격으로 운행한다.

기차 타이중역에서 출발
기차 타이중역을 등지고 젠궈루 建國路를 따라 오른쪽 350미터 가면 나오는 간청 干城 버스터미널에서 중루커윈 中鹿客運 9018번 버스를 타고 루강에서 하차한다. 1시간 정도 소요되며 요금은 NT$95다. 이 버스는 타이중의 차오마 朝馬 버스터미널을 경유하니 그곳에서 타도 된다. 버스는 오전 6시부터 오후 10시까지 타이중역에서 15~45분 간격으로 운행한다.
기차 타이중역 길 건너 왼쪽에 있는 타이중역 台中車站 버스정류장에서 버스 6933번을 타는 방법도 있지

만 오래 걸리므로 가능하면 9018번을 타는 것이 좋다.

짱화에서 출발
기차 짱화역에서 길 건너 왼편을 보면 짱화커윈 짱화 버스터미널이 있다. 이곳에서 타이완하오씽 6936번을 타고 루강청처추 鹿港乘車處(짱화현 관광안내소 彰化縣旅遊服務中心)에서 하차하면 된다. 30여 분이 소요되며, 요금은 NT$47다.
시간이 안 맞아 타이완하오씽을 타기 힘들다면 루강행 버스 6900 · 6901 · 6902번을 타도 된다.

타이완하오씽 6936번 루강선 鹿港線

고속철도 타이중역 高鐵台中站-기차 짱화역/짱화커윈 짱화 버스터미널 彰化車站/彰化客運彰化站-문화국/빠과산대불풍경구 文化局/八卦山大佛風景區-짱화현정부 彰化縣政府-짱화커윈 루강 버스터미널 彰客鹿港站-루강청처추 鹿港乘車處(짱화현 관광안내소 彰化縣旅遊服務中心)-바이란스 건강박물관 白蘭氏健康博物館-리본왕관광공장 緞帶王觀光工廠-유리박물관 台明將台灣玻璃博物館
운행 08:00~18:00(월~금요일 2시간, 토 · 일요일 1시간 간격)　요금 NT$32~105

➔ 여행 방법

루강의 주요 볼거리는 루강라오제 주변에 모여 있으니 걸어 다니며 둘러보면 된다. 짱화 여행 후, 루강으로 넘어와서 우선 루강 천후궁을 들른 후 주변에서 점심을 먹자. 식사를 마치고 루강 라오제, 구곡항, 루강 용산사, 모유항을 순서대로 구경하면 된다. 도보로 이동하는 게 힘들다면 루강에도 유바이크가 잘 구비되어 있으니 자전거 여행을 즐겨보자.

홈피 www.lukang.gov.tw

➜ 추천 코스(3시간 소요)

루강 천후궁	루강 라오제	루강 예술촌	구곡항
p.362	p.311	p.362	p.364

도보 6분 / 도보 2분 / 도보 6분

도보 5분 ▼

모유항 p.364 ← 도보 6분 — 루강 용산사 p.364

루강 라오제 鹿港老街(록항노가) Lukang Old Street   MAP 29-A

빨간 벽돌로 잘 닦여진 길 양옆으로 기념품, 공예품 등 다양한 상점들이 늘어서 있다. 유명 먹거리와 기념품으로는 밀가루와 참깨, 땅콩, 두부 등을 갈아 만든 가루를 물에 타서 죽으로 끓인 몐차 麵茶, 어린이 우위즈 烏魚子, 소 혓바닥 모양의 과자 뉴셔빙 牛舌餅이 있다. 주요 볼거리로는 옛날 우물이 흔치 않던 시절, 부잣집에서 우물의 반쪽을 담벼락 밖으로 파 어려운 이웃들과 함께 나눠 사용한 흔적인 빤비엔징 半邊井을 비롯해 공회당건물, 그 외 여러 사당과 고적이 있다. 근처의 루강 예술촌도 함께 돌아보면 좋다.

<u>위치</u> 타이완하오씽 6936번 짱화현 관광안내소 彰化縣旅遊服務中心 하차 후, 도보 8분
<u>주소</u> 彰化縣 鹿港鎮 埔頭街, 瑤林街

루강 예술촌 <small>鹿港藝術村 루강이슈춘 Lukang Artist Village</small>

MAP 29-A

청나라 식민지 시대 주요 무역 수로였던 곳으로 페이화샹에 위치해 페이화샹 예술촌 桂花巷藝術村이라고도 한다. 인문과 역사적 의미를 모두 갖춘 짱화현 제일의 예술촌이다. 길 양옆으로 가지런히 자리 잡은 건물은 일본 식민지 시대에 건축된 일본 관료의 숙소였고 일본 건축양식의 특색을 살린 채로 개축해 예술가들의 작업실로 이용하고 있다. 작업실에서는 작업활동과 더불어 관광객을 위한 DIY체험, 전시회 등이 열린다. 이런 풍부한 전통 공예와 오래된 건축물은 루강의 중요한 문화재 중 하나이다.

<u>위치</u> 루강 라오제의 루강꽁훼이탕 鹿港公會堂 건물을 등지고 정면으로 150m 직진하면 왼편 <u>주소</u> 彰化縣 鹿港鎮 桂花巷 <u>오픈</u> 외부 24시간(실내는 작업실마다 다름) <u>홈피</u> www.facebook.com/lukangartistvillage

루강 천후궁 <small>鹿港天后宮(록항천후궁) 루강톈허우궁 Lukang Mazu Temple</small>

MAP 29-A

루강은 항구도시라서 바다의 여신 마쭈 媽祖를 모시는 천후궁의 규모가 크다. 특히 이곳은 타이완 마쭈 사당의 총본산으로, 명말청초 시기에 창건되었다. 마쭈 탄신일인 음력 3월 23일에는 전국에서 신자가 모여들 정도로 중요한 곳이다. 국가 지정 3급 고적이자 루강 용산사, 루강 문사와 함께 루강 3대 고적 중 하나이다. 사원 건축물에 장식된 조각들은 이곳의 규모만큼이나 정교하고 화려하다.

<u>위치</u> 타이완하오씽 6936번 짱화현 관광안내소 彰化縣旅遊服務中心 하차 후 도보 7분 <u>주소</u> 彰化縣 鹿港鎮 玉順里 中山路 430號 <u>오픈</u> 06:00~22:00 <u>요금</u> 무료 <u>전화</u> 04-777-9899 <u>홈피</u> www.lugangmazu.org

➕ 루강의 명물 샤오츠

루강에 갔다면 꼭 먹어줘야 할 루강만의 샤오츠가 있는데, 바다와 맞닿은 항구마을이라 해산물을 재료로 하는 것이 많다. 루강 천후궁을 중심으로 주변에 이런 샤오츠 상점이 많아 어느 곳을 가도 무방하나, 아다오 阿道가 가장 유명하다. 보통 가짓수로 가격이 책정되는데, 세 가지 NT$100, 다섯 가지 NT$150, 일곱 가지 NT$200 정도다.

커자이쑤 蚵仔酥
굴튀김

샤허우쑤 蝦猴酥
갯가재류튀김

이코우씨에 一口蟹
한입(一口)에 쏙 들어가는 작은 게(蟹)튀김

커디아 蚵嗲
밀가루달걀반죽에 굴, 부추, 양배추 등을 넣어 구운 것

뉴셔빙 牛舌餅
소의 혀처럼 생겼다 하여 이런 이름이 붙었다. 타이완 동북부의 이란현 宜蘭縣에서도 뉴셔빙이라 불리는 이란빙 宜蘭餅을 판매한다. 이란빙은 굉장히 얇지만 루강의 뉴셔빙은 조금 두툼하다. 루강라오제를 지나 루강 천후궁으로 이어지는 민생로 民生路에 뉴셔빙을 비롯해 각종 먹거리 상점이 몰려 있다. 상점마다 뉴셔빙의 종류도 다양하고, 가격은 10개들이 한 봉지에 NT$80 정도다.

루강 용산사 鹿港龍山寺(록항용산사) 루강롱산쓰 Lukang Lungshan Temple

MAP 29-D

1653년 따요우제 大有街 거리에 세워졌다가 1786년에 옮겨져 1831년에 비로소 지금의 모습이 형성되었다. 이곳은 타이완에서 보기 드문 목조 사당이자 가장 보존이 잘된 청나라 건축물로 꼽힌다. 게다가 타이완에서 가장 아름다운 고찰 중 한 곳으로 기둥, 벽, 천장 등에 꾸며진 정교한 조각이 볼만하다. 용산사는 관세음보살을 모시는 한전불교 사원으로 타이완에는 딴쉐이·타이난·펑산·멍쟈·루강에 총 다섯 개의 용산사가 있다.

위치 타이완하오씽 6936번 푸싱샹농훼이 福興鄉農會 하차 후 도보 7분 주소 彰化縣 鹿港鎮 龍山里 金門街 81號 오픈 05:00~21:30 요금 무료 전화 04-777-2472 홈피 www.lungshan-temple.org.tw

구곡항 九曲巷 지우취샹 Nine-turns Lane

MAP 29-D

제1시장 第一市場 근처 일대에 있는 골목들을 지칭한다. 옛날 도적의 침입과 가을·겨울의 찬바람과 모래를 막기 위해 구불구불하게 만들어져 이런 이름이 붙었다. 구곡항의 '구(九)'는 아홉 개가 아닌 다수를 의미하며 여러 번 굽어졌다는 뜻이다. 현재 골목 이름은 진성샹 金盛巷이다. 좁은 골목길일 뿐이지만 구불구불 아담한 붉은 벽돌길이 뭔가 특별한 느낌을 준다. 골목 안에는 시인들이 모여 놀았다는 스이러우 十宜樓도 있으니 그냥 지나치지 말자.

위치 타이완하오씽 6936번 푸싱샹농훼이 福興鄉農會 하차 후 도보 9분 주소 彰化縣 鹿港鎮 金盛巷

모유항 摸乳巷 모루샹 Molu Lane

MAP 29-C

200년 역사를 가진 작은 골목으로 '가슴이 닿는 골목'이라는 뜻을 갖는다. 그만큼 사람이 서로 지나가면 가슴이 닿을 정도로 폭이 좁다는 의미인데, 어찌 보면 다소 민망하면서도 재미있는 이름이다. 처음에 보면 그렇게 좁아 보이지 않는데 낙서로 가득한 입구를 지나 안으로 들어가면 들어갈수록 조금씩 더 좁아진다.

위치 타이완하오씽 6936번 푸싱샹농훼이 福興鄉農會 하차 후 루강 초등학교 방향으로 도보 12분 주소 彰化縣 鹿港鎮 菜園路38號

AREA 4

지지
集集(집집) Jiji

1999년 921 대지진으로 큰 피해를 보았으나 주민들의 강인한 정신력으로 아픔을 딛고 복구를 진행했다. 현재는 지역 특색이 강한 관광마을로 사랑받는다. 지지선 지역 중 가장 볼거리가 많아 주말이면 현지인 관광객도 많이 찾는다. 숙박시설은 대부분 역 주변에 있다. 지지선이라는 철도관광이 테마인 지역인 만큼 매년 여름에는 기차 관련 축제가 열리기도 한다.

HOW TO TRAVEL

지지 이렇게 여행하자

→ 가는 방법

기차 타이중역에서 출발

타이중역에서 기차를 타고 얼쉐이역으로 간 후, 얼쉐이역에서 지지선으로 갈아타면 된다. 타이중에서 얼쉐이까지 가는 기차는 쥐광하오 莒光나 쯔챵하오 自強도 있지만 대부분이 우리나라 지하철처럼 생긴 취젠처 區間車이므로 예약은 필요 없다. 타이중역 기준 오전 6시부터 오후 8시까지 시간당 2~4편을 운행한다. 얼쉐이역까지 요금은 NT\$72. 얼쉐이역에서는 지지선을 오전 4시 45분부터 오후 9시 30분까지 1시간 30분 간격으로 운행한다. 지지역까지 요금은 NT\$30이며, 교통카드도 사용 가능하다.

르웨탄에서 출발

르웨탄에서 지지선이 가까우므로, 두 곳 다 여행을 하고자 한다면 타이중을 거치지 않고 버스로 바로 이동하는 것이 편리하다. 버스는 르웨탄에 있는 쉐이셔 관광안내소 水社遊客中心에서 탑승하면 된다. 난터우커윈 6801번은 지지역까지 한 번에 가는데, 35분이 소요(NT\$84)되고 하루 6편만 운행한다. 시간이 안 맞는다면 난터우커윈 6671번(25분 소요, NT\$56)이나 펑롱커윈 6289번(30분 소요, NT\$62)을 타고 쉐이리까지 가서 지지선 열차나 지지행 버스로 갈아타 이동하는 방법이 있다.

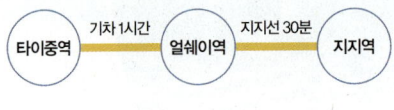

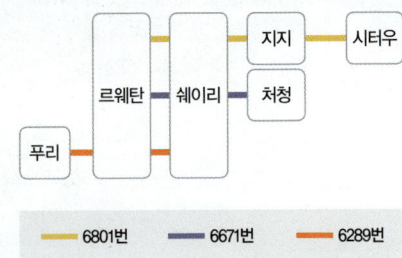

→ 여행 방법

지지에서는 자전거를 타고 여행하는 것이 좋다. 지지역 앞에 자전거 대여점이 있어 편하게 대여가 가능하고 일반 자전거부터 전동 자전거, 스쿠터까지 다양하게 준비되어 있다. 일반 자전거의 경우 단돈 NT\$100이면 하루 종일 대여가 가능하다. 지도만 보면 굉장히 넓은 것 같지만 자전거로 이동하며 주요 관광지를 둘러보는데 약 2시간 정도의 짧은 시간이 소요되므로 가볍게 한 바퀴 돌아볼 것을 추천한다. 만약 자전거를 못 탄다면 지지역에서 가까운 곳들만 산책하듯 걸어도 좋다.

홈피 chi-chi.gov.tw

→ 추천 코스(2시간 소요)

지지역
p.370
→ 자전거 10분 →
군사공원
p.371
→ 자전거 3분 →
명신서원
p.371
→ 자전거 8분 →
무창궁
p.372

↓ 자전거 15분

지지역
p.370
← 자전거 2분 ←
지지구제
p.370
← 자전거 5분 ←
허핑 농장
p.372
← 자전거 2분 ←
대장수
p.372

SPECIAL

지지선 集集線(집집선) Jiji Line

1922년부터 운행을 시작한 타이완 중부 난터우현에 있는 지선(支線)으로, 얼쉐이와 처청을 오가는 열차다. 총 길이 29.7킬로미터로 타이완에서 가장 긴 지선이고 난터우현의 유일한 철로이다. 원래 르웨탄 수력발전 공사를 위한 철도였는데 현재는 인기 있는 관광열차로 탈바꿈했다. 핑시선처럼 귀여운 열차를 타고 주요 역에서 내려 구경하면 된다. 매일 양방향으로 26편이 오가는데, 그중 3편은 짱화 彰化–처청 車埕 구간을 다닌다. 보통 1시간 30분에 한 대씩 운행하므로 미리 시간표를 확인해두자.

얼쉐이 二水 — 4분 — 위엔췐 源泉 — 9분 — 쮜쉐이 濁水 — 7분 — 롱췐 龍泉 — 7분

얼쉐이
二水(이수) Ershui

짱화현에 속한 하나의 향(鄉)으로 전형적인 농업마을이고 짱화현에서 인구가 가장 적은 행정 구역이다. 얼쉐이역은 타이완 철도 서부 노선과 지지선이 교차되는 중요한 지점으로 지지선의 기점이다. 얼쉐이역 정면에는 상점들이 쭉 늘어서 있고, 역을 등지고 오른쪽 길을 따라 걸으면 전투기와 옛 기관차 老火車頭가 전시되어 있어 기차를 갈아탈 때 잠시 들러보기 좋다. 또한 자전거도로가 잘 되어 있으니 여유가 있다면 자전거를 타고 돌아보는 것도 괜찮다.

지지
集集(집집) Jiji

지지선에 있는 마을 중 가장 유명한 곳이다. 이곳은 산을 의지하고 물 가까이에 있다는 뜻의 의산방수(依山傍水) 지역으로 풍경이 아름답고 지역 특색이 강한 작은 마을이다. 1999년 9월 21일에 일어난 대지진의 진원지가 바로 이곳이었다. 당시 921 대지진으로 인해 큰 피해를 보았으나 아픔을 딛고 복구하여 현재는 작은 관광마을로 사랑받는다. 지지선 중에 가장 볼거리가 많으며 자전거를 타고 유유자적 여행하기 좋다. 특산물로는 바나나, 리치, 거봉, 용과 등이 있다. 특히 바나나가 유명해 역 앞에서 바나나로 만든 과자, 아이스크림 등을 쉽게 접할 수 있다.

지지선 티켓 구입

역의 매표 창구나 자동발매기에서 티켓을 구입하면 되며, 요금은 NT$15~450이다. 교통카드도 사용 가능하다. 하루 동안 지지선 내의 역에서 마음껏 타고 내릴 수 있는 지지선 1일권 集集線一日週遊卷(NT$90)도 있다.

1일권 판매역

주난 竹南, 먀오리 苗栗, 따쟈 大甲, 펑위엔 豐原, 타이중 台中, 샤루 沙鹿, 신우르 新烏日, 짱화 彰化, 위엔린 員林, 텐중 田中, 얼쉐이 二水, 떠우류 斗六

지지 集集 — 11분 — 쉐이리 水里 — 5분 — 처청 車埕

쉐이리
水里(수리) Shuili

지지선 중에서 가장 크고 번듯한 역사를 가지고 있다. 역 앞쪽에는 작은 버스터미널이 있어서 르웨탄, 지지, 동푸 온천 東埔溫泉 등으로 오갈 수 있다. 쉐이리에는 여러 형태의 도자기를 굽는 공방이 있는데 그 중 사요 蛇窯라는 곳의 규모가 가장 크다. 이곳 외에는 옛 목조 우체국 정도가 볼만하다. 사요는 버스를 타야 갈 수 있고, 우체국은 역에서 도보 15분 거리에 있다. 그 외에 별다른 볼거리는 없는 곳이라 르웨탄에서 지지로 이동하거나 혹은 그 반대로 이동할 때 경유하자. 쉐이리역 정도만 구경해도 시골마을의 조용하고 평화로운 분위기를 흠뻑 느껴볼 수 있다.

처청
車埕(차정) Checheng

지지선의 종착역으로 울타리가 없다. 역사는 목재로 지어졌고 921 대지진 때 손실되어 2001년에 중건되었다. 한창 임업도시로 번영했을 때 근처에서 벌채된 목재가 모두 이곳으로 모일 정도였으나, 삼림자원이 고갈되면서 도시도 함께 쇠퇴하기 시작했다. 처청 車埕의 청(埕)은 민남어로 마당(場)이라는 의미가 있다. 옛날 푸리 설탕공장의 설탕을 운송하는데 이용된 대차 台車가 처청역 앞에 많이 세워져 있어 이런 이름이 붙었다. 주요 볼거리인 린반다오 林班道(임반도)는 다양한 목공체험을 비롯해 상점, 식당, 목업 전시관 등이 있는 곳이다. 정기 휴관일인 수요일을 피해서 방문하는 것이 좋다. 처청 라오제 車埕老街에서 인부 도시락인 목통삐엔땅 木桶便當을 먹는 것은 처청의 필수 코스다.

지지역 集集車站(집집차참) 지지처짠 Jiji Station

MAP 32-B

지지선 集集線의 중심역으로 1922년 1월에 세워졌다. 1933년 기존 역을 철거한 뒤 노송나무를 사용해 재건했으며, 타이완의 몇 안 되는 오래된 역 중 하나였다. 그러나 1999년 921 대지진 때 완전히 쓰러졌고, 다시 복원하면서 옛 분위기를 그대로 유지해 현재 관광명소가 되었다. 아담한 역 앞에 기차 모형이 있어서 기념 촬영을 하기에도 좋고 역 앞 광장에는 기념품점도 즐비하다. 2015년 하반기부터 각종 교통카드를 이용한 기차 탑승이 가능해졌다.

 위치 기차 얼쉐이역에서 기차로 30분 주소 南投縣 集集鎭 民生路 75號

지지구제 集集古街(집집고가) Ji-Ji Ancient Street

MAP 32-B

지지 진공소 集集鎭公所에서 상가거리로 계획해 만들어진 오래된 거리다. 921 대지진 이후 새롭게 복구되었고, 입구에 있는 아치형 게이트와 거리가 복고 분위기를 강하게 살린다. 저녁이 되면 아치형 게이트에 조명이 들어와 더 아름다워진다. 상가거리라고는 하지만 사실 볼만한 건 많지 않기에 이른 저녁에 가볍게 둘러보기 좋다.

 위치 기차 지지역 앞에서 정면 도로를 따라 직진 후 왼편, 도보 2분 주소 南投縣 集集鎭 集集街

휴일광장 假日廣場 자르광창 Holiday Square

MAP 32-A

매년 지지진에서 거행하는 원소절 기념 등불축제, 기차축제와 같은 대형 행사가 열리는 주요 장소 중 한 곳이다. 밤이 되어 화려한 조명이 밝혀지면 더 아름다운 모습으로 변모한다.

위치 기차 지지역 앞 정면 도로를 따라 직진 후 다리 건너 왼편, 도보 4분 주소 南投縣 集集鎭 初中街

군사공원 軍史公園 쥔스꿍위엔 Park of Military History   MAP 32-C

1999년 921 대지진 이후 지지진에서 관광명소로 조성한 공원이다. 탱크·대포·전투기와 같은 무기가 전시되어 있다. 수많은 사상자를 낸 921 대지진을 기리는 921 대지진 기념비도 공원 안에 있다.

위치 기차 지지역을 등지고 오른쪽 도로를 따라 직진 후 왼편, 도보 15분 주소 南投縣 集集鎮 民權路 98號

명신서원 明新書院 밍신슈위엔 Ming Hsin Academy   MAP 32-D

지지의 중요한 문화 고적으로 현 지정 고적이기도 하다. 1883년에 건립되어 청나라 시대 난터우현의 4대 서원 중 한 곳이었고 1908년에 지금의 위치로 이동했다. 원내의 정전에서는 문창제군(文昌帝君)을 모신다. 초등학교 앞을 지나야 서원으로 들어갈 수 있는 문이 나오고, 입장료는 없으니 바로 구경하면 된다.

위치 기차 지지역 등지고 오른쪽 도로를 따라 직진 후 용창 초등학교 永昌國小 안쪽, 도보 20분 주소 南投縣 集集鎮 永昌里 東昌巷 4號 오픈 06:00~21:00

특유생물연구보육중심 特有生物研究保育中心 터요우셩우옌지우바오위쭝신 Endemic Species Research Institute   MAP 32-D

타이완의 야생동식물 및 특구생태계, 진귀한 자연자원을 선보인다. 영화, 멀티미디어, 도서 등 다양한 방법으로 자료를 제공하는 중요한 교육 공간이다. 안으로 들어서면 연못과 다양한 식물이 어우러진 생태교육원구(生態教育園區), 타이완 삼림생태와 하천생태 및 동물들의 모형 등이 전시된 보육교육관(保育教育館), 기념품점 등이 있다.

위치 명신서원 바로 옆 주소 南投縣 集集鎮 民生東路 1號 오픈 생태교육원구 08:30~16:30, 보육교육관 09:00~16:30 휴관 보육교육관 월요일, 설 연휴, 6월 1일~10일, 12월 1일~10일 요금 보육교육관 일반 NT$50, 학생 NT$30, 110cm 이하 어린이 및 65세 이상 무료 전화 049-276-1331 홈피 eep.tesri.gov.tw

무창궁 武昌宮 우창꿍 Wu Chang Temple   MAP 32-C

1991년 착공을 시작해 8년에 걸친 대형 공사를 1999년에 마치자 그해 921 대지진으로 기둥이 모두 내려앉아 지붕만 남은 모습으로 붕괴했다. 지진으로 처참히 무너진 사원은 지진의 무서움과 피해의 흔적을 후세에 전하기 위해 그대로 보존하고 있다. 무너진 예전 건물 앞에 새로운 무창궁을 지었고 주변에 사찰용품을 파는 곳 등 다양한 상점이 있다. 우창궁에서 모시는 주신은 북극현천상제 北極玄天上帝이다.

위치 기차 지지역을 등지고 오른쪽 도로를 따라가다가 첫 번째 사거리에서 빠장제 八張街로 좌회전 후 직진하면 왼편, 도보 17분 **주소** 南投縣 集集鎮 八張街 181號 **오픈** 08:00~18:00 **전화** 049-276-2496 **홈피** wu-chang.org

대장수 大樟樹 따장슈 Great Camphor Tree   MAP 32-A

대중야(大眾爺)를 모시는 사원인 대중야묘(大眾爺廟) 앞에 있는 거대한 나무로 700년 이상 된 고목이다. 높이 30미터, 둘레 5.3미터의 거대한 녹나무로 지지의 신목(神木)이자 대중야묘의 수호신과 같은 존재다. 현지인은 이 나무를 신격화하여 장수공 樟樹公이라 부르며 음력 8월 23일 전후 1주일간 장수공의 탄생을 기념하기 위한 묘회(廟會)를 열어 1년 중 가장 시끌벅적한 시간을 보낸다.

위치 기차 지지역에서 지지구제로 간 후, 지지제를 따라 3분 정도 직진하다가 오른편 따장슈 공원 大樟樹公園이란 푯말을 따라 우회전해 다리 건너편, 도보 10분 **주소** 南投縣 集集鎮 集集街 178-1號

허핑 농장 和平快樂田園(화평쾌락전원) 허핑콰이러텐위엔 He Ping Happy Farm   MAP 32-A

평화로운 지역 사회를 조성하기 위해 공동으로 만든 전원 농장이다. 넓은 정원 안에는 수많은 꽃이 모여 꽃의 바다 조성해 아름다운 풍경을 선사한다. 입구에 마련된 통에 입장료를 직접 넣고 들어가면 된다.

위치 대장수 북쪽에 위치, 도보 4분 **요금** 입장료 NT$10

지지 야시장 集集夜市(집집야시) 지지예스 Jiji Night Market

MAP 32-A · B

일주일에 두 번 열리며, 위치 또한 바뀐다. 화요일 야시장은 지지구제 앞부터 용천궁 앞까지 추쭝제 初中街를 따라 열린다. 과일 · 튀김 · 빵 · 과자 · 음료 등의 각종 먹거리와 음반 · 의류 · 신발 · 강아지용품 등 다양한 물건을 판매한다. 게다가 타이완 야시장에서 빠질 수 없는 게임들도 있다. 토요일에는 무창궁 주변에서 열리는데, 화요일 야시장에 비해 규모가 작은 편이다. 밤에 특별히 할 게 없는 곳이기에 지지에서 하루 묵는다면 가능한 화요일에 방문할 것을 권한다.

<u>위치</u> 기차 지지역 앞에서 정면 도로를 따라 직진, 도보 2분 <u>주소</u> 南投縣 集集鎮 初中街 <u>오픈</u> 화 · 토요일 17:30~23:00

지지훠처퍄오빙 集集火車票餅(집집화차표병)

MAP 32-B

역 근처에 위치하고 있으며 귀여운 기차표 모양의 과자를 판매한다. 과자 상자 안에는 지지선 여섯 개의 역 이름이 적힌 기념 기차표도 들어있다. 과자는 고소한 맛이며, 일반 과자(1박스 NT$150) 외에 펑리수 등 다양한 종류의 과자를 판매한다. 특이한 모양에 맛도 좋아 선물용으로 구입하기 좋다.

<u>위치</u> 기차 지지역 정면 도로를 따라 100m 직진, 오른편 <u>주소</u> 南投縣 集集鎮 民生路65-1號 <u>오픈</u> 09:00~18:00 <u>휴무</u> 수요일 <u>홈피</u> www.facebook.com/Du.Du0718

AREA 5

르웨탄
日月潭(일월담) Sun Moon Lake

타이완섬의 중앙에 있어 유일하게 바다와 접하지 않은 난터우현 南投縣의 중심에 위치한 타이완에서 가장 큰 담수호이다. 해발 748미터의 고산호수로 호수 중심에 있는 인공섬 라루다오 拉魯島를 경계로 동쪽은 태양, 서쪽은 초승달과 비슷하다 하여 이런 이름이 붙었다. 아름다운 풍경과 원주민문화 등 특색 있는 모습으로 수많은 관광객이 찾는다. 2000년 1월 국가풍경구로 지정되었으며 타이완팔경 台灣八景으로도 꼽힌다.

HOW TO TRAVEL

르웨탄 이렇게 여행하자

➔ 가는 방법

타이베이에서 출발
타이베이처짠 북쪽에 있는 타이베이 버스 스테이션에서 궈광커윈 1833번을 타고 종점 르웨탄 日月潭에서 하차한다. 4시간이 소요되며 요금은 NT$470. 오전 7시부터 오후 5시 사이에 매일 6편(주말 추가 운행) 정도 운행한다.

기차 타이중역에서 출발
기차 타이중역을 등지고 젠궈루 建國路를 따라 왼쪽으로 4분 정도 걸어가서, 삼거리 건너편 정류장에서 타이완하오씽 6670번에 탑승한다. 종점 르웨탄 日月潭에서 하차하면 되고, 1시간 45분에서 2시간 정도가 소요된다.

타이완하오씽 6670번 르웨탄선 日月潭線
간청 버스터미널 台中干城站–기차 타이중역 台中車站–기차 따칭역 大慶車站–고속철도 타이중역 高鐵台中站–기남 대학교 暨南大學–타오미컹/페이퍼돔 桃米坑/紙敎堂–따옌/써쉐이 마을 大雁/澀水社區–구족문화촌 九族文化村 (토·일요일 운행)–위츠 魚池–일월노차창 日月老茶廠–르웨탄 日月潭
운행 07:45~19:45(20~60분 간격) 요금 편도 NT$195, 왕복 NT$360

타이중공항 출발편
타이완하오씽 6670번은 원래 간청 버스터미널과 기차 타이중역에서 출발하는데, 하루 1번 타이중공항에서 15:20에 출발한다. 공항에서 르웨탄까지는 1시간 55분이 소요되며, 편도 요금은 NT$260이다.

왕복 패키지표 구입
타이완하오씽 6670번의 왕복표나 패키지표는 간청 버스터미널 台中干城站이나 고속철도 타이중역 高鐵台中站의 난터우커윈 南投客運 데스크에서 구입해야 한다.

아리산에서 출발
르웨탄과 아리산을 오가는 버스가 있어 두 곳을 모두 가고 싶은 여행자가 이용하면 안성맞춤이다. 단, 하루에 2회만 운행하기 때문에 시간을 잘 확인해야 한다. 현금은 상관없지만 교통카드나 패키지로 탑승하는 경우에는 하루 전에 예약해야 한다. 여름에는 태풍 피해로 운행 중단되는 경우가 잦으니 태풍이 왔다면 미리 운행 여부를 확인하자.

위엔린커윈 6739번	
승차	아리산 阿里山(아리산 입구 세븐일레븐 앞)
하차	르웨탄 日月潭

운행 13:00·14:00 소요시간 3시간 10분~3시간 50분 요금 편도 NT$350 전화 049-285-6879

→ 여행 방법

르웨탄의 여행은 쉐이셔 관광안내소 水社遊客中心에서 시작되니 여행에 관한 궁금증은 이곳에서 해결하자. 르웨탄에서는 버스, 페리, 자전거 등 원하는 이동수단을 선택해 다니면 되는데 순환버스와 페리를 적절히 섞으면 알찬 여행을 할 수 있다. 1박 이상 머무를 예정이라면, 자전거 여행을 추천한다. 이곳의 자전거도로는 CNN GO에서 선정한 '전 세계에서 가장 아름다운 세계 10대 자전거도로'이기도 하다. 단, 자전거도로가 호숫가를 빙 둘러 연결되어 있는 것은 아니고 중간에 끊기는 부분도 있으니 맵북(MAP 33)에 표시된 자전거도로를 확인하자.

홈피 www.sunmoonlake.gov.tw

순환버스

순환버스는 쉐이셔 관광안내소 水社遊客中心에서 현광사 玄光寺까지 르웨탄 주변을 오간다. 기점부터 종점까지는 약 30분이 소요되고, 자전거를 싣고 탑승할 수 있다.

르웨탄 순환버스 日月潭遊湖巴士 6669번
쉐이셔 관광안내소 水社旅客服務中心–자오우마터우 朝霧碼頭–문무묘 文武廟–공작원 孔雀園–쉐이와터우 보도 水蛙頭步道–케이블카 日纜站–이다샤오 伊達邵–현장사 玄奘寺–자은탑 慈恩塔–현광사 玄光寺
운행 06:40~17:20(20~60분 간격) 요금 NT$26~51, 1일권 NT$80

페리(유람선)

르웨탄의 주요 관광지를 오가는 이동수단에는 페리도 있는데, 쉐이셔 水社, 이다샤오 伊達邵, 현광사 玄光寺 부두를 오간다. 일단, 쉐이셔

에서 출발해 이다샤오에서 현광사로 가거나 현광사에서 이다샤오 순서로 가는 법이 있다. 페리 업체는 여러 곳이 있지만 가격이 모두 같으니 시간과 노선에 맞는 것으로 타면 된다. 소요시간은 구간별로 10분 정도이고 가격은 1구간 NT$100, 당일 전 구간 NT$300이다.

자전거

자전거 대여점은 쉐이셔에서 쉽게 볼 수 있다. 대여료는 시간당 일반 자전거 NT$100, 전동 자전거 NT$300이고, 오전 7시부터 오후 6시까지 운영한다.

→ 추천 코스(6시간 소요)

구족문화촌 p.380 — 케이블카 10분+도보 15분 → 이다샤오 p.378 — 버스 7분 → 현장사 p.379 — 버스 5분 → 현광사 p.379 — 페리 10분 → 쉐이셔 p.378

SPECIAL

르웨탄 패키지 상품

타이중과 르웨탄을 오가는 타이완하오씽 6670번 버스, 구족문화촌 입장권, 르웨탄 케이블카, 페리, 르웨탄 순환버스, 르웨탄과 아리산을 오가는 위엔린커윈 6739번 버스, 아리산 입장권 등이 포함된 패키지 티켓 타오파오 套票가 단계별로 있다. 각각 구입하는 것보다 패키지로 구입하면 더 저렴하니 알뜰하게 여행하자.

홈피 www.ntbus.com.tw/package.html

르웨탄 460 패키지 日月潭水陸空好行460元套票	
포함 내용	르웨탄 순환버스 1일권, 페리, 르웨탄 케이블카, 쉐이셔–샹산 셔틀버스 편도
요금	NT$460
구입처	푸리 버스터미널 埔里轉運站, 르웨탄 日月潭의 난터우커윈 南投客運 데스크나 세븐일레븐의 ibon 기계

르웨탄-아리산 450 패키지 日月潭–阿里山五日交通聯票	
포함 내용	타이중–르웨탄 버스 편도, 르웨탄–아리산 버스 편도
요금	NT$450
구입처	고속철도 타이중역 高鐵台中站, 간청 버스터미널 台中干城站의 난터우커윈 南投客運 데스크

르웨탄 자전거 680 패키지 日月潭自行車680元套票	
포함 내용	타이중–르웨탄 버스 편도, 타이중–푸리–르웨탄 버스 편도, 르웨탄 순환버스 1일권, 페리, 자전거 대여권, 쉐이셔–샹산 셔틀버스 편도
NT$390	NT$680
구입처	고속철도 타이중역 高鐵台中站, 간청 버스터미널 台中干城站의 난터우커윈 南投客運 데스크나 세븐일레븐의 ibon 기계

르웨탄 790 패키지 日月潭水陸空好行790元套票	
포함 내용	타이중–르웨탄 버스 편도, 타이중–푸리–르웨탄 버스 편도, 르웨탄 순환버스 1일권, 페리, 르웨탄 케이블카, 쉐이셔–샹산 셔틀버스 편도
요금	NT$790
구입처	고속철도 타이중역 高鐵台中站, 간청 버스터미널 台中干城站의 난터우커윈 南投客運 데스크나 세븐일레븐의 ibon 기계

르웨탄 1160 패키지 日月潭水陸空好行1160元套票	
포함 내용	타이중–르웨탄 버스 편도, 타이중–푸리–르웨탄 버스 편도, 르웨탄 순환버스 1일권, 페리, 구족문화촌 입장권, 쉐이셔–샹산 셔틀 편도
요금	NT$1160
구입처	고속철도 타이중역 高鐵台中站, 간청 버스터미널 台中干城站의 난터우커윈 南投客運 데스크

쉐이셔 水社(수사) Shueishe

MAP 33-A

타이완에서 가장 큰 담수호인 르웨탄의 주변 지역에서 가장 중요한 곳이라 할 수 있다. 쉐이셔 관광안내소부터 쉐이셔마터우까지 이어지는 상권을 일컬으며 호텔, 민박, 기념품점, 식당 등으로 가득하다. 쉐이셔 관광안내소에서는 르웨탄 관광의 전반적인 정보를 얻을 수 있고, 각지로 가는 버스 또한 이곳 앞에서 탑승한다. 쉐이셔 마터우로 가면 산 아래 멋진 자태를 뽐내는 르웨탄을 볼 수 있고, 르웨탄 주변의 주요 지역으로 가는 페리에 탑승할 수도 있다.

위치 쉐이셔 관광안내소 앞

이다샤오 伊達邵(이달소) Itashao

MAP 33-D

타이완 원주민 샤오족 邵族이 모여 살던 부락으로, 샤오족 언어로 '우리는 사람'이라는 의미이다. 예전에는 더화셔 德化社라 불렸다고 한다. 르웨탄에서 쉐이셔 水社 다음으로 북적거리는 상권이다. 페리를 타고 이다샤오마터우에 도착하면 바로 앞에 관광안내소와 광장이 있고 광장을 지나면 상점가가 나온다. 샤오족의 마을인 만큼 원주민음식이나 수공예품을 파는 곳도 많고, 샤오족가무전연장 邵族歌舞展演場에서는 샤오족의 공연을 볼 수 있다.

위치 쉐이셔 마터우에서 도보 15분/르웨탄 순환버스 이다샤오 伊達邵 하차 주소 南投縣 魚池鄉 日月村 伊達邵

현광사 玄光寺 쉬엔광쓰 Syuanguang Temple　　MAP 33-C

사원의 의미보다는 오른쪽으로는 르탄 日潭, 왼쪽으로는 웨탄 月潭을 바라볼 수 있는 유일한 곳이라는 점에서 항상 단체 관광객으로 가득하다. 현광사 앞에서는 르웨탄 건너로 쉐이셔 마터우와 호수 가운데에 있는 라루다오 拉魯島까지 한눈에 볼 수 있다. 중일전쟁 때 일본인이 가져온 삼장법사(현장법사)의 정골사리(頂骨舍利)가 1958년부터 안치되었다가 현장사로 옮겨졌다.

위치 페리나 르웨탄 순환버스 탑승 후 현광사 玄光寺 하차, 정류장에서 내려 높은 계단을 올라가 왼쪽　주소 南投縣 魚池鄉 日月村 中正路338號　오픈 05:00~21:00

현장사 玄奘寺 쉬엔장쓰 Syuentzang Temple　　MAP 33-C

현광사와 약 2.5킬로미터 떨어진 곳에 있으며 1965년에 건립된 불교 사원이다. 당나라 스타일의 건축물로 다른 사원에 비해 깔끔하게 꾸며져 있다. 중일전쟁 때 일본인이 난징에서 가져갔던 삼장법사(현장법사)의 정골사리(頂骨舍利)를 전쟁이 끝난 뒤 중화민국불교협회에 일부를 돌려주었고, 1955년 타이완으로 옮겨 1958년 현광사에, 이후 현장사 3층에 안치되었다. 정원은 자갈로 정갈하게 꾸며져 있고 한쪽에 전망대 겸 휴식처가 있어서 르웨탄을 한눈에 보기에 좋다.

위치 르웨탄 순환버스 현장사 玄奘寺 하차　주소 南投縣 魚池鄉 日月村 中正路389號　오픈 07:30~17:30　휴무 화요일

르웨탄 케이블카 日月潭纜車(일월담람차) 르웨탄란처 Sun Moon Lake Ropeway　　MAP 33-B

이다샤오 마터우 伊達邵碼頭를 등지고, 왼쪽 길을 따라 15분 정도 걸어가면 구족문화촌으로 가는 케이블카역이 나온다. 건물 위로 올라가 케이블카에 탑승하면 10분 후 구족문화촌에 다다른다. 르웨탄의 대표 관광시설로 케이블카가 올라가는 동안 르웨탄을 배경으로 펼쳐지는 아름다운 풍경을 감상하기 좋다.

위치 이다샤오 마터우에서 도보 15분/르웨탄 순환버스 케이블카역 日纜站 하차　주소 南投縣 魚池鄉 日月村 中正路102號　오픈 월~금요일 10:30~16:00, 토 · 일요일 10:00~16:30　휴무 첫째 수요일　요금 왕복 NT$300　홈피 www.ropeway.com.tw

구족문화촌 九族文化村 주쭈원화춘 Formosan Aboriginal Culture Village

MAP 33-B

TIP 구족문화촌은 오르막길로 되어 있어서 케이블카를 타고 위쪽에서 내려 원주민부락부터 구경하고 아래 놀이공원 방향으로 걸어 내려가는 것이 좋다.

타이완 원주민 아홉 마을을 실제처럼 꾸며 놓고 원주민의 생활과 문물 등을 보여준다. 다양한 타이완 원주민의 전통 가옥을 재현한 원주민부락(原住民部落)을 통해 각 원주민의 특색을 알 수 있어 독특한 경험이 가능하다. 이외에 놀이동산 구역을 비롯해 유럽식 정원인 구주궁정화원(歐洲宮廷花園)에서는 미니열차를 탈 수 있고, 타이완 드라마 촬영지로 이용된 여궁(麗宮)도 있다. 입장권만 있으면 놀이기구 등 모든 시설을 자유롭게 이용할 수 있으며 봄에는 꽃 축제도 열리고, 저렴한 특가 이벤트도 진행한다.

위치 르웨탄 케이블카 구족문화촌 하차 주소 南投縣 魚池鄉 大林村 金天巷45號 오픈 월~금요일 09:00~17:00, 토·일요일 09:00~17:30(티켓 판매 ~16:00) 휴무 무휴(설 전날만 15시까지 운영) 요금 입장료 NT$850(르웨탄 케이블카 왕복 포함) 홈피 www.nine.com.tw

넨지쮜부푸마이 年記做不復賣(년기주부복매) MAP 33-D

이다샤오의 라오제로 들어서면 길게 줄이 늘어선 상점들을 만나게 된다. 바로 표고버섯양배추만두인 샹구까오리 차이바오 香菇高麗菜包(NT$40)을 파는 곳이다. 즉석에서 만두를 빚어 튀겨낸다. 굉장히 유쾌한 사장님이 운영하는데, 원하는 개수를 말하면서 돈을 직접 내고, 잔돈도 알아서 가져가면 된다. 봉투에 담아가는 것도 손님의 몫이다. 르웨탄의 특산물인 표고버섯과 양배추, 당면을 넣어 갓 튀겨낸 만두는 꽤 커서 하나만 먹어도 배가 든든하다.

<u>위치</u> 쉐이셔마터우에서 15분/르웨탄 순환버스 이다샤오 伊達邵 하차 <u>주소</u> 南投縣 魚池鄉 日月村 義勇街80號 <u>오픈</u> 10:00~18:00 <u>휴무</u> 수 · 목요일

하버 리조트 호텔 碼頭休閒大飯店 마티우슈셴띠짠뎬 Harbor Resort Hotel MAP 33-A

호텔 내 식당에서 원주민음식을 맛볼 수 있다. 호텔 안에 있는 만큼 내부 인테리어가 깔끔해서 좋다. 원주민음식세트인 샤오주펑웨이타오찬 邵族風味套餐(NT$325)을 주문하면 커다란 잎과 나무 그릇으로 세팅된 샤오족 음식을 맛볼 수 있다. 다른 곳에서 접하기 힘든 비주얼이라 재미있고 여행의 기분을 한껏 높인다. 기타 세트 메뉴의 가격은 NT$250~300 정도이다.

<u>위치</u> 쉐이셔마터우 입구 <u>주소</u> 南投縣 魚池鄉 水社村 名勝街11號 <u>오픈</u> 10:30~20:00 <u>전화</u> 049-285-5143

루산 온천

PLUS AREA

廬山溫泉 루산원첸
Lushan Hotspring

➜ 가는 방법

루산 온천으로 가려면 일단 푸리로 가야 한다. 타이중의 간청 버스터미널에서 6670번을 타거나, 타이베이처짠 북쪽에 있는 타이베이 버스 스테이션에서 1832번을 타고 푸리 埔里 버스터미널로 간다. 그 뒤 푸리 버스터미널에서 난터우커윈 南投客運 6661번 버스를 타고 루산 온천으로 가면 된다.

➜ 여행 방법

루산 온천은 타이완에서 가장 높은 곳에 위치하며, 무색무취의 강알칼리성 탄산수질 온천으로 관절염과 신경통에 효과가 있다. 온천 중 최고 품질이라 할 수 있으며 마셔도 된다. 루산 온천마을에 도착하면 주변은 걸어서 구경해야 한다. 마을 범위가 좁기 때문에 도보로 충분히 관광할 수 있다. 오후에 도착했다면 우선 마을을 구경하고, 저녁에 쉬면서 온천욕을 즐기는 것을 추천한다.

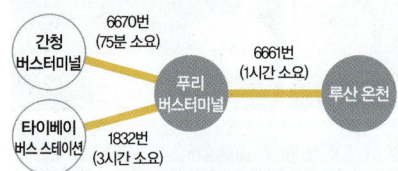

루산 적교 廬山吊橋 루산댜오챠오

MAP 33-D

루산 온천마을에 가면 꼭 봐야 하고 볼 수밖에 없는 루산의 대표 명소. 1977년에 건설되었으며, 2004년에 한번에 30명이 통과할 수 있도록 더 튼튼하게 재건되었다. 다리 아래로 하천 타뤄완시 塔羅灣溪가 흐르고 양옆에는 온천호텔이 늘어서 있다. 흔들거려 조금은 무섭기도 하지만, 다리를 건너며 보이는 주변 경치가 좋다.

위치 밍루 홀리데이 호텔 입구를 등지고 오른쪽으로 도보 2분　주소 南投縣 仁愛鄉 廬山溫泉區

TIP
루산의 상점가
루산 적교를 기준으로 주변에 상점들이 밀집해 있다. 특산품을 비롯해 기념품, 잡화, 간식류 등을 판매하며 대부분 늦은 오후부터 문을 연다.

 ## 주딴츠 煮蛋池 (자단지)

MAP 33-D

루산 적교를 지나 올라가다 보면 주딴츠 煮蛋池라고 적힌 곳을 볼 수 있는데, 온천물에 달걀을 삶아 먹으며 무료로 족욕을 즐길 수 있다. 메추리알, 계란, 오리알 등 여러 종류의 알 중 원하는 것을 골라 팔팔 끓는 온천물에 직접 넣어 15~20분간 익혀 먹으면 된다. 직접 달걀을 준비해 소액을 지불하고 익혀 먹을 수도 있다.

위치 루산 적교를 건너 오르막길로 올라가 煮蛋池라고 적힌 곳　주소 南投縣 仁愛鄉 廬山溫泉區

 ## 밍루 홀리데이 호텔 名廬假期大飯店 밍루쟈치따판뎬 Ming Lu Holiday Hotel

MAP 33-D

대부분의 호텔은 루산 적교 건너편에 있지만 이곳은 버스정류장에서 내리면 바로 앞에 보일 정도로 위치가 좋다. 시설도 깔끔한 편이고 객실 창문 아래로 타뤄완시 塔羅灣溪와 건너편 온천호텔이 보인다. 객실 건물 옆에 온천 건물이 있는데 1층은 온천 구역이고 2층은 스파 구역이다.

위치 루산 온천 廬山溫泉 버스정류장 바로 앞　주소 南投縣 仁愛鄉 廬山溫泉9號　오픈 온천 구역 12:00~22:00　요금 NT$350

AREA 6
쟈이
嘉義(가의) Jiayi

타이완의 남서부에 위치한 쟈이는 타이완의 유명한 관광명소인 아리산으로 가기 위한 관문이다. 서쪽으로는 타이완해협과 접하고, 동쪽으로는 아리산산맥과 옥산 주요 봉우리가 입접해 있다. 아리산은 쟈이현 嘉義縣의 동쪽에 위치한 향(鄕)으로 아리산 전체가 국가풍경구로 지정되어 있고 타이완팔경 台灣八景으로도 꼽힌다. 높은 산으로 둘러싸여 있는데, 중첩된 산의 기복이 심하고 산세가 험준하지만, 트레킹 코스가 잘 되어 있다. 멋진 일출, 운치 있는 운무, 삼림열차, 원주민문화, 풍부한 자연생태자원, 고산차 재배 등 각양각색의 매력이 있으며, 매년 봄에는 꽃축제가 열리기도 한다.

HOW TO TRAVEL

쟈이 이렇게 여행하자

➜ 가는 방법

타이베이에서 출발

타이베이처짠 북쪽에 있는 타이베이 버스 스테이션에서 궈광커윈 1834번을 운행한다. 버스 외에 고속철도 · 기차 등을 타고 갈 수도 있다. 타이베이에서 아리산 바로 갈 경우, 타이베이 버스 스테이션에서 매주 금 · 토요일에만 운행하는 심야버스 1835번을 타면 된다. 심야버스는 바로 일출을 보러 가기에도 좋다. 아리산에서 다시 타이베이로 돌아오는 버스는 토 · 일요일 11시 30분에 출발한다.

교통수단		승차	운행시간	배차간격	소요시간	요금
고속철도		타이베이처짠	06:26~22:16	시간당 2~3편	1시간 27~43분	NT$1080
기차			06:30~21:00 (쯔챵하오 自强號 기준)	시간당 1~2편	3시간 30~45분	NT$598
고속버스	궈광커윈 1834번	타이베이 버스 스테이션	06:00~22:00	시간당 2~3편	3시간 30분	NT$420
	궈광커윈 1835번 (아리산행)		금 · 토요일 3~10월 20:45, 11~2월 21:45	하루 1편	6시간 10분	NT$670
	통롄커윈 1618번		06:00~22:30	시간당 1~2편	4시간	NT$420

쟈이역에서 아리산으로 출발

고속철도 쟈이역 2번 출구 3번 플랫폼에서 타이완하오씽 7329번에 탑승하고, 기차 쟈이역 앞에서는 타이완하오씽 7322번을 탑승한다. 둘 다 2시간 30분이 소요된다.

> **TIP** 아리산에서 타이베이나 쟈이역으로 가는 버스는 아리산 입구에 있는 세븐일레븐에서 티켓을 구입하고 앞에서 탑승한다.

타이완하오씽 7322번 아리산 B선 阿里山 B線

기차 쟈이역 嘉義台鐵站-추커우 관광안내소 觸口遊客中心-롱메이 龍美-롱터우 龍頭-스즈춘 十字村-청년활동중심 青年活動中心-아리산 阿里山

운행 06:05~14:05(하루 10편) 요금 편도 NT$234

타이완하오씽 7329번 아리산 A선 阿里山 A線

고속철도 쟈이역 高鐵嘉義站-추커우 관광안내소 觸口遊客中心-롱메이 龍美-롱터우 龍頭-스즈춘 十字村-청년활동중심 青年活動中心-아리산 阿里山

운행 09:30 · 10:10 · 11:00(펀치후 奮起湖 경우) 요금 편도 NT$271

르웨탄에서 아리산으로 출발

르웨탄과 아리산을 오가는 버스가 있어 두 곳을 모두 가고 싶은 여행자가 이용하면 안성맞춤이다. 단, 하루에 2회만 운행하기 때문에 시간을 잘 확인해야 한다. 현금은 상관없지만 교통카드나 르웨탄과 연계된 패키지로 탑승하는 경우에는 하루 전에 예약해야 한다. 여름에는 태풍 피해로 운행 중단되는 경우가 잦으니 태풍이 왔다면 미리 운행 여부를 확인하자.

위엔린커윈 6739번	
승차	르웨탄 日月潭(쉐이셔 관광안내소 앞)
하차	아리산 阿里山

운행 08:00 · 09:00 소요시간 3시간 10분~3시간 50분 요금 편도 NT$360 전화 05-267-9748

➔ 여행 방법

사실 쟈이는 주로 아리산으로 갈 때 거쳐 가는 교통의 허브 같은 역할을 할 뿐, 관광지로서의 큰 볼거리가 있지는 않다. 그래도 시간 여유가 있다면 하루 정도 할애해 시내 구경을 하거나 고궁 남원을 다녀오는 것도 좋다. 쟈이 시내에서는 소개하는 장소가 서로 멀지 않으니 산책하듯 걸어서 이동해도 되고 버스나 택시를 이용해도 좋다. 아리산 국가풍경구에서는 삼림열차를 타거나 트레킹을 즐기면 된다. 이른 오후에 아리산에 도착했다면 삼림열차를 타고 자오핑역으로 가서 션무역 방향으로 트레킹하자. 그 뒤, 션무역에서 다시 삼림열차를 타고 아리산역으로 돌아와 숙박하고, 다음날 새벽 쭈산 일출을 감상는 일정을 추천한다. 험준한 산인 만큼 습도가 높고 기온이 낮아 타이완의 다른 지역보다 추우니 외투를 꼭 준비하자.

홈피 travel.chiayi.gov.tw

아리산 삼림열차

세계 3대 고산철도 중 하나인 아리산 삼림열차는 2009년 8월 태풍 모라꽃의 피해로 모든 노선이 운행 중단되었다가 차차 복구되어 현재 네 개 노선이 운행 중이다. 산속에서 달리는 삼림열차로 아리산 관광이 더 즐겁고 낭만적으로 다가온다.

	구간 및 운행시간		배차간격	소요시간	요금(편도)
본선	자이 嘉義 09:00(10:00 추가)	펀치후 奮起湖 14:00(15:00 추가)	하루 1대 (토·일요일, 공휴일 2대)	2시간 20분	NT$384
자오핑선	아리산 阿里山 09:00~15:30	자오핑 沼平 09:15~15:45	30분 (점심 운행 안함)	6분	NT$100
선무선	아리산 阿里山 10:15~16:15	선무 神木 10:30~16:30	30분 (점심 운행 안함)	7분	NT$100
쭈산선	아리산 阿里山 일출 1시간 전 출발 (일출시간에 따라 다름)	쭈산 祝山	하루 1~3대 (매일 다를 수 있음)	30분	NT$150

→ **추천 코스(7시간 소요)**

고속철도 자이역 → 버스 10분 → 고궁 남원 p.388 → 도보 15분+버스 50분 → 히노키 빌리지 p.389 → 도보 3분 → 아리산 삼림철로차고원구 p.390

도보 5분

원화루 야시장 p.390 ← 도보 10분 ← 삼림의가 p.389

TIP 펀치후 연계 여행

펀치후 奮起湖는 해발 1,400미터 높이에 있는 아리산의 작은 산골마을이다. 아기자기한 거리와 기차도시락으로 유명하다. 일정에 여유가 있다면 아리산을 여행하는 김에 같이 들러보는 것도 좋다. 아리산을 돌아본 뒤, 다음 날 쭈산 일출을 보고 아침에 아리산에서 펀치후로 가는 타이완하오씽을 타고 가서 관광한 다음 아리산 삼림열차를 타고 자이역으로 가면 된다.

타이완하오씽 7322 D번, 7329 A번	
승차	아리산 阿里山
하차	펀치후 奮起湖

운행 10:10 · 14:10 소요시간 1시간 요금 편도 NT$96

> 쟈이

📷 고궁 남원 故宮南院 꾸공난위엔

공식 명칭은 국립고궁박물원 남부원구(國立故宮博物院 南部院區). 타이완 남부와 북부의 문화·교육·사회·경제 발전의 균형을 위해 설립되었다. 2015년 12월 28일부터 시험 운영을 시작해 아시아예술문화박물관으로 운영 중이다. 외관은 아시아의 3대 문화를 대표하는 용(중화), 코끼리(인도), 말(페르시안)을 형상화하고 있다. 700,000제곱미터 규모 중 200,000제곱미터가 박물관인데, 박물관을 중심으로 주변에 호수를 비롯한 공원 부지가 넓게 펴져 있어 셔틀버스까지 운행한다. 매표소는 1층에 있고 2층과 3층이 전시관이며 지하에 기념품점과 카페, 우체국이 있다. 쟈이의 발전사, 불교예술, 아시아 차 문화, 텍스타일에 관한 자료들이 상설 전시되고, 그 외 정기적으로 특별 전시도 열린다. 오디오 가이드는 NT$100를 내면 빌려주는데, 한국어도 지원한다.

위치 고속철도 쟈이역 2번 출구에서 고궁 남원행 버스로 약 10분 **주소** 嘉義縣 太保市 故宮大道 888號 **오픈** 박물관 09:00~17:00, 공원 3월~11월 06:00~22:00, 12월~2월 06:30~21:30 **휴무** 월요일 **요금** 일반 NT$150, 만 18세 미만 무료 **카드** 가능 **전화** 05-362-0777 **홈피** south.npm.gov.tw

삼림의가 森林之歌 썬린즈거

MAP 34-B

'삼림의 노래'라는 뜻의 이곳은 쟈이 시내에 있는 공원으로 쟈이의 자랑거리인 아리산과 삼림열차를 테마로 조성되었다. 공원 안쪽에는 웅장한 조형 작품이 있는데 이와 비슷한 타이동 해빈공원에 있는 국제지표(國際地標)를 만든 예술가 왕원즈 王文志의 작품이다. 밤에는 조명이 켜져 또 다른 분위기를 연출한다. 바로 앞에는 쇼핑몰인 쇼타임 프라자가 있어 식사하거나 한숨 쉬어가기 좋다.

위치 기차 쟈이역 앞 대로를 따라 역을 등지고 왼쪽으로 가다가 원화루 文化路에서 좌회전, 도보 15분 주소 嘉義市 東區 文化路 308-1號 오픈 24시간

히노키 빌리지 檜意森活村(회의삼활촌) 훼이이쎈훠춘 Hinoki Village

MAP 34-B

일본 식민지 시대에 아리산 임업 개발을 위해 만들어진 일본식 기숙사 건물이 보존된 곳으로 건축 자재는 아리산의 편백나무(히노키)가 주를 이룬다. 약 33,000제곱미터 규모의 타이완 최초의 임업문창원구로 오랜 세월 동안 보수 작업을 거쳐 현재 29채의 목조건물이 보존되고 있다. 쟈이시는 2005년 이곳 건물을 시정 고적 및 역사 건축물로 등록했다. 현재는 2014년 1월 시에서 운영을 시작하면서 다양한 레스토랑, 카페, 기념품 및 소품 상점 등이 들어선 새로운 문화 공간이 되었다. 꽤 많은 상점이 있어서 구경하기에도 좋고 잠시 커피 한잔하며 쉬어가기에도 좋다. 사진 찍기 좋은 장소인 건 두말할 것도 없다.

위치 타이완하오씽 106번 탑승 후 히노키빌리지 하차/버스 시구(市區) 6번 탑승 후 베이먼 北門 하차/기차 쟈이역에서 도보 20분 주소 嘉義市 東區 林森東路 1號 오픈 10:00~18:00 요금 무료 전화 05-276-1601 홈피 www.hinokivillage.com.tw

아리산 삼림철로차고원구 阿里山森林鐵路車庫園區
Alishan forest Railway Garage Park

MAP 34-B

아리산 삼림열차의 베이스캠프로 차고, 수리 공장, 주차장, 세차 등의 관련 시설이 자리한다. 오래된 기관차가 전시되어 있고 실제 아리산 삼림열차가 들어오기도 한다. 큰 볼거리가 있는 곳은 아니지만 가볍게 사진을 찍으며 산책하고, 히노키 빌리지와 삼림의가를 오가는 길에 들렀다 가는 코스로 가보면 좋다. 기차와 기찻길이 있어 멋진 사진을 찍을 수 있는 최적의 장소이다.

위치 히노키 빌리지에서 도보 3분 주소 嘉義市 東區 林森西路 2號 오픈 08:00~18:00 요금 무료 전화 05-278-7006 홈피 culturalpark.forest.gov.tw

원화루 야시장 文化路夜市(문화로야시) 원화루예스 Wenhua Road Night Market

MAP 34-D

쟈이시에서 가장 붐비고 먹거리가 풍성한 야시장이다. 중앙 분수에서 남쪽으로 원화루 도로를 따라 노점이 한 줄로 쭉 들어선 야시장으로, 쇼핑 상점과 먹거리가 적절하게 조합되어 있고 먹거리가 다양한 편이다. 400미터 내지 500미터의 거리로 낮에는 차도였다가 저녁에는 야시장으로 변한다. 날씨 영향을 받는 날을 제외하고는 연중무휴로 운영된다.

위치 기차 쟈이역 앞에서 역을 등지고 10시 방향 쭝산루 中山路를 따라 도보 12분 주소 嘉義市 東區 文化路 오픈 17:00~23:00 홈피 www.facebook.com/wenhwa2

왕라이산펑리수 旺萊山鳳梨酥(왕래산봉리소) Pineapple Hill

MAP 34-B

드넓은 파인애플밭 바로 앞에 위치한 타이완의 명물 펑리수 鳳梨酥 전문점이다. 북회귀선 옆에 위치한 쟈이의 민송향 民雄鄕은 파인애플이 자라는 우수한 기후 환경을 갖추고 있어 타이완 최대의 파인애플 산지가 되었다. 귀여운 캐릭터와 로고가 반겨주는 건물 내부로 들어서면 펑리수 1개와 차를 내준다. 1개의 파인애플로 4개의 펑리수를 만들 정도로 많은 파인애플이 들어간 덕에 파인애플향과 과육이 아주 가득하다. 펑리수 외에 파인애플로 만든 발효액·주스·와인·식초 등도 판매한다. 본점은 차 없이 찾아가기 다소 번거로운 곳에 위치하니 쟈이의 신광 미츠코시, 히노키 빌리지, 중앙분수점 등에서 구입할 수도 있다.

위치 기차 쟈이역에서 타이완하오씽 106번 탑승 후 왕라이산 하차, 버스 33분/기차 민송역 民雄車站 앞에서 버스 7306번 탑승 후 천춰랴오陳厝寮 하차, 버스 30분 주소 嘉義縣 民雄鄕 三興村 陳厝寮1-3號 오픈 09:00~18:00 홈피 www.pineapplehill.com.tw

펀쉐이지러우판 噴水雞肉飯(분수계육반) Spraying of Water Chicken Rice Restaurant

MAP 34-D

닭고기덮밥인 지러우판 雞肉飯은 쟈이에서 꼭 먹어야 하는 명물이다. 1949년에 문을 연 이곳의 지러우판은 사실 일반적인 지러우판처럼 닭고기가 아니다. 일반 지 雞(닭)가 아니라 훠지 火雞, 즉, 칠면조 고기다. 쌀밥 위에 고기를 올리고 닭육즙소스(雞汁醬)를 끼얹어 먹는다. 가격은 고기가 편(片)으로 나오는 것은 NT$55이고, 채(絲)로 나오는 것은 NT$45이다. 분수를 뜻하는 펀쉐이라는 이름은 이곳 본점이 원화루 야시장 입구 커다란 분수대 앞에 위치해서 이렇게 붙었다. 쟈이에만 다섯 개 지점이 있다.

위치 기차 쟈이역 앞에서 역을 등지고 10시 방향 쭝산루 中山路를 따라 도보 11분 주소 嘉義市 西區 中山路 325號 오픈 10:00~21:30 전화 05-222-2433

아리산

아리산역 阿里山車站(아리산차짠) 아리산처짠 Alishan Station

p.394

이전에는 중국 전통 양식으로 지어졌으나 921 대지진 때 벽에 금이 가자 철거하고 현재의 모습으로 탄생했다. 역사 외부와 내부 모두 깔끔하며 목조 건물이라 분위기도 좋다. 매표소는 1층과 2층에 있고 열차는 2층에서 탑승한다. 아리산역 아래 주차장 부근에는 관광안내소와 각종 상점, 식당이 있어 관광객에게 편의를 제공한다.

위치 아리산 관광안내소 정면에 있는 계단 위 주소 嘉義縣 阿里山鄕 中正村 1號

션무역 神木車站(신목차짠) 션무처짠 Sacred Tree Station

p.394

해발 2,138미터에 위치한 아리산 삼림열차 션무선에 속한다. 갈 지(之) 자형으로 설계된 스위치백식(折返式) 선로와 섬식(島式) 승강장을 가진 목조역이다. 쟈오핑역에서 시작한 아리산 트레킹을 마치는 시점에서 만날 수 있는 역이고 이곳에서 기차를 타고 다시 아리산역으로 돌아갈 때는 7분이 소요된다. 션무역 앞에는 번개와 폭우로 쓰러져 죽은 수령 3000년 이상의 아리산 1대 신목의 잔해가 놓여 있다.

위치 아리산역에서 삼림열차로 7분 주소 嘉義縣 阿里山鄕 香林村

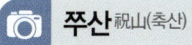 ## 쭈산 祝山(축산)

p.392-D

아리산에 가면 꼭 봐야 할 것 중 하나가 쭈산의 일출이다. 일출을 보러 가기 위해 이른 새벽부터 아리산역은 관광객으로 가득 찬다. 아리산역에서 출발하는 쭈산선 일출열차인 쭈산관르리에처 祝山觀日列車(축산관일열차)를 타고 약 30분을 이동하면 쭈산역에 도착한다. 타이완 철도 중 가장 높은 해발 2,451미터에 위치한 쭈산역에는 오늘의 일출 시간이 적혀 있다. 쭈산역을 나가면 정면에 바로 일출전망대 祝山觀日平台가 있으니 이곳에서 일출을 기다리면 된다. 쭈산의 일출은 장엄하고 아름답기로 유명한 만큼 쉽게 볼 수 있는 것이 아니다. 날씨와 아침 운무에 크게 영향을 받기 때문이다. 일출을 보러 갈 때는 옷을 따뜻하게 입고 가는 것이 좋으며, 열차로 왕복하거나 일출을 본 후에 걸어 내려오며 구경하는 방법도 있다.

위치 쭈산역에서 도보 1분 주소 嘉義縣 阿里山鄉

> **TIP 쭈산선**
> 쭈산선 열차 티켓은 아리산역 2층 매표소에서 탑승일 전날 13:00~16:00에 미리 구매할 수 있으며, 당일표는 첫차 출발 30분 전부터 구매 가능하다. 또한 출발시간은 일출시간에 따라 달라지는데, 보통 일출 1시간 전에 출발한다.

쭈산 전망대 일출시간

	1월	2월	3월	4월	5월	6월	7월	8월	9월	10월	11월	12월
1~5일	7:05	7:02	6:40	6:00	5:29	5:19	5:25	5:36	5:48	6:13	6:32	6:50
6~10일	7:08	7:01	6:33	5:50	5:28	5:21	5:27	5:40	5:50	6:18	6:35	6:54
11~15일	7:06	6:54	6:28	5:42	5:25	5:19	5:30	5:41	5:56	6:20	6:37	6:57
16~20일	7:05	6:52	6:18	5:39	5:23	5:20	5:32	5:45	5:58	6:21	6:40	6:59
21~25일	7:05	6:47	6:13	5:35	5:21	5:24	5:33	5:46	6:01	6:23	6:43	7:03
26~31일	7:03	6:45	6:06	5:30	5:20	5:25	5:34	5:47	6:09	6:30	6:48	7:04

SPECIAL

아리산 트레킹

아리산은 남녀노소 모두 트레킹을 할 수 있도록 산책길이 잘 조성되어 있다. 코스별로 소요시간이 조금씩 다르지만 보통 1시간 30분에서 2시간이 소요된다. 마을이 있는 아리산역에서 삼림열차를 타고 자오핑역에 내려 트레킹을 한 후, 션무역에서 열차를 타고 아리산역으로 돌아오면 된다. 트레킹 출발 전 아리산 관광안내소에서 지도를 받아 가도록 하자.

오픈 24시간 **요금** 일반 NT$300(대중교통 티켓 소지 시 NT$150), 학생·어린이 NT$150, 3~6세 NT$10 **홈피** www.ali-nsa.net

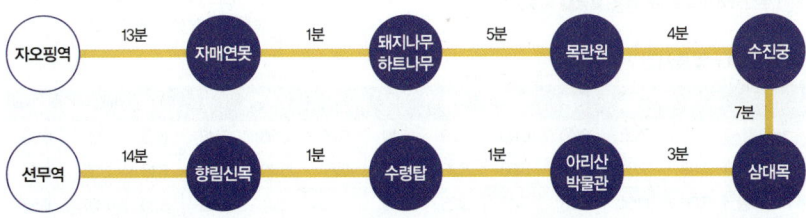

자매연못
姊妹潭(자매담) 쯔메이탄 Two Sisters Pond

언니연못 姊潭과 동생연못 妹潭 두 개의 작은 연못으로 이루어져 있다. 동생연못보다 언니연못이 규모가 더 크고 풍경도 더 멋지다. 아름다운 곳이지만 한 남자를 사랑한 원주민 자매가 서로에게 상처를 주지 않기 위해 결국 함께 죽음을 택했다는 전설이 있어 뭔가 으스스하기도 하다. 언니연못 바로 앞에는 한 개의 뿌리에 네 개의 나무가 자라는 네 자매 나무 쓰쯔메이 四姊妹가 있어 또 다른 볼거리를 제공한다.

위치 자오핑역에서 아리산각 阿里山閣 호텔을 지나 아리샨 산책길로 진입

돼지나무
金猪報喜(금저보희) 진주바오시 Happiness from Golden Pig

기괴하게 생긴 나무로 가득한 아리산에는 그 모양대로 이름이 붙은 나무가 많다. 이 나무는 돼지 모양을 하고 있어 이름 그대로 돼지나무라 불린다. 멧돼지 형상을 하고 있다.

위치 자매연못 근처, 목란원 방향

하트나무
永結同心(영결동심) 융제통신 Forever One Heart

두 개의 오래된 회목이 연결되어 하나의 하트 모양을 만들었다. 연인끼리 기념사진을 찍기에 안성맞춤이다.

위치 자매연못 근처, 목란원 방향

목란원
木蘭園 무란위엔 Magnolia Garden

자매연못과 특이한 모양의 나무들을 지나 내리막길을 내려가면 다른 세상이 펼쳐진다. 험한 산길을 헤쳐나가다 평화로운 마을에 다다른 듯 따스한 기분이 드는 동화 같은 정원이다. 봄에는 초록 잔디 위에 다양한 종류의 목련과 벚꽃이 만개해 사진 찍기 좋고, 운무가 깔린 날에는 더 묘한 분위기를 풍긴다.

<u>위치</u> 자매연못에서 도보 6~7분

수진궁
受鎭宮 쇼우쩐궁 Shoujhen Temple

아리산 지역에서 가장 큰 규모이자 타이완에서 가장 높은 곳에 위치한 사원이다. 1969년에 개축되었으며, 현천상제(玄天上帝)를 주신으로 모시는 도교 사원이다. 외관이 매우 화려해 보고만 있어도 정신이 없을 정도다. 사원이 있는 곳이다 보니 주변에 다양한 기념품과 먹거리를 파는 상점이 즐비해 아리산 트레킹 중 쉬어가기 좋다.

<u>위치</u> 목란원에서 도보 4분 <u>주소</u> 嘉義縣 阿里山鄉 香林村 45號

삼대목
三代木 싼다이무 Three generation Tree

죽은 1대 나무 위에 2대 나무가 자라고, 그 위에 또 3대 나무가 자란 신기한 나무. 3대 나무는 여전히 잘 자라고 있다. 1대 나무가 언제 쓰러졌는지는 확실하지 않고, 그저 1대의 수령은 1만 년 이상, 2대는 3천 년 이상, 3대는 1천 년 이상으로 추측하고 있다.

<u>위치</u> 수진궁에서 도보 7분

아리산 박물관
阿里山博物館 아리산보우관 Alishan Museum

타이완 1급 회목으로 지어진 아담한 1층 건물로 1935년에 설립되었고, 2007년에 보수해 현재의 모습이 되었다. 주로 삼림열차, 벌목 역사와 관련된 내용을 비롯해, 아리산에 서식하는 동식물의 표본이나 아리산 원주민인 추족 鄒族의 문물도 전시한다.

위치 삼대목에서 도보 3분 **주소** 嘉義縣 阿里山鄉 中正村 59號 **오픈** 08:30~16:30 **요금** 무료

수령탑
樹靈塔 수링타 Tree Spirit Pagoda

무수히 벌목된 아리산 나무의 영혼을 기리기 위해 1935년 일본인들이 세운 탑이다. 당시 벌목 노동자들이 겪은 고산병과 짐승의 울음소리를 거목의 정령이 노한 것이라 여겨 이를 안심시키기 위해 세웠다고 전해지기도 한다.

위치 아리산 박물관을 바라보고 오른쪽으로 도보 1분

향림신목
香林神木 샹린선무 Sianglin Sacred Tree

둘레 12.3미터, 높이 45미터, 수령 약 2300년의 아리산 2대 신목이다. 아리산의 1대 신목이 1956년에 벼락에 맞아 죽은 후, 2007년 투표를 통해 가장 많은 표를 받아 2대 신목으로 지정되었다. 올려다보기 힘들 정도로 크고 그 두께도 엄청나서 한번에 사진 찍기 힘들 정도다. 신목이 있는 곳부터 션무역까지 거대한 나무가 무리를 이룬 거목군잔도가 이어져 신목에 버금가는 여러 나무를 감상할 수 있다.

위치 아리산 박물관과 수령탑 근처

AREA 7
진먼다오
金門島(금문도) Kinmen Island

크고 작은 15개의 섬으로 이루어져 있으며 타이완섬보다 중국 대륙과 더 가까이 위치한다. 이러한 지리적 이유로 과거 중국과 타이완, 양안(兩岸) 사이의 전쟁이 계속된 최전방 전쟁터였다. 그 탓에 섬 전체가 군사 요새화되었다. 1992년 군사 통제가 해제된 후 2001년부터 소규모 무역·운항·우편의 개통이 허용된 삼통정책(三通政策)이 정식으로 시작되면서 양안을 이어주는 중요한 역할을 맡게 되었다. 2004년부터는 중국 샤먼 夏門으로 정기 항로가 생기면서 많은 중국인 관광객이 방문해 이곳 경제에 도움을 주고 있다.

HOW TO TRAVEL

진먼다오 이렇게 여행하자

→ 가는 방법

타이베이에서 출발
쑹산공항에서 국내선을 타고 진먼으로 갈 수 있다. 매일 유니항공, 위엔동항공, 만다린항공에서 약 20편의 노선이 운행 중이다. 타이베이에서 진먼까지 비행기로 약 1시간 15분이 걸리고 가격은 약 NT$2500 정도이다. 타이베이 외에 타이중, 쟈이, 타이난, 까오슝, 펑후에서도 노선이 운행된다. 중국 샤먼에서는 배로 30분이 걸릴 정도로 가깝다.

TIP 쑹산공항 국내선 이용 시 주의사항
- 국내선은 탑승 수속 카운터와 수하물 위탁 카운터가 다르다.
- 위탁 수하물은 10kg 내로 제한된다. 초과 시 무게에 따라 추가 금액을 내야 한다.
- 기내에 술·음료 등의 액체류를 가지고 탑승할 수 있다.

→ 여행 방법

시내버스가 있지만, 관광객이 타고 다니기에는 이용하기 어려우니 주요 관광지에 정차하는 타이완하오씽을 추천한다. 노선별로 하루에 1대만 운행하므로 시간을 잘 맞춰야 한다. 아니면 타이완관광청에서 운행하는 투어버스나 택시 투어를 이용하는 것도 편리하고 좋다. 참고로 진먼의 관광지는 입장료가 따로 없다.

홈피 tour.kinmen.gov.tw

타이완하오씽
총 여섯 개 노선이 있으며, 패스도 판매한다. 패스는 진청역과 샨와이역에서 구입할 수 있으며 진먼현의 시내버스도 탑승 가능하다. 반일권(NT$250)은 기간 내에 1개의 노선만 선택해 탑승할 수 있으며, 1일권(NT$400)과 2일권(NT$700)은 모든 노선에 무제한 탑승이 가능하다. 아래 노선 중 체크된 버스정류장은 잠시 하차해 구경할 수 있다.

A.쉐이터우자이산선 A.水頭翟山線

진청 버스터미널 金城車站-진청 위생소 金城衛生所-시먼리 사무소 西門里公所-체육관 體育館-쥐광러우 莒光樓-공중 대학교 空中大學-쉐이터우 마을 水頭聚落-밍이구제 明遺古街-원타이바오타 文台寶塔-자이산 갱도 翟山坑道-주산 珠山-진청 버스터미널 金城車站

운행 08:30 소요시간 3시간 30분

B.구닝터우잔창선 B.古寧頭戰場線

진청 버스터미널 金城車站-구국단 救國團-광첸먀오 光前廟-화평기념원구 和平紀念園區-베이산양러우 北山洋樓-구닝터우 전쟁역사관 古寧頭戰史館-쌍리 습지자연중심 雙鯉濕地自然中心-츠후싼쟈오바오/전망대 慈湖三角堡/觀景台-진청 버스터미널 金城車站

운행 13:30 소요시간 3시간 50분

C.스산민쑤춘선 C.獅山民俗村線

월요일: 산와이 버스터미널 山外車站-샤메이라오제 沙美老街-샤칭루 沙青路-마산 관측소 馬山觀測所-스산파오전디 獅山砲陣地-산허우 민속문화촌 山后民俗文化村-영빈관 迎賓館-산와이 버스터미널 山外車站
화~일요일: 산와이 버스터미널 山外車站-산허우 민속문화촌 山后民俗文化村-스산파오전디 獅山砲陣地-마산 관측소 馬山觀測所-문화원구 文化園區-산와이 버스터미널 山外車站

운행 08:30 소요시간 월요일 3시간 35분, 화~일요일 3시간 45분

D.롱위엔타이후선 D.榕園太湖線

산와이 버스터미널 山外車站-823전사관 八二三戰史館-특약다실전시관 特約茶室展示館-치옹린 취락 瓊林聚落-자전거고사관 自行車故事館-천징란양루 陳景蘭洋樓-산와이 버스터미널 山外車站

운행 13:30 소요시간 3시간 45분

투어버스

타이완투어버스는 타이완관광청과 여러 여행사에서 함께 진행·운영하는 타이완 관광명소 투어버스로 믿고 이용할 수 있다. 예약은 홈페이지(taiwantourbus.com.tw)나 향촌여행사 鄉村旅行社(전화 06-926-3186 이메일 lin.country@msa.hinet.net)를 통해 신청한다.

• 반일 투어(2인 이상)

전화 06-926-3186 이메일 lin.country@msa.hinet.net
출발 08:00 소요시간 4시간 요금 NT$850 포함 차량, 식사, 보험

택시 투어

관광 가이드 택시 투어로, 진먼현에서 보증하는 운전기사로 이루어져 믿을만하다. 투어 가격은 반일 NT$1500, 1일 NT$30000이며, 예약은 진먼현 담당 전화(911-627-632)를 통해 가능하다.

➜ **추천 코스(5시간 소요)**

첸민쉐이궈찬 p.407 → 택시 5분 → 진청 버스터미널 → 버스 7분 → 쥐광러우 p.404 → 버스 5분 → 쉐이터우 마을 p.405 → 버스 8분 → 자이산 갱도 p.406 → 버스 13분 → 진청 버스터미널

 ## 양짜이 라오제 陽翟老街(양책로가)

MAP 20-B

진먼의 군인들이 휴가 나오면 놀던 번화가였으나 군인들이 많이 철수하면서 그 명성을 잃었다. 하지만 2014년 부산국제영화제 개막작으로 상영된 타이완 영화 〈군중낙원〉의 촬영지로 재정비되었고, 2014년 11월에 오픈해 관광객이 많이 찾게 되었다. 매월 방문객이 15,000명에 달하고 영화 촬영지로 꾸며져서 그런지, 옛 모습을 보여주면서도 정갈하게 정비되어 있다. 영화 주인공인 롼징티엔 阮經天과 천이한 陳意涵의 팬이 방문한다면 더 즐거울 것이다.

<u>위치</u> 진먼공항에서 택시 25분 <u>주소</u> 金門縣 金沙鎮 光前里 陽翟90-1號 <u>오픈</u> 09:00~18:00

마산 관측소 馬山觀測所 마산관처쒀 Mashan Observation Station

MAP 20-B

진먼다오 최북단, 중국 대륙과 가장 가까이에 위치한다. 입구부터 174미터 길이의 갱도로 된 초소를 3분 정도 걸으면 관측점이 나온다. 무료 망원경이 있는데 육안으로도 바다 건너 중국 땅이 보인다. 휴대폰에 중국 통신사가 잡힐 정도로 중국과 가깝다.

<u>위치</u> 타이완하오씽 C선 마산 관측소 馬山觀測所 하차 <u>주소</u> 金門縣 金沙鎮 光華路二段 <u>오픈</u> 08:00~17:00 <u>휴무</u> 목요일 오전

산허우 민속문화촌 山后民俗文化村 산허우민쑤원화촌

MAP 20-B

1900년 완공된 왕 씨 집안의 민남식 전통 가옥인 민남고택(閩南古厝)으로 현재는 민속문화촌으로 개방되고 있다. 진먼 민속문화촌 金門民俗文化村라고도 불린다. 진먼에는 오래 전 아시아 주변국에서 부를 축적해 귀향한 주민들이 많았는데 왕 씨 집안도 이에 해당했다. 일본 고베에 있던 거상 왕궈전 王國珍과 왕징샹 王敬祥이 종친들의 거주를 위해 지은 저택들이며, 총 18개의 건물이 있다. 이런 마을 18개를 만들 만큼의 돈을 쑨원에게 바칠 정도로 부자였다고 한다. 18개의 건물 중 16채는 가옥, 1채는 사당, 1채는 학당이다. 이곳의 민남고택은 한 집에 지붕 두 개가 이어져 있으며, 민남고택의 특징인 제비꼬리 모양의 지붕 옌웨이차오지 燕尾翹脊로 되어 있다.

위치 타이완하오씽 C선 산허우 민속문화촌 山后民俗文化村 하차 주소 金門縣 金沙鎮 三山里 山后61號 오픈 08:00~17:00

스산파오전디 獅山砲陣地 (사산포진지)

MAP 20-B

타이완 전역에서 보기 드문 갱도식 곡사포 진지로 미국에서 제작한 8인치 곡사포가 자리한다. 이 포는 '823포전' 당시 후반 전세를 역전시켰던 주인공이기도 하다. 주변 지형이 매우 험준하며, 진먼 동북부 해역의 감시와 방어를 효과적으로 이뤄내 전술적으로 높은 평가를 받았던 중요 군사기지다. 쩐동 갱도 震東坑道라고도 부른다. 입구에서부터 군복을 입은 사람을 볼 수 있는데 실제 군인은 아니다. 갱도를 따라 올라가면 정해진 시간에 재연하는 8인치 곡사포 사격을 볼 수 있다. 구령에 맞춰 일사불란하게 움직이다가 쏘는 것으로 짧게 끝나지만 나름 볼만해 추천한다. 갱도 내부에는 또 다른 대포와 포탄이 전시되어 있다.

위치 타이완하오씽 C선 스산파오전디 獅山砲陣地 하차 오픈 08:00~17:30(곡사포 사격 10:00 · 11:00 · 13:30 · 14:30 · 15:30 · 16:30)

구닝터우 전쟁역사관 古寧頭戰史館 구닝터우잔스관 Guningtou Battle Museum MAP 20-A

1949년 10월 25일 밤, 약 1만 명의 공산당군이 구닝터우 古寧頭 연안으로 기습해 국민당군과 3일간 치열하게 격돌했다. 갑작스러운 기습에 후퇴하던 국민당군이었지만 3일간의 치열한 격전 끝에 승리했다. 이 구닝터우 전투와 관련된 역사 자료를 전시한 기념관으로 기념관에는 당시 전쟁의 모습을 그린 사실적인 그림이 걸려 있고, 장제스 蔣介石가 직접 탔던 자동차도 전시되어 있다.

위치 타이완하오씽 B선 구닝터우 전쟁역사관 古寧頭戰史館 하차 주소 金門縣 金寧鄉 林厝村 오픈 08:30~17:00

베이산양러우 北山洋樓(북산양루) Beishan Old Western-style house MAP 20-A

1928년에 건축된 동서양식 복합 건축물이다. 리진위 李金魚라는 사람이 필리핀에서 야자사업으로 성공한 후 귀향해 세운 곳으로 당시 베이산의 최고 호화 저택이었다고 한다. 구닝터우 전투 때 격렬한 전장이었던지라 건물 벽 곳곳에서 총탄의 흔적을 볼 수 있다. 1986년 정부가 외벽 복구를 하면서 베이산 대전 기념비를 함께 세웠다.

위치 타이완하오씽 B선 베이산양러우 北山洋樓 하차 주소 金門縣 金寧鄉 北山村

구닝터우 방송탑 古寧頭播音牆(고령두파음장) 구닝터우보인치앙 MAP 20-A

양안이 대립하던 때, 적군을 향해 방송하던 곳이다. 3층 건물 높이로 시멘트벽으로 되어 있고, 내부에는 48개의 대형 스피커가 장착되어 있다. 여기서 내는 소리는 25킬로미터 거리까지 닿는다. 현재 스피커는 체험용으로 이용되며, 마이크를 통해 소리를 낼 수 있다. 베이산 방송탑 北山播音牆이라고도 부른다.

위치 구닝터우 전쟁역사관에서 도보 17분 주소 金門縣 金寧鄉 北山村

진먼 양조장 金門酒廠(금문주창) 진먼지우창

MAP 20-A

정부에서 관리하지만 공기업은 아니고 도지사가 사장 등을 지명해 운영하는 양조장이다. 수수로 만든 진먼 고량주는 모두 자연 발효한 중국식 전통 백주여서 향미와 풍미 모두 뛰어나다. 이 고량주 덕분에 타이완에서 제일가는 부자현이 되었고, 2014년 기준 매출액이 140억 타이완달러였다고 한다. 양조장에 도착하면 술 발효 냄새가 물씬 풍긴다. 주차장 아래에 500만 리터가, 제일 큰 건물 밑에는 3000만 리터의 고량주가 저장되어 있다. 알코올 도수는 38도부터 64도까지 다양하다. 38도와 58도가 주력 상품이다. 모든 종류의 진먼 고량주를 다른 곳보다 저렴한 가격에 구입 가능하다.

위치 타이완하오씽 D선 문태보탑 文台寶塔 하차 **주소** 金門縣 金寧鄉 桃園路 1號 **오픈** 08:00~12:00, 13:30~15:30 **홈피** www.kkl.gov.tw

쥐광러우 莒光樓(거광루) Juguang Tower

MAP 20-A

30년이 넘도록 진먼 우표와 엽서에 나올 정도로 진먼을 대표하는 중요한 곳이다. 고대 기린각의 궁전식 3층 건물로 각 층에서는 진먼의 역사·건설 성과·관광 자원 등을 소개한다. 1층에서는 30분 간격으로 영상을 보여주고, 3층으로 올라가면 진먼의 수수 재배에 크게 기여한 후롄 胡璉 장군에 관한 것이 전시되어 있다. 밖으로 나가면 탁 트인 전망을 볼 수 있는데, 샤오진먼과 중국 샤먼까지도 보인다.

위치 타이완하오씽 A선 쥐광러우 莒光樓 하차 **주소** 金門縣 金城鎮 賢城路 1號 **오픈** 08:00~22:00

쉐이터우 마을 水頭聚落(수두취락) 쉐이터우쥐뤄 Shuitou Village

MAP 20-A

바다와 근접한 마을로 청나라 시대에 외지에서 사업하던 형제 사업가의 기부로 더욱 부유한 곳이 되었다. 마을 입구에는 이곳에서 가장 유명한 탑인 더위에러우 得月樓(득월루)가 있는데 부자 마을이다 보니 도둑 등 침략자가 오는지 감시하던 곳이라고 한다. 마을에 있는 2층집으로 웅장하고 화려한 서양식 건물들은 거의 다 외지에서 돈을 번 부자들이 지었다. 그중 황훼이황양러우 黃輝煌洋樓(황휘황양루)는 개인 소유물이지만 정부에게 관리를 맡겨, 일반인에게 공개하고 있다. 건물 내부는 서양식 외관과는 다르게 중국 분위기도 풍기고, 침입을 막기 위해 비밀 감시창이나 차단막 등이 설치되어 있다. 건물 외부에는 마을 우물과 빨래터, 욕실 등이 있다.

위치 타이완하오씽 A선 쉐이터우 마을 水頭聚落 하차 **주소** 金門縣 金城鎮 前水頭44號 **오픈** 황훼이황양러우 08:30~17:00

쉐이터우 마을 둘러보기

펑스예 문물방
風獅爺文物坊(풍사야문물방) 펑스예원우팡

우저우 도예 浯州陶藝에서 만든 펑스예를 모티브로 한 다양하고 귀여운 상품을 판매한다. 펑스예 風獅爺는 옛날 진먼다오의 주민들이 강한 동북풍과 도둑 등의 피해를 막기 위해 복을 기원하던 액막이 인형으로 마을마다 설치되어 있다. 인형마다 각기 표정, 모양 등이 다르고 그 수는 무려 100개가 넘는다. 돌, 시멘트, 흙 등 다양한 재료를 사용해 만드는데, 그중 돌로 만든 것이 가장 많다고 한다.

위치 마을 입구, 더위에러우 得月樓 옆 **주소** 金門縣 金城鎮 水頭 42號 **오픈** 08:30~17:30 **휴무** 무휴 **홈피** www.wuzhou.tw

자이산 갱도 翟山坑道(적산갱도) 자이산컹다오 Zhaishan Tunnel

MAP 20-A

1961년부터 5년에 걸쳐 만들어진 진먼 서남방에 위치한 갱도이다. 지하수로의 길이는 101미터, 넓이 6미터, 높이 3.5미터이며 수로는 A자 형태로 되어 있다. 전쟁 시 소형 함정이 섬 안으로 들어갈 수 있도록 만들어졌으며 갱도 내에 42척의 배를 수용할 수 있다고 한다. 관광객에게는 1998년부터 정식으로 개방되었다. 갱도 안으로 들어가기 전, 광장에는 실제 사용되었던 군함들이 전시되어 있고 입구로 들어가서 화강암으로 된 갱도를 조금만 걸어가 계단을 내려가면 바로 수로가 나온다. 수로의 수면이 너무 거울처럼 비춰져서 바닥도 물이 아닌 위아래 같은 돌로 이루어진 듯한 착각을 일게 한다. 수심은 약 2미터이고 A자 수로 양 입구는 돌문으로 막혀 있다.

위치 타이완하오씽 A선 자이산 갱도 翟山坑道 하차 **주소** 金門縣 金城鎮 翟山 **오픈** 08:30～17:00

진허리강다오 金合利鋼刀(금합리강도) Maestro WU

MAP 20-A

진먼에는 3대 특산물이 있는데 고량주, 꽁탕 그리고 마지막 하나가 바로 강철칼이다. 1958년부터 1978년 사이 중국에서 무수한 포탄을 진먼에 쏘아댔는데 포격 후 폐기된 포탄을 이용해 칼을 제작했다. 우(吳) 씨 집안 사람들이 가업을 이어오고 있으며 포탄으로 만든 식칼은 인기가 많다. 진먼에 몇 개의 매장이 있는데 이곳 진닝점에서는 포탄 칼을 만드는 곳이 있어 운이 좋으면 이곳의 사장이자 대장장이인 우쩡동 吳增棟 씨가 칼을 만드는 모습을 직접 볼 수도 있다. 포탄을 잘라 녹이고 여러 번 연마하는 작업을 거치면 생각보다 금세 칼 한 자루가 뚝딱 만들어진다.

위치 진청 버스터미널에서 도보 15분 **주소** 金門縣 金寧鄉 伯玉路一段 236號 **오픈** 09:00～18:00 **홈피** maestrowu.8898.tw

첸민쉐이궈찬 渼民水果餐(천민수과찬)

MAP 20-A

과일 창작요리를 선보이는 특이한 레스토랑. 시기에 따라 그날그날 다른 세트 메뉴를 선보인다. 입구에 그날의 코스 메뉴가 칠판에 적혀 있고 메뉴가 코스 순서대로 나온다. 과일 주스 · 과일 샐러드 · 과일이 들어간 탕 · 볶음밥 · 메인 요리 · 디저트 순으로 나오고 모든 음식에는 과일이 꼭 들어간다. 음식의 주재료가 과일이거나 과일소스를 사용해 상큼하니 특색 있고 맛이 좋다. 예약 후 방문해야 하며, 코스 가격은 1인당 약 NT$550이다.

위치 타이완하오씽 D선 자전거 스토리 하우스 自行車故事館 하차 후 도보 3분 주소 金門縣 金寧鄉 伯玉路二段 224巷 8號 오픈 11:30~14:00, 17:30~20:30 휴무 월요일 전화 08-232-4489 홈피 www.facebook.com/QuanMinShuiGuoCanChuangYiLiaoLi

까오컹뉴러우뎬 高坑牛肉店(고갱우육점)

MAP 20-B

소고기 요리 전문 식당이다. 진먼의 소는 고량주를 만들고 남은 찌꺼기를 섞은 사료를 먹어서 고기가 더 맛있다고 한다. 그래서 진먼은 소고기 요리, 육포 등이 유명하다. 이 집 역시 육포도 유명하다. 구이 · 소시지 · 볶음 · 우육면 등 모든 요리의 주재료가 소고기인데, 고기를 좋아한다면 대부분 무난하게 먹을 수 있다. 특히 우육면이 일품이다. 가격은 2~3인 기준으로 요리당 NT$ 180~250 정도다.

위치 진청 버스터미널에서 택시 20분 주소 金門縣 金沙鎮 高坑38號 오픈 10:00~14:00, 16:30~20:00 홈피 kow-kun.com.tw

PART 5
타이완 남부
台灣南部

타이난 × 안핑 × 관쯔링 온천 × 까오슝 북부 × 챠오터우
까오슝 남부 × 치진 × 메이농 · 치산 × 샤오류츄 × 컨딩

01 타이완 남부는 어떤 곳일까?
ABOUT SOUTHERN TAIWAN

타이완 남부에서는 타이완의 전통적인 모습과 현대적인 모습을 함께 접할 수 있다. 주요 도시인 타이난은 타이완에서 네 번째로 크고, 가장 오래된 도시이다. 까오슝은 커다란 항구도시로 중공업이 발달한 남부 중에서도 경제·무역의 대도시다. 특히 타이완 석유화학산업의 주요 지역이자 조선업과 철강산업의 기지이다. 최근에는 관광업과 첨단기술산업도 발전하고 있다. 또한 타이완에서 남부는 열대기후에 속하며, 최남단 컨딩은 1년 내내 따뜻해 타이완에서 제일가는 휴양지로 꼽힌다. 남부의 대표 관광명소로는 츠칸러우·대천후궁·안핑 지구·85빌딩·아이허·롄츠탄·치진 반도·컨딩 등이 있다.

➔ 여행 계획

타이완 남부 여행은 까오슝을 중심으로 계획을 잡는 것이 좋다. 타이난은 까오슝에서 기차로 30분~1시간 거리에 있어서 까오슝에 숙소를 잡고 당일치기로 다녀올 수도 있을 정도로 가깝다. 컨딩 역시 대부분 까오슝을 기점으로 삼아 버스나 택시를 타고 간다. 까오슝에서는 타이베이처럼 MRT를 운행한다. 아직 두 개 노선밖에 없지만 대부분의 관광지를 가는 데 불편함이 없다. 게다가 경전철 LRT가 추가로 개통되어 부분적으로 운행 중이고 더 많은 구간이 개통할 예정이다. 어느 지역이든 오래 머물며 보는 것이 가장 좋겠지만 시간 여유가 없는 관광객에게는 최소 까오슝 2박, 타이난 당일치기 또는 1박, 컨딩 1박 정도의 일정을 추천한다.

➔ 숙소 정보

숙소는 까오슝에 잡아 까오슝을 기점으로 여행하는 것이 좋다. 다른 지역으로의 이동이 잦다면 까오슝역 주변에, 시내 중심에서 이동이 많다면 MRT 노선 두 개가 교차하는 유일한 역인 메이리다오역 주변에 구할 것을 추천한다. 대부분의 호텔은 까오슝처짠역, 85빌딩, 아이허 지역 내에 분포해 있다. MRT 메이리다오역·쭝양꿍위엔역·싼뚸상췐역·옌청푸역 근처에는 호스텔이 많은 편이다.

02 타이완 남부로 가는 방법
HOW TO GO SOUTHERN TAIWAN

타이완 남부에는 국제선과 국내선을 운행하는 까오슝공항 高雄國際機場이 있다. 인천에서 매일 네다섯 편씩 까오슝으로 가는 비행 노선이 운행되며 3시간이 소요된다. 부산에서도 매일은 아니지만 일주일에 5일 정도 하루 한 편씩 운항 중이다. 워낙 타이완 북부에 여행자가 많이 몰리니, 조금 더 여유로운 여행을 하고자 한다면 까오슝으로 입국해 남부를 돌아볼 것을 추천한다. 타이베이나 타이중, 타이동 등지에서 갈 때는 고속철도, 기차, 고속버스 등을 이용해 간다.

➜ 공항에서 까오슝 시내 가기

까오슝공항은 MRT R4 까오슝궈지지창역과 연결되며 까오슝의 중심인 까오슝처짠역까지 약 18분이면 도착한다. 공항으로 갈 때는 MRT역 2번 출구가 국내선, 6번 출구가 국제선으로 연결되니 참고하자. 택시를 이용하는 경우 까오슝처짠역까지 약 20분 정도 소요되고, 요금은 NT$300~350다.

➜ 공항에서 고속철도·기차역 가기

공항에서 까오슝의 고속철도역인 쭤잉역이나 기차 까오슝처짠역으로 가려면 시내로 갈 때와 마찬가지로 MRT를 이용하면 된다. 고속철도 쭤잉역은 MRT 쭤잉역과 연결되어 있으며, 기차 까오슝역은 MRT 까오슝처짠역과 연결되어 있다.

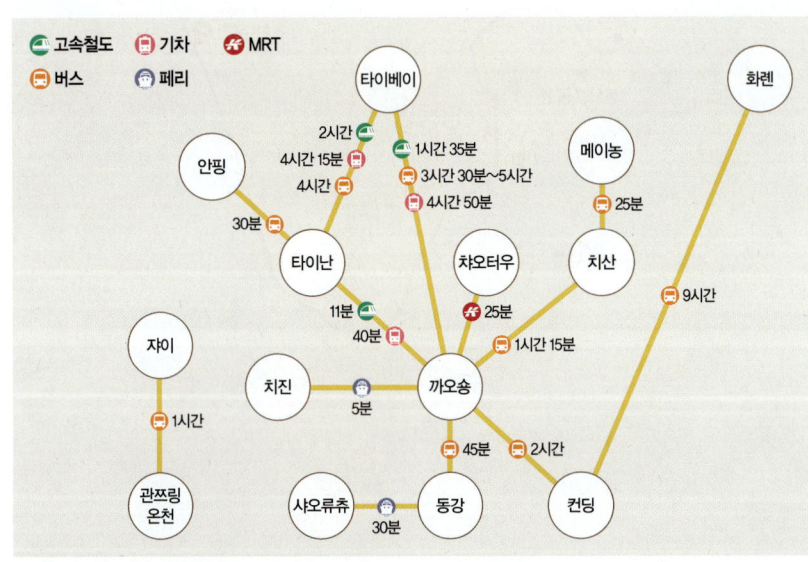

03 타이완 남부 시내 교통
SOUTHERN TAIWAN CITY TRAFFIC

➜ MRT

MRT는 까오숑에서만 운행한다. 까오숑 MRT는 KMRT 혹은 KRTC라 부르기도 하며, 현재 레드 라인 Red Line과 오렌지 라인 Orange Line 총 두 노선이 개통되었다. 까오숑 MRT는 역마다 번호가 붙어 있어 복잡한 역명 대신 번호로 알아두면 편리하다. 타이베이에서와 마찬가지로 MRT 내에서는 물을 포함한 각종 음료와 껌, 사탕 등의 음식을 먹는 것이 금지되어 있다. 아직 개통은 멀었지만 타이난에서도 MRT 네 개 노선을 계통할 예정이다.

운행 06:00~24:00 요금 NT$20~60
홈피 www.krtco.com.tw

➜ LRT

타이완의 첫 번째 경전철이 까오숑에서 운행을 시작했다. 경전철을 뜻하는 LRT는 Light Rail Transit의 줄임말로 현지어로는 까오숑칭페이 高雄輕軌라고 부른다. 2015년 10월부터 시범운행을 시작해 2017년 9월에 1구간이 모두 개통되면서 2017년 11월부터 요금이 부과되기 시작했다. 총 37개의 역 중 현재(2019년 8월 기준) 1구간(C1~14)이 개통되었고 나머지 2구간은 아직 공사 중이다. 다소 가기 불편했던 주요 관광지 바로 앞을 지나가고 지상에 승강장이 있어 이동이 편리해졌다. 교통카드를 사용하는 경우, 승강장이나 차량 내부에 있는 단말기에 승차 시, 한 번만 태그하면 된다. 티켓은 승강장에 설치된 티켓 발매기(동전만 가능)에서 구입할 수 있다. 티켓을 확인하는 직원이 상시 있지는 않지만 무임승차 적발 시 운임의 50배가 벌금으로 부과되니 양심껏 꼭 내자. 승하차 시 차량 문에 있는 버튼을 눌러야만 문이 열린다. 정차 시 깜박이는 동그란 버튼을 누르면 된다.

운행 07:00~22:00(15분 간격)
요금 티켓 NT$30, 교통카드 NT$10(아이패스 · 이지카드 등 모두 사용 가능)
홈피 www.krtco.com.tw/Activity/LRT/LRTlink.aspx

➜ 시내버스

MRT가 없는 타이난이나 컨딩에서는 버스가 중요한 대중교통수단이다. 타이난의 버스는 분단을 기점으로 구간 요금을 적용하는 것과 거리에 따라 요금이 부과되는 것이 있다. 구간 요금제 버스의 경우 1구간 요금은 NT$18이며 구간에 따라 추가 요금이 붙는다. 거리 요금제 버스는 8km까지는 무료이며, 8km 이상 이동 시 요금이 부과되므로 승하차 시 모두 교통카드를 단말기에 대야 한다. 버스나 기차는 2시간 이내 환승할 경우 할인 혜택이 있다.
까오숑의 버스는 거리별 구간 요금제이며, 구간마다 NT$12가 부과된다. 8km이내는 1구간, 8km가 넘어가면 2구간 요금이 적용된다. 승하차 시 모두 교통카드를 단말기에 대야 하며 하루에 2구간까지만 요금이 부과되고 당일 3번째 구간부터는 무료 혜택이 있다.
시내버스를 이용하면 가장 좋겠지만 중국어가 낯선 보통의 여행객은 이용하기가 다소 어려우므로 타이완 하오씽 버스를 이용할 것을 추천한다.

타이난 버스 tourguide.tainan.gov.tw/newtnbusweb
까오숑 버스 ibus.tbkc.gov.tw

➜ 타이완하오씽

타이완관광청에서 관광객을 위해 운영하는 관광지 셔틀버스라 생각하면 된다. 타이완 각지에서 운행 중이며, 각 기차역이나 고속철도역에서 주요 관광지까지 이동한다. 요금체계는 시내버스와 동일하다. 대부분 요금 지불 시 교통카드 사용이 가능하며, 노선별 1일권은 해당 운전기사에게서 바로 구입하면 된다.

홈피 www.taiwantrip.com.tw

타이난시 주요 노선
88번 88안핑선 88安平線
타이난 공원 台南公園-기차 타이난역 台南車站-공자묘 孔廟-츠칸러우 赤崁樓-선농제 神農街-안핑구바오 安平古堡

99번 99타이장선 99台江線
타이난 공원 台南公園-기차 타이난역 台南車站-츠칸러우 赤崁樓-안핑구바오 安平古堡-치꾸옌산 七股鹽山

까오숑시 주요 노선
800번 따슈치푸선A 大樹祈福線A
MRT 따동역 捷運大東站-주랴오산 관광술공장 竹寮山觀光酒廠站-포광산 佛光山站-불타기념관 佛陀紀念館站

502번 하포콰이선 哈佛快線
고속철도 쮜잉역 高鐵左營站-불타기념관 佛陀紀念館站-포광산 佛光山站

핑동현 주요 노선
9189번 컨딩콰이선 墾丁快線
고속철도 쮜잉역 高鐵左營站-따펑완 大鵬灣-팡랴오 枋寮站-난바오리 南保力站-헝춘 버스터미널 恆春運站-샤오완(컨딩) 小灣

508번 핑베이루선 屏北路線
기차 핑동역 屏東車站-린뤄 운동공원 麟洛運動公園-류뒈이 객가공원 六堆客家園區-핑동 과학기술대학교 屏東科技大學-원주민문화원구 原民文化園區

➜ 택시

일행과 함께 어느 정도 가까운 거리를 이동한다면 택시를 이용하는 것도 추천한다. 타이난과 까오숑은 택시 요금 체계가 같다. 기본요금은 NT$85이며, 250미터당 NT$5(시속 5km 이하 시, 3분당 NT$5)가 가산된다. 오후 11시부터 오전 6시 사이에는 20퍼센트의 할증 요금이 추가로 붙는데, 미터기에 자동 계산되는 것이 아니라 따로 계산해서 낸다. 설 연휴기간에는 약 10일 동안 특별 할증이 적용된다.
미리 택시비를 계산해볼 수 있는 웹사이트(taxi.012345 6789.tw/ko)도 있으니 이용해보자.

➜ 티바이크 · 시바이크

타이베이시의 유바이크 같은 공공자전거가 타이난과 까오숑에도 있다. 타이난은 Tainan Tour Bike를 줄여서 티바이크 T-bike라 부르고, 까오숑은 City Bike를 줄여서 시바이크 C-bike라 부른다. 까오숑에 170개가 넘는 대여소와 약 1400대의 자전거를 보유한다. 시바이크는 아이패스나 신용카드로 이용 할 수 있다. 아이패스는 MRT역 안내 창구에서 따로 시바이크 이용 신청을 한 후에 사용할 수 있으므로 신용카드로 사용하는 게 편리하다.

요금 타이난 30분당 NT$10, 1일 NT$100/까오숑 첫 1시간 무료, 90분 이내 NT$10, 이후 30분마다 NT$20 홈피 타이난 tbike.tainan.gov.tw, 까오숑 www.c-bike.com.tw

04 타이완 남부 교통 패스
SOUTHERN TAIWAN CITY TRAFFIC

→ 아이패스 iPASS

현지어로 이카통 一卡通이라고 불리는 교통카드로 까오숑과 타이베이 MRT, 버스는 물론이고 기차, 페리, 각종 상점 등에서 사용할 수 있다. 까오숑 MRT 탑승 시 15퍼센트, 버스-MRT 환승 시 일정 금액을 할인받을 수 있다. 보증금 개념 없이 NT$100에 구입해 충전해서 사용한다.

구입은 까오숑·타이베이 MRT역 안내 창구, 편의점, 아이패스 서비스센터에서 가능하며, 충전은 NT$100 이상 가능하다. 아이패스를 다 사용했다면, 까오숑 MRT역 안내 창구에서 남은 충전 잔액을 환불받을 수 있다. 환불 시 간단히 '퉤이카 退卡' 혹은 '퉤이페이 退費'라고 말하면 되며, 수수료 NT$20이 공제된다. 다만, 5회 이상 사용했다면 수수료는 없다. 잔액을 환불받은 카드는 NT$20을 내면 다시 사용할 수 있다.

원래 MRT를 이용하려면 타이베이에서는 이지카드, 까오숑에서는 아이패스를 따로 구입했어야했는데, 2015년 9월부터 아이패스로도 타이베이 MRT의 이용이 가능해졌고, 2016년 7월부터는 이지카드로 까오숑 MRT도 탑승 가능하게 되어 사실상 크게 구분이 없어졌다.

홈피 www.i-pass.com.tw

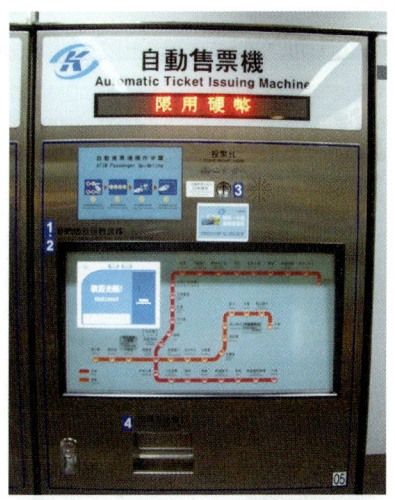

→ 일회용 IC토큰 IC 代幣單程票

일회용으로 사용하는 토큰으로 MRT 역내 자동판매기에서 구입해 당일 내로 사용해야 한다. MRT 탑승 시 카드를 대는 곳에 태그하고, 하차 시 투입구 구멍에 넣어주면 된다.

→ KRTC 멀티플 데이패스
KRTC multiple Day-Pass

일정 기간 까오숑 MRT를 무제한 탑승할 수 있는 패스인데, 아이패스를 구입한 후 MRT역 안내 창구에서 설정해 사용하는 방식이다. 다만, 설정 후에는 환불이나 일반용으로 변경할 수 없다.

요금 1일권 NT$150, 2일권 NT$250

→ KPP 타이완 패스 KPP Taiwan Pass

까오숑, 핑동, 펑후 세 지역의 여행자를 위한 패스로 MRT 무제한 이용권 및 세 지역 관광지의 버스 탑승권, 입장료 등을 포함한 통합 티켓이다. 온라인에서 미리 구매 가능하고 KRTC 데이패스와 마찬가지로 MRT역 안내 창구에서 아이패스에 설정 후 사용 가능하다.

홈피 gojet.krtco.com.tw

05 타이완 남부 베스트 코스
SOUTHERN TAIWAN BEST COURSE

➜ 까오숑 1일 코스

다른 지역에 있다가 까오숑만 당일치기로 여행하는 일정이다. 고속철도로 적어도 오전 9시에는 쭤잉역에 도착해야 하루 동안 돌아볼 수 있다. 돌아갈 때는 쭤잉역 오후 9시 출발 고속철도를 타자. 당일치기 여행인 만큼 가능한 빠르게 이동해야 한다.

START 기차 쭤잉역 → 도보 15분 → 롄츠탄 풍경구 p.444 → MRT 11분 → 메이리다오역 p.458 → MRT 4분 → 보얼 예술특구 p.463 → 도보 15분+페리 5분 → 치진 p.477 점심식사 → 페리 5분+도보 10분 → 다거우 영국영사관 p.465 → 택시 10분 → 아이허 p.460 → 도보 20분 → 류허 야시장 p.466 → MRT 5분 → 85빌딩 전망대 p.459

→ **3박 4일 코스** 안핑 · 타이난 · 까오숑 · 컨딩 · 치진

DAY 1
기차 타이난역
→ 타이완하오씽 30분 → 안핑 p.435
→ 타이완하오씽 18분 → 션농제 p.426
→ 도보 2분 → 하이안루 예술거리 p.425
↓ 도보 6분
→ 츠칸관차이반 p.433 ← 도보 25분/택시 7분 ← 화위엔 야시장 p.428 ← 버스 15분 ← 기차 타이난역 ← 기차 35분 ← 까오숑 숙박

DAY 2
기차 까오숑역
→ 버스 2시간 +셔틀버스 3분 → 국립해양생물박물관 p.496
→ 셔틀버스 30분 → 샤오완 해수욕장 p.497
→ 도보 5분 → 컨딩따제 p.497
↓
컨딩 숙박

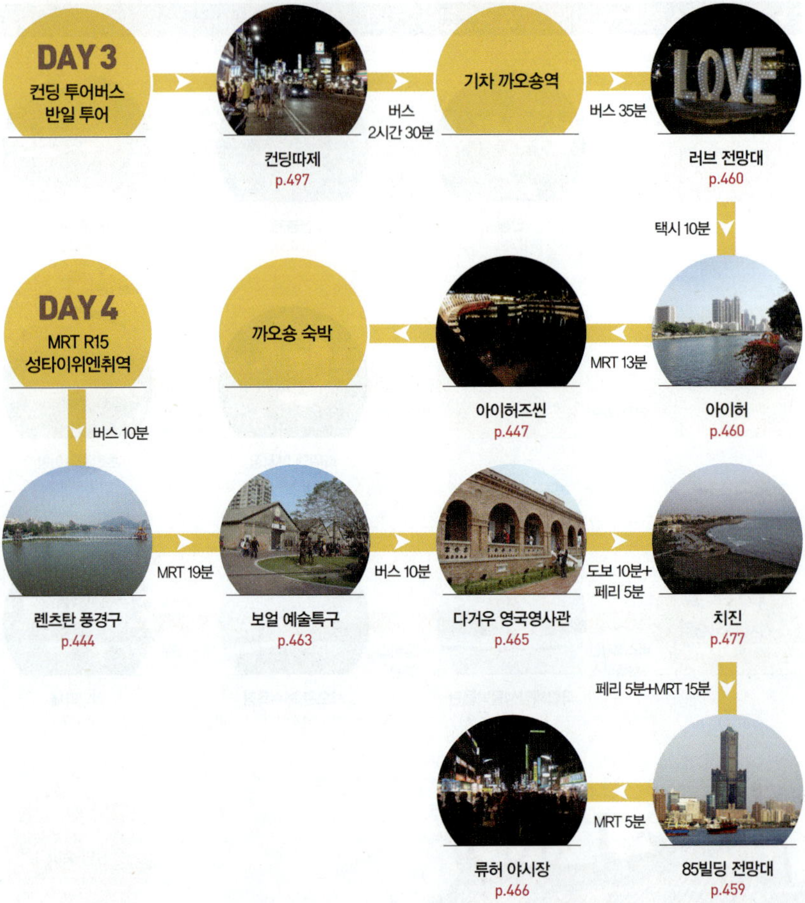

DAY 3 컨딩 투어버스 반일 투어

컨딩따제 p.497
→ 버스 2시간 30분 →
기차 까오송역
→ 버스 35분 →
러브 전망대 p.460
↓ 택시 10분

DAY 4 MRT R15 성타이위엔취역

까오송 숙박
← 아이허즈씬 p.447
← MRT 13분 ←
아이허 p.460

↓ 버스 10분

렌츠탄 풍경구 p.444
→ MRT 19분 →
보얼 예술특구 p.463
→ 버스 10분 →
다거우 영국영사관 p.465
→ 도보 10분+페리 5분 →
치진 p.477

↓ 페리 5분+MRT 15분

류허 야시장 p.466
← MRT 5분 ←
85빌딩 전망대 p.459

418 PART 5 타이완 남부

AREA 1

타이난
台南(대남) Tainan

타이완의 직할시로, 타이완 서남부 쟈난 평원 嘉南平原에 위치한다. 타이완의 옛 수도이자 경제의 중심이었던 역사는 1620년대부터 시작되며, 타이완에서 가장 먼저 건립된 도시라서 고대도시라고 불린다. 300개가 넘는 사원과 유적에서 고즈넉한 중국 전통문화를 즐기기 좋고, 샤오츠의 천국이라 불릴 정도로 다양하고 독특한 음식문화를 체험해볼 수 있다.

HOW TO TRAVEL

타이난 이렇게 여행하자

→ 가는 방법

타이베이에서 출발

교통수단		승차	운행시간	배차간격	소요시간	요금
고속철도		타이베이처짠	06:30~22:00	시간당 2~3편	1시간 45분 ~2시간	NT$1350
기차			06:30~19:20 (쯔창하오 自強號 기준)	시간당 1~2편	4시간 15분	NT$738
고속 버스	궈광커윈 1837번	타이베이 버스 스테이션	06:00~02:20	시간당 1~2편	4시간 20분	NT$460
	통롄커윈 1611번		24시간	시간당 1~2편 (금·일요일 14:00~24:00 증편)	4시간~ 4시간 30분	NT$460

까오슝에서 출발

고속철도 타이난역에서 시내에 있는 기차 타이난역까지는 거리가 있어서 까오슝에서 고속철도를 타던, 기차를 타던 시내까지 도착하는 총 소요시간에는 큰 차이가 없다. 그러므로 까오슝에서 출발한다면 가격 면에서 저렴하고, 예약할 필요도 없는 기차 이용을 추천한다.

교통수단	승차	운행시간	배차간격	소요시간	요금
고속철도	쭤잉역	06:18~22:54	시간당 2~3편	11분	NT$140
기차	까오슝처짠역	06:14~21:14 (쯔창하오 自強號 기준)	시간당 1~2편	35분	NT$106

고속철도 타이난역에서 출발

고속철도 타이난역은 시내에서 멀리 떨어져 있기 때문에 시내 중심인 기차 타이난역 근처로 이동해야 한다. 고속철도 타이난역은 기차 샤룬역 沙崙車站과 연결되어 있으니 기차를 타고 가면 된다. 취젠처 區間車(30분 간격 운행/25분 소요/NT$25)를 타거나, 기차가 싫다면 무료 셔틀버스(15~30분 간격 운행, 50분 소요)를 타고 이동하면 된다.

➜ 여행 방법

타이난에는 MRT가 없기 때문에 버스나 택시를 이용해야 한다. 외국인 관광객이 지방 도시에서 버스를 타는 것은 다소 어려운 도전일 수도 있다. 그러므로 주요 관광지를 오가는 타이완하오씽으로 이동하는 것을 추천한다. 츠칸러우나 타이난 공자묘 주변의 시내 중심의 볼거리를 묶어 여행하고, 안핑은 시내에서 조금 떨어져 있는 지역이므로 따로 계획을 세우는 것이 좋다.

홈피 tour.tainan.gov.tw

타이완하오씽

기차 타이난역에서 탑승하는 경우, 역을 등지고 11시 방향의 맞은편에서 탑승하면 된다. 한 번 탑승 시, NT$18이고 이지카드나 아이패스 등 교통카드로도 탑승할 수 있다. 방학 시즌에는 운행시간이 달라진다.

88번 88안핑선 88安平線

기차 타이난역(남역) 台南車站(南站)–연평군왕사/카이산루 延平郡王祠/開山路–따둥 야시장 大東夜市–공자묘 孔廟–츠칸러우 赤嵌樓–선농제 神農街–원주민문화회관 原住民文化會館–안핑가회요문화관 安平蚵灰窯文化館–안핑구바오/안베이루 安平古堡/安北路–덕기양행/안평수옥 德記洋行/安平樹屋–고운하 古運河–관시핑타이 觀夕平台

운행 09:04~18:04(월~금요일 1시간, 토·일요일 30분 간격) **요금** NT$18

99번 99타이장선 99台江線

기차 타이난역(남역) 台南車站(南站)–츠칸러우 赤嵌樓–안평가회요문화관 安平蚵灰窯文化館–안핑구바오 安平古堡–덕기양행/안평수옥 德記洋行/安平樹屋–고운하 古運河–쓰차오 생태문화원구 四草生態文化園區–치푸옌산 七股鹽山

운행 09:00~16:00(월~금요일 1시간, 토·일요일 30분 간격) **요금** NT$18

➜ 추천 코스(6시간 소요)

연평군왕사 p.423 → 버스 9분 → 타이난 공자묘 p.423 → 버스 5분 → 츠칸러우 p.424 → 도보 2분 → 대천후궁 p.424

↓ 도보 15분/버스 3분

화위엔 야시장 p.428 ← 도보 20분/택시 7분 ← 하이안루 예술거리 p.425 ← 도보 2분 ← 선농제 p.426

치메이 박물관 奇美博物館(기미박물관) 치메이보우관 Chimei Museum

치메이 박물관은 치메이 그룹 창업주인 쉬원룽 許文龍의 개인수집품들을 전시해놓은 대형 박물관으로 2015년에 개관한 이후 타이난을 대표하는 명소로 꼽힌다. 박물관 입구에는 웅장한 규모의 아폴로 분수대가 있고 그 앞에는 그리스 신들의 조각상이 진열된 박물관으로 가는 다리가 놓여 있다. 그리스 신전처럼 멋진 외관을 자랑하는 박물관 건물은 정면 길이 150미터, 높이 42미터로 치메이그룹에서 NT$13억을 들여 설립한 후 타이난시에 기증하였다. 95,000제곱미터 면적의 박물관에는 서양 예술, 동물 표본, 악기, 병기 등 진귀한 국제적 수준의 많은 예술품들을 소장하고 있다.

※박물관 내 사진 및 영상 촬영 또는 녹음 금지

위치 기차 바오안역 保安火車站에서 도보 10분 혹은 버스(紅3, 紅3-1, 紅4) 이용 / 고속철 타이난역 高鐵臺南站에서 버스 H31 臺南市政府線 15분 주소 台南市 仁德區 文華路二段 66號 오픈 09:30~17:30 (매표 마감 16:30/입장 마감 17:00) 휴무 수요일 요금 입장권 일반 200元, 7~22세 학생 및 65세 이상 150元, 7세미만 무료 / 오디오가이드 어른 1대당 NT$100(중국어140분/영어160분/일어160분), 어린이 1대당 NT$80(중국어50분), 여권 혹은 보증금 NT$1,000 필요 전화 06-266-0808 홈피 www.chimeimuseum.org

연평군왕사 延平郡王祠 옌핑쥔왕츠 Koxinga Shrine MAP 35-K

네덜란드를 몰아내고 타이완을 탈환한 민족 영웅 정성공(鄭成功)을 기리기 위한 사당이다. 타이완에는 정성공을 기리는 사당이 50~60개 정도 있는데 그중 역사와 규모 면에서 이곳이 가장 유명하다. 강희제(康熙帝) 시절 건립된 이곳은 1875년 광서제(光緒帝)가 정성공을 연평군왕(延平郡王)으로 추서하고 사당 명칭을 연평군왕사로 바꾸었다. 광장 중앙에 있는 대전(大殿)에는 정성공의 조각상이 전시되어 있다. 사당 바로 앞에는 정성공에 관한 자료와 유물이 전시된 정성공문물관(鄭成功文物館)도 있다. 입장료는 무료다.

위치 타이완하오씽버스 88번, 버스 6번 연평군왕사 延平郡王祠 하차 주소 台南市 中西區 開山路 152號 오픈 08:30~17:30(정성공문물관 화~일요일 09:00~17:00) 요금 무료

 ## 타이난 공자묘 台南孔廟(대남공묘) 타이난콩먀오 Tainan Confucius Temple MAP 35-J

타이난의 1급 고적으로, 타이완의 가장 오래된 공자묘이자 최초의 학교다. 수십 차례의 보수 공사로 현재의 모습이 되었다. 총 15개의 건물이 있는데 한쪽에는 학교, 한쪽에는 사원이 위치한다. 공자묘에서는 매년 9월 28일 공자탄신일에 공자와 제자 및 현인들을 모시고 성대한 의식을 행한다. 공자묘 입구 바로 건너편에는 공묘매력상권 孔廟魅力商圈이라는 상점가도 있어 함께 구경하기 좋다.

위치 타이완하오씽버스 88번, 버스 2번 공묘 孔廟 하차 후 도보 15분 주소 台南市 中西區 南門路 2號 오픈 본당 08:30~17:30 요금 NT$25

대천후궁 大天后宮 따톈허우궁 Tainan Grand Matsu Temple

MAP 35-B

천후는 바다의 여신인 마쭈 媽祖를 일컫는 말로 바다와 가까이 있는 지역에서 천후궁은 빠지지 않는다. 1684년에 세워진 타이완에서 가장 오래된 마쭈먀오 媽祖廟(마쭈를 모시는 사당)다. 국가 지정 1급 고적이며, 타이완에서 처음 궁전식으로 설계되었다. 건물은 전전(前殿), 배전(拜殿), 정전(正殿), 후전(後殿)으로 이루어진다. 경사 때문에 안쪽으로 갈수록 조금씩 높고 웅장해진다.

위치 타이완하오씽 99번, 버스 3·5번 츠칸러우 赤崁樓 하차 주소 台南市 中西區 永福路二段 227巷 18號 오픈 05:30~21:00 홈피 www.tainanmazu.org.tw

츠칸러우 赤崁樓(적감루) Chihkan Tower(Old Fort Provintia)

MAP 35-B

붉은 돌담으로 둘러싸인 타이난시 지정 1급 고적. 타이난에서 가장 오래된 역사적 건물로, 타이난에 가면 꼭 봐야 할 관광명소다. 입구로 들어서면 잘 가꿔진 정원이 나오고 정면에 바로 츠칸러우가 보인다. 1862년 지진으로 파괴되었지만 1965년 현재의 모습으로 개축되었다. 정원에는 네덜란드인이 정성공에게 항복하는 모습의 동상이 있고, 작은 연못에는 건륭제가 하사했다는 비석이 거북이 위에 있다. 해신묘(海神廟) 내부에는 정성공과 관련된 문헌과 요새였을 때의 모형, 네덜란드인과의 싸움에 사용되었던 배 모형이 전시되어 있다. 해신묘 바로 옆에 붙어 있는 문창각(文昌閣) 외부에는 옛날 네덜란드인이 붉은 벽돌로 쌓아 올린 두꺼운 성벽이 그대로 남아있다. 저녁에는 조명이 켜져 고즈넉한 분위기를 풍기는 멋진 모습을 만날 수 있다.

위치 타이완하오씽 99번, 버스 3·5번 츠칸러우 赤崁樓 하차 주소 台南市 中西區 民族路二段 212號 오픈 08:30~22:00(30분 전 매표 마감) 요금 NT$50

란샤이투 문창원구 藍晒圖文創園區(남쇄도문창원구) 란샤이투원촹위엔취 Blueprint Culture & Creative Park

MAP 35-I

하이안루 海安路에 있던 대표적인 예술 작품 '란샤이투 藍晒圖'가 이곳으로 이동해왔다. 건축가 류궈창 劉國滄의 작품으로 안전상의 문제로 기존의 건물이 철거된 후, 오래된 주택단지였던 이곳으로 옮겨와 문창원구가 조성되었다. 이 문화단지에 있는 주택은 일본 식민지 시대에 세워진 목조건물로 50년 전에 지어진 것도 있다. 레스토랑, 잡화점, 애견용품점, 작업실, 카페 등 다양한 공간이 들어선 예술 공간이다. 단지 내 건물 벽에는 대형 벽화가 그려져 있어 사진 찍기에도 좋다.

위치 기차 타이난역에서 버스 홍간선(紅幹線), 1·2·5·18번을 타고 신광 미즈코시 신텐디 新光三越新天地 하차 주소 台南市 南區 西門路一段 689巷 오픈 외부 24시간, 상점 및 전시관 14:00~21:00 휴무 상점 및 전시관 화요일 전화 06-222-7195 홈피 bcp.culture.tainan.gov.tw

하이안루 예술거리 海安路藝術街 하이안루이슈제 Hai An Road Art District

MAP 35-E

션농제 神農街 동쪽 끝이 하이안루2단 海安路二段과 만나는 곳인데 이곳에 예술거리가 조성되어 길 위의 미술관(海安街道美術館)이라고도 불린다. 작품이 많은 것은 아니지만 도로변 건물에 벽화가 그려져 있기도 하고 설치미술 작품이 전시되어 있기도 하다. 이곳에는 노상 주점이 많은 편이라 밤에 놀러 나오기에도 좋고, 저녁에 방문하면 조명이 켜져 또 다른 느낌을 준다. 하이안루를 중심으로 션농제와 쩡씽제 등 이 일대를 크게 하이안 관광 상권이라 부르며 서로 가까이에 있어 한번에 구경하기 좋다.

위치 타이완하오씽 88번 션농제 神農街 하차/버스 99번 제관팅 接官亭 하차 주소 台南市 中西區 海安路二段 홈피 hasm.tumblr.com

션농제 神農街(신농가) Shennong Street

MAP 35-A

하이안루에서 이어진 작은 골목. 션농 예술거리 혹은 션농 라오제라고도 불린다. 오래된 좁은 골목을 따라 바, 공방, 카페 등이 들어서 있어 독특한 매력을 뽐낸다. 낮에는 문을 연 곳이 별로 없어 다소 적막할 수 있으니 활기찬 모습을 볼 수 있는 저녁이나 주말에 방문하자. 타이완의 아기자기한 골목 구경을 좋아한다면 추천한다.

위치 타이완하오씽 88번 션농제 神農街 하차/버스 99번 제관팅 接官亭 하차
주소 台南市 中西區 神農街

쩡씽제 正興街(정흥가) Zhengxing Street

MAP 35-E

하이안루를 중심으로 남동쪽에 위치한 하이안루 쪽 쩡씽제부터 궈화제3단 國華街三段과 맞닿은 길까지다. 이곳은 여러 상점이 즐비한 번화가인데 오래된 건물에 예술과 먹거리, 소품 숍 등이 어우러져 신구가 조합된 풍경에 핫 플레이스가 되었다. 초입에서 파는 유명한 아이스크림을 먹으며 좁은 골목을 걸어보자. 주변에 아기자기한 상점도 많아 산책하며 구경하는 소소한 즐거움이 있다. 근처 시먼첸차오칭춘신톈디 西門淺草青春新天地(國華街三段 26號)에서는 매주 토요일 오후 2시부터 6시까지 벼룩시장이 열리므로 주말에 간다면 함께 방문해보자.

위치 버스 1번 시먼/요우아이제커우 西門/友愛街口 하차/버스 2번 궈쫑허이위엔 郭綜合醫院 하차 후 도보 3~5분 주소 台南市 中西區 正興街

┤ 쩡씽제 둘러보기 ├─

츄쟈샤오쮄미펀
邱家小卷米粉(구가소권미분) Chiu. Rice Noodles With Squid

샤오쮄 小卷은 작은 오징어를 뜻한다. 즉 이곳은 오징어가 들어간 탕과 쌀국수(미펀) 전문점이다. 현지인에게 굉장히 인기 있어 줄 서는 것쯤은 감안해야한다. 차례가 오면 주문·결제하고 음식을 받아 자리를 찾아가면 되는데, 직원분의 안내에 따라 앉으면 된다. 메뉴는 오징어쌀국수인 샤오쮄미펀 小卷米粉과 오징어만 들어간 맑은 탕 샤오쮄탕 小卷湯 두 가지다. 국물은 깔끔하니 시원하고 싱싱한 오징어도 매콤한 소스에 찍어 먹으면 한국인 입맛에 딱 맞다. 면의 툭툭 끊기는 식감이 독특하다. 가격은 한 그릇에 NT$80이다.

주소 國華街三段 5號 오픈 11:00~17:00 휴무 수요일(매달 변동 있음, 페이스북 공지) 전화 06-221-0517 홈피 www.facebook.com/Chiu.RiceNoodlesWithSquid

쳰웨이쟈 아이스크림
蜷尾家霜淇淋

아몬드, 아삼티, 말차, 우롱차, 포도, 초콜릿, 두부 등 500여 가지 맛의 아이스크림 중 매일 한두 가지 맛을 선정해서 판매한다. 번호표를 먼저 뽑은 후에 주변을 구경하는 것이 좋다. 매진되면 일찍 마감하니 주의하자. 가격은 개당 NT$70~80.

<u>주소</u> 正興街 92號 <u>오픈</u> 14:00~21:00(토 · 일요일 11:00~21:00) <u>휴무</u> 화 · 수요일

쩡씽 카페
正興咖啡館

쩡씽제에서 가장 유명한 카페로 오전 일찍 오픈해 오후 1시 전까지는 브런치를 세트 메뉴로 즐길 수 있다. 2층 테라스에서는 바깥 관객을 향해 공연하기도 한다.

<u>주소</u> 國華街三段 43號 <u>오픈</u> 월~목요일 09:00~19:00 (금 · 일요일 ~21:00)

타이청 과일가게
泰成水果店

80년의 역사가 있는 오랜 과일가게로 먹기 좋게 손질된 과일, 주스, 빙수 등을 판매한다. 그중 멜론을 그릇처럼 만든 빙수 종류(NT$220)가 인기 있다. 멜론 안에 들어간 셔벗과 과일맛 아이스크림이 조합된 메뉴 중에 선택하면 된다. 계절에 따라 빙수 메뉴는 변동된다.

<u>주소</u> 正興街80號 <u>오픈</u> 월~금요일 14:30~23:00, 토요일 14:00~23:00, 일요일 14:00~22:00 <u>휴무</u> 부정기적(매주 하루, 주로 수요일이나 목요일, 페이스북에 월초 공지) <u>홈피</u> www.facebook.com/Tai.cheng.fruit.shop

📷 쓰차오 녹색 터널 四草綠色隧道(사초녹색수도) 쓰차오뤼써쒜이다오

쓰차오 요새, 생태문화촌, 300년 된 사원인 따중먀오 大眾廟 등이 있는 쓰차오 생태원구 四草生態文化園區에 속하는 곳이다. 수로 양쪽에 홍수림(맹그로브)이 머리를 맞대고 터널을 만들어 놓아 타이완의 작은 아마존이라 불린다. 그 밑으로 배를 타고 가며 관람해 독특한 경험을 원하는 여행객에게 인기 있다. 게, 물고기, 다양한 조류가 서식해 생태관광을 하기에 훌륭한 장소이다. 배표를 구입할 때는 노선이 두 가지이니 이곳 터널 티켓인지 잘 확인해야 한다. 단, 평일에는 이곳으로 가는 타이완하오씽 99번 운행횟수가 적으니 시간을 미리 체크하는 것이 좋다.

위치 기차 타이난역 앞 11시 방향 난짠 南站 정류장에서 버스 10번, 타이완하오씽 99번 탑승 후 쓰차오 생태문화원구四草生態文化園區 하차/타이난역에서 택시 25분 소요(약 NT$300) **주소** 台南市 安南區 大眾路 360號 **오픈** 매표 여름철 08:30~17:00, 겨울철 08:00~16:30/운행 월~금요일 10:00~14:30(12~13시 제외), 토·일요일 08:30~16:30(고정시간 외 현장 승객 상황에 따라 유동적) **요금** 일반 NT$200, 어린이 NT$100, 0~6세&80세 이상 NT$30 **전화** 06-284-1610

📷 화위엔 야시장 花園夜市(화원야시) 화위엔예스 Tainan Flower Garden Night Market

타이난의 야시장은 타이베이의 스린 야시장이나 까오슝의 류허 야시장처럼 매일 같은 곳에서 열리지 않는다. 요일에 따라 정기적으로 순회하는 이동식 야시장이어서 움직인다는 의미의 류둥 야시장 流動夜市이라 부른다. 타이난에는 크고 작은 야시장이 무수히 많은데, 이곳은 그중 손꼽히는 유명 야시장 중 하나다. 수많은 불빛과 높게 솟은 깃발들이 화려하다. 야시장은 식품 구역, 상품 구역, 오락 구역으로 나뉘며 역시 샤오츠의 천국, 타이난답게 입구 쪽에 있는 먹거리가 발길을 사로잡는다.

위치 버스 0좌번 화위엔 야시장 花園夜市 하차 **오픈** 목·토·일요일 18:00~24:00

> **TIP 타이난시 주요 야시장**
>
> **샤오베이청꿍 야시장 小北成功夜市**
> **위치** 버스 11·21번 시먼루쓰돤 西門路四段 하차 후 도보 3분 **오픈** 화·금요일 18:00~01:00
>
> **우성 야시장 武聖夜市**
> **위치** 버스 3번 원셴궈중 文賢國中 하차 후 도보 5분 **오픈** 수·토요일 18:00~01:00
>
> **따둥 야시장 大東夜市**
> **위치** 버스 3번 롱산쓰 龍山寺 하차 후 도보 7분 **오픈** 월·화·금요일 18:00~01:00

타이난 지사관저 台南知事官邸 타이난즈스관디 Old Tainan Magistrate Residence MAP 35-H

1900년에 지어진 곳으로 현재 타이난시에서 고적으로 지정한 역사적인 장소이다. 지사의 관저였던 것 외에도 일본 황족이 외출 시 머무르던 곳으로도 이용되었다. 타이완 역사상 남부에서 황족 거주지로 설계된 유일한 건물이다. 1941년까지 20명 정도의 일본 황족이 다녀갔다. 현재 이곳은 일반인에게 공개되고 있다. 내부에서 아기자기하고 다양한 기념품, 소품 등을 판매하고 고전 분위기의 카페도 있다. 때로는 마켓이 열리기도 하고 시민들을 위해 야외 영화를 상영하기도 한다.

위치 기차 타이난역 앞에서 역을 등지고 왼쪽 도로를 따라 가다 왼편 오른쪽 굴다리 밑을 지나가 갈림길에서 우회전해 직진, 도보 10분 **주소** 台南市 東區 衛民街 1號 **오픈** 10:00~18:00 **휴무** 월요일 **요금** 무료 **전화** 06-236-7000 **홈피** www.otmr.com.tw

 ## 321아트빌리지 321巷藝術聚落 (321항예술취락) 321샹이슈쥐뤄 321 Arts Village

타이난시 북부에 위치한 321아트빌리지는 2003년 시립 고적으로 지정된 곳으로 가볍게 들러 사진 찍기 좋다. 이곳은 타이완이 일본의 지배를 받는 동안 일본군 보병 관사단지였다. 건물들은 일본식 옛 목조 건물로 앞뒤로 정원이 있고 예술가 단체들이 입주하여 보수를 거친 뒤 원래의 모습을 되찾았다. 지금은 오래된 관사 건물들이 여러 형태의 예술 전시 장소로 탈바꿈하여 예술마을로 자리 잡았다.

위치 기차 타이난역 버스정류장(North Station)에서 남간선(藍幹線) 버스를 타고 꿍위엔베이루커우 公園北路口 하차 후 도보 2분 **주소** 台南市 北區 公園路 321巷 **오픈** 금~일요일 10:00~18:00 **휴무** 월~목요일 (외부 골목 자체는 무휴) **요금** 무료 **전화** 06-2968-1800 **홈피** www.facebook.com/321ArtsVillage

 ## 달팽이거리 蝸牛巷 (와우항) 워뉴샹 Snail Alley MAP 35-F

정말 작은 골목으로 곳곳에 아담한 상점과 카페 등이 들어선 곳이다. 작은 규모이지만 좁은 골목 곳곳에 숨은 듯 들어선 작은 달팽이 조형물들과 그림들을 배경으로 사진 찍고 잠시 쉬어가기에 좋다. 달팽이처럼 천천히 걸으며 골목여행을 하고 싶은 분들에게 추천한다.

위치 기차 타이난역 버스정류장(South Station)에서 남간선(藍幹線) 버스를 타고 하야시백화점 하차 후 도보 4분 **주소** 台南市 中西區 永福路二段 97巷 **홈피** www.facebook.com/snailalley

하야시 백화점 林百貨(임백화) 린바이훠 Hayashi Department Store MAP 35-J

1932년에 설립 당시 타이난에서 가장 큰 백화점이었고 타이난 최초로 엘리베이터가 설치된 근대 건축물이었다. 문화재로의 가치가 높아서 1998년에 타이난시 지정 고적이 되었다. 콘크리트 구조물은 평균 수명이 50년 정도인 데다가 외벽에 균열이 생겨 3년 넘게 내진 보강을 비롯한 각종 보수작업을 하고 다시 원래의 모습으로 돌아와 재오픈을 하게 되었다. 건물은 옥상까지 총 6층으로 되어 있고 디자인제품, 패션, 문화, 음식 등 층마다 테마를 다르게 한 숍들이 있다.

위치 기차 타이난역 앞 11시 방향, 난짠 南站 정류장에서 버스 훙간선(紅幹線), 1·7번 탑승 후 린바이훠 林百貨 하차 주소 台南市 中西區 忠義路二段 63號 오픈 11:00~22:00 전화 06-221-3000 홈피 www.hayashi.com.tw

아탕셴쩌우 阿堂鹹粥(아당함죽) A Tang Salty Rice Congee MAP 35-I

타이난에서 인기 많은 아침 식당. 삼치류의 생선 투퉈위 土魠魚와 타이완인이 가장 즐겨 먹는 생선인 스무위 虱目魚로 만든 어죽 전문점이다. 죽이지만 밥알과 죽의 중간쯤 식감이고 국물이 많다. 생선살·껍질·내장이 들어간 죽이나 탕이 주메뉴인데 종합어죽인 쫑허셴쩌우 綜合鹹粥(NT$120)가 가장 인기 있다. 어죽이지만 비리지 않고 생선살이 듬뿍 들어가 있다. 일반적으로 여기에 요우탸오 油條(NT$15)를 담가 먹으며, 양념이 가미된 새우밥 샤런판 蝦仁飯(NT$30)도 맛있으니 추천한다.

위치 기차 타이난역 앞 11시 방향, 난짠 南站 정류장에서 버스 남간선(藍幹線) 탑승 후 샤오시먼 小西門 하차, 길 건너 공터 앞 주소 台南市 中西區 西門路一段 728號 오픈 05:00~12:30 휴무 화요일 전화 06-213-2572 홈피 www.facebook.com/pg/阿堂鹹粥-167979336613948

 아이짜이청 새우밥 矮仔成蝦仁飯(왜자성하인반) 아이짜이청샤런판 MAP 35-I
AI ZAI CHENG Shrimp Rice

인근 항구에서 공수한 싱싱한 새우로 만든 새우밥(NT$50)은 밥 위에 잘 볶아진 새우를 올려 먹는 타이난의 유명 먹거리이다. 1922년부터 시작된 이곳은 소스와 새우향이 밥에 스며들어 독특한 맛을 낸다. 먹고 갈 경우, 테이블 번호가 적힌 주문서에 표시해 입구에서 결제하면 음식을 가져다준다. 기본의 경우 새우양이 적으므로 단품 새우볶음을 추가하여 먹는 것을 추천하고 오리알 후라이나 오리알탕을 곁들여 먹는 것도 좋다.

위치 기차 타이난역 버스정류장(South Station)에서 남간선(藍幹線) 버스를 타고 샤오시먼 小西門 하차 후 도보 4분 주소 台南市 中西區 海安路一段 66號 오픈 08:30~19:30 휴무 화요일 전화 06-220-1897 홈피 www.shrimprice.com.tw

두샤오위에 度小月(도소월) Du Hsiao Yueh

MAP 35-F

120년 전통의 단짜이멘 擔仔麵 전문점. 단짜이멘은 새우 육수에 고명을 얹어 먹는 면 요리로 옛날 타이난에서 고기를 잡기 힘든 흉어기 때 어부들이 생계를 유지하기 위해 팔러 다니며 타이난의 명물이 되었다. 그중에서 가장 유명한 것이 홍(洪) 씨가 만들었던 이곳의 단짜이멘이다. 타이완 문학관 근처에 위치한 본점은 아담한 규모에 정감 가는 분위기다. 본점 역시 단짜이멘을 직접 만드는 모습을 바로 앞에서 볼 수 있다. 대표 메뉴는 타이완식 고기 양념장인 러우짜오 肉燥를 고명으로 올린 단짜이멘 擔仔麵(NT$50)과 러우짜오판 肉燥飯(NT$35)이다. 무척 저렴한 대신 양 또한 적으니 하나씩 먹어보길 추천한다.

위치 버스 1번 린바이훠 林百貨 하차 후 도보 2분/기차 타이난역 앞에서 도보로 쭝산루 中山路를 따라 직진하다가 교차로에서 경찰국 앞 쭝정루 中正路를 따라 직진하면 오른편 주소 台南市 中西區 中正路 16號 오픈 11:00~21:30 전화 06-2231-744 홈피 www.noodle1895.com

⊕ 같은 이름의 다른 두샤오위에

츠칸러우 바로 옆에도 똑같은 이름의 두샤오위에가 있다. 이곳은 쉽게 접할 수 있는 유명 두샤오위에와는 다른, 따로 지점이 없는 곳이지만 이 집 역시 전통적인 두샤오위에가 맞다. 당시 타이난 홍(洪) 씨의 종친들에게 두샤오위에 이름의 가맹점을 열 수 있도록 했기 때문이다. 국물이 있는 것과 없는 것 각각 주문해보자. 가격은 한 그릇에 NT$60.

지도 MAP 35-B 위치 츠칸러우 정문을 바라보고 왼편 주소 台南市 民族路二段 216號 오픈 10:30~23:30 홈피 www.dosyue.com.tw

리틀시크릿 小覺秘麵食所(소먹비면식소) 샤오미미몐스쉭 Little Secret Restaurant   MAP 35-I

란샤이투 문창원구 내에 있는 유니크한 퓨전아시아음식 레스토랑이다. 면을 위주로 한 메뉴들이 주를 이룬다. 소고기를 장미 모양으로 만들어 제공되는 우육면, 카레를 와플처럼 만든 카레탕면 등 독특한 메뉴들로 인해 사진 찍기에도 좋다. 끊임없이 요리개발을 하는 이곳은 특제 면과 탕도 정성들여 조리하여 음식 비주얼 뿐 아니라 맛도 좋다.

 기차 타이난역에서 홍간선(紅幹線) 버스 또는 1·2·5·18번을 타고 신광 미즈코시 신텐디 新光三越新天地 하차 **주소** 台南市 南區 西門路一段 689巷 17號 **오픈** 11:00~20:30 **휴무** 화요일 **요금** 면류 NT$220~280 **전화** 06-222-4970 **홈피** littlesecret17.business.site

위청 과일가게 裕成水果行(유성수과행) 위청쉐이궈항 Yu Cheng Fruit Store   MAP 35-F

달팽이거리 근처에 위치한 깔끔하고 인기 있는 과일 전문점이다. 먹기 좋게 잘 손질된 과일, 주스, 빙수 등을 판매하고 늦은 시간까지 영업하여 하루 일과를 마치고 찾아가기에도 괜찮다. 계절과일들은 시즌에 따라 가격변동이 있을 수 있다.

 기차 타이난역 버스정류장(South Station)에서 남간선(藍幹線) 버스를 타고 하야시백화점 하차 후 도보 5분 **주소** 台南市 中西區 民生路一段 122號 **오픈** 12:00~01:00 **휴무** 월요일 **요금** 과일주스 NT$50~90, 과일 1접시 NT$70~120, 빙수 NT$80~200 **전화** 06-229-6196

웨이우 찻집 衛屋茶事(위옥다사) 웨이우차스 Sputnik Lab   MAP 35-D

1920년대 일본식민지 시대에 지어진 목조건물로 이전에는 군사기관의 숙소로 사용했었다. 전통적인 모습을 보존하면서 정비를 하여 일본식 찻집으로 오픈했다. 다다미가 깔린 곳에서 일본식 차와 화과자 등을 즐길 수 있다. 아주 좁은 골목을 따라 들어가야 입구가 나오므로 골목 앞 입간판을 지나치지 않도록 주의. 예약은 불가능하고 주말에는 2시간의 시간제한이 있다.

위치 기차 타이난역에서 도보 5분 **주소** 台南市 北區 富北街 74號 **오픈** 12:00~19:00(토·일요일 11:30~19:00) **휴무** 수요일 **요금** 차 NT$150~250, 화과자 NT$100~180 **홈피** www.facebook.com/衛屋茶事-Sputnik-Lab-270664362955190

지아바바이베이푸쉐이위껑 呷霸白北浮水魚羹(합패백북부수어갱)

MAP 35-F

呷의 원래 발음은 xiā인데, 타이완어로는 jia로 발음되고 '먹다 吃'의 의미가 있다. 그래서 呷霸는 '배불리 먹다 吃飽'를 의미한다. 白北魚는 타이완어로 '백복어 白腹魚'라는 뜻이다. 즉, 이곳은 백복어를 배불리 먹는 곳이라는 뜻을 가진 식당으로 대표 메뉴는 백복어살로 만든 걸쭉한 생선국 바이푸위껑 白腹魚羹(NT$50)이다. 현지인에게는 유명한 집이지만 위껑이 한국인 입맛에는 다소 안 맞을 수도 있다는 점을 고려하자. 쌀국수볶음인 미펀차오 米粉炒(NT$30)와 생선살 튀김인 위빙 魚餅(NT$50)을 같이 먹는 것을 추천한다.

위치 타이완하오씽 99번, 버스 3·5번 츠칸러우 赤崁樓 하차, 츠칸러우 맞은편 **주소** 台南市 中西區 民族路二段 343號 **오픈** 09:00~20:00

츠칸관차이반 赤崁棺材板(적감관재판) Chihkan Coffin

MAP 35-E

관차이반 棺材板은 타이난에 방문한다면 꼭 먹어줘야 하는 필수 샤오츠다. 노릇노릇 튀긴 식빵 안에 양파, 닭고기, 오징어, 완두콩, 당근 등을 우유와 함께 끓여 걸쭉한 스튜 형태로 만든 것을 담고 식빵 뚜껑을 덮은 음식으로 관 모양으로 생겨 이런 이름이 붙었다. 일종의 크림 수프를 먹는 느낌인데, 식빵과 잘 어우러져서 아주 맛있다. 이곳은 70년의 전통을 자랑하는 관차이반 창시점, 즉 원조집이다. 전통 관차이반 正老牌棺材板과 카레 관차이반 咖哩棺材板이 있어 골라 먹을 수 있고 가격은 각 NT$60으로 주문과 함께 결제한다. 시장 입구 하이안루에 위치해 관차이반을 먹고 하이안루를 따라 걸어가 찡씽제를 들렀다가 션농제까지 묶어서 이동하기 좋다.

위치 타이완하오씽 88번 쭝정 상권 中正商圈 하차/버스 14번 중궈청 中國城 하차 후 도보 3분 거리, 캉러 시장 康樂市場 내 **주소** 台南市 中西區 中正路 康樂市場180號 **오픈** 11:00~21:00 **전화** 06-224-0014 **홈피** www.guan-tsai-ban.com.tw

SPECIAL

타이난 옛 건축물 순례

탕더장 기념공원 湯德章紀念公園 근처에는 타이난 공자묘를 비롯해 타이난의 오래된 건축물들이 많다. 이 건축물들은 동서양의 양식이 섞인 듯 독특하고 멋스러워 눈길을 사로잡는데, 그중 대표적인 것을 소개한다. 아래 건축물은 서로 가까운 곳에 위치하고 있으니 천천히 걸으며 둘러보자.

위치 버스 2번 공묘(타이완 문학관) 孔廟(台灣文學館) 하차 후 도보 12분

타이난 측후소 MAP 35-G
台南測候所

일본 식민지 시대에 지어진 타이완 최초의 기후관측소. 국가 지정 고적이며 현재는 기상박물관 氣象博物館으로 개방되고 있다.

주소 台南市 中西區 公園路 21號

타이완 문학관 MAP 35-G
台灣文學館

1916년에 준공되어 일본 식민지 시대에 타이난주 청사로 사용되었다가 타이완 문학 자료의 수집·보존·연구를 목적으로 2004년 10월 17일에 개관한 타이완의 유일한 문학 전문 박물관이다.

주소 台南市 中西區 中正路 1號

타이난시 소방국 MAP 35-G
台南市消防局

일본 식민지 시대에 소방서·파출소·경찰회관을 겸비한 합동 청사로 지어졌고, 약 75년이 지난 지금도 여전히 소방서로 사용하고 있다.

주소 台南市 中西區 中正路 2之1號

타이난 경찰국 MAP 35-K
台南警察局

1931년에 지어진 타이난의 경찰서 건물로 2010년까지 경찰국으로 사용되었다. 2019년 1월, 타이난시미술관 1관으로 개관하여 운영중이다.

주소 台南市 中西區 南門路 37號

PLUS AREA
안핑
安平(안평) Anping

➜ 가는 방법

기차 타이난역 건너편에서 타이완하오씽 88번이나 99번에 승차한 후 안핑구바오 安平古堡에서 하차하자. 88번(1시간 소요)은 시내를 돌아가서 오래 걸리는 편이니 가능하면 99번(30분 소요)을 타자.

➜ 여행 방법

타이난 시가지 서쪽, 타이완해협 옆에 위치한다. 타이완에서 가장 먼저 개발된 지역 중 하나로 네덜란드 식민지 시대에 이곳을 고관 마을로 만들었다. 이곳은 타이완에서 가장 오래된 도시이자 타이완 台灣이라는 이름이 유래된 곳으로 타이완의 역사가 시작된 곳이라 할 수 있다. 안핑구바오에서 하차 후 덕기양행, 안평수옥, 안핑구바오, 안핑 천후궁, 안핑 라오제 순으로 구경하는 동선이 좋다. 소개된 곳들은 모두 도보 이동이 가능하다.

덕기양행 德記洋行 더지양항 Talt & Co

MAP 36-A

양행은 주로 서양과 무역을 하는 상점 또는 서양 상품을 취급하는 상점이라는 뜻이다. 덕기양행은 안핑의 오대양행 五大洋行(덕기 德記, 이기 怡記, 화기 和記, 동흥 東興, 래기 哦記) 가운데 하나로 영국 무역상이 1867년에 건설했다. 안핑에 남은 양행 중 가장 완벽하게 보존되어 있다. 양행이 세워진 당시에는 설탕, 장뇌, 아편 등의 수출과 수입을 담당했다가 이후 염전 사무소, 기숙사 등으로 사용되었고 1981년에 밀랍인형관으로 설립되었다. 하얀 외관의 2층 건물에는 1900년대 초반 안핑의 모습이 재현·전시되어 있으며 국가 지정 3급 고적이다.

위치 타이완하오씽 88·99번 안핑구바오 安平古堡 하차, 안쪽으로 들어가면 바로 입구 **주소** 台南市 安平區 古堡街 108號 **오픈** 08:30~17:30 **요금** NT$50(안핑수옥 포함)

안평수옥 安平樹屋 안핑슈우 Anping Tree House

MAP 36-A

덕기양행 뒤에 위치한 최초의 양행 창고로 19세기 말에 지어졌다. 제2차 세계대전 후 소금 창고로 변했다가 황폐해진 이곳에 반얀트리가 자라기 시작했고, 반세기 후 건물과 반얀트리가 공생하는 기이한 풍경이 만들어졌다. 건물을 뚫고 자란 나무를 보면 신기하기도 하고 자연의 위대함에 놀랍기도 하다. 위로 올라가서 볼 수 있도록 구조물까지 만들어 놓아 어린 시절 로망이었던 나무 위 아지트에 있는 것 같은 느낌이 든다. 건물을 지나 안쪽으로 들어가면 아담하고 예쁜 카페가 자리해 사진을 찍거나 잠시 쉬어가기에 좋다. 덕기양행과 함께 관리하며 하나의 입장권으로 안평수옥과 덕기양행 두 곳 모두 관람할 수 있다.

위치 덕기양행 뒤 **주소** 台南市 安平區 古堡街 108號 **오픈** 08:30~17:30 **요금** NT$50(덕기양행 포함)

안핑구바오 安平古堡(안평고보) Anping Old Fort　　MAP 36-A

1627년 네덜란드인이 세운 요새로 1급 고적으로 지정된 안핑의 대표 관광명소다. 안으로 들어서면 낮은 벽돌 성벽과 오래된 듯한 나무가 보인다. 위로 올라가면 기념비를 비롯해 민족 영웅 정성공(鄭成功)의 동상과 대포가 곳곳에 있다. 내부 문물진열관에는 정성공과 관련된 자료, 안핑의 역사 자료 등이 전시되고 외부에 있는 전망대 위에 올라가면 안핑의 전경을 볼 수 있다.

위치 타이완하오씽 88·99번 안핑구바오 安平古堡 하차, 맞은편으로 건너 구바오제 古堡街로 진입해 조금만 가면 오른편 **주소** 台南市 安平區 國勝路 82號 **오픈** 08:30~17:30 **요금** NT$50

 ## 안핑 천후궁 安平開台天后宮 안핑카이타이텐허우궁 Anping Kaitai Matsu　　MAP 36-A

바다의 여신 마쭈 媽祖를 모시는 사당으로 안핑에서 가장 큰 사원이다. 1668년 정성공을 따른 한족이 배를 타고 타이완으로 넘어왔고, 같은 해에 건립되었다. 타이완 마쭈 신앙의 주요 지점 중 한 곳이다. 패루와 사원 내부가 굉장히 화려하다.

위치 안핑구바오 정문 바로 앞 **주소** 台南市 安平區 國勝路 33號 **홈피** www.anping-matsu.org.tw

 ## 안핑 소포대 安平小砲台 안핑샤오파오타이 Anping Artillery Fort　　MAP 36-A

1840년에 지어진 포대로, 국가 지정 3급 고적이다. 타이난의 해안 방어를 강화하기 위해 억재금성(億載金城)이라는 요새를 안핑에 만들었으며, 이곳은 작은 포대(소포대)라고 불린다.

위치 안핑 천후궁 입구를 등지고 차도를 따라 오른쪽으로 3분 직진, 다리 건너기 바로 전 왼편 **오픈** 24시간 **요금** 무료

안핑 라오제 安平老街(안평노가) Anping Old Street

MAP 36-B

300여 년 전, 네덜란드인이 안핑에 처음으로 건설한 길로 타이완 제1거리 台灣第一街라고 불린다. 좁은 골목 양옆으로 먹거리, 기념품 등 다양한 상점이 늘어서 있다. 안핑의 명물이라 할 수 있는 새우과자 샤빙 蝦餅은 이곳저곳에서 많이 파는 만큼 시식도 풍족하게 즐길 수 있다. 아기자기한 수공예점도 있고 복고 느낌이 물씬 나는 게임도 있다.

위치 천후궁 입구를 등지고 차도를 따라 왼쪽으로 직진, 첫 번째 사거리에서 좌회전해 오른편 옌핑제 延平街로 진입 주소 台南市 安平區 延平街

안핑젠스청 安平劍獅埕(안평검사정) Anping Sword-lions-Lion Square

MAP 36-B

젠스 劍獅는 안핑 민가 특유의 부적으로, 명·청부터 일본 식민지 시대까지 모든 안핑 민가의 대문에는 젠스 토템을 새겼다고 한다. 이곳에서는 다양  한 형태의 젠스를 볼 수 있고, 내부에서 여러 가지 기념품을 판매한다.

위치 안핑라오제에서 도보 3분 주소 台南市 安平區 延平街 35號
오픈 월~금요일 10:00~18:30, 토·일요일 10:00~20:00 홈피 www.sword-lion.com.tw

의풍동과차 義豊冬瓜茶 이펑똥과차

MAP 36-B

더운 타이완의 날씨에 적당하게 달콤하고 시원한 동과차 한 잔은 선물과도 같다. 직접 공장에서 100년이 넘는 전통 방식을 지켜오며 동과탕(糖)을 만든다. 갈증 해소에 제격이며 동과가 들어간 청차, 우롱차, 레몬차, 우유 등 다양한 음료를 판매한다. 가장 기본인 동과차의 가격은 중 NT$15, 대 NT$20이다.

위치 안핑 천후궁 입구를 등지고 차도를 따라 왼쪽으로 도보 2분
주소 台南市 安平區 安平路 764號 오픈 10:00~21:00 휴무 월요일

주씨하권 周氏蝦捲 저우스샤쥐엔 Chou's Shrimp Rolls
MAP 36-B

타이난 안핑에서 다양한 샤오츠를 판매하다가 그중 샤쥐엔에 주력하게 되었고 10여 년의 노력 끝에 설립자 이름의 성을 따서 주씨하권이라는 전문 음식점 경영 형태로 발전했다. 샤쥐엔은 새우살을 갈아 반죽과 함께 튀긴 것을 말한다. 대표 메뉴인 샤쥐엔(2개, NT$60) 외에 해산물파이인 하이셴파이 海鮮派(NT$60), 오징어완자 짜화즈완 炸花枝丸(NT$40), 위껑 魚羹(NT$50), 단짜이몐 擔仔麵(NT$50) 등 다양한 음식을 판매한다. 타이난 본점은 뚜벅이 여행자가 방문하기에 다소 번거로운 곳에 있지만, 이 지점은 편하게 갈 수 있어 좋다. 타이난에 네 개 지점이 있고, 까오슝과 난터우에도 각각 두 개의 지점이 있다.

위치 안핑 천후궁 입구를 등지고 차도를 따라 왼쪽으로 도보 3분 주소 台南市 安平區 安平路 125號 오픈 월~금요일 08:30~19:30, 토·일요일 08:30~20:00 홈피 www.chous.com.tw

천쟈커쥐엔 陳家蚵捲(진가가권)
MAP 36-A

안핑은 굴이 무척 유명하므로 이곳에 왔다면 굴 요리를 꼭 먹어보자. 커쥐엔(NT$55)은 샤쥐엔과 비슷한 튀김롤인데 내용물이 새우가 아니라 굴이라는 점이 다르다. 통통한 굴이 들어가 샤쥐엔과는 또 다른 맛이다. 안핑의 천 씨 집안은 커쥐엔 판매뿐만 아니라 3대째 굴 사업을 이어오고 있다. 굴튀김·굴전·굴탕·굴구이 등 굴을 이용한 음식들이 많다. 입구에 있는 주문서에 먹고 싶은 음식을 체크해서 계산한 뒤 음식을 받으면 된다.

위치 안핑 천후궁 입구를 등지고 차도를 따라 왼쪽으로 직진, 첫 번째 사거리 주소 台南市 安平區 安平路 786號 오픈 10:00~21:00 홈피 cjkj.com.tw

통지안핑떠우화 同記安平豆花(동기안평두화) Anping Bean Jelly
MAP 36-B

근 50년의 역사를 지닌 떠우화 전문점으로 고적밖에 없던 안핑의 명물이 되었다. 떠우화 豆花는 두부 디저트로 안핑에서 유명한 먹거리 중 하나이다. 우리나라 연두부 같은 것을 달콤한 설탕물에 넣어 차갑게 혹은 따뜻하게 먹는 음식으로 그 위에 녹두·팥·쩐주(버블) 등을 올려 곁들인다. 가격은 NT$30~35. 본점(安北路433號)은 좀 걸어가야 하는데 이곳은 안핑구바오 버스정류장 앞에 있어서 접근성이 좋다.

위치 안핑구바오 安平古堡 버스정류장에서 도보 5분 주소 台南市 安平區 安北路 141~6號 오픈 월~금요일 10:00~22:00, 토·일요일 09:00~22:00 홈피 www.tongji.com.tw

관쯔링 온천

PLUS AREA

關子嶺溫泉 관쯔링원첸
Guanzi Ling Hotspring

➜ 가는 방법

쟈이 嘉義에서 버스를 타고 약 1시간을 달리면 관쯔링 온천 지대에 도착한다. 기차 신잉역 新營車站에서 가는 방법도 많이 알려져 있지만 신잉역 버스터미널 新營總站에서 출발하는 타이완하오씽 관쯔링꾸공난위엔선을 타면 2시간이 걸려 도착한다. 고속철도 쟈이역과 고궁 남원을 경유하기 때문에 기차 허우비역 後壁車站이나 고속철도 쟈이역에서 탑승할 것을 추천한다. 보통 35분~1시간 정도가 소요된다.

쟈이커윈 嘉義客運 7214번	
승차	기차 쟈이역 버스터미널 嘉義轉運站
하차	관쯔링 온천 關子嶺溫泉

<u>운행</u> 07:00~17:40(약 1시간 간격) <u>소요시간</u> 1시간 <u>요금</u> NT$90

타이완하오씽 33번 관쯔링꾸공난위엔선 關子嶺故宮南院線	
승차	기차 허우비역 後壁車站
하차	관쯔링 關子嶺

<u>운행</u> 금~월요일 10:44, 12:44, 14:44, 16:44 <u>소요시간</u> 35분 <u>요금</u> NT$58

➜ 여행 방법

도착하면 도로 양옆으로 온천시설이 쭉 늘어서 있어 중국어를 몰라도 온천 지대에 들어서있음을 알 수 있다. 타이완 중남부에서 손꼽히는 온천 구역이며 온천 외에도 천연가스로 인해 물과 불이 같이 나오는 신기한 쉐이훠퉁위엔 水火同源, 홍예꿍위엔 紅葉公園, 따셴쓰 大仙寺, 비윈쓰 碧雲仙 등의 관광지가 있다. 관쯔링의 명물 먹거리로는 닭을 통째로 구운 퉁쯔지 桶仔雞가 있다. 온천 구역 윗쪽에는 다양한 온천호텔이 있으니 시설을 보고 원하는 곳으로 가면 된다.

징따두지아좡위엔 景大度假莊園(경대도가장원) The King's Garden Villa

경대산장(景大山莊)이라고도 불리는 이곳은 관쯔링 온천 구역 제일 위에 위치한다. 정원과 호텔 본관, 별실, 온천 스파시설, 사우나 등 규모가 큰 온천 휴양지다. 노천온천 스파나 남녀 대중탕, 객실 내에서도 조용하게 온천욕을 즐길 수 있다. 약 2,600제곱미터 규모의 노천온천스파 구역은 탕 종류도 다양하고 간단한 운동이나 누워서 적외선을 쬐며 피로를 풀 수 있고, 천연 마사지 팩도 준비되어 있다. 진흙이 따로 준비되어 있어 탕에 들어가기 전에 진흙팩도 가능하다. 노천탕 이용 시 수영복과 수영모는 필수로 준비해야 하며, 수건은 제공한다.

위치 기차 쟈이역 뒤편에 있는 쟈이 버스터미널 嘉義轉運站에서 7214번 버스를 타고 종점 하차 후, 언덕길을 따라 도보 12분 **주소** 台南市 白河區 關子嶺 56號 **홈피** www.myspa.com.tw

✚ 관쯔링 온천

관쯔링 關子嶺은 타이난시 바이허구 白河區 동북쪽 변두리에 위치한 전토우산 枕頭山에 있다. 20세기 초에 발견된 이곳의 온천은 지층의 돌 사이에서 흘러나오는 풍부한 광물질을 포함한 염류탄산천이다. 온천수 온도는 섭씨 75도로 높은 편이고, 진회색의 미세한 진흙 입자로 되어 있어 온천욕 후엔 피부가 매끈매끈해져 진흙온천, 머드온천 등으로 불리기도 한다.

AREA 2
까오송 북부
高雄(고웅) Kaohsiung

타이완 제2의 도시, 까오송은 타이완 서남부에 있는 항구도시로 한국에 비교하자면 부산 같은 곳이다. 19세기 말 항구가 열리고 일본 식민지 시대에 무역항과 중요한 군사 지역으로서 발전하였고 20세기 중엽 이후에는 타이완 남부의 정치·경제·교통 허브가 되었다. 동북아와 남태평양을 잇는 까오송항 덕분에 국제도시로 발돋움하며 계속해서 성장해나가고 있다.

HOW TO TRAVEL

까오숑 북부 이렇게 여행하자

➜ 가는 방법

까오숑은 타이완 제2의 도시인 만큼 다양한 지역에서 여러 교통수단을 이용해 갈 수 있다. 기차의 경우 아래에 소개된 것 이외에 야간기차(쯔광하오)도 운행한다. 금요일부터 일요일까지 밤 11시 30분에 출발해 까오숑에 새벽 6시 도착하며 요금은 NT$650이다. 고속버스를 이용할 경우 아뤄하커윈, 허신커윈의 2열로 된 편안한 우등버스에 탑승하기를 추천한다. 단, 허신커윈을 이용한다면 신잉 新營 버스터미널에서 버스를 한번 갈아타야 한다.

타이베이에서 출발

교통수단		승차	운행시간	배차간격	소요시간	요금
고속철도		타이베이처짠	06:30~22:00	시간당 3~5편	1시간 35분~ 2시간 18분	NT$1490
기차			06:30~19:20 (쯔창하오 自強號 기준)	시간당 1~2편	4시간 50분	NT$843
고속 버스	궈광커윈 1838번	타이베이 버스 스테이션	24시간	시간당 1~2편	5시간	NT$560
	통롄커윈 1610번			시간당 2~4편 (금·일요일 증편)	4~5시간	NT$580
	아뤄하커윈 3999번			시간당 2~3편	3시간 30분	NT$618~730
	허신커윈 7500B+7512번			시간당 2~3편	3시간 30분	NT$580~730

까오숑의 고속철도·기차역에서 출발

까오숑의 고속철도역 이름은 쭤잉역 高鐵左營站이고, 기차역은 까오숑처짠 高雄車站이다. 까오숑은 MRT가 잘 되어 있어 이 두 역 모두 MRT와 연결된다. 고속철도 쭤잉역은 MRT 쭤잉역과, 기차 까오숑역은 MRT 까오숑처짠 역과 이어진다. MRT역으로 이동해 까오숑의 원하는 곳으로 이동하면 된다.

➜ 여행 방법

이 책에서는 까오숑 지역을 까오숑역을 기준으로 북부와 남부로 구분하고 있다. 일정에 맞춰 북부와 남부의 관광지를 묶어서 여행하자. 북부에는 고속철도 쭤잉역이 있어 고속철도를 이용하는 날 묶어서 여행하면 이동시간을 절약할 수 있다. 게다가 북부의 관광명소는 MRT역과 가깝지 않은 경우가 많다. 조금 걷거나 버스를 이용해야 하니 타이완 버스 앱이나 구글맵을 통해 버스 정보를 찾아 편하게 여행하자.

홈피 khh.travel/index.aspx

까오슝 문화버스 高雄文化公車

까오슝시에서 운영하는 문화버스는 렌츠탄 주변을 운행하는 지우청선 舊城線, 시즈완역 · 다거우 영국영사관 · 보얼 · 까오슝항 등을 오가는 하마씽선 哈瑪星線, 평산 지역을 운행하는 평산선 鳳山線의 세 개 노선이 있다. 북부에서는 노선을 순환하는 지우청선을 주로 이용하게 된다. 고속철도 쭤잉역이 발차 기점으로 MRT 쭤잉역 2번 출구 앞쪽에서 탑승하면 된다.

노선	지우청선 舊城線
	고속철도 쭤잉역 高鐵左營站-저우짜이 습지 洲仔濕地-쥐엔춘 문화관 眷村文化館-지우청 동문 舊城東門-지우청 남문 舊城南門-지우청 북문 舊城北門-총성츠 崇聖祠-까오슝 공자묘 孔廟-고속철도 쭤잉역 高鐵左營站

운행 토 · 일요일 10:00~18:00(30분 간격) **요금** 1일권 NT$50 **홈피** www.facebook.com/CulturalBus

➜ 추천 코스(8시간 소요)

객가문물관 p.446 — 도보 15분 → 까오슝시립미술관 p.446 — 버스 20분 → 렌츠탄 풍경구 p.444 — 도보 15분 → 까오슝 공자묘 p.446

도보 15분+MRT 5분 ↓

아이허즈씬 p.447 ← MRT 3분 — 뤠이펑 야시장 p.447 — 도보 8분 → 한신 아레나 쇼핑 플라자 p.447

📷 렌츠탄 풍경구 蓮池潭風景區(연지담풍경구) 렌츠탄펑징취 Lianchitan Scenic Area   MAP 38-A

까오슝에서 가장 전통적인 색채를 가진 풍경구 중의 하나로 처음에는 롄화탄 蓮花潭이라 불렸다. 이곳의 총면적은 약 420,000제곱미터로 까오슝시 쭤잉구 左營區에서 가장 큰 호수다. 20개가 넘는 사찰이 포함되어 있으며 매년 10월에는 렌츠탄 만년제 蓮池潭萬年祭를 개최해 정통문화와 종교적인 분위기로 가득 찬다.

위치 Ⓜ R15 성타이위엔취역 2번 출구에서 버스 紅51 · 紅35번 승차 후 렌츠탄 蓮池潭 하차

롄츠탄 풍경구 둘러보기

용호탑
龍虎塔 롱후타

1976년에 건립. 두 개의 칠층탑이 있고 그 앞에 커다란 용과 호랑이가 있다. 용의 입으로 들어가, 호랑이 입으로 나오면 지금까지 저지른 죄를 씻을 수 있고 좋은 일이 생긴다는 미신이 있다.

주소 高雄市 左營區 蓮潭路 9號
오픈 08:00~17:30

춘추각
春秋閣 춘추거

화려한 용을 사이에 둔, 봄과 가을을 의미하는 두 개의 중국 궁전식 누각으로 1951년에 무성관공 武聖關公 즉, 관우를 기념하기 위해 지어졌다. 춘추각을 지나 호수 쪽으로 난 다리를 건너면 정자 우리팅 五里亭(오리정)에 갈 수 있다.

주소 高雄市 左營區 蓮潭路 36號
오픈 05:00~22:00

원제묘북극정
元帝廟北極亭 위엔디먀오베이지팅

도교 사원인 원제묘는 북극현천상제(北極玄天上帝)를 모시는 곳이다. 이곳은 물 위에 있는 신상 중 동남아에서 가장 높은 수상 신상(水上神像)이 있어 유명하다. 현천상제의 신상이 있는 북극정은 길 건너에 있는 원제묘 소유다. 다리 중간 양옆으로 정자가 있고, 정면으로 거대한 현천상제가 있다. 북극성이 신격화된 북극현천상제 신상의 높이는 72미터이고, 손에 있는 칠성보검(七星寶劍)의 길이는 38.5미터이다.

주소 高雄市 左營區 元帝路 53-1號   오픈 05:00~22:00

까오숑 공자묘 高雄孔廟(고웅공묘) 까오숑콩먀오 Kaohsiung Confucius Temple

MAP 38-B

렌츠탄 풍경구 북쪽에 위치하며 부지 면적 1,800 제곱킬로미터로 타이완 최대의 공자묘이다. 1684년에 세워졌으며 원래 주청 초등학교 舊城國小 내에 있었는데 1976년 현재의 장소로 이전했다. 마당 가운데에 있는 대성전(大成殿)은 중국 자금성의 태화전(太和殿)을 모방해 만들었다고 한다.

위치 용호탑을 바라보고 왼쪽으로 직진, 도보 15분/고속철도 쭤잉역에서 도보 15분 주소 高雄市左營區蓮潭路 400號 오픈 09:00~17:00 휴무 월요일

까오숑시립미술관 高雄市立美術館 까오숑스리메이슈관

MAP 38-E

1994년 6월 정식 개관하면서 까오숑의 새로운 명소로 떠올랐다. 네이웨이피 문화원구 內惟埤文化園區 내에 위치하며 층마다 전시실이 있고 상설전시 외에 특별전시도 열린다. 야외에는 조각공원이 조성되어 있는데, 넓고 굉장히 잘 꾸며져 있어서 미술관을 관람한 뒤 가볍게 산책하기 좋다.

위치 ⓜ R13 아오즈디역 1번 출구 앞에서 버스 紅32A번 미술공원 美術公園 하차/버스 紅35번 미술관 美術館 하차/객가문물관에서 도보 15분 주소 高雄市 鼓山區 美術館路 80號 오픈 화~일요일 09:30~17:30 휴무 월요일, 설 전날 요금 무료(특별전 제외) 홈피 www.kmfa.gov.tw

객가문물관 客家文物館 커자원우관

MAP 38-E

객가문화원구에서 꼭 봐야할 곳으로 객가인들의 생활문화에 대해서 알 수 있다. 빨간 기와지붕의 삼합원 양식으로 지어졌으며, 전시관 내부에는 객가인의 농기구, 생활도구 등이 다양하게 전시되어 있다. 그 외에 객가인의 여러 축제도 소개한다.

> **TIP** 객가문물관이 있는 객가문화원구에는 이곳을 비롯해 객가식당 · 공원 · 연못 · 상점 · 공연장 등이 있다.

위치 ⓜ R12 허우이역 2번 출구 앞에서 버스 紅28 객가문물관 客家文物館(종점) 하차/ⓜ R12 허우이역에서 도보 15분 주소 高雄市 三民區 同盟二路 215號 오픈 09:00~17:00 휴무 월요일 요금 무료 홈피 kc.kshs.kh.edu.tw/ss/culture/hakka/ka_index.html

아이허즈씬 愛河之心(애하지심) Heart of the Love River   MAP 38-F

아이허 愛河 상류에 위치하며, 동후 東湖와 시후 西湖로 나뉜 호수 중간에 건설된 다리가 하트 모양이라서 이런 이름이 붙었다. 저녁에 가면 조명이 켜진 아름다운 모습을 감상할 수 있다. 총 세 개의 다리 중 빨간 조명이 들어온 다리가 하이라이트이다. 다리 밑으로 빨간 조명이 들어와 가장 멋진 풍경을 연출한다. 물 위에 비친 모습을 보면 정말 빨간 하트가 연상된다. 이름에 걸맞게 다리 위 조명에도 하트 무늬로 가득하다.

위치 Ⓜ R12 허우이역 3번 출구로 나가 차량 진행 방향으로 직진, 도보 5분 주소 高雄市 三民區 博愛一路 和 同盟一路,二路

 ## 뤠이펑 야시장 瑞豐夜市(서풍야시) 뤠이펑예스 Ruifeng Night Market   MAP 38-D

한신 아레나 쇼핑 플라자와 가까이 있다. 면적이 거의 3,300제곱미터에 달하고 20여 년의 역사를 갖는다. 먹거리, 의류, 액세서리, 게임 등 다양한 상점이 들어서 있으며 그 수는 1000개가 넘는다. 현지인에게 사랑받는 야시장으로 좁은 길에는 걸어 다니기 힘들 정도로 인파가 몰린다. 쉬는 요일이 있으니 방문 예정이라면 참고하자.

위치 Ⓜ R14 쥐단역 1번 출구에서 직진 오픈 18:30～01:00 휴무 월 · 수요일

 ## 한신 아레나 쇼핑 플라자 漢神巨蛋購物廣場 Hanshin Arena Shopping Plaza   MAP 38-D

공연장, 경기장, 행사장으로도 사용되는 까오슝 아레나 K-ARENA 옆으로 한신백화점에서 운영하는 한신 아레나 쇼핑 플라자가 연결된다. 크리스마스 시즌에는 까오슝에서 크리스마스 분위기를 느끼기에 가장 좋은 곳 중 한 곳이다. 지하 1층부터 지상 9층까지 식품 매장을 비롯해 명품 매장까지 다양하게 입점해 있다. 까오슝의 유일한 딘타이펑 매장도 이곳 지하 1층에 있다.

위치 Ⓜ R14 쥐단역 5번 출구에서 직진 주소 高雄市 左營區 博愛二路 777號 오픈 월～목요일 11:00～22:00, 금요일 · 공휴일 전날 11:00～22:30, 토요일 · 공휴일 10:30～22:30, 연휴 마지막 날 10:30～22:00 홈피 www.hanshinarena.com.tw

메이메이 美美香蔥夾心餅乾 Meimei Cookies

수제 누가 크래커 전문점으로 오직 누가 크래커만 판매한다. 20개입(NT$180), 40개입(NT$300), 45개입(NT$300) 세 가지가 있다. 유통기한은 30일이지만 10일 이내로 먹어야 가장 맛있게 먹을 수 있다. 누가가 딱딱해질 경우 전자레인지에 5초에서 10초 돌리면 말랑해진다. 메이메이는 MRT역에서 다소 거리가 있으니 찾아 가기 번거로운 경우에는 배송료 NT$130을 내면 타이완 숙소로 배달이 가능하다(NT$3000 이상 주문 시 배송료 무료, 홈페이지 참고).

위치 **O9** 지지관역 1번 출구에서 직진, 모스버거 있는 길에서 우회전해 직진하다 막다른 길에서 좌회전하면 왼편, 도보 15분 **주소** 高雄市 苓雅區 福德一路 77號 **오픈** 08:00~19:00 **휴무** 토요일 **전화** 07-727-8289 **홈피** www.mei2.com.tw

따순 大順烘焙食品 (대순홍배식품)

30년 이상의 역사를 지닌 오래된 수제 누가 사탕 牛軋糖 전문점으로 타이완 우수식품대회에서 2004년부터 7년간 연이어 금상을 받았다. 좋은 재료를 고집해 향신료, 방부제를 첨가하지 않으면서 옛 맛을 보존하고 있다. 마카다미아, 아몬드맛이 가장 인기 있고 크랜베리와 마카다미아, 깨, 초콜릿, 땅콩, 녹차 등 다양한 맛의 누가가 있다. 가격은 한 봉지(300g)당 NT$1800이고 마카다미아가 들어간 것은 NT$250이다. 누가 사탕 외에 전통과자, 쿠키, 펑리수, 누가 크래커 등도 판매한다.

위치 **O8** 우콰이취역 5번 출구에서 오른쪽으로 직진, 막다른 곳에서 오른쪽으로 코너를 돌면 바로, 도보 10분/메이메이에서 직진, 도보 7분 **주소** 高雄市 苓雅區 福德一路 353號 **오픈** 08:30~21:30 **전화** 07-751-9363 **홈피** www.dashun.com.tw

샤오샤오쮀이 小小醉 (소소취) MAP 38-C

크고 작은 솥을 붉은 벽면에 가득 붙여 놓은 독특한 외관이 눈에 띄는 이곳은 쟈이에서 시작해 지금껏 30년이 흘렀다. 타이완식 훠궈인 스터우훠궈 石頭火鍋 전문점으로 돌솥에 양파, 파, 마늘을 볶다가 고기를 넣고 이후에 육수를 부어 끓이다 재료를 넣어 먹는다. 훠궈 종류를 선택하면 모둠채소 등 기본 재료와 주식은 포함되어 나온다. 이외에 원하는 메뉴는 단품으로 주문하면 되고 소스는 샤차장 沙茶醬과 일식소스 두 가지가 준비되어 있으니 가져다 먹으면 된

다. 요금은 1인 NT$300~600 정도 선에서 나온다. 시립미술관 방문 전후에 가면 좋은 곳인데 아쉽지만 영어 메뉴는 준비되어 있지 않다.

위치 Ⓜ R13 아오즈디역 1번 출구 앞에서 버스 紅33 탑승, 메이슈똥쓰루커우 美術東四路口 하차 후 도보 4분 **주소** 高雄市 鼓山區 美術北一街 59-2號 **오픈** 11:30~22:00(월~금요일 14:30~17:30 브레이크타임) **전화** 07-586-8048 **홈피** www.facebook.com/小小醉高美館-1896068130612143

싼뉴 우육면 三牛牛肉麵 (삼우우육면) 싼뉴뉴러우몐 MAP 38-A

입구에 있는 주문서에 테이블 번호와 주문 메뉴를 체크하고 카운터에서 결제 · 주문하는데, 카운터 옆에 있는 반찬류는 주문 시 같이 계산한다. 이곳 우육면은 붉은 국물의 홍샤오 紅燒와 맑은 국물의 칭뚠 清燉 두 종류인데 둘 다 엄선된 타이완 소뼈, 소기름, 양파를 끓여 만든다. 홍샤오는 간장, 후추, 팔각 등의 재료를 넣어 맛을 내고, 칭뚠은 생강과 한약을 넣고 끓여낸다. 깔끔한 맑은 국물에 큰 덩어리의 고기가 들어간 칭뚠뉴러우몐 清燉牛肉麵 (NT$155)를 추천하고, 매일 만드는 수제 면은 세 가지 굵기 중 선택할 수 있다.

위치 Ⓜ R15 성타이위엔취역 2번 출구에서 버스 紅51 · 紅35 탑승, 렌츠탄 蓮池潭 하차 후 도보 3분 **주소** 高雄市 左營區 勝利路 85號 **오픈** 11:00~20:30 **전화** 07-588-7264 **홈피** www.facebook.com/3beef

천수모 샤브샤브 天水玥秘境鍋物殿 (천수모비경과물전) 텐쉐이위에미징궈우뎬
TIEN SHUI YUEH HOTPOT

MAP 38-D

문을 열고 들어서자마자 정면에 보이는 거대한 부처 얼굴이 분위기를 압도하는 독특한 훠궈집이다. 마라, 다시마, 우유, 토마토 등 다양한 탕 종류 중에 선택을 하고 이후 고기 종류를 선택하면 된다. 고기 종류에 따라 세트 가격이 달라지고 밥, 계란, 모둠채소, 음료는 세트에 포함된다. 개인 냄비라서 여러 명이 가더라도 각자 원하는 맛으로 즐길 수 있고, 소스는 따로 마련된 소스바에서 직접 가져다먹는다. 훠궈에 들어가는 단품메뉴들도 따로 주문할 수 있고 회와 초밥 등의 메뉴도 있다. 한국어 메뉴판이 있어서 주문하기 편리하다.

위치 ⓜR15 생태원구역에서 도보 5분 **주소** 高雄市 左營區 曾子路 105號 **오픈** 11:00~24:00 **요금** 훠궈류 NT$350~650 **전화** 07-343-8188 **홈피** www.facebook.com/tsyhotpot

이짠스탕 驛站食堂(역참식당)

MAP 39-C

1998년 까오슝역 뒤편 공터에 몇 개의 작은 테이블로 시작했다. 현재는 복고풍 분위기가 물씬 풍기는 독특한 인테리어의 테마 레스토랑으로 발전했다. 내부에는 1940년대에서 1950년대 까오슝역과 관련된 자료와 사진으로 가득하다. 타이완음식을 제공하는데 종류가 다양해 주문이 어렵다면, 메뉴판에서 대표 메뉴를 뜻하는 자오파이차이 招牌菜를 찾아 그중에 선택할 것을 추천한다. 요금은 1인당 NT$300~400 정도가 나온다.

위치 기차 까오슝역 뒤편(後火車站)에서 왼쪽 골목으로 진입, 도보 3분 **주소** 高雄市 三民區 天津街 2號 **오픈** 11:30~14:20, 17:30~20:20 **전화** 07-321-9986 **홈피** www.facebook.com/高雄驛站食堂-182852788509691

> **TIP 기차 까오슝역 앞 뒤로 건너가기**
> 까오슝역 2층 개찰구 앞에 비치된 통행권 기계에서 직접 통행권을 뽑아 역무원에게 보여주고 통과하면 된다.

PLUS AREA
챠오터우
橋頭(교두) Qiaotou

➜ 가는 방법

까오슝 시내에서 MRT 레드 라인을 타고 북쪽 R22A 챠오터우탕창역에서 하차한다.

➜ 여행 방법

설탕공장으로 유명한 챠오터우는 까오슝 시내에서 조금 떨어져 있지만, MRT 레드 라인을 타면 한번에 쉽게 갈 수 있다. MRT R22A 챠오터우탕창역에서 내려 2번 출구로 나오면 작은 광장이 있고, 왼쪽 길을 따라 가면 타이완 설탕박물관이 나온다. 이쪽 구역을 챠오탕 문창원구 橋糖文創園區라 보면 된다. 챠오탕 문창원구에서 기찻길을 건너 반대편 쪽으로 가면 챠오터우 라오제 橋頭老街가 있으니 함께 둘러보기 좋다. 챠오터우 라오제에서는 황지아러우짜오판 黃家肉燥飯이 유명하다.

📷 타이완 설탕박물관 台灣糖業博物館 타이완탕예보우관 Taiwan Sugar Museum   MAP 37-B

MRT역에서 나오면서부터 박물관 구역이 시작된다고 보면 된다. 내부에는 설탕 관련 전시를 하고, 안으로 더 들어가면 제당공장(製糖工場)이 나온다. 일본 식민지 시대, 일본인이 타이완에 설립한 첫 번째 현대화 제당공장으로 영국에서 수입한 압착기, 분밀기 등이 그대로 전시되어 있다. 제당공장 옆쪽 건물에 있는 당업문화주제관(糖業文化主題館)은 당업 역사 구역, 제당문화·생활 구역, 타이완 설탕회사 台糖公司의 발전 및 비전 전시 구역 등으로 나뉘어 관련 정보를 전시한다. 철도경관휴게구(鐵道景觀休憩區)에는 꽃밭으로 둘러싸인 철도 위에 사탕수수 운반용이었던 오분차(五分車)가 전시되어 있어 기념 촬영에 제격이다. 철도경관휴게구 앞에 있는 상점에서는 타이완 설탕인 타이탕 台糖으로 만든 빙수, 아이스크림, 설탕 제품 등을 판매한다. 잠시 쉬면서 먹기도 하고, 설탕을 구매하기에도 좋다.

위치 Ⓜ R22A 챠오터우탕창역 2번 출구에서 도보 5분 **주소** 高雄市 橋頭區 橋南里 糖廠路 24號 **오픈** 09:00~16:30 **요금** 무료

쟈오터우 벽화마을 橋頭白樹社區(교두백수사구) 쟈오터우바이슈셔취 MAP 37-A

흰빛이 도는 반얀나무가 심어진 오래된 마을로 마을 벽에 특색 있는 벽화가 그려지면서 관광객이 많이 찾게 되었다. 바이슈 예술촌 白樹藝術村이라고도 불리며, 그림 하나하나 찍는 재미가 있지만 벽화마을의 자체의 규모는 굉장히 작다. 타이완 설탕박물관을 구경하고 시간이 남으면 함께 둘러보기를 추천한다.

위치 Ⓜ R23 쟈오터우훠쳐짠역 2번 출구 왼편으로 나와서 오른쪽 길을 따라 차도까지 나간 후, 청공루 成功路를 건너 왼쪽으로 조금 가서 오른쪽 길인 신씽루 新興路로 진입해 세븐일레븐이 나올 때까지 계속 직진한다. 세븐일레븐이 있는 갈림길에서 조금 더 직진 후 오른편 주소 高雄市橋頭區 建樹路

 ## 타이탕 판매센터 台糖販售中心(대당판수중심) 타이탕판쇼우쭝신 MAP 37-B

밖에서는 빙수와 아이스크림을 팔고 건물 안에서는 여러 종류의 가오슝 특산품, 과자, 설탕 관련 제품 등을 판매한다.

위치 Ⓜ R22A 쟈오터우탕창역 2번 출구에서 나와 왼쪽 정면 오픈 월~금요일 09:00~18:00, 토·일요일 09:00~19:00

SPECIAL

근교의 볼거리

까오슝시에 속하지만 꽤 멀리 떨어져 있어 가려면 꽤나 수고를 들여야 하는 곳이 있다. 하지만 그만큼 멋진 볼거리로 방문할 가치가 있는 곳이다. 까오슝 북부와 함께 연계해 여행하기 좋으니 여유가 있을 때 들러 까오슝의 또 다른 모습을 발견해보자.

불광산
佛光山 Fo Guang Shan

산 전체가 사원, 기념관, 정원 등으로 이루어진 하나의 커다란 불교단지로 되어 있어 그 규모가 굉장하다. 크게 불광산사 구역과 불타기념관 구역으로 나뉜다. 많은 불교도가 방문하는 성지이기도 하지만 불교 신자가 아니더라도 방문해볼 만하다.

위치 타이완하오씽 502번 승차 후 불광산 또는 불타기념관 하차 **요금** 무료

─── 불광산 둘러보기 ───

불광산사
佛光山寺

타이완에서 가장 큰 불교 사원으로 타이완 불교의 총본산이다. 1967년에 성운대사(星雲大師)에 의해 건립되었다. 이곳의 대표 볼거리로는 큰 법당인 대웅보전(大雄寶殿)과 높이 40미터 규모의 불상이 위치한 대불성(大佛城)이 있다.

주소 高雄市 大樹區 興田路 153號 **오픈** 08:30~17:30 **홈피** www.fgs.org.tw

불광산 교통 안내

가는 방법
불광산으로 가는 버스는 까오슝처짠에도 있고, 쮜잉역에도 이따커윈 義大客運 8501번(NT$65)이 있지만 빠르고 편리한 타이완하오씽 502번 하포콰이선 哈佛快線을 이용하기를 추천한다. 타이완하오씽은 MRT 쮜잉역 1번 출구 앞 버스정류장 2번 승강장에서 탑승한다.

타이완하오씽 502번
<u>운행</u> 월~금요일 08:45~17:40(1시간 간격), 토·일요일 08:10~18:50(40~50분 간격) <u>소요시간</u> 25~30분 <u>요금</u> NT$70

돌아다니기
불광산사와 불타기념관을 걸어서 이동하려면 약 15분이 소요된다. 기념관에서 사찰로 가는 길은 언덕길이라 힘이 드니 체력에 자신이 없다면 불광산 내 셔틀버스를 이용하자. 불광산사에서는 불이문 不二門 앞에서, 불타기념관에서는 리징따팅 禮敬大廳를 바라보고 왼쪽에서 탑승한다. 티켓은 불광산사 불이문 옆 매표소에서만 판매한다. 불타기념관에서 탑승하는 경우에는 불광산사에 도착해서 구입하면 된다. 셔틀버스는 불광산사와 불타기념관을 오가는 봉고차와 불광산사 내부만 운행하는 골프카 두 종류가 있다.

셔틀버스
<u>운행</u> 09:00~19:00(5~20분 간격) <u>요금</u> 1일권 NT$20

불타기념관
佛陀紀念館

불광산의 하이라이트라고 할 수 있는 곳으로 하루 평균 25,000명이 방문한다. 버스에서 내리면 바로 앞에 리징따팅 禮敬大廳 건물이 있고 이 안에 안내데스크, 식당, 카페, 기념품점 등이 있다. 이 건물 뒷문으로 나가면 양옆에 8개의 탑을 두고 길게 뻗은 길 정면으로 본관 건물과 대불상이 보이는데 이 광경이 너무나 웅장하여 타이완이 아닌 중국 대륙 어딘가에 와있는 듯한 느낌이 들 정도다. 본관 건물 3층 밖으로 나가면 108미터 높이의 대불을 더 가까이서 볼 수 있는데 이곳은 저녁 6시까지만 개방한다.

<u>주소</u> 高雄市 大樹區 統嶺里 統嶺路 1號
<u>오픈</u> 09:00~19:00(토·일요일 ~20:00)
<u>휴무</u> 화요일
<u>홈피</u> www.fgsbmc.org.tw

AREA 3
까오슝 남부
高雄(고웅) Kaohsiung

타이완 제2의 도시, 까오슝은 타이완 서남부에 있는 항구도시로 한국에 비교하자면 부산 같은 곳이다. 19세기 말 항구가 열리고 일본 식민지 시대에 무역항과 중요한 군사 지역으로 발전했고 20세기 중엽 이후에는 타이완 남부의 정치·경제·교통의 허브가 되었다. 동북아와 남태평양을 잇는 까오슝항 덕분에 국제도시로 발돋움하며 계속해서 성장해나가고 있다.

HOW TO TRAVEL

까오숑 남부 이렇게 여행하자

→ 여행 방법

까오숑의 주요 관광지는 남부에 몰려있어 북부보다 볼거리가 더 다양하다. MRT와 버스를 적절히 섞어서 돌아다니거나 자전거로 둘러보는 것도 추천한다.

홈피 khh.travel/index.aspx

까오숑 문화버스 高雄文化公車

까오숑 남부에서는 시즈완역 · 다거우 영국영사관 · 보얼 · 까오숑항 등을 오가는 하마씽선 哈瑪星線을 주로 이용하게 된다. MRT 시즈완역이 발착 기점으로 2번 출구 앞쪽에서 탑승하면 된다.

하마씽선 哈瑪星線

MRT 시즈완역 西子灣站 2번 출구─무덕전 武德殿─다거우 영국영사관 문화원구 打狗英國領事館文化園區─까오숑따이텐궁 高雄代天宮─구산 어시장 鼓山魚市場─샹자오펑/위런 마터우 香蕉棚/漁人碼頭─보얼 예술특구 駁二藝術特區─역사박물관/전영관 歷史博物館/電影館─MRT 시즈완역 西子灣站

운행 화~금요일 10:00~17:00(1시간 간격), 토 · 일요일 10:00~18:00(30분 간격) 요금 1일권 NT$50 홈피 www.fecebook.com/CulturalBus

→ 추천 코스(11시간 소요)

메이리다오역 p.458 → MRT 4분+도보 5분 → 보얼 예술특구 p.463 → 도보 8분 → 철도문화원구 p.465 → 버스 10분 → 다거우 영국영사관 p.465 → 버스 3분+페리 5분 → 85빌딩 전망대 p.459 → MRT 13분 → 아이허 p.460 → 택시 10분 → 러브 전망대 p.460 → 페리 5분+택시 8분 → 치진 p.477 → 도보 10분+MRT 4분 → 류허 야시장 p.466

메이리다오역 美麗島站(미려도참) Formosa Boulevard Station

MAP 39-C

MRT 레드 라인과 오렌지 라인 두 노선이 교차하는 역으로, 현재 까오숑에서는 유일한 MRT 환승역이다. 역사는 일본인 건축가 다카마쓰 신 高松伸이 설계했고, 역 내부에 있는 공공예술 작품 빛의 돔 光之穹頂(Dome of Light)은 이탈리아인 유리공예 예술가 Narcissus Quagliata가 손수 만든 작품이다. 직경 30미터의 크고 컬러풀한 유리 천장 작품 덕에 이 역은 미국의 유명 여행 정보 사이트 〈BootsnAll〉에서 선정한 '세계에서 가장 아름다운 지하철역 15'에 2위를 차지하기도 했다. 작품 아래에서는 거리의 음악가가 피아노나 바이올린을 연주할 때도 있으며, 항상 관광객이 기념촬영을 하고 있다.

위치 R10 O5 메이리다오역 내 주소 高雄市 新興區 中山一路 115號

TIP 빛의 돔 라이팅 쇼
매일 정해진 시간에 3~7분간 라이팅쇼가 진행된다.
운영 11:00 · 15:00 · 20:00(금요일 19:00 추가, 토 · 일요일 17:00 · 19:00 추가)

중앙공원 中央公園 쭝양꿍위엔 Central Park

MAP 39-G

까오숑 시내 중심에 위치한 시민들의 중요한 쉼터다. 총면적 127,000제곱미터에 달한다. 1936년 일본 식민지 시대 도시계획이 예정된 장소였고 정식 공원으로 설립된 것은 1976년이다. 야외 공연장, 연못, 넓은 잔디밭과 예쁘게 줄맞춰 늘어선 야자수가 편안하고 상쾌한 느낌을 준다. 공원 남쪽에 있는 청스광랑 城市光廊(성시광랑/Urban Spotlight)은 밤에 조명을 밝히는 공공 설치예술 작품으로 또 다른 볼거리를 제공한다. MRT R9 쭝양꿍위엔역은 영국인 건축가 리차드 조지 로저스 Richard George Rogers가 설계한 것으로 메이리다오역과 함께 〈BootsnAll〉에서 선정한 '세계에서 가장 아름다운 지하철역 15' 중 한 곳으로 뽑히기도 했다.

위치 R9 쭝양꿍위엔역 1번 출구 주소 高雄市 前金區 中山一路 11號

85빌딩 전망대 85大樓觀景台(85대루관경대) 85따러우관징타이 85 View Deck　MAP 39-G

85빌딩은 높이 367.6미터, 지상 85층, 지하 5층의 타이완에서 두 번째로 높은 건물이다. 1999년에 완공되었고 외관은 까오숑 高雄을 뜻하는 '高' 자 모양으로 되어 있다. 85 스카이 타워 호텔에 속한 74층 전망대는 1층 매표소에서 티켓을 구입해야 한다. 엘리베이터를 타고 43초 만에 75층까지 올라간 후, 걸어서 한 층 내려가면 전망대다. 까오숑항과 바다, 아이허, 까오숑 시내를 한눈에 볼 수 있고, 바로 밑으로는 2014년 4월에 개관해 새로운 명소가 된 까오숑 전람관 高雄展覽館도 보인다. 전망대 한쪽에는 기념품점과 카페 등도 마련되어 있다.

※ 2020년 1월 현재, 영업을 하지 않고 있으며 재개방일은 미정입니다. 방문 전 개방 여부를 확인해 주세요.

위치 Ⓜ R8 싼뚸샹췐역 1번 출구나 2번 출구로 나와서 85빌딩 방향으로 직진 주소 高雄市 苓雅區 自強三路 1號 오픈 09:00~22:00(30분 전 입장 마감) 요금 일반 NT$250, 학생 NT$200, 신장 110cm 이하 아동 무료 전화 07-566-8818 홈피 www.85observatory.com

까오숑 전람관 高雄展覽館(고웅전람관) 까오숑잔란관 Kaohsiung Exhibition Center　MAP 39-K

까오숑항 앞에 위치하며, 다기능 경제무역원구 내에 속한다. 한국의 코엑스나 킨텍스 같은 곳으로 다양한 전시, 국제회의, 연회, 콘서트, 제품 발표회 등의 행사가 열린다. 대형 철골구조에 외부는 1만여 조각의 알루미늄합금이 덮여 있어 자연 채광과 공기를 조정할 수 있다. 해양도시가 연상되는 파도 형상의 지붕은 주변 항구와 잘 어울리는 새로운 랜드마크가 되었다. 바로 옆에 붙어 있는 씽광 수변공원 星光水岸公園과 함께 둘러보면 좋다. MRT역에서 걸어가기에는 조금 멀지만 중간에 중고 서점, 음식점이 있으니 들렀다 가는 것도 추천한다.

위치 Ⓜ R8 싼뚸샹췐역 2번 출구에서 우회전해 차도를 따라 직진, 도보 15분/Ⓛ C8 까오숑잔란관역 하차 주소 高雄市 前鎭區 成功二路 39號 오픈 10:00~18:00 전화 07-213-1188 홈피 www.kecc.com.tw

아이허 愛河(애하) Love River

MAP 39-F

'사랑의 강'이라는 뜻의 아이허는 이름부터 낭만적이다. 강변을 따라 잘 조성된 산책길, 조명, 붉은 꽃과 야자수가 이국적이고 아름다운 풍경을 만든다. 원래 까오슝천 高雄川이라는 하천이었는데, 일본 식민지 시대에 호안 공사로 운하가 되었다. 강변에 조성된 노천카페에서 강을 바라보며 여유를 즐기기 좋다. 아이허에서 유람선을 타며 관광할 수도 있으며 낮보다는 야경이 아름다운 저녁에 방문하기를 추천한다.

위치 Ⓜ O2 옌청푸역 · O4 스이훼이역에서 도보 6~10분 주소 高雄市 鹽埕區 中正四路 오픈 궈빈 國賓 선착장 월~목요일 15:00~22:00, 금요일 15:00~22:30, 토 · 일요일 09:00~22:30/런아이 仁愛 선착장 월~목요일 18:30~22:00, 금요일 18:30~22:30, 토 · 일요일 15:30~22:30 요금 유람선 NT$150(2세 이하 무료)

TIP 유람선

아이즈촨궈빈짠 愛之船國賓站이나 런아이짠의 매표소에서 티켓을 구매한 뒤 탑승하면 되며, 한 바퀴 도는 데 약 25분이 걸린다. 이동 노선은 다음과 같다.

쩐아이마터우 真愛碼頭–까오슝 항구 高雄港區–까오슝교 高雄橋–중정교 中正橋

러브 전망대 情人觀景台(정인관경대) 칭런관징타이 Lovers Viewing Platform

MAP 39-E

쇼우산 壽山(수산)에 있는 충렬사 입구 바로 앞에 위치한다. 충렬사로 가는 계단을 올라가면 충렬사 패루 왼편 앞쪽으로 러브 전망대가 보인다. LOVE라고 된 예쁜 조명을 밝힌 조형물 뒤로 까오슝의 멋진 전경이 펼쳐진다. 낮의 풍경도 멋지지만 역시 낮보다는 밤에 와서 야경을 보는 것이 좋다. 해가 지기 조금 전에 올라 와서 노을부터 야경까지 보고 내려 가는 것을 추천한다.

위치 버스 56번 칭런관징타이 情人觀景台 하차/Ⓜ O1 시즈완역 1번 출구에서 택시 이용(NT$100) 주소 高雄市 鼓山區 忠義路 30號

TIP 56번 쇼우산 동물원 전용 버스

버스 56번은 기차 까오슝역에서 출발해 MRT 옌청푸역을 거쳐 동물원으로 이동하는 쇼우산 동물원 전용 버스이다. 러브 전망대가 쇼우산에 위치하니 전망대를 갈 때 이용하면 편리하다. 기차 까오슝차짠이나 MRT 옌청푸역 4번 출구로 나와 화남은행 華南銀行 앞에서 승차하면 된다. 단, 월요일에는 쇼우산 동물원이 휴무라서 버스도 운행하지 않는다.

운행 08:30~17:30(화~금요일 1시간, 토 · 일요일 15~20분 간격)

까오숑시립역사박물관 高雄市立歷史博物館 까오숑스리리스보우관   MAP 39-B

원래 까오숑시정부(시청)가 있던 곳인데 1992년 시정부가 다른 곳으로 옮겨간 후 역사박물관으로 개조했다. 까오숑 고적으로 지정되었으며 까오숑의 역사를 보여주는 진귀한 문물 자료를 전시해 까오숑시의 변화와 성장 과정을 이해할 수 있다. 무료이므로 아이허를 가는 길에 함께 방문해볼 것을 추천한다. 1층에서는 간단한 기념품도 구입할 수 있다.

위치 M O2 옌청푸역 2번 출구에서 오른쪽으로 가다가 시민광장을 가로질러 육교 건너면 바로, 도보 7분 **주소** 高雄市 鹽埕區 中正四路 272號 **오픈** 09:00~17:00 **휴무** 월요일 **요금** 무료 **전화** 07-531-2612 **홈피** khm.org.tw

까오숑시 영화관 高雄市電影館(고웅시전영관) 까오숑뎬잉관 Kaohsiung Film Archive   MAP 39-F

2001년에 설립된 곳으로 아이허 바로 옆에 위치해 함께 방문하기에 좋다. 3층 상영실은 137석, 2층 상영실은 35석 규모로 내부 공간은 작은 편이지만 매일 정기적으로 영화를 상영하고 각종 상영 설비, 영화 서적, 예술 영화나 다큐멘터리 등을 제공하며 까오숑 최초로 영화문화를 보급하는 역할을 해왔다. 밤에는 건물에 반짝거리는 조명이 켜지는데, 아이허의 야경과 어우러져 더 낭만적인 분위기가 연출된다. 영화 상영 스케줄은 홈페이지에서 확인할 수 있으며 가격은 한 편당 NT$1500이다.

위치 M O2 옌청푸역 2번 출구에서 왼쪽으로 코너를 돌아 직진, 도보 7분/L C11 쩐아이마터우역에서 도보 5분 **주소** 高雄市 鹽埕區 河西路 10號 **오픈** 13:30~21:00 **휴무** 월요일, 설 **요금** 관람 무료 **전화** 07-551-1211 **홈피** kfa.kcg.gov.tw

웨이우잉 벽화마을 衛武營彩繪社區(위무영채회사구) 웨이우잉차이훼이셔취

웨이우잉역 바로 근처 아파트단지에 조성된 타이완에서 가장 큰 벽화마을로 일명 웨이우미미춘 衛武迷迷村이라고도 불리는 곳이다. 커다란 건물 외벽과 아파트 전체를 뒤덮는 거대한 벽화는 제대로 된 벽화마을의 면모를 보여준다. 오래된 건축물에 세계 각지의 작가들이 그린 그림으로 활력을 불어넣어 관람객을 끌어 들이고 있다. 대형 벽화 외에도 곳곳에 숨은 독특한 벽화들을 찾아보는 재미도 있다.

위치 Ⓜ O10 웨이우잉역 5번출구로 나와 뒤를 돌아 차도를 따라 우회전하면 바로 **주소** 高雄市 苓雅區 建軍路 **오픈** 24시간

잔얼쿠 KW2 棧貳庫KW2(잔이고) Kaoshiung Port Warehouse No.2

MAP 39-F

까오송항 2호 부두에 위치한 잔얼쿠는 1914년 신빈정(新濱町) 안벽을 따라 일본인이 지은 창고로 설탕을 저장하고 운송하는데 쓰인 곳이다. 오랜 역사를 지닌 잔얼쿠는 2차세계대전 당시 미군의 공습을 받았다가 1962년 국민당 정부가 재건했다. 규모가 굉장히 크고 역사적 의미가 있어서 시정부에서 2003년 역사건축으로 지정했다. 2018년 3월에 정식 개장하여 전람, 숍, 식당 등 복합문화공간으로 운영한다. 외부에 있는 하얀 회전목마는 새로운 포토스폿으로 떠올랐다. 잔얼쿠 앞에서 보는 노을이 무척이나 아름다우니 해질녘 잠시 쉬어갈 것을 추천한다.

위치 Ⓛ C13 보얼평라이역에서 시즈완 방향으로 나와 차도에서 좌회전 후 직진, 도보 3분 (바나나부두 바로 옆)/Ⓜ O1 시즈완역 2번 출구에서 도보 3분 **주소** 高雄市 鼓山區 蓬萊路 17號 **오픈** 10:00~21:00(토 · 일요일 10:00~22:00) **전화** 07-531-8568 **홈피** www.kw2.com.tw

📷 바나나 부두 香蕉碼頭(향초마두) 샹쟈오마터우 Banana Pier   MAP 39-F

바나나 부두는 초기 타이완의 바나나 수출을 위한 전용 창고였는데 바나나 생산, 수출량을 점차 감소하며 몰락해 갔다. 그러나 까오슝 제1·2항의 교차점에 위치해 항구 지역에 드나드는 선박을 조망할 수 있어서 항만 당국은 이곳을 '관해대(觀海台)'로 지명했다. 휴식 공간 및 레스토랑, 바나나 기념품점 등이 있는데 사실 내부에는 크게 볼거리가 없고 노란 외관이 귀여워 멋진 일몰과 함께 사진 찍기 좋다.

위치 ⓛ C13 보얼펑라이역에서 시즈완 방향으로 나와 차도에서 좌회전 후 직진, 도보 3분 주소 高雄市 鼓山區 蓬萊路 23號 오픈 상점에 따라 다름

📷 보얼 예술특구 駁二藝術特區 보얼이슈터취 The Pier-2 Art Center   MAP 39-F

부두 주변에 있는 오래된 창고를 개조해서 전시관, 공연장 등 문화시설로 사용하는 곳이다. 타이베이로 치면 화산1914나 송산문창원구 같은 곳이다. 크게 세 구역으로 나뉘는데 기획전이 열리는 전시관, 프리마켓이나 행사가 열리는 예술광장, 디자인상품 매장·카페·성품서점·써니 힐 등이 있는 매장 구역이다. 외부에는 공공설치미술 작품과 벽화가 있어 문화 공간으로서의 매력을 더 충족시킨다. 개방시간은 월요일부터 일요일로 공지되어 있으나 전시관이나 일부 상점은 월요일에 쉬는 경우도 있으므로, 가능한 월요일은 피해서 가는 것이 좋다.

위치 ⓜ O2 옌청푸역 1번 출구에서 오른쪽으로 직진, 도보 5분 주소 高雄市 鹽埕區 大勇路 1號 오픈 월~목요일 10:00~18:00, 금~일요일 10:00~20:00, 야외 24시간 휴무 월요일(전시관 일부에 한함) 홈피 pier-2.khcc.gov.tw

| 보얼 예술특구 둘러보기 |

미니 기차(하마씽보얼선)
駁二線小火車

보얼 예술특구의 명물이 된 미니 기차. 크기만 보면 어린이 전용 같지만 어른들도 탑승이 가능해 누구나 동심으로 돌아갈 수 있다. B(펑라이) 창고 구역 주변을 한 바퀴 도는데, 약 10분 정도가 소요된다.

위치 B8 창고/ⓁC13 보얼펑라이역 **오픈** 일~목요일 10:00~18:00, 금·토요일 10:00~19:00 **요금** 일반 NT$149, 12세 이하 및 65세 이상 NT$99
홈피 hamasen.khm.gov.tw

성품생활
誠品生活 The Eslite Spectrum

타이완 각지에 위치한 복합문화 공간인 성품생활의 보얼점. 이 지점은 서점으로의 역할이 가장 크다. 디자인 상품 등을 판매하기도 하며 카페도 있다.

위치 C4 창고/ⓁC13 보얼펑라이역 **오픈** 일~목요일 10:00~21:00, 금·토요일 10:00~22:00 **홈피** www.eslsiteliving.com

써니 힐
微熱山丘 Sunny Hills

난터우에 본점을 둔 유기농 파인애플로 만든 펑리수 전문점. 모든 손님에게 펑리수 1개 혹은 카스텔라와 차를 무료로 제공한다.

위치 C11-1 창고/ⓁC12 보얼따이역 **오픈** 11:00~19:00 **홈피** www.sunnyhills.com.tw

철도문화원구 鐵道文化園區 톄다오원화위엔취

MAP 39-F

까오슝 최초의 기차역으로 일본 식민지 시대에 화물 운반을 목적으로 만들었던 다거우역 打狗驛을 공원으로 조성한 곳이다. 다거우 打狗는 까오슝의 옛 지명이다. 당시 사용했던 기찻길 위에 증기기관차, 조형물 등을 전시하고 있으며, 벤치도 마련해 편안한 휴식 공간이 되었다. 다거우역이었던 건물은 현재 다거우 철도 고사관 打狗鐵道故事館으로 개방하고 있다. 철도문화원구부터 아이허까지는 자전거도로가 잘 조성되어 있기 때문에 자전거를 대여해 구경하면 좋다.

 시즈완역 2번 출구로 나와 조금만 직진하면 오른쪽 주소 高雄市 鼓山區 鼓山一路 32號 오픈 다거우 철도고사관 10:00~18:00 휴무 다거우 철도고사관 월요일 홈피 takao.railway.tw

시즈완 西子灣(서자만) Siziwan

MAP 39-E

아름다운 석양과 천연 암초석으로 명성이 자자한 곳이다. 풍경구 내에는 시즈완 해수욕장, 해빈공원, 다거우 영국영사관 등의 명소가 위치하며 국립쭝산대학교와도 맞닿아 있다. 시즈완 해수욕장으로 가려면 국립쭝산대학교 입구 안으로 들어가야 하며 리조트시설도 들어서 있다.

위치 01 시즈완역 2번 출구 앞에서 버스 99번 해수욕장 海水浴場 하차 주소 高雄市 鼓山區 蓮海路 51號 오픈 해수욕장 월~금요일 10:00~19:00, 토·일요일 09:30~19:00

다거우 영국영사관 打狗英國領事館 다거우잉궈링스관
The British Consulate at Takaw

MAP 39-E

사오촨터우산 哨船頭山(초선두산) 정상에 위치한 타이완에 남은 가장 오래된 양관이다. 1865년에 영국영사관으로 지어졌으며, 지금은 역사문물 등을 전시하는 공간인 '다거우 영국영사관 문화원구'라는 이름으로 개방되고 있다. 관저와 영사관이 완전하게 보존되어 있고 실내에는 전시실, 기념품점을 비롯해 건물 앞뒤로 전망대가 있다. 전망대에서는 시즈완과 까오슝 시내를 한눈에 볼 수 있다.

위치 01 시즈완역 2번 출구 앞에서 버스 橘1·99번 시즈완(영국영사관) 西子灣 하차 주소 高雄市 鼓山區 蓮海路 20號 오픈 월~금요일 09:00~19:00, 토·일요일 09:00~21:00(30분 전 매표 마감) 휴무 셋째 주 월요일, 설 전날(7월·8월 무휴) 요금 일반 NT$99, 6세 미만 NT$39, 1세 미만 무료 전화 07-525-0100 홈피 britishconsulate.khcc.gov.tw

류허 야시장 六合夜市(육합야시) 류허예스 Liouhe Tourist Night Market   MAP 39-C

까오송에서 가장 오래된 야시장으로 이곳을 방문하지 않았다면 까오송에 다녀왔다고 말할 수 없을 정도로 유명하다. 1950년 몇몇 포장마차가 영업을 시작했고 날이 갈수록 그 수가 점점 늘어 오늘날의 야시장이 형성되었다. 낮에는 일반도로였다가, 밤에 야시장으로 변신한다. 야시장의 총 길이는 약 380미터이고 170여 개의 점포가 들어서 있다. 대표적인 먹거리로 옌쩡샤 鹽蒸蝦(찐새우), 무과뉴나이 木瓜牛奶(파파야우유), 통자이미까오 筒仔米糕(쌀떡), 초우떠우푸 臭豆腐(취두부), 하이셴저우 海鮮粥(해산물죽), 스첸야오둔파이구 十全藥燉排骨(한방갈비) 등이 있다.

> **TIP**
> MRT R10 · O5 메이리다오역 11번 출구는 높은 계단을 자랑하므로 계단이 힘들다면, 1번 출구의 에스컬레이터를 타고 올라가서 오른쪽으로 간 후, 차도를 따라 위쪽(11번 출구 방향)으로 직진하면 된다.

위치 Ⓜ R10 Ⓜ O5 메이리다오역 11번 출구 앞 **주소** 高雄市 新興區 六合二路 **오픈** 17:00~04:00(상점마다 다름)

카이쉔 청년야시장
凱旋青年夜市(개선청년야시) 카이쉔칭녠예스
Kaisyuan Night Market

MAP 39-L

2013년 7월 30,000제곱미터 규모로 화려하게 개장했다. 야시장 길에 까오슝의 도로명을 부여해 점포를 찾기 쉽도록 계획적으로 만들었다. 까오슝의 다른 유명 야시장보다 접근성이 조금 떨어져서 그런지 유동 인구가 많이 적은 편이다. 평일에는 한가하니 가능한 주말에 방문할 것을 추천한다. 매주 토요일과 일요일 오전 7시부터 오후 8시까지는 벼룩시장이 열린다.

위치 Ⓛ C12 카이쉔레이텐역 바로 앞   주소 高雄市 前鎮區 凱旋四路 758號   오픈 목~일요일 17:00~22:00   휴무 월~수요일

타로코 파크
大魯閣草衙道(대로각초아도) 따루거차오야따오 Taroko Park

2016년 5월 대지 면적 약 87,000제곱미터, 투자 금액 NT$70억에 이르는 대형 복합쇼핑 겸 오락센터가 차오야역 앞에 성대하게 오픈했다. 지상 3층의 메인 건물에는 각종 유명 브랜드가 입점한 세계적인 수준의 쇼핑몰 외에도 극장, 농구장, 인라인스케이트장 등의 오락시설이 자리한다. 건물 외부에는 일본의 스즈카 서킷 파크도 있어 여러 놀이기구를 타거나 미니 자동차 경주를 체험해볼 수도 있다.

위치 Ⓜ R4A 차오야역 2번 출구 앞   주소 高雄市 前鎮區 中安路 1-1號   오픈 월~금요일 11:00~22:00, 토·일요일 10:30~22:00   전화 07-796-9999   홈피 www.tarokopark.com.tw

🎁 싼뚸 상권 三多商圈(삼다상권) 싼뚸샹췐 Sanduo Shopping District　MAP 39-G

1990년부터 2000년대에 일어서기 시작해 까오숑에서 가장 번화한 특색 상권 중 한 곳이 되었다. MRT역 주변에 소고백화점, 신광 미츠코시 같은 대형 백화점과 음식점, 상점이 많이 모여있어 젊은이들이 좋아하는 쇼핑 상권이다. 이름 '싼뚸 三多'에서 숫자 '3'은 복·생명·남자를 의미한다. 한신 아레나 쇼핑 플라자가 오픈한 후 까오숑 북부의 아레나 상권과 경쟁 구도를 형성하는 곳으로 여전히 인기 있다.

위치 Ⓜ R8 싼뚸샹췐역　주소 高雄市 苓雅區 中山二路~三多路

🎁 드림 몰 夢時代購物中心(몽시대구물중심) 멍스따이거우우쭝씬 Dream Mall　MAP 39-K

2007년에 오픈한 총면적 400,000제곱미터의 대형 쇼핑몰. 지하 3층에서 지상 10층 건물이 물, 꽃, 자연, 우주 네 가지 테마로 꾸며져 있다. 볼거리, 먹거리, 즐길거리 외에도 다양한 행사가 열리는 종합쇼핑오락 공간으로 사람들을 끌어모은다. 바다와 시내를 모두 볼 수 있는 대관람차는 까오숑아이(Eye)라고도 불리는 까오숑의 명물이다. 맨 위층에는 대관람차 외에 어린이 유원지도 만들어져 있다.

위치 Ⓛ C5 멍스따이 하차　주소 高雄市 前鎭區 中華五路 789號　오픈 월~목요일 11:00~22:00, 금요일·공휴일 전날 11:00~22:30, 토요일·공휴일 10:30~22:30, 일요일 10:30~22:00　요금 관람차 NT$350　전화 07-973-3888　홈피 www.dreamall.com.tw

🎁 모리 중고서점 茉莉二手書店(말리이수서점) 모리얼쇼우슈뎬 Mollie Used Books　MAP 39-K

타이베이 세 곳, 타이중 한 곳, 까오숑 한 곳의 지점을 둔 대형 중고서점이다. 허름하고 작은 중고서점에서 시간을 들여 뜻밖의 책을 발견하는 것도 즐거움이지만 이곳에서는 정말 원하는 것을 쉽게 찾아볼 수 있다. 일반 서점처럼 종류별로 잘 구분되어 있고 책의 상태도 양호하며 도서뿐만 아니라 중고 음반도 판매한다. 매장이 지하에 있어서 자칫 지나칠 수 있으니 잘 확인하자.

위치 Ⓜ R8 싼뚸샹췐역 2번 출구에서 우회전해 차도를 따라 직진, 도보 6분　주소 高雄市 苓雅區 新光路 38號　오픈 12:00~21:00　전화 07-269-5221　오픈 www.mollie.com.tw

> **TIP** 얼쇼우 二手는 두 번째 손을 거친다는 뜻으로 중화권에서 중고라는 의미로 쓰인다.

올웨이즈 에이플러스 always a+

MAP 39-G

MRT 쭝양꿍위엔역 근처 작은 골목에 위치한 아담한 카페이다. 회색빛에 붉은색으로 포인트를 줘서 분위기가 간결하면서도 인상적이다. 직접 로스팅한 원두로 내린 커피 음료나 핸드드립 커피(NT$130~160), 브런치, 와플, 샌드위치 등을 비교적 저렴한 가격에 제공한다. 면 요리는 우동, 라면, 당면 등 면 종류도 선택 가능하다. 규모는 작은 편이지만 까오슝 홍보영상에도 나올 정도로 유명하다.

위치 R9 쭝양꿍위엔역 2번 출구에서 도보 5분 주소 高雄市 前金區 新田路 217號 오픈 08:00~18:00 홈피 www.facebook.com/pages/Always-A-咖啡館/195980383748847

씽롱쥐 興隆居(흥륭거) Xing Long Ju

MAP 39-C

1954년에 시작해 60년이 넘는 역사를 자랑하는 유명한 타이완 아침식사 전문점이다. 먼저 줄을 서서 진열대를 지나가며 원하는 메뉴를 선택하고 마지막에 음료까지 주문·계산 후 자리를 찾아 앉아서 먹으면 된다. 대표 메뉴는 육즙이 많은 만두 탕빠오 湯包(NT$18), 구운 빵 샤오빙 燒餅(NT$15~35), 콩국 떠우장 豆漿(NT$15), 중국식 도넛 요우탸오 油條이고, 샤오빙 안에 요우탸오, 달걀, 채소 등을 선택해서 넣어 먹는다. 가장 인기 있는 탕빠오는 고산 양배추, 돼지사골육수를 이용해 현장에서 바로 만들고 쪄낸다. 기타 메뉴로는 딴삥 蛋餠(전병과 달걀부침), 샌드위치, 판퇀 飯糰(주먹밥), 군만두 등이 있다.

위치 O4 스이훼이역 1번 출구에서 직진 후 첫 번째 사거리에서 대각선, 도보 2분 주소 高雄市 前金區 六合二路 186號 오픈 04:00~11:00 휴무 월요일 전화 07-261-6787 홈피 www.xinglongju.com

챠오핀마이챠오판 喬品賣炒飯(교품매초반)

MAP 39-G

현지인이 많이 찾는 볶음밥 전문점으로 타이완 여행 사이트 트래블암에서 타이완 10대 볶음밥으로 선정되기도 했다. 주문이 들어오면 1인분씩 바로 볶아주는데 맛과 향이 아주 일품이다. 볶음밥은 매운맛의 정도를 선택할 수 있고 계란탕을 함께 먹으면 좋다. 주문서에 메뉴를 체크해서 주문하고, 식사 후 값을 지불하는 후불 방식이다. 가격대는 볶음밥 NT$60~110, 라면 NT$40~80, 탕 NT$30~45 정도이다. 너무 붐비는 식사시간은 살짝 피해서 가는 것이 좋다.

위치 R8 싼뒤샹췐역 2번 출구에서 우회전해 차도를 따라 직진, 도보 10분 주소 高雄市 苓雅區 新光路 132號 오픈 10:00~15:00, 16:00~19:00(토요일 10:00~14:00) 휴무 일요일 전화 07-333-6720

칭징저 스치 輕井澤 拾七(경정택 습칠) Karuisawa Shihchi Hotpot

MAP 39-G

2018년 12월, 칭징저가 두 번째 브랜드인 '스치'의 이름을 걸고 이곳으로 이전했다. 일본 스타일의 훠궈 전문점으로 번화가 사거리에 떡하니 자리 잡아 외관부터 눈길을 사로잡는다. 고급스러운 분위기를 풍기지만 그에 비해 가격은 저렴한 편이고, 1인용 냄비에 나오기 때문에 혼자 가도 부담 없이 즐길 수 있다. 국물은 크게 쓰촨식과 일본식 두 종류로 구분된다. 국물과 메인 메뉴에 따라 가격이 정해지는데, 기본적으로 모둠채소, 밥이나 면류, 홍차, 스무디가 포함되며 기타 메뉴는 단품으로 추가할 수 있다. 주문 후 선불로 계산하는데 1인 NT$ 250~450선이며, 평일 오전 11시부터 오후 5시까지는 런치 메뉴로 더 저렴하게 즐길 수 있다.

위치 Ⓜ R8 중앙공원역 2번 출구에서 직진, 도보 3분 주소 高雄市 新興區 中山二路 500號 오픈 11:00~02:00 카드 가능 전화 07-215-2976 홈피 www.facebook.com/karuisawa

마라장위엔 麻辣狀元(마랄장원) Hot&Spicy Champion

MAP 39-C

메이리다오역과 까오숑처짠역 중간쯤에 위치한 주문식 훠궈 뷔페다. 대로변의 큰 간판이 눈에 띄어 찾기 쉽다. 내부는 고풍스럽게 꾸며져 있으며, 훠궈 육수는 쓰촨마라궈, 몽고양생궈, 동북쏸차이궈 등 여러 가지 중에서 두 가지를 선택한다. 소스와 음료, 밥을 제외한 다른 메뉴는 메뉴판을 보고 자유롭게 주문하면 된다. 한국어가 적힌 메뉴판도 있어 주문하는 데 큰 어려움은 없고, 주문식이라 재료가 신선하다. 하겐다즈와 메이지 아이스크림도 무제한 제공된다. 다만, 2시간의 시간 제한이 있다. 가격은 NT$508, 평일 점심·심야 NT$4480이며, 서비스 차지 10퍼센트가 가산된다.

위치 Ⓜ R11 까오숑처짠역 1번 출구 또는 Ⓜ R10 Ⓜ O5 메이리다오역 11번 출구에서 직진 후 치셴얼루 七賢二路로 진입 주소 高雄市 新興區 七賢二路 100號 오픈 11:30~04:00(점심 11:30~16:45, 저녁 16:45~22:00, 심야 22:00~04:00) 전화 07-285-7777 홈피 www.spicyhot.com.tw

TIP 마라장위엔이 있는 치셴얼루 七賢二路 거리에는 훠궈집이 많이 몰려 있다.

우바오춘 베이커리 吳寶春麥方店 우바오춘마이팡뎬 Wu Pao Chun Bakery

MAP 39-H

2010년 프랑스에서 열린 베이커리 월드컵에서 리치 장미빵 荔枝玫瑰麵包(NT$350)으로 챔피언이 되었고, 까오슝을 대표하는 베이커리로 자리 잡았다. 쾌적한 환경을 위해 제한된 인원만 입장 가능해서 항상 줄을 서야 한다. 내부는 천장도 높고 깔끔하며 빵도 아주 먹음직스럽게 진열되어 있다. 타이완 전통빵, 일식·유럽식 빵 등 다양한 종류를 판매한다. 우바오춘 어머니의 이름 천우셴 陳無嫌을 이름으로 사용한 펑리수(1개 NT$35)가 있는데, 동과를 넣지 않아 파인애플 본연의 맛을 제대로 음미할 수 있도록 만들었다. 빵을 좋아하는 사람이라면 지나쳐서는 안 될 곳이다.

위치 R8 싼뚸샹쳰역 3번 출구 앞에서 버스 紅21번 스정따러우 市政大樓 하차/6번 출구에서 도보 직진 후 큰 사거리에서 우회전해 오른편에 우바오춘이 보일때까지 직진, 도보 15분 주소 高雄市 苓雅區 四維三路 19號 오픈 10:00~20:30 전화 07-335-9593 홈피 www.wupaochun.com

라호르 拉合爾(랍합이) 라허얼 LAHORE

MAP 39-H

라호르 Lahore는 파키스탄에서 두 번째로 큰 도시이자 이곳 사장님의 고향이기도 하다. 라호르 지역은 인도와 매우 가까이 있어서 인도 음식을 많이 먹는데, 카레가 대표이다. 실내는 굉장히 아담하다. 주문하면 사장님이 바로 구워내는 토르티야를 카레와 함께 먹을 수 있다. 메인 요리 주문 시, NT$65를 추가해 세트로 주문하면 인도식 아이스 밀크티와 과일 디저트가 포함된다. 가격은 카레 NT$80~115, 부리토 NT$45~95.

위치 O7 원화쭝신역 3번 출구로 나와 바로 왼쪽 도로를 따라 아래로 직진, 길 건너 오른쪽 린췐제 林泉街로 진입하면 오른쪽 주소 高雄市 苓雅區 林泉街 86號 오픈 11:00~14:00, 16:30~21:00 휴무 월요일 전화 07-726-6803 홈피 www.facebook.com/Lahore.tw

테레사 레스토랑 黛麗莎(대려사) 다이리샤 Teresa's Restaurant

MAP 39-F

스페인 식당 西班牙餐廳으로 굉장히 이국적인 곳이다. 테레사라는 여사장님은 스페인인이고 타이완인과 결혼해 이곳에 정착했다. 스페인인이 운영하는 곳이라 제대로 된 스페인요리를 즐길 수 있다. 실내는 스페인과 라틴 아메리카 스타일의 소품으로 꾸며져 있고 벽에 낙서도 많아 자유롭고 편안한 분위기를 연출한다. 매월 마지막 주 토요일에는 라틴의 밤이라며 공연도 하고 살사 춤을 가르쳐주는 시간을 갖기도 한다. 가격은 메뉴당 NT$150~300 정도다.

위치 O2 옌청푸역 4번 출구에서 왼쪽으로 한 블록 가서 왼편 주소 高雄市 鹽埕區 五福四路 146-2號 오픈 11:00~22:00 전화 07-551-3233 홈피 www.facebook.com/teresarestaurant

궈쟈러우쭝 郭家肉粽(곽가육종) Kuo's Rice Dumpling

MAP 39-B

쭝즈 粽子는 찹쌀밥과 속 재료를 댓잎으로 싸서 쪄낸 음식으로 특제 소스나 가루를 뿌려 먹기도 한다. 그중 고기가 들어간 것을 러우쭝 肉粽(NT$30)이라 하는데 이곳은 궈(郭) 씨 가문에서 3대째 이어져 60년이 넘는 역사를 가지고 있다. 오랜 전통의 맛있는 러우쭝과 복고스러운 인테리어로 현지인에게 인기 있다. 쭝즈 외에도 쌀가루에 고기 등을 넣어 푸딩처럼 만든 완궈 碗粿(NT$30), 네 가지 약재와 돼지 내장을 넣고 끓인 쓰션탕 四神汤(NT$25), 족발이 들어간 쭈쟈오탕 猪腳湯(NT$50) 등을 판매한다. 2층에서 러우쭝에 관해 전시하고 있어 자유롭게 관람할 수 있다.

위치 ⓜ O2 옌청푸역 2번 출구에서 도보 15분. 차오허우궁 朝后宮 왼쪽 길 北斗街를 따라 가면 왼편/2번 출구에서 오른쪽으로 직진 후 공원 앞으로 길 건너 오른편 옌청푸역 捷運鹽埕埔站 버스정류장에서 버스 88번 승차 후 베이떠우제커우 北斗街口 하차. 도보 1분(기차 까오숭처짠역 앞에서도 버스 88번 탑승 가능) 주소 高雄市 鹽埕區 北斗街 19號 오픈 07:00~23:00 전화 07-551-2747 홈피 www.kuo520.com

야러우쩐 鴨肉珍(압육진)

MAP 39-F

오리고기 전문점으로 옌청푸에서 65년의 역사를 가지고 있다. 노란 천막 아래로 손님으로 가득해 한눈에 알아볼 수 있다. 대표 메뉴는 밥에 오리고기와 돼지고기조림인 러우짜오를 올려주는 야러우판 鴨肉飯(소 NT$55, 대 NT$65)을 비롯해 국물에 오리고기와 면이 들어간 야러우동펀 鴨肉冬粉(NT$50)이 있으며 오리고기 鴨肉, 샤쉐이탕 下水湯, 러우짜오판 肉燥飯 등을 주로 함께 먹는다. 줄을 서서 먼저 순서대로 주문하고 원하는 곳에 앉으면 음식을 가져다주는데, 이때 요금을 지불한다. 맛도 좋고 현지인과 어우러져 먹는 경험도 해볼 수 있어 좋지만 현지인 위주의 식당이다 보니 주문이 다소 어렵다.

위치 ⓜ O2 옌청푸역 4번 출구에서 오른쪽으로 도로를 따라 5분 직진하면 오른편 주소 高雄市 鹽埕區 五福四路 258號 오픈 10:00~20:00 휴무 화요일 전화 07-521-5018 홈피 www.facebook.com/鴨肉珍-187119214984174

미까오청 米糕城(미고성) Rice Cakes City

MAP 39-F

70년의 역사를 자랑하는 곳으로 타이완의 전통적인 샤오츠 미까오 전문점이다. 미까오는 쌀로 만든 케이크나 찹쌀밥을 뜻하는데 이곳의 미까오는 후자이다. 윤기 흐르는 찹쌀밥 위에 루러우 滷肉(간장양념에 삶은 돼지고기), 위쏭 魚鬆(생선을 가공해 만든 가루), 오이를 얹어 준다. 현지인들은 미까오(NT$35)와 찰떡궁합인 한방내장탕 쓰셴탕 四神湯(NT$35)을 함께 즐겨 먹는다. 쓰셴탕은 맛이 좀 독특해서 한국인 입맛에는 안 맞을 수도 있다.

위치 O2 옌청푸역 2번 출구에서 오른쪽으로 가다가 큰 사거리에서 좌회전 후 직진해 왼편, 도보 2분 **주소** 高雄市 鹽埕區 大仁路 107號 **오픈** 09:00~22:30 **전화** 07-533-3168

진원저우훈툰따왕 金記溫州餛飩大王(금온주훈돈대왕) King's Uen-Jou Wonton

MAP 39-F

1954년에 창업한 훈툰 餛飩 전문점이다. 훈툰은 밀가루 반죽 안에 고기소를 넣어 동그랗게 빚은 음식이다. 일반적으로 우리가 알고 있는 물만두와 비슷하다. 작은 골목 안에 위치해 있는데도 일부러 많은 사람이 찾아오는 인기 맛집이어서 식사시간에는 줄을 서야하는 경우가 생긴다. 추천 메뉴는 훈툰탕 餛飩湯(NT$70), 훈툰깐몐 餛飩乾麵(NT$100), 샤오롱빠오 小籠包(NT$90), 돼지갈비튀김인 자파이구 炸排骨(NT$65)이다. 가격대는 면 NT$70~150, 탕 NT$25~120 정도이다.

위치 O2 옌청푸역 3번 출구 앞 사거리에서 왼쪽 길로 진입 후 왼쪽 첫 번째 작은 골목 안, 도보 1분 **주소** 高雄市 鹽埕區 新樂街 163巷1號 **오픈** 월~금요일 14:00~20:30, 토·일요일 11:30~20:30 **전화** 07-551-1378

포포빙 高雄婆婆冰(고웅파파빙) Po Po Shaved Ice

MAP 39-F

1934년 오픈한 까오송 옌청 지역의 오랜 빙수집. '할머니 빙수'라는 뜻의 이름부터 정겨움이 가득하다. 빙수, 과일주스 외에 바로 먹을 수 있게 과일을 썰어서도 판매한다. 인기 메뉴로 망고우유빙수(芒果牛奶冰), 과일빙수(超級水果冰), 대표종합빙수(招牌綜合冰), 전통팔보빙수(八寶冰) 등이 있다. 빙수 NT$35~120, 주스 NT$40~70, 과일 한 접시 NT$40~70의 가격대로, 카운터에서 주문과 계산을 하는데 얼음을 눈꽃빙수로 주문할 경우 NT$20이 추가된다. 바로 근처에 분점도 있다.

위치 O2 옌청푸역 3번 출구 앞 사거리에서 왼쪽 길로 세 블록 직진하다가 큰 사거리에서 길 건너 오른쪽으로 다시 직진해서 왼편, 도보 5분 **주소** 高雄市 鹽埕區 七賢三路 135號 **오픈** 09:00~24:00 **휴무** 월요일 **전화** 07-561-6567 **홈피** www.popoice.com.tw

화다나이차 樺達奶茶(화달내차) Huada Milk Tea

MAP 39-F

차 전문 브랜드로 1982년 문을 열어 지금까지 40여 년의 역사를 쌓아왔다. 수십 년간 차를 연구하고 좋은 맛과 품질을 유지하기 위해 노력한 천웨이즈 陳月枝 선생이 창업했다. 이 브랜드는 얼음을 넣지 않는 것, 설탕을 넣지 않는 것, 전통 뚜껑을 사용하는 것이 특징이다. 주된 단맛은 홍차에서 나오고, 보이차의 양으로 당도가 조절되며 그에 따라 메뉴 이름이 다르다. 당도가 높은 순으로 화다나이차 樺達奶茶(100%), 메이롱나이차 美容奶茶(50%), 이쇼우나이차 益壽奶茶(30%), 푸얼나이차 普洱奶茶(0%)가 있다. 모든 음료 가격은 한 잔에 NT$45이고, 쩐주(버블) 추가는 NT$5이다. 많은 인기 덕에 까오송에만 있던 지점이 북부로도 올라가 타이베이 곳곳에도 오픈했다.

위치 M O2 엔청푸역 2번 출구에서 왼쪽으로 코너를 돌아 직진, 도보 2분 주소 高雄市 鹽埕區 新樂街 99號 오픈 09:00~22:00 전화 07-551-2151

쌍페이나이차 雙妃奶茶(쌍비내차) Shuang Fei Milk Tea

MAP 39-F

화다나이차와 멀지 않은 곳에 위치한다. 화다나이차의 오랜 직원이 나와 개업한 곳으로 화다나이차와 많이 닮았다. 이곳 역시 얼음과 설탕을 넣지 않고 보이차의 양에 따라 당도가 조절된다. 메뉴 이름과 가격 외에는 큰 차이가 없으니 두 곳의 나이차를 마셔보며 비교해보고 입맛에 맞는 나이차를 찾아보는 것도 추천한다. 나이차 가격은 큰 컵 NT$40, 작은 컵 NT$30이고, 쩐주(버블) 추가는 무료이다.

위치 M O2 엔청푸역 3번 출구 앞 사거리에서 왼쪽 길로 직진, 도보 1분 주소 高雄市 鹽埕區 新樂街 173號 오픈 09:00~21:00 전화 07-521-8300

치진먀오허우하이찬쩌우 旗津廟后海產粥(기진묘후해산죽)

MAP 39-E

따듯하고 신선한 해산물죽인 하이찬쩌우는 까오숑에서 필수로 맛봐야 할 요리다. 이곳은 그 해산물죽을 전문으로 한다. 1995년에 치진 천후궁 旗津天后宮 바로 뒤에 문을 연

먀오허우아젠 廟後阿捷의 분점이다. 하이찬쩌우 海產粥(NT$130)에는 신선한 새우, 굴, 생선살, 조개, 오징어가 들어간다. 처음에는 살짝 비릿한 냄새가 나지만 먹어보면 비리지 않고 구수한 맛에 간이 잘 되어 있다.

위치 M O1 시즈완역 2번 출구로 나와 뒤편 사거리에서 오른쪽으로 길 건너 직진, 도보 2분 주소 高雄市 鼓山區 捷興二街 33-1號 오픈 화~금요일 16:30~21:00, 토·일요일 11:00~14:00, 16:30~21:00 휴무 월요일

강위엔 우육면 港園牛肉麵(항원우육면) 강위엔뉴러우멘

MAP 39-F

60여년 오랜 전통을 자랑하는 우육면 전문점. 대표메뉴는 간장 베이스의 육수로 만든 우육탕면과 육수 양을 적게 하여 비벼 먹는 우육반면(拌面 빤멘)이 대표메뉴이다. 면 종류 가격은 모두 NT$110으로 한화 약 4천원의 저렴한 가격으로 푸짐하게 면과 고기를 즐길 수 있다. 보얼 예술특구 근처에 위치하고 있어 보얼 예술특구 관광 후, 아이허로 가는 길에 들르는 동선을 추천한다.

위치 ⓛC11 쩐아이마터우역에서 도보 5분 주소 高雄市 鹽埕區 大成街 55號 오픈 10:30~20:20 전화 07-561-3842

일이삼정 카페 一二三亭(일이삼정) 이얼싼팅 Cafe Hifumi

MAP 39-E

MRT 시즈완역 근처 골목 안에 위치한 카페로 건물 2층으로 올라가면 입구가 보인다. 20세기 초 일본인이 경영하던 고급요정에서 시작하여 오늘날 카페로 탈바꿈했다. 내부까지 일본식 인테리어를 간직하고 있고 오래된 책, 신책, 문구 등이 비치되어 있다. 카페 이름 앞에 書店喫茶(서점끽다)라는 단어가 붙는 만큼 책과 함께 하는 북카페로 천천히 조용한 분위기를 즐기고 싶은 여행객에게 추천한다. 간단하게 팬케이크와 차를 마시며 브런치를 즐길 수 있고 식사도 있다.

위치 ⓜO1 시즈완역 2번출구에서 도보 3분 주소 高雄市 鼓山區 鼓元街 4號 오픈 10:00~18:00 요금 전통차 NT$80, 커피 NT$90~160, 팬케이크 NT$160~200, 식사세트 NT$250 전화 07-531-0330 홈피 www.facebook.com/cafehifumi

광열다옥 光悅茶屋 광위에차우 Koetsu Teahouse

MAP 39-B

시즈완역 북쪽에 위치한 일본식 찻집으로 외관부터 일본느낌 물씬 풍기는 곳이다. 꽤 넓은 내부 공간에서 타이완 전통차를 다과와 함께 즐길 수 있다. 차 전문답게 여러 가지 종류의 차를 제공하여 선택의 폭이 넓다. 따뜻하게 마시는 차도 좋지만 더운 날씨에는 차갑게 내린 콜드브루티를 마셔보는 것도 추천하고 점심과 저녁시간에는 식사메뉴도 판매한다.

위치 ⓜO1 시즈완역 2번출구에서 차도를 따라 직진, 도보 8분 주소 高雄市 鼓山區 鼓山一路 53巷 107號 오픈 11:30~21:00 휴무 화요일 요금 광열정식 NT$340, 디저트 NT$50~100, 전통차 NT$150~260 전화 07-531-0455 홈피 www.facebook.com/koetsuteahouse

두촨터우하이즈빙 渡船頭海之冰 (도선두해지빙) Duchuantou Cold Drinks

MAP 39-E

MRT 시즈완역에서 구산 선착장으로 가는 길에 사람들로 붐비는 빙수집이다. 이곳은 대접 과일빙수의 원조집으로, 기본 사이즈를 기준으로 2배 내지 20배까지 다양한 크기의 빙수를 주문할 수 있다. 메뉴판에 무수히 많은 빙수 종류가 빽빽이 적혀 있는데, 부드러운 눈꽃빙수로 먹고 싶다면 금액을 추가해 쉐화빙 雪花冰으로 먹으면 된다. 가격은 기본 NT$50~60으로 굉장히 저렴한 편이다.

위치 O1 시즈완역 1번 출구에서 직진, 차도에서 다시 오른쪽으로 직진하면 정면에 구산 선착장이 보이고 선착장 가기 조금 전 오른편 주소 高雄市 鼓山區 濱海一路 76號 오픈 11:00~23:00 휴무 월요일 전화 07-551-3773 홈피 ice-bowl.com.tw

해운연가 海韻戀歌 하이윈렌거 Ocean Love Song

시즈완 위쪽에 있는 차이산 柴山을 따라 올라가면 산해궁(山海宮) 근처에 해안카페가 모여 있다. 산해궁을 지나 안쪽 길로 들어가면 나오는 계단을 따라 내려가면 카페 입구와 바다를 향한 테라스가 펼쳐진다. 오픈한 지 오래되지 않아 내부도 깔끔하고 시원한 실내에 앉아 음료를 마시며 바다를 바라볼 수 있다. 커피(NT$80~100), 차(NT$60~80), 밀크티(NT$75~80), 스무디(NT$120~150), 케이크(NT$60), 와플, 튀김 등 메뉴가 다양하다. 해안카페에서의 하이라이트는 이곳 2층 전망대에서 바라보는 노을이다.

위치 O1 시즈완역 2번 출구에서 버스 99번 승차 후 산해궁 山海宮 하차, 산해궁 앞 왼쪽 좁은 내리막길로 내려가면 직진하다가 오른편 주소 高雄市 鼓山區 柴山51-2號 오픈 화~금요일 15:00~20:00, 토·일요일 12:00~20:00 휴무 월요일 전화 07-525-1558 홈피 www.facebook.com/oceanlovesong512

TIP 산해궁에서 MRT 시즈완역으로 가는 버스 99번은 오후 6시 30분이 막차라서 노을을 다 보고 내려오면 택시를 불러야 할 수도 있으니 참고하자.

테루아류랑바 terroir流浪吧 (terroir유랑파)

MAP 00-0

기계화된 상점과는 다르게 느긋하고 한가로운 카페를 지향하는 테루아류랑바. 이곳 역시 차이산 해안카페 지역에 있는 카페 중 한 곳으로 넓은 바다를 바라보며 여유를 즐길 수 있는 곳이다. 예쁜 컬러감의 스무디가 바다를 배경으로 사진을 찍으면 좋아서 인기 메뉴이다. 단, 사전예약이 필수다. 페이스북에 공지되는 예약 일정을 확인 후 예약해야 하고 일일 한정 인원을 초과하면 현장 고객을 받지 않는다.

위치 해운연가 바로 근처 주소 高雄市 鼓山區 柴山大路 91-1號 오픈 월~목요일 14:30~19:00, 토·일요일 14:00~19:30 휴무 금요일 요금 커피 NT$100~160, 스무디 NT$150~180 전화 097-533-6958 홈피 www.facebook.com/terroirbar

PLUS AREA
치진
旗津(기진) Qijin

➜ 가는 방법

MRT 시즈완역 1번 출구에서 도보로 걸어가거나 다거우 영국영사관에서 버스 橘1·99번을 타고 샤오촨터우 哨船頭에서 하차해 다리를 건너면 구산 鼓山 선착장이 나온다. 이곳에서 페리를 타고 5분 정도 이동하면 치진 반도에 도착한다. 페리는 교통카드로도 이용 가능하다.

운행 구산-치진 05:15~02:00, 치진-구산 05:00~02:00
요금 일반 NT$40(아이패스 NT$20), 6~12세 및 65세 이상 NT$15, 6세 이하 무료

➜ 여행 방법

풍경구라는 이름에 걸맞게 사원, 등대, 요새, 해수욕장 등 다양하고 아름다운 볼거리가 많아 까오숑 시민은 물론 관광객에게도 인기 있는 나들이 지역이다. 까오숑을 방문했다면 해수욕장과 등대, 해산물로 유명한 치진 방문은 필수 코스다. 해수욕장, 등대와 포대, 해산물거리 정도만 본다면 도보로 이동하면 되고, 더 여러 곳을 다닐 예정이라면 자전거를 이용하자.

> **TIP**
> **자전거 대여**
> • 시즈완역 2번 출구 건너편에서 까오숑시 공공자전거 시바이크 대여
> • 시즈완역 1번 출구 바로 앞, 자전거 대여점에서 대여
> • 치진 반도로 간 후 치진 선착장 앞 대여점에서 대여

📷 치진 해산물거리 旗津海產街(기진해산가) 치진하이찬제

MAP 39-E

치진 선착장에 내려 정면으로 직진하면 치진 라오제 旗津老街가 나오는데, 기념품, 먹거리 등 다양한 노점과 해산물 전문점이 늘어서 있다. 해산물을 많이 파는 곳이라 해산물거리 海產街라 불리고, 노점 먹거리도 해산물을 사용한 것이 많다. 치진에 방문한다면 해산물거리 식당에서 해산물을 먹어보는 건 필수 사항이다. 각 식당 입구에서 직접 해산물을 보고 선택해 조리 방법을 정하면 된다.

위치 치진 선착장 등지고 정면으로 직진 **주소** 高雄市 旗津區 廟前路

📷 치진 천후궁 旗津天后宮 치진텐허우궁

MAP 39-E

1691년에 창건되어 이미 300년이 넘는 역사를 가진 타이완 첫 번째 마쭈신묘이자 까오슝에서 가장 오래된 사당이다. 바다를 지키는 여신 마쭈 媽祖를 모신다. 건축물은 화남식의 사찰양식으로 두 개의 전당과 다섯 개 문을 가진 두 개의 호실로 이루어지며, 제비꼬리 모양의 지붕으로 되어 있다.

위치 치진 선착장을 등지고 정면으로 직진해 치진라오제를 따라가면 오른편, 도보 2분 **주소** 高雄市 旗津區 廟前路93號 **오픈** 월~금요일 05:00~22:00, 토·일요일 05:00~22:30 **홈피** www.chijinmazu.org.tw

📷 치진 해수욕장 旗津海水浴場(기진해수욕장) 치진하이쉐이위창

MAP 39-E

치진 라오제를 따라 계속 직진하면 길 끝에 해수욕장이 나온다. 이곳은 검정 모래가 깔린 데다가 해변에 줄지어 있는 야자수 덕분에 이국적인 분위기가 물씬 풍긴다. 주변에 설치된 해양생물 조각품은 기념 촬영하기 좋다. 해수욕장은 매년 4월부터 10월까지 운영하는데, 샤워시설도 갖춰져 있다. 물론 운영기간이 아닌 시기에도 개방은 되어 있다.

위치 치진 선착장을 등지고 정면으로 직진, 도보 5분 **주소** 高雄市 旗津區 廟前路1號 **오픈** 11월~3월 08:30~16:30, 4월~6월·9월·10월 09:30~16:30, 7월~8월 09:30~17:30(4월~10월, 공휴일 1시간 연장 운영)

치허우 등대 旗后燈塔 치허우덩타

MAP 39-E

등대와 요새 모두 치허우산 旗后山(기후산) 위에 자리 잡아 까오숑항을 지킨다. 입구 갈림길에서 오른쪽으로 올라가면 등대, 왼쪽으로 올라가면 요새다. 위에서 두 곳은 이어져 있다. 등대는 치허우산 정상에 있는 15.2미터 높이의 흰색 등대로 1883년에 세워졌다. 눈에 잘 띄며 타이완해협과 까오숑 시내를 한번에 내려다볼 수 있다.

위치 치진 선착장을 등지고 정면으로 직진하다가 천후궁 뒤 사거리 지나 다음 골목에서 오른쪽 길 永安巷로 우회전해 직진하면 등대와 요새로 올라가는 입구 **주소** 高雄市 旗津區 旗下巷 34號 **오픈** 09:00~16:00 **휴무** 월요일

 ## 치허우 요새 旗后砲台 치허우파오타이

MAP 39-E

까오숑항을 지키는 데 중요한 역할을 하던 포대(요새)로 등대에서 5~7분 정도 거리에 위치한다. 대부분 붉은 벽돌로 만들어져 있다. 벽에는 벽돌로 만든 '囍'자가 마주보고 모서리에는 박쥐와 글자를 결합해 새겼다. 확 트인 넓은 공간에 앉아 바다와 아름다운 노을을 보며 여유로운 시간을 보내기에 안성맞춤이다.

위치 등대와 요새 입구에서 왼쪽 오르막길로 올라가거나 등대에서 연결 **주소** 高雄市 旗津區 旗港段1231, 1232地號 **오픈** 24시간

AREA 4

메이농 · 치산
美濃 · 旗山(미농 · 기산) Meinong · Qishan

메이농은 객가어로 미농 瀰濃(Mìnùng)이라고 한다. 객가족이 많이 사는 마을로 객가문화를 접할 수 있는 특색 있는 곳이다. 기름종이우산 油紙傘, 쌀국수인 반탸오 粄條 등 객가음식도 유명하다.

치산은 지리적으로 까오슝시의 중심에 있다. 아열대기후라 매년 여름에는 비가 많이 와서 농업에 매우 적합하다. 특히 바나나 재배로 유명해서 바나나를 이용하여 만든 먹거리나 기념품이 다양해 일명 '바나나마을'이라고도 불린다.

HOW TO TRAVEL

메이눙·치산 이렇게 여행하자

➜ 가는 방법

기차 까오슝역을 등지고 왼쪽 도로를 따라 조금만 가면 궈광커윈 國光客運이 있고 바로 뒤로 까오슝커윈 高雄客運의 버스터미널이 나온다. 여기서 치메이 지역으로 가는 버스인 까오치 콰셴 高旗快線에 탑승하면 된다. 치산과 메이눙 지역을 합쳐서 일명 치메이 旗美라 부른다. 까오치 콰셴 외에도 치산으로 가는 버스가 있지만, 까오치 콰셴이 그나마 빠른 편이다.

까오치 콰셴 高旗快線
까오슝역에서 치산과 메이눙으로 가는 노선은 세 개다. 8032번만 메이눙을 들르지 않는다. 기차 까오슝처짠 근처 터미널에서는 버스가 오전 6시 20분부터 오후 9시 40분 사이에 시간당 2~3대가 발차하며, 치산까지 1시간 10분(NT$108) 정도가 걸린다. 메이눙에서 발차하는 버스는 오전 5시 55분부터 오후 8시 40분까지 운행하고, 치산까지 20분(NT$32) 정도가 소요된다.

치메이궈다오콰이제꿍처 旗美國道快捷公車
만약 고속철도 쭤잉역에서 출발한다면 기차 까오슝역까지 올 필요 없이 치메이궈다오콰이제꿍처를 타면 된다. 역에서 메이눙까지 1시간이면 도착한다. 다만, 치산까지만 가고 메이눙은 가지 않는 기차가 있으니 주의하자.

<u>운행</u> 월~금요일 06:30~23:00(20~40분 간격), 토·일요일 08:20~20:50(20~30분 간격) <u>요금</u> 치산 NT$70, 메이눙 NT$88, 치산-메이눙 NT$18

➜ 여행 방법

메이눙과 치산은 하루 코스로 잡고 가는 것이 좋다. 먼저 메이눙으로 가서 터미널 근처에서 자전거를 빌려 구경하고, 반탸오 등 객가음식으로 식사한 후 치산으로 이동했다가 까오슝으로 돌아오는 코스를 추천한다. 치산은 치산 버스터미널 旗山轉運站(旗山南站) 근처에 있는 기차 치산역 旗山車站 주변에 명소가 몰려 있어서 도보 여행이 가능하니 천천히 산책하듯 둘러보자.

<u>홈피</u> 메이눙 www.meinong.org/치산 cishan88.kcg.gov.tw

481

→ 추천 코스(6시간 소요)

중정호
p.482

→ 자전거 5분 →

메이농 객가문물관
p.482

→ 자전거 20분 →

용안 라오제
p.483

→ 자전거 2분 →

동문 타워
p.483

↓ 버스 20분+도보 5분

치산 라오제
p.485

← 도보 1분 ←

치산역
p.484

메이농

중정호 中正湖 쭝정후 Jhongjheng Lake

MAP 40-B

1748년 논에 물을 대기 위해 물을 비축할 용도로 만들어진 인공 호수. 면적이 약 210,000제곱미터로 까오숑시에서 칭청호(澄淸湖) 다음으로 큰 인공 호수다. 원래 이름은 중천비(中圳埤)였는데 1956년 장제스 총통이 방문한 이후 호수에 중정정(中正亭)이라는 정자를 만들었고, 중천(中圳)의 객가어 발음이 중정 中正과 비슷해 호수 이름도 중정호로 변경되었다. 1996년 이후부터는 메이농호 美濃湖라 불리기도 한다. 호수 서북쪽 뒤로는 산을, 삼면은 밭을 끼고 있어 아름다운 풍경을 자랑하며 많은 철새를 볼 수 있고 생태자원 또한 풍부하다.

<u>위치</u> 메이농 동북쪽, 메이농의 까오숑커윈 버스터미널에서 자전거로 10분 이내 <u>주소</u> 高雄市 美濃區 民權路

메이농 객가문물관 美濃客家文物館 메이농커자원우관

MAP 40-B

메이농의 객가문화와 관광명소를 설명하는 곳으로 가운데 정원을 두고 삼합원 형태로 건물이 있다. 오른쪽 건물의 문물전시실에서는 농기구 등의 생활도구가 전시된다. 메인 전시관은 1층부터 3층으로 되어 있는데, 1층에는 객가인·건축·공예품 등에 대해 전반적으로 소개하고, 2층은 전통 객가음악, 3층은 현대 객가음악이 소개된다.

<u>위치</u> 중정호 바로 옆 <u>주소</u> 高雄市 美濃區 民族路 49-3號 <u>오픈</u> 화~일요일 09:00~17:00 <u>휴무</u> 월요일 <u>요금</u> NT$40 <u>홈피</u> meeinonghakka.kcg.gov.tw

📷 용안 라오제 永安老街(영안노가) Yong'an Old Street   MAP 40-A

200여 년의 역사를 간직한 곳으로 옛 모습이 지금까지 보존되어 있어 메이농의 번영과 발전을 그대로 보여주는 대표적인 곳이다. 더불어 객가문화를 상징적으로 보여주는데, 전통 객가수공예품 상점도 있다. 현재는 메이농 라오제 美濃老街라고도 하며, 주로 용안루 19번 거리

19巷를 지칭한다. 가장 번영한 상업거리인데 곳곳에서 오래된 전통 가옥을 볼 수 있다.

위치 메이농 까오슝커윈 버스터미널에서 앞 세븐일레븐을 끼고 좌회전해 큰길을 따라 직진, 작은 개천을 지나고 다음 다리 건너기 전에 좌회전, 도보 10분 주소 高雄市 美濃區 永安路

📷 동문 타워 東門樓(동문루) 동먼러우 East Gate Tower   MAP 40-B

청나라 황제 건륭 집권 시기(1756년)에 지어진 것으로 원래 높이는 약 10미터, 면적은 135제곱미터다. 메이농인이 이곳에 정착해 안정된 생활을 누리고자 외부인의 침범을 막기 위해 만들어졌다. 일본 정권·전쟁·광복·재건 등 굴곡 많은 역사를 기록하고 있다. 메이농에서 역사적 가치가 높은 고적으로 필수 관광명소 중 하나다.

위치 용안 라오제 동쪽 끝자락 주소 高雄市 美濃區 東門街 83號

🍴 메이농우반탸오 美濃吳粄條(미농오판조)   MAP 40-A

메이농에 가면 꼭 맛봐야 하는 먹거리가 바로 반탸오 粄條라는 두꺼운 쌀국수인데, 객가의 전통 면 요리다. 기본 반탸오(소 NT$40, 대 NT$50)는 국물이 있는 것과 없는 것으로 주문할 수 있고, 볶은 반

탸오 炒粄條(소 NT$60)도 있다. 이곳은 면 자체가 굉장히 쫄깃쫄깃하고 반탸오 외에 다른 객가음식도 판매한다. 메이농이 반탸오로 유명한 만큼 반탸오거리 粄條街라고 불리는 메이씽제 美興街에 반탸오집이 몰려 있으니 원하는 집으로 골라 들어가 보는 것도 추천한다.

위치 메이농 까오슝커윈 버스터미널 앞 사거리 주소 高雄市 美濃區 中正路一段 20號 오픈 08:00~18:00 휴무 월요일

치산

치산역 旗山車站(기산차참) 치산처짠 Qishan Train Station

MAP 41-B

1911년에 일본인에 의해 만들어진 빅토리아양식과 고딕양식이 융합된 건축물. 타이완당업회사가 만든 제당철도 旗尾線 중 한 부분으로 사탕수수와 설탕을 운송하는 역할을 하다가 1978년부터 운행이 전면 중지되었다. 이후 100년의 역사를 간직한 오래된 역을 보수해 치산에 관한 자료를 전시하며 개방 중이다. 한쪽에는 바나나마을이라 불리는 치산답게 바나나로 된 각종 기념품을 모아서 판매하며 치산 지도를 구해서 볼 수 있다.

위치 치산 버스터미널 旗山轉運站(旗山南站)을 등지고 오른쪽으로 직진, 세븐일레븐 있는 갈림길에서 우회전해 바로 앞 왼편에 우체국 앞 골목으로 들어가서 직진 **주소** 高雄市 旗山區 中山路 1號 **오픈** 화~금요일 10:00~18:00, 토·일요일 10:00~19:00 **휴무** 월요일

중산공원 中山公園 쭝산꿍위엔 Jhongshan Park

MAP 41-A

일본 식민지 시대 때 구산 공원 鼓山公園이라 불렸으나 광복 후 중산공원으로 개명되었다. 언덕 지형이라서 500여 개의 계단을 힘들게 올라야 하지만 오르고 나면 치산이 한눈에 내려다보이는 멋진 광경을 볼 수 있다. 공원 내에는 여러 예술 조각품이 전시되어 있고 웅장한 규모를 자랑하는 공자묘 孔廟도 있다.

위치 기차 치산역 앞에서 라오제를 따라 직진, 쯔짜이빙청 枝仔冰城 앞에서 좌회전해 쭉 가면 공원 계단 **주소** 高雄市 旗山區 中正路

무덕전 武德殿 우더뎬 Wude Martial Arts Center

MAP 41-A

일본 식민지 시대 일본인들이 유도, 검술 등 무술연마를 위한 체육관으로 만들었다. 1994년 화재로 타버린 후 재건하여 2001년에 다시 문을 열었다. 현재 아트센터로 사용하고 있다. 재건하면서 기존의 검은 기와지붕을 유리로 만들자, 주민을 비롯해 감찰위원들도 고적의 원형이 없어진 것을 애석하게 여겼다. 결국 여름에 실내가 너무 더워지는 문제 등으로 다시 공사를 시작했다. 유리 지붕을 다시 검은 기와지붕으로 바꾸고 주변 미화 작업에도 신경 써 2014년 12월 말 재개방했다.

위치 중산공원 계단 입구 앞, 치산초등학교 旗山國小 맞은편 **주소** 高雄市 旗山區 華中街 **오픈** 화~일요일 09:00~18:00 **휴무** 월요일

📷 치산 라오제 旗山老街(기산노가) Qishan Old Street   MAP 41-B

치산역 바로 앞에 길게 쭉 뻗은 쭝산루 中山路 길을 말한다. 라오제 초입에서는 타이완식 아케이드인 팅쯔자오 亭仔腳도 볼 수 있고, 길을 걸어가다 보면 우측 안쪽에 치산 천후궁 旗山天后宮도 있으니 잠시 들러보기 좋다. 이곳에는 여러 상점이 쭉 늘어서 있는데 특히 바나나소보루퍼프, 바나나케이크, 바나나아이스크림 등 바나나로 만든 상품을 판매하는 풍경은 바나나의 고장 치산만의 특색 있는 모습이다. 바로크양식을 본떠 만든 오래된 건물도 쉽게 볼 수 있다.

위치 기차 치산역 앞 주소 高雄市 旗山區 中山路 홈피 www.facebook.com/chishan.842

─┤ 치산 라오제 둘러보기 ├─

즈짜이빙청
枝仔冰城(지자빙성) KI A PENG SIAN

까오슝 시내와 타이난에도 직영점이 있는 치산에서 가장 유명한 디저트집으로 치산 여행의 필수 코스다. 각종 아이스크림, 빙수, 음료 등이 있고 간단한 식사류도 판매한다. 2층에 좌석이 마련되어 있으니 먹고 간다면 2층으로, 테이크아웃한다면 1층에서 구입하면 된다. 바나나꿀케이크, 전통 아이스바, 바나나롤과자 등이 있는데 이곳의 대표 메뉴이자 여러 곳에서 상도 받은 바나나 모양의 아이스크림(NT$35)을 추천한다.

주소 高雄市 旗山區 中山路 109號
오픈 09:00~22:30 전화 07-661-2066 홈피 www.kaps.com.tw

AREA 5

샤오류츄
小琉球(소류구) Little Liuqiu

작은 산호초섬으로 섬 곳곳에 동굴, 사당 등 다양한 볼거리가 있고, 해양 스포츠도 즐길 수 있다. 까오숑에서 당일치기로 여행할 수도 있지만 시간 여유가 있다면 1박 2일로 오기를 추천한다. 이곳 섬은 현재 따펑완 국가풍경구 大鵬灣國家風景區에 속해 있으며, 류츄 섬 琉球嶼(유구섬)이라고도 한다. 타이완 동쪽에 있는 뤼다오 綠島보다 섬 면적은 반 이상 작은데 인구는 세 배 정도 많다.

HOW TO TRAVEL

샤오류츄 이렇게 여행하자

➜ 가는 방법

샤오류츄는 섬이기 때문에 일단 동강항으로 가서 배를 타고 들어가야 한다. 까오슝에서 버스를 타고 출발해 동강항에 도착하면, 페리를 타고 이동한다.

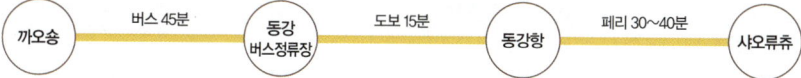

까오슝 —버스 45분— 동강 버스정류장 —도보 15분— 동강항 —페리 30~40분— 샤오류츄

까오슝→동강 버스정류장

기차 까오슝역 동쪽의 까오슝 커윈 高雄客運 버스터미널에서 9117·9127번에 승차해 동강 東港에서 하차하면 된다. 요금은 9117번 NT$108, 9127번 NT$118. 버스들이 터미널에 꼭 제시간에 오는 것이 아니므로 버스 앞에 뜨는 번호를 확인하고 탑승하자.

운행 9117번 04:00~00:20(1시간~1시간 30분 간격)/9127번 06:00~20:00(30분~1시간 간격)

동강 버스정류장→동강항

동강 버스정류장에서 하차 후, 버스 반대 방향으로 차도를 따라 바다가 보이고 대교가 보일 때까지 직진한다. 대교 건너기 바로 전에 좌회전하면 바로 선착장이 보인다. 도로 초입에 있는 곳이 민영, 다음에 있는 곳이 공영 선착장이다.

동강항→샤오류츄

동강항에서는 민영·공영 선착장이 바로 붙어있지만, 샤오류츄에서는 민영·공영 선착장이 꽤 떨어져 있다. 민영 페리를 타고 샤오류츄의 바이샤웨이두촨마터우 白沙尾渡船碼頭로 가야 여행하기가 편리하다. 페리 요금은 민영 편도 NT$230, 왕복 NT$410, 공영 편도 NT$200, 왕복 NT$380이다. 페리 운행시간은 거의 같지만 시기별로 변동이 있을 수도 있으니 여행 바로 전에 샤오류츄 홈페이지에서 확인하자.

운행 민영 동강 07:00~17:00(12회 운행), 샤오류츄 07:40~17:30(13회 운행)/ 공영 동강 08:00~18:45(4회 운행), 샤오류츄 07:00~18:00(4회 운행)

➜ 여행 방법

섬을 도보로 여행하는 건 사실상 힘들고 자전거나 스쿠터로 일주해야 한다. 그러나 외국인 관광객은 일반 스쿠터 대여가 불법이고 중간중간 오르막길이 있어서 일반 자전거로는 꽤 힘드니 전동 자전거를 추천한다. 전동 자전거는 선착장 앞 상점에서 바로 대여할 수 있으며 1일 NT$200~300에 대여가 가능하다. 전동 자전거를 타고 주요 명소를 둘러보며 섬을 일주하려면 약 4시간이 소요된다. 만약 자전거를 못 탄다면 섬 내 주요 관광지에 정차하는 환도 셔틀버스 小琉球環島接駁公車를 이용하자.

홈피 www.liuchiu.gov.tw

환도 셔틀버스 小琉球環島接駁公車 601번

민영 페리가 도착하는 바이샤웨이두촨마터우 白沙尾渡船碼頭에서 출발해 한 방향으로만 돈다. 주요 관광지에 정차하는데, 한 바퀴를 도는 데 35분이 소요된다. 당일 내 무제한 탑승이 가능한 1일권은 NT$100이고 버스 승차 후 기사에게 구입한다. 연휴나 성수기에는 상황에 따라 추가로 운행한다.

운행 월~금요일 07:30~16:05(40~80분 간격), 토·일요일 07:30~16:25(20~40분 간격)

➜ 추천 코스(5시간 소요)

화병암 p.489 → 자전거 10분 → 메이런동 풍경구 p.490 → 자전거 30분 → 산쭈거우 p.491 → 자전거 15분 → 우페이동 p.490 → 자전거 15분 → 허우스췬쟈오 p.491 → 자전거 25분 → 싼민 라오제 p.489

화병암 花瓶岩 화핑옌 Flower Vase Rock

MAP 42-B

융기된 산호초가 오랜 해수침식작용으로 밑부분이 가늘어지자 그 모양이 꽃병 같다 하여 화병암 혹은 화병석(花瓶石)이라고 불린다. 샤오류츄에 왔다면 다른 건 못 봐도 이건 꼭 봐야 할 만큼 상징적인 명소이다. 잔잔한 바닷물에 잠시 발을 담그고 쉬었다 가기에도 좋고, 투명한 물속에서 노는 물고기도 쉽게 볼 수 있다. 주변에서 스노클링 체험도 가능하다.

<u>위치</u> 샤오류츄 북쪽. 바이샤웨이 두촨마터우 白沙尾渡船碼頭에서 바다를 바라보고 왼쪽 방향으로 전동 자전거 7분 <u>주소</u> 屛東縣 琉球鄉 本福村 民族路 20-1號

싼민 라오제 三民老街(삼민노가) Sanmin Road

MAP 42-B

바이샤웨이두촨마터우 뒤쪽의 상권이 조성된 거리로 섬에서 가장 번화한 곳이다. 샤오류츄의 특산품인 샹창 香腸(소세지)과 꽈배기과자인 마화쥐엔 麻花捲 가게를 쉽게 볼 수 있다. 그 외에도 각종 상점과 식당, 민박집이 밀집해 있다.

<u>위치</u> 바이샤웨이 두촨마터우 白沙尾渡船碼頭에서 바다를 바라보고 왼쪽으로 가다가 왼편 언덕을 오르면 바로 <u>주소</u> 屛東縣 琉球鄉 三民路

싼민 라오제 둘러보기

지아메이하이찬
嘉美海產(가미해산)

싼민 라오제 화병암 방향 끝부분에 해산물식당이 모여 있는데 그 중 한 곳이다. 인원에 맞춰 요리 몇 개와 탕 하나가 세트로 구성되고, 요리 수에 따라 가격이 달라진다. 2인 기준으로 요리 3개, 탕 1개가 나오는 싼차이이탕 三菜一湯(NT$500)이 적당하다. 물론 단일 메뉴도 주문 가능하다. 추천 메뉴는 셴하탕 鮮蛤湯(조개탕), 훙샤오위 紅燒魚(홍샤오소스를 얹은 생선튀김), 차오샤런 炒蝦仁(새우볶음), 차오칭차이 炒青菜(채소볶음)이며, 밥은 기본으로 제공된다. 메뉴는 중국어로만 되어 있다.

<u>주소</u> 屛東縣 琉球鄉 民生路 66號 <u>전화</u> 08-861-2378

메이런동 풍경구 美人洞風景區 메이런동펑징취 Beauty Cave

MAP 42-B

원래 바다 밑에 있던 산호초가 지각변동으로 인해 바다 위로 솟아올라 지금의 모습을 형성했다. 산책로를 따라가다 보면 박쥐동굴 蝙蝠洞, 선인동굴 仙人洞, 연인플랫폼 情人坪 등이 나오고 전망대도 있어서 바다를 조망할 수 있다. 입장료를 내야 하는 메이런동 1구역의 출구 맞은편부터 2구역(무료)이 시작된다. 이곳에 있는 리츠 麗池라는 곳에서 아주 오래전 근처 마을의 미인이 새벽에 빨래하고 물을 길어갔는데, 그것을 알게 된 남성이 그녀를 몰래 훔쳐보기 시작해 미인 동굴이라는 뜻의 이름이 붙었다는 설이 있다.

위치 샤오류츄 서북쪽. 화병암에서 전동 자전거로 10분 **주소** 屛東縣 琉球鄕 杉福村 **오픈** 07:00~18:00

> TIP
> **입장권**
> 메이런동 美人洞, 산쭈거우 山豬溝, 우페이동 烏鬼洞은 입장권(NT$120)이 있어야 관람할 수 있다. 입장권 한 장에 3곳 모두 포함되며, 다음 날까지 사용 가능하다. 각각의 입장권은 따로 팔지 않는다.

우페이동 烏鬼洞(오귀동) Black Dwarf Cave

MAP 42-A

샤오류츄는 산호초석회암으로 덮여 있어 동굴 지형이 발달했는데 그중 가장 유명한 곳이다. 이곳에는 비극적인 전설이 있다. 샤오류츄와 필리핀 루손섬을 오가던 배들이 풍랑을 피하기 위해 종종 이곳 북쪽에 정박하곤 했는데, 배가 침몰하는 일이 많았다. 이를 이상하게 여긴 선원이 조사하니, 이 동굴에 거주하던 한 흑인이 밤에 정박한 배 바닥에 몰래 구멍을 내고 배가 침몰하면 떠오른 음식과 물건들을 모두 훔치던 것이었다. 선원은 동굴에 불을 질러 그를 죽였고 배는 더 이상 침몰하지 않았다고 한다. 이후 네덜란드인에 의해 유기된 흑인과 청나라 돌테이블, 돌의자, 돌그릇, 보석 등이 함께 발견되었다. 동굴 내부가 좁고 어두워서 입구에서 플래시를 판매하지만 길이가 그리 길지 않으니 휴대폰 불빛을 이용하자.

위치 샤오류츄 남서쪽. 메이런동 풍경구에서 전동 자전거로 45분 **주소** 屛東縣 琉球鄕 天福村

산쭈거우 山豬溝(산저구) Wild Boar Ditch

MAP 42-A

절벽으로 형성된 도랑은 깊은 400미터 곡선으로 되어 있어 위험하지만, 그 안에는 다양한 야생식물이 자생하고 있다. 이곳 이름과 관련된 전설이 있는데, 옛날 남자로 변할 수 있는 수백 년 된 멧돼지 영혼이 있었다고 한다. 어느 날, 그는 바닷가에서 목욕하던 선녀를 보고 옷을 숨겼고, 선녀는 옷을 찾을 수 없어 승천하지 못해 숲으로 들어가 울기 시작했다. 멧돼지 영혼은 옷을 돌려주는 것을 조건으로 선녀에게 청혼했고, 선녀는 거짓으로 이를 받아들여 옷을 받자마자 승천했다. 이후, 멧돼지 영혼은 슬픔에 울다가 결국 사망했다는 이야기로 멧돼지 도랑이라는 의미의 이름이 붙은 설 중 하나다.

위치 샤오류추 남서쪽. 메이런둥 풍경구에서 전동 자전거로 30분 주소 屛東縣 琉球鄉 上福村 오픈 07:00~18:00

허우스췬쟈오 厚石裙礁(후석군초) Houshi Fringing Reef

MAP 42-A

따푸 마터우 大福碼頭와 하이즈커우 海子口 사이 일대로 바닷가를 향해 거친 산호 암초가 펼쳐진 곳이다. 주변에는 인디언 머리를 닮은 산호초바위 훙판스 紅蕃石, 바다를 마주하고 생각에 잠긴 관음보살과 닮았다는 관인스 觀音石, 쥐와 똑같이 생긴 바위 라오슈스 老鼠石 등 다양한 모양의 바위를 볼 수 있다.

위치 샤오류추 동남쪽. 우페이둥에서 전동 자전거로 15분 주소 屛東縣 琉球鄉 南福村

왕라오스쇼우공마화쥔 王老師手工麻花捲(왕노사수공마화권)

MAP 42-B

꽈배기과자 마화쥔이 특산품인 샤오류추에는 길을 가다 보면 마화쥔집을 쉽게 발견할 수 있다. 어느 곳으로 가야 할지 고민이 되기도 하는데, 달인의 냄새가 물씬 풍기는 푯말을 따라 골목으로 들어가면 이곳이 나온다. 분주하게 직접 만들고 있는 모습 앞으로 입구에 시식용 과자가 준비되어 있다. 우리가 흔히 생각하는 꽈배기빵이 아니라 딱딱한 과자다. 종류는 김맛 海苔, 흑설탕맛 黑糖, 매실맛 梅子, 기본맛 原味 총 네 가지가 있고, 가격은 한 봉지 NT$50다. 보존 기간은 상온 20일, 냉장 30일이니 참고하자.

위치 샤오류추 북동쪽. 허우스췬쟈오에서 전동 자전거로 20분 주소 屛東縣 琉球鄉 漁福村 三民路 84號 오픈 08:30~18:00 홈피 www.wang8612802.url.tw

AREA 6

컨딩
墾丁(간정) Kenting

타이완 최남단에 삼면이 바다로 둘러싸인 지역으로 타이완 최초의 국가공원이 있다. 컨딩 국가공원은 육지와 바다를 모두 합쳐 332.9제곱킬로미터에 달하는 면적을 자랑한다. 600만 년간 계속된 지각운동, 독특한 지리적 위치, 열대기후 등으로 인해 풍부하고 다양한 해양생태계의 모습이 이루어졌다. 아름다운 바다에서 다양한 해양 스포츠를 즐길 수 있고 풍경 또한 이국적이고 멋져서 많은 외국인 관광객과 현지인에게 꾸준히 사랑받는 휴양지다.

컨딩 이렇게 여행하자

HOW TO TRAVEL

➜ 가는 방법

타이완 전국 각지에서 고속철도 쭤잉역이나 기차 까오슝처짠까지 와서 다시 버스를 타고 컨딩까지 간다. 동부의 타이둥에서 출발할 경우에는 까오슝을 거치지 않고 바로 기차를 타고 팡랴오 枋寮로 가서 컨딩행 버스를 타면 된다.

까오슝공항에서 출발
공항에서 컨딩까지 바로 가는 버스 에어포트익스프레스 機場快線가 있다. 1시간 40분이 소요된다.

운행 10:10, 11:10, 12:50, 13:50, 16:10, 17:10, 18:50, 19:50 요금 편도 NT$407, 왕복 NT$600

기차 까오슝역에서 출발
기차 까오슝역에서는 버스 9117번이 컨딩으로 간다. 역 앞 도로 건너편 정류장에서 탑승하는데 일반도로를 이용하므로 가능한 고속철도 쭤잉역에서 타는 것이 좋다. 자세한 정보는 홈페이지(www.kt-bus.com)를 참고하자.

고속철도 쭤잉역에서 출발
쭤잉역에서 타이완하오씽 9189번 컨딩콰이션을 타면 정차역도 적고 고속도로를 이용해서 컨딩까지 2시간 만에 빠르게 갈 수 있다. 다만, 입석이 없는 관계로 현금이나 교통카드 사용자도 꼭 매표소에서 좌석을 예약해야 한다. 쭤잉역 2번 출구 쪽 컨딩콰이션 매표소에서 좌석 예약 및 티켓 구입 가능한데, 왕복 티켓으로 버스 9188번도 이용할 수 있다. 그 외에 컨딩 셔틀버스 墾丁街車 2일권이 포함된 통합권도 판매한다.

버스	9117번
운행시간	04:00～00:20
배차간격	1시간
소요시간	3시간
요금(편도)	NT$352

동부 화롄에서 출발
기차 화롄역의 청지 모찌 曾記麻糬 앞에서 매일 오전 9시 30분에 컨딩으로 가는 버스를 운행한다. 단, 일반버스가 아니라 가이드와 함께 동해안 명소를 들리는 관광버스라서 총 8~9시간이 소요되고 사전 보험 등록 등의 이유로 미리 예약이 필요하다. 가격은 편도 NT$12000이며, 컨딩에서 화롄으로 가는 버스는 샤오완(컨딩 스타벅스) 앞에서 오전 9시 15분에 출발한다.

예약 전화 03-831-0697, 팩스 03-831-0841

9189번 컨딩콰이션 墾丁快線
고속철도 쭤잉역 高鐵左營站–따펑완 大鵬灣–기차 팡랴오역 枋寮車站–난바오리 南保力站–헝춘 버스터미널 恆春轉運站–샤오완(컨딩) 小灣(墾丁)

운행 08:30～19:10(15～30분 간격) 소요시간 2시간 요금 편도 NT$401, 왕복 NT$600

→ 여행 방법

컨딩을 여행하는 교통수단은 크게 버스, 택시, 스쿠터 세 가지가 있다. 외국인 관광객은 일반 스쿠터 대여가 불법이니 전동 자전거를 대여해서 다니거나 조금 비싸지만 시간제로 택시를 빌려 택시 투어를 하는 방법도 있다. 그 외에 컨딩 셔틀버스가 있는데 한두 곳 정도는 볼 수 있겠지만, 여러 곳을 방문하기엔 다소 무리가 있다. 셔틀버스보다는 타이완관광국과 여러 여행사에서 함께 운영하는 투어버스를 추천한다.

홈피 www.ktnp.gov.tw

타이완 투어버스 台灣觀光巴士(컨딩 투어버스)

총 네 개의 노선이 있다. 예약제로 운영되므로 사전에 홈페이지나 전화로 예약해야 한다. 전화 예약 시 원하는 노선, 탑승일, 인원, 국적, 여권번호, 이름 등을 말하면 되고, 홈페이지 예약 시 예약창에서 노선명을 검색해 예약하면 된다. 투어 요금에 입장료는 모두 포함되어 있으며 출발은 헝춘 버스터미널과 컨딩 지역의 호텔이니 본인이 묵는 숙소를 말하면 호텔 앞으로 픽업을 오거나 가까운 집합 장소를 알려준다.

홈피 www.taiwantourbus.com.tw

투어	컨딩 해륙체험 墾丁海陸體驗線	헝춘 반도 동해안선 반일 투어 恆春半島東海岸線半日遊	헝춘 반도 서해안선 반일 투어 恆春半島西海岸線半日遊	헝춘 반도 투어 恆春半島全島旅遊線
노선	허우비후 後壁湖에서 3종 수상활동(모터보트 · 바나나보트 · 스노클링)체험, 바이사 白沙, 마오비터우 貓鼻頭, 관산 關山을 도는 코스	컨딩의 동해안 명소(항구교, 롱판 공원, 최남 지점, 어롼비, 찬판스 등)를 도는 코스	컨딩의 서해안 명소(국립해양생물박물관, 바이사 白沙, 마오비터우 貓鼻頭, 관산 關山)를 도는 코스	동해안선과 서해안선이 결합된 코스 (점심식사 포함)
소요시간	4시간	4시간	4시간 30분	8시간 50분
출발	5~9월 13:30~14:00	08:00~08:30	13:30~14:00	08:00
요금	NT$900	NT$500	NT$900	NT$1700

컨딩 셔틀버스 墾丁街車

헝춘 버스터미널을 중심으로 헝춘, 컨딩 등의 명소를 오가는 컨딩 시내버스라 할 수 있다. 교통카드 이용이 가능하고 무제한 탑승이 가능한 1일권은 NT$150이다.

	101번 Orange Line	102번 Blue Line	103번 Green Line
노선	어롼비-컨딩-헝춘-난바오리-해생관(국립해양생물박물관) 등	바이샤-마오비터우-치옹마관-컨딩	헝춘-추훠-칠공폭포-쟈루쉐이
운행시간	08:30~18:20 ※운행시간이 조금씩 다르며, 해생관까지 오가는 버스는 일찍 끊기니 시간 미리 확인	09:00~17:40 ※16시 전까지 30분 간격 운행	09:30~15:30 ※하루 5편 ※휴일이나 방학시즌에만 운행
소요시간	30분	40분	25분

숙소 정보

컨딩의 숙소는 컨딩따제 주변으로 정하는 것이 좋다. 컨딩따제에 숙박업체가 무수히 많아 선택의 폭이 굉장히 넓고 성수기가 아니라면 굳이 예약을 하지 않아도 된다. 숙소에서는 택시 투어, 해양 스포츠 등을 연결해주니 관심 있다면 숙소에 문의하면 된다.
홈피 kenting.okgo.tw

➜ 추천 코스(7시간 소요)

추훠 p.501 → 자동차 13분 → 항구적교 p.501 → 자동차 13분 → 롱판 공원 p.500 → 자동차 6분 → 어롼비 공원 p.499

↓ 자동차 3분

컨딩따제 p.497 ← 도보 5분 ← 샤오완 해수욕장 p.497 ← 자동차 4분 ← 촨판스 p.501 ← 자동차 5분 ← 베이커샤다오 p.500

📷 국립해양생물박물관 國立海洋生物博物館 궈리하이양성우보우관

MAP 43-A

아시아에서 규모가 가장 큰 해양박물관으로 줄여서, 해생관(海生館)이라 부른다. 입장하면 야외에서 가볍게 물놀이를 할 수 있는 친수 광장이 있고, 전시관 건물은 크게 세 개로 나뉜다. 본관 오른편에 있는 산호왕국관(珊瑚王國館)에는 열대어와 함께 커다란 산호초가 전시되어 있다. 공간이 잠수함처럼 꾸며져 있으며, 해생관의 자랑거리인 84미터 해저터널도 이곳에 있다. 2층으로 올라가면 희귀동물 벨루가를 자세히 볼 수 있으니 놓치지 말자. 산호초왕국관 건너편에 있는 대만수역관에는 폭 16미터, 높이 4미터의 거대한 오션 아쿠아리움이 있어 해저 200미터의 모습을 실감나게 보여준다. 웅장한 세계수역관은 극지, 해조삼림, 심해, 고대해양 네 개의 관으로 나뉘어 해양의 형성 과정과 화석 자료를 선보이고, 거대 수족관까지 다양한 것이 한데 모여 있다.

원하는 수족관 구역에서 하룻밤을 보내며 특별한 경험을 할 수 있는 숙박 코스도 있다. 홈페이지에서 예약 후 이용 가능하다.

위치 타이완하오씽 9189번, 버스 9117·9188번 난바오리 南保力 하차 후 컨딩 셔틀버스 101번으로 환승해 해생관 海生館 하차 **주소** 屏東縣 車城鄉 後灣村 後灣路 2號 **오픈** 09:00~17:30(7월~8월 월~금요일 09:00~18:00, 토·일요일 08:00~18:00) **요금** 일반 NT$450, 학생 NT$250, 6세 미만(115cm 이하) 아동 무료 **전화** 08-882-5678 **홈피** www.nmmba.gov.tw

샤오완 해수욕장
小灣海水浴場(소만해수욕장) 샤오완하이쉐이위창
Kenting Little Bay

MAP 43-B

컨딩루 墾丁路 거의 남쪽 끝에 있는 곳으로 이름대로 자그마한 해수욕장이다. 샤오완 앞에 있는 컨딩 시저 파크 호텔 凱撒大飯店에서 관리하는데, 입장료는 따로 없다. 작지만 이국적인 분위기가 물씬 풍기고 컨딩따제에서 가까워 인기 있는 해변이다.

위치 타이완하오씽 9189번, 버스 9117 · 9188번 샤오완 小灣 하차
주소 屏東縣 恆春鎮 墾丁路

 ## 컨딩따제 墾丁大街(간정대가) Kenting Street

MAP 43-B

컨딩 국가공원 패루 墾丁國家公園牌樓에서 컨딩 시저 파크 호텔 墾丁凱撒大飯店까지의 컨딩루 墾丁路를 말한다. 낮에는 일반 상점과 식당만 문을 열어 조용하지만, 밤에는 각종 노점도 문을 열고 관광객도 다 몰려나와 활기찬 야시장으로 변한다. 다양한 노점 먹거리를 비롯해 유난히 태국음식점이 많다. 길 양옆으로 각종 숙박시설이 늘어서 있으며, 바닷가답게 비치웨어, 플립플랍 등을 파는 상점도 쉽게 눈에 띈다. 컨딩에서 하루 이상 묵는다면 컨딩따제(컨딩 야시장) 구경은 필수다.

위치 타이완하오씽 9189번, 버스 9117 · 9188번, 컨딩 셔틀버스 101 · 102번 컨딩 墾丁 하차 **주소** 屏東縣 恆春鎮 墾丁路

컨딩따제 둘러보기

오션 블루
海餐廳 하이 찬팅 Ocean Blue

컨딩따제를 걷다 보면 흰색과 파란색의 지중해 스타일로 꾸며진 이국적인 건물과 만난다. 내부도 같은 스타일로 꾸며져 휴양 온 기분을 한껏 더해준다. 아시아와 동남아시아의 요리를 주로 하는 레스토랑으로 가격은 요리 하나에 보통 NT$200~250 정도다.

주소 屛東縣 恆春鎭 墾丁路 111號 **오픈** 11:00~15:00, 17:00~22:00 **전화** 08-886-2800 **홈피** www.ocean-blue-kenting.com

피자 스웰
波波披薩(파파피살) Pizza Swell

샤오완 해수욕장 가기 바로 전에 있는 피자 푸드트럭으로 방송에도 소개될 만큼 인기 있다. 주문과 동시에 직접 피자를 만들어 미니 화덕에서 구워낸다. 트럭 주변에 테이블이 마련되어 있어 따끈따끈한 피자를 바로 맛볼 수 있다. 메뉴는 시푸드피자, 살라미피자, 훈제치킨피자, 하와이안피자 총 네 가지다. 가격은 한 판 NT$220~250.

주소 屛東縣 恆春鎭 墾丁路 6號 **오픈** 17:30~23:00 **전화** 098-829-7575 **홈피** www.facebook.com/pizza-swell-波波窯烤披薩-155904809032

에이미스 쿠치나
AMY'S CUCINA

컨딩에서 유명한 이탈리안 레스토랑. 컨딩따제에서 거의 20년이 넘는 시간 동안 수제 피자와 파스타를 판매해왔다. 주황색 건물이 눈에 띄어 찾기도 쉽다. 편안한 분위기의 내부는 2층으로 되어 있으며, 야외석도 있다. 피자, 파스타, 샐러드 등 다양한 음식 외에 여러 칵테일도 판매한다. 신선한 특제 토마토소스와 고급 모차렐라치즈로 만든 10여 종의 수제 피자의 가격은 NT$250~300, 파스타는 NT$200~3000이다.

주소 屛東縣 恆春鎭 墾丁路 131-1號 **오픈** 11:00~23:00 **전화** 08-886-1977 **홈피** www.amys-cucina.com

어룬비 공원 鵝鑾鼻公園(아란비공원) 어룬비꿍위엔 Eluanbi Park

MAP 43-B

타이완 최남단에 있는 공원으로 일본 식민지 시대에 타이완팔경 중 하나로 선정되기도 했다. 1982년 등대 앞 넓은 산호초 지역을 공원으로 만들었고, 1993년에 두 번째 공원 구역을 오픈했다. 공원 안으로 들어가면 초원이 넓게 펼쳐지고 왼쪽 오르막길을 따라 타이완팔경 어룬비 台灣八景 鵝鑾鼻라 적힌 기념비와 어룬비 등대가 나온다. 등대 앞길을 따라 내려가면 바닷가를 따라 해변 산책로 海濱棧道가 이어진다. 공원 내 산책로는 몇 코스로 나뉘어 있으니 체력과 시간에 맞춰 선택하면 된다. 해변길이 아닌, 안쪽으로 들어오면 길이 꽤 복잡하니 주의하자.

위치 버스 9188번, 컨딩 셔틀버스 101번 어룬비 鵝鑾鼻 하차 주소 屏東縣 恆春鎭 鵝鑾里 鵝鑾路 301號 오픈 11월~3월 07:00~17:30, 4월~10월 06:30~18:30 요금 NT$60

어룬비 공원 둘러보기

어룬비 등대
鵝鑾鼻燈塔 어룬비덩타 Eluanbi Light House

하얀색 원통형의 등대는 총 6층으로 높이 21.4미터, 해면에서부터는 55.1미터다. 1888년 중국 청나라 때 영국 건축가가 만든 후 몇 번에 걸쳐 재건되었다가 1962년 중화민국정부에 의해 최종적으로 현재의 모습이 되었다. 역사적 건축물로 빈번한 습격에 대비하기 위해 군사 장비로 무장한 세계 유일의 등대이다. 내부 전시실에는 등대 모형과 더불어 타이완에 있는 등대들을 표시한 지도와 각 지역의 등대 사진이 전시되어 있다.

주소 屏東縣 恆春鎭 鵝鑾里 燈塔路 90號 오픈 전시실 09:00~16:00

📷 베이커샤다오 貝殼砂島(패각사도) Shadao(Shell Beach)   MAP 43-B

컨딩에서 최고로 청정한 조개모래해변인 샤다오 砂島 일대는 보호 구역으로 지정되어 있다. 샤다오의 모래사장은 조개껍데기가루 함량이 무려 97.7퍼센트에 육박한다. 현재는 샤다오 해수욕장에 출입을 금지하고 있어 이곳에 있는 작은 전시관에 가야 조개모래를 직접 만져 볼 수 있다. 해수욕장은 조개껍데기가루가 섞인 모래를 관광객들이 조금씩 가져가고, 심지어 트럭으로 몰래 훔쳐가는 경우도 생겨 훼손이 심해지자 출입을 금지했다. 그래도 전시관 바로 앞은 개방되어 있어서 깨끗한 바다에서 잠시 쉬어갈 수 있다.

위치 버스 9188번, 컨딩 셔틀버스 101번 샤다오 砂島 하차   주소 屛東縣 恆春鎭 鵝鑾里 砂島路 224號   오픈 전시관 08:00~17:00

📷 롱판 공원 龍磐公園(용반공원) 롱판꿍위엔 Longpan Park   MAP 43-B

롱판 풍경구는 석회암으로 된 용식 지형이 매우 발달되어 있다. 석회동굴, 싱투 구멍, 무너진 절벽 등 신기하고 흥미로운 곳이 많은데, 인간이 만들어낸 빛이 전혀 없는 곳이라 계절 상관없이 가장 아름다운 별이 빛나는 야경을 볼 수 있다. 심지어 4월부터 6월 밤에는 보통 보기 어렵다는 남십자성(南十字星)도 볼 수 있다. 태평양이 보이는 절벽 쪽은 다른 곳에 비해 유난히 바람이 심하니 안전에 주의하고 긴 옷과 마스크를 미리 챙겨가자.

위치 버스 8249번 롱판꿍위엔 龍磐公園 하차(하루 3회 운행)   주소 屛東縣 恆春鎭 鵝鑾里 佳鵝公路

찬판스 船帆石(선범석) Chuanfan Rock　　MAP 43-B

산호바위로 돛을 달고 항해하는 배와 닮아서 이런 이름이 붙었다. 혹은 미국의 닉슨 전 대통령과 같다고도 하는데, 실제로 보면 후자에 더 동의하게 된다. 높이는 약 18미터로 꼭대기는 풀과 꽃으로 뒤덮여 새들의 서식지가 되었다. 근처의 작은 해변에서도 각종 해양 스포츠가 가능하고 주변에 민박시설이 많다.

위치 버스 9188번, 컨딩 셔틀버스 101번 찬판스 船帆石 하차
주소 屛東縣 恆春鎭 船帆路 600號

항구적교 港口吊橋 강코우댜오차오 Gangkou Suspension-Bridge　　MAP 43-B

헝춘 반도 恆春半島 동해안에 있는 명소 중 한 곳이자 중요한 휴게소 역할을 한다. 다리 바로 밑은 강물이고 왼쪽 저 멀리 바다가 보인다. 다리를 건너가면 야자수와 줄지어 있어 이국적인 분위기를 풍기고, 다리 아래에서는 카누와 같은 해양 스포츠를 즐길 수 있다. 주차장, 화장실 등 편의시설은 모두 무료로 이용할 수 있지만 다리를 건너려면 돈을 내야 한다. 이 돈은 만저우향 아이들의 학자보조금으로 쓰인다고 한다. 멋진 풍경도 보고 아이들도 도우니 일거양득이다.

위치 버스 8247번, 컨딩 셔틀버스 103번 하이첸 海墘 하차 주소 屛東縣 滿洲鄕 滿州村 中山路43號 오픈 07:00~17:30 요금 NT$10

추훠 出火(출화) Chuhuo Natural Fire　　MAP 43-A

헝춘 버스터미널에서 동쪽으로 약 1.5킬로미터 떨어진 곳에 위치한다. 이 지역의 땅 밑에는 천연가스가 풍부해 곳곳의 구덩이에서 불길이 솟아오른다. 100퍼센트 자연적으로 일어나는 이상 현상이다. 낮보다는 저녁에 방문해야 땅에서 솟구치는 불꽃을 더욱 더 선명하게 볼 수 있다.

위치 버스 8247번, 컨딩 셔틀버스 103번 추훠 出火 하차 주소 屛東縣 恆春鎭 恆東路

PART 6
타이완 동부
台灣東部

이란 × 터우청 × 쟈오시 × 뤄동 × 쑤아오 × 화롄
타이둥 × 즈번 온천 × 츠상 × 뤼다오

01 타이완 동부는 어떤 곳일까?
ABOUT EASTERN TAIWAN

타이완 동부는 중앙 산맥을 기준으로 동쪽에 있는 화롄현과 타이동현을 말하며 화동 지구 花東地區라 부른다. 동쪽으로 태평양을 마주하며 타이완에서 가장 긴 해안선이다. 산이 많은 지형이라 서부 지역보다 경제적으로 덜 발달했고 인구 밀도도 낮아 타이완에서 가장 느리게 개발된 곳이다. 대도시의 화려함은 없지만 그만큼 천연자원이 풍부해 청량함과 순수함이 가득하다. 이 책에서는 화롄현과 타이동현 외에 화롄현 위에 있는 이란현까지 타이완 동부로 묶어 소개한다.

➜ 여행 계획

한국인 관광객의 타이완 동부 여행은 보통 화롄의 타이루꺼에서 끝난다. 그러나 일정에 조금이라도 여유가 있다면 타이동까지 꼭 여행해보길 추천한다. 국제공항은 없기 때문에 한국에서 타이베이나 까오슝으로 이동한 후에 기차나 버스 등을 이용해서 동부로 가야 한다. 각 지역 여행 시 이란은 기차와 버스, 화롄과 타이동은 버스와 자전거를 적절히 섞어서 교통수단으로 이용하면 좋다. 이란에서 2박, 화롄에서 1박, 타이동에서 2박 정도 묵을 것을 추천한다.

➜ 숙소 정보

타이완 동부에서 여행자가 주로 숙박을 하는 곳은 쟈오시·화롄·타이동이다. 이란현에서는 온천호텔이 많은 쟈오시에서 숙박하는 것이 좋고, 타이루꺼 투어의 기점이 되는 화롄에서 숙박하는 경우에는 화롄역 앞에 호텔과 호스텔이 여럿 있으니 마음에 드는 곳을 정하면 된다. 타이동 시내는 다른 지역에 비해서 호스텔이 별로 없고, 구 타이동역 주변에 오래된 호텔이 분포해 있다. 숙박업소가 많지 않아서 선택권이 풍부하지는 않지만, 간혹 깔끔하고 분위기 좋은 호스텔이나 민박집을 찾을 수 있다. 타이동 시내를 여행하려면 현재의 기차 타이동역이 아닌, 구 타이동역 주변에 숙소를 정해야 좋다.

02 타이완 동부로 가는 방법
HOW TO GO EASTERN TAIWAN

한국에서 타이완 동부를 가려면 우선 비행기를 타고 타이베이, 까오슝, 타이중으로 입국해야 한다. 이란은 타이베이에서 버스로 70~80분이면 갈 수 있고, 화롄은 직행 버스가 있지도 않을 뿐더러 기차로 가야 안전하고 편리하다. 중서부 지역에서 가려면 산맥이 가로막고 있어서 타이베이나 까오슝을 거쳐 돌아가야 하는데, 기차를 타는 것이 편리하다. 타이동은 까오슝에서 기차로 2시간이면 갈 수 있다.

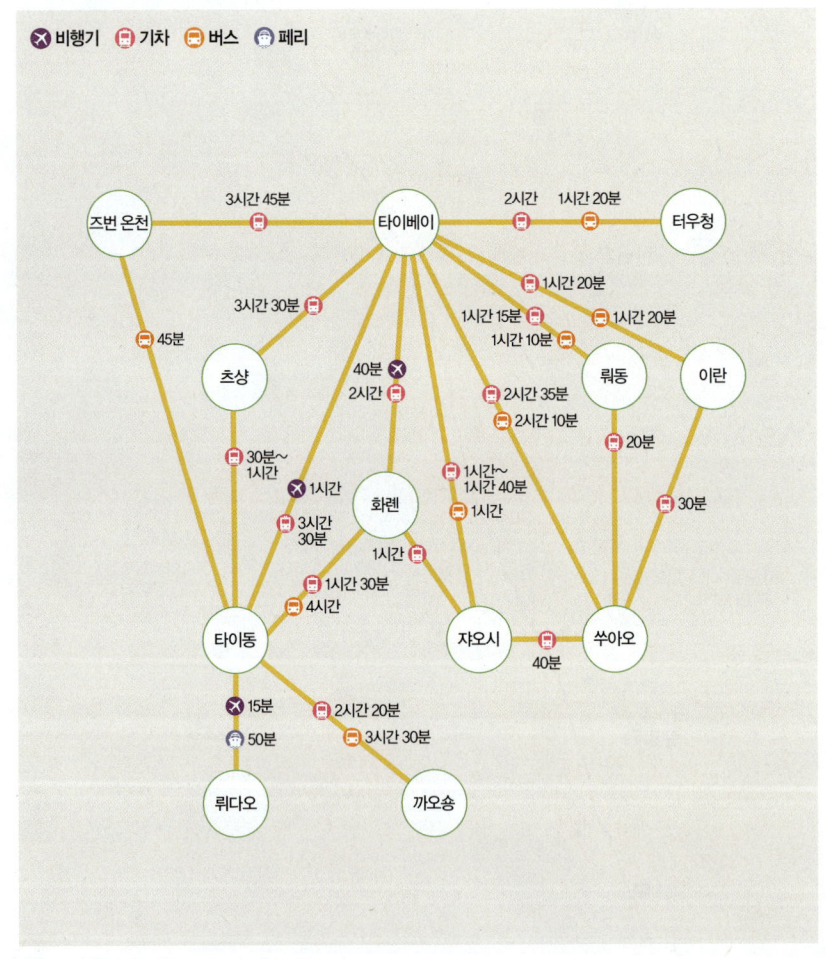

03 타이완 동부 시내 교통
EASTERN TAIWAN CITY TRAFFIC

→ 시내버스

MRT가 없는 동부 지방에서 외국인 관광객에게는 버스가 중요한 대중교통 수단이다. 그러나 일반 대도시처럼 버스가 자주 운행하는 것이 아닌지라 시간표 확인은 필수다. 지역마다 주요 관광지를 오가는 타이완 하오씽이 운행 중이니 이쪽을 활용하면 편리하다. 이란, 화롄, 타이동 대부분의 버스에서 이지카드나 아이패스와 같은 교통카드 사용이 가능하며, 현금보다 요금이 저렴하다. 각 지역의 버스는 구간 요금제로 기본요금이 NT$20~25 정도이다.

이란 e-landbus.tw
화롄 www.hualienbus.com.tw
타이동 www.ksbus.com.tw/Puyuma/Puyuma.html

→ 타이완하오씽

타이완관광청에서 관광객을 위해 운영하는 관광지 셔틀버스라 생각하면 된다. 타이완 각지에서 운행 중이며, 각 기차역이나 고속철도역에서 주요 관광지까지 이동한다. 요금체계는 시내버스와 동일하다. 대부분 교통카드 사용이 가능하며, 노선별 1일권은 해당 운전기사에게서 바로 구입하면 된다.

홈피 www.taiwantrip.com.tw

이란현 주요 노선
녹11번 쟈오시선 A 礁溪線 A線
기차 쟈오시역 礁溪車站–쟈오시 온천공원 礁溪溫泉公園–탕웨이거우 공원 湯圍溝公園–우펑치 五峰旗風景特定區–불광 대학교 佛光大學

녹11번 쟈오시선 B 礁溪線 B線
기차 쟈오시역 礁溪車站–쟈오시 온천공원 礁溪溫泉公園–탕웨이거우 공원 湯圍溝公園–담강 대학교 淡江大學蘭陽站

녹21번 동산허선 冬山河線
뤄동 운동공원 羅東運動公園–뤄동 야시장 羅東夜市–기차 뤄동역 羅東後車站–동산강친수공원 冬山河親水公園–국립전통예술중심

화롄현 주요 노선
1133번 타이루까선 太魯閣線
기차 화롄역 花蓮車站–칠성담 七星潭–기차 신청역 新城車站–샤카당 砂卡礑–부루완 布洛灣–엔쯔커우 燕子口–뤼쉐이 綠水–톈샹 天祥–창춘츠 長春祠

303번 쫑구화롄선 縱谷花蓮線
기차 화롄역 花蓮車站–리위탄 鯉魚潭–기차 쇼우펑역 壽豐車站–화롄 관광설탕공장 花蓮觀光糖廠–따농따푸 평지삼림 大農大富

타이동현 주요 노선
8101번 동부해안선 東部海岸線
타이동 버스터미널 台東轉運站–타이동탕창 臺東糖廠–기차 타이동역 台東車站–삼림공원 森林公園–푸강 항구 富岡港口–샤오예류 小野柳–두란탕창 都蘭糖廠–싼셴타이 三仙台

8168번 쫑구루예선 縱谷鹿野線
타이동 버스터미널 台東轉運站–기차 타이동역 台東車站–베이난 문화공원 卑南文化公園–난왕부락 南王部落–추루 목장 初鹿牧場–기차 루예역 鹿野車–루예 까오타이 鹿野高台

→ 택시

버스 시간을 맞추기 어렵다면 택시를 이용하는 것도 좋다. 주로 기차역 앞이나 주요 관광지에 택시들이 대기 중이며 기본요금은 이란 NT$120(1.5km), 화롄·타이동 NT$100(1km)이다. 택시비 계산 웹사이트(taxi.0123456789.tw/ko)도 있으니 이용해보자.

04 타이완 동부 베스트 코스
EASTERN TAIWAN BEST COURSE

동부에는 국제선 공항이 없기 때문에 타이베이나 까오슝에서 국내선 비행기나 고속철도, 기차 등을 이용해 출발한 뒤, 동부를 둘러보고 다시 돌아가야 한다. 이동시간을 잘 고려해서 첫날 아침 일찍 출발하고, 돌아가는 날에는 여유 있게 일찍 돌아가자.

➜ **1박 2일 코스** 이란 · 쟈오시 · 쑤아오 · 뤄동

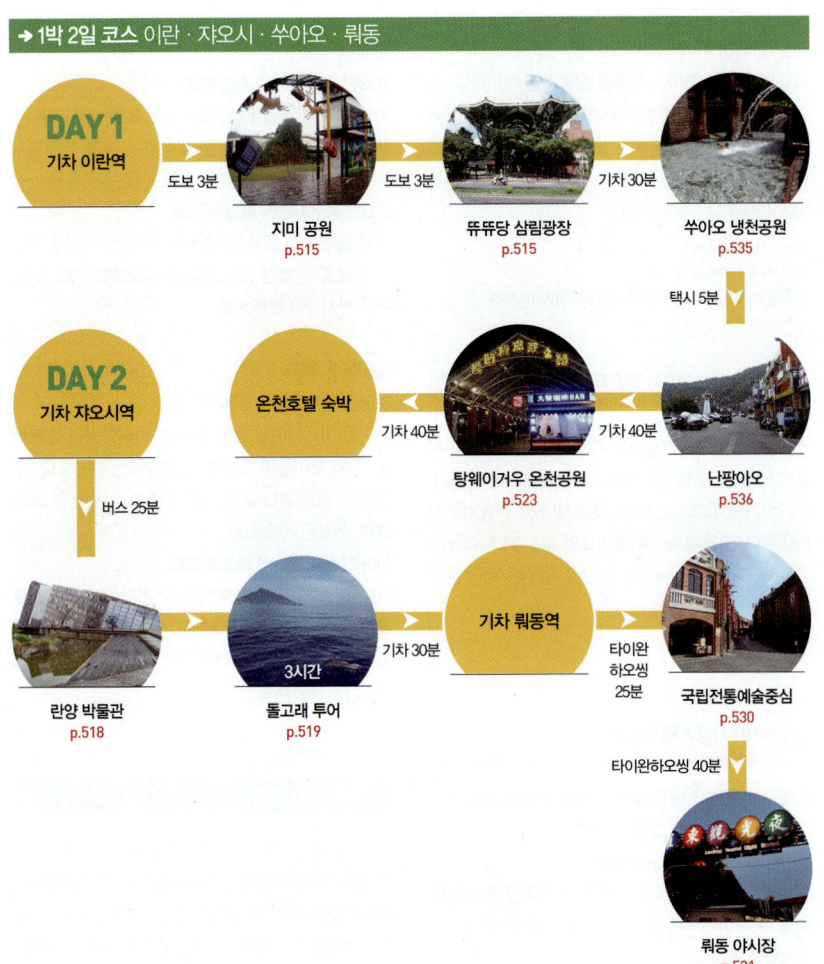

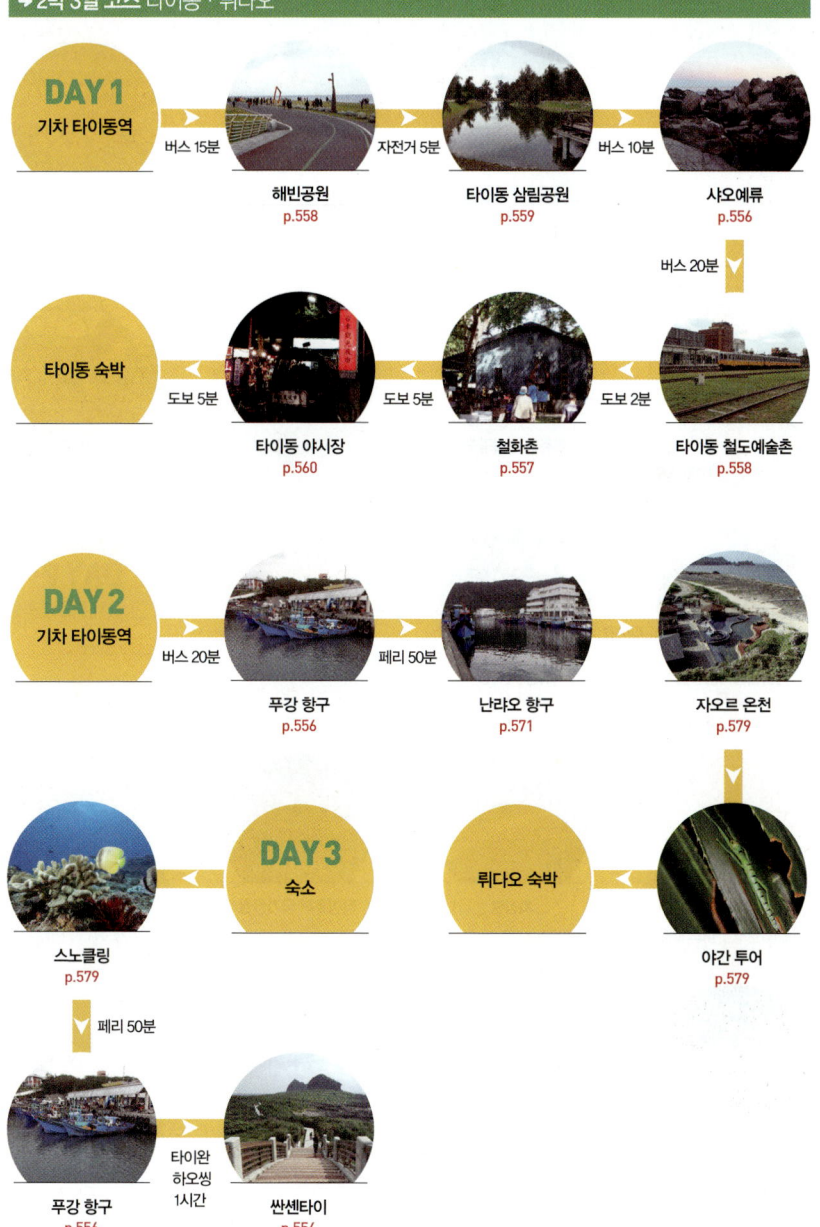

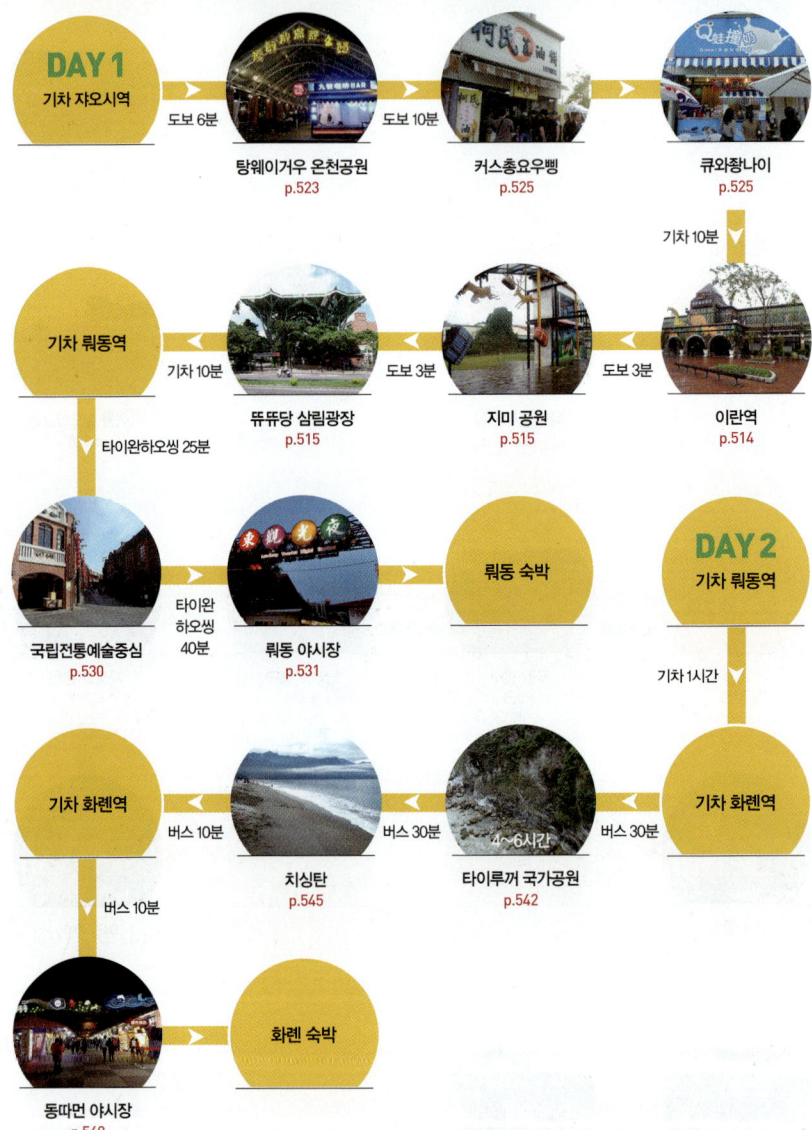

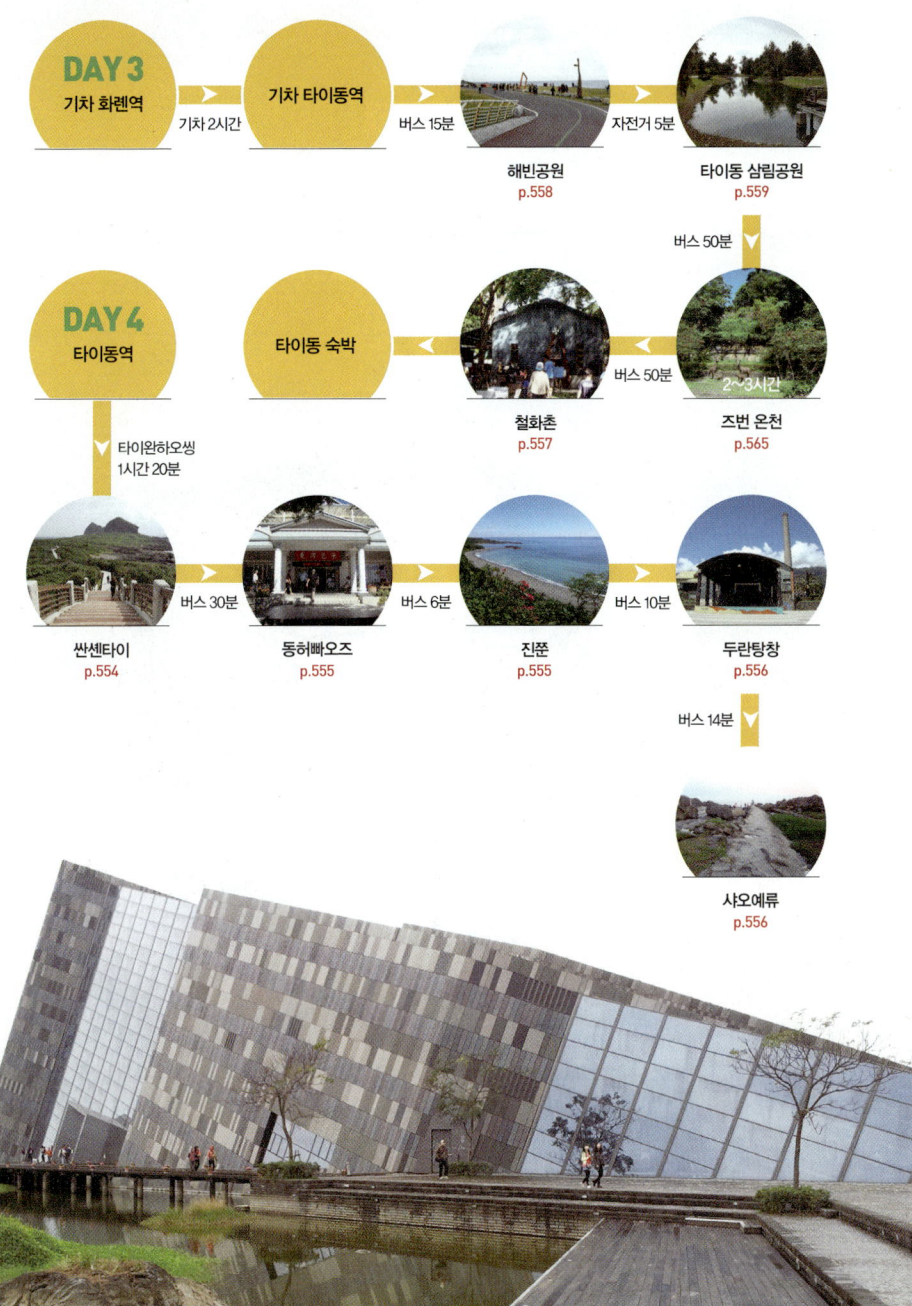

DAY 3
기차 화롄역 — 기차 2시간 → 기차 타이동역 — 버스 15분 → 해빈공원 p.558 — 자전거 5분 → 타이동 삼림공원 p.559 — 버스 50분 → 철화촌 p.557 — 버스 50분 → 즈번 온천 p.565 (2~3시간)

DAY 4
타이동역 — 타이완하오싱 1시간 20분 → 싼셴타이 p.554 — 버스 30분 → 동허빠오즈 p.555 — 버스 6분 → 진쭌 p.555 — 버스 10분 → 두란탕창 p.556 — 버스 14분 → 샤오예류 p.556

타이동 숙박

AREA 1
이란
宜蘭(의란) Yilan

산과 평야, 바다가 모두 있어서 자원이 풍부하고, 타이완 사람들이 즐겨 찾는 관광지이기도 하다. 특색 있는 이란만의 음식·온천·산·다양한 공장체험 등 취향에 맞춰 다양한 여행이 가능하다. 바람의 도시 신주, 비의 도시 이란이라는 뜻의 죽풍란우(竹風蘭雨)라는 말이 있을 정도로 비가 많이 오는 게 굳이 꼽을 단점이지만 그보다 가치 있는 장점이 많다.

HOW TO TRAVEL

이란 이렇게 여행하자

➜ 가는 방법

기차
타이베이처짠에서 탑승해 이란역에서 하차한다. 1시간 10분~1시간 50분 정도가 소요되며, 요금은 NT$218이다. 쯔챵하오 自強號 기준으로 오전 6시 10분부터 오후 10시 20분까지 시간당 2~4편 정도를 운행한다.

버스
버스를 이용하는 경우 타이베이 버스 스테이션 4층에서 카마란커윈 1915·1916번에 탑승해 이란 버스터미널 宜蘭轉運站에서 하차하면 된다. 이란까지는 70~80분(NT$140)이 걸린다. 숙소가 타이베이의 MRT 스징푸역 근처에 있다면 시정부 버스터미널에서 쇼우두즈씽 1571·1572번을 타고 이란으로 간다. 요금은 NT$128이 나온다.

카마란커윈 운행 04:35~01:45(10~25분 간격) **홈피** www.kamalan.com.tw
쇼우두즈씽 운행 07:05~23:10(10~20분 간격) **홈피** www.capital-bus.com.tw/yilan/index.html

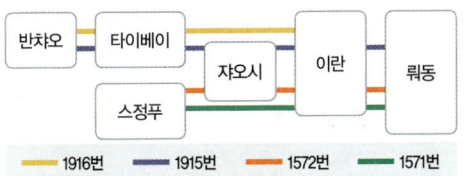

| TIP | **이란 버스터미널**
위치 기차 이란역 뒤, 린썬루 林森路를 따라 남쪽으로 조금 걸어가서 왼편, 도보 7분
주소 宜蘭縣 宜蘭市 校舍路 190號 |

➜ 여행 방법

이란역 주변 여행은 도보로 충분히 가능하다. 물론 이란역 주변 볼거리 외에도 명소들이 많지만 이란현은 넓고 갈 곳이 많으니 시간이 넉넉지 않다면 역 주변만 둘러보고 이란현의 다른 지역으로 이동할 것을 추천한다.

홈피 tourism.e-land.gov.tw

➜ 추천 코스(3시간 소요)

이란역 p.514 → 도보 3분 → 지미 공원 p.515 → 도보 3분 → 뚜뚜당 삼림광장 p.515 → 도보 15분 → 이란 양조장 p.516

이란역 宜蘭車站(의란차참) 이란처짠 Yilan Station

MAP 47-D

1919년 3월에 설립된 역으로 북회 北迴 철로의 중간 역으로 이란시 관광의 시작점이다. 원래 나무로 된 2층 건물이었는데 1962년 태풍으로 인해 붕괴되어 콘크리트 건물로 재건했다. 현재 역사 외관이 타이완 일러스트 작가 지미 리아오의 그림으로 꾸며져 있어 지미 광장과 함께 이란의 새로운 명소로 떠올랐다. 역을 등지고 왼쪽으로 조금만 가면 관광안내소에 도착한다. 이란과 타이베이·반챠오를 오가는 버스시간표, 기념 스탬프, 여행 자료 등을 제공하고, 특산품과 지미 리아오의 일러스트 상품도 판매한다.

위치 버스 1916번 이란 버스터미널 宜蘭轉運站 하차 후, 도보 이용 **주소** 宜蘭縣 宜蘭市 和睦里 光復路 1號 **오픈** 06:00~24:00 **홈피** www.railway.gov.tw/yilan

뜌뜌당 삼림광장 丟丟噹森林廣場 뜌뜌당썬린꽝창 Diu Diu Dan Forest

MAP 47-D

이란역 앞에서 왼쪽 건너편을 보면 하나의 녹색 숲이 보인다. 나무가 아니라 철로 만들어진 숲이다. 높이 14미터의 철제 나무가 총 아홉 그루 있다. 아홉 그루는 이란의 옛 이름인 쥬숑청 九芎城을 의미한다. 지미 공원이 조성되고 약 반년 후에 〈지미와 함께하는 이란 여행 跟著幾米一起宜蘭小旅行〉 행사 기념으로 이곳에 하늘을 나는 씽콩열차 飛天星空列車가 생기면서 이후 이란역, 지미 공원과 함께 이란의 새로운 명소가 되었다. 저녁에는 조명이 켜져서 더 예쁜 모습을 볼 수 있다.

<u>위치</u> 기차 이란역 건너편 <u>주소</u> 宜蘭縣 宜蘭市 宜興路一段 236號 <u>오픈</u> 24시간 <u>요금</u> 무료

지미 공원 幾米公園(기미공원) 지미꽁위엔 Jimmy Park

MAP 47-D

2013년에 개장한 타이완의 유명한 일러스트작가인 지미 리아오 Jimmy Liao의 작품으로 꾸며진 공원으로 광장이라고도 불린다. 그의 작품 중 〈별이 빛나는 밤 星空〉과 〈향좌주, 향우주 向左走. 向右走〉를 기본으로 여행과 인생의 단편적인 풍경을 표현했다. 그래서 곳곳에 여행 가방 조형물이 있다. 굉장히 아담한 규모의 공원이지만 기념 촬영은 물론이고, 지미의 그림과 글귀들을 보며 잠시 동심에 빠져들기도 좋다. 위에 언급한 두 작품은 영화로도 나와 있으니 먼저 보고 방문하는 것을 추천한다. 공원 건너편에 〈별이 빛나는 밤 星空〉의 두 주인공이 서 있으니 놓치지 말자.

<u>위치</u> 기차 이란역을 등지고 왼쪽으로 직진, 도보 3분 <u>주소</u> 宜蘭縣 宜蘭市 宜興路一段 116號 <u>오픈</u> 24시간 <u>요금</u> 무료

이란 양조장 宜蘭酒廠(의란주창) 이란지우창 Yilan Distillery　MAP 47-B

이곳은 실제 술을 제조하는 공장이면서, 술 관련 전시를 비롯해 상품을 판매하는 관광형 공장이다. 자쯔란 술문물관 甲子蘭酒文物館에서는 이곳의 특산주를 시음·판매하고 중국의 술문화, 과거 술병, 공장의 역사 등을 소개한다. 타이완 훙국관 台灣紅麴館은 누룩인 훙국의 생산 과정과 역사를 보여주고 관련 기념품도 판매한다. 이외에 타이완 맥주관, 체험관, TTL주제관, 주(酒)은행 등이 있다. 문물관 옆 샤오츠거리에서 훙국이 들어간 소세지인 훙취상창 紅麴香腸을 판매하니 잊지 말고 먹어 보자.

위치 기차 이란역을 등지고 오른쪽으로 조금 가다가 주유소를 지나 85도씨 앞으로 길을 건너, 캉러루 康樂路로 진입해 직진, 도보 15분 **주소** 宜蘭縣 宜蘭市 舊城西路 3號 **오픈** 08:00~17:00 **전화** 03-935-5526 **홈피** event.ttl-eshop.com.tw/yl/

이란두샤오위에 宜蘭渡小月(의란도소월) Du Hsiaw Uyea　MAP 47-A

타이난에 본점을 둔 단짜이몐으로 유명한 두샤오위에와는 다른 곳이다. 1969년부터 시작된 이곳은 이란음식, 타이완음식, 해산물 요리를 전문으로 하는 레스토랑이고 이란 여행 시 꼭 들러야 할 정도로 유명한 곳이다. 내부 홀에는 널찍한 테이블이 마련되어 소규모보다는 가족 단위나 단체의 방문 혹은 각종 피로연 행사 때 많이 이용된다. 1층 한쪽에 오늘의 신선한 재료가 진열되어 있어 직접 보고 선택할 수 있다.

위치 기차 이란역에서 택시 10분/버스 752번 친류제 金八結 하차, 길 건너 푸싱루3단 復興路三段으로 진입 **주소** 宜蘭縣 宜蘭市 復興路三段 58號 **오픈** 11:30~14:00, 17:00~20:00 **전화** 03-932-4414

PLUS AREA

터우청
頭城(두성) Toucheng

➜ 가는 방법

터우청은 기차와 버스로 갈 수 있다. 타이베이에서 기차로 출발하는 경우 타이베이처짠에서 터우청역까지 열차 종류에 따라 1시간에서 2시간이 소요되며, 요금은 NT$119~184이다. 버스를 이용한다면 타이베이 MRT 위엔산역 앞의 버스터미널에서 궈광커윈 國光客運 1877번을 타고 1시간 20분 뒤 터우청에서 하차하면 된다. 요금은 NT$129이다.

이란에서 출발하는 경우에는 기차 쟈오시역에서 131번 버스를 타고 이동하면 된다.

➜ 여행 방법

터우청은 이란에서 가장 북쪽에 있는 곳으로 이란에서 가장 일찍이 개발되었다. 타이완의 작은 행정 단위인 진(鎮) 중에서 기차역이 가장 많다. 버스를 타고 돌아다닐 수 있는데, 기차 터우청역을 등지고 왼쪽으로 가다가 오른편의 진공소(鎮公所)에서 승차하면 된다. 이란경호행 131번은 '기차 쟈오시역-기차 터우청역-란양 박물관-우스강-와이아오'를 다니며 월~금요일 8회, 토·일요일 13회 운행한다. 무료 셔틀버스도 있는데, 기차 터우청역-란양 박물관-우스강을 하루 4회 운행한다.

홈피 toucheng.e-land.gov.tw

란양 박물관 蘭陽博物館 란양보우관 Lanyang Museum   MAP 45-B

이란 지역의 형성 과정, 원주민 이야기, 풍습 등 이란의 독특한 자연환경과 문화적 특성을 잘 보여주는 박물관이다. 독특한 외관으로도 유명한데 바다 쪽으로 경사가 심한 이란의 산 지형을 본떠 만들었다.

위치 기차 터우청역에서 택시 3분(NT$120) 주소 宜蘭縣 頭城鎮 青雲路三段 750號 오픈 09:00~17:00(30분 전 입장 마감) 휴무 수요일(공휴일인 경우 정상 운영), 설 전날·당일 요금 일반 NT$100, 학생 및 6~12세 NT$50 전화 03-977-9700 홈피 www.lym.gov.tw

와이아오 外澳(외오) Waiao Scenic Area   MAP 45-B

우스강 북쪽에 있는 해수욕장으로 모래사장이 검은색이라 특이하다. 서핑으로도 유명한 해변이라 서핑족이 많이 찾고 근처에 서핑 상점이나 민박집이 몰려 있다. 이란 사람들에게 뜻 깊은 존재인 꿰이산다오 龜山島를 바로 정면에서 볼 수 있다. 꿰이산다오는 이란으로 갈 때 가장 먼저 보게 되는 섬으로, 이란 사람들은 이 섬을 보면 고향에 돌아왔구나 싶은 마음이 든다고 한다.

위치 기차 와이아오역에서 도보 10분/버스 131번 와이아오 外澳 하차

터우청 농장 頭城農場(두성농장) 터우청농창 Toucheng Leisure Farm   MAP 44-B

1979년에 만들어진 면적 1.2제곱킬로미터의 농장으로 주인인 여사장의 40세 생일 때 남편이 선물로 준 것이라 한다. 다양한 농장체험, DIY체험을 비롯해 실외 학습, 여가활동의 기회를 제공한다. 숙박시설도 있어서 1박 2일, 2박 3일 등의 일정으로 머물다 갈 수 있다.

위치 기차 페이산역에서 평일 농장 셔틀버스(예약) 이용/기차 터우청역에서 택시 20분(NT$220) 주소 宜蘭縣 頭城鎮 更新路 125號 오픈 08:00~22:00 홈피 www.tcfarm.com.tw

창지우 양조장 藏酒酒莊(장주주장) 창지우지우창 Cang Jiu Winery

MAP 44-B

터우청 농장 위쪽에 위치한 양조장으로 메인 건물 1층에는 술 판매장이, 2층에는 와인이 첨가된 특색 있는 음식들을 맛볼 수 레스토랑이 있다. 위쪽에 물을 흐르게 해 온도를 유지한다는 주류 저장고 시설도 관람할 수 있다.

위치 터우청 농장 위편 **주소** 宜蘭縣 頭城鎮 更新路 126-50號 **오픈** 09:00~21:00 **홈피** www.cjwine.com

9호 카페 九號咖啡 지우하오카페이 No.9 Cafe

MAP 45-B

와이아오 해변을 지키고 있는 노란 지붕의 건물. 이전에는 미스터 브라운 카페로 유명했는데 현재는 주인이 바뀌어 새롭게 오픈했다. 케이크, 차, 커피, 스낵, 피자, 파스타, 샌드위치 등 음료부터 가벼운 식사류도 판매하고 한국어 메뉴판도 있어서 주문하기 쉽다.

위치 와이아오 해변 내 **주소** 宜蘭縣 頭城鎮 濱海路二段 6號 **오픈** 월~금요일 09:30~18:00, 토·일요일 08:30~18:00

돌고래 투어 賞鯨(상경) 상징

란양 박물관 앞에 있는 항구 우스강 烏石港은 주변에 있는 돌의 색이 검은색이어서 까마귀 오(烏) 자를 넣어 이름이 붙었다. 이곳에서 배를 타고 꿰이산다오 龜山島 근처로 가면 돌고래 떼를 볼 수도 있다. 꿰이산다오는 거북이처럼 생겨서 이런 이름이 붙

은 화산섬이다. 배를 타고 주변을 돌며 구경하거나 섬에 내릴 수도 있다. 터우청 구어회 頭城區漁會 1층 매표소에서 티켓을 구입하는데, 예약하는 경우 할인되는 경우도 있다. 배는 보통 오전 8시에서 오후 1시 30분 사이에 1~2시간 간격으로 운행한다. 돌고래를 보기에 가장 좋은 시간은 오전 9시, 점심, 오후 3시쯤이며, 많으면 천 마리에 가까운 돌고래가 떼로 나온다고 한다.

요금 돌고래+섬 주변 투어(2~3시간) NT$1200, 귀산도+섬 주변 투어(3시간) NT$1200, 돌고래+귀산도+섬 주변 투어(3시간 30분~4시간) NT$1600 **홈피** lianwhale.com.tw

AREA 2
쟈오시
礁溪(초계) Jiaosi

이란 북부에 위치하며 서북부는 산지, 동남부는 평원으로 되어 있다. 이곳은 온천으로 유명해 기차 쟈오시역을 중심으로 많은 온천호텔이 산재해 있고, 무료 족욕이 가능한 공원도 잘 조성되어 있다. 타이완 10대 관광 소도시로 선정된 곳으로 타이베이에서 화롄 타이루꺼로 가는 길목 중간에 있으니 하룻밤 정도 온천을 하며 쉬어가기에 좋다.

HOW TO TRAVEL

쟈오시 이렇게 여행하자

➜ 가는 방법

기차

타이베이쳐짠에서 기차를 타고 쟈오시역에서 하차한다. 약 1시간에서 1시간 40분이 소요되며, 요금은 NT$199이다. 쯔챵하오 自強號 기준으로 오전 6시 30분부터 오후 10시 20분까지 하루 10편을 운행한다.

버스

버스를 이용하는 경우 타이베이 버스 스테이션 4층에서 카마란커윈 1915번에 탑승해 쟈오시 버스터미널 礁溪轉運站에서 하차하면 된다. 쟈오시까지는 1시간(NT$112)이 걸린다. 이 버스는 반쟈오에서 출발해 타이베이를 거쳐 가는 것이라서 정확한 시간에 출발하지 않을 수도 있다. 입구에서 직원이 체크해주기는 하지만 일찍 또는 늦게 오는 경우도 있으니 출발시간과 본인이 탈 버스를 잘 확인한 후에 탑승하자.

숙소가 타이베이의 MRT 스정푸역 근처에 있다면 시정부 버스터미널에서 쇼우두즈씽 1572번을 타고 쟈오시로 간다. 40분 정도가 소요되며, 요금은 NT$96이다.

카마란커윈 운행 04:35~01:15(10~30분 간격) **홈피** www.kamalan.com.tw
쇼우두즈씽 운행 06:10~24:30(10~30분 간격) **홈피** www.capital-bus.com.tw/yilan/index.html

> **TIP**
> **쟈오시 버스터미널**
> **위치** 기차 쟈오시역 앞 세븐일레븐을 끼고 우회전해 도보 8분
> **주소** 宜蘭縣 礁溪鄉 礁溪路六段 17號

➜ 여행 방법

쟈오시는 온천 시설이 잘 정비되어 있으므로 하루 정도는 온천호텔에서 숙박할 것을 추천한다. 시간 여유가 없어 숙박을 못 한다면 아래 추천 코스대로 하루 동안 열심히 돌아다니자. 관광명소는 타이완하오씽 노선이 잘 되어 있어 쉽게 갈 수 있다. 이곳의 특산물로는 온천수로 키운 토마토가 있다.

홈피 www.jiaoxi-tourism.tw

타이완하오씽

하루 동안 쟈오시선 A · B선 둘 다 무제한 탑승할 수 있는 1일권도 NT$60에 판매한다. 구입은 각 지역의 카마란커윈 매표소에서 가능하다.

綠11번 쟈오시선 A선 礁溪線-A線

기차 쟈오시역 礁溪車站-쟈오시 버스터미널 礁溪轉運站-쟈오시 온천공원 礁溪溫泉公園-탕웨이기우 공원 湯圍溝公園-파오마구다오 跑馬古道-로열 스카이 공원 老爺爺行天公園-우펑치 풍경구 五峰旗風景特定區-리바오씽전 李寶興圳-린메이셔취 관광안내소 林美社區遊客中心-린메이스판부도 林美石磐步道-불광 대학교 佛光大學-만다라적수방 曼陀羅滴水坊-불광 대학교 운기루 佛光大學雲起樓

<u>운행</u> 08:30~19:10(월~금요일 60~70분, 토 · 일요일 10~30분 간 <u>요금</u> NT$20

綠11번 쟈오시선 B선 礁溪線-B線

기차 쟈오시역 礁溪車站-쟈오시 버스터미널 礁溪轉運站-쟈오시 온천공원 礁溪溫泉公園-탕웨이거우 공원 湯圍溝公園-리바오씽전 李寶興圳-린메이셔취 관광안내소 林美社區遊客中心-린메이스판부도 林美石磐步道-담강 대학교 淡江大學蘭陽

<u>운행</u> 07:30 · 12:00 · 17:10(토 · 일요일 08:00 · 15:00 추가)
<u>요금</u> NT$20

➡ 추천 코스(4시간 소요)

기차 쟈오시역 → 버스 4분 → 쟈오시 온천공원 p.523 → 버스 6분 → 우펑치 풍경구 p.524 → 버스 4분 → 탕웨이거우 온천공원 p.523

도보 1분 ↓
이순쉬엔
p.524

쟈오시 온천공원 礁溪溫泉公園 쟈오시원췐꿍위엔 Jiaoxi Hot Springs Park

MAP 46-B

규모 50,200제곱미터에 노천극장, 무료 족욕탕, 온천탕 등 다양한 시설이 있는 공원이다. 온천수는 섭씨 50도에 무색무취, 약알칼리성의 탄산수소나트륨천이다. 입욕 후 피부가 매끄러워지고 장과 피부에 좋은 작용을 해 미인탕이라고도 불린다. 온도가 다른 몇 개의 탕으로 구성된 무료 족욕탕은 누구나 자유롭게 이용 가능하다. 자연과 어우러진 온천탕인 썬린펑뤼 森林風呂는 남녀 구분되는 대중탕으로 입장료를 내야 한다. 공원 내에 쟈오시 관광안내소가 있어서 쟈오시 지역에 관한 정보를 얻을 수 있다.

위치 타이완하오씽 쟈오시 온천공원 礁溪溫泉公園 하차 주소 宜蘭縣 礁溪鄉 公園路 16號 오픈 무료 족욕탕 08:00~22:00(화~금요일 08:00~10:00 개방 안함)/대중탕 08:00~22:00 휴무 대중탕 매월 5일 요금 대중탕 일반 NT$120(3세 이하 입장 금지) 홈피 www.facebook.com/Jiaoxihotspringpark

 ## 탕웨이거우 온천공원 湯圍溝溫泉公園 탕웨이거우원췐꿍위엔

MAP 46-A

쟈오시 온천의 중심지로 기차 쟈오시역 근처의 번화가 쪽에 있는 입구부터 위쪽으로 쭉 공원이 이어진다. 공원 내에는 유료 닥터피시 족욕탕, 무료 족욕탕 泡腳池, 노천카페, 정자 등이 있고 남녀가 구분되어 입욕하는 유료 대중온천탕 湯圍風呂도 있다. 온천탕 앞에는 온천 시 주의사항이 한국어로 적혀 있으니 잘 확인하고 입장하자.

위치 기차 쟈오시역 앞에서 큰 도로까지 직진 후 좌회전해 직진하면 오른편, 도보 6분/타이완하오씽 탕웨이거우 湯圍溝 하차 주소 宜蘭縣 礁溪鄉 德陽路 99-11號 오픈 대중온천탕 08:00~12:30, 13:00~23:00(금~일요일 ~24:00) 요금 대중온천탕 NT$80(신장 90cm 이하 어린이 입장 금지)

우펑치 풍경구 五峰旗風景區(오봉기풍경구) 우펑치펑징취 Wufongci Scenic Area

MAP 44-A

쟈오시향 서쪽에 위치하며 란양팔경 蘭陽八景 중 하나이다. 풍경구 내에는 다섯 개의 봉우리가 있는데 삼각 깃발과 흡사하다 하여 다섯 개의 깃발 봉우리라는 의미의 이름이 붙었다. 우펑치 폭포, 우펑 유곡, 카톨릭 성지 등이 있는 이란에서 유명한 풍경구이다. 총 길이 100미터의 3단 폭포가 가장 유명하며 폭포로 가는 길에 계곡을 비롯한 작은 공원, 전망대, 돌계단길, 야영장 등이 있어 가족 단위로 놀러 가기에 좋다.

위치 타이완하오씽 쟈오시선 A선 우펑치 풍경구 五峰旗風景區 하차 주소 宜蘭縣 礁溪鄉 五峰路 오픈 24시간 요금 무료 홈피 www.ctnet.com.tw/scenery/images/wufongci/index.htm

이순쉬엔 奕順軒(혁순헌) Yih Shun Shiuan

MAP 46-A

이란의 전통과자 이란삥 宜蘭餅을 포함해 각종 과자와 빵을 파는 이란의 대표 베이커리다. 펑리수, 누가 사탕, 이란삥 등 다양한 제품이 진열되어 있고, 시식도 가능하다. 일반적인 빵도 있지만, 우유 푸딩(奶凍)이 듬뿍 들어간 푸딩 롤케이크 나이동쥐엔 奶凍捲이 인기가 많다. 이란 여행의 선물로는 다양한 맛의 이란삥을 추천한다. 쟈오시, 이란, 뤄동에 총 세 개 지점이 있다.

위치 기차 쟈오시역에서 도보 6분, 탕웨이거우 온천공원 입구 맞은편 주소 宜蘭縣 礁溪鄉 礁溪路五段 96號 오픈 10:00~22:30 홈피 www.pon.com.tw

슈어웰 喜互惠生鮮超市(희호혜생선초시) 시후훼이성센차오스 SUREWELL

MAP 46-A

이란에만 있는 대형 마트로 열다섯 개 지점이 있다. 지점마다 영업시간이 다른데, 보통 오전 8시부터 오후 10시 30분까지 한다. 다만 이곳 쟈오시점과 이란역·뤄둥 야시장 근처에 있는 세 지점만 24시간으로 운영한다. 일정을 마치고 언제든 자유롭게 장을 보러 가기 좋다. 마트 안의 빵집에서는 펑리수도 판매한다.

위치 기차 쟈오시역에서 도보 9분/탕웨이거우 온천공원 입구를 등지고 오른쪽으로 직진, 도보 3분 주소 宜蘭縣 礁溪鄉 礁溪路五段 38號 오픈 24시간
홈피 www.facebook.com/surewell

커스총요우삥 柯氏蔥油餅(가씨총유병)

MAP 46-A

원래 이름은 쟈오시총요우삥 礁溪蔥油餅이었으나, 커스 柯氏(가씨)로 바뀌었다. 1970년부터 트럭에서 시작해 약 45년간 이어진 곳으로 사업이 잘되어 점포로 바뀌었고 항상 줄이 길게 늘어서 있다. 이곳의 총요우삥은 한번 먹어보면 종종 생각날 만큼 맛있으므로 쟈오시에 간다면 꼭 들러보길 추천한다. 가격은 기본 NT$25, 계란 추가 NT$30이다. 사진 설명이 있으니 보고 순서대로 취향에 맞게 바르면 된다. 소스는 직접 발라 먹는다.

위치 기차 쟈오시역에서 도보 15분, 쟈오시 초등학교 礁溪國小 건너편/버스 112·191번 쟈오시 초등학교 礁溪國小 하차 주소 宜蘭縣 礁溪鄉 礁溪路四段 128號 오픈 월~금요일 09:00~18:30, 토·일요일 09:00~19:00 휴무 부정기적

큐와쫭나이 Q蛙撞奶(Q와당내) Qwow!

MAP 46-A

신선한 우유와 직접 끓인 흑설탕버블 헤이탕펀위엔 黑糖粉圓이 이 집의 자랑거리다. 펀위엔이 들어간 우유 큐와셴나이 Q蛙鮮奶 외에 션초·녹두·팥 등을 넣은 우유도 있고 홍차, 녹차, 동과차 등도 판매한다. 커스총요우삥 옆에 위치해 함께 세트로 먹기에 좋으며 분점은 없고 오로지 이곳에만 있는 곳이다. 가격대는 NT$35~70 정도다.

위치 쟈오시 초등학교 礁溪國小 건너편, 커스총요우삥 옆 주소 宜蘭縣 礁溪鄉 礁溪路四段 128號 오픈 10:00~21:00 휴무 화요일 홈피 www.facebook.com/qwow.wow

관상세기온천회관 冠翔世紀溫泉會館 관상스지원췐훼이관   MAP 46-A
Guan Xiang Century Resort Hotel

2007년에 오픈한 곳으로 모든 객실에 섭씨 58도 이상의 온천수가 제공되며, 80개의 스파 객실을 갖추었다. 아담하지만 비즈니스센터, 헬스장 등 시설이 잘 갖춰져 있고 온천호텔이라 객실 내에 마스크팩, 유카타 등을 준비한다. 객실 온천 외에 노천스파온천도 무료로 이용할 수 있다. 온천만 이용하는 경우 요금은 월~금요일 NT$300, 토·일요일 NT$350의 입장료가 있다.

위치 기차 쟈오시역 앞에서 대로까지 직진 후 좌회전해 쭉 가면 탕웨이거우 온천공원 입구를 지나자마자 우회전한다, 계속 직진해 다리 위 도로에서 좌회전해 가면 오른편, 도보 10분 주소 宜蘭縣 礁溪鄉 仁愛路 66巷 6號 전화 03-987-5599 홈피 www.hotspring-hotel.com.tw

천탕춘천온천반점 川湯春天溫泉飯店 촨탕춘톈원췐판뎬   MAP 46-A
Chuang-Tang Spring Spa Hotel

총 121개 객실이 30여 가지의 스타일로 꾸며져 있다. 객실 크기도 50제곱미터부터 360제곱미터까지 다양하다. 객실이 각양각색이라 취향에 맞게 골라 묵는 재미가 있다. 이곳 역시 온천호텔이어서 객실 내에 유카타와 온천을 즐길 넓은 욕조가 마련되어 있다. 노천온천에는 다양한 테마 온천탕과 스파가 있어 여행의 피로를 풀기에 제격이다. 조식이 약간 부실하다는 것이 단점.

위치 기차 쟈오시역 앞에서 대로까지 직진 후 좌회전하여 도로를 따라가다가 85도씨에서 우회전하면 왼편, 도보 6분 주소 宜蘭縣 礁溪鄉 德陽路 43號 전화 03-988-9889 홈피 www.chuang-tang.com.tw/spring

AREA 3

뤄둥

羅東(라둥) Luodong

타이완 행정 단위인 현 관할의 향·진·시 중 면적이 가장 작은 지역이다. 작지만 이란 현의 계남(溪南) 지구에서 비즈니스의 중심지이자 중요한 생활쇼핑 지역이다. 뤄둥 야시장의 다양한 먹거리는 뤄둥의 자랑거리이며, 지리적으로 우제향(五結鄉)에 위치한 국립전통예술중심과 둥산강친수공원도 뤄둥역을 기점으로 돌아다닐 수 있다.

HOW TO TRAVEL

뤄동 이렇게 여행하자

➜ 가는 방법

기차
타이베이차짠에서 기차를 타고 뤄동역에서 하차한다. 약 1시간 15분에서 2시간이 소요되며, 요금은 NT$238이다. 쯔챵하오 自強號 기준으로 오전 6시 10분부터 오후 10시 20분까지 시간당 2~4편 정도를 운행한다.

버스
버스를 이용하는 경우 타이베이 버스 스테이션 4층에서 카마란커윈 1915·1917번에 탑승해 뤄동 버스터미널 羅東轉運站에서 하차하면 된다. 뤄동까지는 65~70분(NT$143)이 걸린다. 이 버스들은 반챠오에서 출발해 타이베이를 거쳐 가는 것이라서 정확한 시간에 출발하지 않을 수도 있다. 입구에서 직원이 체크해주기는 하지만 일찍 또는 늦게 오는 경우도 있으니 출발시간과 본인이 탈 버스를 잘 확인한 후에 탑승하자.
숙소가 타이베이의 MRT 스정푸역 근처에 있다면 시정부 버스터미널에서 쇼우두즈씽 1570·1572번을 타고 이란으로 간다. 뤄동까지 요금은 NT$131이다.

카마란커윈 운행 04:35~01:15(10~25분 간격) **홈피** www.kamalan.com.tw
쇼우두즈씽 운행 05:55~24:30(10~30분 간격) **홈피** www.capital-bus.com.tw/yilan/index.html

> **TIP**
> **뤄동 버스터미널**
> **위치** 기차 뤄동역 뒤(동쪽)로 나가서 바로 앞
> **주소** 宜蘭縣 羅東鎭 傳藝路 三段 229號

➜ 여행 방법

기차 뤄동역을 중심으로 번화가가 조성되어 있어 도보와 타이완하오씽으로 돌아다니면 된다. 국립전통예술중심에서 동산강친수공원으로 이동할 때는 수상버스를 이용해보자.

홈피 www.luodongtta.tw

타이완하오씽

260번 동산허선 冬山河線

뤄동 운동공원 羅東運動公園-베이청 공원 北城公園-뤄동 야시장 羅東夜市-뤄동 임업문화원구 羅東林業文化園區站-기차 뤄동역/뤄동 버스터미널 羅東後車站/羅東轉運站-동산강친수공원 冬山河親水公園-국립전통예술중심 國立傳統藝術中心

운행 기차 뤄동역 기준 08:30~18:00(30분 간격)
요금 NT$20~41

동산강 수상버스 冬山河水上巴士
국립전통예술중심과 동산강친수공원을 오갈 때는 버스 외에 수상버스를 이용할 수 있다. 수상버스로 이동하면 20분이 소요되기 때문에 버스보다 느리지만 색다른 풍경을 제공하므로 한번 이용해봐도 좋다.

운행 09:00~17:20(공휴일 ~17:50)
요금 편도 NT$75, 왕복 NT$150

→ 추천 코스(7시간 소요)

기차 뤄동역 — 버스 25분 → 국립전통예술중심 p.530 — 수상버스 20분/버스 8분 → 동산강친수공원 p.531 — 버스 15분 → 기차 뤄동역 — 도보 15분 → 뤄동 임업문화원구 p.529 — 도보 12분 → 뤄동 야시장 p.531

뤄동 임업문화원구
羅東林業文化園區 뤄동린예원화위엔취
Luodong Forestry Culture Garden

MAP 48-B

이름에서 알 수 있다시피 임업에 관한 공원으로 총면적은 160,000제곱미터이다. 일본 식민지 시대에 태평산(太平山)의 나무를 목재로 만들기 위해 저장해두던 곳이다. 현재는 전통적인 임업문화를 보존하기 위한 공원으로 조성되었다. 오래된 일본식 주택과 원목을 저장하던 연못인 저목지(貯木池)가 있으며 공방 및 여러 전시관이 있어 견학도 가능하다. 우거진 나무 사이로 놓인 예쁜 산책로와 기찻길은 기념 촬영을 하기에 더없이 좋다.

위치 기차 뤄동역 앞에서 직진하다가 오거리에서 쭝정베이루 中正北路로 우회전해 직진하면 오른편, 도보 15분 주소 宜蘭縣 羅東鎮 中正北路 118號 오픈 06:00~19:00(전시관 09:00~12:00, 14:00~17:00) 휴관 전시관별로 월~목요일 중 휴관 요일 다름 요금 무료 전화 03-954-5114 홈피 culturalpark.forest.gov.tw/rodong_guide.aspx

국립전통예술중심 國立傳統藝術中心 궈리촨통이슈쭝신
National Center for Traditional Arts

MAP 44-D

기차 뤄둥역에서 가까운 전통 예술 테마파크로 줄여서 전예중심이라 부른다. 타이완 고유의 향토예술과 역사적 건축물을 비롯해 수공예품 · 특산품 등의 각종 기념품 판매와 DIY체험도 가능하다.
주요 볼거리가 너무나도 많은 곳으로 특별전이 열리는 전시관 건물을 비롯해 1925년 이란의 정(鄭)씨 가문의 묘로 지어진 전통 고전 건축물 광효당(廣孝堂) 등이 있다. 민속예술거리 民藝街坊는 도로 좌우에 민속공예품 등을 파는 상점 33곳이 줄지어 있어 가장 볼거리 많고 재밌는 전통 거리를 재현한다. 전습 · 참관 · 전시 · 교류활동 등의 활동을 진행하는 공예전습소(工藝傳習所)에는 연구실과 창작공방도 있다. 문창사(文昌祠)는 타이완에서 처음으로 국가 공공장소에 들어선 사당으로 학문의 신 문창제군을 모신다. 출출해지면 샤오츠를 파는 전통 샤오츠거리 傳統小吃坊로 가서 간식을 먹으며 둘러보자. 무짜이야오 目仔窯는 도자기가마로 쉐리 水里 지역에 있는 뱀 모양 가마인 쉐리시야오 水里蛇窯를 본떠 만들었다고 한다. 이 가마를 이용해 만든 기념품을 판매한다. 그 외에 강과 인접한 거리인 린쉐이제 臨水街, 전통 삼합원(三合院) 형식을 갖추었으며 120년의 역사를 지닌 황찬서(黃纘緒)의 고택 황쥐런자이 黃舉人宅 등이 주요 볼거리이다.
매일 오전 11시와 오후 2시에 민속예술거리부터 문창사 앞 무대까지 40분간 공연을 진행하니, 가능하면 시간을 맞춰 방문해보자.

위치 타이완하오씽 녹21번, 버스 241 · 621번 국립전통예술중심 國立傳統藝術中心 하차 **주소** 宜蘭縣 五結鄉 季新村 五濱路 二段 201號 **오픈** 09:00~18:00 **휴무** 무휴(설 전날 일찍 마감) **요금** 일반 NT$150, 학생 NT$120, 6세 이하 무료 **홈피** www.ncfta.gov.tw

동산강친수공원 冬山河親水公園 동산허친쉐이꿍위엔 Dongshan River Water Park MAP 44-F

총 길이 24킬로미터의 동산강 유역 중간에 위치한다. 휴식과 놀이를 위한 다기능 레크리에이션 공간으로 계획되었고, 1994년 정식 개장했다. 공간 이 상·중·하 세 단계로 나뉘어 각기 다른 분위기를 연출한다. 야외 공연장과 물놀이장을 비롯해 걸으면 기분 좋아지는 예쁜 산책길도 있다. 매년 7월과 8월에는 이란국제어린이예술제 宜蘭國際童玩藝術節가 성대하게 열린다.

위치 타이완하오씽 260번, 버스 241번 승차 후 동산강친수공원 冬山河親水公園 하차 **주소** 宜蘭縣 五結鄉 親河路二段 2號 **오픈** 여름철 07:00~22:00, 겨울철 08:00~22:00 **요금** 무료(이란국제어린이예술제 기간 유료) **홈피** www.goilan.com.tw/dsriver

뤄동 야시장 羅東夜市(라동야시) 뤄동예스 Luodong Night Market MAP 48-B

뤄동에서 가장 북적거리는 곳으로 뤄동 공원을 중심으로 주변 도로 만췐루 民權路, 꿍위엔루 公園路, 민성루 民生路까지 모두 야시장이라 보면 된다. 뤄동만의 특색 있는 맛집들로 유명해서 빈속으로 방문해 이것저것 맛보며 한 끼를 해결해야 할 정도이다. 바다를 접하고, 파가 유명한 지역답게 해산물과 파를 이용한 음식이 많다. 다양한 먹거리 외에 쇼핑도 즐길 수 있으니 한 손에 간식을 들고 천천히 둘러보며 야시장의 활기를 느끼자.

위치 기차 뤄동역 앞 공정루 公正路를 따라 직진하다가 파출소 지나기 전 골목으로 좌회전한 뒤 직진, 도보 8분 **오픈** 18:00~24:00

뤄동 야시장 둘러보기

이팡하이우샤오카오뎬 MAP 48-A
宜芳海物燒烤店(의방해물소고점)

청어 鯖魚(고등어)를 주로 취급하는 수산물 업체인데 바로 구워서 파는 노점을 오픈했다. 게튀김, 만새기 鬼頭刀튀김, 소금을 뿌려 하룻밤 바람에 말린 청어, 오징어구이, 완자 등을 판매한다. 가격대는 NT$50~100 정도다.

주소 宜蘭縣 羅東鎮 公園路 93號 **홈피** mackerel.yilan-food.org.tw

챠오웨이빙쿠 MAP 48-B
巧味冰庫(교미빙고)

이란현에서 맛집으로 통하는 디저트 빙수집. 일반 얼음을 갈아 시럽을 뿌리는 것이 아니라 빙수 맛별로 재료를 첨가한 얼음을 바로 갈아준다. 가격은 NT$60~130. 입구에서 이란의 별미인 쌀국수 미펀껑 米粉羹(NT$30)도 함께 판매 중이니 먹어 보자.

주소 宜蘭縣 羅東鎮 公園路 122號 **오픈** 여름철 12:00~24:00, 겨울철 13:00~23:00

징위엔빠오신펀위엔 MAP 48-B
晶圓包心粉圓(정원포심분원)

빠오신펀위엔 包心粉圓은 일반적인 펀위엔 안에 팥이 들어있어서 이름에 빠오신 包心이란 말이 붙었다. 뤄동 야시장에서 꼭 먹어야 할 음식 중 하나다. 펀위엔과 함께 아이스크림·푸딩·팥·떠우화·콩 등을 곁들여 먹는다. 분홍색 간판의 이곳 징위엔 晶圓과 함께 보라색 간판의 웨이제 魏姐도 유명하다. 가격은 단품 NT$60, 세트 NT$100~150.

주소 宜蘭縣 羅東鎮 公園路 100號 **오픈** 11:00~24:00 **홈피** www.baoshin.com.tw

---

위번푸싼싱총삥 MAP 48-B
玉本舖三星蔥餅(옥번포삼성총병)

총삥은 밀가루반죽에 고기와 파를 듬뿍 넣어 튀긴 것이다. 이곳은 왕만두 튀김처럼 만들지만 넓적하게 구워 파는 곳도 있고 집집마다 조금씩 다르다. 가격은 1개 NT$35, 3개 NT$100다.

주소 宜蘭縣 羅東鎮 民權路 102號 **오픈** 17:00~24:30

> **TIP** 파가 들어가는 음식마다 싼싱 三星(삼성)이라는 이름이 붙는 이유는 싼싱향 三星鄉 지역에서 나오는 파가 최고라고 알려져 있기 때문이다. 어느 곳에서든 싼씽파라고 하면 좋은 파가 쓰였다고 생각하면 된다.

황스푸싼싱부러우 MAP 48-B
黃師父三星卜肉(황사부삼섬복육)

부로우 卜肉에서 '卜'는 타이완어로 튀긴다는 의미로 즉, 고기튀김을 뜻한다. 이곳은 독특하게 붉은 누룩인 홍국 紅麴을 첨가한 것도 만들어 판매한다.

주소 宜蘭縣 羅東鎮 民權路 102號 **오픈** 15:00~24:00
휴무 화요일

아쉬에궈즈바 MAP 48-B
阿雪果汁吧(아설과즙파)

꿍위엔루 公園路와 민췐루 民權路가 만나는 사거리에 위치한 과일주스 전문점. 주문하면 그 자리에서 바로 갈아주는 신선한 과일주스와 과일우유를 맛볼 수 있다. 기본 사이즈는 NT$30~50선이고 기본 가격에 NT$10만 추가하면 700cc 대용량으로 제공한다.

주소 宜蘭縣 羅東鎮 羅東夜市 第1079攤 **오픈** 17:00~24:00

AREA 4

쑤아오
蘇澳(소오) Suao

이란현 동남방에 위치한 곳으로 태평양과 맞닿은 화물항구인 쑤아오항과 난팡아오 어항(漁港)이 있어 근해 및 원양어업의 중요한 지점이다. 이 지역에서 가장 유명한 것은 뭐니뭐니해도 바로 저온탄산냉천인데 이탈리아와 타이완 쑤아오 지역에서만 볼 수 있어 전 세계적으로 진귀하다. 쑤아오 냉천은 약 섭씨 22도로 음용이 가능하고 위병, 위산과다, 만성 폐렴, 신장결석, 통풍, 당뇨병, 피부병 등의 치료에도 효과적이다.

HOW TO TRAVEL

쑤아오 이렇게 여행하자

➜ 가는 방법

타이베이에서 출발

기차를 이용한다면 타이베이처짠에서 탑승한 뒤 하차에 주의하자. 쑤아오 냉천과 난팡아오에 가려면 쑤아오신역 蘇澳新站이 아닌 쑤아오역 蘇澳站에 내려야한다. 지하철 같은 취젠처 區間車가 대부분으로 약 2시간 35분에서 3시간 10분이 소요되고, 요금은 NT$173이다. 오전 5시 3분부터 오후 9시 30분 동안 시간당 1편씩 운행한다.

버스를 이용한다면 MRT 위엔산역의 버스터미널에서 궈광커윈 1879번을 타면 기차 난강역 南港車站, 난강짠란관 南港展覽館, 뤄동, 쑤아오를 경유해 난팡아오까지 간다. 2시간 10분이 걸리며 요금은 NT$190이다. 오전 6시부터 오후 10시 30분까지 1시간 간격으로 운행한다.

이란에서 출발

이란역·쟈오시역·뤄동역 등에서 기차를 타고 이동하면 된다. 단, 쑤아오역으로 바로 가는 건 거의 1시간 간격으로 운행하니 미리 시간을 확인하는 것이 좋다. 이란역에서는 30분(NT$33), 쟈오시역에서는 40~50분(NT$45), 뤄동역에서는 20분(NT$20)이 소요된다.

➜ 여행 방법

우선 쑤아오 냉천공원에서 냉천을 즐기고 버스나 택시를 타고 난팡아오로 가서 항구나 어시장, 해변을 구경한 후 신선한 해산물로 식사하자. 그 뒤에는 다시 쑤아오역으로 돌아오거나 바로 타이베이행 버스를 타고 돌아가는 일정을 추천한다. 냉천공원이 있는 쑤아오역 근처에서 난팡아오까지는 택시로 기본요금 거리이기 때문에 평일에 여행한다면 버스를 기다리는 것보다 택시를 타는 것을 추천한다.

홈피 www.suao.org.tw

버스

홍2번 紅2(R2)
이란 버스터미널 宜蘭轉運站-뤄동 버스터미널 羅東轉運站-기차 쑤아오신역 蘇澳新站-난팡아오 南方澳
운행 06:00~22:00(15~30분 간격) 요금 NT$20 ※쑤아오역에서 타려면 역 앞 차도로 나가 왼쪽에 있는 중산루 中山路나 오른쪽에 있는 바이미챠오 白米橋 버스정류장에서 탑승하고, 5분 후 난팡아오에서 하차하면 된다.

121번	녹28번 綠28(G28)
기차 쑤아오역 蘇澳車站-또우푸쟈 豆腐岬-진안궁 進安宮	난팡아오 南方澳-또우푸쟈 豆腐岬-네이피 內埤-난닝 수산시장 南寧市場
운행 08:00, 11:00, 16:00 요금 무료 ※무료 셔틀버스로 난팡아오 앞으로 가려면 진안궁 進安宮 에서 하차해야 한다.	운행 06:40~19:00(30~50분 간격) 요금 NT$20 ※수산시장에서 난팡아오로 돌아오는 순환버스. 한 바퀴 도 는 데 15분이 소요된다.

➡ 추천 코스(5시간 소요)

기차 쑤아오역 → 도보 2분 → 쑤아오 냉천공원 p.535 → 택시 5분 → 쑤아오 남천궁 p.536 → 도보 1분 → 난팡아오 p.536

📷 쑤아오 냉천공원 蘇澳冷泉公園 쑤아오렁췐꽁위엔 Suao Cold Spring Park   MAP 44-F

쑤아오의 탄산냉천은 굉장히 투명해서 기포가 올라오는 걸 쉽게 볼 수 있다. 이 냉천을 온 몸으로 체험할 수 있는 공원은 크게 야외에 있는 대중탕과 실내 개인탕(가족탕) 구역으로 나뉜다. 공원 안에는 화장실, 샤워실, 탈의실, 로커가 모두 갖춰져 있고, 수건·수영 관련 용품 등을 파는 상점과 매점도 있다. 대중탕에 들어가려면 수영복과 수영모는 필수이지만, 발만 담그는 정도라면 그냥 옷을 입고도 들어갈 수 있다. 수위도 무릎 정도로 얕다. 바닥에 자갈이 깔려있어서 물에서 신을 수 있는 아쿠아슈즈를 준비하면 좋다.

위치 기차 쑤아오역 앞에서 차도까지 직진해 왓슨스 방향으로 좌회전한 후, 첫 번째 골목에서 우회전하면 바로, 도보 2분 주소 宜蘭縣 蘇澳鎮 冷泉路 6-4號 오픈 09:00~21:00(7월~8월 08:00~22:00) 요금 대중탕 일반 NT$70, 65세 이상 및 신장 130cm 이하 어린이 NT$40/개인탕 2인 기준 NT$300~450(40분) 홈피 www.lanyangnet.com.tw/ilpoint/su02/

쑤아오 남천궁 蘇澳南天宮 쑤아오난톈궁

MAP 49-A

어촌마을답게 바다의 여신, 마쭈 媽祖를 모시는 사원이 빠질 수 없다. 층마다 각기 다른 마쭈상이 모셔져 있다. 2층에는 옥제 마쭈상, 3층에는 203.8킬로그램의 순금 마쭈상이 자리한다. 3층 바깥으로 나가면 한눈에 난팡아오 어항을 내려다볼 수 있어 멋진 광경을 선물한다.

위치 난팡아오 어항 바로 앞 **주소** 宜蘭縣 蘇澳鎭 江夏路 17號 **오픈** 04:30~21:00

 ## 난팡아오 南方澳 남방오 Nanfangao

MAP 49

기차 쑤아오역 동남쪽에 있는 쑤아오의 어촌마을로 타이완 동부에서 가장 큰 육계도(陸連島)이다. 회로 자주 먹는 어종이 풍부해 자연스레 어장이 형성되었고, 곶·해안암초·해안절벽·해안동굴·모래사장 등 해안 지형의 경관을 접할 수 있다. 쑤아오역에서 난팡아오까지는 자동차로 5분이면 도착하는데, 가는 길에 화물항구인 쑤아오항을 볼 수 있다. 난팡아오 대교, 어항, 남천궁, 네이피 內埤 해변, 또우푸쟈 풍경구 豆腐岬風景區, 난닝 수산시장 南寧市場, 전망대 등이 주 명소이다.

위치 기차 쑤아오역에서 택시 5분(NT$120) **주소** 宜蘭縣 蘇澳鎭 江夏路 85號

─┤ 난팡아오 둘러보기 ├─

빙치린화셩쥬엔 MAP 49-A
冰淇淋花生捲(빙기림화생권)

밀전병에 땅콩엿과 아이스크림을 넣어 말아주는 빙치린화셩쥬엔은 지우펀에서 먹어야 할 음식으로 관광객에게 유명하지만 사실 이것의 원조는 이란이다. 이란 난팡아오에 왔다면 꼭 먹어야 할 음식으로 손꼽힐 정도로 인기 있다. 딸기·우유·초콜릿·토란·파인애플 등 여러 아이스크림 중 세 가지를 고르면 바로 그 자리에서 말아 준다. 샹차이 香菜(고수)가 들어가므로 원하지 않는다면 미리 말하자.

주소 宜蘭縣 蘇澳鎭 漁港路 99號 **오픈** 10:00~20:00

하이디위엔훠하이셴 MAP 49-A
海底園活海鮮(해저원활해선) Sea Garden Fresh Seafood

난팡아오는 어항(漁港)이 있는 지역답게 해산물식당이 쭉 늘어서 있다. 그중 규모도 꽤 크고 쾌적한 분위기의 이곳은 신선한 해산물을 제공한다는 것 외에도 수족관과 바닷속을 표현한 벽화, 조형물 등으로 내부를 해저 분위기로 연출한 것 또한 자랑거리이다. 주문은 밖에서 직접 해산물 재료를 보고 원하는 것을 고른 후 구이・튀김・볶음・회 등 조리방법을 선택한다. 추천 메뉴는 조개볶음(炒蛤蜊), 굴튀김(炸蚵仔), 탕수어(糖醋魚), 파인애플새우튀김(鳳梨蝦球)이며, 1인당 약 NT$500 정도로 예산을 잡으면 된다.

주소 宜蘭縣 蘇澳鎭 漁港路 92號 오픈 10:00~20:00 휴무 화요일 홈피 food.lanyangnet.com.tw/seagarden

광훼이하이셴 MAP 49-A
光輝海鮮(광휘해선)

번듯한 해산물식당이 늘어선 곳도 있지만, 남천궁 옆 골목에는 자유로운 포장마차 분위기의 노천석을 겸비한 식당들이 모인 미식광장 美食廣場도 있다. 이곳은 현지인들이 추천하는 곳으로 난팡아오에 있는 대부분의 식당이 그렇겠지만 어항에서 잡은 신선한 물고기와 새우를 제공한다. 냉장고에 재료들이 진열되어 있으니 보고 메뉴를 선택하면 된다. 싱싱한 생새우와 두툼한 생선회, 오징어완자, 대하구이 등을 추천한다.

주소 宜蘭縣 蘇澳鎭 江夏路 美食廣場 오픈 17:00~22:00 전화 03-996-0339

AREA 5
화롄
花蓮(화롄) Hualien

타이완 동부에 위치한 화롄은 서쪽으로 높은 중앙산맥과, 동쪽으로 태평양 바다와 맞닿는다. 타이완 동부에서 가장 큰 도시로 인구는 주로 화둥종곡과 해안가에 밀집해 있고 자연관광자원이 풍부하기로 유명하다. 대표적으로 타이루꺼 국가공원이 있다. 화롄은 타이루꺼 관광의 출발점이자 대리석 채석지이기도 하고 아메이족 阿美族이 많은 대표적인 원주민 거주 지역이기도 하다.

HOW TO TRAVEL

화롄 이렇게 여행하자

➜ 가는 방법

타이베이에서 출발
타이베이에서 화롄까지 바로 가는 버스는 없고 국내선 비행기나 기차를 이용해야 한다. 비행기의 경우 너무 비싸고, 화롄행 기차표는 타이완 대표 관광명소인 타이루꺼 때문에 인기 있다. 물론 현장판매분도 있어서 현지에서 바로 구입해도 되지만, 좌석 확보를 위해 가능한 인터넷으로 예매하는 것이 좋다.
타이베이에서 시작하는 택시 투어도 많이 이용하지만 화롄까지 가는 일반도로는 유실사고가 잦아 위험한 경우가 생길 수 있으므로 가능한 기차를 타고 화롄까지 가서 택시 투어를 이용하기를 추천한다.

비행기
만다린항공 華信航空에서 쑹산공항-화롄공항 노선을 매일 2편 운행한다. 40분이 소요되며 가격은 약 NT$1000~1500 정도다.

기차
타이베이처짠에서 기차를 타고 화롄역으로 가면 된다. 2~3시간이 걸리며 요금은 NT$440이다. 쯔챵하오 自強號(06:10~22:20, 시간당 2~4편 운행)에는 푸유마호 普悠瑪號와 타이루꺼호 太魯閣號가 포함되는데 고속철도가 없는 동부에서 이 두 열차가 고속철도 같은 역할을 한다. 가격은 일반 쯔챵하오와 같지만 더 일찍 도착하니 이 열차를 타는 것이 좋다.

> **TIP** 화롄행 기차표를 구하지 못했다면, 버스와 기차를 이용하는 방법이 있다. 타이베이 버스 스테이션에서 이란현의 뤄동까지 카마란버스를 타고 이동하고, 뤄동역에서 화롄역까지 기차 취젠처 區間車를 이용하는 방법이다. 이 버스와 기차가 연결된 티켓을 버스터미널 1층 티켓 창구에서 따로 판매한다.

쟈오시에서 출발
쟈오시 온천호텔에서 하루 숙박한 후에 쟈오시역에서 기차를 타고 화롄역으로 간다. 가장 빠르고 쾌적한 쯔챵하오 自強號 기준으로 하루 약 8편이 운행되고, 1시간에서 1시간 30분이 소요된다. 요금은 NT$242다.

타이동에서 출발

타이동에서 화롄까지 가는 가장 좋은 방법은 기차를 타는 것이다. 타이동역 台東車站에서 탑승하면 1시간 30분에서 2시간 40분 정도가 걸린다. 요금은 NT$343이며, 오전 5시 5분부터 오후 9시 사이에 시간당 1편을 운행한다. 버스를 탄다면 시내에 위치한 구 타이동역 앞 버스터미널에서 딩동커윈 8119번(NT$547)과 화롄커윈 1127번(NT$558)을 타면 4시간 정도 걸린다. 시간도 오래 걸리고 요금도 더 비싸므로 기차를 이용하자.

→ 여행 방법

화롄은 보통 타이루꺼를 가기 위한 관문으로만 많이 방문하기 때문에 타이베이에서 흔히 당일치기로 다녀간다. 타이루꺼 협곡은 화롄역 앞에서 버스를 타고 가거나 화롄역·신청역에서 시작하는 택시 투어를 이용해도 좋다. 화롄역 앞에 항상 택시가 대기 중이니 가격과 노선을 조율하면 된다. 4~5시간에 보통 NT$2000~2500선이다. 택시 투어를 한다면 가능한 치싱탄까지 코스에 넣는 것이 편하다. 일행이 없다면 투어버스나 타이완하오씽을 이용해야 하는데, 각기 장단점이 다르니 상황에 맞는 것으로 선택하면 된다.

기차 시간이 여유 있거나 하루 묵을 예정이라면 화롄 시내를 둘러보고 야시장까지 다녀오는 것이 좋다. 화롄역 앞에서 시내 중심까지는 걸어서 가기에는 조금 거리가 있으므로 버스·택시·자전거 등을 이용하는 것이 좋다. 시내버스는 오후 6시 정도면 끊기므로 주의하자.

홈피 tour-hualien.hl.gov.tw

투어버스

반일과 1일 코스로 나뉘므로 원하는 것으로 예약하면 된다. 예약은 사이트나 전화로 하거나 기차 화롄역 花蓮車站 앞에 있는 관광안내소에서도 가능하다. 출발지는 관광안내소 앞이나 화롄 시내 주요 호텔이다.

홈피 www.taiwantourbus.com.tw

타이루꺼 반일 코스 太魯閣峽谷景觀半日遊	타이루꺼 1일 코스 太魯閣峽谷景觀一日遊
집합 장소–옌쯔커우(30분)–텐샹(점심 개별/50분)–자모교(20분)–장춘사(30분)–특산품 쇼핑(20분)–치싱탄(30분)–귀가	집합 장소–청수단애(40분)–부루완(30분)–옌쯔커우(30분)–텐샹(점심 포함/1시간)–장춘사(30분)–특산품 쇼핑(20분)–치싱탄(30분)–귀가
출발 10:30(6시간 소요) 요금 일반 NT$700, 12세 미만 NT$600, 3세 미만 NT$200	출발 08:00(8시간 소요) 요금 일반 NT$988, 12세 미만 NT$850, 3세 미만 NT$200

타이완하오씽

1133번 타이루꺼선을 이용하게 되는데, 기차 화롄역에서 출발해 화롄을 종점으로 돌아간다. 갈 때와 돌아갈 때의 정류장이 다르니 주의하자. 기차 화롄역에서 톈샹까지는 1시간 정도 걸린다. 1일권·2일권은 화롄역 앞 왼쪽에 있는 주황색 건물의 화롄 버스터미널에서 구입할 수 있다. 구입하면서 버스 시간표를 받아두자.

1133번 타이루꺼선 太魯閣線

기차 화롄역 花蓮車站-화롄 관광안내소 花蓮縣旅遊服務中心-치싱탄 七星潭-기차 신청역 新城車站-타이루꺼 입구 太魯閣-타이루꺼 관광안내소 太魯閣遊客中心-사카당 砂卡礑-부루완 布洛灣-엔쯔커우 燕子口-뤼쉐이 綠水-톈샹 天祥-뤼쉐이 綠水-엔쯔커우 燕子口-장춘사 長春祠步道-타이루꺼 관광안내소 太魯閣遊客中心-타이루꺼 입구 太魯閣-기차 신청역 新城車站-치싱탄 七星潭-기차 화롄역 花蓮車站

운행 07:00~15:10(50~90분 간격/하루 9편) 요금 일반 NT$24~149, 1일권 NT$250 2일권 NT$400 홈피 htaiwantrip.com.tw

➜ 추천 코스(9시간 소요)

기차 화롄역 → 택시 30분 → 타이루꺼 국가공원 p.542 → 4~5시간 → 버스 30분 → 치싱탄 p.545 → 버스 10분 → 기차 화롄역 → 버스 10분 → 동따먼 야시장 p.548

SPECIAL

타이루꺼 국가공원
太魯閣國家公園(태로각국가공원) 타이루꺼궈쟈꿍위엔 Taroko National Park

웅장한 바위로 둘러싸인 대리석 협곡으로 그 규모가 어마어마하다. 일반적으로 리우천 立霧溪이 바다와 만나는 곳에 위치한 타이루꺼 입구의 상징, 패루에서 기념 촬영을 하면서 관광이 시작된다. 버스나 택시를 타고 주요 명소에 내려 관광하는 것이 일반적인 투어 방법이다. 태풍이나 지진 등 자연적인 이유로 인해 종종 출입이 통제되는 곳이 있으니 홈페이지에서 개방 여부를 확인하고 가는 것을 추천한다.

위치 기차 화롄역에서 투어버스나 택시 투어 이용 추천, 입구까지 30분 소요 홈피 www.taroko.gov.tw

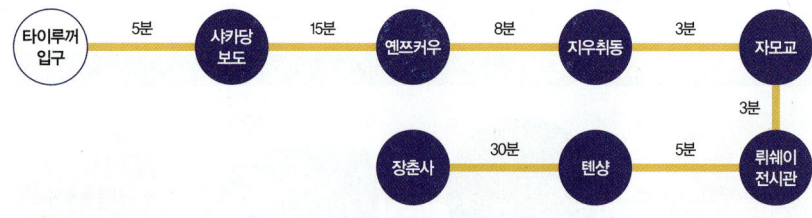

샤카당 보도 MAP 50-B
砂卡礑步道(사가보도) 샤카당부다오 Shakadang Trail

원주민 특색이 농후한 이 길은 원래 션미구 神秘谷 보도라 불렸다. 대리석 절벽을 깎아 만든 산책로 아래에는 에메랄드빛의 맑고 예쁜 샤카당천이 흐른다. 총 길이는 약 4.1킬로미터, 끝까지 왕복하면 3시간 정도가 소요되므로 버스나 택시 시간에 맞춰 돌아 나오면 된다.

위치 입구에서 택시 5분 **주소** 花蓮縣 秀林鄉 富世村 富世291號

옌쯔커우 MAP 50-B
燕子口(연자구) Yanzihkou

좁고 깊은 협곡으로 절벽에 자연적으로 생긴 구멍에 제비(옌쯔)가 집을 지어 살게 되면서 붙은 이름이다. 실제로 봄이 되면 제비들이 날아다니는 모습을 볼 수 있다. 옌쯔커우를 마주 보고 1.37킬로미터의 산책로가 조성되어 있고, 그 아래 물이 흐른다. 타이루꺼에서 유명한 명소이니 놓치지 말자.

위치 입구에서 택시 20분/샤카당 보도에서 택시 15분 **주소** 花蓮縣 秀林鄉 中橫公路 179公里處

지우취동 MAP 50-A
九曲洞(구곡동) Tunnel of Nine Turns

타이루꺼 협곡에서 가장 아름다운 곳으로 꼽힌다. 계곡의 굽굽이 여러 번 굽이굽이 이어졌다 하여 이런 이름이 붙었다. 거대한 바위를 뚫어 만든 1.3킬로미터의 터널은 자연의 위대함을 몸소 느끼게 해준다. 타이루꺼의 하이라이트라고 할 수 있다. 자연재해로 심하게 훼손되어 수년 동안 폐쇄하다가 2019년 6월 말부터 시범 개방하고 있다.

위치 입구에서 택시 28분/옌쯔커우에서 택시 8분 **주소** 花蓮縣 秀林鄉 中橫公路 174.5公里處

자모교 MAP 50-A
慈母橋 츠무챠오 Cihmu Bridge

대리석으로 만들어진 빨간 다리로 화롄팔경 중 하나인 허류 합류에 위치한다. 허류는 리우천 立霧溪과 라오천 荖西溪이 합쳐지는 곳을 뜻한다. 장엄한 아름다움을 뽐내는 다리 한쪽 끝에는 자모정(慈母亭)이란 정자가 있다. '어머니'라는 의미의 이름을 갖게 된 유래로, 이곳에서 일어난 홍수로 아이가 죽었다는 소식을 들은 어머니가 이를 믿지 않고 이곳에서 아이가 돌아오길 기다렸다는 이야기가 전해진다.

위치 타이루꺼 입구에서 택시 30분 **주소** 花蓮縣 秀林鄉 中橫公路 172公里處

뤼쉐이 전시관 MAP 50-A
綠水展示館(녹수전시관) 뤼쉐이잔스관
Lyushui Exhibit hall

1995년 7월에 개방되어 타이루꺼의 지질·지형·경관 특색 등을 소개한다. 1층과 2층에는 타이루꺼 협곡의 공사 과정, 지형 등과 관련된 전시가 있고, 아래층으로 내려가면 카페가 있어서 간단히 요기하고 쉬어 갈 수도 있다.

<u>위치</u> 타이루꺼 입구에서 택시 33분/자모교에서 택시 3분 <u>주소</u> 花蓮縣 秀林鄉 天祥路 <u>오픈</u> 09:00~17:00 <u>휴무</u> 첫째·셋째 월요일

톈샹 MAP 50-A
天祥(천상) Tianxiang

타이루꺼 협곡 중심의 주요 서비스 구역으로 타이루꺼에서 개발이 가장 많이 된 곳이다. 음식점·상점·숙소·버스정류장 등이 있고 많은 투어버스가 이곳에서 회차한다. 매화정원을 비롯해 확연히 다른 물색의 두 하천이 만나 리우천 立霧溪이 되는 광경도 볼 수 있다. 리우천 위로는 불교사원 샹덕사(祥德寺)와 그 뒤로 산 중턱에 탑과 관음상이 있으니 시간 여유가 있다면 함께 둘러보기 좋다.

<u>위치</u> 입구에서 택시 38분/뤼쉐이 전시관에서 택시 5분 <u>주소</u> 花蓮縣 秀林鄉 中橫公路 東段

장춘사 MAP 50-B
長春祠(창춘츠) Eternal Spring Shrine

타이루꺼 협곡의 중부횡단도로 中橫公路는 인위적으로 바위산을 뚫어 만든 길이다. 당시 이 공사로 225명의 인부가 숨졌는데, 그들을 기리기 위해 지어진 사당이 바로 이곳이다. 1987년 낙석으로 붕괴한 적이 있으나 다시 건축해 1997년에 재개방되었고 외관은 당대 사당의 건축양식을 따라 지어져 고전적이고 우아하다. 아픔을 간직한 곳이지만, 절벽에 위치한 작은 사당과 그 앞 폭포가 절경을 이룬다.

<u>위치</u> 입구에서 택시 6분/톈샹에서 택시 30문 <u>주소</u> 花蓮縣 秀林鄉 富世村 富世291號

화롄 관광안내소 花蓮旅遊服務中心(화련여유복무중심) 화롄뤼요우푸우쭝신　MAP 51-B

화롄에 도착하면 화롄역 앞으로 넓은 광장이 펼쳐지고 오른편에 커다랗게 관광안내소 건물이 자리한다. 전국 최우수 안내센터로 뽑히기도 했고 매년 평균 10만 명의 관광객이 방문해 화롄 여행에 관한 다양한 정보를 얻는다. 중국어·영어·일본어 서비스가 가능하고 여행 코스 등 조언도 받을 수 있다. 그 외에 음식점과 숙박, 다양한 활동에 관련된 문의와 예약, 화롄 관광 불만 접수 등 다양한 서비스를 제공한다.

위치 기차 화롄역 바로 앞　주소 花蓮縣 花蓮市 國聯一路 106號　오픈 08:00~22:00　전화 03-836-0634

 치싱탄 七星潭(칠성담) Qixingtan Scenic Area

북두칠성이 가장 잘 보이는 물가라는 뜻을 지닌 이름으로 화롄현 유일의 현(縣)급 풍경구이다. 정식 명칭은 치싱탄 해안풍경특정구 七星潭海岸風景特定區. 넓은 바다와 높은 산에 안개와 구름이 꽉 차면 마치 수묵화를 보고 있는 듯한 느낌이다. 깨끗하고 푸른 바다와 자갈로 이루어진 해변은 초승달 모양을 닮았다 하여 초승달해변이라고도 불린다. 원래는 조용한 어촌마을이었는데 독특하고 아름다운 자연환경 덕분에 산책로, 정자 등이 생기고 공원이 조성되었다. 자전거도로가 잘 되어 있기 때문에 자전거를 대여해 해안가를 달려보는 것도 추천한다.

위치 기차 화롄역에서 택시 12분, 화롄공항 바로 옆　주소 花蓮縣 新城鄉 大漢村 海岸路

화롄 문화창의산업원구

花蓮文化創意產業園區 화롄원화촹이찬예위엔취
Hualien Cultural Creative Industries Park

MAP 51-C

1922년 지어진 양조장을 개조해 문화·예술·공연·레스토랑·상점 등으로 가득한 복합문화 공간으로 탈바꿈시켰다. 화롄시 중심에 위치하며, 총면적 33,000제곱미터에 이르는 부지에 창고 등으로 사용되던 고즈넉한 일식 건축물과 광장이 잘 조성되어 있다. 산책하며 가볍게 전시장과 상점을 구경하기에 좋으며 시간 여유가 있다면 레스토랑이나 카페에서 쉬어가자. 매주 수요일부터 일요일 오후 2시부터 9시까지는 프리마켓도 열려 즐길거리가 더욱 풍성해진다.

위치 버스 301·1129·1131번 창의문화원구 創意文化園區 하차/기차 화롄역 기준 택시 10분, 자전거 15분 **주소** 花蓮縣 花蓮市 中華路 144號 **오픈** 실내 11:00~21:00(전시관·상점마다 다름) **요금** 무료 **전화** 03-831-2111 **홈피** www.a-zone.com.tw

┤ 화롄문화창의산업원구 둘러보기 ├

프리마켓
釀市集 냥스지

규모가 그리 크진 않지만 수공예품·액세서리·소품·먹거리 등을 판매해 소소하게 구경하는 재미가 있다. 금요일부터 일요일에는 제24동 第24棟 앞에서도 열린다.

위치 제6동 第06棟·제7동 第07棟 **오픈** 수~일요일 14:30~21:00 **홈피** www.facebook.com/azonevmarket

애로 트리
ARROW TREE

일식 디저트 전문점이다. 다양한 조각 케이크(NT$120~220), 커피와 여러 종류의 홍차를 판매한다. 오후 2시까지는 저렴한 가격의 브런치(NT$100~170)를 비롯해 파스타도 판매한다.

위치 제4동 第04棟 **오픈** 10:00~21:30 **홈피** www.facebook.com/arrowtreehualien

화롄 철도문화원구
花蓮鐵道文化園區 화롄톄다오원화위엔취
Hualien Railway Cultural Park
MAP 51-C

화롄의 옛 기차역을 개조해 만든 곳이다. 일본 식민지 시대의 화롄항 출장소 · 철도병원 · 철도공무단 · 경무단 · 일식 기숙사 · 주택 등이 100년이 넘는 시간을 이겨내고 잘 보존된 철도기지다. 도로를 사이에 두고 크게 1관과 2관으로 나뉜다. 1관에는 1392년 지어진 사합원 형태의 일식 사무실이 있으며, 입구 바로 길 건너가 동따먼 야시장이다. 2관은 공무단과 경무단이 있던 곳으로 현재는 증기기관차 전시와 카페, 상점 등이 들어서 있다. 2관에서는 매주 토요일 오전 9시부터 오후 1시까지 농 · 특산품 장터가 열리고, 일요일 오후 3시부터 7시에는 프리마켓이 열린다.

<u>위치</u> 버스 301 · 1139 · 1131번 동따먼 야시장 東大門夜市 하차/기차 화롄역 기준 택시 10분(NT$150) <u>주소</u> 1관 花蓮縣 花蓮市 中山路 71號/2관 花蓮縣 花蓮市 博愛街 24巷35號 <u>오픈</u> 1관 화~일요일 08:30~12:00, 13:30~17:00/2관 수~월요일 08:30~24:00 <u>휴무</u> 1관 월요일, 공휴일/2관 화요일, 설 전날 <u>요금</u> 무료 <u>홈피</u> hualienrailway1909.blogspot.com

화롄 자전거도로
花蓮自行車步道(화롄쯔싱처부다오) 화롄쯔싱처부다오
Hualien Bike Lane
MAP 51-C · D

화롄시 해안가 자전거도로는 남쪽의 난빈 공원 南濱公園부터 시작해 베이빈 공원 北濱公園, 화롄항을 지나 치싱탄까지 이어진다. 총 길이 15킬로미터의 자전거도로가 잘 정비되어 있어 탁 트인 바다를 감상하며 자전거를 타기 좋다. 시간과 체력에 여유가 있다면 자전거 여행을 추천한다. 자전거는 화롄역 앞 자전거 대여소에서 빌릴 수 있고 가격은 하루 NT$150, 이틀 NT$250선이고, 시간에 따라 조금씩 차이가 날 수 있다. 물론 시간 단위로도 대여가 가능하다.

<u>위치</u> 동따먼 야시장에서 바닷가 쪽으로 조금 이동 <u>주소</u> 花蓮縣 花蓮市 南濱路

동따먼 야시장 東大門夜市(동대문야시) 동따먼예스 Dongdamen Night Market   MAP 51-C

화롄 바닷가 난빈 공원 앞에 있던 난빈 야시장 南濱夜市이 이사해 2014년 1월, 차이훙 彩虹(무지개) 야시장이라는 이름으로 새롭게 개장했다. 그 뒤 2015년 7월, 푸딩 야시장 福町夜市, 대륙성거리 大陸各省一條街, 원주민거리 原住民一條街, 쯔창 야시장 自強夜市 총 네 구역을 아우르는 규모로 재정비해 지금의 이름으로 재개장했다. 이로써 타이완 동부에서 가장 큰 야시장으로 거듭났다. 푸딩 야시장에서는 타이완 각지의 먹거리를, 대륙성거리에서는 중국 각 성(省)의 특색 있는 음식을, 원주민거리에서는 타이완 원주민의 음식을 제공한다. 규모가 워낙 커서 이것저것 구경하는 재미가 있고 여러 곳에서 산 음식을 같이 먹을 수 있도록 한쪽에 테이블과 의자 등 편의시설이 준비되어 있다.

위치 버스 301 · 1131 · 1139번 동따먼 야시장 東大門夜市 하차/기차 화롄역 기준 택시 10분 (NT$150) 주소 花蓮縣 花蓮市 中山路 50號 오픈 18:00~24:00 홈피 dongdamen.com.tw

🎁 아메이 모찌 阿美麻糬(아미마서) 아메이마슈 Amis Mochi
MAP 51-B

아메이족문화를 사랑하는 사장이 아메이족의 제작 기술을 이어받아 원주민 전통음식을 개선화했다. 화동 지역에서 샤오미 小米(좁쌀)를 이용해 특산품을 만든 첫 회사로 샤오미 문화관도 운영 중이다. 이곳에서는 다양한 맛의 일본식 떡인 모찌, 모찌빙, 양갱 등을 판매한다. 1970년부터 생산 경험을 쌓아온 화롄 지역의 오래된 브랜드다.

위치 기차 화롄역 우측, 관광안내소 앞을 지나 직진 주소 花蓮縣 花蓮市 國聯路100號 오픈 05:00~22:00 홈피 www.amis-mochi.com.tw

🎁 청지 모찌 曾記麻糬(증기마서) 청지마슈
MAP 51-B

화롄의 명물 먹거리 모찌를 파는 곳으로, 화롄에 10여 개의 매장이 있는데 화롄역 주변에만 세 곳이 있다. 현장에서 바로바로 만들기 때문에 갓 만든 모찌를 맛볼 수 있다. 모찌는 일반모찌와 자주색 쌀인 자미 紫米로 만든 것이 있고 속은 팥·녹두·깨·땅콩 총 네 종류가 있다. 모찌 외에 모찌빙, 녠룬빙, 샤치마, 양갱, 누가 사탕 등을 판매한다. 땅콩모찌, 팥모찌, 누가 사탕을 추천한다.

위치 기차 화롄역 나와서 정면 주소 花蓮縣 花蓮市 國聯一路 79號 오픈 07:00~21:30 홈피 www.tzen1314.com

➕ 화롄 스타일의 총요우삥

총요우삥 蔥油餅은 파가 들어간 밀가루반죽을 기름에 굽거나 튀긴 것으로 화롄의 푸싱제 復興街 거리는 총요우삥거리 蔥油餅街라 불린다. 다른 곳의 총요우삥과 다르게 반죽 자체를 겉이 노릇노릇할 정도로 많이 튀겨내는데 이곳의 하이라이트는 안에 들어간 반숙 달걀이다. 안 익은 노른자가 톡 터져 나와 색다르다. 소스 또한 마늘간장소스처럼 달콤짭조름해 한국인 입맛에 잘 맞는다. 대표적으로 라오파이 老牌이 쟈단 炸彈이란 맛집이 있는데, 둘 다 트럭을 개조한 푸드트럭이다. 가격은 기본 NT$20, 달걀 추가 NT$30이다.

주소 라오파이 花蓮市 復興街 110巷 2號/쟈단 花蓮市 復興街 102號 오픈 라오파이 13:00~19:00/쟈단 14:00~19:00(매진 시 마감)

공정빠오즈 公正包子店(공정포자점) Gongzheng Baozi

MAP 51-C

화롄시에서 가장 번화한 쫑산루 中山路, 쫑정루 中正路, 쫑화루 中華路 일대에는 맛집과 다양한 상점이 몰려 있다. 이곳 또한 여기에 위치하며 30년이 넘는 역사를 간직하고 있다. 대표 메뉴인 샤오롱빠오 小籠包는 두툼한 만두피에 돼지고기가 들어간 것으로, 작은 고기찐빵 비슷하고 가격은 1개에 NT$5으로 매우 저렴하다. 그 외에 쩡쟈오 蒸餃(한 판 NT$30)와 탕샤오 湯餃(1그릇 NT$50)도 있으며, 기타 면 요리, 탕 요리, 떠우장 등도 판매한다. 워낙 인기 있는 곳이라 줄을 오래 서야 하는 경우도 있다.

위치 버스 1123 · 1126 · 1132번 타이완치인 台灣企銀 하차 후 버스 진행 방향으로 도보 3분 직진하면 오른편/버스 301 · 1121 · 1129 · 1140 · 1145번 쭝화루 中華路 하차 후 도보 3분 주소 花蓮縣 花蓮市 中山路 199-2號 오픈 06:00~21:00 휴무 부정기적 홈피 www.facebook.com/pages/公正街包子店/175588822483275

 ## 라오저우쩡쟈오 老周蒸餃(노주증교)

MAP 51-C

공정빠오즈와 나란히 있는 만두집으로 메뉴는 공정빠오즈와 비슷하다. 원래 이름은 저우쟈쩡쟈오 周家蒸餃였다. 이름에서 볼 수 있다시피 이 집의 대표 메뉴는 쩡쟈오 蒸餃다. 쪄낸 만두라는 뜻인데 중화권의 빠오즈가 우리나라 고기찐빵과 비슷하다면 쩡쟈오는 일반 찐만두와 비슷하다. 쩡쟈오 10개들이 한 판이 NT$30으로 역시나 매우 저렴하고, 직접 만든 간장소스가 일품이다. 우선 공정빠오즈에서 빠오즈를 맛본 후에 이곳으로 와서 쩡쟈오까지 먹어볼 것 추천한다.

위치 공정빠오즈 바로 옆 주소 花蓮縣 花蓮市 公正街 4-20號 오픈 24시간 휴무 부정기적 홈피 www.facebook.com/chouchia1975

AREA 6

타이동

台東(대동) Taitung

타이동의 서남쪽에는 중앙산맥이, 북쪽에는 화롄 花蓮이 있으며, 동쪽으로 넓은 태평양과 맞닿아 있어 산과 바다를 두루 접할 수 있다. 천연자원이 풍부하고 자연문화 보호구역 또한 많다. 바다와 산, 평야에서 나오는 특산품은 타이완 제일의 품질을 자랑한다. 지리적인 이유로 다른 지역에 비해 개발이 늦게 시작되어 원주민문화가 잘 보존되어 있다. 타이동 인구 중 30퍼센트 이상이 원주민일 정도로, 타이완에서 원주민 비율이 가장 높다. 이전에는 가기 힘든 관광지였으나 현재 타이베이에서 타이동까지 기차로 3시간 30분이면 도착해 접근성이 좋아졌다.

HOW TO TRAVEL

타이동 이렇게 여행하자

➜ 가는 방법

타이베이에서 출발

타이베이에서 타이동까지 바로 가는 버스는 없고 국내선 비행기나 기차를 이용해야 한다. 유니항공 立榮航空과 만다린항공 華信航空에서 쑹산공항-타이동공항 노선을 매일 5~6편 운행한다. 50~60분이 소요되며 가격은 약 NT$1500~2300 정도다.
기차는 타이베이처짠에서 기차를 타고 타이동역으로 가면 된다. 3시간 30분~6시간이 걸리는데, 기차는 쯔챵하오 自强號 중에서도 푸유마호 普悠瑪號나 타이루꺼호 太魯閣號를 타야 빨리 도착할 수 있다. 요금은 NT$780이며 오전 6시 20분부터 오후 8시 10분 사이 시간당 1~2편을 운행한다.

까오슝에서 출발

기차와 버스를 이용해 이동할 수 있다. 기차는 까오슝역에서 탑승해 타이동역에서 하차하면 된다. 2시간 20분~3시간이 소요되며 요금은 NT$362다. 쯔챵하오 기준으로 오전 5시 3분부터 오후 9시 20분까지 1~2시간당 1편을 운행한다.
버스를 이용할 경우 기차 까오슝역을 등지고 왼편에 있는 버스터미널에서 궈광커윈 1778번이 매일 03:00 · 07:00 · 12:30 · 17:30에 출발한다. 타이동 버스터미널 台東轉運站에서 하차하면 되는데, 3시간 30분이 소요되며 요금은 NT$540이다.

> **TIP**
> **타이동 버스터미널**
> 전에는 버스 노선에 따라 산선 山線 터미널과 해선 海線 터미널이 구분되어 있었는데, 구 타이동역 자리가 철도예술촌으로 바뀌면서 바로 앞 터미널까지 새로 정비했다. 이제 모든 버스가 이곳으로 모이게 되었으며, 터미널 건물 안에 관광안내소도 있어서 여행 정보를 얻기에도 편리해졌다.
> **위치** 타이동 철도예술촌 바로 앞
> **주소** 台東縣 台東市 鐵花路 369號
> **홈피** taitung.biz

➜ 여행 방법

기차를 타고 왔다면 타이동역에 내리게 되는데 타이동 시내 관광을 하려면 우선 타이동 버스터미널이 있는 곳으로 가야 한다. 역에서 버스를 이용해 가도 되고, 시간이 안 맞는다면 택시를 이용하자. 타이동 버스터미널이 있는 시내까지 약 NT$200 정도가 든다. 시내로 이동한 뒤에는 타이완하오씽이나 버스, 자전거를 이용해 여행하면 된다.

홈피 tour.taitung.gov.tw

타이완하오씽

싼셴타이까지 둘러 볼 예정이라면 1일권 구입을 추천한다. 1일권으로는 타이완하오씽 외에 버스 딩동커윈 鼎東客運의 타이동 시내-싼센타이 구간을 오가는 버스도 탑승 가능하다.

8101번 동부해안선 東部海岸線

타이동 버스터미널 台東轉運站—타이동탕창 台東糖廠—타이동공항 台東航空站—기차 타이동역 台東車站—삼림공원 森林公園—푸강 항구 富岡港口—샤오예류 小野柳—푸산바오위취 富山保育區—쉐이왕 상류 水往上流—두란탕창 都蘭糖廠—진쭌 金樽—동허빠오즈 東河包子—동허차오베이 東河橋北—아메이 민속센터 阿美民俗中心—샤오츄우위 주제관 小丑魚主題館—청공 成功—싼셴타이 三仙台遊憩區

운행 타이동 버스터미널 기준 07:20, 09:40, 11:10, 13:00, 14:20(7월~8월 토·일요일 15:30 추가 운행)
요금 NT$24~192, 1일권 NT$299

버스

시내순환선 市區循環線

타이동 버스터미널 台東轉運站—해빈공원 海濱公園—타이동 삼림공원 台東森林公園—철화촌 鐵花村—타이동 버스터미널 台東轉運站

운행 06:00~22:00(35~40분 간격)
요금 NT$25(균일)

육해공쾌선 陸海空快線

타이동공항 台東航空站—타이동탕창 台東糖廠—기차 타이동역 台東車站—삼림공원—푸강 항구 富岡漁港—샤오예류 小野柳

운행 기차 타이동역 기준 06:20~22:35(30~65분 간격)
요금 일반 NT$25~, 1일권 NT$150, 2일권 NT$200

➜ 추천 코스(11시간 소요)

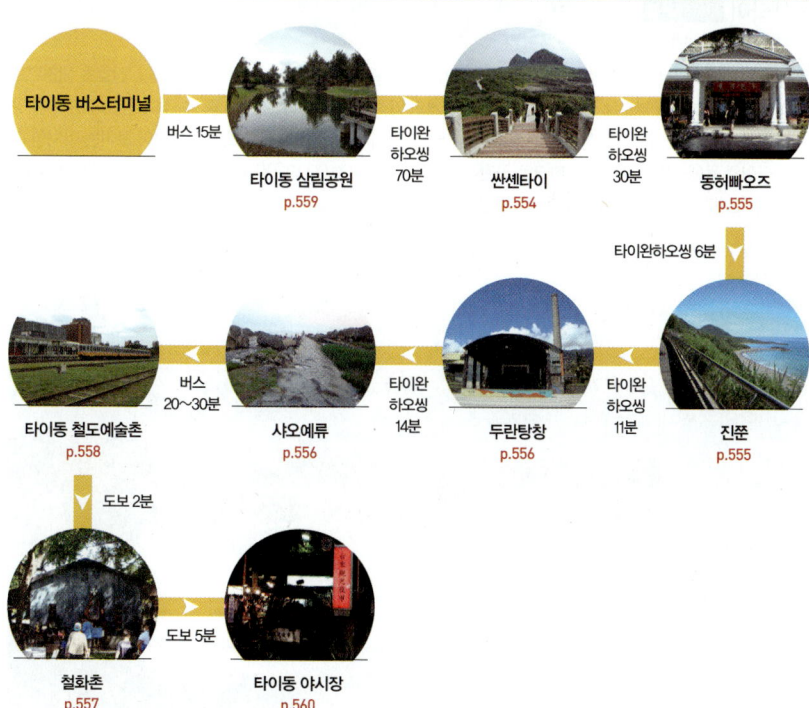

타이동 버스터미널 → 버스 15분 → 타이동 삼림공원 p.559 → 타이완하오씽 70분 → 싼셴타이 p.554 → 타이완하오씽 30분 → 동허빠오즈 p.555 → 타이완하오씽 6분 → 진쭌 p.555 → 타이완하오씽 11분 → 두란탕창 p.556 → 타이완하오씽 14분 → 샤오예류 p.556 → 버스 20~30분 → 타이동 철도예술촌 p.558 → 도보 2분 → 철화촌 p.557 → 도보 5분 → 타이동 야시장 p.560

SPECIAL

타이둥 동해안 투어

타이둥 시내에서 버스를 타고 조금만 나가면 타이둥에서 화롄까지 이어진 동해안 명소 투어를 할 수 있다. 관광청과 여행사에서 같이 운행하는 타이완하오씽 동부해안선과 해선 海線 버스에 탑승하며 이동하면 된다. 버스 배차간격이 있으니 하차 후 버스정류장에 적힌 다음 버스 시간을 확인해서 시간에 맞춰 구경하는 것이 좋다. 버스는 거의 제시간에 잘 맞춰 오는 편이다.

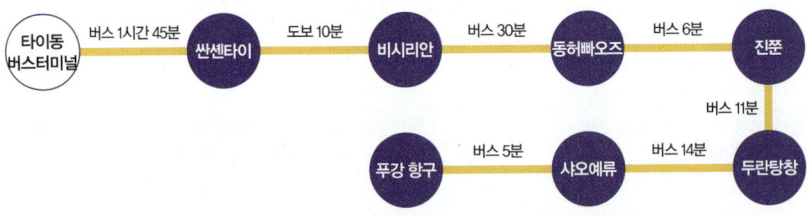

싼셴타이 MAP 52-D
三仙台(삼선대) Sanxiantai

원래 육지에서 바다로 이어진 길고 좁은 직선의 곶이었는데, 해수의 침식으로 작은 섬이 되었다. 산호초 해안으로 된 섬에는 기암괴석이 분포해 있다. 그중 거대한 세 개의 암석은 옛날 팔선인(八仙) 중 세 명의 신선이 쉬러 온 곳이라는 설이 있다. 1987년에 만들어진 본섬과 싼셴타이를 이어주는 바다 위의 용 혹은 구름같이 보이는 아치형 다리는 타이완 동해안의 중요한 랜드마크로 꼽힌다. 섬 면적은 약 220,000제곱미터로 한 바퀴를 둘러보려면 약 1시간 30분~2시간이 소요된다. 다리를 건너 섬 안까지 들어가 등대가 있는 곳까지 올라보고 올 것을 추천한다.

위치 타이완하오씽 8101번 싼셴타이 三仙台 하차 **주소** 台東縣 成功鎭 基翬路 74號 **오픈** 08:30~17:00 **요금** 무료

비시리안 MAP 52-D
比西里岸(비서리안) Pisirian

타이동현의 작은 해안마을로 타이완 원주민인 아메이족의 부락이다. 시리 西里는 아메이족 언어로 산양이란 뜻이고, 비시리안은 양을 기르는 곳이라는 의미다. 과거 아메이족이 싼셴타이에서 양을 키웠다고 한다. 마을 앞 제방 위에 나무로 만든 산양과 태평양 바다 저 멀리 보이는 싼셴타이까지 어우러져 독특한 분위기를 풍긴다. 타이완의 일러스트 작가 지미 리아오의 그림이 건물 곳곳에 그려져 있어 찾아보는 재미도 있다.

위치 싼셴타이에서 도보 10분　**주소** 台東縣 成功鎮 三仙里 白蓮路　**홈피** www.facebook.com/Pisirian

---

동허빠오즈 MAP 52-C
東河包子(동하포자) Donghe Bun House

동허 東河는 지명이고, 빠오즈 包子는 만두를 말한다. 이곳의 빠오즈가 유명해서 버스정류장 이름이 되었다. 빠오즈는 내용물에 따라 이름이 다르다. 고기가 들어간 러우빠오 肉包(NT$20), 죽순이 들어간 주순빠오 竹筍包, 양배추가 들어간 까오리차이빠오 高麗菜包, 팥이 들어간 홍또우빠오 紅豆包, 아무것도 안 들어간 만터우 饅頭 등이 있다. 이곳 외에 닝지동허빠오즈 甯記東河包子도 유명하니 맛보자.

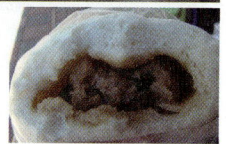

위치 타이완하오씽 8101번 동허빠오즈 東河包子 하차　**주소** 台東縣 東河鄉 東河村 南東河15鄰420號　**오픈** 06:00~20:00　**홈피** www.donghe.com.tw

 TIP
닝지동허빠오즈
위치 동허빠오즈에서 도보 1분　**주소** 台東縣 東河鄉 東河村 10鄰266號　**오픈** 06:00~재고 소진 시　**휴무** 둘째·넷째 목요일　**요금** 러우빠오 1개 NT$15

진쭌 MAP 52-C
金樽(금준) Jin Zun

전망대, 카페, 화장실 등이 있는 곳으로 한국으로 치면 휴게소 같은 곳이다. 이곳에서 보는 풍경은 맑고 파란 바다가 시원하게 펼쳐져 있어 환상적으로 아름답다. 개인적으로 타이완에서 본 바다 중 손꼽을 정도다. 한쪽에 있는 진쭌 카페 金樽咖啡에서 쉬어 갈 수 있는데, 안쪽에 바다를 바라보고 앉아 커피를 마실 수 있는 명당자리가 있다. 명당자리에서 보는 뷰 또한 최고이니 놓치지 말자.

위치 타이완하오씽 8101번 진쭌 金樽 하차　**주소** 카페 台東縣 東河鄉 七里橋村 11號(台11線136.5KM處)　**오픈** 카페 10:00~17:00　**전화** 카페 08-954-14310

두란탕창 MAP 52-C
都蘭糖廠(도란탕창) Dulan Sugar Factory

일본 식민지 시대에 지어져 민간으로 경영되던 홍탕 紅糖(붉은 사탕) 제조공장으로 제2차 세계대전 말에 폭격을 받았으나 목조주택·사무실·게양대·공장 등이 그대로 남았다. 이후에도 생산이 계속되다가 1991년 생산과 영업이 모두 중단되었고, 타이동현정부에 의해 두란훙탕 문화원구 都蘭紅糖文化園區로 탈바꿈했다. 입구로 들어서면 음식점·카페·상점을 비롯해 원주민이 만들어 파는 수공예품점도 있다. 사무실과 숙소 건물에는 원주민 느낌이 물씬 풍기는 벽화가 그려져 있다. 한쪽에 있는 옛 공장 건물들은 전시실로 운영되고 라이브 공연이 열리는 카페도 있어서 문화관람과 휴식이 동시에 가능하다.

위치 타이완하오씽 8101번 두란탕창 都蘭糖廠 하차 주소 台東縣 東河鄉 都蘭村 61號 요금 무료

샤오예류 MAP 52-E
小野柳(소야류) Xiaoyeliu

푸강 항구 북쪽에 위치하며 기암괴석으로 이루어진 예류와 비슷하나, 규모가 조금 작아서 샤오(小)예류라는 이름이 붙었다. 버스정류장에서 내려 안쪽으로 들어가면 관광안내소, 상가 건물, 카페 등이 나오고 전망대와 야영지도 갖춰져 있다. 더 안쪽으로 들어가 바닷가가 보여야 기암괴석을 볼 수 있다. 날씨가 좋을 때는 저 멀리 떨어진 뤼다오까지 보인다.

위치 타이완하오씽 8101번 샤오예류 小野柳 하차 주소 台東縣 台東市 松江路一段 500號 오픈 24시간 요금 무료

> **TIP**
> **무료 야간 투어**
> 샤오예류에서는 매년 5월과 6월부터 10월 말까지 저녁 7시 30분부터 1시간 동안 무료 야간 투어를 100명 한정으로 진행한다. 이 투어는 금·토요일에 항상 진행하고, 일~목요일에는 신청자가 10인 이상일 경우만 진행한다. 관리인의 인솔 하에 지질공원·자생 식물·반딧불이·소라·게·별자리 등을 볼 수 있는 좋은 기회이니 추천한다. 투어 신청은 현지 전화나 홈페이지, 페이스북을 통해 가능하다.
> 전화 08-928-1530 홈피 www.eastcoast-nsa.gov.tw/nightvisit

푸강 항구 MAP 52-E
富岡漁港(부강어항) 푸강위강

타이동 시내에서 매우 가까운 곳에 위치한 항구로 뤼다오와 란위다오로 가는 관문이다. 매일 아침 해산물을 잡은 배가 들어와 맛있고 신선한 해산물을 저렴하게 구입하는 것은 물론이고, 주변에 있는 해산물식당에서 해산물 요리를 바로 먹을 수도 있다. 타이동 여행 시 해산물이 먹고 싶다면 이곳에 들러보기를 추천한다.

위치 타이완하오씽 8101번 푸강강커우 富岡港口 하차/타이동역 기준 택시 20분(NT$300) 주소 台東縣 台東市 富岡街

철화촌 鐵花村 테화춘 Tiehua MAP 53-B

원래 철도국 창고였는데, 2010년 타이동의 음악가와 예술가들이 모여 음악마을이자 장터로 만들었다. 크게 음악취락 音樂聚落, 테화샤오푸 鐵花小舖, 휴일마켓 假日慢市集으로 구분된다. 음악취락은 공연 공간으로 주로 수요일부터 일요일 저녁에 유료 공연이 열리고, 공연시간과 가격은 조금씩 달라지는 경우도 있다. 테화샤오푸는 여러 상점이 모여 있는 곳으로 음료를 파는 테화바 鐵花吧, 타이동 아티스트의 제품을 파는 하오더바이 好的擺, 독특한 디자인 상품 등을 파는 테화하오뎬 鐵花好店이 대표적이다. 휴일마켓은 타이동의 특산물과 다양한 수공예 디자인 상품을 판매하는 프리마켓이다.

위치 타이동 버스터미널을 등지고 왼편 **주소** 台東縣 台東市 新生路 135巷 26號 **오픈** 14:00~22:00(휴일마켓 금요일 18:00~22:00, 토·일요일 15:30~22:00) **휴무** 화요일 **홈피** www.tiehua.com.tw(공연 일정 www.tiehua.com.tw/calendar.php?p=5)

📷 타이동 철도예술촌 台東鐵道藝術村 타이동테다오이슈춘

MAP 53-C

기차 타이동역이 새로 생기면서 구 타이동역은 버려질 위기에 처했으나, 역사적인 의미가 깊은 이곳을 보존하기 위해 역 주변을 철도예술촌으로 탈바꿈해 개방했다. 철로를 남겨두고 기차를 전시하며 철도문화를 보존하고, 동시에 전시 공간도 마련해 역사·예술·휴식이 함께 어우러진 플랫폼의 역할을 한다. 타이동 버스터미널과 관광안내소도 있어서 타이동 시내 관광의 중심지이자 출발지라고 볼 수 있다.

<u>위치</u> 버스 8101A · 8103 · 8168A · 8172 · 1127번 타이동 버스터미널台東轉運站 하차 <u>주소</u> 台東縣 台東市 鐵花路 369號 <u>오픈</u> 24시간 <u>요금</u> 무료 <u>홈피</u> www.ttrav.org/taitungartvillage/index.php

해빈공원 海濱公園 하이빈꽁위엔 Haibin Park

MAP 53-E

해변에 앉아 쉬는 사람, 자전거를 타는 사람, 예쁘게 채색된 하늘, 하얗게 펼쳐진 구름, 푸른 바다 등 눈 앞에 펼쳐진 아름답고 여유로운 광경이 벅찬 감동으로 다가오는 곳이다. 공원 입구에는 자전거 대여점(1일 NT$100)이 있어서 자전거를 빌려 타이동 삼림공원까지 다녀오기 좋다. 바닷가 옆 자전거도로를 따라 삼림공원 방향으로 가다 보면 빨간 액자 조형물이 나오는데 그냥 지나친다면 이곳에 다녀왔다고 할 수 없을 정도로 상징적인 것이니 기념 촬영을 하고 가자.

<u>위치</u> 타이동 버스터미널에서 도보 15~20분/버스 해빈공원 海濱公園 하차 <u>주소</u> 台東縣 台東市 大同路

국제지표 國際地標 궈지띠뱌오 Paposogan

MAP 53-F

해빈공원 액자 조형물 바로 근처에 있다. 자연풍경과 공공미술이 융합된 매력적인 곳으로 낮과 밤, 각각 다른 카리스마를 풍긴다. 타이동은 여러 부족이 융합된 땅으로 국제지표 양옆의 통로는 두 가닥의 힘이 모이는 것을 상징한다. 가운데 원형 지붕은 단결과 생생불식(사물이 끊임없이 생장하고 번성함), 땅의 뿌리가 상승하는 생명력을 나타낸다. 조명이 켜진 후 더 멋진 모습을 볼 수 있으니 자전거를 타고 삼림공원을 다녀온 후에 저녁에 오는 것을 추천한다.

TIP 점등 시간
5월~9월 18:00~22:00
10월~4월 17:30~22:00

<u>위치</u> 버스 해빈공원 海濱公園 하차 후 공원 입구에서 삼림공원 방향으로 가는 길 <u>주소</u> 台東縣 台東市 大同路 <u>오픈</u> 24시간

타이동 삼림공원 台東森林公園(대동삼림공원) 썬린꿍위엔 Taitung Forest Park

타이동시 중화교 中華橋 아래에 있는데, 면적이 약 4제곱킬로미터에 달한다. 9월과 10월에 불어오는 북동계절풍이 모래바람이 되어 타이동 시내를 뒤덮자 이 바람을 막기 위해 목마황 나무를 심었고 이후 점차 환경이 개선되었다. 목마황의 색이 멀리서 보면 검게 보여서 검은 숲(黑森林)이라는 별칭이 붙었다. 현정부의 계획 하에 산책로 · 숲 · 인공 호수 · 레저시설 · 자전거도로 등 시민들의 휴식 공간으로 자리 잡았다. 입장료는 NT$30이고, 굉장히 넓으므로 자전거를 타고 구경하는 것이 좋다. 공원 내 자전거도로는 약 3500미터로 잘 정비되어 있다. 비파호(琵琶湖), 활수호(活水湖) 등이 주요 볼거리이다. 버스를 타도 가도 되지만 해빈공원부터 자전거를 대여해 타고 가는 것을 추천한다.

위치 타이완하오씽 8101번, 버스 삼림공원 森林公園 하차, 30분 소요 주소 台東縣 台東市 華泰路 300號 오픈 06:00~19:00 요금 NT$30 전화 08-936-2025

베이난 문화공원 卑南文化公園 베이난원화꿍위엔 Beinan Cultural Park

국립타이완선사문화박물관의 일부로 타이동공항 쪽에 있는 박물관 본관과는 약 5킬로미터 떨어져 있다. 타이동 원주민인 베이난족 卑南族에 관한 자료를 전시한 곳으로 공원 초입에는 베이난족의 터전이었던 유적지가 보존되어 있다. 안으로 들어가면 걷고 싶은 예쁜 길과 잔디밭이 펼쳐지며 원주민이 사용하던 건축물도 전시되어 있다. 공원 안에 있는 전시관은 규모도 작고 유료이지만 풍부한 자료가 알차게 전시되어 있으므로 꼭 한번 볼 것을 추천한다.

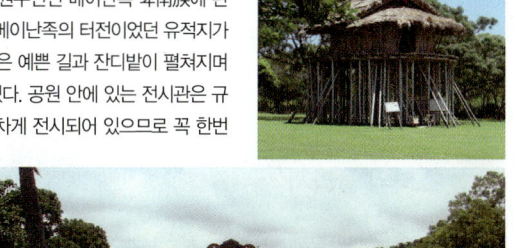

위치 기차 타이동역을 등지고 오른쪽 도로를 따라가다가 차도에서 우회전해 직진, 도보 7분 주소 台東縣 台東市 南王里 文化公園路 200號 오픈 09:00~17:00 휴무 전시관 월요일 요금 전시관 NT$30 전화 08-923-3466 홈피 www.nmp.gov.tw/exhibition/visit/beinan/info.php

TIP 공원에 들어가기 전, 오른편 안쪽에 베이난족의 유물인 월형석주(月形石柱)가 있으니 놓치지 말자!

📷 타이동 야시장 台東夜市(대동야시) 타이둥예스 Taitung Night Market   MAP 53-B

낮에는 신선하고 다양한 과일을 살 수 있는 과일거리, 밤에는 다양한 먹거리를 파는 야시장으로 변신한다. 정치루 正氣路와 쉐이궈제 水果街는 새벽 6시부터 영업을 시작한다. 먹거리를 파는 곳에는 테이블도 마련되어 있어 편하게 즐길 수 있다. 이곳은 매일 열리는 야시장이 아니다. 목요일부터 토요일에만 열리고, 일요일에는 쓰웨이루 四維路에서 쓰웨이 야시장이 열린다.

위치 타이동 버스터미널 정면 주유소 앞 쭝산루 中山路를 따라 두 블록 직진하면 정치루 正氣路, 왼편에서 야시장 시작 **주소** 台東縣 台東市 正氣路 **오픈** 목~토요일 17:00~24:00

📷 쓰웨이 야시장 四維夜市(사유야시) 쓰웨이예스 Siwei Night Market   MAP 53-F

타이동 시내에는 3일간 개장하는 타이동 야시장과 일요일에 개장하는 쓰웨이 야시장, 총 두 곳의 야시장이 있다. 이곳은 타이동 버스터미널에서 삼림공원 방향으로 가는 길에 있는 쓰웨이루1단 四維路一段 도로에서 열리며 총 길이 350미터에 너비는 50미터로 규모는 타이동 야시장보다 훨씬 크다. 볼거리·살거리·먹거리·놀거리가 모두 모여 있어 야시장에서 즐겁게 주말을 마무리할 수 있다.

위치 타이동 버스터미널을 등지고 오른쪽으로 가다가 홀리데이 KTV 건물을 끼고 좌회전해 직진, 도보 18분 **주소** 台東縣 台東市 四維路一段 **오픈** 일요일 18:00~24:00

🎁 쇼타임 플라자 秀泰廣場(수태광장) 씨우타이광창 SHOWTIME PLAZA   MAP 53-D

2013년에 오픈한 쇼타임 극장의 건물이다. 1층에는 매표소·유니클로·이메이식품·콜드스톤·미스터 도넛 등이, 2층에는 푸마·뉴발란스·레스토랑이, 3층에는 상영관이 있다. 웬만해선 실패할 일 없는 타이완의 유명 식품 브랜드인 이메이식품의 상품이 한곳에 모여 있으므로 구경하고 골라 사는 재미가 쏠쏠하다.

위치 타이동 버스터미널 바로 앞 **주소** 台東縣 台東市 新生路 93號 **오픈** 월~금요일 11:00~23:30, 토·일요일 10:00~23:30 **전화** 08-932-7755 **홈피** splaza.com.tw

성품서점 誠品書店 청핀슈뎬 Eslite Bookstore
MAP 53-B

타이완을 대표하고, 타이완인에게 사랑받는 문화 공간으로 타이완 전역에 40개가 넘는 지점이 있다. 하지만 타이완 동부에는 이곳, 타이동점이 유일하다. 300평의 서점 규모 외에 전시회, 강의, 음악회, DIY수업 등 다양한 활동이 이루어진다.

위치 타이동 버스터미널을 등지고 왼편 철화촌 방향으로 직진하면 길 건너 주소 台東縣 台東市 博愛路 478號 오픈 10:30~22:00 전화 08-933-0388 홈피 www.eslitecorp.com

양지쟈촨띠과좐마이뎬 楊記家傳地瓜專賣店 (양기가전지과전매점) YANG POTATO
MAP 53-D

이 집의 대표 메뉴인 띠과쑤 地瓜酥(고구마과자/소 NT$60, 대 NT$120)를 만든 양쩐파 楊振發라는 분이 삼륜차를 끌고 다니며 팔기 시작해 오늘날에는 타이동의 인기 있는 판매점이 되었다. 현재는 그의 아들부부가 물려받아 전통 제작 방식을 이어가며 40년이 넘는 시간 동안 영업을 해오고 있다. 띠과쑤는 고구마를 얇게 썰어 튀기고 특별한 시럽을 뿌린 바삭하고 달콤한 고구마과자로 남녀노소 좋아할 맛이다. 고구마과자 외에 군고구마, 고구마의 본래 결과 맛을 살리면서 엿당을 발라 만든 띠과미 地瓜蜜를 함께 판매한다.

위치 타이동 버스터미널 앞 주유소를 바라보고 신성루 新生路 오른쪽으로 가다가 푸젠루 福建路에서 좌회전해 직진, 따통루 大同路의 훼미리마트에서 우회전하면 바로 오른편. 우체국 맞은편 주소 台東縣 台東市 大同路 149-1號 오픈 10:00~재고 소진 시 전화 08-933-5818 홈피 www.yangpotato.com

샤오만 카페 小曼咖啡(소만가배) 샤오만카페이 Cafe Rebecca　　MAP 53-D

외관은 얼핏 보면 허름해 보이는데 낙 서로 가득한 입구를 지나 안으로 들어서면 단정하고 편안한 분위기의 카페가 나온다. 단체석 테이블 세 개와 작은 테이블 세 개 정도로 큰 규모의 카페는 아니지만 확 트이고 천장이 높아서 답답함이 없다. 가격은 굉장히 저렴한 편이고, 커피와 함께 주문하면 바로 구워져 나오는 와플을 먹어 볼 것을 추천한다.

위치 타이동 버스터미널을 등지고 오른쪽으로 가다가 쇼타임 플라자를 지나자마자 좌회전해 직진, 10분 정도 가다가 中華路一段에서 우회전하면 오른편 **주소** 台東縣 台東市 中華路一段 376巷33號 **오픈** 13:30~22:00 **휴무** 수요일 **전화** 08-935-0108 **홈피** www.facebook.com/小曼咖啡-195900670429323

란칭팅 藍蜻蜓(람청정) Blue dragonfly　　MAP 53-D

타이동의 대표 패스트푸드 전문점으로 타이동에 왔다면 꼭 들러야 할 맛집이다. 이곳 앞은 항상 줄이 길어서 위치가 어딘지 정확히 몰라도 찾아갈 수 있을 정도다. 햄버거와 치킨, 프렌치프라이, 음료가 포함된 세트 메뉴는 NT$115~120이고, 단품은 NT$50 정도다. 대표 메뉴는 치킨이고 치즈버거, 치킨버거, 피시버거 등이 다양한 햄버거도 판매한다. 주문하고 결제하면 번호표를 준다. 좌석은 2층에 마련되어 있다.

위치 타이동 버스터미널 정면 주유소 앞 도로인 쭝산루 中山路를 따라 직진, 타이동현청부 건물 앞 도로인 따통루 大同路로 우회전해 한 블록 가면 왼편, 도보 7분 **주소** 台東縣 台東市 大同路 214號 **오픈** 10:30~23:00 **휴무** 월요일(공휴일인 경우 영업)

롱슈샤미타이무 榕樹下米苔目(용수하미태목) Rice Noodles under Banyan Tree　　MAP 53-D

미타이무는 쌀과 고구마가루로 만든 타이완 전통 면(쌀국수)을 말한다. 타이동 시내에 미타이무로 유명한 곳이 두 곳 있는데 이곳이 그중 한 곳이다. 입구에 오픈 주방이 있어서 조리하는 것을 구경할 수 있다. 주문하고 결제한 뒤 원하는 자리에 앉으면 음식을 가져다준다. 가다랑어포가 들어간 국물에 쫄깃하고 두툼한 면이 들어가 있어 우동과도 살짝 비슷한 느낌이다. 요금은 기본 미타이무 소 NT$45, 대 NT$50이며 달걀 추가 시 NT$10이 가산된다.

위치 란칭팅에서 도보 1분 **주소** 台東縣 台東市 大同路 176號 **오픈** 09:30~15:00, 17:00~20:00 **휴무** 비정기적(주로 둘째 · 넷째 수~목요일)

라오둥타이미타이무 老東台米苔目(노동대미태목) Lautungtai Short Rice Noodle   MAP 53-D

1955년 창립해 60년 전통이 살아 있는 곳이다. 맛집 가득한 정치루 正氣路에서 옆집 린지아초우떠우푸와 나란히 그 명성을 이어가다가 2014년 9월 새롭게 이전했다. 예스러우면서 약간은 허름하고 좁아서 더 정겨웠던 분위기가 지금은 현대식으로 바뀌어 약간 아쉽지만 맛은 변함없고 더 쾌적한 장소에서 식사할 수 있게 되었다. 미타이무(NT$50)를 비롯한 모든 면 종류는 국물이 있는 것(湯)과 없는 것(乾)으로 골라서 주문이 가능하다. 1인당 최소 NT$40 이상 주문해야 한다.

<u>위치</u> 타이동 버스터미널 앞 주유소를 바라보고 신성루 新生路 오른쪽으로 가다가 푸젠루 福建路에서 좌회전해 직진, 따통루 大同路 훼미리마트에서 우회전하면 바로 오른편. 우체국 맞은편 <u>주소</u> 台東縣 台東市 大同路 151號 <u>오픈</u> 11:00~22:00 <u>전화</u> 08-934-8952

 션셴루웨이 神仙滷味(신선로미) Shen Xian Soy Sauce Braised Food   MAP 53-D

루웨이는 채소·어묵·면·버섯 등 다양한 재료를 육수에 넣어 익혀 먹는 타이완 대표 간식이다. 이곳은 실내가 쾌적해 먹고 가기에도 좋고 루웨이 외에 야씨에 鴨血(오리피), 초우떠우푸 臭豆腐(취두부), 루로우판 滷肉飯(고기양념덮밥) 등도 판매한다.

> **TIP**
> **루웨이 주문법**
> 1. 진열된 재료들을 원하는 만큼 담는다.
> 2. 국물을 있게 할 건지(湯), 없게 할건지(乾) 정한다.
> 3. 매운맛 정도(많이 大辣/중간 中辣/조금 小辣/안 맵게 不辣)를 정한다.
> 4. 먹고 가는지(內用), 싸가는지(外帶) 정한다.

<u>위치</u> 타이동 버스터미널을 등지고 오른쪽으로 가다가 홀리데이 KTV 건물을 끼고 좌회전해 직진, 정치루 正氣路에서 우회전하면 왼편, 도보 8분 <u>주소</u> 台東縣 台東市 正氣路 154號 <u>오픈</u> 16:30~00:30

린지아초우떠우푸 林家臭豆腐(임가취두부) Lin's Stingy Tofu   MAP 53-D

맛집이 가득한 정치루 正氣路에서도 유난히 줄이 긴 취두부집. 취두부는 그 냄새가 고약해서 한국인이 쉽게 도전하기 힘든 음식이다. 하지만 이곳의 취두부는 튀겨서 바삭한 겉면과 부드러운 속살의 두부에 새콤하게 절인 양배추와 소스를 얹어줘 냄새만 조금 날 뿐, 먹어보면 취두부도 맛있을 수 있다는 것을 느끼게 된다. 입구에서 주문·계산 후 바로 취두부를 받아들고 안쪽 자리로 들어가서 먹는 셀프시스템이다. 매운 소스나 마늘을 안 먹는 경우에는 주문 시 미리 말해야 한다. 취두부 외에 다른 메뉴는 없으며 가격은 소 NT$50, 대 NT$100이다.

<u>위치</u> 타이동 버스터미널 앞 주유소를 바라보고 신성루 新生路 오른쪽으로 가다가 푸젠루 福建路에서 좌회전해 직진, 정치루 正氣路에서 우회전하면 바로 왼편 <u>주소</u> 台東縣 台東市 正氣路 130號 <u>오픈</u> 월~금요일 14:00~21:30, 토·일요일 12:00~22:30 <u>전화</u> 08-933-4783

치리샹쉐이젠빠오 七里香水煎包(칠리향수전포)

MAP 53-B

쉐이젠빠오 水煎包는 물을 뿌려 바닥을 구워내는 만두이다. 두툼한 만두피 속에 부추·양배추·당근·당면·고기 등이 가득 차 있어서 한두 개 정도만 맛보고 다음 맛집을 위해 참아두는 것이 좋다. 가격은 NT$25이며, 포장하는 경우, 봉투에 하나씩 담아 묶어준다. 이 집만의 특제 소스를 넣을지 말지는 선택 사항이다. 루웨이 滷味도 이곳의 대표 메뉴이다.

위치 타이동 버스터미널 앞 주유소를 바라보고 신성루 新生路 왼쪽 방향으로 가다가 경찰서 앞 보아이루 博愛路에서 우회전하여 직진, 정치루 正氣路에서 다시 좌회전해 가다가 다리 건너기 바로 전에 왼편 안쪽을 보면 간판이 보임 주소 台東縣 台東市 正氣路 385巷7號 오픈 15:30~01:00 전화 08-933-4615

진팡빙청 津芳冰城(진방빙성) Jin Fang Ice shop

MAP 53-B

타이동에 왔다면 필히 들러야 할 맛집 중 하나로 40년의 역사를 자랑한다. 대표 메뉴인 짭조름한 하드 셴빙방 鹹冰棒을 개발·제조해 여러 번 상을 받기도 했다. 셴빙방의 주재료로 짭조름한 오리알 노른자(鹹鴨蛋黃), 우유, 아몬드, 호두가 들어가고 한입 베어 물면 독특한 맛을 느낄 수 있다. 셴빙방(NT$20) 외에 여러 가지 맛의 아이스바, 신선한 과일을 이용한 빙수(NT$30~35), 주스(NT$30~40), 우유 등을 판매한다. 겨울철에는 영업하지 않는다.

위치 타이동 버스터미널 앞 주유소를 바라보고 신성루 新生路 왼쪽으로 가다가 경찰서 앞 보아이루 博愛路에서 우회전해 직진, 정치루 正氣路에서 다시 좌회전해 가다 보면 오른편, 도보 8분 주소 台東縣 台東市 正氣路 358號 오픈 09:00~23:00 전화 08-932-8023

커라이츠러 客來吃樂(객래흘락) Taitung Chang's oyster noodles

MAP 53-B

곱창굴국수와 녹두 디저트 전문점으로 타이동 시내 맛집이다. 입구에 있는 주방과 실내 모두 깔끔해서 쾌적한 분위기에서 식사를 즐길 수 있다. 따창커짜이몐셴 大腸蚵仔麵線(NT$40)은 곱창과 굴이 들어간 몐발 가는 국수로 이름은 면이지만 숟가락으로 퍼서 먹는다. 신선한 굴과 곱창이 면과 어우러져 입안으로 후루룩 들어오는데 그 맛이 좋다. 고수가 들어가므로 싫어한다면 미리 '부야오샹차이'를 외치자. 달콤한 녹두 디저트인 뤼떠우쏸 綠豆算이 들어간 탕이나 빙수를 먹어보는 것도 추천한다.

위치 타이동 버스터미널 앞 주유소를 바라보고 신성루 新生路 왼쪽으로 가다가 경찰서 앞 사거리 건너자마자 오른편 주소 台東縣 台東市 新生路 220號 오픈 10:30~21:00 전화 08-934-3096 홈피 www.facebook.com/localdelicious

PLUS AREA

즈번 온천

知本溫泉 즈번원첸
Zhiben Hot Spring

➜ 가는 방법

타이베이에서 출발한다면 타이베이처짠에서 기차를 타고 즈번역에서 하차한 뒤 내온천행 딩동커윈 8129번을 탄다. 타이동에서 출발한다면 타이동 버스터미널 台東轉運站 1번 승강장에서 딩동커윈 8129번에 탑승한다. 그 뒤에는 정해둔 온천시설 근처에서 하차하면 된다. 타이동 버스터미널에서 즈번 온천까지 45분이 소요된다.

➜ 여행 방법

타이동에 있는 즈번 온천은 크게 외온천과 내온천으로 나뉜다. 외온천은 비교적 저렴한 온천숙박시설이 있고, 내온천엔 그보다 좋은 온천호텔이 있다. 즈번천 知本溪 옆 도로를 따라 온천호텔이 쭉 늘어서 있는데 온천 지역의 규모가 꽤 크니 온천호텔 한 곳을 정해 즐기는 것이 좋다.

➕ 즈번 온천

일본 식민지 시대에 개발되었는데 일본인을 매혹했던 온천여관은 오늘날 세계적으로 유명한 타이완 온천구역이 되었다. 온천수는 무색투명하고 적당한 수온(45~56℃)에 탄산수소나트륨천질이다. 미네랄이 풍부하고 피부 미백과 보습, 혈액순환에 좋으며 마시더라도 전혀 문제가 없다. 오히려 관절과 위장 질병 치료에 탁월한 효과가 있다 한다.

즈번역 知本車站(지본차참) 즈번처짠 Zhiben Station

MAP 52-F

2014년 기준 하루 평균 540명이 드나드는 조용하고 작은 역이다. 자가용이 없는 관광객이 즈번 온천으로 가기 위해 거쳐야 하는 중요한 곳이다.

위치 타이동시 남쪽 **주소** 台東縣 台東市 知本里 知本路二段 900巷 85號 **오픈** 06:00~24:00

즈번 삼림유락구 知本森林遊樂區 즈번썬린요우러취

MAP 52-E

대자연을 그대로 만끽할 수 있는 하나의 생태교실 같은 곳. 안내센터 · 식물원 · 산장 · 안마보도 · 연못 · 폭포 · 야영장 등의 시설이 있고 귀여운 도마뱀, 자유롭게 노는 원숭이, 다람쥐 등 야생동물도 볼 수 있다. 발지압을 하며 더위를 식

힐 수 있는 곳도 있고, 온천 족욕도 가능하다. 산책 코스는 어린이와 고령자에게 적합한 코스, 높은 계단을 올라야 하는 힘든 코스 등으로 구분되어 있다.

위치 버스 8129번 삼림유락구 森林遊樂區 하차/지본동대온천반점에서 도보 10분 **주소** 台東縣 卑南鄉 溫泉村龍泉路290號 **오픈** 07:00~17:00(7~9월 ~18:00) **요금** 월~금요일 NT$80, 토 · 일요일 NT$100 **홈피** taitung.forest.gov.tw/0000190

지본동대온천반점 知本東台溫泉飯店 즈번동타이원췐판뎬 Dong Tair Spa Hotel

MAP 52-E

내온천에서도 거의 끝에 위치에 있는데, 즈번 온천에서 손꼽히는 좋은 온천호텔 중 하나이다. 도로를 중심으로 한쪽에는 호텔이, 한쪽에는 온천장이 있다. 가족 단위 관광객을 위해 4인실이 많은 편이고 온천수영장, 온천스파시설이 잘 되어

있다. 온천시설 내 탈의실 사물함을 이용하려면 입구에서 NT$120을 내고 열쇠를 받아야 한다. 수영복과 수영모 착용은 필수이고, 온천 전 간단한 샤워는 기본 예의다. 식사 · 온천 · 박물관 등 몇 가지 혜택이 포함된 상품이 저렴하게 자주 나오니 홈페이지에서 확인 후 예약하자.

위치 버스 8129번 지본동대온천반점 知本東台溫泉飯店 하차 **주소** 台東縣 卑南鄉 溫泉村 龍泉路147號 **전화** 08-951-2918 **홈피** www.dongtair-spa.com.tw

PLUS AREA

츠샹

池上(지샹)
Chishang

➜ 가는 방법

기차를 이용하며, 츠샹역에서 하차하면 된다. 쯔챵하오 自強號 기준으로 타이베이처짠에서는 3시간 30분~5시간이 소요되며(NT$687), 타이동에서는 30~40분이 소요된다(NT$96).

➜ 여행 방법

타이동 북쪽에 있는 하나의 향(鄉)으로 타이동의 중요한 농업 지역이다. 본래 우수한 품질의 쌀과 그 쌀로 만든 도시락(飯包)으로 유명하다. 타이완 배우 금성무 金城武가 이곳에서 광고를 찍자 관광객이 폭발적으로 몰리기 시작했다. 자전거를 타고 돌아다니기 좋은 곳으로, 츠샹역 앞에 자전거 대여점이 있다. 대여료는 보통 1일 NT$100으로 영업 마감 전 대략 오후 8시까지 반납하면 된다.

바이랑따다오 伯朗大道(백랑대도) Mr.Brown Avenue

츠샹의 넓은 전원 풍경 중 가장 유명하다. 예전, 미스터 브라운 커피의 광고 촬영으로 이런 이름이 붙었는데, 2013년 타이완 배우 금성무가 찍은 에바항공 광고로 인해 바로 옆 텐탕루 天堂路와 더불어 금성무길 金城武大道이라는 새로운 별명을 얻었다. 한없이 넓게 펼쳐진 논밭과 그 뒤를 받치는 산이 장관을 이룬다. 에바항공 광고 중 금성무가 나무 밑에서 차를 마시는 장면 덕분에 금성무 나무 金城武樹라고 이름이 붙은 나무도 있다.

<u>위치</u> 기차 츠샹역에서 자동차로 7분/자전거 25분 <u>주소</u> 台東縣 池上鄉 萬安社區

우타오츠샹판빠오원화구스관 悟饕池上飯包文化故事館(오도지상반포문화고사관)

MAP 54-B

판빠오 飯包는 도시락을 뜻하는데, 쌀로 유명한 츠샹의 특산품이다. 판빠오거리 中正路飯包路라 불리기도 하는 츠샹역 앞에 위치한다. 우타오 悟饕는 타이완 전역에 지점이 많은 도시락집인데, 이곳은 문화고사관이라는 이름을 달고 다른 지점과 다른 분위기를 보여준다. 식사가 가능한 기차를 비롯해 2층에는 전시관도 있어서, 이곳의 70여 년 동안의 역사를 보여준다. 1층 카운터에서 주문·결제하고 바로 도시락을 받아와 원하는 자리에 앉으면 된다. 도시락 가격은 NT$70~90이다.

<u>위치</u> 기차 츠샹역에서 도보 3분 <u>주소</u> 台東縣 池上鄉 忠孝路 259號 <u>오픈</u> 08:00~21:00 <u>전화</u> 08-986-2326 <u>홈피</u> www.wu-tau.com/gallery.php

따즈떠우피뎬 大池豆皮店(대지두피점) Dahchi Bean curd sheet　　MAP 54-A

50년 전통의 방식으로 직접 생산하는 떠우피 豆皮(두부피)로 유명하고, 황두(黃豆)를 이용해 만든 전통 떠우화 豆花(NT$30)도 대표 상품이다. 내부로 들어서면 떠우피를 만드는 모습을 볼 수 있어 좋은 경험이 된다. 떠우피를 구워서 만든 젠떠우빠오 煎豆包(NT$65)가 인기 메뉴인데 금방 매진되니 가능하면 평일 이른 시간에 방문하는 것이 좋다. 샹차이(고수)가 들어가므로 못 먹으면 미리 말해야 한다.

위치 기차 초상역에서 자동차로 5분/자전거 8분 **주소** 台東縣 池上鄉 大埔村 大埔路 39-2號 **오픈** 06:30~18:00(토·일요일 ~재고 소진 시) **전화** 08-986-2392

샤이구창쇼우쭤팡 曬穀場手作坊(쇄곡장수작방) Buda Banai　　MAP 54-B

햇볕에 곡식을 말리는 곳이라는 뜻의 샤이구창 曬穀場은 초상의 2대 아메이족 자매가 고향으로 돌아와서 오픈한 작은 가게다. 돌아가신 아버지의 이름 Buda(아메이족 언어로 '무언가를 햇볕에 말리는 장소'라는 뜻)와 어머니의 이름 Banai(아메이족 언어로 '벼'라는 뜻)를 사용해 이름을 지었다. 가족이 재배한 초상의 쌀, 쌀과 뽕잎을 이용해 직접 만든 쌀케이크, 초상뽕잎차, 아이스크림, 커피 등을 판매한다.

위치 기차 초상역에서 직진하여 첫 사거리에서 우회전하면 왼편, 도보 1분 **주소** 台東縣 池上鄉 中山路 316-1號 **오픈** 11:00~20:00 **전화** 988-358-005 **홈피** www.facebook.com/budabanai

췐메이항 全美行(전미행)　　MAP 54-B

초상의 우수한 쌀만을 선정해 만드는 유명한 삐엔땅 便當(도시락) 맛집이다. 이 지역만의 독특한 건생선, 객가식 돼지고기, 달걀, 유기농 채소 등을 조합해 전통적인 나무도시락에 포장한다. 오래전 기차역 승강장에서 판매하며 유명해진 이곳의 초상 도시락은 단순한 도시락이 아니라 타이동의 기념품으로 볼 수 있을 정도로 의미가 깊다. 도시락 가격은 NT$80~105.

위치 기차 초상역에서 나와서 정면 오른편 **주소** 台東縣 池上鄉 中正路 1號 **오픈** 06:30~21:00 **전화** 08-986-2270 **홈피** www.facebook.com/chuan.mei.hang

AREA 7

뤼다오

綠島(녹도) Green Island

타이동 앞 태평양에 위치한 화산섬으로 화사오다오 火燒島(화소도) 혹은 지신위 雞心嶼 (계심서)라고 불렸었다. 세계적으로 드문 해저온천, 뛰어난 자연과 해저풍경, 에메랄드빛 바다가 있어 스노클링과 스쿠버 다이빙의 천국으로도 유명하다. 환다오꽁루 環島公路 라는 총 18킬로미터의 해안도로는 잘 정비되어 있어 섬 일주를 하기에 좋다. 정치범이나 죄질이 나쁜 죄수들 수용소였던 뤼다오 감옥 때문에 감옥을 콘셉트로 한 상점도 있다.

HOW TO TRAVEL

뤼다오 이렇게 여행하자

➜ 가는 방법

타이동에서 비행기나 페리를 이용해 이동할 수 있다. 비행기는 더안항공 德安航空에서 타이동공항–뤼다오공항 노선을 매일 2~3편 운행한다. 15분이 소요되며 가격은 약 NT$1000이다.

페리를 이용한다면, 타이동 시내나 기차 타이동역에서 타이완하오씽 8101번을 타거나 택시(15~20분 소요/NT$300)로 이동해 푸강 항구 富岡漁港에서 내린 후 페리를 타고 들어가면 된다. 페리는 뤼다오의 난랴오 항구 南寮漁港로 간다. 계절과 날씨에 따라 다르지만 보통 오전 9시부터 오후 5시 30분까지 운행하며, 가격은 왕복 NT$1000이다. 홈페이지(www.ezboat.com.tw)에서 시간표를 확인 할 수 있다. 페리는 2층 자리가 더 좋으니 가능한 일찍 승선해 2층으로 올라가자. VIP석이라고 되어 있지만, 티켓 구분은 따로 없다.

➕ 뤼다오의 출입구

뤼다오공항 綠島航空站(녹도항공참) 뤼다오항콩짠 Lyudao Airport
1972년 처음 지어졌다. 개조와 증축을 거쳐 1995년 활주로 확장이 완성되고 터미널, 관제탑, 숙소 등이 발전해 지금의 규모를 갖췄다. 활주로는 길이 917미터, 폭 23미터, 비행장 면적은 8,103제곱미터이다.
위치 뤼다오 북서쪽, 난랴오 항구에서 자동차로 8분 **주소** 台東縣 綠島鄕 南寮村 231號 **전화** 08-967-1194 **홈피** www.tta.gov.tw/green

난랴오 항구 南寮漁港(남료어항) 난랴오위강 Nanliao Harbor
뤼다오에 있는 유일한 항구로 관광객이 타이동에서 배를 타고 처음으로 내리는 뤼다오 해상교통의 중심지이다. 항구 북쪽에 있는 난랴오춘 南寮村 주변에는 상점, 식당, 숙박업소가 몰려 있다.
위치 뤼다오 서쪽 해안 **주소** 台東縣 綠島鄕 南寮村西側,南寮港口北邊

➜ 여행 방법

택시나 버스가 드물기 때문에 예약한 숙소를 통해 렌터카, 스쿠터, 자전거 등을 대여해 관광해야 한다. 환다오 관광버스가 운행되긴 하지만 버스로 이곳의 명소를 모두 돌아보기에는 한계가 있으니 전동 자전거를 대여하는 것이 가장 좋다. 해안도로가 잘 되어 있기 때문에 한 바퀴 도로만 따라서 돌면 주요 관광지를 다 갈 수 있다. 오전에 배를 타고 들어가서 섬을 한 바퀴 돌며 구경하고 저녁식사를 한 후, 야간 별 투어를 가거나 해저온천을 즐긴다. 다음날 오전에는 스노클링을 하고 점심을 먹은 뒤 오후 출발 배를 타고 다시 타이동 푸강 항구로 돌아오면 된다.

홈피 www.lyudao.gov.tw

환다오 관광버스 綠島環島公車

한 방향으로만 운행하는 순환버스. 인권기념공원, 관음동 등 주요 지점에서는 잠시 하차해 구경할 시간을 준다. 따로 시간이 주어지지 않는 곳은 원하는 곳에서 하차하여 다음 버스를 타면 된다. 발차 기점은 난랴오 항구이며, 버스표는 난랴오 항구의 유리잠수함 매표소에서 구입하면 된다.

환다오 관광버스 綠島環島公車

난랴오 항구–난랴오 상점가–뤼다오 관광안내소–쭝랴오춘–차이커우 잠수구역–인권기념공원–관음동–요우쯔후–쉐이메이런(샤오창청)–온천부락–자오르 온천–따바이샤 잠수구역–난랴오 항구

운행 4월~9월·10월~3월(토·일요일) 08:30·09:20·10:00·10:40·11:30·13:30·14:20·15:00·15:40·16:20·17:00, 10월~3월(월~금요일) 08:30·10:40·13:30·15:30 **요금** 1일권 일반 NT$100, 12세 이하·65세 이상 NT$50

TIP 숙소 패키지 정보

뤼다오에는 주로 네 지역을 중심으로 숙소가 분포한다. 위치상 순위를 매겨보자면 1순위가 난랴오 항구 주변(서쪽 중심), 2순위 등대 근체(북서쪽), 3순위 북동쪽, 4순위 동남쪽이다. 위치는 항구 주변이 가장 좋지만, 비싸고 민박집도 적다. 뤼다오의 민박집은 대부분 자체 패키지를 운영하는데 왕복 페리, 온천(혹은 스노클링), 야간 투어 등이 포함된 패키지가 가격도 저렴하고 좋다. 숙박 가격은 성수기(5월~9월)에 더 비싸지고, 패키지는 거의 2인 이상부터 시작이라 혼자 여행 시 미리 숙소에 가능 여부를 확인해야 한다.
뤼다오 숙소 ludao.okgo.tw

➜ 추천 코스(3시간 소요)

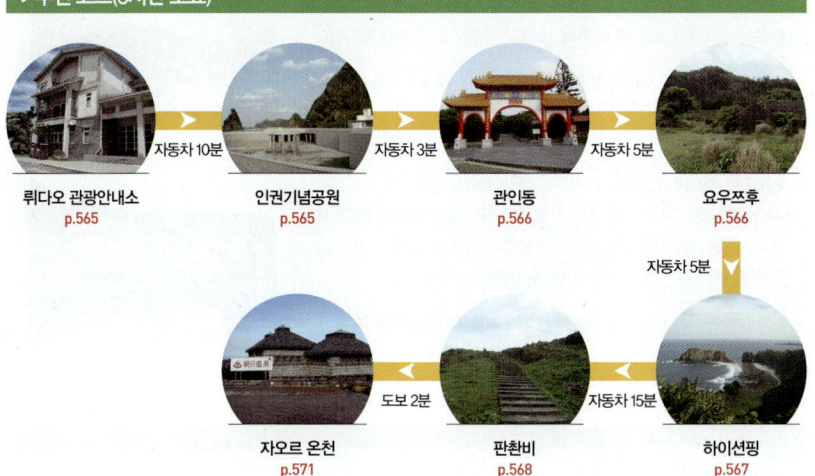

뤼다오 관광안내소 p.565 — 자동차 10분 — 인권기념공원 p.565 — 자동차 3분 — 관인동 p.566 — 자동차 5분 — 요우쯔후 p.566 — 자동차 5분 — 하이션핑 p.567 — 자동차 15분 — 판촨비 p.568 — 도보 2분 — 자오르 온천 p.571

뤼다오 관광안내소 綠島遊客服務中心 뤼다오요우커푸우쯩신 MAP 55-A
Lyudao Visitor Information Center

뤼다오에 관한 간략한 소개부터 문화, 역사 등 심층 있는 정보까지 제공해준다. 잠수 전시실, 자오르 온천 전시실, 영상실 등이 있다. 질생태 특색부터 미식(美食), 꼭 방문해야 할 명소 등을 알고 싶다면 뤼다오 여행 시작 전에 가장 먼저 들러보자.

 위치 뤼다오공항 바로 앞 주소 台東縣 綠島鄉 南寮村 298號 오픈 월~금요일 09:00~17:00, 토·일요일 08:00~18:00 전화 08-967-2027

뤼다오 등대 綠島燈塔(녹도등대) 뤼다오덩타 Lyudao Lighthouse MAP 55-A

흰색에 높이 33.3미터의 등대로 비행기와 선박의 중요한 지표가 되어준다. 1937년 12월, 미국 여객선 프레지던트 후버호가 뤼다오 근해에서 암초 때문에 침몰했었다. 그때 뤼다오 주민들이 전력을 다해 도와준 것을 계기로 미국에서 자금을 기부해 설치했다는 역사적인 건축물이다. 현재 등대는 제2차 세계대전 때 포격을 받아, 1948년 재건된 것이다. 숙박 업체가 많은 마을(中寮村)의 도로에 등대로 가는 길목이 있는데 눈에 띄지 않아 지나칠 수 있으니 주의하자. 골목 안으로 들어가 바다 옆길을 따라 저 멀리 정면으로 뤼다오 등대가 보인다.

 위치 뤼다오 북서쪽, 난랴오 항구에서 자동차로 11분 주소 台東縣 綠島鄉 中寮村 오픈 09:00~17:00(4~10월 ~18:00) 휴무 월요일

인권기념공원 人權紀念公園 런췐지녠꿍위엔 Human Right Culture Park MAP 55-B

뤼다오 북쪽, 감옥이었던 곳과 그 주변을 통틀어 뤼다오 인권문화원구라 하는데 총면적 320,000제곱미터다. 뤼다오는 옛날 정치범과 사상범을 가두는 곳이었기에 인권이 존재하지 않던 곳이라 볼 수 있다. 그런 뤼

오에서 타이완 인권운동의 역사를 보여주기 위해 조성된 곳이다. 공원 가운데 아래쪽에는 인권기념비가 설치되어 있고, 공원 위로 올라가면 투구와 갑옷을 착용한 장군의 모습 같은 장군바위 將軍岩와 큰 소가 엎드려있는 것처럼 보이는 소머리산 牛頭山이 보인다.

위치 뤼다오 북쪽, 난랴오 항구에서 자동차로 16분 주소 台東縣 綠島鄉 公館村 將軍岩20號 홈피 www.nhrm.gov.tw/Archive?uid=79

신셩쉰다오추 新生訓導處(신생훈도처)

MAP 55-B

예전 감옥 내 모습을 재현·전시한 곳이다. 감방을 재현한 곳에 있는 죄수 밀랍인형은 상당히 정교해 옆에 다가가면 진짜로 움직일 것 같다. 너무 실감 나게 만들어 섬뜩해질 정도다. 죄수들이 일하던 모습이나 교육받던 모습이 재현되어 있

고, 예전 뤼다오 감옥에 관한 다양한 자료가 전시되어 있다. 바로 옆에는 정치범과 사상범을 실제로 가두었던 녹주산장(綠洲山莊)도 일반인에게 개방하고 있다.

 위치 뤼다오 북쪽, 난랴오 항구에서 자동차로 17분 주소 台東縣 綠島鄉 公館村 將軍岩20號 오픈 08:00~17:30

관인동 觀音洞(관음동) Guanyin Cave

MAP 55-B

본래 산호초로 융기되었다가, 수년에 걸친 지하수 침식작용으로 석회암동굴이 되었다. 동굴 규모는 작은 편이며, 안에는 자연적으로 만들어진 1미터 높이의 관음보살상이 있다. 뤼다오 주민들의 신앙의 대상이다. 입구에 건강, 금전, 애정 등

소원을 비는 부적을 달아놓을 수 있고, 앞쪽으로 매점과 기념품점이 있다.

 위치 뤼다오 북동쪽, 난랴오 항구에서 자동차로 20분 주소 台東縣 綠島鄉 環島公路

요우쯔후 柚子湖(유자호) Youzihu

MAP 55-B

이름에 후 湖(호수)라는 단어가 들어가 있지만, 호수가 있는 것은 아니다. 해안가에 있는 작은 어촌이었는데, 뤼다오에서 일찍이 개발되었다. 현재는 아무도 거주하지 않아 돌로 만들어진 전통 가옥이 폐가가 된 상태다. 바로 앞 바닷가 모래사장과 검은 화산바위, 해안침식동굴 등 풍경이 너무나 멋진 곳이다.

위치 뤼다오 북동쪽, 난랴오 항구에서 자동차로 25분 주소 台東縣 綠島鄉 海參坪北方

샤오창청 小長城(소장성) Little Great Wall

MAP 55-B

하이션핑이 보이는 곳에서 전망대로 가는 길에 능선을 따라 약 300미터 길이의 돌계단길이 있다. 중국의 만리장성을 닮았다 하여 작은 만리장성이라는 의미의 이름이 붙었다. 길을 따라 끝까지 가면 삼면이 절벽으로 된 해발 약 80미터 높이의 전망대가 있다. 전망대는 멋진 바다 경치와 나란히 있는 강아지 바위, 잠자는 미인 바위를 보기에 최적의 장소다. 전망대 근처에서 주변을 잘 살펴보면 저 멀리 배 위에 우드스톡이 올라가 있는 스누피 바위가 보이니 잘 찾아보자.

위치 뤼다오 서쪽 중간쯤, 난랴오 항구에서 자동차로 20분 주소 台東縣 綠島鄉 環島公路(東邊海岸的中間)

하이션핑 海參坪(해삼평) Haishenping

MAP 55-B

화산으로 인해 바다 위로 솟아오른 암초, 달 모양의 해만이 보이는 곳으로, 일출과 재미있는 모양의 바위 등 아름다운 경치를 조망하기에 최적의 장소다. 수이메이런옌 睡美人岩은 잠자는 미인 바위라는 뜻으로 여자가 다소곳이 똑바로 누워있는 듯 보이고, 하바거우옌 哈巴狗岩은 화산분출과 해안침식으로 인해 만들어진 바위로 강아지 바위라는 뜻이다.

위치 뤼다오 서쪽 중간쯤, 난랴오 항구에서 자동차로 20분 주소 台東縣 綠島鄉 環島公路(東邊海岸的中間)

📷 판찬비 帆船鼻(범선비) Fanchuanbi　　MAP 55-B

자오르 온천 안쪽 주차장을 지나 올라가면 나오는 넓은 초원이다. 푸른 잔디가 쫙 깔린 언덕 위의 초원은 그 자체로도 멋지지만 아래로 내려다보이는 파랗고 넓디넓은 태평양이 멋있는 분위기를 한층 더 살려준다. 거기에 날씨도 좋아 하늘까지 파랗고 바람도 솔솔 불어오면 자연이 주는 감동이 배가 된다. 절벽 밑에 있는 자오르 온천을 한눈에 조망할 수 있고, 열심히 위험한 곳도 척척 잘 다니는 귀여운 산양 떼도 만날 수 있다. 뤼다오에서 일출과 달이 뜨는 모습을 보기에 가장 좋은 곳으로 꼽힌다.

위치 뤼다오 동남쪽, 난랴오 항구에서 자동차로 11분　**주소** 台東縣 綠島鄕 東南角

📷 따바이샤 잠수구역 大白沙潛水區 따바이샤첸쉐이취 Dabaisha Diving Area　　MAP 55-B

뤼다오는 세계적인 수준의 다이빙 천국으로 진귀하고 부드러운 산호와 풍부한 바다 자원으로 스노클링 지역으로도 손꼽힌다. 그래서 뤼다오에는 이렇게 몇 곳의 잠수구역이 있는데, 전용 보도가 설치되어 있고, 스쿠버 다이빙, 스노클링 등을 즐길 수 있다. 해양 스포츠가 아니더라도 투명한 바다에서 뛰어놀거나 아름다운 노을을 보며 잠시 쉬어가기에도 좋다. 길게 이어진 수백 미터의 백사장에는 산호와 조개 조각이 섞여 있다.

위치 뤼다오 남서쪽, 난랴오 항구에서 자동차로 8분　**주소** 台東縣 綠島鄕 南端綠突出之西南角

페이위번푸 飛魚本舖(비어본포) 페이위번푸 ALI BANG BANG STORE

MAP 55-A

뤼다오 특산품 전문 매장으로 기념선물을 구입하기에 좋다. 날치(飛魚)가 주 종목이라서 날치를 재료로 사용한 과자, 해초를 넣은 과자, 중국 전통과자인 사치마, 모찌, 면 등 여러 건어물과 해조류를 비롯한 먹거리를 판매한다. 상품별로 깔끔히 진열되어 있고, 이것저것 시식도 가능하다. 한입에 쏙 들어가는 바삭한 작은 게 튀김인 팡씨에쑤 螃蟹酥도 추천한다.

위치 난랴오 항구 북쪽, 난랴오 항구에서 자동차로 6분, 18 하이리 맞은편 **주소** 台東縣 綠島鄉 南寮村 149號 **전화** 08-967-2962 **홈피** flyfish.ludao.tw

브라더 스토리 大哥的故事(대가적고사) 따거더구스 Brother Story

MAP 55-A

뤼다오가 감옥으로 알려진 만큼 감옥을 콘셉트로 한 상점이 종종 있는데, 이곳은 그중 감옥 콘셉트를 가장 잘 살린 곳이다. 유쾌하게 그려낸 죄수복 캐릭터를 이용해 퍼즐 · 엽서 · 가방 · 열쇠고리 · 모자 · 의류 등 다양한 제품을 만든다. 내부를 감옥처럼 재미있게 꾸며놓았으며, 상점 앞에 대형 죄수 캐릭터 조형물도 있어서 기념 촬영하기에도 안성맞춤이다.

위치 난랴오 항구 북쪽, 난랴오 항구에서 자동차로 4분/도보 13분 **주소** 台東縣 綠島鄉 南寮村 漁港路27-1號 **오픈** 09:00~11:00 **전화** 08-967-1086 **홈피** www.brotherstory.com

페이챠오부커 非炒不可(비초부가) Crazy fried

MAP 55-A

뤼다오의 번화가 난랴오제 南寮街에 있는 아담한 시푸드 레스토랑으로 내부는 이국적인 분위기를 풍긴다. 메뉴판에 영어도 표기되어 있고 메인 요리는 사진도 있어서 주문이 어렵지 않다. 해산물을 이용한 다양한 요리가 있는데 메뉴가 많아 고민이 된다면 세트 메뉴를 주문하는 것도 좋은 방법이다. 2인 세트를 주문하면 고기 · 해산물 · 탕 · 채소를 골고루 맛볼 수 있다. 예산은 1인당 NT$300 정도로 생각하면 된다.

위치 난랴오 항구 북쪽, 난랴오 항구에서 자동차로 5분 **주소** 台東縣 綠島鄉 南寮村 126-1號 **오픈** 11:00~14:00, 17:00~21:00

18 하이리 18 海浬(18 해리)   MAP 55-A

이곳의 사장 부부는 뤼다오 최초의 외부 이민자로, 12년 전 난랴오제에서 장사를 시작해 관광객을 끌어들이며, 난랴오제를 발전시켜왔다. 나란히 자리한 츠탕요우위 池塘有魚 식당도 함께 운영한다. 이곳은 새롭게 카페 형식으로 문을 열어 츠탕요우위보다 좀 더 세련된 분위기다. 뤼다오의 해안도로인 환다오꽁루가 총 18킬로미터여서 이런 이름을 지었다고 한다. 내부는 작고 아담한 규모로 깔끔한데, 정면이 통유리라서 뤼다오의 푸른 바다가 한눈에 보인다. 사진과 영문이 있어 메뉴판 보기가 편하고, 2인 이상인 경우 세트 메뉴로 먹는 것이 좋다. 예산은 1인 NT$300 정도로 생각하자. 이곳의 자랑거리인 웨이위라자오장 鮪魚辣椒醬(참치 고추장)은 황다랑어와 작은 고추를 약한 불에서 2시간 동안 천천히 볶다가 술과 쌀 등을 넣어 만든 것으로 따로 판매도 한다.

위치 난랴오 항구 북쪽, 난랴오 항구에서 자동차로 6분 **주소** 台東縣 綠島鄉 南寮村 137號 **오픈** 10:00~15:00, 17:00~21:00 **전화** 08-967-2683

미스터 핫도그 Mr. HOT DOG   MAP 55-A

젊은 주인이 운영하는 미국과 이탈리아 음식을 파는 곳으로 핫도그(NT$69~99), 스파게티(NT$189~259), 피자(NT$119~259), 샐러드(NT$120~180)와 칵테일(NT$150~220), 맥주 등을 판매한다. 기본 메인 메뉴에 추가 금액을 내면 샐러드와 음료 등이 포함된 세트 메뉴로 즐길 수 있고, 1인당 NT$80 이상 주문해야 한다. 내부 테이블은 나라별 국기 모양으로 칠해져 있고, 컬러풀하고 활기찬 분위기라 젊은 층의 발길을 사로잡는다. 정해진 저녁시간에 일정 금액 이상 주문 시 칵테일 한 잔을 서비스로 주는 등 다양한 이벤트도 진행해 휴양지만의 독특한 즐거움을 준다.

위치 난랴오 항구에서 자동차 5분, 훼미리마트 옆 **주소** 台東縣 綠島鄉 南寮103號 **오픈** 10:30~24:30 **전화** 08-967-1711

자오르 온천 朝日溫泉(조일온천) 자오르원췐 JhaoRih Hot Spring　MAP 55-B

류다오의 자랑거리로 류다오에서 가장 유명한 명소를 꼽으라 하면 단연 이곳이다. 이곳은 세계에서 세 곳밖에 없다는 희귀한 해저온천으로 태평양 해역을 바라보고 있다. 해안가의 암석 틈에서 솟아오른 온천수는 수온 섭씨 53도 내지 90도에 이르며 유황천에 속한다. 샤워실 건물 앞에 계단식의 노천온천탕이 있고 바다 쪽으로 더 나가면 해안가에 마련된 세 개의 원형 노천탕이 있다. 안마 기능이 갖춰진 실내온천도 있다. 새벽에 일출을 보거나 밤에 별을 보며 온천욕 하는 것을 추천한다.

<u>위치</u> 류다오 동남쪽, 난랴오 항구에서 자동차로 11분 <u>주소</u> 台東縣 綠島鄉 公館村 溫泉路 167號 <u>오픈</u> 5월~9월 05:00~02:00, 10월~4월 06:00~24:00 <u>요금</u> 일반 NT$200, 신장 120cm 이하 아동 및 65세 이상 NT$100

 온천을 즐기지 않고 견학만 하는 것도 가능하다.
<u>오픈</u> 09:00~15:00 <u>요금</u> NT$60

 ## 유리잠수함 半潛式遊艇(반잠식유정) 빤첸스요우팅 Glass Submarine　MAP 55-A

반잠수식 유람선으로 체험에 1시간 정도가 소요된다. 일반 유람선처럼 배 위에 앉아 있을 수도 있고, 배가 어느 정도 바다로 나가면 아래의 잠수함 부분으로 내려가서 창밖 해저의 풍경을 구경할 수도 있다. 창밖으로는 푸른 바닷속을 헤엄치는 다양한 물고기와 엄청난 크기의 산호초가 보인다. 종종 유유히 헤엄치는 바다거북도 만날 수 있다. 뱃멀미가 있다면 미리 약을 먹어두자.

<u>위치</u> 난랴오 항구에서 매표·출항 <u>요금</u> NT$300

 ## 스노클링&야간 투어 浮潛&夜遊 푸치엔&예요우 Snorkeling&Night Walks

류다오 여행 시, 빠지면 서운한 액티비티가 바로 스노클링과 야간 투어다. 둘 다 대부분 숙박 패키지에 포함되므로 참여하기도 쉽다. 숙소와 연계된 업체에서 스노클링 장비를 모두 대여해주고 교육, 보험료가 모두 포함된다. 손에 닿을 듯 알록달록 신기하고 예쁜 물고기를 볼 좋은 기회다.

숙소 주인과 함께 하는 야간 투어는 류다오에서만 볼 수 있는 곤충이나 식물을 구경하기도 하고, 별자리도 보며 산책하는 것이다. 인공적인 불빛이 하나도 없는 청정 지역이라서 멋진 은하수를 볼 수 있다.

PART 7
여행 준비

여행 계획 세우기 × 여권 만들기 × 항공권 예약하기 × 숙소 예약하기
여행 정보 수집하기 × 면세점 이용하기 × 환전하기 × 사건·사고 대처하기

여행 계획 세우기

여행 계획을 세우기 전, 우선 본인의 성향을 파악하는 것이 중요하다. 여행기간 · 경비 · 체력 · 취향 등을 고려해 여행 유형을 정한 후 그에 알맞게 계획을 세우는 것이 좋다.

◎ 여행 유형 정하기

1. 자유여행
항공권과 숙소를 직접 알아보고 예매하는 일은 자유여행의 기본이다. 나홀로 여행자, 긴 일정의 여행, 여러 지역으로의 이동 등 본인이 원하는 대로 움직이는 것을 좋아하는 사람에게 적합하다.

2. 에어텔 자유여행
호텔을 찾을 시간이 없거나, 짧게 여행을 가는 경우에 알맞다. 개인적으로 예약했을 때보다 조금 저렴하게 호텔을 이용할 수 있다는 장점이 있으나, 숙소의 선택권이 좁다는 단점이 있다. 각 여행사에 에어텔 상품이 많으니 비교해 구입하면 된다.

3. 패키지여행
여행 일정을 짤 시간도 없고 그냥 편하게 이동하며 여행하고 싶은 사람에게 알맞은 여행 유형이다. 패키지여행 역시 각 여행사에 관련 상품이 많으니 비교해 구입하면 된다. 고령자와 함께 여행할 계획이라면 패키지여행은 괜찮은 선택지다. 다만, 타이완은 자유여행자가 여행하기에 꽤 편리한 나라다. 가능하면 패키지여행보다 자유여행을 추천한다.

◎ 일정 짜기

본인에게 맞는 여행 유형을 정하고 그에 맞는 항공권이나 숙소, 여행 상품 등을 예약한 후에는 일정을 짜야 한다. 여행지를 한 번씩 살펴보고, 가고 싶은 곳들을 추린 후 지도를 보며 위치를 파악한다. 서로 가까운 곳들을 묶어 대략적인 동선을 짜는 것이 좋다. 1순위 여행지로 일정을 짜놓고, 만일에 대비하여 추가로 갈 만한 여행지의 정보도 준비하여 만일을 대비하자. 상황에 따라 시간을 조절하며 후순위 여행지나 맛집 등을 추가해 여행하는 방법을 추천한다. 낯선 타지에서 당황하는 일이 없도록 여행을 떠나기 전에 충분히 정보를 수집하자.

여권 만들기

여권은 각국이 여권을 소지한 여행자에 대하여 자국민임을 증명하는 것이다. 여행의 목적을 표시하여 자국민이 해외여행을 하는 동안 편의와 보호에 대한 협조를 받을 수 있도록 발급한다. 외국에서 자신의 신분을 증명해주는 수단으로써 여권은 해외여행 전 꼭 발급해야 한다.

❱❱ 여권 발급

대한민국 국적을 보유하고 있는 국민에게는 일반여권이 발급된다. 전국의 여권 사무 대행기관 및 재외공관에서 구비 서류를 준비해 접수하고 수수료를 지불하면 3~4일 후에 발급된다. 발급 신청 시 수령 가능일을 알려준다. 전달 받은 수령일에 신분증을 지참해 찾으면 된다.
접수처 www.passport.go.kr/issue/agency.php

❱❱ 여권 유효기간 연장

여권 유효기간 연장 제도가 폐지되어 별도의 유효기간 연장은 불가능하다. 여권 유효기간 만료 이전에 수록 정보 변경·분실·훼손·사증란 부족 등으로 새로운 여권을 발급받을 경우에는 잔여 유효기간을 부여받아야 재발급(수수료 25,000원)을 받을 수 있다. 유효기간이 남아 있던 기존 여권은 반납해야 한다. 만일 유효기간이 만료되었을 경우에는 새로운 여권을 발급받아야 한다.

여권 발급에 필요한 준비물
- 여권 발급 신청서(여권과에 비치)
- 여권용 사진 1매(6개월 이내에 촬영한 사진)
- 신분증
- 발급 수수료(10년 복수여권 53,000원, 1년 단수여권 20,000원)

미성년자 여권 발급 준비물
- 여권 발급 신청서
- 여권용 사진 1매(6개월 이내 촬영한 사진)
- 부모 중 1인의 인감이 찍혀 있는 여권 발급 동의서
- 여권 발급 동의서를 작성한 부모 중 1인의 인감증명서
- 부모와 함께 등재된 주민등록등본이나 호적등본
- 부모의 신분증 사본

❱❱ 여권을 분실한 경우

여권은 신분 증명서로서의 중요한 기능을 가지므로 철저한 관리가 필요하다. 분실된 여권을 제3자가 습득해 위조 또는 변조 등 나쁜 목적으로 사용할 경우 본인에게 피해가 돌아갈 수 있으니 잘 관리해야 한다. 만일 분실한 경우에는 즉시 지방자치단체 여권 사무 대행기관에 여권 분실 사실을 신고해야 한다. 해외여행 중 분실했다면 가까운 대사관 또는 총영사관에 분실 신고를 하고 여행증명서나 단수여권을 발급받아야 한다.

> **TIP 타이완 무비자 90일**
> 대한민국 국민은 왕복 항공권을 소지하고 여권의 유효기간이 6개월 이상 남아 있으면 타이완에 무비자로 90일까지 체류할 수 있다. 단 여권 유효기간이 6개월에서 하루라도 모자라면 타이완 입국이 거부될 수 있으니 주의! 6개월 이상 남아 있지 않을 경우 한국에서 출국 자체가 어렵다고 봐야 한다. 관광 목적이 아니거나 90일 이상 체류를 하려면 주한 타이베이 대표부에서 비자를 발급받아야 한다.

항공권 예약하기

여행 일정을 결정했다면 항공권을 예약해두는 것이 좋다. 물론 이륙 날짜가 촉박하면 저렴하게 내놓는 땡처리 항공권을 바로 구입할 수 있지만 대부분 미리 여행 계획을 세우고 준비하는 것이 일반적이므로 미리 구입한다. 그렇다고 또 너무 일찍 구입하면 그 사이에 할인 항공권이 오픈되거나 특가 이벤트가 진행되기도 하니 저렴하게 구입하려면 여러 웹사이트에서 가격 비교를 하며 정보 수집을 한 후에 구입하는 것이 좋다.

❯❯ 타이완 항공편

한국인에게 타이완이 여행지로 인기를 얻으면서 타이완으로 가는 항공편이 많아졌다. 한국에서는 인천·김포·대구·김해(부산)·청주·무안·제주에서 출발이 가능하고 타이완의 타이베이·타이중·까오숑으로 도착이 가능하다. 타이베이의 경우 시내에 위치한 쑹산공항으로 이동하는 노선이 인기라서 인천–타오위엔보다 김포–쑹산 항공권을 구하는 것이 더 어렵다. 항공 요금은 시즌에 따라, 유효기간에 따라, 좌석 등급 및 마일리지 적립 여부 등에 따라 달라진다.

❯❯ 항공권 예약

항공권은 각종 예약 사이트에서 예약할 수 있다. 항공사에서 바로 구입할 수도 있지만 대부분 온라인 예약 사이트를 통하는 것이 저렴하다. 같은 날짜, 같은 조건이어도 각 웹사이트에 따라 가격이 다르니 손품 팔아 비교한 후 예약하는 것이 좋다. 요즘에는 가격 비교를 해주는 웹사이트도 있어서 예전보다 더 쉽게 가격 비교가 가능해졌다.
타이완행 항공권은 항상 인기 만점이지만 그나마 성수기를 피해야 저렴하게 구입이 가능하다. 성수기는 타이완 현지의 성수기라기보다는 한국의 명절·연휴·방학·여름 휴가기간 등을 말한다.

❯❯ 예약 시 주의점

항공권 예약 시에는 항공권의 유효기간, 예약 변경 가능 여부, 환불 규정 등을 꼼꼼히 숙지한 후에 구입해야 한다. 예약자 이름과 여권에 기재된 영문 이름이 동일한지도 반드시 확인해야 한다. 여권번호나 유효기간은 추후 수정이 가능하지만 영문 이름은 변경 시 수수료를 지불해야 하거나 아예 변경하기 힘들 수도 있다. 여권상 영문 이름과 항공권상 영문 이름이 다를 시에는 탑승이 거부될 수 있으니 꼭 주의하자.

> **TIP**
> 항공권을 예약하면 정해진 결제 기한 내에 비용을 완납해야 구매가 완벽하게 끝난다. 결제 기한은 예약 후 1~3일 정도이며 결제를 완료하면 보통 30분~1시간 이내에 전자 항공권이 발권된다(주말 제외). 전자 항공권은 프린트를 해 여행 시 지참하는 것이 좋고, 프린트가 불가능할 경우 휴대폰으로 사진을 찍어두기라도 하자.

숙소 예약하기

여느 여행지와 마찬가지로 타이완에도 다양한 숙소가 있다. 특히 타이베이는 급격히 숙박업체가 많이 생겼다. 고급호텔·비즈니스호텔·게스트하우스·한인 민박 등 다양하게 있으니 본인의 취향과 예산에 맞춰 원하는 숙소를 예약하면 된다.

》숙소 종류

호텔
각종 부대시설을 갖춘 대형 고급호텔, 부담 없이 이용 가능한 저가호텔 등 종류가 다양하다. 기본적으로 2인 1실이고 저가호텔의 경우 싱글룸을 보유한 곳도 많다. 창문이 없는 객실도 많으니 미리 확인 후 예약하는 것이 좋고, 예약은 해당 호텔 홈페이지나 호텔 예약 전문 웹사이트에서 하면 된다.

게스트하우스
저렴하게 묵기에 가장 좋은 숙소 유형으로 세계 각국의 여행자를 친구로 삼을 기회도 있다. 주로 도미토리로 운영되며 1인실, 2인실 등 개인실이 있는 곳도 많이 생겼다. 욕실·편의시설·주방 등을 공동으로 사용하는 만큼 위생에 신경 쓰는 곳이 많다. 호텔 같은 시설에 연연하지 않는다면 저렴하고 깔끔한 게스트하우스를 추천한다. 예약은 각 게스트하우스 자체 홈페이지에서 가능하고, 호스텔월드 같은 예약 전문 웹사이트에서도 가능하다.

한인 민박
타이완의 한인 민박은 타이베이에 집중되어 있다. 주로 방이 몇 개 있는 집을 세를 내어 방 한 칸 단위로 사용하는 경우가 많다. 친구나 가족 단위의 여행자가 이용하기 좋고 한국어로 의사소통하며 주인의 도움을 받고 싶은 여행자에게 알맞다. 단, 한인 운영 숙소의 경우 불법으로 운영되고 있는 곳이 많으니 이점은 숙소 선택 시 참고하길 바란다. 예약은 해당 업소 홈페이지(주로 네이버 카페로 개설)를 이용하면 된다.

》예약하기

각종 호텔 예약 전문 웹사이트에서 마음에 드는 호텔을 찾아보거나 원하는 지역으로 검색하면 웬만한 숙소가 나온다.
다만, 타이완의 호텔은 해당 숙소 공식 홈페이지에서 바로 예약하는 것이 저렴한 경우가 많으므로 꼭 한번 살펴볼 것을 추천한다. 홈페이지나 결제 시스템이 없는 호텔은 직접 전화해 예약하는 방법도 있다. 보통 이런 경우에는 현지에 도착해서 비용을 지불하는 것이 많으며, 간혹, 홈페이지에는 방이 없다고 표시되어 있어도 전화해보면 방이 있을 때도 있다.

》결제하기

숙소 비용은 총 금액의 일부를 예약금 형식으로 선결제하는 경우, 100% 선결제하는 경우, 100% 현지 결제하는 경우가 있다. 웹사이트별로, 해당 숙소별로 방법이 다르니 잘 확인 후 예약하자. 현지 결제의 경우 카드가 가능한지 현금만 가능한지의 여부도 확인해야 한다. 숙소 예약·결제 후에는 바우처를 프린트해 가자.

> **TIP 예약하지 않는 경우**
> 일정이 정확하지 않아 예약 없이 숙소를 찾아갈 경우, 호텔을 제외한 숙소업체들은 간판이 없거나 눈에 띄지 않아 바로 찾아가기가 어려우니 대충 몇 곳의 숙소 리스트를 뽑아가는 것이 좋다.
> 평일 등 비수기이거나 관광객이 많이 찾지 않는 지역은 예약하지 않고 바로 가서 숙소를 정할 시 저렴하게 조율해서 묵는 경우도 있다.

여행 정보 수집하기

여행 정보는 어디서 어떻게 수집해야 할까? 타이완의 기본 정보를 제공해주는 타이완관광청을 비롯해 각종 인터넷 웹사이트에서 다양한 정보를 살펴볼 수 있다. '아는 만큼 보인다'라는 말도 있듯 완벽하게는 아니어도 기본 사항은 숙지하거나 미리 조사해 가면 더욱 알찬 여행을 즐길 수 있다.

❯ 타이완관광청

타이완으로 여행을 가기 전, 타이완관광청 서울사무소에 들러 다양한 자료를 받아 볼 것을 추천한다. 타이완 지도, 정보가 세부적으로 나뉜 팸플릿 등 여행 자료를 무료로 수령할 수 있다. 궁금한 점이 있다면 관광청 직원에게 문의할 수도 있다. 관광청에 방문하기가 어렵다면 프리팜이라는 사이트를 통해 배송비만 지불하고 우편으로도 받을 수 있다.

타이완관광청 www.tourtaiwan.or.kr
프리팜 www.freepam.co.kr

서울사무소
위치 지하철 을지로입구역 3번 출구에서 직진, 일식집 동해도 건물 주소 서울시 중구 남대문로10길 9 경기빌딩 902호 오픈 월~금요일 09:00~16:00(점심시간 13~14시 업무 중단) 전화 02-732-2358

부산사무소
위치 지하철 중앙동역 8번 출구에서 직진, 부산은행 건물 주소 부산시 중구 중앙대로 72 유창빌딩 907호 오픈 월~금요일 09:00~16:00(점심시간 13~14시 업무 중단) 전화 051-468-2358

❯ 여행 강연회

타이완관광청에서는 정기적으로 서울과 부산에서 자유여행자를 위한 여행 강연회를 개최한다. 기본적인 사항을 쉬운 설명으로 들을 수 있어 타이완 여행이 처음이라면 참여해보면 좋은 기회가 될 것이다. 단, 참여 가능 인원수가 한정적이라 선착순 신청이 일찍 마감되므로 빨리 신청해야 한다. 강연회 소식은 타이완관광청 홈페이지를 통해 확인 가능하다.

❯ 가이드북

타이완 여행이 인기가 많아지면서 다양한 가이드북이 출간됐다. 인터넷에서 정보를 찾는 것이 불편하거나 무언가 글로 된 것을 봐야 안정이 된다면 가이드북을 구입해 살펴볼 것을 권한다. 가장 기본적이고 단계별로 정보를 알아갈 수 있는 것이 가이드북이다. 비슷한 내용을 담고 있지만 그 성격이 조금씩 다르니 서점에서 훑어보고 자신의 성향에 맞는 것으로 구입하면 된다.

❯ 블로그 · 카페

가장 생생한 정보와 후기를 접할 수 있는 곳이 바로 인터넷 웹사이트이다. 여행을 다녀온 사람들의 관광지나 식당, 쇼핑 후기를 미리 읽어 보면 여행을 준비하는 데 큰 도움이 된다. 블로그나 여행 카페 외에 관광청에서 운영하는 여러 웹사이트에서도 정보를 얻을 수 있다.

- 타이완관광청 www.taiwan.net.tw
- 타이베이 여행정보 new.travel.taipei
- 즐거운 대만여행 cafe.naver.com/taiwantour

면세점 이용하기

해외여행의 또 다른 즐거움 중 하나가 바로 면세점 쇼핑일 것이다. 출국일 한 달 전부터 시내에 위치한 면세점이나 인터넷 면세점에서 미리 구입하고 출국일에 공항에 있는 면세점 인도장에서 수령할 수 있다. 미리 면세점 쇼핑을 하지 못했다면 공항 면세점이나 기내 면세점을 이용하는 방법도 있다.

❯ 시내 면세점

시내 면세점은 물건을 직접 보고 비교해가며 구입할 수 있는 장점이 있다. 시내 면세점 이용 시 여권 지참은 필수이고 전자 항공권을 출력해 가는 것이 좋다. 전자 항공권이 없다면 출국일시와 비행기 편명을 메모해 가야 한다. 회원가입을 하면 VIP 카드를 발급해주니 카드 발급 후 쇼핑한다. 사람들이 주로 이용하는 시내 면세점으로 롯데면세점(을지로입구역), 동화면세점(광화문역), 신라면세점(동대입구역), 신세계면세점(명동역) 등이 있다.

❯ 인터넷 면세점

PC나 모바일을 통해 쉽게 쇼핑이 가능하고 각종 할인 쿠폰을 발급받거나 적립금을 모아 다른 형태의 면세점보다 저렴하게 쇼핑할 수 있다. 같은 상품이어도 면세점마다 가격이 다를 수 있으니 비교하며 구입하는 것이 좋다.

- 롯데면세점 www.lottedfs.com
- 신라면세점 www.shilladfs.com
- 동화면세점 www.dutyfree24.com
- 신세계면세점 www.ssgdfm.com
- 두타면세점 www.dootadutyfree.com

❯ 공항 면세점

시내 면세점이나 인터넷 면세점에서 미리 쇼핑하지 못했다면 공항 면세점에서 물건을 직접 보며 구매할 수 있다. 다만, 시내 면세점이나 인터넷 면세점보다 할인 혜택이 적다.

❯ 기내 면세점

기내에 마련된 책자를 보고 면세품을 주문할 수 있는 서비스이다. 기내에서만 구입할 수 있는 한정 상품이 있어서 특별한 것을 좋아한다면 살펴보는 것도 좋다. 단, 상품 수가 적어 선택의 폭이 좁다는 단점이 있다. 제품에 따라 바로 인도받거나 한국으로 입국 시 받을 수 있는 것도 있다.

> **TIP 면세점 구매 한도**
> 내국인이 출국 시 면세점에서 구매할 수 있는 한도액은 US$3000 이내이고 입국 시 면세받을 수 있는 한도액은 해외구매분을 포함하여 US$600이다. US$600 이상 구입한 물품은 입국 시 세관에 자진신고를 해야 한다. 초과 물품을 신고하지 않은 경우, 가산세 40%가 부과되고, 자진 신고 시에는 15만원 한도 내에서 30% 감면된다.
> 구매 한도에서 제외되어 추가 허용이 가능한 물품으로는 60ml 이하 향수 1병, US$400 이하의 1L 이하 술 1병, 담배 1보루가 있다.

환전하기

여행을 하려면 현지 통화로 환전해야 하는 것은 당연한 일이다. 타이완에서는 타이완달러(NT$)를 사용하며 카드 사용이 한국처럼 활발하지 않아 백화점이나 고급 식당이 아닌 이상 이용이 어려우니, 가능한 한 현금을 준비하는 것이 좋다. 만일을 대비해 해외에서 사용이 가능한 신용카드도 준비해 가자.

❯❯ 한국에서 환전

은행
타이완달러로 환전할 때 가장 환율 적용이 안 좋은 편이나, 번거로운 걸 싫어하고 환전 금액이 적다면 한국 내 은행에서 환전해도 무방하다. 다만, 타이완달러를 취급하는 은행이 적으니 주거래은행에 확인해보는 것이 좋다. 직접 창구에서 환전하는 것보다 은행의 사이버환전을 이용하면 더 좋은 조건에서 환전이 가능하다.

사설 환전소
직접 찾아가야 하는 번거로움은 있지만 가장 좋은 환율로 환전할 수 있는 방법이다. 현금 거래만 가능하며 사설이지만 합법적으로 환전할 수 있도록 허가를 받은 곳이라면 지나친 걱정은 안 해도 된다. 서울 명동이나 부산 남포동에 사설 환전소가 많다.

❯❯ 현지에서 환전

씨티은행 국제현금카드로 현지 인출
씨티은행 국제현금카드는 가까운 씨티은행에서 통장을 만들고 발급받을 수 있는 체크카드로 국내 예금을 전 세계 어디서나 편리하게 현지 통화로 찾을 수 있다. 더군다나 인출 시 수수료도 적다. 현지 인출 시 NT$1000 단위로 인출 가능하고 한 번에 최대 NT$40000까지 인출할 수 있다(기계에 따라 조금씩 다를 수 있음). 단, 환율 적용은 좋지만 타이완의 국제공항에는 씨티은행 ATM이 없어 공항에서 시내로 이동하는 경우를 대비해 타이완달러를 조금이라도 미리 바꿔 가야 한다. 또한 숙소에서 씨티은행이 먼 경우에는 다소 불편할 수도 있다.
타이베이에서 가장 찾아가기 편한 씨티은행 지점은 MRT 시정부역 2번 출구 성품서점 정문 앞에서 타이베이 101을 바라보고 왼편 차도 길가에 위치하고 있다. 사설환전소 다음으로 좋은 환율로 타이완달러를 찾을 수 있어 좋지만, 현재 카드 발급 수수료가 생겨서 이 카드를 자주 사용할 일이 있는지 판단한 후에 만들 것을 권한다.

미국달러를 현지에서 타이완달러로 재환전
한국에서 미국달러로 환전해서, 현지 공항 환전소에서 타이완달러로 재환전하는 것도 좋은 방법이다. 사이버환전이나 쿠폰을 이용하면 미국달러는 수수료를 많이 절약할 수 있는 통화이다. 수수료가 두 번 들어 손해일 것 같지만 한국의 은행에서 바로 타이완달러로 바꾸는 것보다 좋은 환율을 적용받을 수 있다. 타이완 현지에서는 공항 내 환전소에서 환전하면 된다. 우리나라처럼 공항 내 은행 환율이 높거나 하지는 않다.

> **TIP 환전은 어느 정도?**
> 여행 경비는 사람마다 천차만별이라 정답은 없지만, 평균적으로 숙박을 제외하고 하루 경비로 NT$1200~1500 정도를 잡으면 일반적인 관광과 식사가 가능하다. 타이완 물가는 한국보다 조금 저렴하거나 비슷한 편으로 특히 식비가 적게 든다.
> 환전은 NT$1000 단위로 해도 현지에서 무리 없이 사용 가능하니 소액권이 없다 해서 불안해하지 말자.

사건·사고 대처하기

타이완은 비교적 안전한 나라에 속하지만 어느 나라에서나 타인에 의해서든 본인에 의해서든 사건·사고가 생길 수 있으니 항상 주의해야 한다. 오토바이가 많으니 항상 주의를 살펴야 하고 우리나라와 좌회전 신호체계도 조금 다르다. 횡단보도 신호등이 파란불인데 자동차가 지나가는 경우도 많기에 길을 건널 때 한눈을 팔면 안 된다. 위험한 스포츠 활동이나 행동은 하지 않는 것이 좋으며, 유명 관광지에 소매치기와 범죄가 일어나는 경우도 있으니 주의하자.

◈ 여행자 보험

안전한 여행을 위해 여행자 보험에 가입할 것을 추천한다. 공항에서 가입할 경우 가격이 비싸므로 미리 인터넷으로 저렴하게 가입해두는 것이 좋다. 연령, 여행 일수 등에 따라 다르지만 보통 1~2만 원 선에서 가입이 가능하다.
만약 현지에서 도난을 당했다면 경찰서에 신고하고, 폴리스 리포트를 받아야 보상받을 수 있다. 다쳐서 병원에 간 경우에도 관련 진단서와 영수증 등 증명 서류를 받아와야 한다. 이런 서류를 현지에서 받아오지 않을 경우, 한국에 돌아와서 보상을 받을 수 없다.

◈ 여권 분실

타이완에서 여권을 분실하면 우선 관할 이민서에 여권 분실을 신고해야 한다. 구비 서류를 가지고 가서 신청서인 外僑護照遺失/尋獲報案記錄表(Report on Passport Lost/Recovered)에 양식 기재 후 신고하면 된다. 신고가 완료되면 영사관을 찾아가 단수여권을 발급받으면 된다.

여권 분실 신고 구비 서류
사진 2매, 여권 이외의 사진 있는 신분증
- **타이베이 이민서**
  주소 台北市 廣州街 15號 **오픈** 월~금요일 08:00~17:00 **휴무** 토·일요일 **전화** 02-2389-9983, 2388-9393

단수 여권 발급 구비 서류
사진(3.5*4.5) 2매, 상기 이민서 여권 분실 증명서 원본, 여권 사본 1부(소지한 경우), 여권 이외의 신분증 및 사본 1부(주민등록증 등), 귀국 항공권, 수수료(NT$450)
- **주타이베이 한국대표부**
  주소 台北市 基隆路 一段 333號 1506室 **오픈** 09:00~18:00(점심시간 12:00~13:30 운영 정지) **접수** 09:00~12:00, 14:00~16:00 **휴무** 토·일요일, 우리나라 및 주재국 국정공휴일 **전화** 02-2758-8320 **비상연락** 현지 발신 월~금요일 0912-069-230, 토·일요일 0912-069-230/한국 발신 (886) 912-069-230

찾아보기

타이베이

거우거우러우 훠궈	194
건국휴일 꽃시장 · 옥시장	154
광난따피파	114
국립고궁박물원	214
국립국부기념관	188
국립타이완대학교	165
국립타이완박물관	113
귀족세가 스테이크	165
까르푸	126
까오지	155
꽁관 마켓	165
꽁관 상권	161
페이스푸루웨이	175
나이키 조던 스토어	126
닝샤 야시장	138
다이소	115
더 라이트드	166
더 탑 레스토랑	223
뎬쉐이러우	170
동먼 시장	153
동취 지하상가	171
동취펀위엔	178
두샤오위에	156
디화207 박물관	140
디화제	140
딘타이펑	154
딤딤섬(신이점)	193
딩과과(시먼점)	131
딩과과(쫑샤오점)	174
딩왕마라궈	204
딩하오쯔린	176
따다오청 마터우	142
따라이샤오관	157
따시강 시푸드	147
따쓰팡딴빙	117
라오허제 야시장	198
라프레미디 카페	146
랜디스 리조트 양밍산	224
렁쉐이컹	222
로코 푸드	202
류뒈이훠팡	145
르누아르	171
리핀부	215
린동팡 우육면	175
린양깡 시푸드	147
린장제 야시장	190
마라훠궈	129
마르티네즈 커피	158
마린 시푸드	133
마산탕	176
마오콩	234
마오콩 곤돌라	233
마오콩셴	235
마지 스퀘어	211
멍쟈 야시장	123
멍쟈 용산사	122
모카 타이베이	139
무지개다리	198
미니어처박물관	144
미라마 엔터테인먼트 파크	218
미미	153
미스터제이	195
민생사구	200
바오지 샤오롱빠오	145
바오짱엔 예술촌	164
번스바오	205
베스트 브렉퍼스트	218
베이터우 도서관	228
베이터우 온천박물관	227
베이핑티엔위엔	115
보안궁	209
보피랴오 역사거리	124
불이당	153
브리즈	111
브리즈(쏭까오점)	192
사대노천 프리마켓	162
사천오초수	177
사향오도	175
삼다옥	117
삼형매	134
삼화원	173
샤오스허우빙궈스	173
샤오요우컹	221
샤오웨이찬차이	115
샹산	190
성품생활(송산문창원구)	189
성품생활(신이점)	191
성품서점(본점)	171
세인트 피터	127
셴쥐푸	215
소고백화점	170
송산문창원구	189
송이샤오러우	130
쉬에왕 아이스크림	128
쉬지셩젠바오	163
스따 야시장	162
스린 관저공원	218
스린 야시장	216
스무시	157

스시 익스프레스	133	일롱	152	타이베이 버스 스테이션	112
스지 정종우육면	146	임가화원	135	타이베이 스토리 하우스	209
스타벅스(디화제)	142	임안태고조	210	타이베이 엑스포 공원	211
스타벅스(타이베이 101)	185	자래수원구	164	타이베이 지하상가	111
스테이리얼	172	쟈샹탄카오샹 지파이	217	타이베이시립동물원	232
스테이리얼 카페	178	주쯔후	221	타이베이시립미술관	210
시먼딩	120	중산 지하상가	144	타이베이시정부	188
시먼홍러우	121	중산18	139	타이베이처짠	110
시먼홍러우 프리마켓	121	중정기념당	150	텐진총좌삥	157
신광 미츠코시(신이점)	192	지광상상지	130	트리오 카페	169
신광 미츠코시(타이베이처짠점)	114	지남궁	234	판자라오파이 우육면	117
신예	145	지미 달버스	186	펑다 커피	134
신파팅	216	지선원	215	페이첸우	144
심플 마켓	187	지열곡	227	포굿 카페	158
싼지와이마이	131	진러 발 마사지	180	폴라 카페	202
써니 힐	201	진지위엔	156	푸싱 공원 족욕탕	229
쏭산역	197	진천미	127	푸진 트리 353 카페	201
쓰쓰난춘	186	진펑루러우판	159	푸항떠우장	116
아뉘 크레페	163	쯩베이삐엔땅	228	푸홍 우육면	128
아종면선	132	찌아더 베이커리	204	풍성식당	155
야러우벤	132	차차떼	173	핀탕	194
어스 트리	151	천산딩	166	하오 치우	187
오대음반	126	천외천 훠궈	129	하해성황묘	141
오월설	195	천자량몐	205	한학정	170
오프라인 카페	169	청년공원	125	핫스타 지파이	217
올 데이 로스팅 컴퍼니	203	첸시탕	229	항저우 샤오롱탕빠오	159
완녠 상업빌딩	125	초산 레스토랑	224	행천궁	143
왕덕전다장	152	총통부	113	향토교육중심	124
왕자 치즈감자	217	츠판스탕	159	호호미	163
요양차행	152	칭티엔강	222	홀리데이 KTV	180
용러 시장	141	카이먼차탕	203	홍퀘이쩐 샌드위치	116
용캉 우육면	156	카이판촨스탕	173	화산1914문화창의원구	168
용캉제	149	카페 샤오미죠우	158	화시제 야시장	123
우공관 우육면	127	카페농	179	화창쉬에	217
우바오춘 베이커리	193	커피 트리	179	화텐궈스	174
웰컴마트	172	클라우드휴스	151	101 전망대	184
위엔쉬위엔	235	키키 레스토랑	177	228평화공원	112
유니-유스타일 백화점	191	타이베이 101	183	22시 2분 훠궈	205
이팡쉐이궈차	174	타이베이 공자묘	208	85도씨	128

Q스퀘어	114	
RT마트	172	
SPOT 타이베이 필름 하우스	143	
TWG 티 살롱 앤 부티크	185	

타이완 북부

광공식당	286
구자오야오	310
국립해양과학기술박물관	271
권제당	287
담강 고등학교	253
딴쉐이 라오제	250
라오메이	262
라우아추	296
라이라이 지질구	305
류꺼샤오카오지츠바오판	295
리후빙덴	275
린산비무잔다오	262
마셰 동상	251
마오아오	305
메이즈샹	294
바오스산	287
바이샤완	261
바이예원저우따훈툰	251
복우궁	251
본산5갱	285
빠떠우즈 공원	272
빠리 라오제	257
빠리쮜안 공원	258
샨예뻬엔딴	306
션컹 라오제	300
수치루	280
스먼동	262
스청타오디	279
스펀 라오제	295
스펀 폭포공원	296

승평희원	280
신왕지츠	310
싼댜오쟈오	305
싼샤 라오제	312
싼샤 역사문물관	313
싼샤 조사묘	313
쓰쟈오쿠 전망대	305
아간이위위엔	281
아메이차러우	281
아포티에딴	252
예류 지질공원	266
예류 특산가	267
예류 해양세계	267
와즈웨이 자연보호구역	258
우라이 공공 노천온천	320
우라이 라오제	316
우라이 미니열차	317
우라이 케이블카	319
우라이 폭포	318
운선낙원	320
위런 마터우	255
잉꺼 도자기박물관	311
잉꺼 타오츠라오제	309
정안적교	296
정인교	298
쥬차오링 자전거도로	304
쥬차오링 터널	305
지롱 야시장	274
지산제	278
지우펀 전망대	279
진리 대학교	254
진산 라오제	263
진용치엔 스파 핫스프링 리조트	263
징퉁역	298
쯔메이쌍바오타이	257
천원궁	255
커커우위완	252
태자빈관	286
푸롱 관광안내소	304

푸롱 해수욕장	306
핑시 라오제	297
해양광장	275
허우다오인스덴	310
허우통 고양이마을	294
허핑다오 공원	273
헨리 숍	281
홍마오청	254
황금박물관	285
황금폭포	288
13층유적지	288
13행박물관	258

타이완 중서부

간베이샤오	347
고궁 남원	388
관즈린따챵빠오샤오챵	347
광난따피파	352
구곡항	364
구닝터우 방송탑	403
구닝터우 전쟁역사관	403
구족문화촌	380
국립자연과학박물관	343
국립타이완미술관	343
군사공원	371
궁원 밀크티	341
궁원 초콜릿	341
궁원안과	340
궁원안과 아이스크림	341
끼오컹뉴려우덴	407
넨지쮜부푸마이	381
녹광계획	350
대장수	372
동해 대학교	345
딩왕마라궈	353
따오허류이원화관	349

루강 라오제	361	지지 야시장	373	객가문물관	446
루강 예술촌	362	지지구제	370	광열다옥	475
루강 용산사	364	지지역	370	국립해양생물박물관	496
루강 천후궁	362	지지훠처파오빙	373	궈쟈러우쭝	472
루산 적교	383	진먼 양조장	404	까오숑 공자묘	446
류촨쉐이안 보도	350	진허리강다오	406	까오숑 전람관	459
르웨탄 케이블카	379	징밍이제	344	까오숑시 영화관	461
리즈 카페	354	짱화 공자묘	358	까오숑시립미술관	446
마산 관측소	401	쭈산	393	까오숑시립역사박물관	461
명신서원	371	차오우다오	351	다거우 영국영사관	465
모유항	364	춘수당	344	달팽이거리	429
무지개마을	345	쳰민쉐이궈찬	407	대천후궁	424
무창궁	372	타로코 몰	352	덕기양행	436
밍루 홀리데이 호텔	383	타이중 공원	339	동문 타워	483
베이산양러우	403	타이중 공자묘	342	두샤오위에	431
보각사	343	타이중 국가가극원	348	두촨터우하이즈빙	476
빠과산 대불	357	타이중 문화창의산업원구	349	드림 몰	468
산허우 민속문화촌	402	타이중시장공관	342	따슈	448
삼림의가	389	타이중역	339	라호르	471
선형차고	358	특유생물연구보육중심	371	란샤이투 문창원구	425
션무역	392	펀쉐이지러우판	391	러브 전망대	460
소고백화점	352	펑스예 문물방	405	렌츠탄 풍경구	444
쉐셔	378	펑쟈 야시장	346	롱판 공원	500
쉐이터우 마을	405	하버 리조트 호텔	381	뤠이펑 야시장	447
스산파오전디	402	향초신락원	354	류허 야시장	446
아리산 삼림철로차고원구	390	허핑 농장	372	리틀시크릿	432
아리산 트레킹	394	현광사	379	마라쟝위엔	470
아리산역	392	현장사	379	메이농 객가문물관	482
양짜이 라오제	401	홍췌이쩐	351	메이농우반탸오	483
왕라이산핑리수	391	황진지퉤이	347	메이런둥 풍경구	490
원화루 야시장	390	휴일광장	370	메이리다오역	458
이다샤오	378	히노키 빌리지	389	메이메이	448
이중제	342	20호 창고	350	모리 중고서점	468
이푸탕	351			무덕전	484
일출	340			미까오청	473
자이산 갱도	406	**타이완 남부**		미니 기차(하마씽보얼선)	464
주딴츠	383			바나나 부두	463
쥐광러우	404			베이커샤다오	500
쥔메이	353	강위엔 우육면	475	보얼 예술특구	463

593

불광산사	454	웨이우잉 벽화마을	462	카이쉔 청년야시장	467
불타기념관	455	위청 과일가게	432	컨딩따제	497
산쭈거우	491	의풍동과차	438	타로코 파크	467
샤오샤오페이	449	이짠스탕	450	타이난 경찰국	434
샤오완 해수욕장	497	일이삼정 카페	475	타이난 공자묘	423
성품생활 (보얼 예술특구)	464	잔얼쿠 KW2	462	타이난 지사관저	429
션농제	426	주씨하권	439	타이난 측후소	434
시즈완	465	중산공원	484	타이난시 소방국	434
싼뚸 상권	468	중앙공원	458	타이완 문학관	434
싼뉴 우육면	449	중정호	482	타이완 설탕박물관	452
싼민 라오제	489	즈짜이빙청	485	타이청 과일가게	427
써니 힐	464	지아메이하이찬	489	타이탕 판매센터	453
쌍페이나이차	474	지아바바이베이푸쉐이위껑	433	테레사 레스토랑	471
쓰차오 녹색 터널	428	진원저우훈툰따왕	473	테루아류랑바	476
씽롱쥐	469	징따두지아장위엔	441	통지안핑떠우화	439
아이짜이청 새우밥	430	쩡씽 카페	427	포포빙	473
아이허	460	쩡씽제	426	피자 스웰	498
아이허즈씬	447	챠오터우 벽화마을	453	하야시 백화점	430
아탕센쩌우	430	챠오핀마이챠오판	469	하이안루 예술거리	425
안평수옥	436	천수모 샤브샤브	450	한신 아레나 쇼핑 플라자	447
안핑 라오제	438	천쟈커쥐엔	439	항구적교	501
안핑 소포대	437	철도문화원구	465	해운연가	476
안핑 천후궁	437	촨판스	501	허우스쥔샤오	491
안핑구바오	437	추훠	501	화다나이차	474
안핑젠스청	438	춘추각	445	화병암	489
야러우쩐	472	췐웨이쟈 아이스크림	427	화위엔 야시장	428
어룬비 공원	499	츄쟈샤오쩬미펀	426	321아트빌리지	429
어룬비 등대	499	츠칸관챠이반	433	85빌딩 전망대	459
에이미스 쿠치나	498	츠칸러우	424		
연평군왕사	423	치메이 박물관	422		
오션 블루	498	치산 라오제	485	**타이완 동부**	
올웨이즈 에이플러스	469	치산역	484		
왕라오스쇼우공마화쩬	491	치진 천후궁	478	공정빠오즈	550
용안 라오제	483	치진 해산물거리	478	관상세기온천회관	526
용호탑	445	치진 해수욕장	478	관인동	574
우페이동	490	치진먀오허우하이찬쩌우	474	광훼이하이센	537
우바오춘 베이커리	471	치허우 등대	479	국립전통예술중심	530
원제묘복극정	445	치허우 요새	479	국제지표	558
웨이우 찻집	432	칭징저 스치	470		

난팡아오	536	아메이 모찌	549	청지 모찌	549
돌고래 투어	519	아쉬에궈즈바	532	첸메이항	569
동따먼 야시장	548	애로 트리	546	치리샹쉐이젠빠오	564
동산강친수공원	530	양지쟈찬띠과쟌마이덴	561	치싱탄	545
동허빠오즈	555	와이아오	518	커라이츠러	564
두란탕창	556	요우쯔후	574	커스총요우삥	525
따바이샤 잠수구역	576	우타오츠샹빠오원화구스관	568	큐와창나이	525
따츠떠우피덴	569	우펑치 풍경구	524	타이동 삼림공원	559
뚜뚜당 삼림광장	515	위번푸싼싱총삥	532	타이동 야시장	560
라오동타이미타이무	563	유리잠수함	579	타이동 철도예술촌	558
라오저우쩡쟈오	550	이슌쉬엔	524	타이루꺼 국가공원	542
란양 박물관	518	이란 양조장	516	탕웨이거우 온천공원	523
란칭팅	562	이란두샤오위에	516	터우청 농장	518
롱슈샤미타이무	562	이란역	514	판찬비	576
뤄동 야시장	531	이팡하이우샤오카오덴	531	페이위번푸	577
뤄동 임업문화원구	529	인권기념공원	573	페이챠오부커	577
뤼다오 관광안내소	573	자오르 온천	579	푸강 항구	556
뤼다오 등대	573	쟈오시 온천공원	523	프리마켓	546
린지아초우떠우푸	563	즈번 삼림유락구	566	하이디위엔훠하이센	537
미스터 핫도그	578	즈번역	566	하이션핑	575
바이랑따다오	568	지미 공원	515	해빈공원	558
베이난 문화공원	559	지본동대온천반점	566	화롄 관광안내소	545
브라더 스토리	577	진쭌	555	화롄 문화창의산업원구	546
비시리안	555	진팡빙청	564	화롄 자전거도로	547
빙치린화성첸	536	징위엔빠오신편위엔	532	화롄 철도문화원구	547
샤오만 카페	562	창지우 양조장	519	황스푸싼싱부러우	532
샤오예류	556	챠오웨이빙쿠	531	18 하이리	578
샤오창청	575	천탕춘천온천반점	526	9호 카페	519
샤이구창쇼우쮀팡	569	철화촌	557		
성품서점	561				
션센루웨이	563				
쇼타임 플라자	560				
슈어웰	525				
스노클링&야간 투어	579	**사진 출처**			
신셩쉰다오추	574	CC BY-날씨맑음(바오짱옌 예술촌, 리후빙덴)			
싼센타이	554	CC BY-펑요(지선원)			
쑤아오 남천궁	536	flickr CC BY-reeqhair(민생사구)			
쑤아오 냉천공원	535	flickr CC BY-MINe(권제당, 정안적교)			
쓰웨이 야시장	560	flickr CC BY-Bunkichi Chang(루강 예술촌)			

타이완 100배 즐기기

개정 2판 3쇄 인쇄 2020년 1월 9일
개정 2판 3쇄 발행 2020년 1월 17일

지은이 김미려

발행인 양원석 편집장 고현진 책임편집 김영훈
디자인 이경민, 이재원 영업마케팅 윤우성, 김유정, 유가형, 박소정

펴낸 곳 (주)알에이치코리아
주소 서울시 금천구 가산디지털2로 53, 20층(가산동, 한라시그마밸리)
편집 문의 02-6443-8930 도서 문의 02-6443-8800
홈페이지 http://rhk.co.kr
등록 2004년 1월 15일 제2-3726호

ISBN 978-89-255-6768-6(13980)

※ 이 책은 (주)알에이치코리아가 저작권자와의 계약에 따라 발행한 것이므로
   본사의 서면 허락 없이는 어떠한 형태나 수단으로도 이 책의 내용을 이용하지 못합니다.
※ 잘못된 책은 구입하신 서점에서 바꾸어 드립니다.
※ 책값은 뒤표지에 있습니다.

MAP
TAIWAN

타이완 맵

범례

- 🚠 케이블카
- ✉ 우체국
- ⛪ 교회
- ● 랜드마크
- 🏫 학교
- ♨ 온천
- 🛈 관광안내소
- 7-11 세븐일레븐
- ▲ 산
- ✚ 병원

까오숑 MRT 노선도

- **R** 레드 라인 Red Line
- **O** 오렌지 라인 Orange Line
- **C** 경전철 LRT
- 미개통

레드 라인 (Red Line)

- R24 난강산 南岡山
- R23 차오터우훠처짠 橋頭火車站
- R22A 차오터우탕창 橋頭糖廠
- R22 칭푸 青埔 (高科大)
- R21 두훼이공위엔 都會公園
- R20 허우징 後勁 (海科大)
- R19 난즈자공취 楠梓加工區
- R18 요우창궈샤오 油廠國小
- R17 스윈 世運 (國家體育園區)
- R16 쮜잉 左營 (高鐵)
- R15 성타이위엔취 生態園區
- R14 쥬단 巨蛋 (三民家商)
- R13 아오즈디 凹子底
- R12 허우이 後驛 (高醫大)
- R11 까오숑처짠 高雄車站
- R10/O5 메이리다오 美麗島
- R9 쭝양공위엔 中央公園
- R8 싼뚸상췐 三多商圈
- R7 스지아 獅甲 (勞工公園)
- R6 카이쉔 凱旋
- R5 카이쉔중화 凱旋中華
- R4A 차오야 草衙 (高雄捷運公司)
- R4 까오숑궈지지창 高雄國際機場
- R3 샤오강 小港 (小港醫院)

오렌지 라인 (Orange Line)

- O1/C14 시즈완 西子灣
- O2 옌청푸 鹽埕埔
- O4 스이훼이 市議會 (舊址)
- O5/R10 메이리다오 美麗島
- O6 신이궈샤오 信義國小
- O7 원화쭝신 文化中心
- O8 우콰이춰 五塊厝
- O9 지지관 技擊館
- O10 웨이우잉 衛武營
- O11 펑산시짠 鳳山西站 (高雄市議會)
- O12 펑산 鳳山
- O13 따둥 大東
- O14 펑산궈쭝 鳳山國中
- OT1 따랴오 大寮 (前庄)

경전철 (LRT)

- C1 리즈네이 籬仔內
- C2 카이쉔뤠이티엔 凱旋瑞田
- C3 쳰쩐즈싱 前鎮之星
- C4 카이쉔중화 凱旋中華
- C5 몽스따이 夢時代
- C6 찡마오위엔취 經貿園區
- C7 콴티위엔취 軟體園區
- C8 까오숑잔란관 高雄展覽館
- C9 뤼원쭝신 旅運中心
- C10 쩐아이마터우 真愛碼頭
- C11 광룽마터우 光榮碼頭
- C12 보얼따이 駁二大義
- C13 보얼핑라이 駁二蓬萊
- C14/O1 하마싱 哈瑪星
- C15, C16, C17, C18, C19, C20, C21, C22, C23, C24, C25, C26, C27, C28, C29, C30, C31, C32, C33, C34, C35, C36, C37

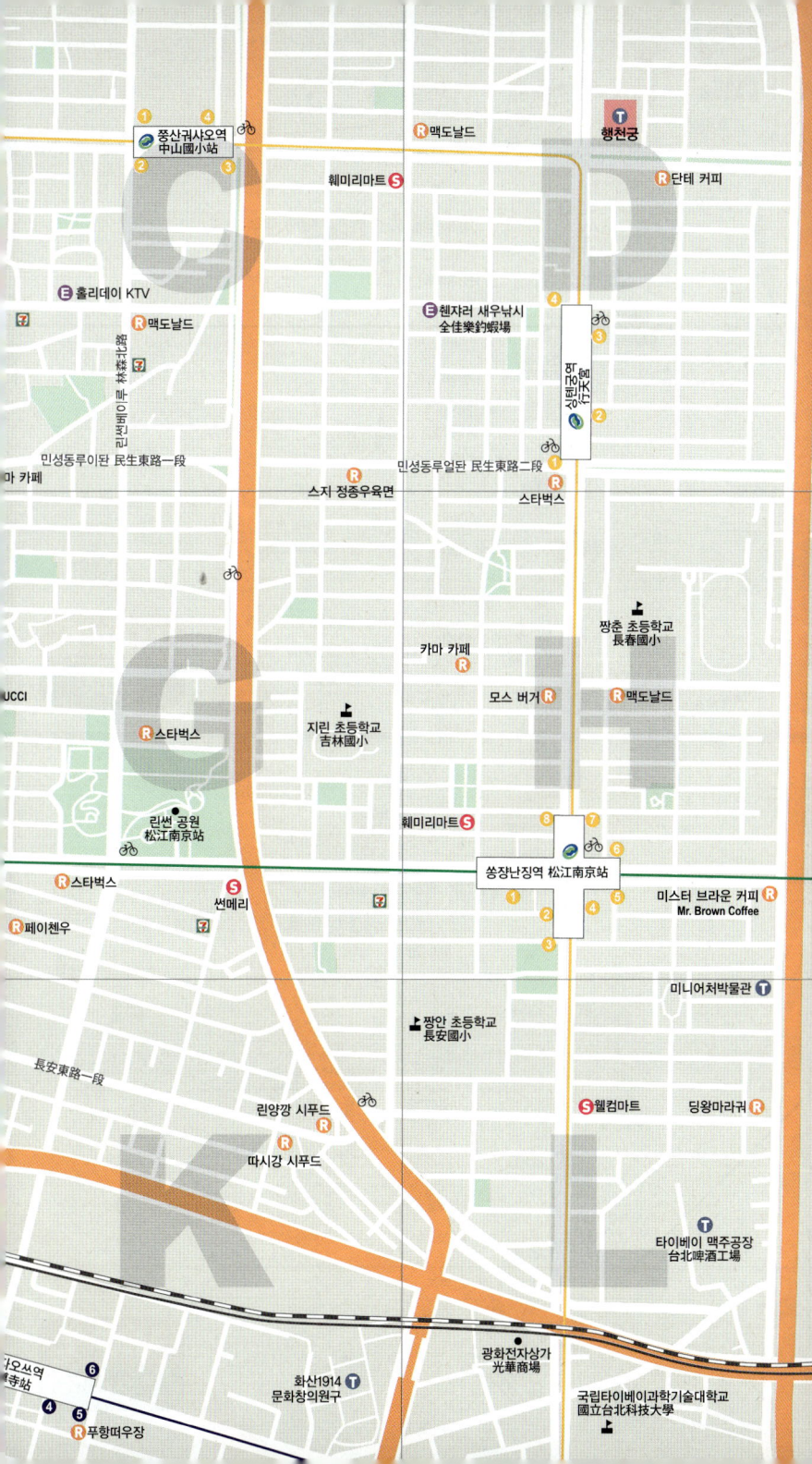

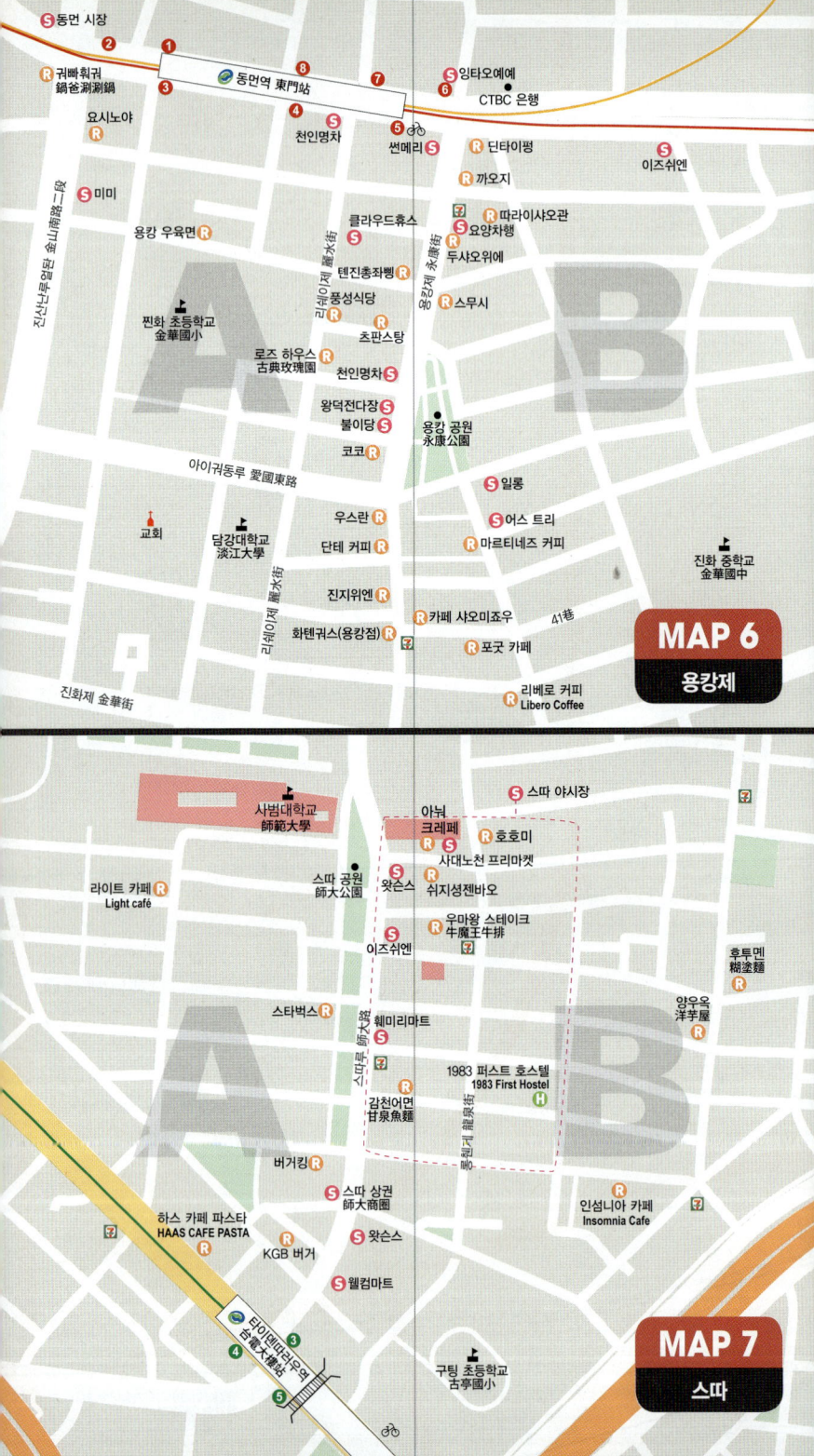

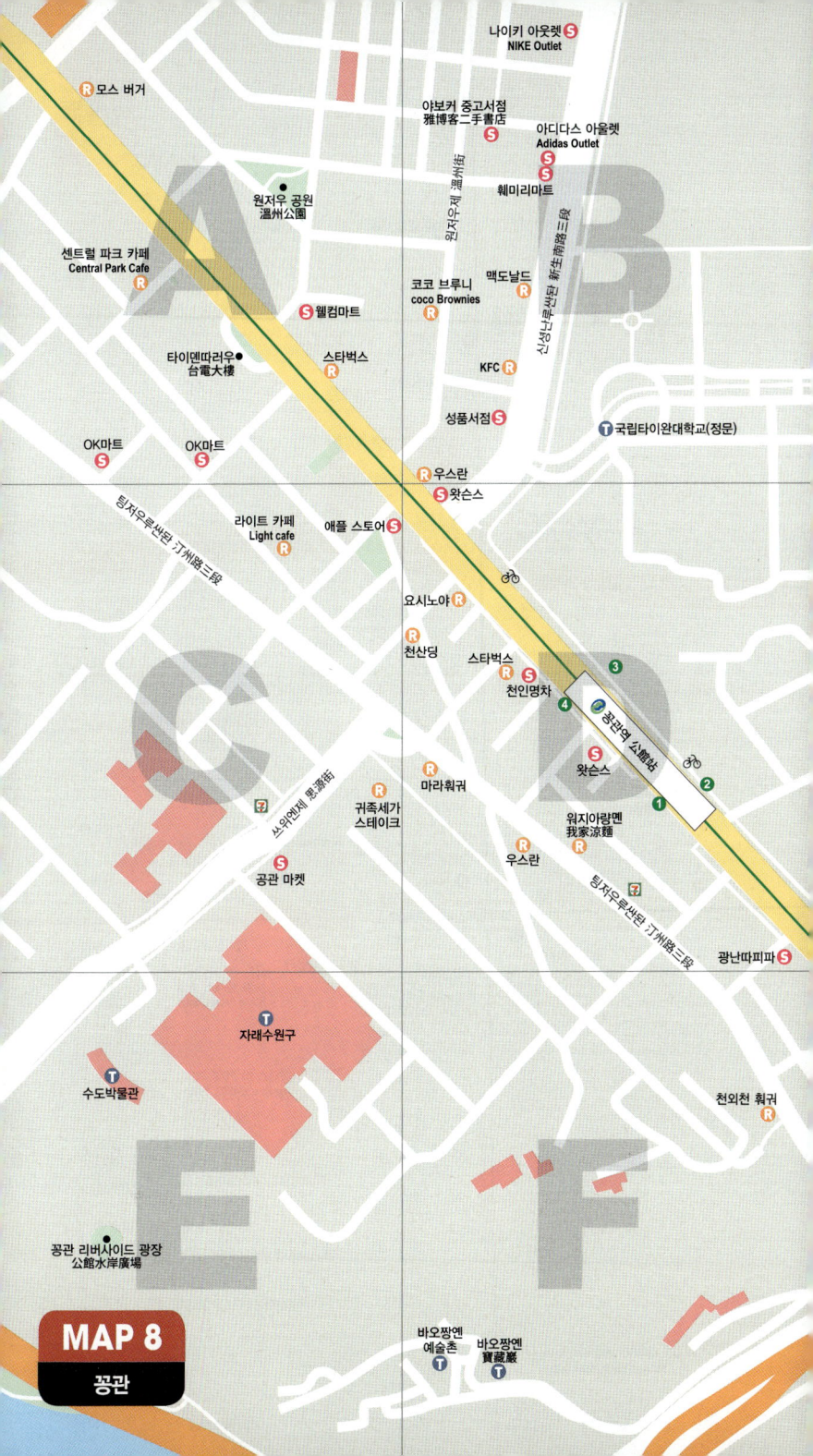

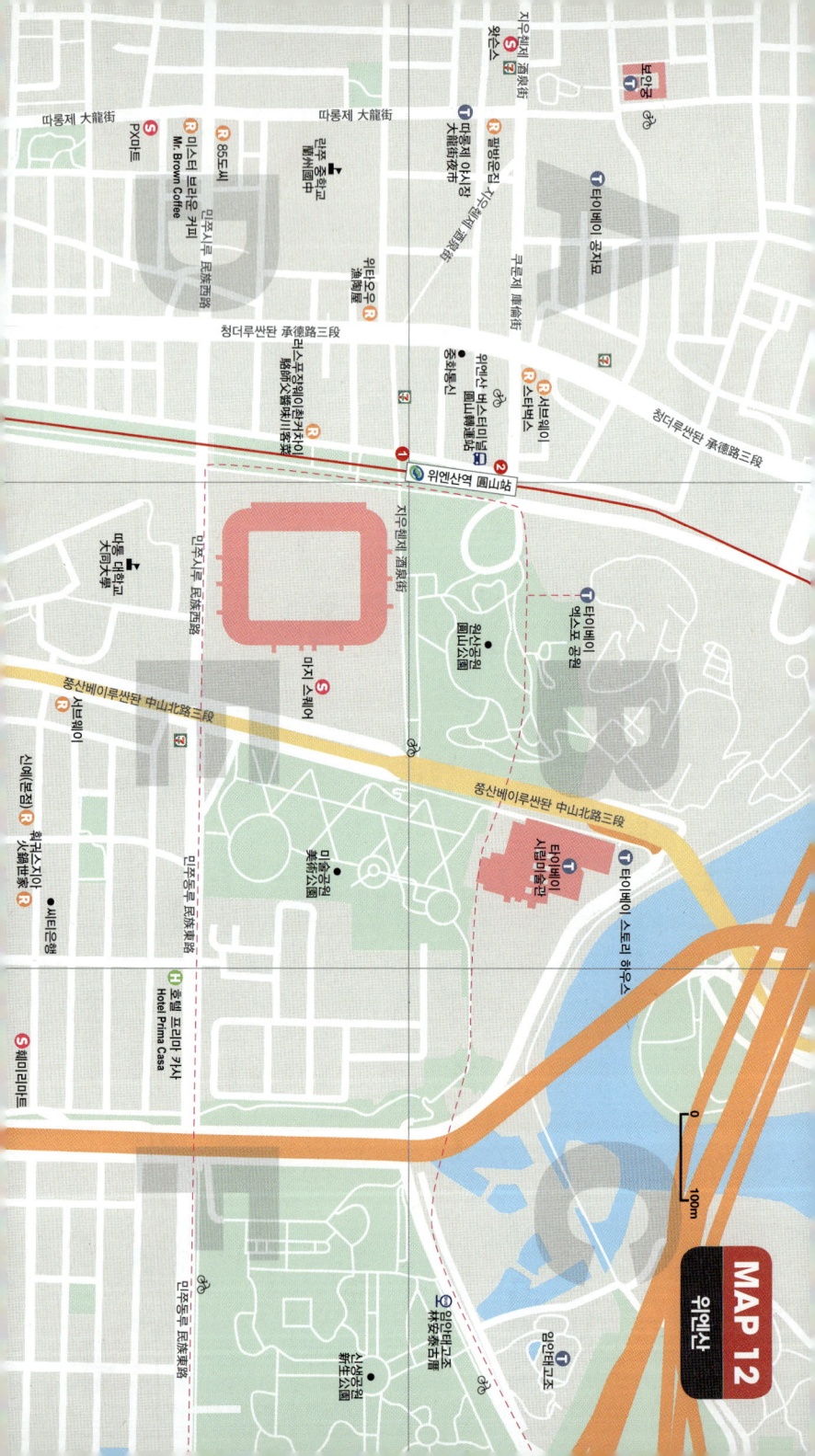

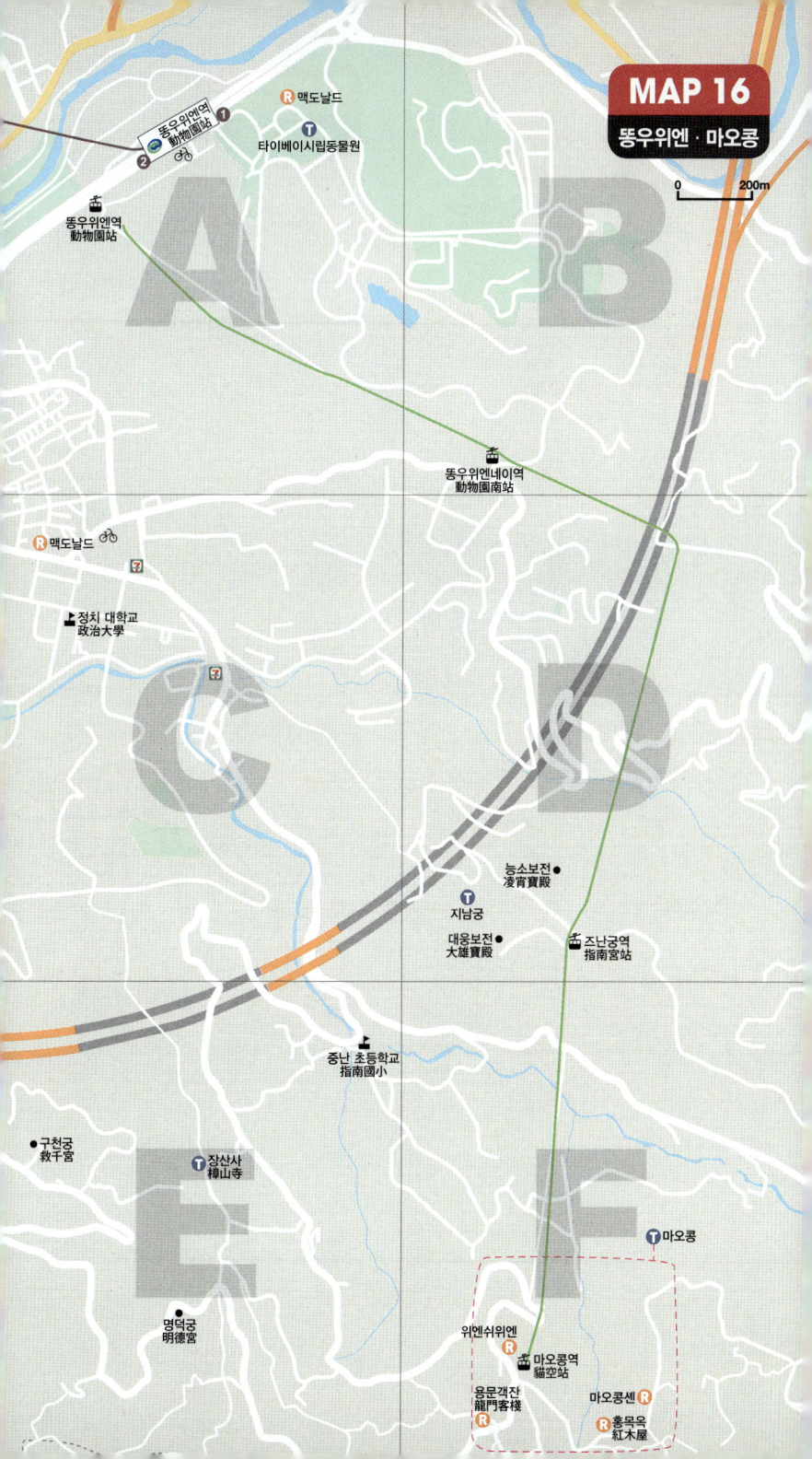

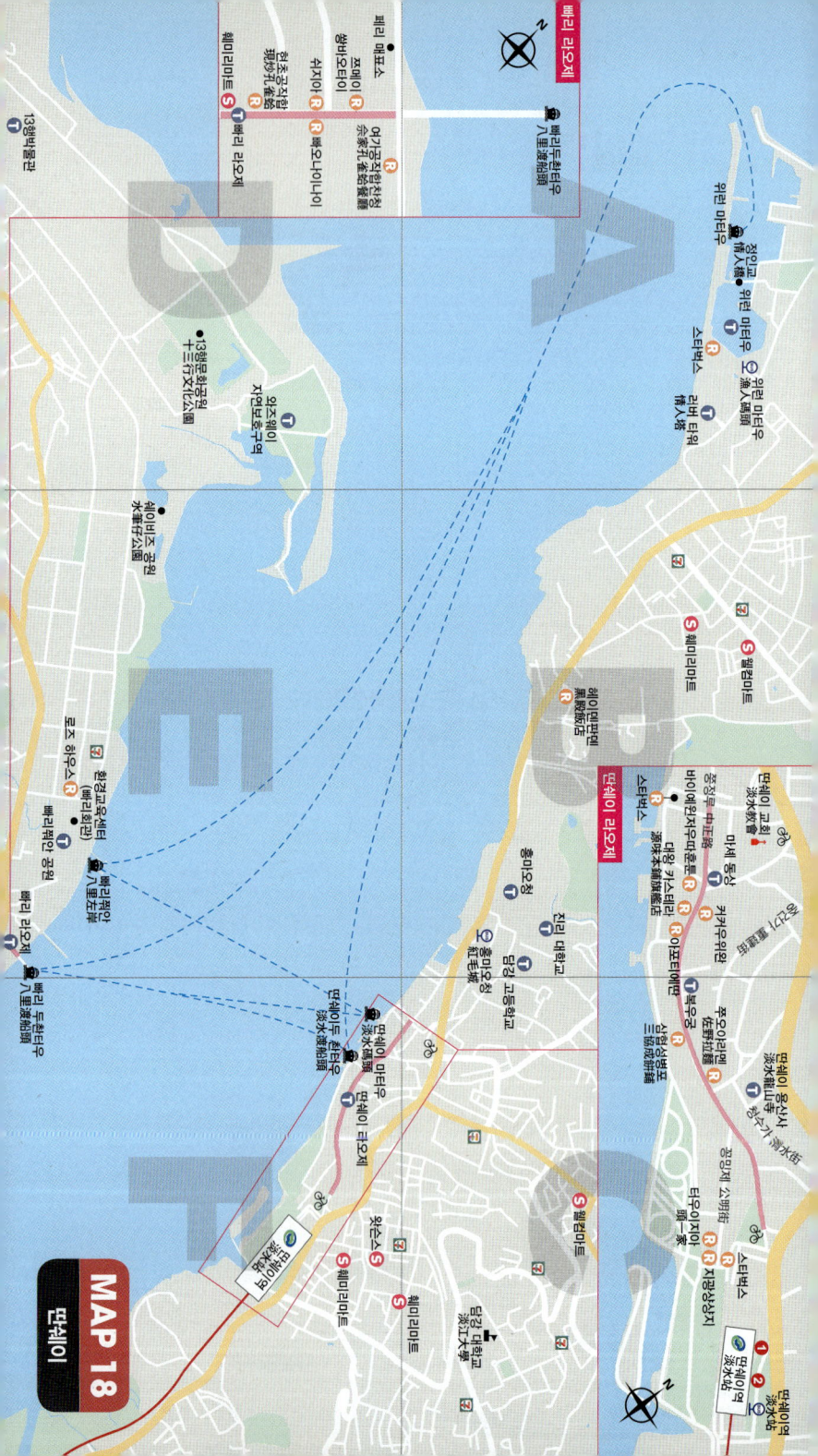

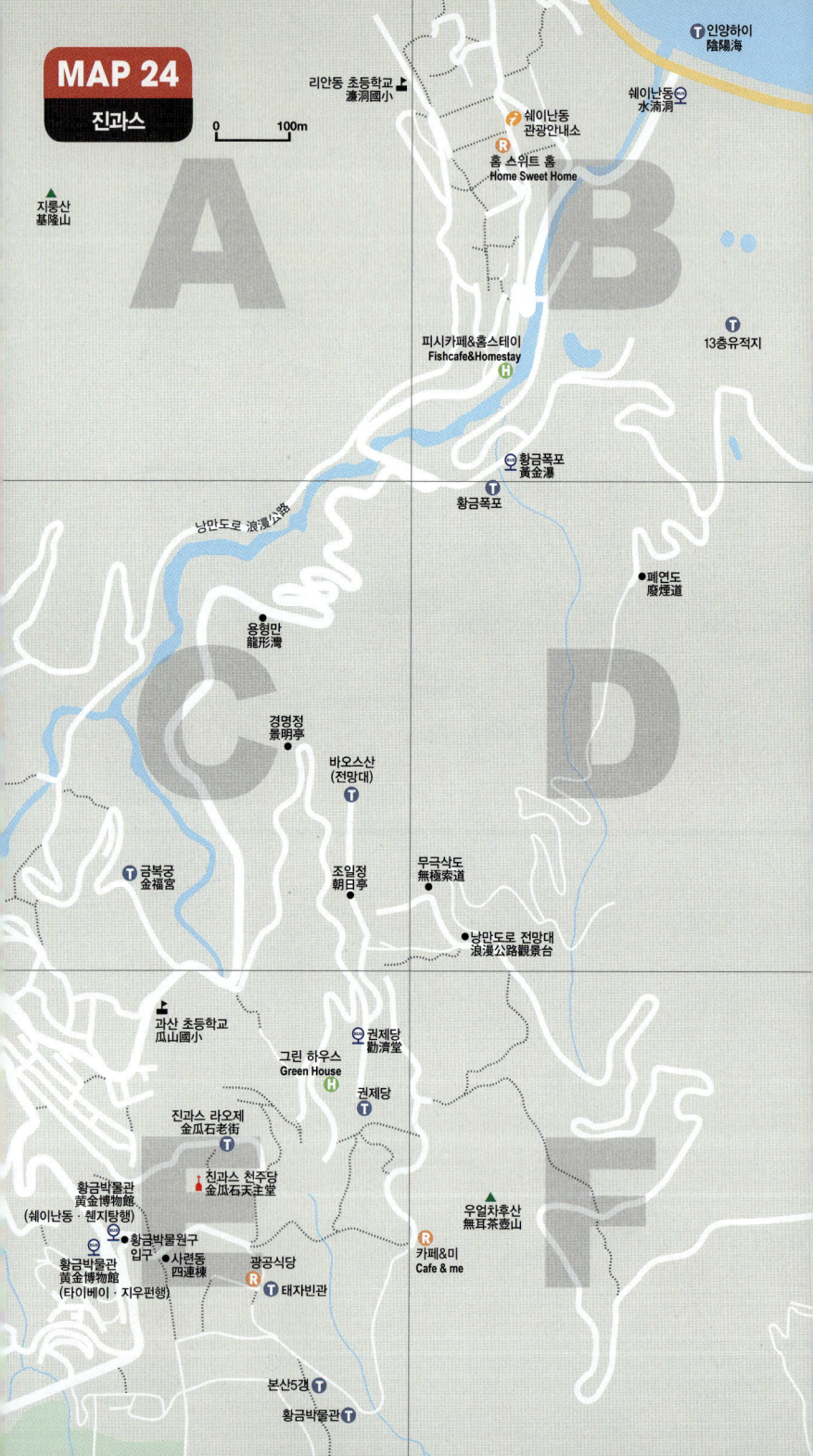

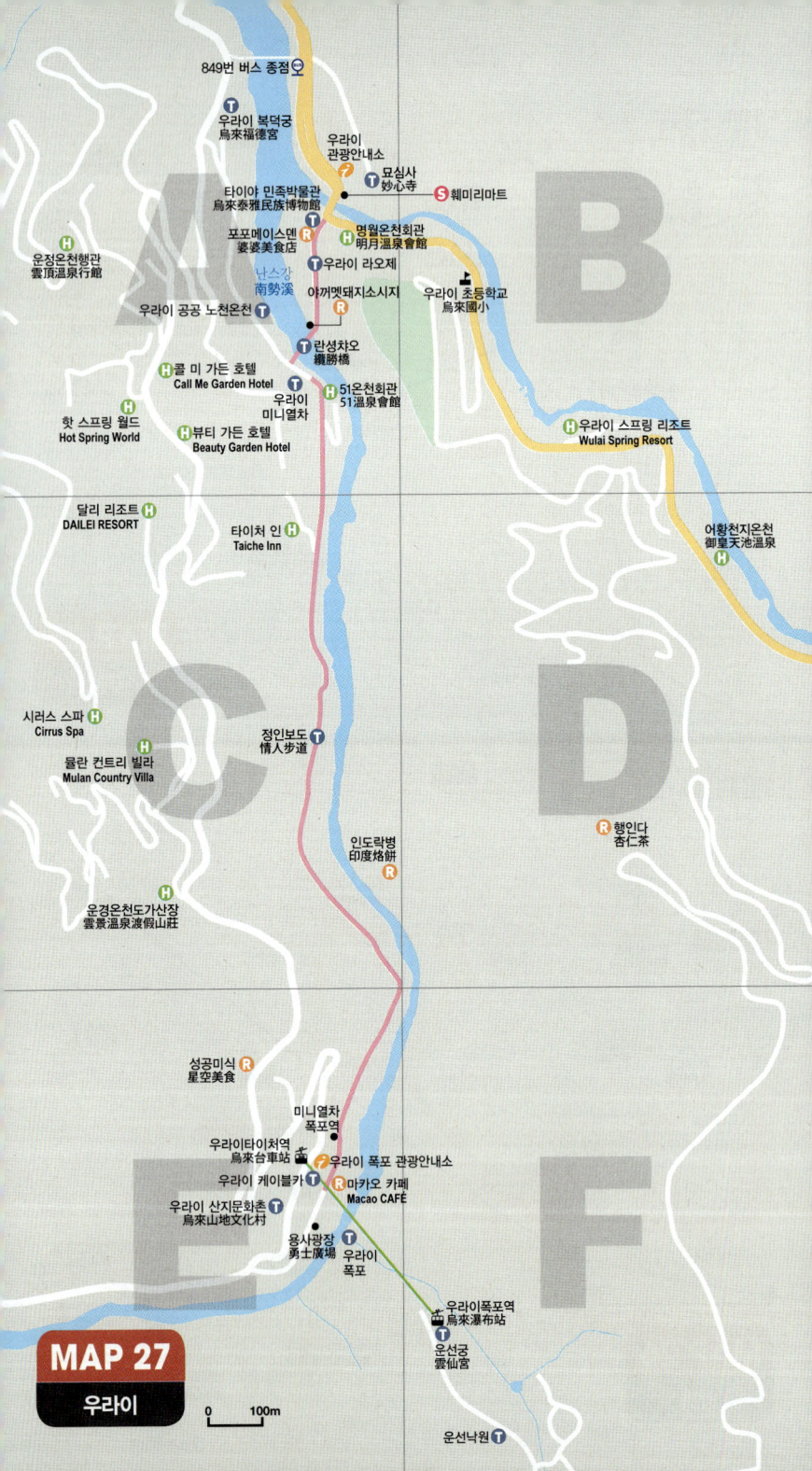

타이완 맵
TAIWAN MAP

타이완 여행의 중심이자 꽃 **타이베이**

해안을 따라 펼쳐지는 비경 **타이완 북부**

타이완 한가운데에 자리한 여행지 **타이완 중서부**

역사도시와 첨단도시의 공존 **타이완 남부**

깨끗한 천연자원과 원주민문화 **타이완 동부**